T0364829

Skoda Fabia
Gör-det-själv-handbok

A K Legg AAE MIMI

Modeller som behandlas
(4789 - 368)

Halvkombi, sedan och kombimodeller, inklusive vRS och specialutgåvor/begränsade utgåvor

Bensinmotorer: 1,2 liter (1198cc) med 3 cylindrar och 1,4 liter (1397cc & 1390cc) med 4 cylindrar

Dieselmotorer: 1,4 liter (1422cc) med 3 cylindrar och 1,9 liter (1896cc) med 4 cylindrar, inklusive turbo

Behandlar inte 1,0 liters OHV motor eller 2,0 liters bensinmotorer med 16-ventiler

© Haynes Group Limited 2009

En bok i Haynes serie med Gör-det-själv-handböcker

ISBN: 978 0 85733 905 8

Haynes Group Limited
Haynes North America, Inc

www.haynes.com

Innehåll

DIN SKODA FABIA

Reparationer vid vägkanten

Veckokontroller

Smörjmedel och vätskor

Däcktryck

UNDERHÅLL

Rutinunderhåll och service

Innehåll

REPARATIONER OCH UNDERHÅLL

Motor och tillhörande system

Växellåda

Bromsar och fjädring

Kaross och utrustning

REFERENS

Register

Att arbeta på din bil kan vara farligt. Den här sidan visar potentiella risker och faror och har som mål att göra dig uppmärksam på och medveten om vikten av säkerhet i ditt arbete.

Allmänna faror

Skållning

• Ta aldrig av kylarens eller expansionskärlets lock när motorn är het.
• Motorolja, automatväxellådsolja och styrservovätska kan också vara farligt varma om motorn just varit igång.

Brännskador

• Var försiktig så att du inte bränner dig på avgassystem och motor. Bromsskivor och -trummor kan också vara heta efter körning.

Lyftning av fordon

• Vid arbete nära eller under ett lyft fordon, använd alltid extra stöd i form av pallbockar eller använd ramper. *Arbeta aldrig under en bil som endast stöds av en domkraft.*
• När muttrar eller skruvar med  högt åtdragningsmoment skall lossas eller dras, bör man lossa dem något innan bilen lyfts och göra den slutliga åtdragningen när bilens hjul åter står på marken.

Brand och brännskador

• Bränsle är mycket brandfarligt och bränsleångor är explosiva.
• Spill inte bränsle på en het motor.
• Rök inte och använd inte öppen låga i närheten av en bil under arbete. Undvik också gnistbildning (elektrisk eller från verktyg).
• Bensinångor är tyngre än luft och man bör därför inte arbeta med bränslesystemet med fordonet över en smörjgrop.
• En vanlig brandorsak är kortslutning i eller överbelastning av det elektriska systemet. Var försiktig vid reparationer eller ändringar.
• Ha alltid en brandsläckare till hands, av den typ som är lämplig för bränder i bränsle- och elsystem.

Elektriska stötar

• Högspänningen i tändsystemet kan vara farlig, i synnerhet för personer med hjärtbesvär eller pacemaker. Arbeta inte med eller i närheten av tändsystemet när motorn går, eller när tändningen är på.

• Nätspänning är också farlig. Se till att all nätansluten utrustning är jordad. Man bör skydda sig genom att använda jordfelsbrytare.

Giftiga gaser och ångor

• Avgaser är giftiga. De innehåller koloxid vilket kan vara ytterst farligt vid inandning. Låt aldrig motorn vara igång i ett trångt utrymme, t ex i ett garage, med stängda dörrar.
• Även bensin och vissa lösnings- och rengöringsmedel avger giftiga ångor.

Giftiga och irriterande ämnen

• Undvik hudkontakt med batterisyra, bränsle, smörjmedel och vätskor, speciellt frostskyddsvätska och bromsvätska. Sug aldrig upp dem med munnen. Om någon av dessa ämnen sväljs eller kommer in i ögonen, kontakta läkare.
• Långvarig kontakt med använd motorolja kan orsaka hudcancer. Bär alltid handskar eller använd en skyddande kräm. Byt oljeindränkta kläder och förvara inte oljiga trasor i fickorna.
• Luftkonditioneringens kylmedel omvandlas till giftig gas om den exponeras för öppen låga (inklusive cigaretter). Det kan också orsaka brännskador vid hudkontakt.

Asbest

• Asbestdamm kan ge upphov till cancer vid inandning, eller om man sväljer det. Asbest kan finnas i packningar och i kopplings- och bromsbelägg. Vid hantering av sådana detaljer är det säkrast att alltid behandla dem som om de innehöll asbest.

Speciella faror

Flourvätesyra

• Denna extremt frätande syra bildas när vissa typer av syntetiskt gummi i t ex O-ringar, tätningar och bränsleslangar utsätts för temperaturer över 400 °C. Gummit omvandlas till en sotig eller kladdig substans som innehåller syran. *När syran väl bildats är den farlig i flera år. Om den kommer i kontakt med huden kan det vara tvunget att amputera den utsatta kroppsdelen.*
• Vid arbete med ett fordon, eller delar från ett fordon, som varit utsatt för brand, bär alltid skyddshandskar och kassera dem på ett säkert sätt efteråt.

Batteriet

• Batterier innehåller svavelsyra som angriper kläder, ögon och hud. Var försiktig vid påfyllning eller transport av batteriet.
• Den vätgas som batteriet avger är mycket explosiv. Se till att inte orsaka gnistor eller använda öppen låga i närheten av batteriet. Var försiktig vid anslutning av batteriladdare eller startkablar.

Airbag/krockkudde

• Airbags kan orsaka skada om de utlöses av misstag. Var försiktig vid demontering av ratt och/eller instrumentbräda. Det kan finnas särskilda föreskrifter för förvaring av airbags.

Dieselinsprutning

• Insprutningspumpar för dieselmotorer arbetar med mycket högt tryck. Var försiktig vid arbeten på insprutningsmunstycken och bränsleledningar.

⚠️ *Varning: Exponera aldrig händer eller annan del av kroppen för insprutarstråle; bränslet kan tränga igenom huden med ödesdigra följder*

Kom ihåg...

ATT

• Använda skyddsglasögon vid arbete med borrmaskiner, slipmaskiner etc, samt vid arbete under bilen.

• Använda handskar eller skyddskräm för att skydda händerna.

• Om du arbetar ensam med bilen, se till att någon regelbundet kontrollerar att allt står väl till.

• Se till att inte löst sittande kläder eller långt hår kommer i vägen för rörliga delar.

• Ta av ringar, armbandsur etc innan du börjar arbeta på ett fordon - speciellt med elsystemet.

• Försäkra dig om att lyftanordningar och domkraft klarar av den tyngd de utsätts för.

ATT INTE

• Ensam försöka lyfta för tunga delar - ta hjälp av någon.

• Ha för bråttom eller ta osäkra genvägar.

• Använda dåliga verktyg eller verktyg som inte passar. De kan slinta och orsaka skador.

• Låta verktyg och delar ligga så att någon riskerar att snava över dem. Torka upp olje- och bränslespill omgående.

• Låta barn eller husdjur leka nära en bil under arbetets gång.

Skoda Fabia modellerna i denna här handboken tillverkades mellan mars 2000 och december 2005.

Modellerna i denna handbok finns tillgängliga med 1,2 liters DOHC bensinmotor med 3 cylindrar och 6 ventiler, 1,2 liters DOHC bensinmotor med 3 cylindrar och 12 ventiler, 1,4 liters bensinmotor med 4 cylindrar och 8 ventiler och 1,4 liters bensinmotor med 4 cylindrar och 16 ventiler. Det finns dieselmotorer på 1,4 liter med 3 cylindrar (6-ventiler) och 1,9 liter med 4 cylindrar (8-ventiler). 1,0 liters OHV motor och 2,0 liters

bensinmotorer med 16-ventiler behandlas inte i den här handboken. 1,9 liters dieselmotorer finns i versioner med och utan turbo. Alla bensinmotorer använder flerpunktsinsprutning och är utrustade med ett brett utbud av avgasreningssystem. Alla motorer har väl beprövad utformning och ger sällan upphov till problem, förutsatt att regelbundet underhåll utförs.

Skoda Fabia finns som 5-dörrars halvkombi, 4-dörrars sedan och 5-dörrars kombimodeller.

I den individuella framvagnsupphängningen

är delarna fästa på en kryssrambalk. Bakfjädringen är halvt fristående, med en torsionsstav och länkarmar.

Den är utrustad med en femväxlad manuell växellåda med en fyrväxlad automatisk växellåda tillgänglig som alternativ för modeller med 1,4 liters bensinmotor med 16 ventiler. **Observera:** *I skrivande stund finns ingen information om den 6-växlade växellådan (code 0A8) som finns i vRS modeller.*

Ett brett utbud av standard- och tillvalsutrustning finns inom modellserien som passar de flesta smaker, inklusive låsningsfria bromsar, antispinnsystem och luftkonditionering.

För hemmamekanikern är Skoda Fabia lätt att underhålla och de flesta av delarna som kräver regelbunden tillsyn är enkla att komma åt.

Din Skoda Fabia Handbok

Syftet med den här handboken är att hjälpa dig få så stor glädje av din bil som möjligt. Det kan göras på flera sätt. Boken är till hjälp vid beslut om vilka åtgärder som ska vidtas (även då en verkstad anlitas för att utföra själva arbetet). Den ger även information om rutinunderhåll och service, och föreslår arbetssätt för ändamålsenliga åtgärder och diagnos om slumpmässiga fel uppstår. Förhoppningsvis kommer dock handboken att vara till stor hjälp när du försöker klara av arbetet på egen hand. Vad gäller enklare jobb kan det till och med gå snabbare att ta hand om det själv än att först boka tid på en verkstad och sedan ta sig dit två gånger, en gång för att lämna bilen och en gång för att hämta den. Och kanske viktigast av allt, en hel del pengar kan sparas genom att man undviker de avgifter verkstäder tar ut för att kunna täcka arbetskraft och marginaler.

Handboken innehåller teckningar och beskrivningar som förklarar de olika komponenternas funktion och utformning. Arbetsgången är beskriven och fotograferad i tydlig ordningsföljd, steg för steg.

Hänvisningar till 'vänster' och 'höger' avser vänster eller höger för en person som sitter i förarsätet och tittar framåt.

Tack till...

Tack till Draper Tools Limited, som stod för en del av verktygen, samt till alla på Sparkford som hjälpte till att producera den här boken.

Den här handboken är inte en direkt ombearbetning av tillverkarnas uppgifter, och publiceringen av den innebär inte att något tekniskt medgivande från fordonstillverkare eller importörer har givits.

Vi är mycket stolta över tillförlitligheten i den information som ges i den här boken, men biltillverkare gör ändringar i konstruktion och utformning under pågående tillverkning och talar inte alltid om det för oss. Författarna och förlaget kan inte ta på sig något ansvar för förluster, skador eller personskador till följd av felaktig eller ofullständig information i denna bok.

Följande sidor är tänkta att vara till hjälp vid hantering av vanligt förekommande problem. Mer detaljerad information om felsökning finns i slutet av boken, och beskrivningar av reparationer finns i bokens olika huvudkapitel.

Om bilen inte startar och startmotorn inte går runt

☐ Om det är en modell med automatväxellåda, se till att växelväljaren står på P eller N.

☐ Öppna motorhuven och kontrollera att batteripolerna är rena och sitter fast ordentligt.

☐ Slå på strålkastarna och försök starta motorn. Om strålkastarljuset försvagas mycket under startförsöket är batteriet troligen urladdat. Lös problemet genom att använda startkablar (se nästa sida) och en annan bil.

Om bilen inte startar trots att startmotorn går runt som vanligt

☐ Finns det bränsle i tanken?

☐ Finns det fukt i elsystemet under motorhuven? Slå av tändningen och torka bort synlig fukt med en torr trasa. Spraya en vattenavstötande spray (WD-40 eller motsvarande) på tändningens- och bränslesystemets elanslutningar som de som visas på bilderna. (Observera att fukt sällan förekommer i dieselmotorer.)

A Kontrollera batterianslutningarnas skick och att de sitter ordentligt (först ta bort kåpa)

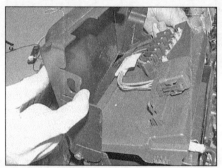

B Kontrollera säkringar och smältsäkringar i säkringsdosan på batteriets ovansida.

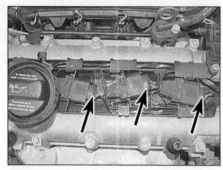

C Kontrollera kablaget till tändspolarna under motorns övre skyddskåpa (endast bensinmodeller).

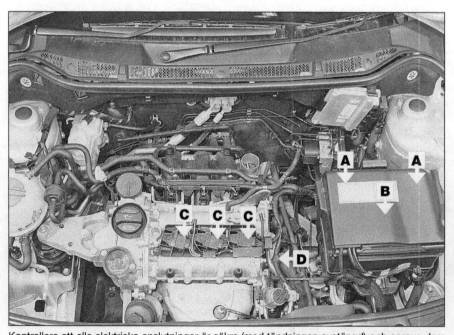

Kontrollera att alla elektriska anslutningar är säkra (med tändningen avstängd) och spraya dem med vattenavstötande medel av typen WD-40 om problemet misstänks bero på fukt.

D Kontrollera att alla kablarna till motorn sitter ordentligt

Starthjälp

Tänk på följande om bilen startas med ett laddningsbatteri:

✔ Innan laddningsbatteriet ansluts ska tändningen vara avslagen.

✔ Kontrollera att all elektrisk utrustning (ljus, värme, vindrutetorkare etc.) är avslagen.

✔ Se efter om det står några speciella föreskrifter på batteriet.

✔ Kontrollera att laddningsbatteriet har

samma spänning som det urladdade batteriet i bilen.

✔ Om batteriet laddas med startkablar från en annan bil, får bilarna INTE VIDRÖRA varandra.

✔ Växellådan ska vara i friläge (eller P för automatväxel).

HAYNES TiPS *Start med startkablar löser ditt problem för stunden, men det är viktigt att ta reda på orsaken till att batteriet laddades ur. Det finns tre möjligheter:*

1 *Batteriet har laddats ur på grund av upprepade startförsök eller på grund av att strålkastarna lämnats påslagna.*

2 *Laddningssystemet fungerar inte som det ska (växelströmsgeneratorns drivrem är lös eller trasig, generatorns kablage eller själva växelströmsgeneratorn är defekt).*

3 *Batteriet är defekt (elektrolytnivån är låg eller batteriet är utslitet).*

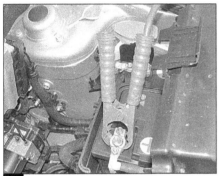

1 Anslut den ena änden av den röda startkabeln till den positiva (+) polen på det urladdade batteriet.

2 Anslut den andra änden av den röda startkabeln till den positiva (+) polen på laddningsbatteriet.

3 Anslut den ena änden av den svarta startkabeln till den negativa (-) polen på laddningsbatteriet.

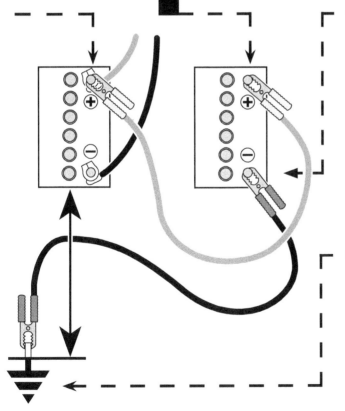

4 Anslut den andra änden av den svarta startkabeln till en lämpligt metalldel på motorblocket på bilen som ska startas

5 Se till att startkablarna inte kommer åt kylfläkten, drivremmarna eller andra rörliga delar i motorn.

6 Starta motorn med laddningsbatteriet och låt den gå på tomgång. Slå på strålkastarna, bakrutevärmen och värmefläktsmotorn. Koppla sedan loss startkablarna i motsatt ordning mot ditsättningen. Stäng av strålkastarna etc.

Hjulbyte

Varning: Vissa av detaljerna som visas här kan variera beroende på modell.
Varning: Byt aldrig däck om du befinner dig i en situation där du riskerar att bli påkörd av annan trafik. Försök att stanna i en parkeringsficka eller på en mindre avtagsväg om du befinner dig på en väg med mycket trafik. Håll uppsikt över passerande trafik när du byter hjul – det är lätt att bli distraherad av arbetet med hjulbytet.

Förberedelser

☐ Vid punktering, stanna så snart det är säkert för dig och dina medtrafikanter.
☐ Parkera om möjligt på plan mark där du inte hamnar i vägen för annan trafik.
☐ Använd varningsblinkers om det behövs.

☐ Använd en varningstriangel (obligatorisk utrustning) för att göra andra trafikanter uppmärksamma på bilens närvaro.
☐ Dra åt handbromsen och lägg i ettan eller backen (eller parkeringsläge på modeller med automatväxellåda).

☐ Blockera det hjul som är placerat diagonalt mot det hjul som ska tas bort – några stora stenar kan användas till detta.
☐ Använd en brädbit för att fördela tyngden under domkraften om marken är mjuk.

Hjulbyte

1 Reservhjulet och verktyg förvaras under bagageutrymmet. Lyft ut domkraft och hjulbytesverktyg från mitten av reservhjulet.

2 Skruva loss hållaren og lyft ut hjulet

3 Använd en vajerkrok för att ta bort navkapseln. Om tillämpligt, använd avdrageren fra verktygslådan för att ta bort kåpan från de låsbare hjulbultarna.

4 Lossa på varje hjulbult genom att vrida ett halvt varv (med den räfflade specialadaptern för stöldskyddsbulten).

5 Placera domkraften under den förstärkta punkten på tröskeln (höj inte fordonet med domkraften vid någon annan punkt på tröskeln) och på fast mark, vrid sedan domkraftshandtaget medurs tills hjulet har lyfts från underlaget.

6 Skruva loss hjulbultarna (med den räfflade specialadaptern för stöldskyddsbulten) och ta bort hjulet. Montera reservhjulet, och skruva på bultarna. Dra åt bultarna något med fälgkorset och sänk ner bilen.

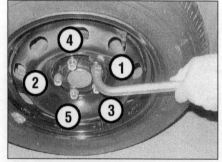

7 Dra åt hjulbultarna ordentligt i den ordningsföljd som visas och sätt sedan på navkapseln. Lägg in hjulet med punktering i reservhjulsutrymmet. Observera att hjulbultarna ska dras åt till angivet moment så snart som möjligt.

Slutligen . . .

☐ Ta bort hjulblockeringen.
☐ Lägg in domkraft och verktyg i reservhjulet.
☐ Kontrollera lufttrycket i det nymonterade däcket. Om det är lågt eller om du inte har en tryckmätare med dig, kör långsamt till närmaste bensinstation och kontrollera/justera trycket.

Observera: *Om ett 'kompakt' reservhjul har monterats gäller särskilda villkor. Den här typen av reservhjul är endast avsett för användning i en nödsituation, och ska inte användas längre tid än det tar att laga det trasiga hjulet. När ett tillfälligt reservhjul används, kontrollera däcktryck, kör inte snabbare än 80 km/h och undvik kraftig acceleration, inbromsning och kurvtagning.*

Hitta läckor

Pölar på garagegolvet (eller där bilen parkeras) eller våta fläckar i motorrummet tyder på läckor som man måste försöka hitta. Det är inte alltid så lätt att se var läckan är, särskilt inte om motorrummet är mycket smutsigt. Olja eller andra vätskor kan spridas av fartvinden under bilen och göra det svårt att avgöra var läckan egentligen finns.

 Varning: De flesta oljor och andra vätskor i en bil är giftiga. Vid spill bör man tvätta huden och byta indränkta kläder så snart som möjligt

 Lukten kan vara till hjälp när det gäller att avgöra varifrån ett läckage kommer och vissa vätskor har en färg som är lätt att känna igen. Det är en bra idé att tvätta bilen ordentligt och ställa den över rent papper över natten för att lättare se var läckan finns. Tänk på att motorn ibland bara läcker när den är igång.

Olja från sumpen

Motorolja kan läcka från avtappnings-pluggen . . .

Olja från oljefiltret

. . . eller från oljefiltrets packning.

Växellådsolja

Växellådsolja kan läcka från tätningarna i ändarna på drivaxlarna.

Frostskydd

Läckande frostskyddsvätska lämnar ofta kristalliknande avlagringar liknande dessa.

Bromsvätska

Läckage vid ett hjul är nästan alltid bromsvätska.

Servostyrningsvätska

Servostyrningsvätska kan läcka från styrväxeln eller dess anslutningar.

Bogsering

När ingenting annat hjälper kan du behöva bli bogserad hem – eller kanske är det du som får hjälpa någon annan med bogsering. Bogsering längre sträckor bör överlåtas till verkstäder eller bärgningsfirmor. Kortare sträckor går det utmärkt att låta en annan privatbil bogsera, men tänk på följande:

☐ Använd en riktig bogserlina – de är inte dyra. Fordonet som bogseras måste i vissa länder vara försett med en skylt med texten BOGSERING i bakrutan.

☐ Slå alltid på tändningen när bilen bogseras så att rattlåset släpper och riktningsvisare och bromsljus fungerar.

☐ Fäst bogserlinan i de befintliga bogseringsöglorna och ingen annanstans.

☐ Lossa handbromsen och lägg växeln i friläge innan bogseringen börjar. Överskrid inte 50 km/h och bogsera inte under mer än 50 km vid modeller med automatväxellåda. Undvik bogsering vid minsta tveksamhet, annars kan växellådan skadas.

☐ Observera att du behöver trycka hårdare än vanligt på bromspedalen när du bromsar eftersom vakuumservon bara fungerar när motorn är igång.

☐ Eftersom inte heller servostyrningen fungerar, krävs mer kraft än vanligt även för att styra.

☐ Föraren av den bogserade bilen måste vara noga med att hålla bogserlinan spänd hela tiden för att undvika ryck.

☐ Försäkra er om att båda förarna känner till den planerade färdvägen innan ni startar.

☐ Bogsera aldrig längre sträcka än nödvändigt och håll lämplig hastighet (högsta tillåtna hastighet vid bogsering är 30 km/h). Kör försiktigt och sakta ner mjukt och långsamt före korsningar.

☐ Den främre bogseringsöglan finns i verktygslådan och skruvas i läge bakom luftmunstycket/kåpan på höger sida av den främre stötfångaren. Bogseringsöglan är vänstergängad.

☐ Den bakre bogseringsöglan sitter under den bakre stötfångarens högra del.

Inledning

Det finns ett antal mycket enkla kontroller som endast tar några minuter i anspråk, men som kan bespara dig mycket besvär och stora kostnader.

Dessa *veckokontroller* kräver inga större kunskaper eller specialverktyg, och den korta tid de tar att utföra kan visa sig vara väl använd:

☐ Att hålla ett öga på däckens skick och lufttryck förebygger inte bara att de slits ut i förtid utan kan också rädda liv.

☐ Många motorhaverier orsakas av elektriska problem. Batterirelaterade fel är särskilt vanliga och genom regelbundna kontroller kan de flesta av dessa förebyggas.

☐ Om det uppstår en läcka i bromssystemet

kanske den upptäcks först när bromsarna slutar att fungera. Vid regelbundna kontroller av bromsvätskenivån uppmärksammas sådana fel i god tid.

☐ Om olje- eller kylvätskenivån blir för låg är det t.ex. betydligt billigare att laga läckan direkt, än att bekosta dyra reparationer av de motorskador som annars kan uppstå.

Kontrollpunkter i motorrummet

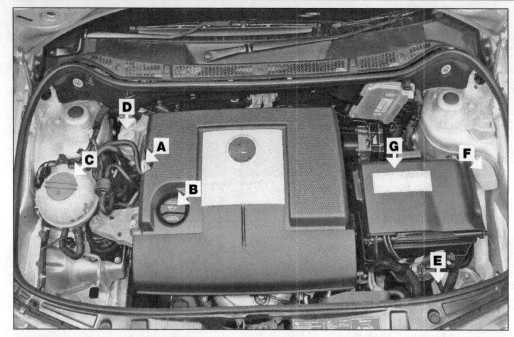

◀ **1,2 liter bensin DOHC**

A *Mätsticka för motorolja*
B *Påfyllningslock för motorolja*
C *Kylsystemets expansionskärl*
D *Bromsvätskebehållare*
E *Behållare för servostyrningsvätska*
F *Spolarvätskebehållare*
G *Batteri*

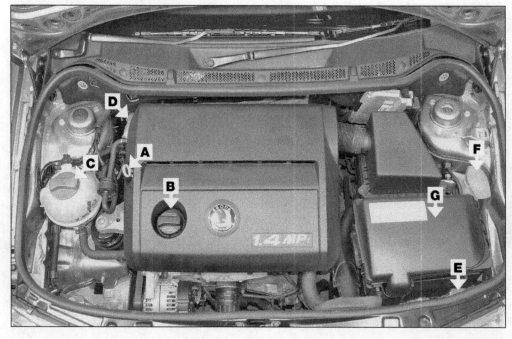

◀ **1,4 liter bensin OHV**

A *Mätsticka för motorolja*
B *Påfyllningslock för motorolja*
C *Kylsystemets expansionskärl*
D *Bromsvätskebehållare*
E *Behållare för servostyrningsvätska*
F *Spolarvätskebehållare*
G *Batteri*

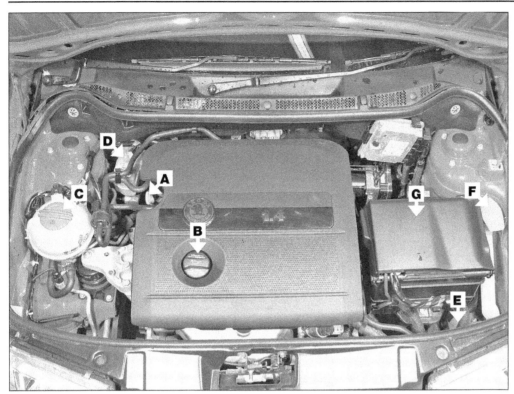

◀ **1,4 liter bensin DOHC**

A *Mätsticka för motorolja*

B *Påfyllningslock för motorolja*

C *Kylsystemets expansionskärl*

D *Bromsvätskebehållare*

E *Behållare för servostyrningsvätska*

F *Spolarvätskebehållare*

G *Batteri*

◀ **1,4 liter dieselmodell**

A *Mätsticka för motorolja*

B *Påfyllningslock för motorolja*

C *Kylsystemets expansionskärl*

D *Bromsvätskebehållare*

E *Behållare för servostyrningsvätska*

F *Spolarvätskebehållare*

G *Batteri*

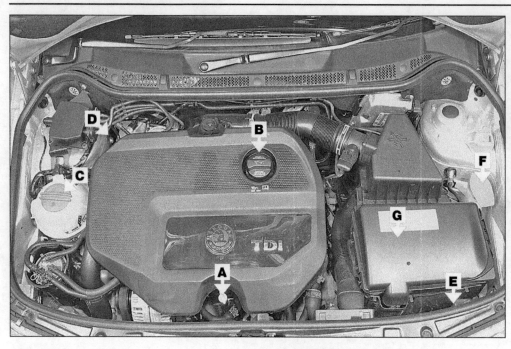

◄ **1,9 liter dieselmodell**

A *Mätsticka för motorolja*
B *Påfyllningslock för motorolja*
C *Kylsystemets expansionskärl*
D *Bromsvätskebehållare*
E *Behållare för servostyrningsvätska*
F *Spolarvätskebehållare*
G *Batteri*

Motoroljenivå

Innan arbetet påbörjas

✔ Se till att bilen står plant.
✔ Oljenivån måste kontrolleras innan bilen körs, eller tidigast 5 minuter efter det att motorn har stängts av.

HAYNES TiPS *Om oljenivån kontrolleras omedelbart efter det att bilen har körts, kommer en del av oljan att vara kvar i den övre delen av motorn. Detta ger felaktig avläsning på mätstickan.*

Korrekt oljetyp

Moderna motorer ställer höga krav på oljans kvalitet. Det är mycket viktigt att man använder en lämplig olja till sin bil (se *Smörjmedel och vätskor*).

Bilvård

● Om oljan behöver fyllas på ofta bör bilen kontrolleras med avseende på oljeläckor. Lägg ett rent papper under motorn över natten och se om det finns fläckar på det på morgonen. Finns det inga läckor kanske motorn bränner olja.
● Oljenivån ska alltid vara någonstans mellan oljestickans övre och nedre markering. Om oljenivån är för låg kan motorn ta allvarlig skada. Oljetätningarna kan gå sönder om man fyller på för mycket olja.

1 Mätstickan är ofta i skarp färg för enkel identifiering (se *Kontrollpunkter i motorrummet* för exakt placering). Torka av oljan från mätstickan med en ren trasa eller en bit papper. Stick in den rena mätstickan i röret och dra ut den igen.

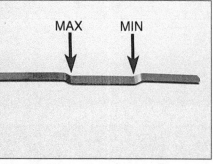

2 Observera nivån på mätstickans ände, som ska vara mellan den övre (MAX) och nedre (MIN) markeringen.

3 Oljan fylls på genom påfyllningslocket. Skruva loss locket.

4 Lägg några trasor runt öppningen på påfyllningslocket om så behövs och fyll på. Med en tratt minimeras oljespillet. Häll i oljan långsamt och kontrollera nivån på mätstickan ofta. Undvika att fylla på för mycket (se *Bilvård*).

Kylvätskenivå

 Varning: Skruva aldrig av expansionskärlets lock när motorn är varm på grund av risken för brännskador. Låt inte behållare med kylvätska stå öppna eftersom vätskan är giftig.

Bilvård
● Ett slutet kylsystem ska inte behöva fyllas på regelbundet. Om kylvätskan behöver fyllas på ofta har bilen troligen en läcka i kylsystemet. Kontrollera kylaren samt alla slangar och fogytor och sök efter avlagringar eller fukt. Åtgärda eventuella problem.

● Det är viktigt att frostskyddsmedel används i kylsystemet året runt, inte bara under vintermånaderna. Fyll inte på med enbart vatten, då sänks koncentrationen av frostskyddsmedel.

1 Kylvätskenivån varierar med motorns temperatur. När motorn är kall ska kylvätskenivån ligga mellan markeringarna MIN och MAX.

2 Vänta med att fylla på kylvätska tills motorn är kall. Skruva försiktigt loss locket för att släppa ut övertrycket ur kylsystemet, och ta bort locket.

3 Häll en blandning av vatten och frostskyddsmedel (see *Smörjmedel och vätskor*) i expansionskärlet tills kylvätskenivån ligger mellan MAX-och MIN markeringen. Sätt tillbaka locket och dra åt ordentligt

Broms- och kopplingsvätskenivå

Observera: *På modeller med manuell växellåda förser vätskebehållaren även kopplingens huvudcylinder med vätska*

Innan arbetet påbörjas
✔ Se till att bilen står plant.
✔ Håll rent runt behållarlocket före påfyllning eftersom det är viktigt med renlighet när bromssystemet behandlas. Använd endast ren bromsolja

Säkerheten främst!
● Om du måste fylla på bromsoljebehållaren ofta har bilen fått en läcka i bromssystemet. Detta måste undersökas omedelbart.

● Vid en misstänkt läcka i systemet får bilen inte köras förrän bromssystemet har kontrollerats. Ta aldrig några risker med bromsarna.

 Varning: Bromsolja kan skada dina ögon och bilens lack, så var ytterst försiktig när du arbetar med den. Använd inte olja ur kärl som har stått öppna en längre tid. Bromsolja drar åt sig fuktighet från luften vilket kan försämra bromsegenskaperna avsevärt.

1 Behållarna har MIN- och MAX-markeringar. Oljenivån måste alltid hållas mellan dessa två markeringar. Observera att det är naturligt att nivån sjunker när bromsklossbeläggen slits, men den får aldrig ligga under MIN-markeringen.

2 Om vätskebehållaren behöver fyllas på bör området runt påfyllningslocket först rengöras för att förhindra att hydraulsystemet förorenas. Skruva bort behållarens lock

3 Fyll på vätska försiktigt. Var noga med att inte spilla på de omgivande komponenterna. Använd endast rekommenderad vätska (see *Smörjmedel och vätskor*); Om olika typer blandas kan systemet skadas. Avsluta med att sätta tillbaka locket ordentligt och torka bort eventuellt spill.

Spolarvätskenivå

● Spolarvätskekoncentrat rengör inte bara rutan utan fungerar även som frostskydd så att spolarvätskan inte fryser under vintern, då den behövs som mest. Fyll inte på med enbart vatten eftersom spolarvätskan då späds ut för mycket och kan frysa.

 Varning: Använd aldrig motorkylvätska i vindrutespolarsystemet. Det kan missfärga eller skada lacken.

1 Spolarvätskebehållaren sitter på motorrummets vänstra sida, bakom strålkastaren. Dra ut påfyllningslocket för att lossa den från behållaren.

2 Om påfyllning behövs, spolarvätska bör hällas i spolarsystemet i den koncentration som anges på flaskan.

Batteri

 Varning: Läs säkerhetsföreskrifterna i 'Säkerheten främst!' (i början av handboken) innan något arbete utförs på batteriet.

✔ Se till att batterilådan är i gott skick och att klämman sitter ordentligt. Rost på plåten, hållaren och batteriet kan avlägsnas med en lösning av vatten och bikarbonat. Skölj noggrant alla rengjorda delar med vatten. Alla rostskadade metalldelar ska först målas med en zinkbaserad grundfärg och därefter lackeras.
✔ Kontrollera regelbundet (ungefär var tredje månad) batteriets skick enligt beskrivningen i kapitel 5A.
✔ Om batteriet är urladdat och du måste använda starthjälp för att starta bilen, se *Reparationer vid vägkanten*.

1 Batteriet sitter i motorrummets främre vänstra hörn. Ta bort värmeskyddet genom att trycka på sidoknapparna för att komma åt batteripolerna. Batteriets yttre bör inspekteras då och då för att se efter om där finns skador, till exempel om det finns sprickor i höljet eller på locket.

2 Kontrollera batterianslutningarnas skick och att de sitter ordentligt. Batteriets yttre bör inspekteras då och då för att se efter om där finns skador, till exempel om det finns sprickor i höljet eller på locket.

3 Om du kan se korrosion (vita, fluffiga avlagringar), ta bort kablarna från batteripolerna (se *Koppla loss batteriet* i kapitlet Referens mot slutet av handboken), rengör dem med en liten stålborste och sätt tillbaka dem igen. I biltillbehörsbutiker kan man köpa ett särskilt verktyg för rengöring av batteripoler . . .

4 . . . och batteriets kabelklämmor. **Observera:** *Skoda tillåter uttryckligen inte användningen av fett på batteripolerna.*

Däckens skick och lufttryck

Det är mycket viktigt att däcken är i bra skick och har korrekt lufttryck – däckhaverier är farliga i alla hastigheter.

Däckslitage påverkas av körstil – hårda inbromsningar och accelerationer eller snabb kurvtagning, samverkar till högt slitage. Generellt sett slits framdäcken ut snabbare än bakdäcken. Axelvis byte mellan fram och bak kan jämna ut slitaget, men om detta är för effektivt kan du komma att behöva byta alla fyra däcken samtidigt.

Ta bort spikar och stenar som bäddats in i mönstret innan dessa går igenom och orsakar punktering. Om borttagandet av en spik avslöjar en punktering, stick tillbaka spiken i hålet som markering, byt omedelbart hjul och låt reparera däcket (eller köp ett nytt).

Kontrollera regelbundet att däcken är fria från sprickor och blåsor, speciellt i sido-väggarna. Ta av hjulen med regelbundna mellanrum och rensa bort all smuts och lera från inte och yttre ytor. Kontrollera att inte fälgarna visar spår av rost, korrosion eller andra skador. Lättmetallfälgar skadas lätt av kontakt med trottoarkanter vid parkering, stålfälgar kan bucklas. En ny fälg är ofta det enda sättet att korrigera allvarliga skador.

Nya däck måste alltid balanseras vid monteringen, men det kan vara nödvändigt att balansera om dem i takt med slitage eller om balansvikterna på fälgkanten lossnar.

Obalanserade däck slits snabbare och de ökar även slitaget på fjädring och styrning. Obalans i hjulen märks normalt av vibrationer, speciellt vid vissa hastigheter, i regel kring 80 km/tim. Om dessa vibrationer bara känns i styrningen är det troligt att enbart framhjulen behöver balanseras. Om istället vibrationerna känns i hela bilen kan bakhjulen vara obalanserade. Hjulbalansering ska utföras av däckverkstad eller annan verkstad med lämplig utrustning.

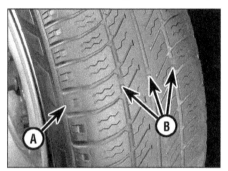

1 Mönsterdjup - visuell kontroll
Originaldäcken har slitageklackar (B) som uppträder när mönsterdjupet slitits ned till ca 1,6 mm. Bandens lägen anges av trianglar på däcksidorna (A).

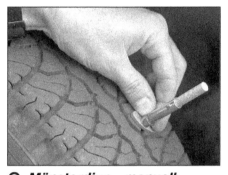

2 Mönsterdjup - manuell kontroll
Mönsterdjupet kan även avläsas med ett billigt verktyg kallat mönsterdjupsmätare.

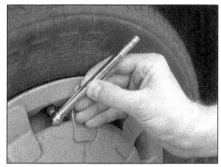

3 Lufttryckskontroll
Kontrollera regelbundet lufttrycket i däcken när dessa är kalla. Justera inte luft-trycket omedelbart efter det att bilen har körts, eftersom detta leder till felaktiga värden.

Däckslitage

Slitage på sidorna

Lågt däcktryck (slitage på båda sidorna)
Lågt däcktryck orsakar överhettning i däcket eftersom det ger efter för mycket, och slit-banan ligger inte rätt mot underlaget. Detta orsakar förlust av väggrepp och ökat slitage.
Kontrollera och justera däcktrycket
Felaktig cambervinkel (slitage på en sida)
Reparera eller byt ut fjädringsdetaljer
Hård kurvtagning
Sänk hastigheten!

Slitage i mitten

För högt däcktryck
För högt däcktryck orsakar snabbt slitage i mitten av däckmönstret, samt minskat väg-grepp, stötigare gång och fara för skador i korden.
Kontrollera och justera däcktrycket

Om du ibland måste ändra däcktrycket till högre tryck specificerade för max lastvikt eller ihållande hög hastighet, glöm inte att minska trycket efteråt.

Ojämnt slitage

Framdäcken kan slitas ojämnt som följd av felaktig hjulinställning. De flesta bilåterför-säljare och verkstäder kan kontrollera och justera hjulinställningen för en rimlig summa.
Felaktig camber- eller castervinkel
Reparera eller byt ut fjädringsdetaljer
Defekt fjädring
Reparera eller byt ut fjädringsdetaljer
Obalanserade hjul
Balansera hjulen
Felaktig toe-inställning
Justera framhjulsinställningen
Notera: *Den fransiga ytan i mönstret, ett typiskt tecken på toe-förslitning, kontrolleras bäst genom att man känner med handen över däcket.*

Elsystem

✔ Kontrollera alla yttre lampor samt signalhornet. Se aktuella avsnitt i kapitel 12 för närmare information om någon av kretsarna inte fungerar.

✔ Se över alla tillgängliga kontaktdon, kablar och kabelklämmor så att de sitter ordentligt och inte är skavda eller skadade.

 HAYNES TiPS *Om bromsljus och körriktningsvisare behöver kontrolleras när ingen medhjälpare finns till hands, backa upp mot en vägg eller garageport och slå på ljusen. Det reflekterade skenet visar om de fungerar eller inte.*

1 Om enstaka körriktningsvisare, bromsljus eller strålkastare inte fungerar beror det antagligen på en trasig glödlampa som behöver bytas ut. Se kapitel 12 för mer information. Om båda bromsljusen är sönder är det möjligt att kontakten som styrs av bromspedalen är defekt. Se kapitel 9 för mer information.

2 Om mer än en blinker eller strålkastare inte fungerar har troligen en säkring gått eller ett fel uppstått i kretsen (se *Felsökning av elsystemet* i kapitel 12). Huvudsäkringarna sitter i säkringsdosan under en kåpa på instrumentbrädans högra del. Använd en liten skruvmejsel för att bända loss kåpan. Kretsarna som skyddas av säkringarna visas på kåpans insida. Ytterligare viktiga säkringar och smältsäkringar sitter i säkringsdosan på batteriets ovansida.

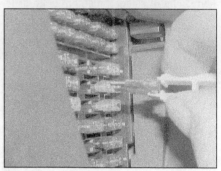

3 Om du ska byta en trasig säkring, dra loss den från säkringsdosan med hjälp av den medföljande plasttången. Sätt dit en ny säkring av samma typ. Finns i biltillbehörsbutiker. Det är viktigt att du hittar orsaken till att säkringen gick sönder (se *Felsökning av elsystemet* i kapitel 12).

Torkarblad

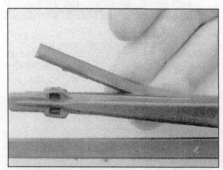

1 Kontrollera torkarbladens skick. Om de är spruckna eller ser slitna ut, eller om rutan inte torkas ordentligt, ska de bytas ut. Torkarblad bör bytas en gång om året för bästa sikt.

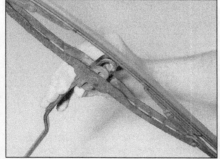

2 Ta bort ett torkarblad genom att lyfta upp torkararmen helt från vindrutan tills det tar stopp. Vrid bladet 90°, tryck på spärrfliken med fingrarna och låt bladet glida ut ur armens böjda ände.

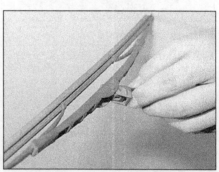

3 Glöm inte att även kontrollera bakrutans torkarblad, i förekommande fall. När du ska ta bort bladet, tryck ner fästfliken och låt bladet glida ut ur armens böjda ände.

Smörjmedel och vätskor

Motor (bensin)

Standardserviceintervall (avstånd/tid). . . . .   Flergradig motorolja, viskositet SAE 5W/40 till 20W/50, till API SG/CD

LongLife-serviceintervall (varierar) . . . .   Skoda LongLife motorolja (Skoda 503 00 eller bättre)*

Motor (diesel)

Standardserviceintervall (avstånd/tid). . . . .   Flergradig motorolja, viskositet SAE 5W/40 till 20W/50, till API SG/CD

LongLife-serviceintervall (varierar) . . . .   Skoda LongLife motorolja (Skoda 506 00 eller bättre)‡

Kylsystem . . . .   Skoda-tillsats G12 enbart (frostskyddsmedel och korrosionsskydd)

Manuell växellåda. . . . .   Skoda G50 syntetisk växellådsolja, viskositet SAE 75W/90†

Automatväxellåda

Huvudväxellåda . . . .   Skoda ATF

Slutväxel . . . .   Skoda G50 syntetisk växellådsolja, viskositet SAE 75W/90

Bromssystem . . . .   Hydraulvätska till SAE J1703F eller DOT 4

Servostyrningsbehållare . . . .   Skoda-hydraulolja G 002 000

* Max. 0,5 liter standardolja av typen Skoda 502 00 får användas för påfyllning när LongLife inte finns tillgänglig.
‡ Max. 0,5 liter standardolja av typen Skoda 505 00 får användas för påfyllning när LongLife inte finns tillgänglig.
† I skrivande stund finns ingen information om den 6-växlade växellådan som finns i vRS modeller

Däcktryck

Observera: *Det rekommenderade däcktrycket för varje bil anges på en etikett på baksidan av tanklocket. Trycken som anges avser originaldäcken – de rekommenderade trycken kan variera om däck av annan typ eller annat märke används. Kontrollera med däcktillverkaren eller leverantören och ta reda på de senaste rekommendationerna. Följande tryck är typvärden.*

	Fram	Bak
Normallastad	2,0 bar	2,2 bar
Fullastad.	2,2 bar	2,8 bar

Observera: *Om ett kompakt reservhjul används måste dess tryck vara 4,2 bar.*

Kapitel 1 Del A:
Rutinunderhåll och service – bensinmodeller

Innehåll

Svårighetsgrad

Enkelt, passar novisen med lite erfarenhet	**Ganska enkelt,** passar nybörjaren med viss erfarenhet	**Ganska svårt,** passar kompetent hemmamekaniker	**Svårt,** passar hemmamekaniker med erfarenhet	**Mycket svårt,** för professionell mekaniker

Smörjmedel och vätskor . . . . *Se slutet av* Veckokontroller på sidan 0•18

Motorkoder
1,2 liter:
SOHC	AWY
DOHC	AZQ, BME

1,4 liters OHV:
44 kW	AZE och AZF
50 kW	AME, ATZ och AQW

1,4 liters DOHC:
55 kW	AUA och BBY
74 kW	AUB och BBZ

Volymer

Motorolja – inklusive filter
1,2 liter:
Motorkod AWY	2,4 liter
Motorkoder AZQ och BME.	2,8 liter

1,4 liter:
Motorkoder AME, AQW, ATZ, AZE och AZF.	4,0 liter
Motorkoder AUA, BBY, AUB och BBZ	3,2 liter

Kylsystem
1,2 liters motorer	5,1 liter

1,4 liter:
Motorkoder AME, AQW, ATZ, AZE och AZF.	6,0 liter
Motorkoder AUA, BBY, AUB och BBZ	5,5 liter

Växellåda
Manuell växellåda:
Type 02T	1,9 liter
Type 002	2,0 liter
Automatväxellåda.	5,7 liter

Bränsletank (ungefärlig) . . . . 45 liter

Kylsystem
Frostskyddsblandning:
40 % frostskyddsmedel	Skydd ner till -25 °C
50 % frostskyddsmedel	Skydd ner till -35 °C

Observera: *Kontrollera kylmedietillverkarens senaste rekommendationer.*

Tändsystem

Tändstift:	Typ	Elektrodavstånd
1,2 liter:		
Motorkod AWY	NGK PZFR5J-11	1,0 mm
	NGK ZFR 5P-G	0,9 mm
	Bosch F7 HER2	0,9 mm
Motorkoder AZQ och BME.	Bosch F7 HER2	0,9 mm
	NGK ZFR5P-G	0,8 mm
1,4 liter:		
Motorkoder AME, AQW, ATZ, AZE och AZF.	Champion RC-89 PYC	0,8 mm
Motorkoder AUA, BBY, AUB och BBZ	NGK BKUR 6ET-10	1,0 mm

Bromsar
Bromskloss minimumtjocklek:
Inklusive stödplåt:
Fram	7,0 mm
Bak	7,6 mm

Endast friktionsbelägg:
Fram och bak	2,0 mm
Minsta tjocklek på bakre bromsbacksbeläggen.	1,5 mm

Åtdragningsmoment

	Nm
Generatorns fästbult.	20
Automatväxellådans nivåplugg	15
Manuell växellådans påfyllnings-/nivåplugg.	25
Oljefilterlock (1,2 liters motorer)	25
Hjulbultar	120
Tändstift	30
Oljesumpens avtappningsplugg.	30

Underhållsschema

Underhållsintervallen (visas på nästa sida) i denna handbok förutsätter att arbetet utförs av en hemmamekaniker och inte av en verkstad. Dessa är de längsta intervall vi rekommenderar för bilar i dagligt bruk. Om bilen alltid ska hållas i toppskick bör vissa moment utföras oftare. Vi uppmuntrar tätt och regelbundet underhåll eftersom det höjer bilens effektivitet, prestanda och andrahandsvärde.

Om bilen är ny måste all service utföras av en auktoriserad verkstad för att fabriksgarantin ska gälla.

Alla Skoda modeller är utrustade med en servicedisplay-indikator på instrumentbrädan. Varje gång motorn startas lyser panelen i ungefär 20 sekunder och visar serviceinformationen. På den fasta servicedisplayen anges serviceintervallen som avstånd och tidsperioder. Med LongLife displayet är serviceintervallen variabel. När ett serviceintervall har uppnåtts blinkar 'OIL service' om oljan behöver bytas och 'INSP service' om en kontroll behöver göras.

På modeller med LongLife-schema tas även bilens användning in i beräkningen av när servicepåminnelserna ska visas (antal starter, resornas längd, körhastighet, bromsklosslitage, hur ofta motorhuven öppnats, bränsleförbrukning, oljenivå och oljetemperatur). Om en bil t.ex. används under extrema körförhållanden kan service beräknas till 16 000 km. *Om bilen däremot används under normala körförhållanden kan den beräknas till 32 000 km. Maximal tidsperiod mellan översyn är dock två år. Det är viktigt att förstå att systemet är helt variabelt beroende på hur bilen används, och därför bör servicen utföras när det anges på displayen. Observera: Modeller med varierande serviceintervall är utrustade med en oljenivågivare, indikator för bromsklosslitage, batteri med laddningsindikator och indikator för varierande serviceintervall.*

Varierande LongLife-serviceintervall finns endast på modeller med PR-nummer QG1 och QG2 (anges i bilens servicehäfte, på en plåt inuti bagageutrymmet eller på en etikett "Nästa service" på förardörrens ram). På QG1-modeller utförs oljebyte och allt övrigt underhåll vid varierande intervall. På QG2-modeller utförs oljebytet och kontrollen av bromsklossarna vid fasta intervall, medan allt övrigt underhåll utförs vid varierande intervall.

På modeller med varierande serviceintervall (LongLife) och PR-nummer QG1 får motorn **endast** fyllas med rekommenderad **LongLife**-motorolja (se *Rekommenderade smörjmedel och vätskor*). på modeller med PR-nummer QG2 kan standardmotoroljor användas.

När underhållet har slutförts återställer Skoda-mekaniker servicedisplayen till nästa serviceintervall med ett särskilt instrument och lägger en utskrift i bilens servicebok. Du kan själv återställa displayen enligt beskrivningen i avsnitt 5, men observera att på QG1-modeller med LongLife-intervall ändras schemat till ett LongLife-intervall (QG2) där alla oljebyten och kontroller av bromsklossar baseras på sträcka/tid medan kontroller av alla andra system beräknas av LongLife-funktionen. Om du vill återställa displayen fullständigt till LongLife-schema (QG1) måste du ta bilen till en Skoda-verkstad där de har ett särskilt instrument för programmering av färddatorn.

Var 250 mile eller en gång i veckan

☐ Se Veckokontroller

'OIL service' visas på displayen

☐ Byt motoroljan och filtret (avsnitt 3)

Observera: *Täta olje- och filterbyten är bra för motorn. Vi rekommenderar att du byter olja minst en gång per år.*

☐ Kontrollera de främre och bakre bromsklossarnas tjocklek (avsnitt 4)

☐ Återställ servicedisplayen (avsnitt 5)

'INSP service' visas på displayen

Observera: *Förutom det som anges ovan.*

☐ Kontrollera skicket på avgassystemet och dess fästen (avsnitt 6)

☐ Kontrollera alla komponenter och slangar under motorhuven vad gäller vätske- och oljeläckage (avsnitt 7)

☐ Kontrollera drivremmens skick (avsnitt 8)

☐ Kontrollera halten av frostskyddsmedel i kylvätskan (avsnitt 9)

☐ Kontrollera att bromssystemets hydraulkrets inte läcker eller är skadad (avsnitt 10)

☐ Kontrollera strålkastarinställningen (avsnitt 11)

☐ Byt pollenfilter (avsnitt 12)

☐ Kontrollera oljenivån i den manuella växellådan (avsnitt 13)

☐ Kontrollera om underredsskyddet är intakt (avsnitt 14)

☐ Kontrollera skicket på drivaxlarna (avsnitt 15)

☐ Kontrollera att styrningens och fjädringens delar är i gott skick, samt att de sitter ordentligt (avsnitt 16)

☐ Kontrollera batteriets skick, säkerhet och elektrolytnivå (avsnitt 17)

☐ Smörj alla gångjärn och lås (avsnitt 18)

☐ Kontrollera krockkuddens(arnas) skick (avsnitt 19)

☐ Kontrollera funktionen hos spolaren för vindrutan/bakrutan/strålkastarna (efter tillämplighet) (avsnitt 20)

☐ Leta efter fel i motorstyrningens självfelsökningssystem (avsnitt 21)

☐ Kontrollera takluckans funktion och smörj in styrskenorna (avsnitt 22)

☐ Gör ett landsvägsprov och kontrollera avgasutsläppen (avsnitt 23)

Var 40 000:e km eller vart 4:e år, beroende på vad som kommer först

Observera: *Många verkstäder utför dessa åtgärder vid varannan översyn.*

☐ Byt luftfilter (avsnitt 24)

☐ Byt tändstift (avsnitt 25)

☐ Kontrollera drivremmens skick (avsnitt 26)

☐ Kontrollera servostyrningens hydraulvätskenivå (avsnitt 27)

☐ Kontrollera automatväxellådans vätskenivå (avsnitt 28)

Var 90 000:e km

☐ Byt kamremmen (avsnitt 29)

Observera: *Skoda rekommenderar att du låter kontrollera kamremmen efter de första 96 000 km och sedan var 32 000 km upp till bytesintervallet på 193 000 km. Om bilen mest används för kortare resor rekommenderar vi dock att du följer det kortare bytesintervallet. Hur lång tid som ska gå mellan rembytena är upp till den enskilde bilägaren, men eftersom motorn kommer att skadas allvarligt om remmen går av med motorn igång, rekommenderar vi att du tar det säkra för det osäkra och följer det kortare intervallet.*

Vartannat år

☐ Byt broms-och kopplingsvätska (avsnitt 30)

☐ Byt kylvätskan (avsnitt 31)*

* Observera: *Denna åtgärd innefattas inte av Skodas schema och ska inte behövas om den rekommenderade kylvätskan G12 LongLife med frost-/korrosionskyddsmedel från Skoda används.*

Översikt över motorrummet på en 1,2 liters modell

1 Lock för påfyllning av motorolja
2 Mätsticka för motorolja
3 Kylsystemets expansionskärl
4 Vätskebehållare för vindrute-/strålkastarspolare
5 Behållare för servostyrningsvätska
6 Tändspolar och tändstift
7 Bränsleinsprutningsventiler
8 Övre fäste till framfjädringens fjäderben
9 Bromshuvudcylinderns vätskebehållare
10 Insugsgrenrör
11 Luftkonditioneringsslangar
12 ABS-bromsenhet
13 Motorstyrningens elektroniska styrenhet
14 Batteri
15 Avgasåterföringsventil
16 Lambdasonde
17 Oljefilter
18 Drivrem
19 Höger motorfäste

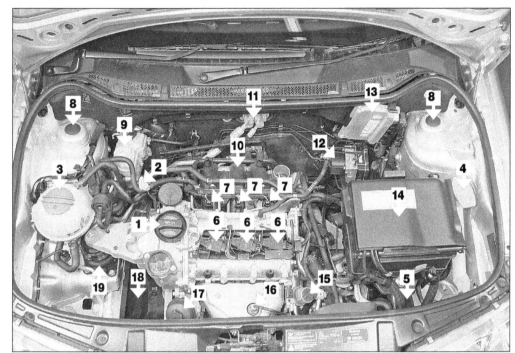

Översikt över främre underredet på en 1,2 liters model

1 Sumpens dräneringsplugg
2 Manuell växellåda
3 Bakre motorfäste/länkage
4 Drivaxel
5 Krängningshämmarlänk
6 Främre bromsok
7 Styrstag
8 Främre länkarm
9 Framfjädringens kryssrambalk
10 Främre avgasrör
11 Drivrem
12 Luftkonditionerings-kompressor
13 Kylarens elektriska kylfläkt
14 Kylsystemets avtappningsplugg
15 Lambdasonde

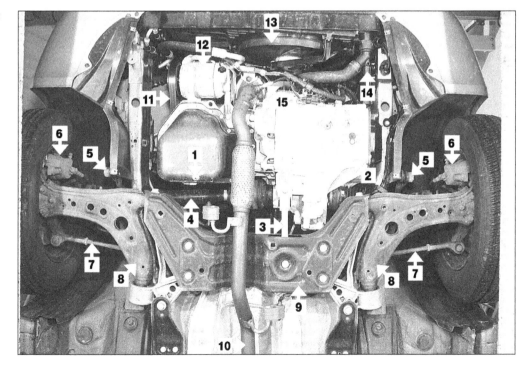

Översikt över bakre underredet på en 1,2 liters model

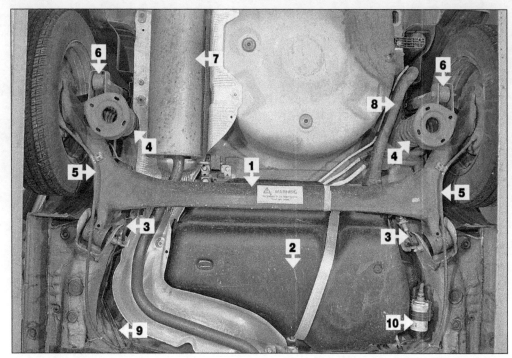

1 Bakaxel
2 Bränsletank
3 Bromsslang
4 Bakfjädringens spiralfjädrar
5 Handbromsvajrar
6 Bakre stötdämpare
7 Bakre ljuddämpare och avgasrör
8 Påfyllningsrör till bränsletanken
9 Bakre hydrauliska bromsledningar
10 Bränslefilter

Översikt över motorrummet på en 1,4 liters OHV-modell

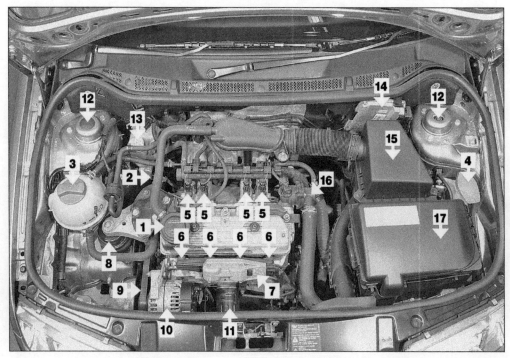

1 Lock för påfyllning av motorolja
2 Mätsticka för motorolja
3 Kylsystemets expansionskärl
4 Vätskebehållare för vindrute-/strålkastarspolare
5 Bränsleinsprutningsventiler
6 Tändstift
7 Tändspolenhet
8 Höger motorfäste
9 Drivrem
10 Växelströmsgenerator
11 Oljefilter
12 Övre fäste till framfjädringens fjäderben
13 Bromshuvudcylinderns vätskebehållare
14 Motorstyrningens elektroniska styrenhet
15 Luftfilterhus
16 Kylvätskans fördelarhus
17 Batteri

Översikt över främre underredet på en 1,4 liter OHV model

1 Sumpens dräneringsplugg
2 Manuell växellåda
3 Bakre motorfäste/länkage
4 Drivaxel
5 Krängningshämmarlänk
6 Främre bromsok
7 Styrstag
8 Främre länkarm
9 Framfjädringens kryssrambalk
10 Växelströmsgenerator
11 Oljefilter
12 Kylarens elektriska kylfläkt
13 Kylarens nedre slang
14 Kylarens dräneringsplugg
15 Främre avgasrör
16 Kylvätskerör som leder från kylaren till kylvätskepumpen

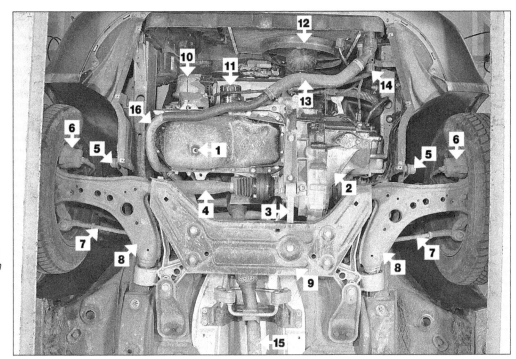

Översikt över motorrummet på en 1,4 liters DOHC modell

1 Lock för påfyllning av motorolja
2 Mätsticka för motorolja
3 Kylsystemets expansionskärl
4 Vätskebehållare för vindrute-/strålkastarspolare
5 Batteri
6 Tändstift och tändspolar
7 Bränsleinsprutningsventiler
8 Höger motorfäste
9 Övre fäste till framfjädringens fjäderben
10 Bromshuvudcylinderns vätskebehållare
11 Luftkonditionerings-ledningar
12 Hydraulisk ABS-bromsenhet
13 Motorstyrningens elektroniska styrenhet
14 Avgasåterföringsenhet

Översikt över främre underredet på en 1,4 liter OHV model

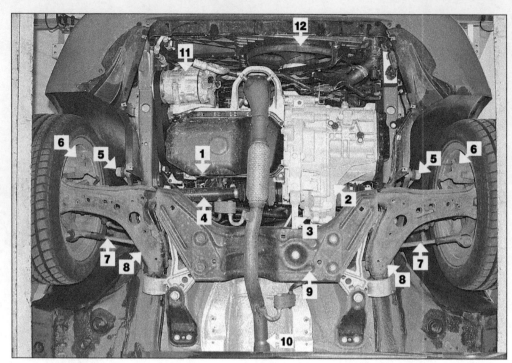

1   Sumpens dräneringsplugg
2   Manuell växellåda
3   Bakre motorfäste/länkage
4   Drivaxel
5   Krängningshämmarlänk
6   Främre bromsok
7   Styrstag
8   Främre länkarm
9   Framfjädringens
    kryssrambalk
10 Främre avgasrör
11 Luftkonditionerings-
    kompressor
12 Kylarens elektriska kylfläkt

Underhållsrutiner

1   Inledning

Detta kapitel är utformat för att hjälpa hemmamekaniker att underhålla sin bil för att få ut god säkerhet, driftekonomi, lång tjänstgöring och topprestanda.

Kapitlet innehåller ett underhållsschema som följs av avsnitt som i detalj tar upp varje post på schemat. Bland annat behandlas åtgärder som kontroller, justeringar och byte av delar. På de tillhörande bilderna av motorrummet och bottenplattan visas de olika delarnas placering.

Om du servar bilen får du ett genomtänkt underhållsprogram som ska ge en bil som fungerar länge och tillförlitligt. Underhållsplanen är heltäckande, så om man väljer att bara utföra vissa delar kan inte samma goda resultat garanteras.

När du arbetar med bilen kommer du att upptäcka att många av arbetena kan – och bör – utföras samtidigt, antingen för att en viss typ av process ska göras eller för att två orelaterade delar finns nära varandra. Om bilen lyfts av någon orsak kan t.ex. kontroll av avgassystemet utföras samtidigt som styrning och fjädring kontrolleras.

Första steget i detta underhållsprogram är förberedelser innan arbetet påbörjas. Läs igenom relevanta avsnitt. Gör sedan upp en lista över vad som behövs och skaffa fram verktyg och delar. Om problem dyker upp, rådfråga en specialist på reservdelar eller vänd dig till återförsäljarens serviceavdelning.

2   Rutinunderhåll

1 Om underhållsschemat följs noga från det att bilen är ny och om vätske- och oljenivåerna och de delar som är utsatta för stort slitage kontrolleras enligt denna handboks rekommendationer, hålls motorn i bra skick och behovet av extra arbete minimeras.
2 Ibland går motorn dåligt på grund av bristande underhåll. Risken för detta ökar om bilen är begagnad och inte har fått regelbunden service. I sådana fall kan extra arbeten behöva utföras, utöver det normala underhållet.
3 Om motorn misstänks vara sliten ger ett kompressionstest (se Kapitel 2A , 2B eller 2C) värdefull information om huvuddelarnas skick. Ett kompressionsprov kan användas för att avgöra det kommande arbetets omfattning. Avslöjar provet allvarligt inre slitage är det

slöseri med tid och pengar att utföra underhåll på det sätt som beskrivs i detta kapitel, om inte motorn först renoveras.
4 Följande åtgärder är de som oftast behövs för att förbättra effekten hos en motor som går dåligt:

I första hand

a) Rengör, undersök och testa batteriet (se Veckokontroller).
b) Kontrollera alla motorrelaterade oljor och vätskor (se Veckokontroller).
c) Kontrollera skick och spänning på drivremmen (avsnitt 8).
d) Byt tändstift (avsnitt 25).
e) Kontrollera luftfiltrets skick och byt vid behov (avsnitt 24).
f) Kontrollera skicket på samtliga slangar och leta efter läckor (avsnitt 7).
5 Om ovanstående åtgärder inte har någon inverkan ska följande åtgärder utföras:

I andra hand

Allt som anges under I första hand, plus följande:

a) Kontrollera laddningssystemet (se Kapitel 5A).
b) Kontrollera tändsystemet (se Kapitel 5B).
c) Kontrollera bränslesystemet (se Kapitel 4A).
d) Byt tändkablarna (i förekommande fall).

'OIL service' visas på displayen

3 Motorolja och filter – byte

1 Täta byten av olja och filter är det viktigaste förebyggande underhåll du kan utföra själv. När motoroljan åldras blir den utspädd och förorenad, vilket leder till att motorn slits ut i förtid.

2 Innan du börjar arbetet plockar du fram alla verktyg och material som behövs. Se även till att ha gott om rena trasor och tidningar till hands för att torka upp eventuellt spill. Helst ska motoroljan vara varm, eftersom den då rinner ut lättare och mer avlagrat slam följer med. Se dock till att inte vidröra avgassystemet eller andra heta delar vid arbete under bilen. Använd handskar för att undvika skållning och för att skydda huden mot irritationer och skadliga föroreningar i begagnad motorolja. Det är mycket lättare att komma åt bilens underrede om bilen kan lyftas på en lyft, köras upp på en ramp, eller höjas med domkraft och stöttas på pallbockar (se Lyftning och stödpunkter). Oavsett vilken metod som väljs, se till att bilen står jämnt, eller om den är lutad, se till att dräneringspluggen är på den låga sidan. Vid behov, skruva loss fästskruvarna och ta bort motorns undre skyddskåpa. Ta sedan även bort motorns övre skyddskåpa i förekommande fall.

3 Använd en hyls- eller ringnyckel och lossa pluggen ungefär ett halvt varv (se bild). Placera avtappningskärlet under pluggen och skruva ur pluggen helt (se Haynes tips). Ta loss tätningsringen från dräneringspluggen.

4 Ge den gamla oljan tid att rinna ut, och tänk på att det kan bli nödvändigt att flytta på uppsamlingskärlet när oljeflödet minskar.

5 När all olja har tappats ur, torkar du av avtappningspluggen med en ren trasa och sätter på en ny tätningsbricka. Montera en ny tätningsbricka, rengör området kring pluggen och skruva in den. Dra åt avtappningspluggen till angivet moment.

6 Om också filtret ska byttas, flytta kärlet till under oljefiltret. På 1,2 liters motorer sitter filtret under en kåpa på motorns främre högra sida. På 1,4 liters motorer sitter kolfiltret på motorns framsida (se bild).

7 På 1,2 liters motorer skruvar du loss locket flera varv från filterhuset tills tätningsytan är i nivå med sidostiftet. Låt locket sitta kvar i minst en minut, så att oljan hinner tappas ur filtret och enheten. Täck generatorn med trasor så att ingen olja tränger in. Skruva loss locket helt och ta bort det tillsammans med filtret. Om filtret kommer ut tillsammans med locket knackar du lockets underdel

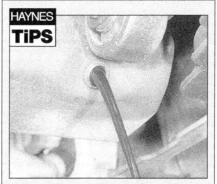

Håll avtappningspluggen intryckt i sumpen de sista varven när du skruvar loss den för hand. Dra sedan snabbt bort avtappningspluggen så att oljan hamnar i kärlet och inte på din arm!

försiktigt mot en träbit så att filtret lossnar. Ta bort O-ringstätningen från locket med en skruvmejsel och kassera den. En ny ska användas vid återmonteringen (se bilder).

8 På 1,4 liters motorer, lossa filtret med ett oljefilterverktyg om det behövs, och skruva sedan loss det för hand Häll ut oljan från filtret i kärlet. Kontrollera på det gamla filtret att ingen del av gummitätningen sitter fast på motorn. Om den har det, ta bort den försiktigt.

9 Använd en ren trasa för att ta bort all olja, smuts och slam från filterhuset och locket eller filtertätningsområdet (efter tillämplighet).

10 På 1,2 liters motorer monterar du en ny O-ringstätning på locket. För sedan in det nya filtret i huset och skruva på locket. Dra åt huvudet till angivet moment. Torka bort överflödig olja.

11 På 1,4 liters motorer, lägg ett tunt lager ren motorolja på tätningsringen på det nya filtret, och skruva sedan fast det på motorn Dra åt filtret ordentligt, men endast för hand – använd inte något verktyg. Torka bort överflödig olja.

12 Ta bort den gamla oljan och verktygen från bilens undersida. Montera motorns undre skyddskåpor, dra åt de återstående skruvarna ordentligt och sänk sedan ner bilen på marken. Montera i förekommande fall tillbaka den övre motorkåpan.

13 Dra ut mätstickan och skruva loss oljepåfyllningslocket på ventilkåpan. Fyll motorn med rätt klass och typ av olja (se Smörjmedel och vätskor). En oljekanna med pip eller en tratt kan hjälpa till att minska spillet. Häll först i hälften av den angivna mängden olja. Vänta sedan några minuter så att oljan hinner rinna ner i sumpen. Fortsätt fylla på små mängder i taget till dess att nivån når max-märket på mätstickan. Sätt tillbaka påfyllningslocket.

14 Starta motorn och låt den gå några minuter. Leta efter läckor runt oljefiltrets tätning och sumpens dräneringsplugg. Observera att det kan ta ett par sekunder innan oljetryckslampan släcks sedan motorn startats första gången efter ett oljebyte. Detta beror på att oljan cirkulerar runt i kanalerna och det nya filtret (i förekommande fall) innan trycket byggs upp.

3.3 Plats för avtappningsplugg för motorolja på sumpen

3.6 På 1,4 liters motorer sitter oljefiltret på motorns framsida

3.7a Skruva loss kåpan och och ta bort oljefiltret

3.7b Lossa filtret genom att knacka på lockets nedre utskjutning

4.1 De yttre bromsklossarna kan ses genom hålen i hjulen

15 Stäng av motorn och vänta ett par minuter på att oljan ska rinna tillbaka till sumpen. Kontrollera oljenivån igen när den nya oljan har cirkulerat och filtret är fullt. Fyll på mer olja om det behövs.
16 Sluthantera den uttjänta oljan på ett säkert sätt, se Allmänna reparationsanvisningar i kapitlet Referens i den här handboken.

4 Bromskloss/belägg – kontroll

Främre och bakre skivbromsar

1 De yttre bromsklossarna kan kontrolleras utan att hjulen tas loss genom att du observerar bromsklossarna genom hålen i hjulen (se bild). Ta bort navkapseln vid behov. Bromsklossbelägget måste vara minst så tjockt som anges i Specifikationer.
2 Om de yttre bromsklossarna nästan har uppnått maximalt slitage är det värt arbetet att kontrollera även de inre klossarna. Lyft upp bilen och ställ den på pallbockar (se Lyftning och stödpunkter). Ta bort hjulen.
3 Kontrollera bromsklossarnas tjocklek med en stållinjal och jämför med den min.-tjocklek som anges i specifikationerna (se bild).
4 Vid en ingående kontroll ska bromsklossarna demonteras och rengöras. Du kan även kontrollera bromsokets funktion och bromsskivans båda sidor. Se kapitel 9.

5 Om någon av klossarnas friktionsmaterial är nerslitet till angiven min.-tjocklek eller ännu mer måste alla fyra klossarna fram eller bak (efter tillämplighet) bytas samtidigt.
6 När kontrollen har slutförts, montera tillbaka hjulen och sänk ner bilen på marken.

Bakre trumbromsar

7 Klossa framhjulen, lyft upp bakvagnen med hjälp av en domkraft och stötta upp den på pallbockar (se Lyftning och stödpunkter).
8 Friktionsmaterialets tjocklek på ena bromsbacken kan snabbkontrolleras genom hålet i bromsskölden om gummipluggen petas ut. Om en stav med samma diameter som den specificerade minsta tjockleken på belägget placeras mot belägget kan slitaget utvärderas. En inspektionslampa krävs troligtvis. Om belägget på någon back är slitet till eller under specificerat minimum måste alla fyra bromsbackarna bytas som en uppsättning.
9 En fullständig kontroll kräver att bromstrumman demonteras och rengörs. Detta ger även tillfälle att kontrollera hjulcylindrarna och bromstrummans skick (se Kapitel 9).
10 När kontrollen har slutförts, montera tillbaka varje hjul där det togs bort och sänk ner bilen på marken.

5 Servicedisplayen – återställa

1 När allt underhåll som krävs har utförts, måste servicedisplayen återställas. Skoda-mekaniker använder ett särskilt instrument för detta och en utskrift placeras i bilens servicebok. Du kan själv återställa displayen enligt beskrivningen i följande punkter. Observera att på modeller med "LongLife"-serviceintervall finns ingen skillnad mellan PR-kod QG1 och QG2. Om du är osäker på tillvägagångssättet, be en Skoda-verkstad återställa displayen med det särskilda instrumentet.
2 När standarddisplayen ska återställas manuellt, slå av tändningen, tryck sedan in trippmätarens återställningsknapp under hastighetsmätaren och håll den intryckt. Slå på

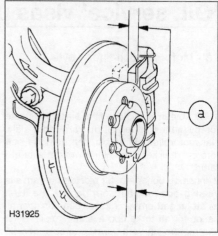

4.3 Bromsklossarnas tjocklek (a) får inte vara mindre än det angivna värdet

tändningen och observera serviceintervallet. Håll sedan knappen intryckt i 10 sekunder tills"- - -" visas, följt av trippmätaren. Om intervallen för 'OIL' och 'INSP' har uppnåtts samtidigt återställer du det resterande intervallet genom att på nytt hålla knappen intryckt i 10 sekunder.
3 När LongLife-displayen ska återställas manuellt, slå av tändningen, tryck sedan in trippmätarens återställningsknapp under hastighetsmätaren och håll den intryckt. Slå på tändningen och släpp återställningsknappen och observera att den aktuella tjänsten visas på displayen. Vrid återställningsknappen medurs. Displayen återgår till normalläge. Slå av tändningen för att slutföra återställningsprocessen. Nollställ inte displayen, då visas felaktiga värden.
4 Observera att på modeller med LongLife-intervall QG1 ändras schemat automatiskt till LongLife-intervall (QG2) där alla oljebyten och kontroller av bromsklossar baseras på sträcka/tid medan kontroller av alla andra system beräknas av LongLife-funktionen. Om du vill återställa displayen fullständigt till LongLife-schema (QG1) måste du ta bilen till en Skoda-verkstad där de har ett särskilt instrument för programmering av färddatorn.

'INSP service' visas på displayen

6 Avgassystem – kontroll

1 Låt motorn kallna (i minst en timme efter det att bilen körts) och kontrollera hela avgassystemet från motorn till avgasrörets mynning. Det enklaste sättet att kontrollera avgassystemet är att lyfta bilen med en billyft, eller ställa den på pallbockar, så att avgassystemets delar är väl synliga och lätt åtkomliga (se Lyftning och stödpunkter).

2 Kontrollera om avgasrör eller anslutningar visar tecken på läckage, allvarlig korrosion eller andra skador. Kontrollera att alla fästen och upphängningar är i gott skick och att alla relevanta bultar och muttrar är väl åtdragna. Läckage i någon fog eller annan del visar sig vanligen som en sotfläck i närheten av läckan.
3 Skaller och andra missljud kan ofta härledas till avgassystemet, speciellt fästen och upphängningar. Försök att rubba rör och ljuddämpare. Om det går att få delarna att komma i kontakt med underredet eller fjädringen, bör systemet förses med nya

fästen. Man kan också skilja på fogarna (om det går) och vrida rören så att de kommer på tillräckligt stort avstånd.

7 Slangar och vätskeläckage – kontroll

1 Undersök motorns fogytor, packningar och tätningar och leta efter tecken på vatten- eller oljeläckage. Var speciellt uppmärksam på områdena kring ventilkåpan, topplocket,

oljefiltret och sumpfogen. Tänk på att med tiden är ett litet läckage från dessa områden helt normalt, så leta efter tecken på allvarliga läckor. Om ett läckage påträffas, byt den defekta packningen eller tätningen enligt beskrivning i relevant kapitel i denna handbok.

2 Kontrollera även att alla rör och slangar som hör till motorn är i ett gott och säkert skick. Kontrollera att alla kabelband och fasthållningsklämmor finns på plats och är i bra skick. Trasiga eller saknade klämmor kan leda till nötning på slangar, rör eller kablage. Detta kan i sin tur leda till allvarligare fel i framtiden.

3 Undersök noga alla kylar- och värmeslangar utmed hela deras längd. Byt eventuella spruckna, svullna eller skadade slangar. Sprickor syns bättre om man klämmer på slangen. Var extra uppmärksam på slangklämmorna som håller fast slangarna vid kylsystemets komponenter. Slangklämmor kan nypa åt och punktera slangar, vilket leder till läckage i kylsystemet.

4 Undersök kylsystemets alla delar (slangar, fogytor etc.) och leta efter läckor (se Haynes tips). Om problem av den här typen upptäcks i någon del i systemet ska den delen eller packningen bytas ut enligt beskrivningen i kapitel 3.

5 Undersök i förekommande fall om automatväxellådans oljekylarslangar visar tecken på defekter eller läckor.

6 Med bilen upplyft, kontrollera bensintanken och påfyllningsröret, sök efter hål, sprickor eller andra skador. Anslutningen mellan påfyllningsröret och tanken är speciellt kritisk. Ibland läcker ett påfyllningsrör av gummi eller en slang beroende på att slangklämmorna är för löst åtdragna eller att gummit åldrats.

7 Undersök noga alla gummislangar och metallrör från tanken. Leta efter lösa anslutningar, åldrade slangar, veck på rör och andra skador. Var extra uppmärksam på ventilationsrör och slangar som ofta är lindade runt påfyllningsröret och kan bli igensatta eller böjda. Följ ledningarna till bilens front och kontrollera dem hela vägen. Byt ut skadade delar vid behov.

8 I motorrummet kontrollerar du alla anslutningar för bränsleslangar och rör, och att inga bränsle- och vakuumslangar är veckade, skavda eller åldrade.

9 Kontrollera i förekommande fall skicket på servostyrningens slangar och rör.

8 Drivrem – kontroll

1 Dra åt handbromsen. Lyft sedan upp framvagnen och ställ den på pallbockar (se Lyftning och stödpunkter).

2 Använd en hylsa på bulten till vevaxelns remskiva och vrid långsamt runt motorn medurs och undersök hela drivremmen. Sök efter sprickor, delningar och fransningar på remmens yta. Leta också efter tecken på polering (blanka fläckar) och efter delning av

En läcka i kylsystemet syns normalt som vita eller rostfärgade avlagringar på området runt läckan.

remlagren. Kontrollera drivremmens undersida med en spegel **(se bild)**. Om du ser någon skada eller slitage, eller om det finns spår av olja eller fett på den ska remmen bytas (se avsnitt 26).

9 Frostskyddsmedel – kontroll

1 Kylsystemet ska fyllas på med det rekommenderade frostskyddsmedlet G12 och korrosionsskyddsvätskan – blanda inte det här frostskyddsmedlet med någon annan sorts medel. Under en viss tid kan vätskans koncentration sjunka på grund av påfyllning (detta kan man undvika genom att fylla på med rätt frostskyddsmedelsblandning – se Specifikationer) eller vätskeförlust. Om kylvätskeförlusten är uppenbar är det viktigt att göra nödvändiga reparationer innan man fyller på ny vätska.

2 Med kall motor, ta försiktigt bort locket från expansionskärlet. Om motorn inte är helt kall, placera en tygtrasa över locket innan du tar bort det. Ta bort locket långsamt så att eventuellt tryck kan komma ut.

3 Det finns kontrollverktyg för frostskyddsmedel i biltillbehörsbutiker. Dra upp lite kylvätska från expansionskärlet och kontrollera hur många plastbollar som flyter i kontrollverktyget. Normalt sett ska 2 eller 3 bollar flyta för korrekt koncentration av frostskyddsmedel, men följ tillverkarens instruktioner.

8.2 Kontrollera undersidan av drivremmen med en spegel

4 Om koncentrationen är felaktig måste du antingen tömma ut lite kylvätska och tillsätta frostskyddsmedel, eller tömma ut den gamla kylvätskan och fylla på med ny kylvätska med rätt koncentration (se avsnitt 31).

10 Bromshydraulkrets – kontroll

1 Kontrollera att bromssystemets hydraulkrets inte läcker eller är skadad. Börja med att kontrollera huvudcylindern i motorrummet. Kontrollera samtidigt att vakuumservoenheten och ABS-enheten inte visar tecken på vätskeläckage.

2 Lyft upp fram- och bakvagnen och stötta upp dem på pallbockar (se Lyftning och stödpunkter). Kontrollera att de stela hydraulbromsledningarna inte har tecken på korrosion och skador.

3 På bilens framvagn, kontrollera att de mjuka hydraulslangarna till bromsoken inte är vridna eller skaver mot någon av de omgivande fjädringsdelarna. Vrid ratten helt till ändläget när du kontrollerar detta. Kontrollera även att slangarna inte är sköra eller spruckna.

4 Sänk ner bilen när kontrollerna är slutförda.

11 Strålkastarna – justering

1 Korrekt inställning av strålkastarna kan endast utföras med optisk utrustning och ska därför överlåtas till en Skoda-verkstad eller en annan lämpligt utrustad verkstad.

2 Grundläggande inställning kan göras i nödfall. Ytterligare information finns i kapitel 12.

12 Pollenfilterenhet – byte

1 Pollenfiltret sitter på värmaren och tas bort via passagerarsidans fotutrymme. På högerstyrda modeller är det på vänster sida och på vänsterstyrda modeller på höger sida.

2 Under handskfacket trycker du pollenfiltrets fästhakar bakåt.

3 Ta bort filtret nedåt från värmaren och ta bort det från bilens insida.

4 Skilj filtret från ramen.

5 Montera ett nytt filter i ramen och för sedan in det i värmarenheten tills hakarna låser fast ramen.

13 Manuell växellåda – kontroll av oljenivå

1 Parkera bilen på en plan yta. För enklare åtkomst till påfyllningspluggen, dra åt handbromsen, lyft upp framvagnen och

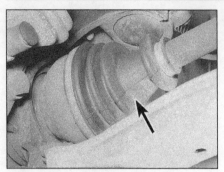

15.1 Kontrollera skicket på drivaxeldamaskerna (markerad med pil)

ställ den på pallbockar *(se Lyftning och stödpunkter)*. Observera att bakvagnen också ska lyftas upp så att nivån kan kontrolleras korrekt. Oljenivån måste kontrolleras innan bilen körs, eller åtminstone 5 minuter efter det att motorn stängts av. Om nivån kontrolleras omedelbart efter körning kommer en del olja att finnas kringspridd i växellådans delar vilket ger en felaktig nivåavläsning.

2 Lossa fästskruvarna (efter tillämplighet) och ta bort motorns undre skyddskåpor. Rengör området runt växellådans påfyllningsplugg, som sitter på följande plats:

a) *1,2 liters motorer och 1,4 liters DOHC motorer (02T-växellåda) – påfyllnings-/nivåpluggen sitter på den bakre, inre ytan på växellådan, över motorns bakre momentfäste.*

b) *1,4 liters OHV motorer (002-växellåda) – påfyllningspluggen sitter på växellådans främre vänstra sida.*

3 Oljenivån ska vara precis jämte hålets nedre kant. Det samlas alltid lite olja under påfyllnings/nivåpluggen som sipprar ut när pluggen tas bort; det betyder inte nödvändigtvis att nivån är korrekt. Undersök detta genom att låta denna första omgång rinna ut och fyll sedan på olja efter behov till dess att den nya oljan börjar rinna ut. Nivån blir korrekt när flödet upphör. använd endast olja av hög kvalitet av angiven grad.

4 Om växellådan överfyllts så att olja strömmar ut när pluggen skruvas ur, kon-trollera att bilen

16.4 Kontrollera om det föreligger slitage i navlagren genom att ta tag i hjulet och försöka vicka på det

står horisontellt både i längs- och sidled och låt överskottet rinna ut i ett lämpligt kärl.

5 När oljenivån är korrekt, montera påfyllnings-/nivåpluggen och dra åt den till angivet moment. Torka av spilld olja, montera motorns undre skyddskåpor, dra åt de återstående skruvarna ordentligt och sänk sedan ner bilen på marken.

14 Underredsskydd – kontroll

Ställ bilen på pallbockar (se *Lyftning och stödpunkter*). Använd en fick- eller inspektionslampa och studera hela underredet på bilen, med extra uppmärksamhet på hjulhusen. Leta efter skavanker på den mjuka underredsmassan. Den kan spricka eller flagna med tilltagande ålder, vilket leder till korrosion. Kontrollera även att innerskärmarna sitter fast i sina klämmor – om de lossnar kan smuts komma in under dem och upphäva det rostskydd de ger. Om det finns skador på underredsmassan eller korrosion ska detta åtgärdas innan skadorna blir för allvarliga.

15 Drivaxel – kontroll

1 Med bilen upplyft och säkert placerad på pallbockar, snurra sakta på hjulet. Undersök skicket på de yttre drivknutarnas gummidamasker. Öppna vecken genom att klämma på damaskerna. Leta efter spår av sprickor, delningar och åldrat gummi som kan släppa ut fett och släppa in vatten och smuts i drivknuten. Kontrollera även damaskernas klamrar vad gäller åtdragning och skick. Upprepa kontrollen på de inre drivknutarna **(se bild)**. Om skador eller slitage påträffas bör damaskerna bytas (se Kapitel 8).

2 Kontrollera samtidigt drivknutarnas skick genom att först hålla fast drivaxeln och sedan försöka snurra på hjulet. Upprepa kontrollen genom att hålla i den inre drivknuten och försöka rotera drivaxeln. Varje märkbar rörelse i drivknuten är ett tecken på slitage i drivknutarna, på slitage i drivaxelspårningen eller på att en av drivaxelns fästmuttrar är lös.

16 Styrning och fjädring – kontroll

1 Ställ fram- och bakvagnen på pallbockar (se *Lyftning och stödpunkter*).

2 Kontrollera dammkåpan till styrled, dammkåpan till den nedre spindelleden och

kuggstångens och kugghjulets damasker, sök efter sprickor, skavmärken eller andra skador. Slitage på någon av dessa delar gör att smörjmedel läcker ut och att smuts och vatten kan komma in, vilket snabbt sliter ut kullederna eller styrväxeln.

3 Kontrollera servostyrningens oljeslangar och leta efter tecken på skavning och åldrande och undersök rör- och slanganslutningar för att se om det finns oljeläckage. Leta även efter läckor under tryck från styrväxelns gummidamask, vilket indikerar trasiga tätningar i styrväxeln.

4 Ta tag i hjulet upptill och nedtill och försök rucka på det **(se bild)**. Ett ytterst litet spel kan märkas, men om rörelsen är stor krävs en närmare undersökning för att fastställa orsaken. Fortsätt rucka på hjulet medan en medhjälpare trycker på bromspedalen. Om spelet försvinner eller minskar markant är det troligen fråga om ett defekt hjullager. Om spelet finns kvar när bromsen är nedtryckt rör det sig om slitage i fjädringens leder eller fästen.

5 Fatta tag i däckets högra respektive vänstra kant och försök att rucka på det igen. Märkbart spel beror antingen på slitage på hjullager eller styrstagets styrleder. Om den inre eller yttre styrleder är sliten kommer den synliga rörelsen att vara tydlig.

6 Leta efter glapp i fjädringsfästenas bussningar genom att bända mellan relevant komponent och dess fästpunkt med en stor skruvmejsel eller ett plattjärn. En viss rörelse är att vänta eftersom bussningarna är av gummi, men eventuellt större slitage visar sig tydligt. Kontrollera även de synliga gummibussningarnas skick och leta efter bristningar, sprickor eller föroreningar i gummit.

7 Ställ bilen på marken och låt en medhjälpare vrida ratten fram och tillbaka ungefär ett åttondels varv åt vardera hållet. Det ska inte finnas något, eller bara ytterst lite, spel mellan rattens och hjulens rörelser. Om spelet är större ska styrlederna och fästena som beskrivs ovan undersökas noga. Dessutom ska rattstångens kardanknutar kontrolleras efter tecken på slitage och kuggstångsstyrningens drev kontrolleras.

8 Sök efter tecken på vätskeläckage runt de främre fjäderbenen och den bakre stötdämparen. Om det finns spår av olja är fjäderbenet eller stötdämparen defekt och ska bytas. **Observera:** *Fjäderben/stötdämpare ska alltid bytas i par på samma axel för att säkerställa korrekta köregenskaper.*

9 Fjäderbenets/stötdämparens effektivitet kan kontrolleras genom att bilen gungas i varje hörn. I normala fall ska bilen återta planläge och stanna efter en nedtryckning. Om den höjs och återvänder med en studs är troligen fjäderbenet/stötdämparen defekt. Undersök även om fjäderbenets/stötdämparens övre och nedre fästen visar tecken på slitage.

17 Batterikontroll

1 Batteriet sitter längst fram till vänster i motorrummet. Om det finns ett skydd lossar du kåpan och tar bort skyddet så att du kommer åt batteriet **(se bild)**.
2 Öppna, om det behövs, säkringshållarens plastlock (lossa locket genom att trycka ihop låstapparna) så att du kommer åt batteriets pluspol (+) och säkringshållarens anslutningar.
3 Kontrollera att båda batteripolerna och alla säkringshållaranslutningarna är ordentligt fästa och fria från korrosion. **Observera:** *Innan anslutningarna kopplas loss från batteriet, läs informationen i 'Koppla loss batteriet' i referenskapitlet i slutten av denna här handboken.*
4 Kontrollera att batterihuset inte är skadat eller sprucket. Kontrollera också att batteriets fästklämbult är ordentligt åtdragen. Om batterihuset är skadat på något sätt måste batteriet bytas (se Kapitel 5A).
5 Om bilen inte har ett förseglat underhållsfritt batteri, kontrollera att elektrolytnivån ligger mellan MAX- och MIN-markeringarna på batterihuset. Om påfyllning behövs, ta bort batteriet (se Kapitel 5A) från bilen. Ta sedan bort cellkåpan (efter tillämplighet). Använd destillerat vatten, fyll på elektrolyt i varje cell upp till MAX-nivåmarkeringen. Sätt sedan tillbaka alla cellkåpor ordentligt. Se till att batteriet inte har fyllts på för mycket, sätt sedan tillbaka batteriet i bilen (se Kapitel 5A).
6 Några modeller har ett batteri med ett 'magiskt öga' som visar batteriets status och elektrolytnivå. Det 'magiska ögat' sitter på batteriets överdel, nära minuspolen. Om indikatorn visar grönt är batteriet i gott skick. Om indikatorn visar svart är batteriet tomt och bör laddas. Om ögat är färglöst eller gult är elektrolytnivån låg. Läget är kritiskt och batteriet ska fyllas med destillerat vatten. Om ögat inte blir grönt när du har laddat batteriet ska batteriet kasseras.
7 När kontrollen har slutförts fäster du locket ordentligt på säkringshållaren och isoleringskåpan (i förekommande fall).

18 Gångjärn och lås – smörjning

1 Smörj gångjärnen på motorhuv, dörrar och baklucka med en tunn smörjolja. På liknande sätt smörjer du alla spärrar, lås och låsgrepp. Kontrollera samtidigt låsens fastsättning och funktion, justera vid behov (se Kapitel 11).
2 Smörj huvlåsmekanismen och huvlåsvajern med lämpligt fett.

19 Krockkudde – kontroll

Undersök krockkuddarnas utsida, leta efter tecken på skador eller slitage. Om en krockkudde visar tecken på skada måste den bytas (se Kapitel 12). Observera att det inte är tillåtet att klistra några etiketter på krockkuddens utsida, eftersom detta kan påverka krockkuddens utlösning.

20 Vindrute-/bakrute-/strålkastarspolar system kontroll

1 Kontrollera att alla spolarmunstycken är öppna och att de ger en kraftig stråle.
2 Munstycket på bakluckan ska vara riktat så att det sprutar mitt på rutan, använd ett stift.
3 Vindrutespolarens sprutmunstycken levereras förinställda och kan inte justeras.
4 Strålkastarens inre munstycke ska vara riktat något ovanför strålkastarens horisontella mittlinje, och det yttre munstycket ska vara riktat något nedanför mittlinjen.
5 Det är viktigt att kontrollera att spolarvätskan innehåller tillräcklig mängd frostskyddsmedel, framför allt under vintermånaderna.

21 Motorstyrningens självfelsökningsminne – kontroll av fel

Detta arbete ska utföras av en Skoda-verkstad eller diagnostikspecialist med tillgång till särskild utrustning. Diagnosuttaget sitter bakom en kåpa med gångjärn under instrumentbrädan på förarsidan.

22 Taklucka – kontroll och smörjning

1 Kontrollera att takluckan fungerar och lämna den i helt öppet läge.
2 Torka rent styrskenorna på var sida om takluckans öppning, smörj sedan in dem med smörjmedel. Skoda rekommenderar smörjmedelsspray G 052 778.

23 Landsvägsprov och kontroll av avgasutsläpp

Instrument och elutrustning

1 Kontrollera funktionen hos alla instrument och den elektriska utrustningen inklusive luftkonditioneringssystemet.
2 Kontrollera att instrumenten ger korrekta

17.1 Demontera batterikåpan

avläsningar och slå i tur och ordning på all elektrisk utrustning för att kontrollera att den fungerar korrekt.

Styrning och fjädring

3 Kontrollera om bilen uppför sig onormalt i styrning, fjädring, köregenskaper och vägkänsla.
4 Kör bilen och kontrollera att det inte förekommer några ovanliga vibrationer eller ljud som kan tyda på slitage i drivaxlarna, hjullagren etc.
5 Kontrollera att styrningen känns positiv, utan överdrivet fladder eller kärvningar, och lyssna efter fjädringsmissljud vid kurvtagning och gupp.

Drivlina

6 Kontrollera hur motorn, kopplingen (där tillämpligt), växellådan och drivaxlarna fungerar.
7 Lyssna efter ovanliga ljud från motor, koppling och växellåda.
8 Kontrollera att motorns tomgång är jämn och att det inte finns tvekan vid gaspådrag.
9 Kontrollera att kopplingen, i förekommande fall, fungerar smidigt och progressivt, att drivkraften tas upp mjukt och att pedalvägen inte är för lång. Lyssna även efter missljud när kopplingspedalen är nedtryckt.
10 Kontrollera att alla växlar kan läggas i jämnt och utan missljud, och att växelspakens rörelse är mjuk och inte onormalt vag eller hackig.
11 På modeller med automatväxellåda kontrollerar du att alla växlingar är ryckfria, mjuka och fria från ökning av motorvarvet mellan växlar. Kontrollera att alla växelpositioner kan väljas när bilen står stilla. Om problem upptäcks ska de överlåtas till en Skoda återförsäljare.
12 Lyssna efter metalliska klickljud från framvagnen när bilen körs långsamt i en cirkel med fullt rattutslag. Utför kontrollen åt båda hållen. Om ett klickljud hörs, tyder det på slitage i en drivknut. Byt leden i så fall.

Bromssystem

13 Kontrollera att bilen inte drar åt ena hållet vid inbromsning och att hjulen inte låser sig vid hård inbromsning.

14 Kontrollera att ratten inte vibrerar vid inbromsning.
15 Kontrollera att handbromsen fungerar korrekt utan för lång spakrörelse och att den håller bilen stilla i en backe.
16 Testa bromsservon på följande sätt. Tryck ner bromspedalen 4-5 gånger för att få ut vakuumet när motorn är avstängd. Håll pedalen nedtryckt och starta motorn. När motorn startar ska pedalen

ge efter märkbart medan vakuumet byggs upp. Låt motorn gå i minst två minuter och stäng sedan av den. Om pedalen nu trycks ner ska ett väsande ljud höras från servon. Efter 4-5 upprepningar bör inget pysande höras, och pedalen bör kännas betydligt hårdare.
17 Vid en kontrollerad nödbromsning ska ABS-enhetens pulserande rörelser kännas i fotbromspedalen.

Kontroll av avgasrening

18 Trots att den här kontrollen inte ingår i tillverkarens underhållsschema utförs den normalt regelbundet i enlighet med det land där bilen körs. Test av avgasutsläpp ingår för närvarande i bilbesiktningen på bilar som är tre år eller äldre. I Tyskland utförs testet när bilen är tre år gammal och upprepas sedan vartannat år.

Var 64 000:e km eller vart fjärde år

24 Luftfilter – byte

1,2 liters motorer

1 Luftfiltret är inbyggt i motorns övre skyddskåpa.
2 På motorkod AWY kopplar du bort inloppsslangen från låshållaren på motorrummets främre del. Lyft sedan bort motorns övre skyddskåpa från gummigenomföringen och lossa vakuumslangen och vevhusets

ventilationsslang (se bilder).
3 På motorkod AZQ och BME lyfter du bort motorns övre skyddskåpa från gummigenomföringen. Lossa sedan vevhusets ventilationsslang genom att trycka ihop adaptern. Lossa sedan vakuumslangen.
4 Placera den övre kåpan uppochner på bänken och lossa skruvarna. Ta bort kåpan och sedan luftfiltret (se bilder).
5 Sätt dit det nya luftfiltret. Se till att kanterna sitter fast ordentligt.
6 Montera kåpan och dra åt skruvarna.
7 Återanslut slangarna och tryck sedan in den övre kåpan i gummigenomföringen. Återanslut intagsslangen på motorkod AWY.

1,4 liter

OHV motorer

8 Lossa skruvarna och lyft kåpan från luftfilterhuset som sitter i motorrummets bakre vänstra hörn (se bild).
9 Observera hur filtret sitter och ta sedan bort det (se bild).
10 Ta bort allt skräp och rengör husets insida.
11 Montera det nya filtret och se till att kanterna sitter ordentligt.
12 Montera tillbaka kåpan och fäst den med skruvar.

24.2a Koppla loss vakuumslangen . . . / 24.2b . . . och vevhusets ventilationsslang

24.4a Skruva loss skruvarna . . .

24.4b . . . och lösa klämmorna for att ta bort luftfilterhuset . . .

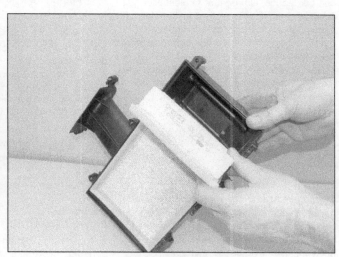

24.4c . . . sedan ta bort luftfilterelementet – 1,2 liters motorer

24.8a Skruva loss skruvarna . . .

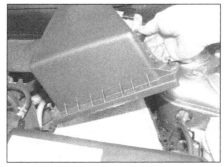

24.8b . . . och ta bort kåpan . . .

24.9 . . . sedan ta bort luftfilterelementet

DOHC motorer

13 Luftfiltret är inbyggt i motorns övre skyddskåpa.

14 Lyft av motorns övre skyddskåpa från gummigenomföringen och lossa slangarna om det behövs.

15 Placera den övre kåpan uppochner på bänken, lossa skruvarna och ta bort kåpan. Ta sedan bort luftfiltret och packningen. Kontrollera packningens skick och byt ut den om det behövs.

16 Montera packningen och det nya filtret och se till att kanterna sitter ordentligt.

17 Montera kåpan och dra åt skruvarna.

18 Återanslut slangarna och tryck sedan in den övre kåpan i gummigenomföringen.

25 Tändstift – byte

1 Det är av avgörande betydelse att tändstiften fungerar som de ska för att motorn ska gå jämnt och effektivt. Det är ytterst viktigt att monterade tändstift är av rätt typ för den aktuella motorn (lämplig typ anges i början av detta kapitel). Om rätt typ används och motorn är i bra skick ska tändstiften inte behöva åtgärdas mellan de schemalagda bytesintervallen. Rengöring av tändstift är sällan nödvändig och ska inte utföras utan specialverktyg, eftersom det är lätt att skada elektrodernas spetsar.

1,2 liters motor

2 Ta bort motorns övre skyddskåpa.

3 Tändspolarna måste nu dras bort från tändstiftens överdelar. Skoda-mekaniker använder ett specialverktyg för detta eftersom spolarna sitter hårt i hållarna. Arbetet kan dock utföras med hjälp av en bit stark svetsstång eller liknande som böjts i rät vinkel i ena änden. Kroka fast stången under kablagets kontaktdon/tändspolen och dra sedan rakt uppåt **(se bilder)**.

1,4 liters motor

OHV motorer

4 Ta bort motorns övre skyddskåpa.

5 Lossa kablaget från tändspolsenheten som sitter på motorns framsida.

6 Lossa skruvarna och dra försiktigt bort enheten från tändstiftens överdelar.

Motorkoder BBY och BBZ

7 Ta bort motorns övre skyddskåpa. Tändspolarna måste nu dras bort från tändstiftens överdelar. Skoda-mekaniker använder ett specialverktyg för detta eftersom spolarna sitter hårt i hållarna. Arbetet kan dock utföras med hjälp av en bit stark svetsstång eller liknande som böjts i rät vinkel i ena änden. Haka fast stången under kablagets kontaktdon/tändspolen och dra rakt uppåt **(se bilder 25.3a och 25.3b)**.

Motorkoder AUA och AUB

8 Ta bort motorns övre skyddskåpa. Lossa tändledningarna från tändstiften. Dra i kontaktdonen och inte i ledningarna.

Alla motorer

9 Det är en god idé att avlägsna all smuts från tändstiftsurtagen med en ren borste, med dammsugare eller med tryckluft innan tändstiften skruvas ur för att förhindra att smuts ramlar in i cylindrarna.

10 Instrument och elektrisk utrustning **(se bild)**. Håll hylsan rakt riktad mot tändstiftet – om den tvingas åt sidan kan porslinisolatorn brytas av. Det underlättar om du använder en ledad universalhylsa. När ett stift skruvats ur ska det undersökas enligt följande:

11 En undersökning av tändstiften ger en god indikation av motorns skick. Om isolatorns spets är ren och vit, utan avlagringar indikerar detta en mager bränsleblandning eller ett stift med för högt värmetal (ett stift med högt värmetal överför värme långsammare från elektroden medan ett med lågt värmetal överför värmen snabbare).

12 Om isolatorns spets är täckt med en hård svartaktig avlagring, indikerar detta att bränsleblandningen är för fet. Om tändstiftet är svart och oljigt är det troligt att motorn är ganska sliten, förutom att bränsleblandningen är för fet.

13 Om isolatorns spets är täckt med en ljusbrun till gråbrun avlagring, är bränsleblandningen korrekt och motorn är troligen i bra skick.

14 Tändstiftets elektrodavstånd är av avgörande betydelse, eftersom ett felaktigt avstånd påverkar gnistans storlek och effektivitet negativt. På motorer som använder tändstift med flera elektroder, rekommenderas

25.3a Använd en böjd stång för att lossa tändspolarna . . .

25.3b . . . och ta sedan bort dem från topplocket

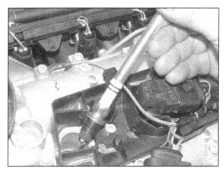

25.10 Ta bort tändstift – 1,2 liters motorer

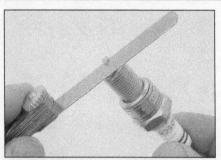
25.15a Använd ett bladmått för att kontrollera avståndet mellan elektroderna när du monterar tändstift . . .

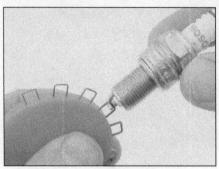
25.15b . . . eller en trådtolk . . .

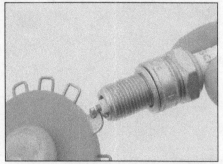
25.16 . . . och justera om nödvändigt avståndet genom att böja elektroden

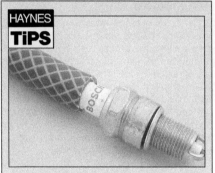

Det är ofta väldigt svårt att sätta tändstift på plats utan att förstöra gängorna. Detta kan undvikas genom att man sätter en kort bit gummislang över änden på tändstiftet. Den mjuka slangen fungerar som universalkoppling för att hjälpa tändstiftet att linjera med gängorna. Slangen glider på tändstiftet och förhindrar gängskador på aluminiumtopplocket.

att tändstiften byts istället för att man försöker justera avstånden. För andra tändstift gäller att elektrodavståndet ska justeras till det värde som tillverkaren anger.

15 På enkla elektrodstift ställer du in gapet genom att mäta det med ett bladmått och böja den yttre stiftelektroden utåt eller inåt tills gapet blir korrekt. Centrumelektroden får inte böjas eftersom detta kan spräcka isolatorn

och förstöra tändstiftet, om inget värre. Använder du bladmått, är avståndet korrekt när bladet precis går att få in **(se bilder)**.

16 Det finns speciella verktyg för justering av tändstiftselektrodavstånd att köpa i de flesta biltillbehörsaffärer, eller från en tändstiftstillverkare **(se bild)**.

17 Innan du sätter i tändstiften kontrollerar du att de gängade kontakthylsorna sitter tätt, och att stiftens utsida och gängor är rena. Det är ofta svårt att skruva i nya tändstift utan att dra dem snett. Detta kan undvikas med ett stycke gummislang (se Haynes tips).

18 Ta loss gummislangen (om du använt en sådan) och dra åt stiftet till angivet moment med hjälp av en tändstiftshylsa och momentnyckel. Upprepa med de resterande tändstiften.

19 Återanslut tändledningarna/tändspolarna i omvänd ordningsföljd mot demonteringen och montera sedan tillbaka motorns övre skyddskåpa.

26 Drivrem – kontroll och byte

Kontroll

1 Se avsnitt 8.

Byte

2 *För att komma åt bättre, dra åt handbromsen och lyft sedan upp framvagnen och ställ den*

på pallbockar (seLyftning och stödpunkter). Ta bort det höger framhjul och hjulhusfodret.

3 På 1,2 liters motorer bänder du bort kåpan (i förekommande fall) från spännrullen. Vrid sedan remskivan moturs mot spännfjädern med en torx-nyckel eller annan fast nyckel (efter tillämplighet) **(se bild)**. Om det behövs kan spännaren hållas fast med ett borr som förs in genom hålet i remskivans arm och hus.

4 På *1,4 liters OHV motorer* med luftkonditionering monteras en automatisk spännare på generator-/kompressorfästet på motorns högra front. Du lossar spännaren genom att du för in ett verktyg (T30022) genom baksidan av spännfjäderns hus. Om du inte har tillgång till det här verktyget kan du vrida spännarens arm med en skiftnyckel.

5 På *1,4 liters OHV motorer* utan **luftkonditionering sträcks drivremmen genom att vrida generatorn på dess fäste. Lossa generatorns styrbult, länkbult och länkstyrbult. Vrid generatorn inåt mot motorn(se bild).**

6 På *1,4-liters DOHC motorer* med **luftkonditionering, släpp spänningen på drivremmen genom att vrida spännarens mittbult medurs med en skruvnyckel (se bild).**

7 På *1,4-liters DOHC motorer* utan luftkonditionering, är en fjäder monterad mellan generatorn och fastbygeln för att spänna drivremmen. Lossa den övre styrbulten och den nedre spännbulten. Minska sedan spänningen på drivremmen genom att vrida generatorn mot motorn.

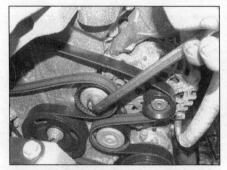
26.3 Vrid runt spännaren moturs med en skruvnyckel för att lossa drivremmen – 1,2 liters motorer

26.5 Ta bort drivremmen genom att lossa generatorns styrbult och justerbultarna – 1,4 liters OHV-motor utan luftkonditionering

26.6 Drivrem, demontering – 1,4 liters DOHC motor med luftkonditionering

8 Observera hur drivremmen är dragen. Ta sedan bort den från vevaxelns remskiva, generatorns remskiva, servostyrningspumpens remskiva och luftkonditioneringskompressorns remskiva (i förekommande fall).

9 *På alla motorer utom 1,4 liters motorer* utan luftkonditionering placerar du den nya drivremmen på remskivorna och släpper spännaren. Kontrollera att remmen sitter korrekt i spåren på remskivorna.

10 *På 1,4 liters OHV motorer* utan luftkonditionering, placera drivremmen runt alla remskivor. Se till att den är korrekt placerad i remskivornas spår. Dra åt justermuttern och bulten med handkraft, så att generatorn fortfarande kan röras. Spänn sedan drivremmen genom att dra generatorn mot bilens främre del. Använd en hävstång mellan generatorn och motorblocket vid behov, men var försiktig så att du inte bänder mot någon del av motorn som kan skadas. Drivremmens spänning är korrekt när du kan trycka ner remmen 10 till 15 mm när du trycker mitt på den högst upp mellan generatorns och kylvätskepumpens remskivor. När drivremsspänningen är korrekt, drar du åt justermutter och bult, och därefter generatorns fästbult.

11 *På 1,4 liters DOHC motorer* utan luftkonditionering skjuter du generatorn mot motorn för att placera drivremmen på remskivan, och släpper den sedan så att fjädringen spänner drivremmen. Innan du drar åt fästbultarna måste motorn enligt Skoda vridas runt ungefär tio varv. Detta gör du utan att starta motorn genom att koppla ifrån tändsystemet på följande sätt: Koppla ifrån anslutningskontakten från DIS-tändenheten (motorkod AUA och AUB) eller tändspolarna (motorkod BBY och BBZ). Drivremmen är nu ordentligt spänd. Dra åt den nedre fästbulten till angivet moment, och sedan den övre fästbulten.

12 Montera hjulhusfodret och hjulet och sänk ner bilen.

27 Servostyrningens hydraulvätskenivå – kontroll

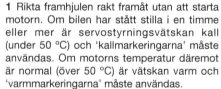

1 Rikta framhjulen rakt framåt utan att starta motorn. Om bilen har stått stilla i en timme eller mer är servostyrningsvätskan kall (under 50 °C) och 'kallmarkeringarna' måste användas. Om motorns temperatur däremot är normal (över 50 °C) är vätskan varm och 'varmmarkeringarna' måste användas.

2 Behållaren för den elstyrda hydraulservostyrningen (Electrically Powered Hydraulic Steering, EPHS) sitter i motorrummets främre vänstra hörn. *Observera:* På vissa modeller med batterier med hög kapacitet måste du ta bort batteriet och batterihyllan för att komma åt behållarens påfyllningslock. Vätskenivån kontrolleras med mätstickan som sitter fast i

27.2 Skruva loss kåpan från vätskebehållare

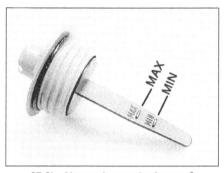

27.3b Alternativa markeringar på servostyrningslocket

påfyllningslocket. Lossa locket från hydraulvätskebehållaren och rengör den integrerade mätstickan med en ren trasa **(se bild)**.

3 Skruva på locket med handkraft och lossa det sedan igen och kontrollera vätskenivån på mätstickan. Vätskenivån måste vara mellan MIN- (den nedre) och MAX-markeringen (den övre) **(se bilder)**. Om vätskan är kall (under 50°C), måste vätskenivån vara över det nedre märket eller MIN. Om vätskan är het (över 50°C), måste vätskenivån inte vara över det övre märket eller MAX.

4 Om nivån är över den övre markeringen sifonerar du bort överskottet. Om den är under den nedre markeringen fyller du på med angiven vätska *(se Smörjmedel och vätskor)*, men sök även efter läckor i systemet **(se bild)**. Avsluta med att skruva på locket och dra åt. Montera batterihyllan och batteriet om de tagits bort.

28 Automatväxellåda kontroll av oljenivå

Observera: *Vätskenivån kan endast kontrolleras korrekt när växellådsoljans temperatur ligger mellan 35 °C och 45 °C. Om det inte är möjligt att fastställa denna temperatur bör du överlåta kontrollen till en Skoda-verkstad som har tillgång till rätt utrustning för att kontrollera temperaturen och kontrollera om det finns felkoder i växellådans*

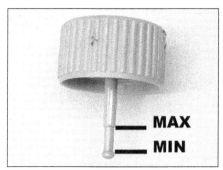

27.3a Servostyrningens vätskenivå måste vara mellan den övre och den nedre markeringen

27.4 Fylla på vätskenivån

styrenhet. För hög eller för låg nivå försämrar växellådans funktion.

1 Åk en kort tur med bilen så att växellådan värms upp något *(se Observera i början av detta avsnitt),* parkera sedan bilen på jämnt underlag och för väljaren till läge P. Lyft upp fram- och bakvagnen och ställ dem på pallbockar *(se Lyftning och stödpunkter).* Se till att bilen står jämnt. Skruva loss fästskruvarna och ta bort motorns undre skyddskåpor så att du kommer åt växellådans undersida.

2 Starta motorn och kör den på tomgång tills växellåda oljans temperatur är 35°C.

3 Skruva loss vätskenivåpluggen från undersidan av växellådans sump **(se bild på nästa sida)**.

4 Om vätskan droppar kontinuerligt från påfyllningsröret när temperaturen ökar är vätskenivån korrekt och ingen vätska behöver fyllas på. Observera att det redan finns viss vätska i påfyllningsröret, och du måste se efter att den har torkat innan du utför nivåkontrollen. Se till att kontrollen utförs innan vätsketemperaturen når 45 °C. Kontrollera skicket på tätningen på påfyllningslocket och byt den om det behövs. Sätt tillbaka pluggen och dra åt den till angivet moment.

5 Om ingen vätska droppar från påfyllningsröret, ens när temperaturen har nått 45 °C, måste du fylla på vätska enligt beskrivningen nedan medan motorn fortfarande är igång.

6 Använd en skruvmejsel och bänd loss locket från påfyllningsröret på växellådans framsida. **Observera:** *Låsanordningen förstörs och du måste skaffa ett nytt lock.*

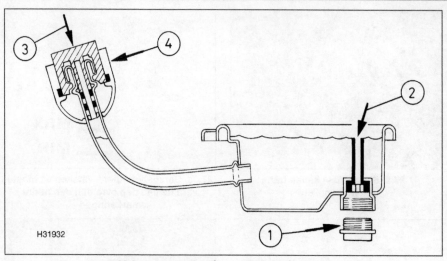

28.3 Automatväxellåda – vätskenivåkontroll

1 Nivåplugg   2 Nivåslang   3 Påfyllningslock   4 Fasthållningsklämma

7 När du har tagit bort locket drar du ut påfyllningsrörets plugg och fyller på angiven vätska tills det droppar ur påfyllningsröret. Kontrollera skicket på tätningen på påfyllningslocket och byt den om det behövs. Sätt tillbaka pluggen och dra åt den till angivet moment.

8 Montera påfyllningsrörets plugg och det nya locket.

9 Slå av tändningen, montera motorns undre skyddskåpor, dra åt de återstående skruvarna ordentligt och sänk sedan ner bilen på marken.

10 Regelbundet behov av påfyllning indikerar en läcka som måste spåras och åtgärdas innan problemet blir allvarligare.

Var 90 000:e km

29 Kamrem – byte

Observera: *Dessa anvisningar gäller endast 1,4 liters DOHC motorer.*
1 Se kapitel 2C.

Vartannat år

30 Broms- och kopplingsvätska – byte

⚠️ **Varning: Hydraulisk bromsvätska kan skada ögonen och bilens lack, så var ytterst försiktig vid hanteringen. Använd aldrig vätska som stått i ett öppet kärl under någon längre tid eftersom den absorberar fukt från luften. För mycket fukt i bromsvätskan kan medföra att bromseffekten minskar, vilket är livsfarligt.**

1 Arbetet liknar i stort det som beskrivs för avluftning i kapitel 9, förutom det att bromsvätskabehållaren måste tömmas genom sifonering med en ren bollspruta eller liknande innan du börjar, och du måste lämna plats för den gamla vätskan som töms vid avluftning av en del av kretsen. Eftersom kopplingens hydraulsystem även använder vätska från bromssystemets behållare måste den tömmas samtidigt enligt anvisningarna i kapitel 6, del 2.

2 Arbeta enligt beskrivningen i kapitel 9 och öppna den första luftningsskruven i ordningen, och pumpa sedan försiktigt på bromspedalen

Gammal hydraulvätska är ofta mycket mörkare än ny olja, vilket gör att det är enkelt att skilja dem åt.

tills nästan all gammal vätska runnit ut ur huvudcylinderbehållaren.

3 Fyll på ny vätska till MAX-markeringen och fortsätt pumpa tills det bara finns ny vätska i behållaren och ny vätska kan ses rinna ut från luftningsskruven. Dra åt skruven och fyll på behållaren till maxmarkeringen.

4 Gå igenom resterande avluftningsskruvar i ordningsföljd och pumpa till dess att ny vätska kommer ur dem. Var noga med att alltid hålla huvudcylinderbehållarens nivå över MIN-markeringen, annars kan luft tränga in i systemet och då ökar arbetstiden betydligt.

5 Kontrollera att alla luftningsskruvar är ordentligt åtdragna och att dammkåporna sitter på plats när du är klar. Skölj bort alla spår av vätskespill och kontrollera huvudcylinderbehållarens vätskenivå.

6 På modeller med manuell växellåda måste kopplingsoljan bytas när bromsvätskan har bytts. Se kapitel 6, lufta kopplingen tills du ser att den nya vätskan kommer ut genom slavcylinderns luftningsskruv, håll alltid huvudcylinderns vätskenivå ovanför MIN-nivålinjen för att förhindra att luft kommer in i systemet. När den nya vätskan kommer ut, dra åt luftningsskruven ordentligt och koppla sedan ifrån och ta bort luftningsutrustningen. Sätt tillbaka dammkåpan ordentligt och tvätta sedan bort allt vätskespill.

7 På alla modeller, se till att huvudcylinderns vätskenivå är korrekt *(se Veckokontroller)* och kontrollera bromsarnas och (vid behov) kopplingens funktion innan bilen körs på väg.

31 Kylvätska – byte

Observera: *Denna åtgärd innefattas inte av Skodas schema och ska inte behövas om den rekommenderade kylvätskan G12 LongLife med frost-/korrosionsskyddsmedel från Skoda används. Om standardfrostskyddsmedel används ska arbetet emellertid utföras vid de rekommenderade intervallen.*

⚠️ **Varning: Vänta till dess att motorn är helt kall innan arbetet påbörjas. Låt inte frostskyddsmedel komma i kontakt med huden eller lackerade ytor på bilen. Spola omedelbart bort eventuellt spill med stora mängder vatten. Lämna aldrig frostskyddsmedel i en öppen behållare, eller i en pöl på uppfarten eller på garagegolvet. Barn och husdjur kan attraheras av den söta doften, och frostskyddsmedel är livsfarligt att förtära.**

Tömning av kylsystemet

1 När motorn är helt kall tar du bort expansionskärlets påfyllningslock.

2 Dra åt handbromsen. Lyft upp framvagnen och ställ den på pallbockar *(se Lyftning och stödpunkter)*. Skruva loss fästskruvarna och ta bort motorns undre skyddskåpor så att du kommer åt kylarens undersida.

3 Placera en lämplig behållare under avtappningspluggen för kylvätska, som sitter

i det nedre slangfästet på kylarens vänstra nedre sida. Skruva loss avtappningspluggen och dra ut den något (du behöver inte ta bort den helt) och låt kylvätskan rinna ner i behållaren **(se bild)**. Om du vill, kan du ansluta ett stycke gummislang till dräneringshålet för att styra avtappningen. Om det inte finns något avtappningshål i slangändens fäste tar du bort fästklämman och lossar den nedre slangen från kylaren så att du kan tappa av kylvätskan (se Kapitel 3).

4 För att tappa ur systemet helt och hållet på motorer med oljekylare, måste du även koppla loss en av kylvätskeslangarna från oljekylaren som sitter framtill på motorblocket.

5 Om kylarvätskan tappats ur av någon annan orsak än byte kan den återanvändas, under förutsättning att den är ren.

6 När all kylvätska har tappats ur, dra åt kylarens avtappningsplugg ordentligt eller återanslut den nedre slangen till kylaren (efter tillämplighet). Om det behövs återansluter du även kylvätskeslangen till oljekylaren och fäster den i rätt läge med fästklämman. Montera de undre skyddskåporna och dra åt fästskruvarna ordentligt.

Spolning av kylsystem

7 Har inte den av Skoda rekommenderade kylvätskan använts, eller om kylvätskebyte inte utförts regelbundet eller om frostskyddet spätts ut, kan kylsystemet komma att förlora i effektivitet på grund av att kylvätskekanalerna sätts igen av rost, kalkavlagringar och annat sediment. Kylsystemets effektivitet kan återställas genom att systemet spolas ur.

8 För att undvika förorening ska kylsystemet spolas separat från motorn.

Kylarspolning

9 När kylaren ska spolas måste först kylarens avtappningsplugg dras åt.

10 Lossa de övre och nedre slangarna och alla andra relevanta slangar från kylaren (se Kapitel 3).

11 Stick in en trädgårdsslang i det övre kylarinloppet. Spola rent vatten genom kylaren och fortsätt spola tills rent vatten kommer ut från kylarens nedre utsläpp.

12 Om det efter en rimlig tid fortfarande inte kommer ut rent vatten kan kylaren spolas ur med kylarrengöringsmedel. Det är viktigt att spolmedelstillverkarens anvisningar följs noga. Om det är riktigt smutsigt, sätt i slangen i kylarens nedre utlopp och backspola kylaren.

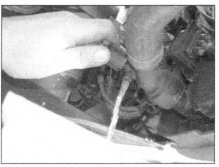

31.3 Skruva loss dräneringsplugget och låt kylvätskan rinna ner i behållaren

Motorspolning

13 Ta bort termostaten när du ska spola motorn (se Kapitel 3).

14 Lossa den nedre kylarslangen från kylaren och stick in en trädgårdsslang i termostathuset. Spola rent vatten genom motorn och fortsätt spola tills rent vatten kommer ut ur kylarens nedre slang.

15 När spolningen har slutförts monterar du termostaten och återansluter slangarna (se Kapitel 3).

Påfyllning av kylsystem

16 Innan du försöker fylla på kylsystemet ser du till att avtappningspluggen är ordentligt stängd. Se till att alla slangar är ordentligt anslutna och att deras fästklämmor är i gott skick. Har inte den av Skoda rekommenderade kylvätskan använts, se till att en lämplig frostskyddsblandning används året runt för att förhindra korrosion på motorns komponenter (se följande underavsnitt).

17 Ta bort givaren för kylvätsketemperatur från kylvätskans fördelarhus på topplockets vänstra sida enligt beskrivningen i Kapitel 3.

18 Ta bort expansionskärlets påfyllningslock och fyll långsamt på systemet med kylvätska **(se bild)**, tills det rinner kylvätska utan bubblor från temperaturgivarens hål. Montera sedan genast tillbaka givaren enligt beskrivningen i Kapitel 3. Fortsätt att fylla på systemet tills nivån når upp till MAX-markeringen på expansionskärlet. Lufta systemet genom att flera gånger klämma på kylarens nedre slang.

19 Montera locket på expansionskärlet och låt sedan motorn gå med högt tomgångsvarvtal tills kylfläkten aktiveras. Vänta tills fläkten

31.18 Kylsystemet fylls på

har stannat, stäng av motorn och låt motorn svalna.

20 När motorn har svalnat, kontrollera kylvätskenivån enligt beskrivningen i Veckokontroller. Fyll på mera vätska om det behövs, och sätt tillbaka expansionskärlets lock.

Frostskyddsblandning

21 Om du inte använder rekommenderad Skoda-kylvätska ska frostskyddsmedlet alltid bytas med angivna intervall. Detta är nödvändigt för att behålla frostskyddsmedlets egenskaper men även för att förhindra korrosion som annars kan uppstå då de korrosionshämmande ämnenas effektivitet försämras med tiden.

22 Använd endast etylenglykolbaserad frostskyddsvätska som är lämpad för motorer med blandade metaller i kylsystemet. Mängden frostskyddsmedel och olika skyddsnivåer anges i specifikationerna.

23 Innan frostskydd fylls på ska kylsystemet vara helt tömt, helst genomspolat och alla slangar ska vara kontrollerade vad gäller skick och fastsättning.

24 När kylsystemet fyllts med frostskydd är det klokt att sätta en etikett på expansionskärlet som anger typ och koncentration för använt frostskydd, samt datum för påfyllningen. All efterföljande påfyllning ska göras med samma typ och koncentration av frostskyddsmedel.

25 Använd inte motorfrostskyddsvätska i vindrute- eller bakrutespolarsystemet, eftersom det kommer att skada lacken. Använd spolarvätska i den koncentration som anges på flaskan i spolarsystemet.

Kapitel 1 Del B:
Rutinunderhåll och service – dieselmodeller

Innehåll

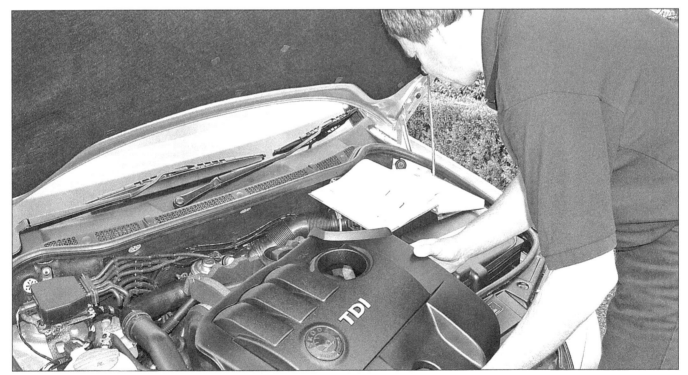

Svårighetsgrad

Enkelt, passar novisen med lite erfarenhet	**Ganska enkelt,** passar nybörjaren med viss erfarenhet	**Ganska svårt,** passar kompetent hemmamekaniker	**Svårt,** passar hemmamekaniker med erfarenhet	**Mycket svårt,** för professionell mekaniker

Smörjmedel och vätskor

Se slutet av *Veckokontroller* på siden 0•18

Volymer

Motorolja (inklusive filter)

1,4 liters motorer	4,2 liter
1,9 liters motorer	4,3 liter

Kylsystem

1,4 liters motorer	6,2 liter
1,9 liter:	
Motorkod ASY	6,6 liter
Motorkoder ASZ och ATD	6,8 liter

Växellåda

Manuell växellåda:	
Type 02T	1,9 liter
Type 02R	2,0 liter

Bränsletank (ungefärlig)	45 liter

Kylsystem

Frostskyddsblandning:

40 % frostskyddsmedel	Skydd ner till -25 °C
50 % frostskyddsmedel	Skydd ner till -35 °C

Observera: *Kontrollera kylmedietillverkarens senaste rekommendationer.*

Bromsar

Bromskloss minimumtjocklek:

Inklusive stödplåt:

Fram	7,0 mm
Bak	7,6 mm
Endast friktionsbelägg:	
Fram och bak	2,0 mm
Minsta tjocklek på bakre bromsbacksbeläggen	1,5 mm

Åtdragningsmoment

	Nm
Generatorns fästbult	20
Manuell växellådans påfyllnings-/nivåplugg	25
Hjulbultar	120
Oljesumpens avtappningsplugg	30

Underhållsschema

Underhållsintervallen i denna handbok förutsätter att arbetet utförs av en hemmamekaniker och inte av en verkstad. Dessa är de längsta intervall vi rekommenderar för bilar i dagligt bruk. Om bilen alltid ska hållas i toppskick bör vissa moment utföras oftare. Vi uppmuntrar tätt och regelbundet underhåll eftersom det höjer bilens effektivitet, prestanda och andrahandsvärde.

Om bilen är ny måste all service utföras av en auktoriserad verkstad för att fabriksgarantin ska gälla.

Alla Skoda modeller är utrustade med en servicedisplay-indikator på instrumentbrädan. Varje gång motorn startas lyser panelen i ungefär 20 sekunder och visar serviceinformationen. På den fasta servicedisplayen anges serviceintervallen som avstånd och tidsperioder. Med LongLife displayet är serviceintervallen variabel. När ett serviceintervall har uppnåtts blinkar 'OIL service' om oljan behöver bytas och 'INSP service' om en kontroll behöver göras.

På modeller med LongLife-schema tas även bilens användning in i beräkningen av när servicepåminnelserna ska visas (antal starter, resornas längd, körhastighet, bromsklosslitage, hur ofta motorhuven öppnats, bränsleförbrukning, oljenivå och oljetemperatur). Om en bil t.ex. används under extrema körförhållanden kan service beräknas till 16 000 km. Om bilen däremot används under normala körförhållanden kan den beräknas till 32 000 km. *Maximal tidsperiod mellan översyn är dock två år. Det är viktigt att förstå att systemet är helt variabelt beroende på hur bilen används, och därför bör servicen utföras när det anges på displayen. Observera: Modeller med varierande serviceintervall är utrustade med en oljenivågivare, indikator för bromsklosslitage, batteri med laddningsindikator och indikator för varierande serviceintervall.*

Varierande LongLife-serviceintervall finns endast på modeller med PR-nummer QG1 och QG2 (anges i bilens servicehäfte, på en plåt inuti bagageutrymmet eller på en etikett "Nästa service" på förardörrens ram). På QG1-modeller utförs oljebyte och allt övrigt underhåll vid varierande intervall. På QG2-modeller utförs oljebytet och kontrollen av bromsklossarna vid fasta intervall, medan allt övrigt underhåll utförs vid varierande intervall.

På modeller med varierande serviceintervall (LongLife) och PR-nummer QG1 får motorn **endast** fyllas med rekommenderad **LongLife**-motorolja (se *Rekommenderade smörjmedel* *och vätskor).* på modeller med PR-nummer QG2 kan standardmotoroljor användas.

När underhållet har slutförts återställer Skoda-mekaniker servicedisplayen till nästa serviceintervall med ett särskilt instrument och lägger en utskrift i bilens servicebok.

Du kan själv återställa displayen enligt beskrivningen i avsnitt 6, men observera att på QG1-modeller med LongLife-intervall ändras schemat till ett LongLife-intervall (QG2) där alla oljebyten och kontroller av bromsklossar baseras på sträcka/tid medan

kontroller av alla andra system beräknas av LongLife-funktionen. Om du vill återställa displayen fullständigt till LongLife-schema (QG1) måste du ta bilen till en Skoda-verkstad där de har ett särskilt instrument för programmering av färddatorn.

Every 250 miles or weekly
- [ ] *Se Veckokontroller*

'OIL service ' visas på displayen
- [ ] Byt motoroljan och filtret (avsnitt 3)

Observera: *Täta olje- och filterbyten är bra för motorn. Vi rekommenderar att du byter olja minst en gång per år.*
- [ ] Töm vatten från bränslefiltret* (avsnitt 4)
- [ ] Kontrollera de främre och bakre bromsklossarnas tjocklek (avsnitt 5)
- [ ] Återställ servicedisplayen (avsnitt 6)

* Endast vid användning av dieselbränsle med hög svavelhalt som inte uppfyller DIN EN 590 eller vid användning av RME-bränsle (diester)

'INSP service' visas på displayen
Förutom det som nämns ovan ska följande utföras:
- [ ] Kontrollera skicket på avgassystemet och dess fästen (avsnitt 7)
- [ ] Kontrollera alla komponenter och slangar under motorhuven vad gäller vätske- och oljeläckage (avsnitt 8)
- [ ] Töm vatten från bränslefiltret* (avsnitt 9)
- [ ] Byt bränslefiltret** (avsnitt 10)
- [ ] Kontrollera drivremmens skick (avsnitt 11)
- [ ] Kontrollera halten av frostskyddsmedel i kylvätskan (avsnitt 12)
- [ ] Kontrollera att bromssystemets hydraulkrets inte läcker eller är skadad (avsnitt 13)
- [ ] Kontrollera strålkastarinställningen (avsnitt 14)
- [ ] Byt pollenfilter (avsnitt 15)
- [ ] Kontrollera oljenivån – manuell växellåda (avsnitt 16)
- [ ] Kontrollera om underredsskyddet är intakt (avsnitt 17)
- [ ] Kontrollera skicket på drivaxlarna (avsnitt 18)
- [ ] Kontrollera att styrningens och fjädringens delar är i gott skick, samt att de sitter ordentligt (avsnitt 19)
- [ ] Kontrollera batteriets skick, säkerhet och elektrolytnivå (avsnitt 20)
- [ ] Smörj alla gångjärn och lås (avsnitt 21)
- [ ] Kontrollera krockkuddens(arnas) skick (avsnitt 22)
- [ ] Kontrollera funktionen hos spolaren för vindrutan/bakrutan/strålkastarna (efter tillämplighet, avsnitt 23)

'INSP service' visas på displayen (forts.)
- [ ] Leta efter fel i motorstyrningens självfelsökningssystem (avsnitt 24)
- [ ] Kontrollera takluckans funktion och smörj in styrskenorna (avsnitt 25)
- [ ] Gör ett landsvägsprov och kontrollera avgasutsläppen (avsnitt 26)

* Endast vid användning av dieselbränsle som uppfyller DIN EN 590.
** Endast vid användning av dieselbränsle med hög svavelhalt som inte uppfyller DIN EN 590 eller vid användning av RME-bränsle (diester)

Var 40 000:e km eller vart 4:e år, beroende på vad som kommer först
Observera: *Många verkstäder utför dessa åtgärder vid varannan översyn.*
- [ ] Byt luftfilter (avsnitt 27)
- [ ] Byt bränslefiltret* (avsnitt 28)
- [ ] Kontrollera drivremmens skick (avsnitt 29)
- [ ] Kontrollera servostyrningens hydraulvätskenivå (avsnitt 30)

* Endast vid användning av dieselbränsle som uppfyller DIN EN 590.

Var 90 000:e km
- [ ] Byt kamremmen och spännrullen på motorer med insprutningsventiler av typen "unit injector", det vill säga utan insprutningspump (avsnitt 31)

Var 120 000:e km
- [ ] Byt kamremmen och spännrullen på motorer med insprutningspump, det vill säga utan insprutningsventiler av "unit injector"-typ (avsnitt 32)

Vartannat år
- [ ] Byt broms-och kopplingsvätska (avsnitt 33)
- [ ] Byt kylvätskan* (avsnitt 34)

** **Observera:** Denna åtgärd innefattas inte av Skodas schema och ska inte behövas om den rekommenderade kylvätskan G12 LongLife med frost-/korrosionsskyddsmedel från Skoda används.*

Översikt över motorrummet på en 1,4 litersmodell

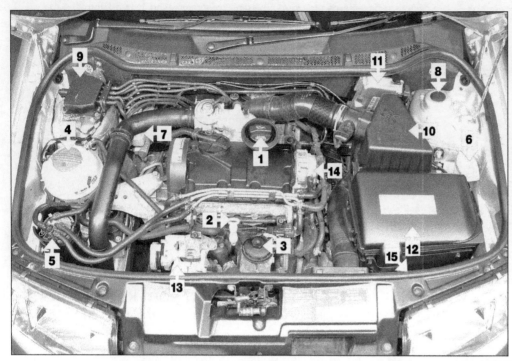

1 Lock för påfyllning av motorolja
2 Mätsticka för motorolja
3 Oljefilter
4 Kylsystemets expansionskärl
5 Bränslefilter
6 Vätskebehållare för vindrute-/strålkastarspolare
7 Bromshuvudcylinderns vätskebehållare
8 Övre fäste till framfjädringens fjäderben
9 Ventilblock
10 Luftrenarhus
11 Motorstyrningens elektroniska styrenhet
12 Batteri
13 Växelströmsgenerator
14 Bromsvakuumpump
15 Behållare för servostyrningsvätska

Översikt över främre underredet på en 1,4 liter model

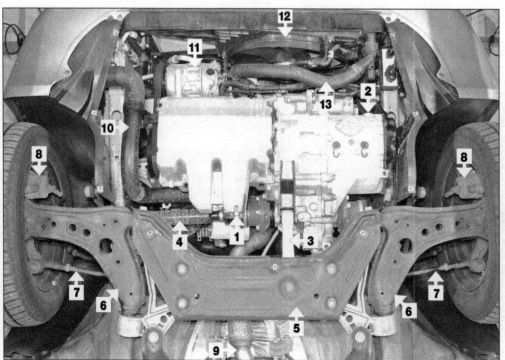

1 Sumpens dräneringsplugg
2 Dräneringsplugg till manuell växellåda
3 Motorns bakre fäste/länkage
4 Drivaxel
5 Framfjädringens kryssrambalk
6 Främre länkarm
7 Styrstag
8 Främre bromsok
9 Främre avgasrör
10 Laddluftkylarens slang till turboaggregat
11 Luftkonditionerings-kompressor
12 Kylarens elektriska kylfläkt
13 Kylarens nedre slang

Översikt över bakre underredet på en 1,4 liters model

1 Bränsletank
2 Bakaxel
3 Bakfjädringens spiralfjäder
4 Bakre stötdämpare
5 Avgassystemets bakre
  ljuddämpare
6 Bakaxelns främre fästen
7 Handbromsvajrar
8 Bromshydraulrör
9 Reservhjulsbalja

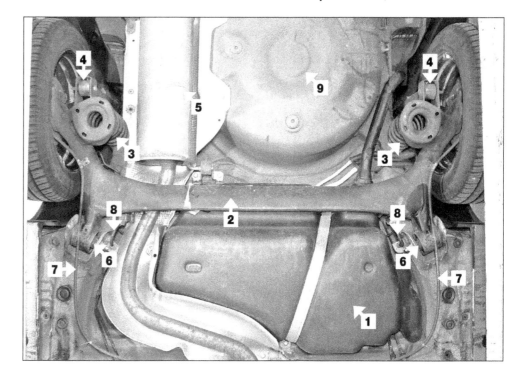

Översikt över motorrummet på en 1,9 liters modell

1 Lock för påfyllning av motorolja
2 Mätsticka för motorolja
3 Oljefilter
4 Kylsystemets expansionskärl
5 Bränslefilter
6 Vätskebehållare för vindrute-/
  strålkastarspolare
7 Bromshuvudcylinderns
  vätskebehållare
8 Växelströmsgenerator
9 Drivrem
10 Vakuumbehållare för
   insugsgrenrörets klaffventil
11 Bromsvakuumpump
12 Luftslangen från laddluftkylaren
   till insugsgrenröret
13 Ventilblock
14 Avgasåterföringsventil
15 Luftflödesmätare
16 Motorstyrningens elektroniska
   styrenhet
17 Övre fäste till framfjädringens
   fjäderben
18 Luftrenarhus
19 Batteri
20 Behållare för
   servostyrningsvätska

Översikt över främre underredet på en 1,9 liters model

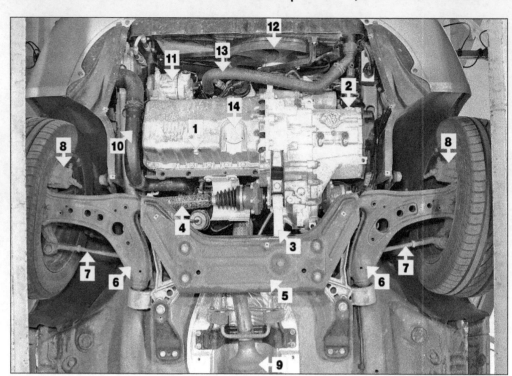

1 Sumpens dräneringsplugg
2 Dräneringsplugg till manuell växellåda
3 Motorns bakre fäste/länkage
4 Drivaxel
5 Framfjädringens kryssrambalk
6 Främre länkarm
7 Styrstag
8 Främre bromsok
9 Främre avgasrör
10 Laddluftkylarens slang till turboaggregat
11 Luftkonditionerings-kompressor
12 Kylarens elektriska kylfläkt
13 Kylarens nedre slang
14 Oljenivå-/temperaturgivare

Underhållsrutiner

1 Inledning

Detta kapitel är utformat för att hjälpa hemmamekaniker att underhålla sin bil för att få ut god säkerhet, driftekonomi, lång tjänstgöring och topprestanda.

Kapitlet innehåller ett underhållsschema som följs av avsnitt som i detalj tar upp varje post på schemat. Bland annat behandlas åtgärder som kontroller, justeringar och byte av delar. På de tillhörande bilderna av motorrummet och bottenplattan visas de olika delarnas placering.

Om du servar bilen får du ett genomtänkt underhållsprogram som ska ge en bil som fungerar länge och tillförlitligt. Underhållsplanen är heltäckande, så om man väljer att bara utföra vissa delar kan inte samma goda resultat garanteras.

När du arbetar med bilen kommer du att upptäcka att många av arbetena kan – och bör – utföras samtidigt, antingen för att en viss typ av process ska göras eller för att två orelaterade delar finns nära varandra. Om bilen lyfts av någon orsak kan t.ex. kontroll av avgassystemet utföras samtidigt som styrning och fjädring kontrolleras.

Första steget i detta underhållsprogram är förberedelser innan arbetet påbörjas. Läs igenom relevanta avsnitt. Gör sedan upp en lista över vad som behövs och skaffa fram verktyg och delar. Om problem dyker upp, rådfråga en specialist på reservdelar eller vänd dig till återförsäljarens serviceavdelning.

2 Rutinunderhåll

1 Om underhållsschemat följs noga från det att bilen är ny och om vätske- och oljenivåerna och de delar som är utsatta för stort slitage kontrolleras enligt denna handboks rekommendationer, hålls motorn i bra skick och behovet av extra arbete minimeras.
2 Ibland går motorn dåligt på grund av bristande underhåll. Risken för detta ökar om bilen är begagnad och inte har fått regelbunden service. I sådana fall kan extra arbeten behöva utföras, utöver det normala underhållet.
3 Om motorn misstänks vara sliten ger ett kompressionsprov (se se Kapitel 2D) värdefull information om de inre huvuddelarnas skick. Ett kompressionsprov kan användas för att avgöra det kommande arbetets omfattning. Avslöjar provet allvarligt inre slitage är det slöseri med tid och pengar att utföra underhåll på det sätt som beskrivs i detta kapitel, om inte motorn först renoveras.
4 Följande åtgärder är de som oftast behövs för att förbättra effekten hos en motor som går dåligt:

I första hand

a) Rengör, undersök och testa batteriet (se Veckokontroller).
b) Kontrollera alla motorrelaterade oljor och vätskor (se Veckokontroller).
c) Tappa ur vattnet från bränslefiltret (avsnitt 4).
d) Kontrollera drivremmens skick och spänning (avsnitt 11).
e) Kontrollera luftfiltrets skick och byt vid behov (avsnitt 27).
f) Kontrollera skicket på samtliga slangar och leta efter läckor (avsnitt 8).
5 Om ovanstående åtgärder inte har någon inverkan ska följande åtgärder utföras:

I andra hand

Allt som anges under I första hand, plus följande:
a) Kontrollera laddningssystemet (se Kapitel 5A).
b) Kontrollera förvärmningen (se Kapitel 5C).
c) Byt bränslefilter (avsnitt 10) och kontrollera bränslesystemet (se Kapitel 4B).

'OIL service ' visas på displayen

3 Motorolja och filter – byte

1 Täta olje- och filterbyten är det viktigaste förebyggande underhåll en hemmamekaniker kan utföra. När motoroljan åldras blir den utspädd och förorenad, vilket leder till att motorn slits ut i förtid.
2 Innan du börjar arbetet plockar du fram alla verktyg och material som behövs. Se även

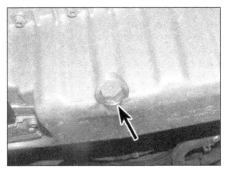

3.3 Oljesumpens avtappningsplugg

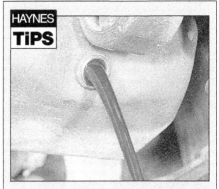

Håll avtappningspluggen intryckt i sumpen de sista varven när du skruvar loss den för hand. Dra sedan snabbt bort avtappningspluggen så att oljan hamnar i kärlet och inte på din arm!

till att ha gott om rena trasor och tidningar till hands för att torka upp eventuellt spill. Helst ska motoroljan vara varm, eftersom den då rinner ut lättare och mer avlagrat slam följer med. Se dock till att inte vidröra avgassystemet eller andra heta delar vid arbete under bilen. Använd handskar för att undvika skållning och för att skydda huden mot irritationer och skadliga föroreningar i begagnad motorolja. Det är mycket lättare att komma åt bilens underrede om bilen kan lyftas på en lyft, köras upp på en ramp, eller höjas med domkraft och stöttas på pallbockar (se Lyftning och stödpunkter). Oavsett vilken metod som väljs, se till att bilen står jämnt, eller om den är lutad, se till att dräneringspluggen är på den låga sidan. Skruva loss fästskruvarna och ta bort motorns undre skyddskåpa. Ta sedan även bort motorns övre skyddskåpa i förekommande fall.
3 Lossa sumpens avtappningsplugg ungefär ett halvt varv. Placera avtappningskärlet under pluggen och skruva ur pluggen helt (se bilder och Haynes tips). Ta loss tätningsringen från dräneringspluggen.
4 Ge den gamla oljan tid att rinna ut, och tänk på att det kan bli nödvändigt att flytta på uppsamlingskärlet när oljeflödet minskar.
5 När all olja har tappats ur, torkar du av avtappningspluggen med en ren trasa och sätter på en ny tätningsbricka. Montera en ny tätningsbricka, rengör området kring pluggen och skruva in den. Dra åt pluggen ordentligt.
6 Ta bort motorns övre skyddskåpa och

packning så att du kommer åt oljefilterhuset. Placera absorberande trasor runt filterhuset för att fånga upp eventuella utspilld olja.
7 Skruva loss och ta bort locket från oljefilterhuset med en oljefiltertång eller lämplig nyckel. Ta bort den stora tätningsringen från locket och den lilla tätningsringen från mittstången. Lyft ut filterelementet (se bilder). Kasta filterelementet.
8 Torka bort all olja och allt slam från filterhusets och lockens insidor med en ren trasa.
9 Montera nya tätningsringar i locket, sätt sedan dit det nya elementet och kåpan, och dra åt ordentligt (se bild). Torka upp all utspilld olja innan du monterar motorns övre skyddskåpor.
10 Avlägsna all gammal olja och alla verktyg under bilen, sätt tillbaka den undre skyddskåpan och sänk sedan ner bilen. Sätt även tillbaka motorns övre skyddskåpa.
11 Dra ut mätstickan och skruva loss oljepåfyllningslocket på ventilkåpan. Fyll motorn med rätt klass och typ av olja (se Smörjmedel och vätskor). En oljekanna med pip eller en tratt kan hjälpa till att minska spillet. Börja med att hälla i halva den angivna mängden olja (se bild), och vänta några minuter så att den hinner sjunka ner i sumpen (se Veckokontroller). Fortsätt fylla på små mängder i taget till dess att nivån når max-märket på mätstickan. Sätt tillbaka påfyllningslocket.

3.7a Skruva loss kåpan . . .

3.7b . . . och ta bort filterelementet

3.7c Ta loss tätningsringen från kåpan

3.9 Smörj O-ringtätningen med motorolja.

3.9b Sätt dit filterelementet tillsammans med locket

3.11 Häll i hälften av den angivna oljemänged först, vänta en stund och häll sedan i resten

12 Starta motorn och låt den gå några minuter. Leta efter läckor runt oljefiltrets lock och sumpens dräneringsplugg. Observera att det kan ta ett par sekunder innan oljetryckslampan släcks sedan motorn startats första gången efter ett oljebyte. Detta beror på att oljan cirkulerar runt i kanalerna och det nya filtret (i förekommande fall) innan trycket byggs upp.

> **Varning: Öka inte motorvarvtalet över tomgång när oljetryckslampan lyser eftersom detta kan orsaka svåra skador i turboaggregatet.**

13 Stäng av motorn och vänta ett par minuter på att oljan ska rinna tillbaka till sumpen. Kontrollera oljenivån igen när den nya oljan har cirkulerat och filtret är fullt. Fyll på mer olja om det behövs.
14 Sluthantera den uttjänta oljan på ett säkert sätt, se *Allmänna reparationsanvisningar* i kapitlet Referens i den här handboken.

4 Bränslefilter – vattenavtömning (bilar som använder bränsle med hög svavelhalt)

Observera: *Utför endast detta arbete vid detta intervall om du använder diesel med hög svavelhalt som inte uppfyller DIN EN 590 eller om du använder RME-bränsle (diester). Detta bränsle finns inte i Storbritannien.*
1 Vatten som samlas i bränslefiltret måste tappas ur med jämna mellanrum.

2 Bränslefiltret är monterat på innerskärmen ovanför höger framhjuls hjulhus **(se bild)**. Lossa clipset på filtrets överdel och lyft ut styrventilen, lämna bränsleslangen ansluten.
3 Lossa skruven och lyft upp filtret i fästbygeln.
4 Placera ett kärl under filtret och packa omgivningen med trasor för att suga upp eventuellt bränslespill.
5 Skruva upp avtappningsventilen längst ner på filterenheten till dess att bränsle börjar rinna ner i kärlet. Låt ventilen vara öppen till dess att ungefär 1 dl bränsle finns i kärlet.
6 Sätt tillbaka styrventilen på filtrets översida och stick in fästklämman. Stäng avtappningsventilen och torka bort eventuellt bränsle från munstycket.
7 Avlägsna uppsugningstrasorna och uppsamlingskärlet, tryck sedan tillbaka filter-enheten i fästet och dra åt fästskruven.
8 Kör motorn på tomgång och se efter om det läcker bränsle runt filtret.
9 Höj motorvarvet till 2 000 rpm ett flertal gånger och låt motorn återgå till tomgång. Studera bränsleflödet i den genomskinliga slangen till insprutningspumpen och kontrollera att det inte förekommer luftbubblor.

5 Bromskloss/belägg – kontroll

Främre och bakre skivbromsar

1 De yttre bromsklossarna kan kontrolleras utan att hjulen tas loss genom att du observerar bromsklossarna genom hålen i hjulen **(se bild)**. Ta bort navkapseln vid behov. Bromsklossbelägget måste vara minst så tjockt som anges i Specifikationer.
2 Om de yttre bromsklossarna nästan har uppnått maximalt slitage är det värt arbetet att kontrollera även de inre klossarna. Lyft upp bilen och ställ den på pallbockar *(se Lyftning och stödpunkter)*. Ta bort hjulen.
3 Kontrollera bromsklossarnas tjocklek med en stållinjal och jämför med den min.-tjocklek som anges i specifikationerna **(se bild)**.
4 Vid en ingående kontroll ska bromsklossarna demonteras och rengöras.

Du kan även kontrollera bromsokets funktion och bromsskivans båda sidor. Se kapitel 9.
5 Om någon av klossarnas friktionsmaterial är nerslitet till angiven min.-tjocklek eller ännu mer måste alla fyra klossarna fram eller bak (efter tillämplighet) bytas samtidigt.
6 När kontrollen har slutförts, montera tillbaka hjulen och sänk ner bilen på marken.

Bakre trumbromsar

7 Klossa framhjulen, lyft upp bakvagnen med hjälp av en domkraft och stötta upp den på pallbockar *(se Lyftning och stödpunkter)*.
8 Friktionsmaterialets tjocklek på ena bromsbacken kan snabbkontrolleras genom hålet i bromsskölden om gummipluggen petas ut. Om en stav med samma diameter som den specificerade minsta tjockleken på belägget placeras mot belägget kan slitaget utvärderas. En inspektionslampa krävs troligtvis. Om belägget på någon back är slitet till eller under specificerat minimum måste alla fyra bromsbackarna bytas som en uppsättning.
9 En fullständig kontroll kräver att bromstrumman demonteras och rengörs. Detta ger även tillfälle att kontrollera hjulcylindrarna och bromstrummans skick (se Kapitel 9).
10 När kontrollen har slutförts, montera tillbaka varje hjul där det togs bort och sänk ner bilen på marken.

6 Servicedisplayen – återställa

1 När allt underhåll som krävs har utförts, måste servicedisplayen återställas. Skodamekaniker använder ett särskilt instrument för detta och en utskrift placeras i bilens servicebok. Du kan själv återställa displayen enligt beskrivningen i följande punkter. Observera att på modeller med "LongLife"-serviceintervall finns ingen skillnad mellan PR-kod QG1 och QG2. Om du är osäker på tillvägagångssättet, be en Skoda-verkstad återställa displayen med det särskilda instrumentet.

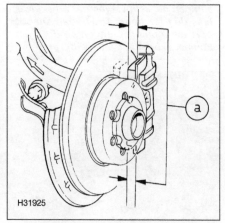

4.2 Bränslefiltret är monterat på innerskärmen ovanför höger framhjuls hjulhus

5.1 De yttre bromsklossarna kan ses genom hålen i hjulen

5.3 Bromsklossarnas tjocklek (a) får inte vara mindre än det angivna värdet

2 När standarddisplayen ska återställas manuellt, slå av tändningen, tryck sedan in trippmätarens återställningsknapp under hastighetsmätaren och håll den intryckt. Slå på tändningen och observera serviceintervallet. Håll sedan knappen intryckt i 10 sekunder tills"- - -" visas, följt av trippmätaren. Om intervallen för "OIL" och "INSP" har uppnåtts samtidigt återställer du det resterande intervallet genom att på nytt hålla knappen intryckt i 10 sekunder.

3 När LongLife-displayen ska återställas manuellt, slå av tändningen, tryck sedan in trippmätarens återställningsknapp under hastighetsmätaren och håll den intryckt. Slå på tändningen och släpp återställningsknappen och observera att den aktuella tjänsten visas på displayen. Vrid återställningsknappen medurs. Displayen återgår till normalläge. Slå av tändningen för att slutföra återställningsprocessen. Nollställ inte displayen, då visas felaktiga värden.

4 Observera att på modeller med LongLife-intervall QG1 ändras schemat automatiskt till LongLife-intervall (QG2) där alla oljebyten, dränering av bränslefiltret på vissa modeller och kontroller av bromsklossar baseras på sträcka/tid medan kontroller av alla andra system beräknas av LongLife-funktionen. Om du vill återställa displayen fullständigt till LongLife-schema (QG1) måste du ta bilen till en Skoda-verkstad där de har ett särskilt instrument för programmering av färddatorn.

'INSP service' visas på displayen

7 Avgassystem – kontroll

1 Låt motorn kallna (i minst en timme efter det att bilen körts) och kontrollera hela avgassystemet från motorn till avgasrörets mynning. Det enklaste sättet att kontrollera avgassystemet är att lyfta bilen med en billyft, eller ställa den på pallbockar, så att avgassystemets delar är väl synliga och lätt åtkomliga *(se Lyftning och stödpunkter)*.
2 Kontrollera om avgasrör eller anslutningar visar tecken på läckage, allvarlig korrosion eller andra skador. Kontrollera att alla fästen och upphängningar är i gott skick och att alla relevanta bultar och muttrar är väl åtdragna. Läckage i någon fog eller annan del visar sig vanligen som en sotfläck i närheten av läckan.
3 Skaller och andra missljud kan ofta härledas till avgassystemet, speciellt fästen och upphängningar. Försök att rubba rör och ljuddämpare. Om det går att få delarna att komma i kontakt med underredet eller fjädringen, bör systemet förses med nya fästen. Man kan också skilja på fogarna (om det går) och vrida rören så att de kommer på tillräckligt stort avstånd.

8 Slangar och vätskeläckage – kontroll

1 Undersök motorns fogytor, packningar och tätningar och leta efter tecken på vatten- eller oljeläckage. Var speciellt uppmärksam på områdena kring ventilkåpan, topplocket, oljefiltret och sumpfogen. Tänk på att med tiden är ett litet läckage från dessa områden helt normalt, så leta efter tecken på allvarliga läckor. Om ett läckage påträffas, byt den defekta packningen eller tätningen enligt beskrivning i relevant kapitel i denna handbok.
2 Kontrollera även att alla rör och slangar som hör till motorn är i ett gott och säkert skick. Kontrollera att alla kabelband och fasthållningsklämmor finns på plats och är i

bra skick. Trasiga eller saknade klämmor kan leda till nötning på slangar, rör eller kablage. Detta kan i sin tur leda till allvarligare fel i framtiden.
3 Undersök noga alla kylar- och värmeslangar utmed hela deras längd. Byt eventuella spruckna, svullna eller skadade slangar. Sprickor syns bättre om man klämmer på slangen. Var extra uppmärksam på slangklämmorna som håller fast slangarna vid kylsystemets komponenter. Slangklämmor kan nypa åt och punktera slangar, vilket leder till läckage i kylsystemet.
4 Undersök kylsystemets alla delar (slangar, fogytor etc.) och leta efter läckor (se Haynes tips). Om problem av den här typen upptäcks i någon del i systemet ska den delen eller packningen bytas ut enligt beskrivningen i kapitel 3.
5 Med bilen upplyft, kontrollera bensintanken och påfyllningsröret, sök efter hål, sprickor eller andra skador. Anslutningen mellan påfyllningsröret och tanken är speciellt kritisk. Ibland läcker ett påfyllningsrör av gummi eller en slang beroende på att slangklämmorna är för löst åtdragna eller att gummit åldrats.
6 Undersök noga alla gummislangar och metallrör från tanken. Leta efter lösa anslutningar, åldrade slangar, veck på rör och andra skador. Var extra uppmärksam på ventilationsrör och slangar som ofta är lindade runt påfyllningsröret och kan bli igensatta eller böjda. Följ ledningarna till bilens front och

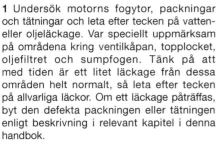

En läcka i kylsystemet syns normalt som vita eller rostfärgade avlagringar på området runt läckan.

kontrollera dem hela vägen. Byt ut skadade delar vid behov.
7 I motorrummet kontrollerar du alla anslutningar för bränsleslangar och rör, och att inga bränsle- och vakuumslangar är veckade, skavda eller åldrade.
8 Kontrollera skicket på servostyrningens rör och slangar.

9 Bränslefilter (bilar som använder standardbränsle) – vattenavtömning

Observera: *Utför endast detta arbete vid detta intervall om du använder dieselbränsle som uppfyller DIN EN 590 (standardbränsle i Storbritannien).*
Se avsnitt 4.

10 Bränslefilter – byte (bilar som använder dieselbränsle med hög svavelhalt)

Observera: *Utför endast detta arbete vid detta intervall om du använder diesel med hög svavelhalt som inte uppfyller DIN EN 590 eller om du använder RME-bränsle (diester). Detta bränsle finns inte i Storbritannien.*
1 Bränslefiltret sitter på innerskärmen, över det högra hjulhuset **(se bild)**. Placera ett kärl under filterenheten och klä in det omgivande

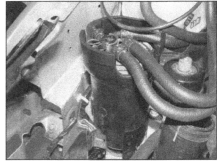

10.1 Bränslefiltret är monterat på innerskärmen ovanför höger framhjuls hjulhus

10.2a Lossa klämman . . .

10.2b . . . och lyft ut styrningsventilen, låt bränsleslangarna vara anslutna till den

10.4a Lossa fästskruven . . .

10.4b . . . och lyft ut filtret från fästbygeln

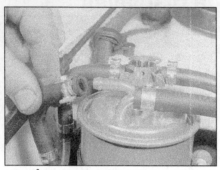

10.7 Återanslut bränsletillförselslangarna

området med trasor för att suga upp bränslespill.

2 Lossa klämman upptill på filterenheten och lyft ut styrventilen, lämna bränsleslangarna anslutna till den **(se bilder)**.

3 Lossa slangklämmorna och dra loss bränsleslangarna från anslutningarna på filtret. Om krympklämmor används, skär av dem med en sidavbitare och ersätt dem med skruvade slangklämmor av samma storlek vid monteringen. Anteckna slangarnas monteringslägen så att korrekt montering underlättas.

Varning: Var beredd på visst bränslespill.

4 Lossa fästskruven och lyft ut filtret från fästbygeln **(se bilder)**.

5 Montera ett nytt filter i fästet och dra åt fästskruven.

6 Sätt tillbaka styrventilen på filtrets översida och stick in fästklämman.

11.2 Kontrollera undersidan av drivremmen med en spegel

7 Anslut in- och utmatningsslangarna med hjälp av demonteringsanteckningarna, observera bränsleflödespilarna bredvid vardera anslutningen. Där slangkopplingar av krymptyp ursprungligen använts ska dessa bytas mot skruvade slangklämmor av samma storlek vid monteringen **(se bild)**. Avlägsna uppsamlingskärl och trasor.

8 Starta motorn och låt den gå på tomgång, leta runt filtret efter bränsleläckage.

Observera: *Det kan behövas några sekunders igångdragning av motorn innan den startar.*

9 Höj motorvarvet till 2 000 rpm ett flertal gånger och låt motorn återgå till tomgång. Studera bränsleflödet i den genomskinliga slangen till insprutningspumpen och kontrollera att det inte förekommer luftbubblor.

11 Drivrem – kontroll

1 Dra åt handbromsen. Lyft sedan upp framvagnen och ställ den på pallbockar *(se Lyftning och stödpunkter)*.

2 Använd en hylsa på bulten till vevaxelns remskiva och vrid långsamt runt motorn medurs och undersök hela drivremmen. Sök efter sprickor, delningar och fransningar på remmens yta. Leta också efter tecken på polering (blanka fläckar) och efter delning av remlagren. Kontrollera drivremmens undersida med en spegel **(se bild)**. Om du ser någon skada eller slitage, eller om det finns spår av

olja eller fett på remmen ska den bytas (se avsnitt 29).

12 Frostskyddsmedel – kontroll

1 Kylsystemet ska fyllas på med det rekommenderade frostskyddsmedlet G12 och korrosionsskyddsvätskan – blanda inte det här frostskyddsmedlet med någon annan sorts medel. Under en viss tid kan vätskans koncentration sjunka på grund av påfyllning (detta kan man undvika genom att fylla på med rätt frostskyddsmedelsblandning – se Specifikationer) eller vätskeförlust. Om kylvätskeförlusten är uppenbar är det viktigt att göra nödvändiga reparationer innan man fyller på ny vätska.

2 Med kall motor, ta försiktigt bort locket från expansionskärlet. Om motorn inte är helt kall, placera en tygtrasa över locket innan du tar bort det. Ta bort locket långsamt så att eventuellt tryck kan komma ut.

3 Det finns kontrollverktyg för frostskyddsmedel i biltillbehörsbutiker. Dra upp lite kylvätska från expansionskärlet och kontrollera hur många plastbollar som flyter i kontrollverktyget. Normalt sett ska 2 eller 3 bollar flyta för korrekt koncentration av frostskyddsmedel, men följ tillverkarens instruktioner.

4 Om koncentrationen är felaktig måste du antingen tömma ut lite kylvätska och tillsätta frostskyddsmedel, eller tömma ut den gamla kylvätskan och fylla på med ny kylvätska med rätt koncentration (se avsnitt 34).

13 Bromshydraulkrets – kontroll

1 Kontrollera att bromssystemets hydraulkrets inte läcker eller är skadad. Börja med att kontrollera huvudcylindern i motorrummet. Kontrollera samtidigt att vakuumservoenheten och ABS-enheten inte visar tecken på vätskeläckage.

2 Lyft upp fram- och bakvagnen och

stötta upp dem på pallbockar *(se Lyftning och stödpunkter)*. Kontrollera att de stela hydraulbromsledningarna inte har tecken på korrosion och skador.

3 På bilens framvagn, kontrollera att de mjuka hydraulslangarna till bromsoken inte är vridna eller skaver mot någon av de omgivande fjädringsdelarna. Vrid ratten helt till ändläget när du kontrollerar detta. Kontrollera även att slangarna inte är sköra eller spruckna.

4 Sänk ner bilen när kontrollerna är slutförda.

14 Strålkastare – justering

1 Korrekt inställning av strålkastarna kan endast utföras med optisk utrustning och ska därför överlåtas till en Skoda-verkstad eller en annan lämpligt utrustad verkstad.

2 Grundläggande inställning kan göras i nödfall. Ytterligare information finns i kapitel 12.

15 Pollenfilterenhet – byte

1 Pollenfiltret sitter på värmaren och tas bort via passagerarsidans fotutrymme. På högerstyrda modeller är det på vänster sida och på vänsterstyrda modeller på höger sida.

2 Under handskfacket trycker du pollenfiltrets fästhakar bakåt.

3 Ta bort filtret nedåt från värmaren och ta bort det från bilens insida.

4 Skilj filtret från ramen.

5 Montera ett nytt filter i ramen och för sedan in det i värmarenheten tills hakarna låser fast ramen.

16 Manuell växellåda – kontroll av oljenivå

1 Parkera bilen på en plan yta. För enklare åtkomst till påfyllningspluggen, dra åt handbromsen, lyft upp framvagnen och ställ den på pallbockar *(se Lyftning och stödpunkter)*. Observera att bakvagnen också ska lyftas upp så att nivån kan kontrolleras korrekt. Oljenivån måste kontrolleras innan bilen körs, eller åtminstone 5 minuter efter det att motorn stängts av. Om nivån kontrolleras omedelbart efter körning kommer en del olja att finnas kringspridd i växellådans delar vilket ger en felaktig nivåavläsning.

2 Lossa fästskruvarna (efter tillämplighet) och ta bort motorns undre skyddskåpor. Rengör området runt växellådans påfyllningsplugg, som sitter på följande plats:

a) På 02T-växellådor *(se motorkoder i kapitel 7A)* sitter påfyllnings-/nivåpluggen på växellådans bakre inre yta, ovanför motorns bakre momentfäste.

b) På 02R-växellådor *(se motorkoder i kapitel 7A)* sitter påfyllnings-/nivåpluggen på växellådans främre vänstra sida.

3 Oljenivån ska vara precis jämte hålets nedre kant. Det samlas alltid lite olja under påfyllnings/nivåpluggen som sipprar ut när pluggen tas bort; det betyder inte nödvändigtvis att nivån är korrekt. Undersök detta genom att låta denna första omgång rinna ut och fyll sedan på olja efter behov till dess att den nya oljan börjar rinna ut. Nivån blir korrekt när flödet upphör. använd endast olja av hög kvalitet av angiven grad.

4 Om växellådan överfyllts så att olja strömmar ut när pluggen skruvas ur, kontrollera att bilen står horisontellt både i längs- och sidled och låt överskottet rinna ut i ett lämpligt kärl.

5 När oljenivån är korrekt, montera påfyllnings-/nivåpluggen och dra åt den till angivet moment. Torka av spilld olja, montera motorns undre skyddskåpor, dra åt de återstående skruvarna ordentligt och sänk sedan ner bilen på marken.

17 Underredsskydd – kontroll

Ställ bilen på pallbockar *(se Lyftning och stödpunkter)*. Använd en fick- eller inspektionslampa och studera hela underredet på bilen, med extra uppmärksamhet på hjulhusen. Leta efter skavanker på den mjuka underredsmassan. Den kan spricka eller flagna med tilltagande ålder, vilket leder till korrosion. Kontrollera även att innerskärmarna sitter fast i sina klämmor – om de lossnar kan smuts komma in i under dem och upphäva det rostskydd de ger. Om det finns skador på underredsmassan eller korrosion ska detta åtgärdas innan skadorna blir för allvarliga.

18 Drivaxel – kontroll

1 Med bilen upplyft och säkert placerad på pallbockar, snurra sakta på hjulet. Undersök skicket på de yttre drivknutarnas gummidamask. Öppna vecken genom att klämma på damaskerna. Leta efter spår av sprickor, delningar och åldrat gummi som kan släppa ut fett och släppa in vatten och smuts i drivknuten. Kontrollera även damaskernas klamrar vad gäller åtdragning och skick. Upprepa kontrollen på de inre drivknutarna **(se bild)**. Om skador eller slitage påträffas bör damaskerna bytas (se Kapitel 8).

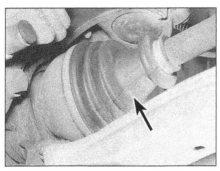

18.1 Kontrollera drivaxeldamaskernas skick (markerad med pil)

2 Kontrollera samtidigt drivknutarnas skick genom att först hålla fast drivaxeln och sedan försöka snurra på hjulet. Upprepa kontrollen genom att hålla i den inre drivknuten och försöka rotera drivaxeln. Varje märkbar rörelse i drivknuten är ett tecken på slitage i drivknutarna, på slitage i drivaxelspårningen eller på att en av drivaxelns fästmuttrar är lös.

19 Styrning och fjädring – kontroll

1 Ställ fram- och bakvagnen på pallbockar *(se Lyftning och stödpunkter)*.

2 Kontrollera dammkåpan till styrstagsändens styrled, dammkåpan till den nedre spindelled och kuggstångens och kugghjulets damasker, sök efter sprickor, skavmärken eller andra skador. Slitage på någon av dessa delar gör att smörjmedel läcker ut och att smuts och vatten kan komma in, vilket snabbt sliter ut styrlederna eller styrväxeln.

3 Kontrollera servostyrningens oljeslangar och leta efter tecken på skavning och åldrande och undersök rör- och slanganslutningar för att se om det finns oljeläckage. Leta även efter läckor under tryck från styrväxelns gummidamask, vilket indikerar trasiga tätningar i styrväxeln.

4 Ta tag i hjulet upptill och nedtill och försök rucka på det **(se bild)**. Ett ytterst litet spel kan märkas, men om rörelsen är stor krävs

19.4 Kontrollera om det föreligger slitage i navlagren genom att ta tag i hjulet och försöka vicka på det.

20.1 Demontera batterikåpan

en närmare undersökning för att fastställa orsaken. Fortsätt rucka på hjulet medan en medhjälpare trycker på bromspedalen. Om spelet försvinner eller minskar markant är det troligen fråga om ett defekt hjullager. Om spelet finns kvar när bromsen är nedtryckt rör det sig om slitage i fjädringens leder eller fästen.

5 Fatta tag i däckets högra respektive vänstra kant och försök att rucka på det igen. Märkbart spel beror antingen på slitage på hjullager eller styrstagets styrleder. Om den inre eller yttre styrleden är sliten kommer den synliga rörelsen att vara tydlig..

6 Leta efter glapp i fjädringsfästenas bussningar genom att bända mellan relevant komponent och dess fästpunkt med en stor skruvmejsel eller ett plattjärn. En viss rörelse är att vänta eftersom bussningarna är av gummi, men eventuellt större slitage visar sig tydligt. Kontrollera även de synliga gummibussningarnas skick och leta efter bristningar, sprickor eller föroreningar i gummit.

7 Ställ bilen på marken och låt en medhjälpare vrida ratten fram och tillbaka ungefär ett åttondels varv åt vardera hållet. Det ska inte finnas något, eller bara ytterst lite, spel mellan rattens och hjulens rörelser. Om spelet är större ska styrlederna och fästena som beskrivs ovan undersökas noga. Dessutom ska rattstångens kardanknutar kontrolleras efter tecken på slitage och kuggstångsstyrningens drev kontrolleras.

8 Sök efter tecken på vätskeläckage runt de främre fjäderbenen och den bakre stötdämparen. Om det finns spår av olja är fjäderbenet eller stötdämparen defekt och ska bytas. **Observera:** *Fjäderben/ stötdämpare ska alltid bytas i par på samma axel för att säkerställa korrekta köregenskaper.*

9 Fjäderbenets/stötdämparens effektivitet kan kontrolleras genom att bilen gungas i varje hörn. I normala fall ska bilen återta planläge och stanna efter en nedtryckning. Om den höjs och återvänder med en studs är troligen fjäderbenet/stötdämparen defekt. Undersök även om fjäderbenets/ stötdämparens övre och nedre fästen visar tecken på slitage.

20 Batterikontroll

1 Batteriet sitter längst fram till vänster i motorrummet. Om det finns ett skydd lossar du kåpan och tar bort skyddet så att du kommer åt batteriet **(se bild)**.
2 Öppna, om det behövs, säkringshållarens plastlock (lossa locket genom att trycka ihop låstapparna) så att du kommer åt batteriets pluspol (+) och säkringshållarens anslutningar.
3 Kontrollera att båda batteripolerna och alla säkringshållaranslutningarna är ordentligt fästa och fria från korrosion. **Observera:** *Innan anslutningarna kopplas loss från batteriet, läs informationen i 'Koppla loss batteriet' i referenskapitlet i sluttet av denna här handboken.*
4 Kontrollera att batterihuset inte är skadat eller sprucket. Kontrollera också att batteriets fästklämbult är ordentligt åtdragen. Om batterihuset är skadat på något sätt måste batteriet bytas (se Kapitel 5A).
5 Om bilen inte har ett förseglat underhållsfritt batteri, kontrollera att elektrolytnivån ligger mellan MAX- och MIN-markeringarna på batterihuset. Om påfyllning behövs, ta bort batteriet (se Kapitel 5A) från bilen. Ta sedan bort cellkåpan (efter tillämplighet). Använd destillerat vatten, fyll på elektrolyt i varje cell upp till MAX-nivåmarkeringen. Sätt sedan tillbaka alla cellkåpor ordentligt. Se till att batteriet inte har fyllts på för mycket, sätt sedan tillbaka batteriet i bilen (se Kapitel 5A).
6 Några modeller har ett batteri med ett 'magiskt öga' som visar batteriets status och elektrolytnivå. Det 'magiska ögat' sitter på batteriets överdel, nära minuspolen. Om indikatorn visar grönt är batteriet i gott skick. Om indikatorn visar svart är batteriet tomt och bör laddas. Om ögat är färglöst eller gult är elektrolytnivån låg. Läget är kritiskt och batteriet ska fyllas med destillerat vatten. Om ögat inte blir grönt när du har laddat batteriet ska batteriet kasseras.
7 När kontrollen har slutförts fäster du locket ordentligt på säkringshållaren och isoleringskåpan (i förekommande fall).

21 Gångjärn och lås – smörjning

1 Smörj gångjärnen på motorhuv, dörrar och baklucka med en tunn smörjolja. På liknande sätt smörjer du alla spärrar, lås och låsgrepp. Kontrollera samtidigt låsens fastsättning och funktion, justera vid behov (se Kapitel 11).
2 Smörj huvlåsmekanismen och huvlåsvajern med lämpligt fett.

22 Krockkudde – kontroll

Undersök krockkuddarnas utsida, leta efter tecken på skador eller slitage. Om en krockkudde visar tecken på skada måste den bytas (se Kapitel 12). Observera att det inte är tillåtet att klistra några etiketter på krockkuddens utsida, eftersom detta kan påverka krockkuddens utlösning.

23 Vindrute-/bakrute-/ strålkastarspolare – kontroll

1 Kontrollera att alla spolarmunstycken är öppna och att de ger en kraftig stråle.
2 Munstycket på bakluckan ska vara riktat så att det sprutar mitt på rutan, använd ett stift.
3 Vindrutespolarens sprutmunstycken levereras förinställda och kan inte justeras.
4 Strålkastarens inre munstycke ska vara riktat något ovanför strålkastarens horisontella mittlinje, och det yttre munstycket ska vara riktat något nedanför mittlinjen.
5 Det är viktigt att kontrollera att spolarvätskan innehåller tillräcklig mängd frostskyddsmedel, framför allt under vintermånaderna.

24 Motorstyrningens självfelsökningsminne – kontroll av fel

Detta arbete ska utföras av en Skoda-verkstad eller diagnostikspecialist med tillgång till särskild utrustning. Diagnosuttaget sitter bakom en kåpa med gångjärn under instrumentbrädan på förarsidan.

25 Taklucka – kontroll och smörjning

1 Kontrollera att takluckan fungerar och lämna den i helt öppet läge.
2 Torka rent styrskenorna på var sida om takluckans öppning, smörj sedan in dem med smörjmedel. Skoda rekommenderar smörjmedelsspray G 052 778.

26 Landsvägsprov och kontroll av avgasutsläpp

Instrument och elutrustning
1 Kontrollera funktionen hos alla instrument och den elektriska utrustningen inklusive luftkonditioneringssystemet.

2 Kontrollera att instrumenten ger korrekta avläsningar och slå i tur och ordning på all elektrisk utrustning för att kontrollera att den fungerar korrekt.

Styrning och fjädring

3 Kontrollera om bilen uppför sig onormalt i styrning, fjädring, köregenskaper och vägkänsla.
4 Kör bilen och kontrollera att det inte förekommer några ovanliga vibrationer eller ljud som kan tyda på slitage i drivaxlarna, hjullagren etc.
5 Kontrollera att styrningen känns positiv, utan överdrivet fladder eller kärvningar, och lyssna efter fjädringsmissljud vid kurvtagning och gupp.

Drivlina

6 Kontrollera motorns, kopplingens, växellådans och drivaxlarnas funktion.
7 Lyssna efter onormala ljud från motorn, kopplingen och växellådan.

8 Kontrollera att motorns tomgång är jämn och att det inte finns tvekan vid gaspådrag.
9 Kontrollera att kopplingen går mjukt, att den "tar" jämnt och att pedalen inte har för lång slaglängd. Lyssna även efter missljud när kopplingspedalen är nedtryckt.
10 Kontrollera att alla växlar kan läggas i jämnt och utan missljud, och att växelspakens rörelse inte är onormalt vag eller hackig.
11 Lyssna efter metalliska klickljud från framvagnen när bilen körs långsamt i en cirkel med fullt rattutslag. Utför kontrollen åt båda hållen. Om ett klickljud hörs, tyder det på slitage i en drivknut. Byt knuten i så fall.

Bromssystem

12 Kontrollera att bilen inte drar åt ena hållet vid inbromsning och att hjulen inte låser sig vid hård inbromsning.
13 Kontrollera att ratten inte vibrerar vid inbromsning.
14 Kontrollera att handbromsen fungerar korrekt utan för lång spakrörelse och att den håller bilen stilla i en backe.

15 Testa bromsservon på följande sätt. Tryck ner bromspedalen 4-5 gånger för att få ut vakuumet när motorn är avstängd. Håll pedalen nedtryckt och starta motorn. När motorn startar ska pedalen ge efter märkbart medan vakuumet byggs upp. Låt motorn gå i minst två minuter och stäng sedan av den. Om pedalen nu trycks ner ska ett väsande ljud höras från servon. Efter 4-5 upprepningar bör inget pysande höras, och pedalen bör kännas betydligt hårdare.
16 Vid en kontrollerad nödbromsning ska ABS-enhetens pulserande rörelser kännas i fotbromspedalen.

Kontroll av avgasrening

17 Trots att den här kontrollen inte ingår i tillverkarens underhållsschema utförs den normalt regelbundet i enlighet med det land där bilen körs. Test av avgasutsläpp ingår för närvarande i bilbesiktningen på bilar som är tre år eller äldre. I Tyskland utförs testet när bilen är tre år gammal och upprepas sedan vartannat år.

Var 64 000:e km eller vart fjärde år

27 Luftfilter – byte

1 Luftfiltret sitter i luftrenaren, som är placerad till vänster om innerskärmen, bakom batteriet.
2 Skruva loss skruvarna och lyft bort kåpan från luftrenarens överdel **(se bild)**.
3 Lyft ut luftfilterelementet **(se bild)**.
4 Rengör och ta ut skräp från luftrenarens insida.
5 Placera ett nytt luftfilter på plats och kontrollera att kanterna sitter säkert på plats.
6 Montera luftrenarens övre kåpa och fäst den med skruvarna.

28 Bränslefilter (bilar som använder standarddieselbränsle) – byte

Observera: *Utför endast detta arbete vid detta intervall om du använder dieselbränsle som uppfyller DIN EN 590 (standardbränsle i Storbritannien).*
Se avsnitt 10.

29 Drivrem – kontroll och byte

Kontrollera

1 Se avsnitt 11.

Byte

2 För att komma åt bättre, dra åt handbromsen

och lyft sedan upp framvagnen och ställ den på pallbockar (se *Lyftning och stödpunkter*). Ta om det behövs bort motorns hasplåt.
3 Ta bort det högra framhjulet och ta sedan bort hjulhusfodret.
4 Vrid spännaren medurs för att släppa spänningen på drivremmen. Gör detta antingen genom att vrida runt spännarens

27.2 Ta bort kåpan . . .

29.4 På modeller med luftkonditionering, vrid sträckeren medurs . . .

mittbult medurs med en skruvnyckel (modeller med luftkonditionering) **(se bild)**, eller med hjälp av en skruvnyckel på den fyrkantiga tappen på spännarens överdel (modeller utan luftkonditionering). På den senare typen går det att hålla fast spännaren genom att föra in ett stift genom de för ändamålet avsedda hålen.

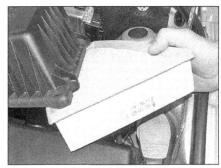

27.3 . . . och lyft ut filtret

29.5 . . . och demontera drivremmen

30.2 Skruva loss kåpan från vätskebehållare

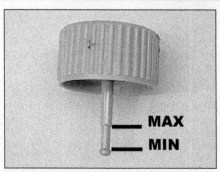

30.3a Servostyrningens vätskenivå måste vara mellan den övre och den nedre markeringen

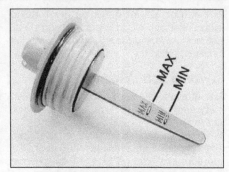

30.3b Alternativa markeringar på servostyrningslocket

30.4 Fylla på vätskenivån

5 Observera hur drivremmen är dragen. Ta sedan bort den från vevaxelns remskiva, generatorns remskiva, servostyrningspumpens remskiva och luftkonditioneringskompressorns remskiva (i förekommande fall) **(se bild)**.
6 Placera den nya drivremmen på remskivorna och släpp sedan spännaren.

Kontrollera att remmen sitter korrekt i spåren på remskivorna.
7 Montera åtkomstpanelen och hjulet. Sänk sedan ner bilen på marken.

30 Servostyrningens hydraulvätskenivå – kontroll

1 Rikta framhjulen rakt framåt utan att starta motorn. Om bilen har stått stilla i en timme eller mer är servostyrningsvätskan kall (under 50 °C) och 'kallmarkeringarna' måste användas. Om motorns temperatur däremot är normal (över 50 °C) är vätskan varm och 'varmmarkeringarna' måste användas.
2 Behållaren för den elstyrda hydraulservostyrningen (Electrically Powered Hydraulic Steering, EPHS) sitter i motorrummets främre vänstra hörn. *Observera:* På vissa modeller med batterier med hög kapacitet

måste du ta bort batteriet och batterihyllan för att komma åt behållarens påfyllningslock. Vätskenivån kontrolleras med mätstickan som sitter fast i påfyllningslocket. Lossa locket från hydraulvätskebehållaren och rengör den integrerade mätstickan med en ren trasa **(se bild)**.
3 Skruva på locket med handkraft och lossa det sedan igen och kontrollera vätskenivån på mätstickan. Vätskenivån måste vara mellan MIN-(den nedre) och MAX-markeringen (den övre) **(se bilder)**. Om vätskan är kall (under 50°C), måste vätskenivån vara över det nedre märket eller MIN. Om vätskan är het (över 50°C), måste vätskenivån inte vara över det övre märket eller MAX.
4 Om nivån är över den övre markeringen sifonerar du bort överskottet. Om den är under den nedre markeringen fyller du på med angiven vätska (*se Smörjmedel och vätskor*), men sök även efter läckor i systemet **(se bild)**. Avsluta med att skruva på locket och dra åt. Montera batterihyllan och batteriet om de tagits bort.

Var 90 000:e km

31 Byte av kamrem och spännrulle (motorer med insprutningsventiler av "unit-injector"-typ)

1 Se kapitel 2D efter information om byte av kamremmen och spännrulle.

Var 120 000:e km

32 Byte av kamrem och spännrulle (motorer med injektionspump)

Observera: *Arbetet vid detta intervall gäller bara motorer med en insprutningspump (se Kapitel 4B).*

1 Se kapitel 2D efter information om byte av kamremmen och spännrulle.

Vartannat år

33 Broms- och kopplingsvätska – byte

⚠ *Varning: Hydraulisk bromsvätska kan skada ögonen och bilens lack, så var ytterst försiktig vid hanteringen. Använd aldrig vätska*

som stått i ett öppet kärl under någon längre tid eftersom den absorberar fukt från luften. För mycket fukt i bromsvätskan kan medföra att bromseffekten minskar, vilket är livsfarligt.
1 Arbetet liknar i stort det som beskrivs för avluftning i kapitel 9, förutom det att bromsvätskebehållaren måste tömmas genom sifonering med en ren bollspruta eller liknande innan du börjar, och du måste lämna plats för

den gamla vätskan som töms vid avluftning av en del av kretsen. Eftersom kopplingens hydraulsystem även använder vätska från bromssystemets behållare måste den tömmas samtidigt enligt anvisningarna i kapitel 6, del 2.
2 Arbeta enligt beskrivningen i kapitel 9 och öppna den första luftningsskruven i ordningen, och pumpa sedan försiktigt på bromspedalen tills nästan all gammal vätska runnit ut ur huvudcylinderbehållaren.

HAYNES TiPS *Gammal hydraulvätska är ofta mycket mörkare än ny olja, vilket gör att det är enkelt att skilja dem åt.*

3 Fyll på ny vätska till MAX-markeringen och fortsätt pumpa tills det bara finns ny vätska i behållaren och ny vätska kan ses rinna ut från luftningsskruven. Dra åt skruven och fyll på behållaren till maxmarkeringen.

4 Gå igenom resterande avluftningsskruvar i ordningsföljd och pumpa till dess att ny vätska kommer ur dem. Var noga med att alltid hålla huvudcylinderbehållarens nivå över MIN-markeringen, annars kan luft tränga in i systemet och då ökar arbetstiden betydligt.

5 Kontrollera att alla luftningsskruvar är ordentligt åtdragna och att dammkåporna sitter på plats när du är klar. Skölj bort alla spår av vätskespill och kontrollera huvudcylinderbehållarens vätskenivå.

6 Kopplingsoljan måste bytas när bromsvätskan har bytts. Se kapitel 6, lufta kopplingen tills du ser att den nya vätskan kommer ut genom slavcylinderns luftningsskruv, håll alltid huvudcylinderns vätskenivå ovanför MIN-nivålinjen för att förhindra att luft kommer in i systemet. När den nya vätskan kommer ut, dra åt luftningsskruven ordentligt och koppla sedan ifrån och ta bort luftningsutrustningen. Sätt tillbaka dammkåpan ordentligt och tvätta sedan bort allt vätskespill.

7 Se till att huvudcylinderns vätskenivå är korrekt *(see Veckokontroller)* och kontrollera bromsarnas och (vid behov) kopplingens funktion innan bilen körs på väg.

34 Kylvätska – byte

Observera: *Denna åtgärd innefattas inte av Skodas schema och ska inte behövas om den rekommenderade kylvätskan G12 LongLife med frost-/korrosionskyddsmedel från Skoda används. Om standardfrostskyddsmedel används ska arbetet emellertid utföras vid de rekommenderade intervallen.*

⚠️ **Varning: Vänta till dess att motorn är helt kall innan arbetet påbörjas. Låt inte frostskyddsmedel komma i kontakt med huden eller lackerade ytor på bilen. Spola omedelbart bort eventuellt spill med stora mängder vatten. Lämna aldrig frostskyddsmedel i en öppen behållare, eller i en pöl på uppfarten eller på garagegolvet. Barn och husdjur kan attraheras av den söta doften, och frostskyddsmedel är livsfarligt att förtära.**

Tömning av kylsystemet

1 När motorn är helt kall tar du bort expansionskärlets påfyllningslock.

2 Dra åt handbromsen. Lyft upp framvagnen och ställ den på pallbockar *(se Lyftning och stödpunkter)*. Skruva loss fästskruvarna och ta bort motorns undre skyddskåpor så att du kommer åt kylarens undersida.

3 Placera en lämplig behållare under avtappningspluggen för kylvätska, som sitter i det nedre slangfästet på kylarens vänstra nedre sida. Skruva loss avtappningspluggen och dra ut den något (du behöver inte ta bort den helt) och låt kylvätskan rinna ner i behållaren **(se bild)**. Om du vill, kan du ansluta ett stycke gummislang till dräneringshålet för att styra avtappningen. Om det inte finns något avtappningshål i slangändens fäste tar du bort fästklämman och lossar den nedre slangen från kylaren så att du kan tappa av kylvätskan (se Kapitel 3).

4 För att tappa ur systemet helt och hållet på motorer med oljekylare, måste du även koppla loss en av kylvätskeslangarna från oljekylaren som sitter framtill på motorblocket.

5 Om kylarvätskan tappats ur av någon annan orsak än byte kan den återanvändas, under förutsättning att den är ren.

6 När all kylvätska har tappats ur, dra åt avtappningspluggen ordentligt eller återanslut den nedre slangen till kylaren (efter tillämplighet). Om det behövs återansluter du även kylvätskeslangen till oljekylaren och fäster den i rätt läge med fästklämman. Montera de undre skyddskåporna och dra åt fästskruvarna ordentligt.

Spolning av kylsystem

7 Har inte den av Skoda rekommenderade kylvätskan använts, eller om kylvätskebyte inte utförts regelbundet eller om frostskyddet spätts ut, kan kylsystemet komma att förlora i effektivitet på grund av att kylvätskekanalerna sätts igen av rost, kalkavlagringar och annat sediment. Kylsystemets effektivitet kan återställas genom att systemet spolas ur.

8 För att undvika förorening ska kylsystemet spolas separat från motorn.

Kylarspolning

9 När kylaren ska spolas måste först kylarens avtappningsplugg dras åt.

10 Lossa de övre och nedre slangarna och alla andra relevanta slangar från kylaren (se Kapitel 3).

11 Stick in en trädgårdsslang i det övre kylarinloppet. Spola rent vatten genom kylaren och fortsätt spola tills rent vatten kommer ut från kylarens nedre utsläpp.

12 Om det efter en rimlig tid fortfarande inte kommer ut rent vatten kan kylaren spolas ur med kylarrengöringsmedel. Det är viktigt att spolmedelstillverkarens anvisningar följs noga. Om det är riktigt smutsigt, sätt i slangen i kylarens nedre utlopp och backspola kylaren.

Motorspolning

13 Ta bort termostaten när du ska spola motorn (se Kapitel 3).

14 Lossa den nedre kylarslangen från kylaren och stick in en trädgårdsslang i termostathuset.

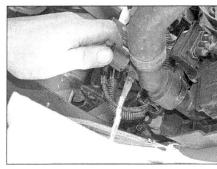

34.3 Skruva loss kylarens dräneringsplugg och låt kylvätskan rinna ner i behållaren

Spola rent vatten genom motorn och fortsätt spola tills rent vatten kommer ut ur kylarens nedre slang.

15 När spolningen har slutförts monterar du termostaten och återansluter slangarna (se Kapitel 3).

Påfyllning av kylsystem

16 Innan du försöker fylla på kylsystemet ser du till att avtappningspluggen är ordentligt stängd. Se till att alla slangar är ordentligt anslutna och att deras fästklämmor är i gott skick. Har inte den av Skoda rekommenderade kylvätskan använts, se till att en lämplig frostskyddsblandning används året runt för att förhindra korrosion på motorns komponenter (se följande underavsnitt).

17 Ta bort givaren för kylvätsketemperatur från kylvätskans fördelarhus på topplockets vänstra sida enligt beskrivningen i Kapitel 3.

18 Ta bort expansionskärlets påfyllningslock och fyll långsamt på systemet med kylvätska **(se bild)**, tills det rinner kylvätska utan bubblor från temperaturgivarens hål. Montera sedan genast tillbaka givaren enligt beskrivningen i Kapitel 3. Fortsätt att fylla på systemet tills nivån når upp till MAX-markeringen på expansionskärlet. Lufta systemet genom att flera gånger klämma på kylarens nedre slang.

19 Montera locket på expansionskärlet och låt sedan motorn gå med högt tomgångsvarvtal tills kylfläkten aktiveras. Vänta tills fläkten har stannat, stäng av motorn och låt motorn svalna.

34.18 Kylsystemet fylls på

20 När motorn har svalnat, kontrollera kylvätskenivån enligt beskrivningen i Veckokontroller. Fyll på mera vätska om det behövs, och sätt tillbaka expansionskärlets lock.

Frostskyddsblandning

21 Om du inte använder rekommenderad Skoda-kylvätska ska frostskyddsmedlet alltid bytas med angivna intervall. Detta är nödvändigt för att behålla frostskyddsmedlets egenskaper men även för att förhindra korrosion som annars kan uppstå då de korrosionshämmande ämnenas effektivitet försämras med tiden.

22 Använd endast etylenglykolbaserad frostskyddsvätska som är lämpad för motorer med blandade metaller i kylsystemet. Mängden frostskyddsmedel och olika skyddsnivåer anges i specifikationerna.

23 Innan frostskydd fylls på ska kylsystemet vara helt tömt, helst genomspolat och alla slangar ska vara kontrollerade vad gäller skick och fastsättning.

24 När kylsystemet fyllts med frostskydd är det klokt att sätta en etikett på expansionskärlet som anger typ och koncentration för använt frostskydd, samt datum för påfyllningen. All efterföljande påfyllning ska göras med samma typ och koncentration av frostskyddsmedel.

25 Använd inte motorfrostskyddsvätska i vindrute- eller bakrutespolarsystemet, eftersom det kommer att skada lacken. Använd spolarvätska i den koncentration som anges på flaskan i spolarsystemet.

Kapitel 2 Del A:
Reparationer med 1,2 liters bensinmotor kvar i bilen

Innehåll

Avsnittsnummer

Allmän information 1
Brytare till varningslampa för oljetryck – demontering och montering . . 11
Kamaxel(axlar) och hydrauliska ventillyftar – demontering, kontroll och återmontering 7
Kamkedja, kamremsspännare och drev – demontering, kontroll och montering 6
Kamremskåpa – demontering och montering 5
Kompressionstest – beskrivning och tolkning 2
Motorns ihopsättning och synkroniseringsmärken – allmän information och användning 3

Avsnittsnummer

Motorns/växellådans fästen – kontroll och byte 14
Motorolja och filter – byte. . . . . .Se kapitel 1A
Motoroljenivå – *kontroll* . . . . *Se Veckokontroller*
Oljepump, drivkedja och kedjedrev – demontering, kontroll och montering 10
Sump – demontering och montering 9
Svänghjul – demontering, kontroll och montering 13
Topplock – demontering, kontroll och montering. 8
Vevaxelns oljetätningar – byte 12
Vevaxelns remskiva – demontering och montering 4

Svårighetsgrad

Enkelt, passar novisen med lite erfarenhet	**Ganska enkelt,** passar nybörjaren med viss erfarenhet	**Ganska svårt,** passar kompetent hemmamekaniker	**Svårt,** passar hemmamekaniker med erfarenhet	**Mycket svårt,** för professionell mekaniker

Specifikationer

Allmänt

Typ . . . . Tre cylindrar i rad, kejdedriven enkel (SOHC) eller dubbel (DOHC) överliggande kamaxel, fyrtakt, vätskekyld

Tillverkarens motorkoder*:
   1198 cc SOHC (enkel överliggande kamaxel) . . . . AWY
   1198 cc DOHC (dubbla överliggande kamaxlar) . . . . AZQ, BME
Maximal utgående effekt:
   AWY . . . . 40 kW vid 4750 varv/min
   AZQ, BME. . . . . 47 kW vid 5400 varv/min
Maximalt vridmoment:
   AWY . . . . 106 Nm vid 3000 varv/min
   AZQ, BME. . . . . 112 Nm vid 3000 varv/min
Lopp . . . . 76,5 mm
Slaglängd . . . . 86,9 mm
Kompressionsförhållande:
   AWY . . . . 10.3 : 1
   AZQ, BME. . . . . 10.5 : 1
Kompressionstryck:
   Minsta kompressionstryck . . . . ungefär 11,0 bar
   Maximal skillnad mellan cylindrar. . . . . ungefär 3,0 bar
Tändföljd . . . . 1 – 2 – 3
Placering av cylinder nr 1 . . . . Vid vevaxelns remskiva
Vevaxelns rotationsriktning. . . . . Medurs (när sett från fordonets högra sida)

* Observera: *Mer information om kodmärkningens placering på motorn hittar du under "Identifikationsnummer" i slutet av den här handboken.*

Smörjningssystem

Oljepumpstyp. . . . . Kejdedriven från vevaxeln
Minimalt oljetryck (oljetemperatur 80°C) vid 2000 varv/min. . . . . 2,0 bar

Kamaxel

Kamaxelns axialspel (maximalt) . . . . 0,20 mm

Åtdragningsmoment   Nm

Luftkonditioneringskompressor 23
Drivremsspännare och remskiva 40
Kamaxellageröverfall (AZQ och BME motorer):
   Steg 1 10
   Steg 2 . . . . Vinkeldra ytterligare 90°
Kamaxelkåpa (AWY motor):
   Steg 1 6
   Steg 2 . . . . Vinkeldra ytterligare 90°
Kamaxelgivare 8
Kamaxeldrev:
   Steg 1 20
   Steg 2 . . . . Vinkeldra 90°
Kylvätskepumpens remskiva 16
Vevaxelns remskiva:
   Steg 1 90
   Steg 2 . . . . Vinkeldra ytterligare 90°
Topplocksbultar:
   Steg 1 30
   Steg 2 . . . . Vinkeldra ytterligare 90°
   Steg 3 . . . . Vinkeldra ytterligare 90°
Ventilkåpa/hus:
  AWY motor:
    Steg 1 6
    Steg 2 . . . . Vinkeldra ytterligare 90°
  AZQ och BME motorer:
    Steg 1 10
    Steg 2 . . . . Vinkeldra ytterligare 90°
Lyftögla för motor 20
Svänghjulbultar (ny)*:
   Steg 1 60
   Steg 2 . . . . Vinkeldra ytterligare 90°
Vänster motorfäste:
  Fäste till kaross:
    Steg 1 50
    Steg 2 . . . . Vinkeldra ytterligare 90°
  Fäste på växellåda:
    Steg 1 40
    Steg 2 . . . . Vinkeldra ytterligare 90°
Oljefilterhus 25
Oljefilterhus 24
Givare för oljenivå och oljetemperatur 8
Oljetrycksbrytare 25
Oljepump 24
Oljepumpens kedjespännare 15
Oljepumpsdrev:
   Steg 1 20
   Steg 2 . . . . Vinkeldra ytterligare 90°
Bakre fäste:
  Till växellåda:
    Steg 1 30
    Steg 2 . . . . Vinkeldra ytterligare 90°
  Till kryssrambalk:
    Steg 1 40
    Steg 2 . . . . Vinkeldra ytterligare 90°
Höger motorfäste:
  Sockel till motor 45
  Fäste till kaross:
    Steg 1 20
    Steg 2 . . . . Vinkeldra ytterligare 90°
  Mellanfästbygel till sockel:
    Steg 1 30
    Steg 2 . . . . Vinkeldra ytterligare 90°
Sumpens bultar 9
Sumpens oljeavtappningsplugg 30
Kamkedjestyrning (AZQ- och BME-motorer) 15
Kamkedjans hydrauliska spännare 15

Åtdragningsmoment (forts.)

Kamremskåpa:

	Nm
Motorkod AWY (se bild 5.19a):	
Bult 3	45
Bultar 1 och 2	45
Bultar 22 och 23	25
Alla övriga bultar	10
Motorkoder AZQ och BME (se bild 5.19b):	
Bultar 1, 2 och 3	50
Bultar 4 och 5	25
Bultar 6, 7, 8, 11 och 14, och alla övriga bultar:	
Steg 1	8
Steg 2	Vinkeldra ytterligare 90°
Kamkedjespännarens styrbult	18

*Använd gänglåsning.

---

1 Allmän information

Vad innehåller detta kapitel

Den här delen av kapitel 2 beskriver de reparationer som kan utföras med motorn monterad i bilen. Om motorn redan har lyfts ut ur motorrummet och tagits isär på det sätt som beskrivs i del E, kan du bortse från anvisningarna för förberedande isärtagning i det här kapitlet.

Det är visserligen fysiskt möjligt att göra en översyn av vissa delar med motorn kvar i bilen, men sådana åtgärder utförs vanligen inte som separata åtgärder, och kräver normalt att ytterligare åtgärder utförs (för att inte tala om rengöring av komponenter och smörjkanaler). av den anledningen klassas alla sådana åtgärder som större renoveringsåtgärder, och beskrivs i del E i det här kapitlet.

Varning: Kolvar, vevstakar och vevaxlar får inte tas bort på dessa motorer. Om dessa komponenter är väldigt slitna eller skadade måste hela motorblocket och kolvarna bytas som en enhet.

Del E beskriver demontering av motor/växellåda, samt tillvägagångssättet för de reparationer som kan utföras med motor/växellådan demonterad.

Motorbeskrivning

Motorn har överliggande kamaxlar (OHC), tre cylindrar i rad, monterade på tvären i främre delen av motorrummet, med den manuella växellådan fäst vid motorns vänstra sida. **Observera:** *Denna bilen är inte utrustad med automatväxel.*

Motorn kan ha en enkel kamaxel (SOHC), t.ex motorkod AWY eller dubbla kamaxlar (DOHC), t.ex. motorkod AZQ och BME. Motorblocket är identiskt på de båda motorerna och har en kuggdriven balansaxel.

Varning: Det är inte tillåtet att ta isär balansaxeln eller dreven.

Motorblocket, topplocket och ventilkåpan är gjutna i en aluminiumlegering. Cylinderloppen är urtagna med maskin direkt i motorblocket. Vevaxeln har fyra ramlager och tryckbrickor är monterade på ramlager 3 för att styra vevaxelns axialspel. En balansaxel sitter i ett hus under motorblocket. Den drivs av ett drev som sitter i vevaxelns ände.

Kamaxeln drivs av en kedja från vevaxeln och kedjan spänns av en hydraulisk spännare. Ventilerna stängs av spiralfjädrar och kamaxlarna styr ventilerna med rullvipparmar och hydrauliska ventillyftare. SOHC-motorer har två ventiler per cylinder och DOHC-motorer har fyra ventiler per cylinder. Svänghjulet sitter på en fläns på vänster sida om vevaxeln. Ramlagren och vevstakslagren är av skåltyp, medan lagren i vevstakens lilländsbussning är av bronsbussningstyp som har tryckts in i vevstaken och brotschats för att passa.

Oljepumpen drivs av en kedja från vevaxelns ände. Olja dras från sumpen genom en sil och cirkuleras sedan genom ett externt filter till motorns olika delar.

Arbeten med motorn kvar i bilen

Följande arbeten kan utföras med motorn monterad i bilen:

a) Kompressionstryck – kontroll.

b) Vevaxelns remskiva – demontering och montering.

c) Kamremskåpa – demontering och montering

d) Kamkedja – byte.

e) Kamkedjans spännare och drev – demontering och montering.

g) Kamaxel(axlar) och hydrauliska ventillyftare – demontering och montering.

g) Topplock – demontering och montering*.

h) Topplock – sotning.

i) Sump – demontering och montering

j) Oljepump – demontering, reparation och montering

k) Vevaxelns oljetätningar – byte.

l) Motor-/växellådsfästen – kontroll och byte

m) Svänghjul – demontering, kontroll och återmontering.

* Metoder för isärtagning av topplocket beskrivs i Kapitel 2E.

2 Kompressionsprov – beskrivning och tolkning

1 Om motorns effekt sjunker eller om det uppstår misständningar som inte kan hänföras till tändning eller bränslesystem, kan ett kompressionsprov ge en uppfattning om motorns skick. Om kompressionsprov görs regelbundet kan de ge en förvarning om problem innan några andra symptom uppträder.

2 Motorn måste vara uppvärmd till normal arbetstemperatur, batteriet måste vara fulladdat och tändstift måste vara urskruvade (kapitel 1A). Dessutom behövs en medhjälpare.

3 Koppla ur tändsystemet genom att koppla loss anslutningskontakten från tändspolsenheten eller tändspolarna. Även koppla loss ledningar från bränsleinsprutarna. *Observera: Detta genererar en felkod i motorstyrningsminnet, och denna kod måste raderas av en Skoda-verkstad när testet har slutförts.*

4 Montera en kompressionsprovare vid tändstiftshålet för cylinder 1 – helst den typ av provare som skruvas fast i hålet.

5 Låt en medhjälpare hålla gasspjället helt öppet och dra runt motorn med startmotorn; efter ett eller två varv bör kompressionstrycket byggas upp till maxvärdet och sedan stabiliseras. Anteckna det högsta värdet.

6 Upprepa testet på övriga cylindrar och notera trycket i var och en.

7 Alla cylindrar bör ge mycket lika tryckvärden, i storleksordningen 11 – 15 bar. Om trycket i någon av cylindrarna är lägre än elva bar eller om tryckskillnaden mellan cylindrarna är större än tre bar tyder det på ett fel.

8 Observera att kompressionen ska byggas upp snabbt i en felfri motor; om kompressionen är låg i det första kolvslaget och sedan ökar gradvis under följande slag är det ett tecken på slitna kolvringar.

9 Lågt tryck som inte höjs är ett tecken på läckande ventiler eller trasig topplockspackning

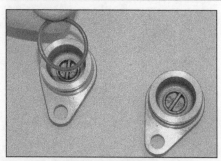

3.7 Sätt på nya O-ringar innan du monterar locken

(eller ett sprucket topplock).

10 Om trycket i någon cylinder ligger vid 11 bar eller därunder, måste följande test utföras för att avgöra orsaken. Häll i en tesked ren olja i cylindern genom tändstiftshålet och upprepa provet.

11 Om tillförsel av olja tillfälligt förbättrar kompressionen är det ett tecken på att det är slitage på kolvringar eller lopp som orsakar tryckfallet. Om ingen förbättring sker tyder det på läckande/brända ventiler eller trasig topplockspackning.

12 Lågt tryck i två angränsande cylindrar är med stor säkerhet ett tecken på att topplockspackningen mellan dem är trasig. Detta bekräftas om det finns kylvätska i motoroljan.

13 Om en cylinder har omkring 20 % lägre tryck än de andra och motorns tomgång är något ojämn, kan detta orsakas av en sliten kamlob.

14 När proverna är genomförda,

3.9a Montera kamaxelns ÖD verktyg . . .

3.9c ÖD verktyget för vevaxeln.

skruva i tändstiften och koppla in tändsystemet igen. Montera tillbaka bränsleinsprutningsventilledningar Låt en Skoda-verkstad radera felkoden (se punkt 3).

3 Motorns ihopsättning och synkroniseringsmärken – allmän information och användning

1 Övre dödpunkten (ÖD) är den högsta punkt kolven når under sin rörelse upp och ner när vevaxeln roterar. Varje kolv når visserligen ÖD i högsta läget av både kompressions- och avgastakten, men vid tändningsinställning menar man läget för kolv 1 i högsta läget av dess kompressionstakt då man refererar till ÖD.

2 Kolv och cylinder 1 sitter på motorns högra sida. Observera att vevaxeln roterar medurs, betraktad från bilens högra sida.

3 *Lossa batteriets jordledning (se Koppla loss batteriet i kapitlet* Referens *i slutet av den här handboken).* Ta bort alla tändstiften enligt beskrivningen i kapitel 1A.

Motorkod AWY

Observera: *För detta arbete krävs Skodas ÖD-inställningsverktyg T10120 och T10121. Annars kan inställningsverktyg införskaffas från en biltillbehörsbutik.*

4 Skruva loss kamaxelgivaren från topplockkåpan.

5 Skruva loss vevaxelns läges-/hastighetsgivare från motorblockets bakre fläns.

6 Sätt i kamaxelns ÖD-verktyg i ventilkåpans

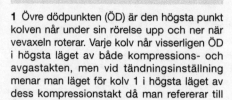

3.9b . . . och dra åt bultarna

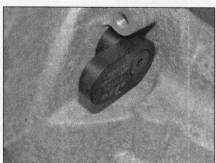

3.9d Vevaxelns ÖD-verktyg monterat genom motorblockets bakre fläns

hål, vrid sedan runt motorn med en hylsa på vevaxelns remskivebult tills ÖD-verktyget kommer in helt i hålet i kamaxeln. Motorn är nu i ÖD-kompression för cylinder 1 och det andra ÖD-verktyget kan föras in genom motorblockets bakre fläns i hålet i svänghjulet.

Motorkoder AZQ och BME

Observera: *För detta arbete krävs Skodas ÖD-inställningsverktyg T10123 och T10121. Annars kan inställningsverktyg införskaffas från en biltillbehörsbutik.*

7 På topplockets vänstra sida lossar du överfallen från ändarna av insugnings- och avgaskamaxlarna. **Observera:** *Nya O-ringar måste monteras innan du sätter dit överfallen* **(se bild).**

8 Skruva loss vevaxelns läges-/hastighetsgivare från motorblockets bakre fläns.

9 Vrid runt motorn med en hylsa på vevaxelns remskivebult tills spåren på kamaxlarnas vänstra ändar är i horisontellt läge. För in verktygen T10123 i kamaxlarna och fäst det med bultarna. Motorn är nu i ÖD-kompression för cylinder 1 och det andra ÖD-verktyget kan föras in genom motorblockets bakre fläns i hålet i svänghjulet.**(se bild).**

Alla motorer

10 Som en ytterligare kontroll av att cylinder 1 är i kompressionstakt kan du vid behov ta bort ÖD-verktygen och vrida tillbaka motorn något från läget som beskrevs i punkt 6 eller 9. Vrid nu motorn framåt igen till ÖD med ett finger placerat över tändstiftshål 1. Om kolv 1 höjs vid rätt kompressionstakt kan man känna ett tryck byggas upp när motorn vrids framåt till ÖD.

11 Med ÖD väl inställt för kompressionstakten i cylinder 1 kan det ställas in för var och en av de övriga cylindrarna genom att vrida vevaxeln medurs i omgångar om 240° och hålla reda på tändningsföljden (se Specifikationer).

4 Vevaxelns remskiva – demontering och montering

Demontering

1 Ta bort motorns övre skyddskåpa och luftfilter efter tillämplighet.

2 Markera drivremmens normala rotationsriktning så att den kan återmonteras korrekt. Observera även drivremmens dragning inför återmonteringen.

3 Bänd bort kåpan från mitten av drivremmens spännrulle, och vrid sedan spännaren moturs till stoppet med en 50 mm torxnyckel. Håll spännaren i detta läge och ta bort drivremmen från remskivorna. Lossa spännaren eller, om du föredrar det, håll kvar spännaren i läge genom att föra in ett lämpligt stift/borrbit genom det särskilda hålet.

4 Låt en medhjälpare lägga i fyran och trycka

4.4a Skruva loss vevaxelns remskiva
bult . . .

4.4b . . . och ta bort vevaxelns remskiva

4.5 Vinkeldra vevaxelns remskiva bult

ner bromspedalen ordentligt, lossa sedan
vevaxelns remskivebult och ta bort den
tillsammans med remskivan (se bilder). Enligt
Skoda måste bulten bytas när den tagits bort.

Montering

5 Placera remskivan och den nya bulten på
vevaxelns ände, dra sedan åt den till angivet
moment och vinkel medan du håller fast den
enligt instruktionerna för demontering (se
bild).
6 Placera drivremmen på remskivorna medan
du håller spännaren mot fjädern, släpp
sedan åt spännaren. Se till att drivremmens
upphöjningar hamnar korrekt i remskivans
spår. Montera kåpan på spännrullens mitt.
7 Montera tillbaka motorns övre skyddskåpa
och luftfilter efter tillämplighet.

5 Kamkedjekåpa –
demontering och montering

Demontering

1 Ta bort motorns övre skyddskåpa och
luftfilter efter tillämplighet.
2 Dra åt handbromsen. Lyft upp framvagnen
och ställ den på pallbockar (se Lyftning och
stödpunkter). Demontera höger framhjul. Det
blir lättare att komma åt om du även tar bort
det högra främre hjulhusfodret.
3 Markera drivremmens rotationsriktning så
att den kan återmonteras korrekt. Bänd bort
kåpan från mitten av drivremens spännrulle,
och vrid sedan spännaren moturs till stoppet

med en 50 mm torxnyckel. Håll spännaren
i detta läge och ta bort drivremmen från
remskivorna. Lossa spännaren eller, om du
föredrar det, håll kvar spännaren i läge genom
att föra in ett lämpligt stift/borrbit genom det
särskilda hålet (se bild).
4 Håll kylvätskepumpens remskiva stilla med
en oljefiltertång eller liknande verktyg, skruva
sedan loss fästbultarna och ta bort remskivan
från drivflänsen.
5 På modeller med luftkonditionering,
skruva loss drivremmens styrremskiva från
motorblocket.
6 Skruva loss drivremsspännaren och skivan
från motorblocket (se bild).
7 Ta bort generatorn enligt beskrivningen i
kapitel 5A.
8 Lossa kylvätskeexpansionskärlets
avluftningsslang och lägg den åt sidan.
9 Låt en medhjälpare lägga i fyran och trycka

5.3 För in ett lämpligt stift/borrbit för att
hålla fast drivremsspännaren

ner bromspedalen ordentligt, lossa sedan
vevaxelns remskivebult med en lämplig
ringnyckel och ta bort den tillsammans
med remskivan. Annars kan du använda
ett egentillverkat redskap för att hålla fast
remskivan (se bilder). Enligt Skoda måste
bulten bytas när den tagits bort.
10 Demontera sumpen enligt beskrivningen
i avsnitt 9. Om det behövs, ta bort det främre
avgasröret enligt beskrivningen i kapitel 4C så
att du får mer utrymme (se bilder).
11 Skruva loss och ta bort röret för
motoroljemätstickan (se bild) och, om
tillämpligt, ta bort oljenivå/temperaturgivaren
från motorblocket.
12 Motorns högra ände måste nu stöttas
medan motorfästet tas bort, och motorn
måste hållas i ett säkert läge för att resten
av arbetet ska kunna utföras. Gör detta med
en lyft eller lyftbalk som du fäster i motorns

5.6 Drivremmens spännare och remskiva

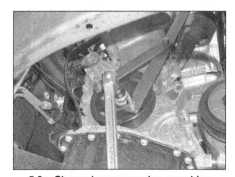

5.9a Skruva loss vevaxelns remskiva
bult . . .

5.9b . . . och ta bort tillsammans med
remskiva

5.10a Skruva loss skruvarna . . .

5.10b ... och ta bort sumpen

5.11 Demontera fästbulten till röret till mätstickan för olja

Montering

17 Före återmonteringen, ta försiktigt bort alla rester av tätningsmedel från kåpan och motorn. Kontrollera även att kåpans M6-fästbultar fortfarande har gänglåsning på gängorna. Om det saknas, byt dem.

18 Stryk på en droppe låsningsmedel med 3,0 mm diameter på kåpans insida. Se till att droppen är på insidan av bulthålen **(se bilder på motsatt sida)**. Glöm inte de övre och nedre mitthålen. *Observera:* Kamremskåpan måste sättas tillbaka inom 15 minuter från det att tätningsmedlet applicerats på topplocket. Stryk på lite tätningsmedel på motorn på anliggningsytan mellan topplocket och motorblocket, på de ställen fram och bak där kåpan ligger an.

19 Placera kamremskåpan försiktigt på motorn, montera bultarna och dra åt dem till angivet moment **(se bild)**. Observera att vridmomentet skiljer sig åt mellan bultarna beroende på placering och på motorkod AZQ och BME, ska vissa bultar dras åt både till angivet moment och till angiven vinkel.

20 Montera hylsan på vevaxelns ände tillsammans med en ny O-ring. Enligt Skoda får inte kåpans oljetätning smörjas med vare sig olja eller fett.

21 Montera tillbaka PCV ventilen tillsammans med en ny O-ring och dra åt fästbulten.

lyftöglor. Detta är bättre än att använda en garagedomkraft under motorn **(se bild)**. När motorn har stöttats tar du bort motorns högra fäste enligt beskrivningen i avsnitt 14.

13 Skruva loss PCV-ventilen (vevhusventilation) från kamremskåpan och ta loss O-ringen **(se bild)**.

14 Skruva stegvis loss och ta bort alla fästbultar, sedan ta bort kamremskåpan från motorn. Om det behövs, knacka lätt på kåpan för att lossa på tätningsmedlet och ta sedan bort kåpan från styrstiften **(se bild)**.

15 Med kåpan borttagen, dra loss hylsan

och O-ringen från änden av vevaxeln. **Observera:** *Detta är nödvändigt eftersom hylsan måste monteras på vevaxeln efter det att kamremskåpan har monterats.*

16 Om kamremskåpan har tagits bort för andra åtgärder (t.ex. av kamkedja eller topplock), måste kolvarna föras undan från deras ÖD så att de inte vidrör ventilerna. Det gör man genom att tillfälligt montera tillbaka vevaxelns remskiva. Montera sedan och drå at vevaxelns remskiva bult, och hålla vevaxeln på plats med ÖD låsverktyget. Ta bort låsverktyget och vrid vevaxeln 45° moturs.

5.12 Motorns fäststag fäst vid motorns höger sida

5.13 Borttagning av PCV-ventilen (vevhusventilation) från kamremskåpan

5.14a Kamkedjekåpans tas bort

5.14b Skruva loss bultarna ...

5.14c ... och ta bort insatsen från kamremskåpan

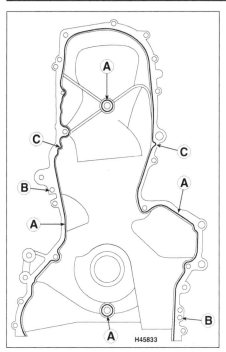

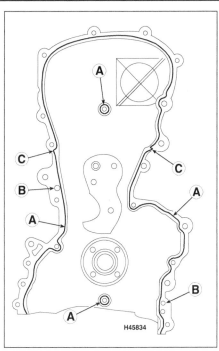

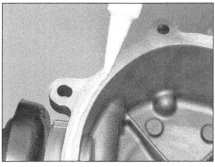

5.18c Tätningsmedel appliceras på kamremskåpan

22 Montera höger motorfäste enligt beskrivningen i avsnitt 14 och ta bort lyften/lyftbalken.

23 Montera tillbaka givaren för oljenivå/temperatur och motoroljans mätsticka och rör.

24 Montera sumpen enligt beskrivningen i avsnitt 9.

25 Montera tillbaka vevaxelns remskiva och bult, och dra åt bulten till angivet moment och vinkel. Håll vevaxeln stilla enligt beskrivningen i stycke 9.

26 Montera kylsystemets ventilationsrör.

27 Montera växelströmsgeneratorn enligt beskrivningen i kapitel 5A.

28 Montera tillbaka drivremsspännare och skiva, och, i förekommande fall, drivremmens styrremskiva Dra bultarna till angivet moment.

5.18a Applicera en droppe tätningsmedel enligt bilden – motorkod AWY

A 3,0 mm droppe
B Styrstift
C Kontaktyta mellan motorblock och topplock

5.18b Applicera en droppe tätningsmedel enligt bilden – motorkoder AZQ och BME

A 3,0 mm droppe
B Styrstift
C Kontaktyta mellan motorblock och topplock

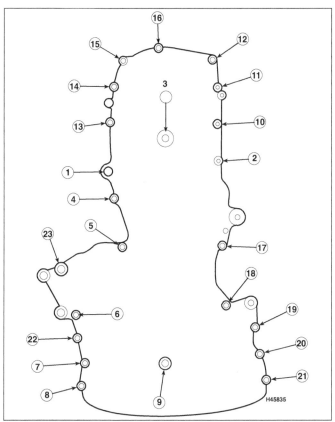

5.19a Åtdragningsordning för kamkedjekåpans bultar – motorkod AWY

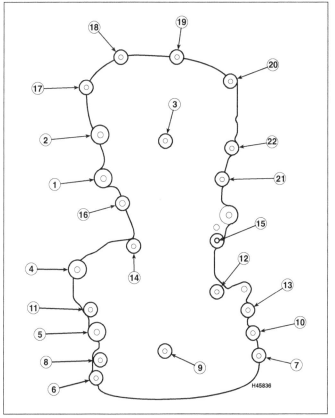

5.19b Ordningsföljd för åtdragning av kamkedjekåpans bultar – motorkoder AZQ och BME

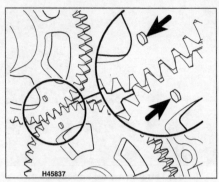

6.19 Balansaxeldrevets inställningsskåror

29 Montera kylvätskepumpens remskive och dra åt fästbultarna.
30 Montera drivremmen med markeringen för rotationsriktning åt rätt håll.
31 Montera hjulhusfodret och hjulet och sänk ner bilen.
32 Montera tillbaka motorns övre skyddskåpa och luftfilter efter tillämplighet.

6 Kamkedja, kamremsspännare och drev – demontering, kontroll och montering

Motorkod AWY

Demontering

1 Ställ motorn till ÖD-läge enligt beskrivningen i avsnitt 3 och sätt i låsverktyget.
2 Ta bort kamremskåpan enligt beskrivningen i avsnitt 5 och placera kolv 1 i ÖD och vrid sedan vevaxeln 45° moturs.
3 Kamkedjespännarskenan måste nu släppas från kedjan och den hydrauliska spännaren låsas. Gör detta genom att trycka skenans nedre ände bakåt så att den tvingar in kolven i den hydrauliska spännaren. Håll sedan fast kolven genom att föra in ett lämpligt verktyg med 3,0 mm diameter genom de särskilda hålen.
4 Skruva loss fästbulten och ta bort drevet från kamaxelns ände. Lossa det samtidigt från kamkedjan. Enligt Skoda bör

man använda deras ÖD-verktyg för att hålla fast kamaxeln. Om ett mallverktyg används rekommenderar vi dock att du tillverkar ett verktyg för fasthållning av drev av ett metallstag med två långa bultar som placeras i hålen i drevet.
5 Demontera sumpen enligt beskrivningen i avsnitt 9.
6 Skruva loss plastkåpan från oljepumpen, håll sedan fast drevet och skruva loss fästbulten – kasta bulten och använd en ny en vid återmonteringen. Ta bort det lilla drevet från vevaxelns ände och lägg kedjan och kedjedrevet åt sidan. **Observera:** *Drevet är inte fastkilat på vevaxeln.*
7 Ta bort vevaxeldrevet tillsammans med kamkedjan från vevaxeln. **Observera:** *Drevet är fastkilat på vevaxeln.*
8 För spännarskenan från dess övre styrbult. Om det behövs, lossa den resterande styrskenan och hydrauliska spännaren från motorblocket.

Kontroll

9 Rengör alla komponenter noggrant, och undersök sedan kamkedjan och oljepumpens drivkedja efter onormalt slitage. Kontrollera även om drevets kuggar är slitna. Om motorn har gått långt, bör kedjan och kedjedrevet bytas.
10 Vevaxelns remskivebultar måste bytas ut varje gång de skruvas loss.

Montering

11 Kontrollera att kamaxeln fortfarande är i ÖD med låsverktyget på plats och fästbulten åtdragen. Den första kolven ska placeras före ÖD (se avsnitt 5).
12 För spännarskenan på plats på dess övre styrbult. Montera tillbaka styrskenan och den hydrauliska spännaren, och dra åt fästbultarna till angivet moment och angiven vinkel.
13 Koppla samman vevaxeldrevet med kamkedjan och placera drevet på vevaxelns ände. Se till att det hamnar i spåret.
14 Koppla samman oljepumpens drev (det lilla) med kedjan och placera sedan drevet på vevaxelns ände. Placera det stora drevet i kedjan, placera drevet på oljepumpen och skruva in den nya fästbulten. Dra åt bulten till angivet moment samtidigt som du håller fast drevet.

15 Montera tillbaka oljepumpens plastkåpa och dra åt skruvarna.
16 Montera sumpen enligt beskrivningen i avsnitt 9.
17 Rengör kamaxeln och drevets ytor och koppla samman drevet med kamkedjan. Placera drevet på kamaxelns ände och sätt dit fästbulten, löst på det här stadiet så att drevet kan röra sig fritt på den låsta kamaxeln.
18 Tryck den nedre änden av kamkedjespännarens skena bakåt, ta bort låsverktyget, och låt skenan spänna kamkedjan.
19 Vrid vevaxeln långsamt medurs 45° så att den första kolven är i ÖD och sätt in låsverktyget genom motorblockets bakre fläns in i svänghjulet – observera att vevaxeln ska vridas långsamt till ÖD-läge. Om den har vridits för långt, vrid den tillbaka och börja om. Skårorna på balansaxelns drev måste även vara i linje med varandra **(se bild)**.
20 Lägg på ett lätt tryck moturs på kamaxeldrevet med fasthållningsverktyget (punkt 4), dra sedan åt fästbultarna till det vridmoment och den vinkel som anges i specifikationerna.
21 Vrid motorn två hela varv och kontrollera sedan att ÖD-verktygen kan monteras på kamaxeln och svänghjulet. Ta bort verktyg.
22 Skruva loss vevaxelns remskiva från vevaxelns ände och montera sedan tillbaka kamremskåpan enligt beskrivningen i avsnitt 5.

Motorkoder AZQ och BME

Demontering

23 Ställ motorn till ÖD-läge enligt beskrivningen i avsnitt 3 och sätt i låsverktyget.
24 Ta bort kamremskåpan enligt beskrivningen i avsnitt 5 och placera kolv 1 i ÖD och vrid sedan vevaxeln 45° moturs.
25 Kamkedjespännarskenan måste nu släppas från kedjan och den hydrauliska spännaren låsas. Gör detta genom att trycka skenans nedre ände bakåt så att den tvingar in kolven i den hydrauliska spännaren. Håll sedan fast kolven genom att föra in ett lämpligt verktyg med 3,0 mm diameter genom de särskilda hålen. **(se bild)**.
26 Identifiera insugnings- och avgaskamdrevens läge, skruva sedan loss och ta bort deras fästbultar och ta bort dreven, samtidigt som du kopplar loss dem från kamkedjan. Enligt Skoda bör du använda deras ÖD-verktyg för att hålla fast kamaxlarna när du lossar drevets fästbult. Om du använder ett mallverktyg rekommenderar vi att du tillverkar ett fasthållningsverktyg för drevet av ett metallstag med två långa bultar placerade i hålen i drevet **(se bilder)**.
27 Demontera sumpen enligt beskrivningen i avsnitt 9.
28 Skruva loss plastkåpan från oljepumpen, håll sedan fast drevet och skruva loss fästbulten – kasta bulten och använd en ny en vid återmonteringen. Ta bort det lilla drevet från vevaxelns ände och lägg kedjan och

6.25 För in ett borr med 3,0 mm diameter i hålet för att hålla fast kamkedjespännarens kolv

6.26a Håll drevet medan du lossar bulten . . .

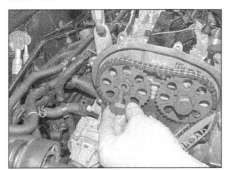

6.26b ... sedan ta bort bulten och drevet

6.29 Ta bort det främre kamkedjedrevet från vevaxeln

6.30 För spännarskenan från dess övre styrbult ...

6.30b ... skruva sedan loss den resterande styrskenan

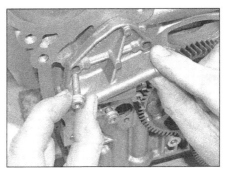

6.30c Ta bort kamkedjespännaren

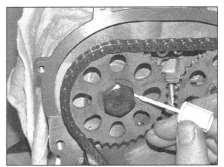

6.42 Markera bulten och drevet inför vinkeldragningen

kedjedrevet åt sidan. **Observera:** *Drevet är inte fastkilat på vevaxeln.*

29 Ta bort vevaxeldrevet tillsammans med kamkedjan från vevaxeln **(se bild)**. **Observera:** *Drevet är fastkilat på vevaxeln.*

30 För spännarskenan från dess övre styrbult. Om det behövs skruvar du loss den resterande styrskenan och den hydrauliska spännaren från motorblocket **(se bilder)**.

Kontroll

31 Rengör alla komponenter noggrant, och undersök sedan kamkedjan och oljepumpens drivkedja efter onormalt slitage. Kontrollera även om drevets kuggar är slitna. Om motorn har gått långt, bör kedjan och kedjedrevet bytas.

32 Vevaxelns remskivebultar måste bytas ut varje gång de skruvas loss.

Montering

33 Kontrollera att kamaxlarna fortfarande är i ÖD med låsverktyget på plats och fästbultarna åtdragen. Den första kolven ska placeras före ÖD (se avsnitt 5).

34 För spännarskenan på plats på dess övre styrbult. Montera tillbaka styrskenan och den hydrauliska spännaren, och dra åt fästbultarna till angivet moment och angiven vinkel.

35 Koppla samman vevaxeldrevet med kamkedjan och placera drevet på vevaxelns ände. Se till att det hamnar i spåret.

36 Koppla samman oljepumpens drev (det lilla) med kedjan och placera sedan drevet på vevaxelns ände. Placera det stora drevet

i kedjan, placera drevet på oljepumpen och skruva in den nya fästbulten. Dra åt bulten till angivet moment samtidigt som du håller fast drevet.

37 Montera tillbaka oljepumpens plastkåpa och dra åt skruvarna.

38 Montera sumpen enligt beskrivningen i avsnitt 9.

39 Rengör kamaxlarna och drevens ytor och koppla samman dreven med kamkedjan. Placera dreven på kamaxlarnas ände och sätt dit fästbultarna, löst på det här stadiet så att dreven kan röra sig fritt på de låsta kamaxlarna.

40 Tryck den nedre änden av kamkedjespännarens skena bakåt, ta bort låsverktyget, och låt skenan spänna kamkedjan.

41 Vrid vevaxeln långsamt medurs 45° så att den första kolven är i ÖD och sätt in låsverktyget genom motorblockets bakre fläns in i svänghjulet – observera att vevaxeln ska vridas långsamt till ÖD-läge. Om den har vridits för långt, vrid den tillbaka och börja om. Skårorna på balansaxelns drev måste även vara i linje med varandra **(se bild 6.19)**.

42 Lägg ett lätt tryck moturs på kamaxeldrevet med fasthållningsverktyget (punkt 4), dra sedan åt fästbultarna till det vridmoment och den vinkel som anges i specifikationerna. Vinkeldragningen kan utföras genom att man gör markeringar på bulten och drevet med färg **(se bild)**.

43 Vrid motorn två hela varv och kontrollera

sedan att ÖD-verktygen kan monteras på kamaxeln och svänghjulet. Ta bort verktyg.

44 Skruva loss vevaxelns remskiva från vevaxelns ände och montera sedan tillbaka kamremskåpan enligt beskrivningen i avsnitt 5.

7 Kamaxel(axlar) och hydrauliska ventillyftare – demontering, kontroll och återmontering

Motorkod AWY

Demontering

1 Ta bort kamkedjekåpan enligt beskrivningen i avsnitt 5.

2 Demontera kamaxeldrevet enligt beskrivningen i avsnitt 6.

3 Lossa fästbultarna stegvis och lyft sedan bort kåpan från ventilkåpan/huset. Lyft kamaxelkåpan/huset från topplocket. Om den sitter fast kan den försiktigt knackas loss med en trä- eller läderklubba. Kasta bultarna eftersom nya måste användas vid monteringen.

4 Lyft bort kamaxeln från topplocket.

5 Ta en lämplig låda med fack för var och en av rull-/vipparmarna och de hydrauliska ventillyftarna, så att de kan identifieras och monteras på rätt plats. Ta bort vipparmarna och de hydrauliska ventillyftarna och lägg dem i lådan.

6 Ta bort allt tätningsmedel från topplocket och kåpan, och rengör även kamaxellagren.

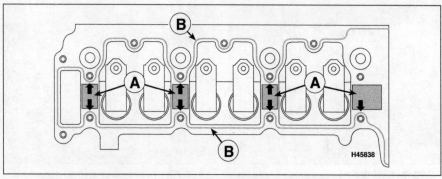

7.15 Smörj de skuggade områdena (A) och stryk på en 2,0 till 3,0 mm droppe (B) tätningsmedel såsom visas

Pilarna visar områden som ska vara rensade

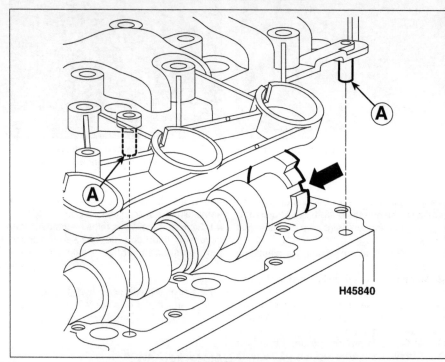

7.16 Placera kamaxelns ÖD-utskärning såsom visas

A Styrstift

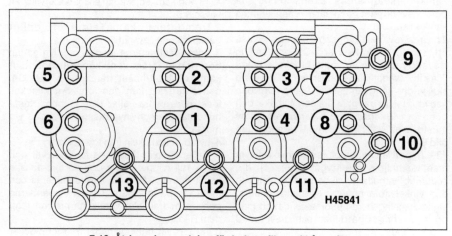

7.18 Åtdragningsordning för bulten till ventilkåpan/huset

Kontroll

7 Se efter om kamaxeln visar tecken på slitage på lober och lagerytor. Normalt ska ytorna vara släta och ha matt glans. sök efter repor, erosion och punktkorrosion och områden som verkar väldigt polerade, vilket tyder på slitage. Slitaget sker snabbt när de härdade ytorna på kamaxeln skadats, så byt alltid slitna delar.

8 Om de bearbetade ytorna på kamaxeln verkar missfärgade eller "blåanlöpta" är det troligt att de vid något tillfälle överhettat, förmodligen beroende på otillräcklig smörjning.

9 Mät kamaxelns axialspel genom att tillfälligt placera den på topplocket utan vipparmarna och de hydrauliska ventillyftarna. Montera en mätklocka på topplockets ände och rikta in mätsonden längs kamaxeln. Tryck kamaxeln så långt den går mot ena änden av topplocket och placera mätklockans sond mot kamaxelns ände och nollställ mätklockan. Tryck sedan kamaxeln så långt den går åt andra hållet och anteckna mätklockans avläsning. Verifiera avläsningen genom att trycka tillbaka kamaxeln och kontrollera att mätaren visar noll igen. Upprepa kontrollproceduren för den återstående kamaxeln.

10 Kontrollera att kamaxelns axialspel ligger inom specifikationerna. Slitage utanför dessa gränsvärden är troligtvis inte begränsat till en enstaka komponent, vilket innebär att byte av kamaxel och kåpa måste övervägas.

11 Undersök de hydrauliska ventillyftarna. Sök efter uppenbara tecken på slitage och skador, och byt dem vid behov. Kontrollera att oljehålen i ventillyftarna inte är tilltäppta.

Montering

12 Ta bort vevaxelns ÖD-låsverktyg, vrid sedan runt motorn moturs 45° så att ingen av kolvarna är i ÖD.

13 Smörj rull-/vipparmarna och de hydrauliska ventillyftarna med motorolja och montera tillbaka dem på rätt plats på topplocket. Kontrollera att armarna är korrekt placerade på ventilskaftet och de hydrauliska ventillyftarna.

14 Applicera fett på kamaxelns lagerytor på topplocket och kåpan/huset.

15 Stryk på en 2,0 till 3,0 mm droppe tätningsmedel såsom visas **(se bild)** på topplocket. Se till att tätningsmedlet inte kommer på kamaxellagrens ytor och se till att droppen rinner runt bulthålens insidor. **Observera:** *Topplockskåpan måste sättas tillbaka inom 15 minuter från det att tätningsmedlet applicerats på topplocket.*

16 Lägg försiktigt kamaxeln på topplocket med ÖD-utskärningen strax ovanför topplockets övre kant, och riktad framåt mot grenröret. Montera ventilkåpan/-huset. Se till att styrstiftet kommer in i hålen i topplocket **(se bild)**.

17 *Sätt i* nya fästbultar och dra åt dem för hand till att börja med.

18 Dra åt fästbultarna i ordningsföljd till angivet moment och vinkel som anges i Specifikationer **(se bild mitt emot)**.

19 Montera kamaxeldrevet enligt beskrivningen i avsnitt 6.

20 Montera kamkedjekåpan enligt beskrivningen i avsnitt 5.

Motorkoder AZQ och BME

Demontering

21 Ta bort kamkedjekåpan enligt beskrivningen i avsnitt 5.

22 Demontera kamaxeldreven enligt beskrivningen i avsnitt 6.

23 Ta bort tändspolarna tillsammans med det utgående effektsteget. Observera att Skoda-mekaniker använder ett specialverktyg (T10094) för att ta bort spolarna, men man kan även dra ut spolarna genom att haka fast en bit böjd svetsstång eller liknande under anslutningskontakterna.

24 Skruva loss ventilkåpans bultar i omvänd ordningsföljd mot åtdragningen i punkt 41, och ta bort dem **(se bild)**.

25 Ta bort hela ventilkåpan inklusive kamaxlarna från topplocket **(se bild)**. Om den sitter fast, använd en klubba eller gummihammare för att knacka på kåpans överdel på flera ställen så att den lossnar från styrstiften.

26 Torka bort tätningsmedel från topplocket och ventilkåpan.

27 Lägg ventilkåpan på bänken, lossa kamaxellageröverfallens/husens bultar i omvänd ordningsföljd mot vad som anges för åtdragningen i punkt 36. Lyft av överfallen/husen från kåpan **(se bild)**. Se till att du kan identifiera överfallen/husen och deras placering inför monteringen.

28 Se till att du kan identifiera kamaxlarnas läge och placering och lyft sedan ut dem från ventilkåpan **(se bild)**. **Observera:** *Insugskamaxeln har en tapp som sitter över hålet för Hall-givaren.*

29 Ta en lämplig låda med fack för var och en av rull-/vipparmarna och de hydrauliska ventillyftarna, så att de kan identifieras inför monteringen. Ta bort vipparmarna och de hydrauliska ventillyftarna från topplocket och lägg dem i lådan **(se bilder)**.

30 Rengör kamaxelns lagerytor på kåpan och överfallen/husen.

Kontroll

31 Se beskrivningen i punkt 7 till 11, men observera att kamaxeln och överfallen/husen måste återmonteras tillfälligt vid kåpan så att man kan mäta axialspelet.

Montering

32 Ta bort vevaxelns ÖD-låsverktyg, vrid sedan runt motorn moturs 45° så att ingen av kolvarna är i ÖD.

33 Smörj rull-/vipparmarna och de hydrauliska ventillyftarna med motorolja och montera

7.24a Lossa bultarna stegvis . . .

7.25 . . . och ta bort hela ventilkåpan med kamaxlarna

7.27 Demontera kamaxellageröverfallen

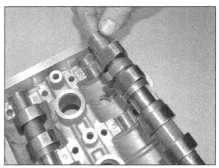

7.28 Ta bort kamaxlarna från ventilkåpan

tillbaka dem på rätt plats på topplocket. **(se bild)**.

34 Applicera fett på kamaxelns lagerytor i överfallen/husen och kåpan.

35 Placera kamaxlarna i rätt läge i kåpan.

Var noggrann och observera att tappen på insugskamaxeln måste placeras över hålet för Hall-givaren.

36 Montera tillbaka lageröverfall/hus och dra åt fästbultarna manuellt till att börja med. Det

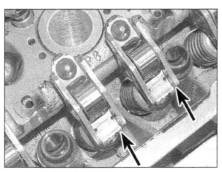

7.29a Rull-/vipparmar

7.29b Ta bort rull-/vipparmarna och de hydrauliska ventillyftarna från topp locket . . .

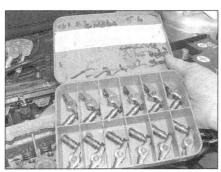

7.29c . . . och lägg dem i lådan

7.33 Montering av rull-/vipparmarna och de hydrauliska ventillyftarna

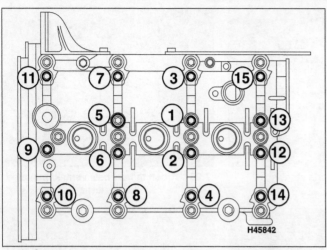

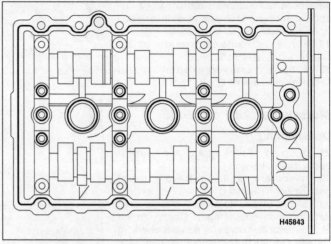

7.36 Åtdragningsordning för bulten till kamaxellageröverfall/hus

7.37a Applicera en droppe tätningsmedel enligt bilden – motorkoder AZQ och BME

7.37b Applicera försiktigt tätningsmedel på ventilkåpan

7.39 Montera tillbaka ventilkåpan

är viktigt att överfallen inte hamnar snett när bultarna dras åt. Dra åt bultarna i ordningsföljd **(se bild)** till angivet moment och vinkel som anges i specifikationerna.

37 Stryk på en 2,0 till 3,0 mm droppe tätningsmedel såsom visas **(se bilder)** på ventilkåpan. Se till att tätningsmedlet

inte kommer på kamaxellagrens ytor och se till att droppen rinner runt bulthålens insidor. **Observera:** *Topplockskåpan måste sättas tillbaka inom 15 minuter från det att tätningsmedlet applicerats på topplocket.*

38 Kontrollera att rull-/vipparmarna är korrekt

placerade på ventilskaftet och de hydrauliska ventillyftarna.

39 Sänk kåpan på topplocket och se till att styrstiften går in i sina hål ordentligt **(se bild)**.

40 *Sätt i* nya fästbultar och dra åt dem för hand till att börja med.

41 Dra åt fästbultarna i ordningsföljd till angivet moment och vinkel som anges i Specifikationerna **(se bild)**.

42 Montera tillbaka tändspolarna och det utgående effektsteget, samt därefter rördelarna.

43 Montera tillbaka kamaxeldreven (Avsnitt 6) och kamremskåpan (Avsnitt 5).

8 Topplock – demontering, kontroll och återmontering

Demontering

1 Ta bort kamkedjekåpan enligt beskrivningen i avsnitt 5. Ta även bort insugs- och avgasgrenrören om det behövs.

2 Ta bort kamaxeldreven enligt beskrivningen i avsnitt 6.

3 På motorkod AWY (enkel överliggande kamaxel) Ta bort kamaxeln och de hydrauliska ventillyftarna enligt beskrivningen i Avsnitt 7.

4 På motorkod AZQ och BME (DOHC), ta bort hela ventilkåpan inklusive kamaxlar och ta sedan bort de hydrauliska ventillyftarna enligt beskrivningen i avsnitt 7. Man behöver inte ta bort kamaxlarna från kåpan om man inte behöver göra det för att utföra något arbete på dem.

5 Lossa topplocksbultarna stegvis i omvänd ordning mot vad som anges för åtdragningen i punkt 20. Ta bort topplocksbultarna. **Observera:** *Bultarna får inte återanvändas – skaffa nya.*

6 När alla skruvar har tagits bort, lyft bort topplocket från motorblocket (tillsammans

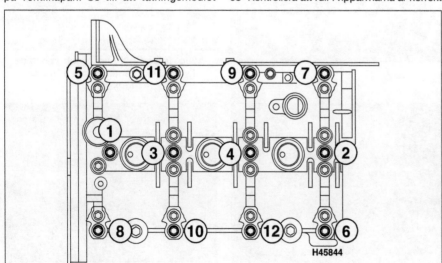

7.41a Ordningsföljd för åtdragning av ventilkåpans bultar

8.6 Topplocket tas bort från blocket

8.7 Motorblocket med topplocket borttaget

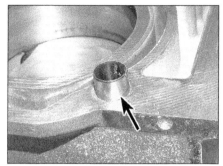

8.17 Topplockets styrstift på blocket

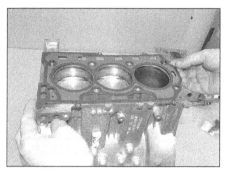

8.17 Montera en ny topplockspackning

8.17c Typiska markeringar på topplockspackningen

8.18 Nedsänkning av topplocket på packningen

med insugs- och avgasgrenrören, om dessa inte redan har tagits bort) **(se bild)**. Om topplocket sitter fast, knacka på det med en mjuk klubba så att tätningen spricker. Bänd inte i packningsfogen.

7 Lyft av topplockspackningen från motorblocket **(se bild)**.

8 Om så önskas kan insugs- och avgasgrenrören tas bort från topplocket enligt beskrivning i relevant avsnitt av kapitel 4.

Kontroll

9 Isärtagning och kontroll av topplocket beskrivs i Del E i detta kapitel.

10 Topplockets och motorblockets fogytor måste vara helt rena innan topplocket sätts tillbaka.

11 Ta bort alla spår av packning och sot med en avskrapare, och rengör även kolvarnas ovansidor. Var extra försiktig med aluminiumytorna, eftersom den mjuka metallen lätt skadas.

12 Se till att avlagringar inte kommer in i olje- och vattenpassagerna – det är särskilt viktigt när det gäller oljeledningarna, eftersom sotpartiklar kan täppa till oljetillförseln till kamaxeln eller vevlagren. Försegla vattenkanaler, oljekanaler och bulthål i motorblocket med tejp och papper. Lägg lite fett i gapet mellan kolvarna och loppen för att hindra sot från att tränga in. När en kolv har gjorts ren, vrid vevaxeln så att kolven rör sig nedåt i loppet och torka sedan bort fett och sot med en tygtrasa. Rengör de övriga kolvkronorna på samma sätt.

13 Undersök topplocket och motorblocket och leta efter hack, djupa repor och andra skador. Mindre skador kan slipas bort försiktigt med en fil. Mer omfattande skador kan repareras med maskinslipning, men det arbetet måste överlåtas till en specialist. Kontrollera topplockets yta med en stållinjal om den misstänks vara skev, enligt beskrivningen i Del D i detta kapitel.

Montering

14 Kontrollera att hålen för topplocksbultarna i motorblocket är rena och fria från olja. Sifonera eller sug upp den olja som finns kvar i bulthålen. Detta är av största vikt för att bultarna ska kunna dras åt till rätt åtdragningsmoment, och för att inte motorblocket ska spricka på grund av hydrauliskt tryck när bultarna dras åt.

15 Se till att vevaxeln har vridits så att kolv 1 just har passerat ÖD (se efter i avsnitt 6 om återmontering av kamkedja). Detta eliminerar

risken för kontakt mellan kolvarna och ventilen när topplocket återmonteras.

16 Montera efter tillämplighet tillbaka insugs- och avgasgrenrören på topplocket.

17 Se till att topplockets styrstift är korrekt placerade i motorblocket **(se bild)**, montera sedan en ny topplockspackning över stiften. Se till att artikelnummret är överst. I förekommande fall, ska även OBEN/TOP-markeringen vara överst **(se bilder)**. Observera att Skoda rekommenderar att packningen inte tas fram ur sin förpackning förrän strax innan den ska monteras.

18 Sänk topplocket i läge på packningen, se till att den placeras korrekt över stiften **(se bild)**.

19 Smörj gängorna och skallarna på de nya topplocksbultarna något, för sedan in dem och skruva in dem så långt som möjligt för hand **(se bilder)**.

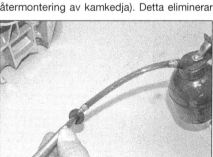

8.19a Smörj bultarnas gängorna och skallarna något. . .

8.19b . . . och skruva in dem så långt som möjligt för hand

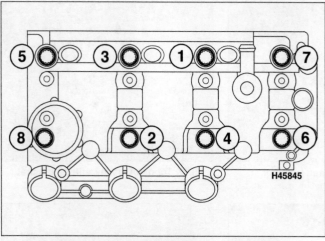

8.20a Ordningsföljd för åtdragning av topplocksbultar –
motorkod AWY

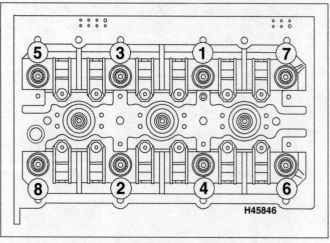

8.20b Ordningsföljd för åtdragning av topplocksbultar –
motorkoder AZQ och BME

8.20c Dra åt bultarna till angivet moment.

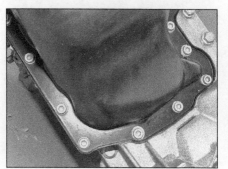

8.21 Åtdragning av bultarna till angiven
vinkel

20 Arbeta i den ordningsföljd som visas och
dra först åt alla topplocksbultar till angivet
moment för steg 1 (se bilder).
21 Arbeta i angiven ordningsföljd. Dra åt alla
topplocksbultar till angiven vinkel för steg 2
(se bild).
22 Dra slutligen åt alla topplocksbultar i
angiven ordningsföljd till angiven vinkel för
steg 3.
23 Montera tillbaka de hydrauliska ventillyftarna,
kamaxeln(kamaxlar) och topplockets kåpa enligt
beskrivningen i Avsnitt 7.
24 Montera kamaxeldrevet(en) enligt
beskrivningen i avsnitt 6.
25 Montera kamkedjekåpan enligt
beskrivningen i avsnitt 5.

9 Sump –
demontering och montering

Demontering

1 Dra åt handbromsen. Lyft sedan upp
framvagnen och ställ den ordentligt på
pallbockar (se Lyftning och stödpunkter).
2 Ta bort fästskruvarna och ta bort motorns
undre skyddskåpor.
3 Dränera motoroljan enligt beskrivningen i
kapitel 1A.

4 Lossa i förekommande fall kontaktdonet från
givaren för oljenivå/temperatur på sumpen.
5 Skruva loss och ta bort bultarna som fäster
sumpen vid motorblocket, ta sedan loss
sumpen (se bilder). Om det behövs, lossa
sumpen genom att knacka på den med en
mjuk klubba.

Montering

6 Inled återmonteringen med en noggrann
rengöring av sumpens och motorblockets
fogytor. Se till att alla spår av gammalt
tätningsmedel tas bort.
7 Se till att motorblockets fogyta på sumpen
är fri från alla spår av gammalt tätningsmedel,
olja och fett och applicera sedan en 2,0 till 4,0
mm tjock sträng med silikontätningsmedel
(D 176404 A2 eller liknande) på sumpen.
Observera att tätningsmedlet ska strykas på
runt insidan av bulthålen i sumpen (se bild).
Sumpen måste sättas tillbaka inom 5 minuter
från det att tätningsmedlet appliceras.
8 Passa in sumpen på motorblocket och
montera sedan tillbaka fästbultarna. Dra
stegvis åt i diagonal ordningsföljd till angivet
moment.
9 Återanslut kablaget till givaren för oljenivå/
temperatur på sumpen.
10 Montera motorns undre
skyddskåpan(kåporna) och sänk ner bilen.

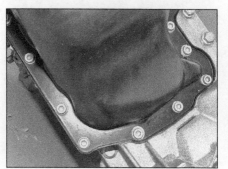

9.5a Skruva loss bultarna . . .

9.5b . . . och ta bort sumpen

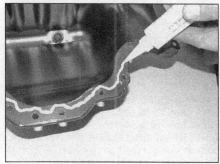

9.7 Lägg tätningsmedel på sumpen

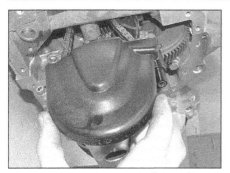

10.2a Skruva loss plastkåpan från oljepumpen. . .

10.2b . . . håll sedan fast drevet med ett verktyg medan du lossar fästbulten. . .

10.2c . . . sedan ta bort bulten och drevet

11 Låt det gå minst 30 minuter från återmonteringen av sumpen så att tätningsmedlet kan torka och fyll sedan på motorolja enligt beskrivningen i kapitel 1A.

10 Oljepump, drivkedja och kedjedrev – demontering, kontroll och återmontering

Demontering

1 Demontera sumpen enligt beskrivningen i avsnitt 9. Du behöver inte ta bort kamremskåpan om du inte ska byta kamkedjan.
2 Skruva loss plastkåpan från oljepumpen, håll sedan fast drevet och skruva loss fästbulten **(se bilder)**. Kasta bulten eftersom en ny måste användas vid återmonteringen.
3 Vrid kedjespännaren utåt och lossa drevet från oljepumpen. Låt drevet hänga i kedjan.
4 Skruva loss fästbultarna och dra bort oljepumpen från styrhylsorna i vevhuset.**(se bilder)**.
5 Ta först bort kamremskåpan enligt beskrivningen i avsnitt 6 om så krävs för att ta bort oljepumpens kedja och spännare. Markera kedjan och kedjedrevet så att de kan återmonteras på samma sätt. Ta bort det lilla drevet från vevaxelns ände och ta sedan bort de båda dreven från kedjan. *Observera:* Drevet är inte fastkilat på vevaxeln. Skruva loss spännaren **(se bilder)**.

Kontroll

6 Rengör alla komponenter noggrant, och

10.4a Skruva loss fästbultarna . . .

undersök sedan oljepumpens drivkedja efter onormalt slitage. Kontrollera även om drevets kuggar är slitna. Om motorn har gått långt, bör kedjan och kedjedrevet bytas.
7 Vevaxelns remskivebultar måste bytas ut varje gång de skruvas loss.

Montering

8 Om oljepumpens drivkedja tagits bort, montera den enligt följande. Montera spännaren, placera det lilla drevet i kedjan, placera sedan drevet på vevaxelns ände. Se till att det sitter åt rätt håll.
9 Placera oljepumpen på motorblocket. Montera sedan fästbultarna och dra åt dem till angivet moment.
10 Placera oljepumpsdrevet i kedjan. Vrid kedjespännaren utåt, placera sedan drevet på oljepumpen och skruva in den nya fästbulten. Dra åt bulten till angivet moment och angiven vinkel samtidigt som du håller fast drevet.

10.4b . . . och ta bort oljepumpen

11 Montera tillbaka oljepumpens plastkåpa och dra åt skruvarna.
12 Montera sumpen enligt beskrivningen i avsnitt 9.

11 Brytare till varningslampa för oljetryck – demontering och montering

Demontering

1 Brytaren till varningslampan för oljetryck är placerad på vänster sida av topplocket.
2 Koppla loss kontaktdonet, och rengör området runt brytaren.
3 Skruva loss brytaren från topplocket og ta den bort, tillsammans med tätningsbrickan. Om kontakten ska vara borttagen från motorn under en längre tid bör du täppa till öppningen i topplocket.

10.5a Demontera oljepumpsdrev från vevaxeln

10.5b Ta bort oljepumpkedjan och drevet . . .

10.5c . . . sedan skruva loss och ta bort sträckaren

12.3 Ta bort den gamla oljetätningen

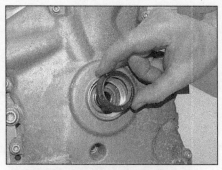

12.5a Placera den nya oljetätningen i kamremskåpan. . .

12.5b . . . och knacka den i läge med ett lämpligt verktyg

12.6a Montera tillbaka på O-ringen . . .

12.6b . . . og sätt i hylsan

12.8 Observera hur djupt oljetätningen sitter innan du tar bort den

Montering

4 Undersök tätningsbrickan efter tecken på skada eller åldrande, och byt ut om det behövs.

5 Montera kontakten och dess bricka. Dra åt till angivet moment.

6 Återanslut kontaktdonet ordentligt. Kontrollera därefter och fyll vid behov på motorolja enligt beskrivningen i Veckokontroller.

12 Vevaxelns oljetätningar – byte

Höger oljetätning

1 Ta bort vevaxelns remskiva enligt beskrivningen i avsnitt 4, sedan notera hur djupt oljetätningen sitter i kamremskåpan.

2 Ta bort hylsan från vevaxelns ände. *Observera:* Detta är nödvändigt eftersom hylsan måste monteras på vevaxeln genom oljetätningen. Om det behövs tar du bort den hylstätande O-ringen från vevaxeln.

3 Bänd försiktigt ut den gamla oljetätningen ur kamremskåpan med en lämplig spårskruvmejsel **(se bild)**. Var mycket försiktig så att du inte skadar kåpan eller vevaxeln. Annars kan du använda en körnare eller en borr för att göra två små hål mitt emot varandra i oljetätningen. Därefter skruvar du i en självgängande skruv i hålen och drar ut oljetätningen genom att dra i skruvarna med en tång.

4 Rengör tätningshuset och vevaxeln. Putsa av alla grader eller vassa kanter som kan ha skadat tätningen.

5 Observera att den nya oljetätningen inte får smörjas med olja eller fett, och att kamkedjekåpans kontaktytor måste vara

helt torra. Nya oljetätningar levereras med en adapter. Sätt på adaptern och den nya tätningen över vevaxeln och på kamremskåpan och tryck den i läge tills den sitter så djupt som du noterade tidigare. Om det behövs kan en rörformig dorn, t.ex. en hylsa, som endast vilar på tätningens hårda yttre kant användas för att knacka tätningen på plats **(se bilder)**. Observera att tätningens kanter måste vara riktade inåt.

6 Om det behövs placerar du en ny O-ringstätning på vevaxeln och sätter sedan försiktigt in hylsan genom den nya oljetätningen på vevaxeln **(se bild)**.

7 Montera tillbaka vevaxelns remskiva enligt beskrivningen i avsnitt 4.

Vänster oljetätning

8 Ta bort svänghjulet enligt beskrivningen i avsnitt 13, sedan notera hur djupt oljetätningen sitter i kamremskåpan **(se bilder)**.

9 Stansa eller borra försiktigt två hål på var sin sida av oljetätningen. Skruva i självgängande skruvar i hålen och dra i skruvarna med tänger för att få ut tätningen **(se bild)**

10 Rengör motorblocket/vevhuset, putsa av alla grader eller vassa på vevaxelns kanter som kan ha skadat tätningen.

11 Observera att den nya oljetätningen inte får smörjas med olja eller fett, och att husets och vevaxelns kontaktytor måste vara helt torra. Nya oljetätningar levereras med en adapter. Placera adaptern och den nya tätningen över vevaxeln och för in den i huset. Tryck den i läge tills den sitter så djupt som du noterade tidigare **(se bilder)**. Om det behövs kan en rörformig dorn, t.ex. en hylsa, som endast

12.9 Borttagning av vevaxelns vänstra oljetätning (svänghjulssidan)

12.11a Placera adaptern och den nya oljetätningen över vevaxeln. . .

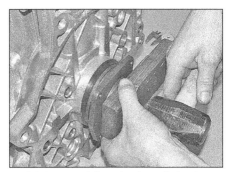

12.11b ... och knacka den på sin plats

13.2 Egentillverkat verktyg för att hålla fast svänghjulet

13.3 Skruva loss fästbultarna för svänghjulet

vilar på tätningens hårda yttre kant användas för att knacka tätningen på plats. Observera att tätningens kanter måste vara riktade inåt.
12 Montera tillbaka svänghjulet enligt beskrivningen i avsnitt 13.

13 Svänghjul –
demontering, kontroll och återmontering

Demontering

1 Ta bort växellådan enligt beskrivningen i kapitel 7A. Ta sedan bort kopplingen enligt beskrivningen i kapitel 6.
2 Hindra svänghjulet/drivplattan från att vridas genom att spärra krondrevskuggarna **(se bild)**, eller genom att skruva fast en remsa mellan svänghjulet/drivplattan och motorblocket/vevhuset.
3 Skruva loss svänghjulets fästbultar **(se bild)**; kassera bultarna. De måste bytas när de har lossats.
4 Ta bort svänghjulet, och ta bort motorns bakplatta om det behövs **(se bild)**. Tappa det inte, det är mycket tungt! **Observera:** *Bulthålen är förskjutna, så det går bara att montera svänghjulet i ett läge.*

Kontroll

5 Om kopplingens anliggningsyta har djupa spår, sprickor eller är skadad på annat sätt måste svänghjulet bytas, om det inte går att planslipa det. Ta hjälp av en Skoda-verkstad eller en specialist på motorrenoveringar.
6 Om krondrevets kuggar är mycket slitna måste det bytas. Detta arbete bör överlåtas till en Skoda-verkstad eller en specialist på motorrenoveringar. Temperaturen som den nya krondrevet måste värmas upp till före monteringen (150°C minimal) är kritisk, eftersom kuggarnas hårdhet förstörs om den inte är korrekt.
7 Om det verkar behövas kan du använda en gängtapp av rätt storlek för att ta bort låsvätska från gängorna i vevaxeln.

Montering

8 Rengör anliggningsytorna på svänghjulet och vevaxeln, montera sedan tillbaka den bakre plåten och sätt dit svänghjulet på vevaxeln.

13.4 Borttagning av motorns bakre plåt

9 Om de nya svänghjulsbultarna inte levererats med belagda gängor **(se bild)**, ska en lämplig gänglåsmassa läggas på varje bults gängor. Montera bultarna och dra åt dem för hand än så länge.
10 Lås svänghjulet som vid demonteringen och dra åt svänghjulsbultarna till angivet moment och vinkel **(se bilder)**.
11 Montera kopplingen enligt beskrivning i kapitel 6, sedan avlägsna låsredskapet och montera växellådan enligt beskrivning i kapitel 7A.

14 Motorns-/växellådans fästen
– kontroll och byte

Kontroll

1 Hissa upp framvagnen och ställ den på

13.10a Dra åt bultarna till angivet moment . . .

13.9 Montera de nya fästbultarna för svänghjulet

pallbockar om du behöver mer utrymme för att komma åt *(se Lyftning och stödpunkter)*. Ta bort fästskruvarna och ta bort motorns undre skyddskåpor.
2 Kontrollera om gummifästena är spruckna, förhårdnade eller skilda från metallen på något ställe. Byt fästena om du upptäcker skador eller åldrande.
3 Kontrollera att fästena är hårt åtdragna; Använd om möjligt en momentnyckel.
4 Undersök om fästet är slitet genom att försiktigt bända det med en stor skruvmejsel eller en kofot för att kontrollera eventuellt fritt spel. Där detta inte är möjligt, låt en medhjälpare vicka på motorn/växellådan framåt/bakåt och i sidled, medan du studerar fästet. Visst spel finns även hos nya komponenter, men kraftigt slitage märks tydligt. Vid överdrivet fritt spel, kontrollera först att hållarna sitter ordentligt, byt därefter ut alla slitna komponenter enligt beskrivningen i följande punkter.

13.10b ... och vinkel

14.9 Den högra motorfästbygeln tas bort

Byte

Höger fäste

Observera: *Nya fästbultar kommer att behövas vid återmonteringen.*

5 Koppla en hiss och en talja till motorns lyftfästen på topplocket och lyft motorn för att ta upp tyngden av motorn och växellådan. Alternativt kan motorn stödjas på en verkstadsdomkraft under motorn. Placera en träbit mellan sumpen och domkraftens huvud för att inte skada sumpen.

6 Skruva, om det behövs, loss kylvätskebehållaren och för den åt sidan. Låt kylvätskeslangarna sitta kvar.

7 För i förekommande fall undan alla kablage, rör och slangar så att du får utrymme att ta bort motorfästet.

8 Skruva loss den mittersta fästmuttern som håller fast fästbygeln vid det elastiska fästet.

9 Skruva loss de tre bultarna som håller fast fästbygeln vid motorn och sedan ta bort fastbygeln **(se bild)**.

10 Skruva loss det flexibla fäste från karossen.

11 Monteringen utförs i omvänd ordning, och tänk på följande:

a) Använd alltid nya fästbultar.

b) Dra åt alla fästen till angivet moment.

Vänster fäste

Observera: *Nya fästbultar krävs vid återmonteringen (du behöver inte byta de små bultarna mellan fästet och karossen).*

12 Ta bort motorns övre skyddskåpa där även luftfiltret sitter.

13 Koppla en hiss och en talja till motorns lyftfästen på topplocket och lyft motorn för att ta upp tyngden av motorn och växellådan. Alternativt kan motorn stödjas på en verkstadsdomkraft under växellådan. Placera en träbit mellan växellådan och domkraftens huvud för att inte växellådan sumpen.

14 Ta bort batteriet, enligt beskrivningen i kapitel 5A, koppla sedan loss startmotorns huvudmatningskabel från batteriets pluspol.

15 Lossa alla relevanta kablage och slangar från klämmorna på batterihyllan, skruva sedan loss de fyra fästbultarna och ta bort batterihyllan.

16 Skruva loss de bultar som håller fast fästet vid växellådan, och de övriga bultar som håller fast fästet vid karossen. Lyft sedan bort fästet från motorrummet.

17 Monteringen sker i omvänd ordningsföljd mot demonteringen, och tänk på följande:

a) Använd alltid nya fästbultar.

b) Dra åt alla fästen till angivet moment.

Bakre fästet (momentarm)

Observera: *Nya fästbultar kommer att behövas vid återmonteringen.*

18 Dra åt handbromsen. Lyft sedan upp framvagnen och ställ den ordentligt på pallbockar *(se Lyftning och stödpunkter)*. Ta bort motorns undre skyddskåpor så att du kommer åt det bakre fästet (momentarm).

19 Stötta växellådans bakre del under slutväxelhuset. Gör detta med en garagedomkraft och en träkloss, eller kila fast en träbit mellan växellådan och kryssrambalken.

20 Arbeta under bilen. Skruva loss bulten som håller fast fästet vid kryssrambalken.

21 Skruva loss de två bultarna som håller fast fästet vid växellådan och ta sedan bort fästet från bilens undersida.

22 Monteringen sker i omvänd ordningsföljd, men använd nya fästbultar och dra åt alla fästen till angivet moment.

Kapitel 2 Del B:
Reparationer med 1,4 liters OHV bensinmotor kvar i bilen

Innehåll

Svårighetsgrad

Enkelt, passar novisen med lite erfarenhet	Ganska enkelt, passar nybörjaren med viss erfarenhet	Ganska svårt, passar kompetent hemmamekaniker	Svårt, passar hemmamekaniker med erfarenhet	Mycket svårt, för professionell mekaniker

Specifikationer

Allmänt

Typ . . . . Fyra cylindrar i rad, hängande ventil (OHV), fyrtakt, 8 ventiler, vätskekyld

Tillverkarens motorkoder*:
  1397 cc 44 kW . . . . AZE och AZF
  1397 cc 50 kW . . . . AME, AQW och ATZ
Maximal utgående effekt:
  AZE och AZF . . . . 44 kW vid 5000 varv/min
  AME, AQW och ATZ . . . . 50 kW vid 5000 varv/min
Maximalt vridmoment:
  AZE och AZF . . . . 118 Nm vid 2600 varv/min
  AME, AQW och ATZ . . . . 120 Nm vid 2500 varv/min
Lopp . . . . 75,5 mm
Slaglängd . . . . 78,0 mm
Kompressionsförhållande. . . . . 10.1 : 1
Kompressionstryck:
  Minsta kompressionstryck . . . . ungefär 7,5 bar
  Maximal skillnad mellan cylindrar. . . . . ungefär 3,0 bar
Tändföljd . . . . 1 – 3 – 4 – 2
Placering av cylinder nr 1 . . . . Vid vevaxelns remskiva
Vevaxelns rotationsriktning. . . . . Medurs (när sett från fordonets högra sida)

* Observera: *Mer information om kodmärkningens placering på motorn hittar du under "Identifikationsnummer" i slutet av den här handboken.*

Smörjningssystem

Oljepumpstyp. . . . . Kuggdriven från kamaxeln, tryckmatad
Oljepumpens spel:
  Drivhjul axel till kåpa:
    Standard. . . . . 0,02 till 0,10 mm
    Slitagegräns . . . . 0,13 mm
  Stift till drivet drev:
    Standard. . . . . 0,014 till 0,050 mm
    Slitagegräns . . . . 0,1 mm
  Drev till pumpkåpa (axialspel) – max. . . . . 0,13 mm
Minimalt oljetryck (oljetemperatur 80°C) vid 2000 varv/min. . . . . 2,0 bar

Åtdragningsmoment

	Nm
Luftkonditioneringkompressor:	
Enkel bakre fästbult	45
Remskivesidans fästbultar	25
Generator:	
Modeller med luftkonditionering	25
Modeller utan luftkonditionering:	
Top link	25
Nedre fäste	30
Nedre fästbygel till motorblock:	
Top	45
Nedre	25
Övre fästbygel till topplock	20
Drivrem:	
Rulle med vänstergänga (modeller utan luftkonditionering)	20
Spännararm (modeller med luftkonditionering)	10
Spännrulle (modeller med luftkonditionering)	35
Spännarens fjäderhus (modeller med luftkonditionering)	20
Storändens (vevstake) lageröverfallsmutter	40
Kamaxelgivare	8
Kamaxeldrevets bult:	
Med säkringsbricka	35
Utan säkringsbricka*	25
Kamaxelns tryckplatta bultar	5
Vevaxelns remskiva	100
Topplocksbultar:	
Steg 1	20
Steg 2	Vinkeldra ytterligare 90°
Steg 3	Vinkeldra ytterligare 90°
Topplockmuttrar	20
Motor/växellådans vänster fäste till växellåda:	
Steg 1	40
Steg 2	Vinkeldra ytterligare 90°
Motor/växellådans vänster fäste till kaross:	
Steg 1	50
Steg 2	Vinkeldra ytterligare 90°
Motor/växellådans bakre fästbygel till växellåda:	
Steg 1	30
Steg 2	Vinkeldra ytterligare 90°
Motorns/växellådans bakre fäste till kryssrambalk:	
Steg 1	40
Steg 2	Vinkeldra ytterligare 90°
Motor/växellådans höger fäste till motor:	
Steg 1	20
Steg 2	Vinkeldra ytterligare 90°
Motor/växellådans höger fäste till kaross:	
Steg 1	30
Steg 2	Vinkeldra ytterligare 90°
Svänghjulbultar (ny)*:	
Steg 1	30
Steg 2	Vinkeldra ytterligare 90°
Knackningsgivare	20
Ramlageröverfall bult	75
Oljepumpens upptagarrör/sil	8
Oljepump	8
Oljetätningshusets bultar	8
Kamremskåpa*	7
Vipparmsenhetens fästbultar	25
Sumpens bultar*	10
Sumpens stödfäste till växellåda	45
Oljesumpens avtappningsplugg	30
Ventilkåpans muttrar	3

* Använd gänglåsning.

1 Allmän information

Vad innehåller detta kapitel

Den här delen av kapitel 2 beskriver de reparationer som kan utföras med motorn monterad i bilen. Om motorn redan har lyfts ut ur motorrummet och tagits isär på det sätt som beskrivs i del E, kan du bortse från anvisningarna för förberedande isärtagning i det här kapitlet.

Det är visserligen fysiskt möjligt att göra en översyn av sådana delar som kolvar och vevstakar med motorn kvar i bilen, men sådana åtgärder utförs vanligen inte som separata operationer, och kräver normalt att ytterligare åtgärder utförs (för att inte tala om rengöring av komponenter och smörjkanaler). av den anledningen klassas alla sådana åtgärder som större renoveringsåtgärder, och beskrivs i del E i det här kapitlet.

Del E beskriver demontering av motor/växellåda, samt tillvägagångssättet för de reparationer som kan utföras med motorn/växellådan demonterad.

Motorbeskrivning

Motorn har hängande ventiler (OHV), fyra raka cylindrar, som är tvärställda i bilens främre del. kopplingen och växellådan sitter på motorns vänster sida.

Motorblocket, topplocket och ventilkåpan är gjutna i en aluminiumlegering. Cylinderloppen är formade av borttagbara cylinderfoder av gjutjärn som sitter i motorblocket vid de nedre ändarna. packningar sitter vid botten av varje foder för att hindra kylvätska från att komma in i sumpen. Kamaxeln stöds av tre ramlager i motorblocket. Ventilerna öppnas och stängs av hydrauliska ventillyftare som är i kontakt med kamaxeln, och tryckstänger styr vipparmarna på topplockets ovansida.

Vevaxel har tre ramlager. Kopplingen och svänghjulet sitter på en fläns på vänster sida. Ett dubbelt drev på höger sida driver kamaxeln med en kamkedja med dubbla rader. Ramlagren och vevstakslagren är av skåltyp, medan lagren i vevstakens lilländsbussning är av bronsbussningstyp som har tryckts in i vevstaken och brotschats för att passa.

Kamaxeln har ett spiralformat drev som är fäst med bultar i dess högra sida. Detta driver oljepumpen med hjälp av en vertikal axel.

Det tryckmatade smörjningssystemet består av en kuggdriven pump som hämtar olja från sumpen genom en sil och cirkulerar smörjmedlet till de olika motordelarna, genom ett filter som sitter utvändigt på motorblockets framsida.

Arbeten med motorn kvar i bilen

Följande arbeten kan utföras med motorn monterad i bilen:

a) Drivrem – demontering och montering.
b) Vipparmkåpa– demontering och montering.
c) Vipparmsenhet – demontering och montering.
d) Topplock – demontering och montering*.
e) Kamremskåpa – demontering och montering
f) Kamkedja och kedjedrev – demontering och montering.
g) Oljepump – demontering, kontroll och återmontering.
h) Sump – demontering och montering.
i) Topplock och kolvar – sotning.
j) Vevaxelns oljetätningar – byte.
k) Svänghjul – demontering, kontroll och återmontering.
l) Motor-/växellådsfästen – kontroll och byte

* Metoder för isärtagning av topplocket beskrivs i Kapitel 2E.

Observera: Det går att ta loss kolvar och vevstakar (efter det att topplocket och sumpen har demonterats) utan att motorn tas ur bilen. Detta tillvägagångssätt är dock inte att rekommendera. Arbete av denna typ är mycket enklare att utföra med motorn på en arbetsbänk, enligt beskrivningen i kapitel 2E.

2 Kompressionsprov – beskrivning och tolkning

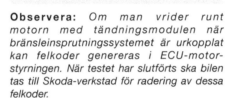

Observera: Om man vrider runt motorn med tändningsmodulen när bränsleinsprutningssystemet är urkopplat kan felkoder genereras i ECU-motorstyrningen. När testet har slutförts ska bilen tas till Skoda-verkstad för radering av dessa felkoder.

1 Om motorns effekt sjunker eller om det uppstår misständningar som inte kan hänföras till tändning eller bränslesystem, kan ett kompressionsprov ge en uppfattning om motorns skick. Om kompressionsprov görs regelbundet kan de ge en förvarning om problem innan några andra symptom uppträder.

2 Motorn måste vara uppvärmd till normal arbetstemperatur och batteriet måste vara fulladdat. Ta bort motorns övre skyddskåpa och ta sedan bort tändstiften enligt beskrivningen i kapitel 1A. Detta innebär att tändningsmodulen måste tas bort först. Dessutom behövs en medhjälpare for att utföra kompressionsprovet.

3 Ta bort säkring 35 enligt beskrivningen i kapitel 12 så att du kan ta bort bränsleinsprutarna. Detta förhindrar att katalysatorn skadas.

4 Montera en kompressionsprovare vid tändstiftshålet för cylinder 1 – helst den typ av provare som skruvas fast i hålet.

5 Låt en medhjälpare hålla gasspjället helt öppet och dra runt motorn med startmotorn; efter ett eller två varv bör kompressionstrycket byggas upp till maxvärdet och sedan stabiliseras. Anteckna det högsta värdet.

6 Upprepa testet på övriga cylindrar och notera trycket i var och en.

7 Alla cylindrar ska ha mycket lika tryckvärden, minst 7,5 bar. Om trycket i någon av cylindrarna är lägre än detta värde eller om tryckskillnaden mellan cylindrarna är större än 3,0 bar tyder det på ett fel.

8 Observera att kompressionen ska byggas upp snabbt i en felfri motor; om kompressionen är låg i det första kolvslaget och sedan ökar gradvis under följande slag är det ett tecken på slitna kolvringar.

9 Lågt tryck som inte höjs är ett tecken på läckande ventiler eller trasig topplockspackning (eller ett sprucket topplock).

10 Om trycket i någon cylinder ligger vid 7,5 bar eller därunder, måste följande test utföras för att avgöra orsaken. Häll i en tesked ren olja i cylindern genom tändstiftshålet och upprepa provet.

11 Om tillförsel av olja tillfälligt förbättrar kompressionen är det ett tecken på att det är slitage på kolvringar eller lopp som orsakar tryckfallet. Om ingen förbättring sker tyder det på läckande/brända ventiler eller trasig topplockspackning.

12 Lågt tryck i två angränsande cylindrar är med stor säkerhet ett tecken på att topplockspackningen mellan dem är trasig. Detta bekräftas om det finns kylvätska i motoroljan.

13 Om en cylinder har omkring 20 % lägre tryck än de andra och motorns tomgång är något ojämn, kan detta orsakas av en sliten kamlob.

14 När testet har slutförts, montera tillbaka tändstiften och tändningsmodulen och montera sedan tillbaka bränsleinsprutarsäkringen.

3 Övre dödpunkt (TDC) för kolv 1 – ställa in

1 Övre dödpunkten (ÖD) är den högsta punkt kolven når under sin rörelse upp och ner när vevaxeln roterar. Varje kolv når visserligen ÖD i högsta läget av både kompressions- och avgastakten, men vid tändningsinställning menar man läget för kolv (1) i högsta läget av dess kompressionstakt då man refererar till ÖD.

2 Kolv och cylinder 1 sitter på höger sida av motorn (kamkedjesidan). Observera att vevaxeln roterar medurs, betraktad från bilens högra sida.

3 Koppla loss batteriets minuspol och demontera alla tändstift enligt beskrivningen i kapitel 1A. Detta innebär att tändningsmodulen måste tas bort först.

4 Motorn måste nu vridas runt med en hylsa på vevaxelns remskivebult, som sitter på höger sida om motorn. Om det behövs, demontera motorns bottenplatta för att komma åt bulten. Annars kan du lyfta upp högra delen av framvagnen, lägga i fyran och vrida hjulet medurs, vilket vrider runt motorn.

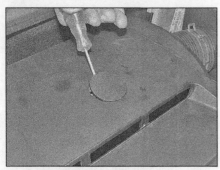

4.2a Bänd bort plastkåpan . . . . .

4.2b . . . och logotypen i mitten

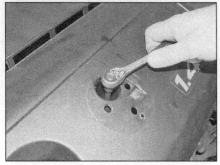

4.2c . . . och skruva loss muttrarna . . .

4.2d . . . ta sedan bort mätstickan och lyft bort motorns övre skyddskåpa tillsammans med oljepåfyllningslocket

5 Det finns inga markeringar på vevaxelns remskiva, och kamaxel-/vevaxeldreven syns endast när kamremskåpan har tagits bort, så det finns bara två sätt att hitta övre dödpunkt

4.2e Ta bort locket från den övre kåpans nedre del . . .

4.2f . . . och montera den på oljepåfyllningsinloppet

(ÖD). Det första (och lättaste) sättet är att vrida vevaxeln medurs medan du håller ett finger över tändstiftshålet för cylinder 1. När du känner kompressionen för du in en lämplig

4.3a Lossa fästklämmorna med en skruvmejsel . . .

4.3b . . . och lossa ventilationsslangarna från ventilkåpans oljepåfyllningsrör

tunn stång genom tändstiftshål 1 på kolvens överdel. Därefter vrider du långsamt runt motorn tills kolven når ÖD. Man måste vrida motorn fram och tillbaka för att hitta exakt rätt läge.

6 Den andra metoden är att ta bort ventilkåpan och observera ventilernas rörelse. Vrid runt motorn tills insugs- och avgasventilerna för cylinder 1 är helt stängda och cylinder 4 påverkas av vipparmarna (avgasventilen stängs och insugsventilen öppnas. ÖD för kolv 1 kan fastställas genom att du för in en lämplig tunn stång genom tändstiftshål 1 på kolvens överdel. Man måste vrida motorn fram och tillbaka för att hitta exakt rätt läge.

7 När vevaxeln är i detta läge är cylinder 1 i ÖD i kompressionstakt, och cylinder 4 är i ÖD i avgastakt.

8 Med ÖD väl inställt för kompressionstakten i cylinder 1 kan det ställas in för var och en av de övriga cylindrarna genom att du vrider vevaxeln medurs 180° i taget. Håll reda på tändföljden (se Specifikationer).

4 Ventilkåpa –
demontering och montering

Demontering

1 Lossa batteriets minusledare *(se Koppla loss batteriet* i kapitlet *Referens* i slutet av den här handboken).
2 Ta bort motorns övre skyddskåpa enligt följande. Bänd bort logon i mitten och plastkåpan från den bakre fästmuttern och skruva sedan loss de två muttrarna. Dra ut motoroljemätstickan ur röret på motorblocket, sedan tar bort den övre kåpan från motorn. Du behöver inte ta bort oljepåfyllningslocket. Ta bort kåpan som sitter på den övre kåpans nedre del, och placera den över oljepåfyllningsinloppet på ventilkåpan **(se bilder)**.
3 Lossa klämmorna och lossa slangarna från vevhusventilationens utlopp på ventilkåpan **(se bilder)**.
4 Skruva loss de två muttrarna och lyft bort kamaxelkåpan från topplocket. Om den sitter fast, knacka försiktigt bort den

4.4a Ta bort fästmuttrarna (markerad med pil) . . .

(från pakcningen) med en klubba. Återställ packningen och de två tätningarna från fästmutterhålen (se bild).

Montering

5 Ta försiktigt bort alla rester av tätningsmedel och olja från topplocket och ventilkåpan. Placera packningen i ventilkåpans spår (se bild).
6 Montera tillbaka ventilkåpan på topplocket och placera den över pinnbultarna. Se till att packningen sitter korrekt under den. Montera tillbaka de två tätningarna och dra sedan stegvis åt fästmuttrarna. Dra inte åt muttrarna för hårt, eftersom detta kan göra ventilkåpan skev.
7 Återanslut vevhusventilationsslangarna och dra åt klämmorna. Om originalklämmorna från Skoda fortfarande är monterade använder du klämmor av skruvtyp vid återmonteringen (se bild).
8 Sätt tillbaka motorns övre skyddskåpa och återanslut batteriets minusledare. Sök efter oljeläckage nästa gång motorn är igång.

5 Vipparmsenhet– demontering, kontroll och återmontering

Varning: Vipparmsenhet hålls fast av två topplocksbultar och det finns en liten risk att topplockspackningen påverkas och inte tätar de våta fodren ordentligt när bultarna dras åt. Den följande proceduren beskrivs urtagningen av de två bultarna; en alternativ metod är att ta bort hela topplocket.

Demontering

1 Demontera vipparmkåpan enligt beskrivningen i avsnitt 4.
2 Använd en 10 mm insexnyckel. Skruva loss de två topplocksbultarna som håller fast de vänstra och högra vipparmarssocklarna vid topplocket.
3 Lossa de fyra vipparmsbultarna jämnt och stegvis ett halvt varv i taget, tills hela trycket på ventilfjädrarna har släppts från vipparmarna. Ta bort bultarna och brickorna.

4.4b ... lyft bort gummimellanläggen ...

4.5 Se till att ventilkåpans tätning sitter som den ska i dess spår.

4.4c ... och lyft bort ventilkåpan från motorn

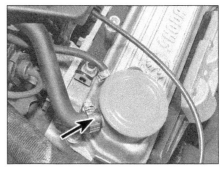
4.7 Byt ut de ursprungliga Skoda-klämmorna mot klämmor av skruvtyp vid återmontering

Notera exakt hur oljestänkskyddet sitter på den högra sockelns övre del och lyft bort vipparmsenheten från topplocket (se bild).
4 Om det behövs kan vipparmsenheten tas isär genom att man tar bort låsringen från ena sidan av vipparmsaxeln och drar bort komponenterna från axelns ände (se bilder). Notera varje komponents korrekta placering under demonteringen så att de kan återmonteras korrekt.
5 Om det behövs tar du bort tryckstängerna från de hydrauliska ventillyftarna, men notera deras placering så att de kan återmonteras på rätt ställe.

Kontroll

6 När vipparmsenheten har tagits isär, sök efter kanter och repor på vipparmarna och skaftens lagerytor. Om det finns synliga

tecken på slitage måste vipparmarna och/eller skaften bytas.

Montering

7 Om vipparmsenheten har plockats isär, montera ihop det genom att följa anvisningarna för isärtagningen i omvänd ordning. Fäst alla delar på rätt plats med låsringen. Se till att låsringen sitter som den ska i skåran och kontrollera att alla vipparmar kan röra sig fritt och jämnt runt axeln.
8 Om tryckstängerna har tagits bort, montera tillbaka dem på rätt plats på de hydrauliska ventillyftarna.
9 Sänk vipparmsenheten i läge på topplocket. Se till att vipparmarnas justeringsskruvar hamnar korrekt i respektive tryckstångsände (se bild).
10 Montera tillbaka de fyra vipparmsbultarna.

5.3 Lossa fästbultarna och lyft bort vipparmsenheten från topplocket

5.4a Du tar loss vipparmsenheten genom att ta bort låsringen ...

5.4b ... och ta bort de olika delarna. Håll reda på monteringsordningen

5.9 Vid återmontering, se till att alla vipparmens justeringsskruvar sitter rätt i stötstångsändarna

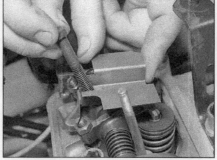

5.10a Glöm inte att montera tillbaka oljestänkskyddet på den högra sockeln

5.10b Dra åt vipparmsenhetens fästbultar till angivet moment enligt beskrivningen i texten

Se till att oljestänkskyddet sitter korrekt på höger sockel. Dra åt bultarna jämnt och stegvis till angivet moment **(se bilder)**.

11 Montera tillbaka de två topplocksbultarna som håller vänster och höger sockel på plats. Dra först åt till angivet moment för steg 1 och sedan till angiven vinkel för steg 2 och 3. Se avsnitt 6 för mer information.

12 Om delarna i vipparmarnas drevenhet har bytts måste du utföra följande grundinställning av de hydrauliska ventillyftarna. Om de gamla komponenterna monteras tillbaka, behövs det ingan justering.

13 Vrid runt motorn tills cylinder 4 påverkas (insugsventilen öppnas och avgasventilen stängs). Använd en ringnyckel och en skruvmejsel för att lossa inställningslåsmuttrarna för vipparmarna till cylinder 1. För justerarna bakåt tills det uppstår ett spel mellan dem och ventilskaftet, vrid sedan justerarna medurs tills de precis kommer i kontakt med ventilskaften. Från den här punkten vrider du justerarna medurs ytterligare två varv var och dra sedan åt låsmuttrarna.

14 Nu måste grundinställningen justeras även på de resterande cylindrarna. Vrid motorn 180° så att ventilerna för cylinder 2 påverkas och justera sedan den grundläggande inställningen för ventilerna till cylinder 3. Vrid motorn 180° så att ventilerna för cylinder 1 påverkas och justera sedan inställningen för ventilerna till cylinder 4. Till slut, vrid motorn 180° så att ventilerna för cylinder 3 påverkas

och justera sedan inställningen för ventilerna till cylinder 2.

Varning: Om de hydrauliska ventillyftarna har bytts, låter du motorn stå stilla i 30 minuter och därefter kontrollerar du inställningen igen.

15 Montera tillbaka vipparmkåpan enligt beskrivningen i avsnitt 4.

6 Topplock och insugs-/ avgasgrenrör – demontering, isärtagning och återmontering

Demontering

1 Lossa batteriets minusledare *(se Koppla loss batteriet* i kapitlet *Referens* i slutet av den här handboken).

2 Ställ motorn i ÖD enligt beskrivningen i avsnitt 3. Vrid sedan vevaxeln bakåt några grader, bort från ÖD. Om du vill kan du för säkerhets skull placera kolvarna halvvägs ner i loppen, med kolv 1 på väg uppåt – det vill säga 90° före ÖD. Det är viktigt att motorn inte är i ÖD, för att undvika risken för kontakt mellan kolv och ventil när topplocket återmonteras.

3 Dränera kylsystemet och skruva loss tändstiften enligt beskrivningen i kapitel 1A.

4 Ta bort luftrenaren och luftintagskomponenter enligt beskrivningen i relevant del av kapitel 4. Dra av varmluftskanalen från luftrenarens inlopp och tappen på grenrörets uppsamlarplatta.

5 Ta bort vipparmsenheten enligt beskrivningen i avsnitt 5, men skruva loss och ta bort alla topplocksbultar och muttrar stegvis i omvänd ordning mot vad som visas i bild 6.40. Notera placeringen av motorlyftöglans fästbyglar, och observera att de relevanta bultarna även har brickor. Topplocksbultarna är av tre olika längder. Observera var de sitter **(se bild)**.

6 Lyft ut varje tryckstång i tur och ordning och förvara den med rätt placering genom att trycka in den i en kartongmall med tydliga markeringar **(se bild)**. Då garanteras att stötstängerna monteras tillbaka i sina ursprungspositioner vid hopsättningen. Observera att insugsventilens tryckstänger är gjorda av aluminium, medan avgasventilernas tryckstänger är av stål.

7 Observera att följande text förutsätter att topplocket tas bort med både insugs- och avgasgrenrör kvar. Det går lättare på det sättet, men enheten blir klumpig och tung att hantera. Om du först vill ta bort grenrören, följ anvisningarna i Kapitel 4C.

8 Demontera avgassystemets främre rör, tillsammans med lambdasonden, enligt relevant del i kapitel 4.

9 Koppla loss följande kablage:
a) *Styrenhet för trottelventil.*
b) *Insugsgrenrörets tryck- och temperaturgivare.*
c) *Kylvätskans temperatursändare (se bild).*
d) *Bränsleinjektorer.*

10 Lossa klämmorna och öppna

6.5 Topplocksbultarna tas bort

6.6 Lyft ut stötstängerna från motorn och förvara dem i en kartongmall

6.9 Koppla ur anslutningskontakten från temperaturgivaren för kylarvätskan

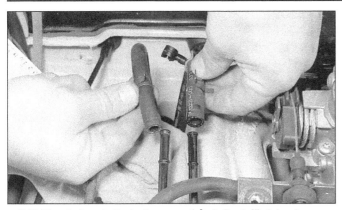

6.17 Koppla loss bränsleslangarna från bränslefördelarskenan

6.24 Om vevaxeln ska vridas runt med topplocket demonterat måste fodren hållas fast i läge

kablagets skyddsrör som sitter bakom bränsleinsprutarna, ta sedan bort kablaget och lägg det åt sidan.

11 Koppla ifrån vevhusventilationsslangar från vipparmkåpan.

12 Lossa kylarslangarna från termostathuset.

13 Lossa vakuumslangen från bromsservoenheten.

14 Skruva loss insugsgrenrörets sidostödfästen.

15 Skruva loss oljestickans rör från grenröret.

16 Lossa kablaget från tändspolsenheten på motorns framsida.

17 Placera trasor runt matnings- och returbränsleslangarna vid bränslefördelarskenan och koppla sedan loss dem **(se bild)**. Annars kan du lossa snabbkopplingen vid matnings- och returbränslerören på höger sida i motorrummet. Bränslesystemet är trycksatt, så räkna med en del läckage.

18 Koppla loss slangen från kylvätskeexpansionskärlet.

19 Koppla loss ventilationsslangen från solenoidventilen.

20 På modeller med luftkonditionering, ta bort drivremmen enligt beskrivningen i kapitel 1A.

21 Skruva loss och ta bort generatorns stödfäste.

22 Fogen mellan topplocket och motorblocket måste nu brytas utan att de våta fodren påverkas. Även om dessa foder är bättre placerade och tätade än på vissa motorer med våta foder finns det en risk att kylvätska och främmande partiklar läcker in i sumpen om topplocket lyfts upp vårdslöst. Om du inte är försiktig och fodren flyttas finns det en risk att de nedre tätningarna påverkas vilket kan leda till läckage när topplocket har monterats.

Varning: Om fodrens nedre tätningar påverkas måste du byta kolvarna och fodren för att kunna montera nya tätningar.

23 Bryt fogen genom att använda grenröret som en bändpunkt och tippa försiktigt topplocket mot bilens främre del. När fogen är bruten lyfter du bort topplocket över de fyra pinnbultarna. Be om hjälp om möjligt, eftersom det är en tung enhet, i synnerhet som den tas bort i komplett skick med grenrören. Ta bort packningen och kasta den.

24 Försök **inte** vrida vevaxeln med topplocket borttaget, då kan cylinderfodren flyttas ur läge. Åtgärder där vevaxeln normalt vrids runt (t.ex. rengöring av kolvkronorna) måste utföras mycket försiktigt så att ingen smuts eller främmande materia blir kvar. Om vevaxeln ska vridas runt måste fodren först fästas i läge med några lämpliga bultar och stora platta brickor **(se bild)**.

25 Om motorn ska lämnas med topplocket borta kan det vara värt att sätta dit ett varningsmeddelande så att ingen försöker vrida runt motorn när fodren inte är fastsatta.

26 Om topplocket ska tas isär, se relevant avsnitt i Del E i detta kapitel.

Isärtagning av grenrör

27 Insugningsgrenrör – demontering och montering beskrivs i kapitel 4A.

28 Skruva stegvis ur grenrörets muttrar. kassera de gamla muttrarna om de är i dåligt skick. Lyft undan grenröret från topplocket och ta bort packningarna.

29 Kontrollera att fogytorna är helt rena och montera grenröret med nya packningar. Montera nya fästmuttrar på grenröret och dra åt till angivet moment (se Kapitel 4A och 4C).

Förberedelser inför montering

30 Kontrollera alltid skicket på topplocksbultarna och muttrar, särskilt gängorna, när de demonteras. Rengör och torka dem torra. Sök sedan efter slitage och skador och byt dem om det behövs.

Observera: Skoda har inte framfört något krav på att bultarna eller muttrarna måste bytas.

31 Fogytorna mellan motorblock, topplock och cylinderfoder måste vara noggrant rengjorda innan topplocket monteras. Se punkt 24 innan du vrider runt motorn för att rengöra kolvkronorna. Motorn får inte vridas runt om cylinderfodren inte är fastsatta.

32 Ta bort alla spår av packning och sot med en avskrapare av hårdplast eller trä; rengör även kolvkronorna. Var mycket försiktig eftersom den mjuka aluminiumlegeringen lätt skadas. Se även till att sot inte kommer in i olje- och vattenledningarna. Detta är särskilt viktigt för smörjningssystemet, eftersom sot kan blockera oljetillförseln till någon av motorns komponenter. Använd tejp och

papper till att försegla kanaler och bulthål i blocket. Lägg lite fett i gapet mellan kolvarna och loppen för att hindra sot från att tränga in. När en kolv är rengjord ska alla spår av fett och sot borstas bort från dess öppning med en liten borste och sedan ska öppningen torkas med en ren trasa. Rengör alla kolvarna på samma sätt.

33 Undersök fogytorna på motorblock/vevhus och topplock efter hack, djupa repor och andra skador. Om de är små kan de försiktigt filas bort, men om de är stora är slipning eller byte den enda lösningen.

34 Kontrollera topplockspackningens yta med en stållinjal om den misstänks vara skev. Se del E i detta kapitel, om det behövs.

Montering

Observera: Ta inte bort skyddet från den nya topplockspackningen förrän strax innan du ska montera den på motorblocket.

35 Rengör fogytorna på topplocket och motorblock och placera den nya packningen på motorblocket med artikelnumret uppåt. Se till att hålen i packningen är i linje med smörjkanalerna på motorblockets vänstra och högra sida.

36 Placera topplocket på pinnbultarna och sänk det försiktigt till rätt läge.

37 Olja lätt in gängorna och under huvudena på varje bult och mutter. Sätt i bultarna på rätt plats (utom vipparmsbultarna) och skruva på muttrarna. Dra åt med handkraft på det här stadiet. Bultarna har tre olika längder. Se till att de sitter på rätt plats **(se bild 6.40)**. Bultar 1, 2, 3, 6 och 7 är 168 mm, bultar 4, 5, 8 och 9, 185 mm, och bult 10, 132 mm.

38 Ta bort tryckstängerna från kartongmallen och sätt i dem i ursprungsläget i topplocket. Se till att varje tryckstång sitter korrekt i sin hydrauliska ventillyftare.

39 Montera tillbaka vipparmsenheten enligt beskrivningen i avsnitt 5, men dra åt topplocksbultarna med bara fingrarna.

Observera: Man behöver inte göra någon grundinställning av de hydrauliska ventillyftarna om endast topplockspackningen har bytts.

40 Arbeta stegvis och i angiven ordningsföljd. Använd först en momentnyckel, därefter ett

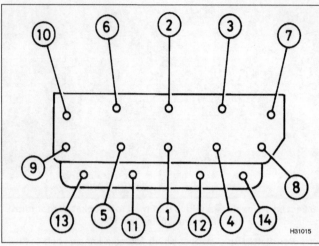

6.40 Ordningsföljd för åtdragning av topplocket

6.41 En momentnyckel används för att dra åt alla bultarna till momentet för steg 1

en hylsa med vanligt förlängningsskaft för att dra åt topplocksbultarna i de steg som anges i specifikationerna i detta kapitel (se bild).

41 Använd en momentnyckel och dra först åt bultarna 1 till 10 till åtdragningsmomentet för steg 1 (se bild).

42 Vinkeldra nu dessa bultar i samma ordningsföljd, till angiven vinkel för steg 2, med en hylsnyckel. Använd ett vinkelmått under det här momentet så att bultarna dras åt korrekt (se bild). Om du inte har någon mätare, gör inställningsmarkeringar med vit färg mellan bultskallen och topplocket innan du drar åt. Markeringarna kan sedan användas för att kontrollera att bulten har vridits till rätt vinkel vid åtdragningen. Upprepa förfarandet för steg 3.

43 När de tio topplocksbultarna har dragits åt korrekt, stryk på en droppe motorolja på gängorna och på undersidan av topplocksmuttrarna. Montera tillbaka muttrarna och brickorna på pinnbultarna som sitter längs med topplockets framkant. Glöm inte fästbygeln för generatorns stödfäste. Dra åt muttrarna till angivet moment och i angiven ordning (punkt 11 till 14) (se bild).

44 På modeller med luftkonditionering, montera drivremmen enligt beskrivningen i kapitel 1A.

45 Återanslut solenoidventilens ventilationsslang, och slangen till kylvätskeexpansionskärlet.

46 Återanslut bränslematningsslangen och tändningskablaget.

47 Montera oljemätstickans rör och insugningsgrenrörets fästbyglar

48 Återanslut vakuumslangen till bromsservoenheten.

49 Återanslut kylararslangen till termostathuset.

50 Återanslut vevhusventilationsslangar till vipparmkåpan.

51 Montera kablaget vid skyddsröret och fäst det med klämmor.

52 Återanslut det kablage som lossades vid demonteringen.

53 Montera tillbaka avgassystemets främre rör, tillsammans med lambdasonden, enligt beskrivningen i kapitel 4C.

54 Återanslut luftrenaren, luftintagskomponenterna och varmluftskanalen.

55 Återanslut tändstiften (Kapitel 1A) och återanslut batteriets jordledning.

56 Fylla på kylsystemet med kylvätske enligt beskrivningen i kapitel 1A.

7 Kamremskåpa, kedja och kedjedrev – demontering, kontroll och montering

Demontering

1 Placera cylinderkolv nr 1 i ÖD enligt beskrivningen i avsnitt 3.

2 Ta bort generatorn enligt beskrivningen i kapitel 5A.

3 Ta bort oljeupptagaren/silen och ta bort oljepumpsdrevet enligt beskrivningen i avsnitt 8.

4 Förhindra att vevaxeln roterar medan remskivebulten är lossad genom att välja högsta växeln och låta en medhjälpare trycka hårt på bromspedalen. Om motorn har tagits ut ur bilen, lås svänghjulet enligt beskrivningen i avsnitt 11.

5 Skruva loss remskivans fästbult och bricka och ta sedan bort remskivan från vevaxeln (se bild).

6 Skruva loss kamkedjakåpans fästbultar och muttrar och ta bort dem (se bild). För kåpan

6.42 Använd en momentgradskiva för åtdragning till steg 2 och 3

6.43 Dra åt topplockets muttrar till angivet moment

7.5 Skruva loss fästbulten och brickan, och lyft av remskivan från vevaxeln

7.6 Skruva loss kamremskåpans fästbultarna och demontera kåpan

Kamaxeldrevet kan hållas fast med ett fasthållningsverktyg som tillverkas av två plattjärn (ett långt och ett kort) och tre muttrar och bultar. En mutter och bult utgör svängtappen i gaffelverktyget och de övriga två muttrarna och bultarna i ändarna är "gaffelben" som hakar i drevets ekrar.

nedåt och bort från motorn. Ta bort packningen och kasta den.

7 På tidiga modeller bänder du bak fliken på kamaxelbultens säkringsbricka med en spårskruvmejsel. *Observera:* Det finns ingen flik på senare modeller och fästbulten är rund, så du behöver en insexnyckel för att lossa den. Förhindra att kamaxlen roterar medan bulten är lossad genom att välja högsta växeln och låta en medhjälpare trycka hårt på bromspedalen **(se Verktygstips)**.

8 Skruva loss kamaxelns bult och på tidiga modeller, ta bort den tillsammans med säkringsbrickan och den kupade brickan. Kassera säkringsbrickan. Du måste sätta dit en ny vid monteringen. Ta bort oljepumpens drivhjul från kamaxeländen. Notera åt vilket håll den sitter **(se bilder)**.

9 Innan du skruvar loss kamkedjan och dreven, notera placeringen av drevets tändningsinställningsmärke, samt vevaxelns och kamaxelns kilspår.

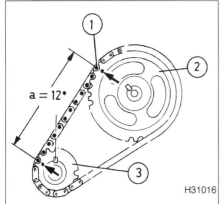

7.18 Lägena för vevaxelns och kamaxelns woodruff-kil och drev med kolven i ÖD i cylinder 1

1 Kamkedja
2 Kamaxeldrev
3 Vevaxeldrev
a = 12 kedjerullar

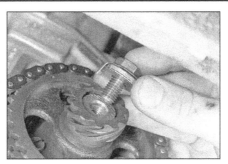

7.8a Ta bort kamaxelns bult, tillsammans med säkringsbrickan och den kupade brickan . . .

10 Ta samtidigt bort kamkedjan och drevet från vevaxeln och kamaxeln och manövrera enheten bort från motorn.

11 Ta bort woodruff-kilen från vevaxelns kilspår. Notera åt vilket håll den sitter. Om kamaxelns woodruff-kil sitter löst i kamaxeln, ta bort den och spara den tillsammans med drevet.

Kontroll

12 Undersök kuggarna på både vevaxel- och kamaxeldrevet med avseende på slitage och skador såsom hack, böjda eller saknade kuggar. Finns det tecken på slitage eller skador på något av dreven, ska både dreven och kedjan ersättas som en helhet.

13 Undersök kamkedjans länkar med avseende på slitna rullar. Du kan bedöma kedjans slitage genom att kontrollera hur mycket kedjan kan böjas i sidled. en ny kedja kan böjas mycket lite i sidled.

14 Om sidospelet i kamkedjan är för stort måste kedjan bytas. Observera att det är en god förebyggande åtgärd att byta kedjan, oavsett vilket skick den verkar vara i, efter ungefär 30 000 km eller mindre om motorn genomgår en omfattande renovering.

15 Även om det inte är strikt nödvändigt, är det alltid värt att byta kedjan och dreven tillsammans, eftersom det är olönsamt att använda en ny kedja på slitna drev och tvärtom.

16 Undersök övriga komponenter efter tecken på skador eller åldrande och byt dem om de behövs.

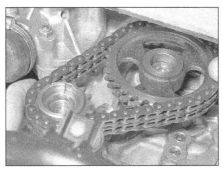

7.19 Placera kamkedje- och drevenheten på vevaxelns och kamaxelns ändar

7.8b . . . och ta bort drivhjulet

7.17 Montera tillbaka woodruff-kilen med dess koniska ände längst in

Montering

17 Montera tillbaka woodruff-kilen på vevaxelns kilspår så att den koniska änden är innerst **(se bild)**. Montera också tillbaka woodruff-kilen på kamaxelns kilspår om den var borttagen.

18 Placera kamaxel- och vevaxeldreven i kamkedjan. Markeringen på kamaxeldrevet måste vara i linje med den tolfte kamkedjerullen, räknat från den rulle som är i linje med markeringen på vevaxeldrevet. Rullen över vevaxeldrevets markering räknas som nummer 1 **(se bild)**.

19 Passa in kedje- och kedjedrevsenheten. För samtidigt dreven på plats, och se till att synkroniseringsmarkeringen på de båda dreven är riktade utåt **(se bild)**.

20 När dreven är på plats, kontrollera synkroniseringsmarkeringarnas placering **(se bild)**.

7.20 Kontrollera att synkroniseringsmarkeringarna (markerad med pil) fortfarande är placerade enligt beskrivningen i texten

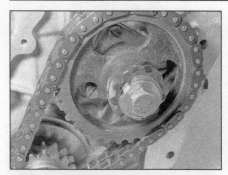

7.21a Säkringsbrickans styrstift korrekt placerade i drivhjulet

7.21b Böj upp säkringsbrickan mot den platta delen av en av kamaxelns bultar så att den hålls i läge

7.23 Sätt dit en ny packning över stiften (markerad med pil) på motorblockets anliggningsyta

7.25 Montera tillbaka kamremskåpan och ta bort de delar av packningen som sticker ut utanför sumpens fogyta

7.27 Se till att tryckbrickornas styrstift är i linje med utskärningarna i lageröverfallen

7.28 Dra åt fästbulten av vevaxelns remskiva till angivet moment.

21 Sätt på oljepumpens drivhjul på kamaxeländen, notera att dess fläns måste vara riktad inåt. På tidigare modeller monterar du sedan tillbaka den kupade brickan så att dess konkava yta är ytterst. Passa in en ny säkringsbricka, placera dess styrstift mot skåran i drivhjulet och montera tillbaka kamaxelbulten. På senare modeller, applicera lite låsvätska på fästbultens gängor innan den sätts i. Dra åt bulten till angivet moment med samma metod som användes vid demonteringen för att hindra vridning. På tidigare modeller fäster du bulten genom att böja upp säkringsbrickan mot en av sidorna på bulthuvudet **(se bild)**.
22 Ta bort alla spår av olja och packning från fogytan på kamkedjekåpan och blocket. Undersök vevaxelns oljetätning i kåpan för att se efter som den är skadad eller försämrad.

Vid behov, byt ut den enligt beskrivningen i avsnitt 10.
23 Montera en ny packning över styrstiften i motorblocket. Använd lite fett för att hålla den på plats **(se bild)**.
24 Manövrera försiktigt så att kamkedjekåpan sitter i rätt läge och placera kåpan över stiften. Stryk på låsvätska på kåpans fästbultar och skruvar och montera sedan tillbaka dem och dra åt till angivet moment.
25 Använd en vass kniv och jämna försiktigt till ändarna på packningen som sticker ut bortom fogytan på motorblockets sump **(se bild)**.
26 Placera urtaget för vevaxelns remskiva i linje med woodruff-kilen och för försiktigt dit remskivan på vevaxeln. Se till att inte skada oljetätningsläppen. Skruva i bulten och brickan, och drå den åt för hand
27 Kontrollera att den inre och yttre

tryckbrickans styrflikar är i linje med utskärningarna på höger ramlageröverfall, och att tryckbrickorna sitter korrekt i sina urholkningar **(se bild)**.
28 Dra åt vevaxelns remskivans fästbult till angivet moment och hindra vridning med samma metod som vid demonteringen **(se bild)**.
29 Observera att om tryckbrickorna inte sitter korrekt kommer vevaxeln låsas när bulten dras åt, och tryckbrickorna skadas. Kontrollera att vevaxeln roterar fritt innan du går vidare.
30 Montera tillbaka oljepumpsdreven och oljeupptagaren/silen enligt beskrivningen i avsnitt 8, och montera sedan tillbaka sumpen enligt beskrivningen i avsnitt 9.
31 Montera tillbaka generatorn enligt beskrivningen i kapitel 5A.

8 Oljepump– demontering, kontroll och återmontering

Demontering

1 Demontera sumpen enligt beskrivningen i avsnitt 9.
2 Skruva loss de fyra bultar som håller fast oljepumpens upptagare/sil vid kamremskåpans undersida och bulten som håller fast den vid det mittre ramlageröverfallet. Sänk försiktigt ner upptagaren/silen från kamremskåpan. Notera att oljepumpsdrevet faller ut så fort kåpan har tagits bort **(se bilder)**. Ta bort packningen (om en sådan finns) och kasta den.

8.2a Lossa fästbultarna till oljepumpens upptagarrör/sil. . .

8.2b . . . och sänk ner den försiktigt från motorn. . .

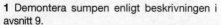

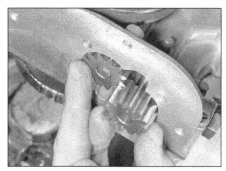

8.2c ... och ta bort oljepumpsdreven

Kontroll

3 Undersök oljepumpsdrevet och pumphuset för att se efter om det finns tecken på slitage eller tydliga skador, som hack i kuggarna.

4 Om du har tillgång till nödvändig mätutrustning, kan du direkt mäta slitaget på pumpaxeln och huset.

5 Om du upptäcker några synliga tecken på slitage eller om de toleranser som anges i specifikationerna överskrids måste både pumpdreven och kamkedjekåpan (vilken även innefattar oljepumphuset) bytas som en enhet **(se bild)**. Se avsnitt 7 för information om hur kamkedjekåpan demonteras och monteras.

6 För tillfälligt in dreven i pumphuset och använd en stållinjal och bladmått för att mäta spelet mellan dreven och kåpan (axialspel) **(se bild)**. Skoda anger att spelet mellan dreven och kåpan måste vara maximal 0,13 mm. Om spelet är ungefär 0,13 mm, måste upptagar-/silenheten monteras utan packning. Om spelet inte går att mäta eller är väldigt litet måste en packning placeras bakom kåpan vid återmonteringen så att nödvändigt spel skapas. Om spelet överstiger 0,13 mm är pumphuset och/eller dreven slitna och oljepumpsenheten måste bytas ut.

7 Dra ut saxsprinten från upptagar-/silenheten och ta bort oljetrycksventilens fjäder och kula **(se bilder)**. Undersök kulan och fjädern med avseende på slitage och skador, och byt dem vid behov. Om en ny kula ska monteras, för in kulan i läge i upptagaren/silen och använd sedan en hammare och en lämplig dorn av mjuk metall för att knacka in kulan ordentligt i sätet. detta gör att kulan hamnar i rätt läge

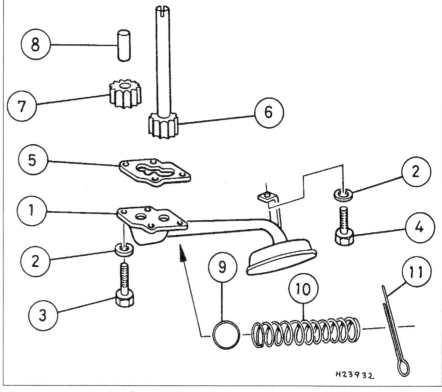

8.5 Sprängskiss av oljepumpens komponenter

1 Oljepumpens upptagarrör/sil
2 Fjäderbricka
3 Bult – oljeupptagare/sil till kamrems kåpan
4 Bult – oljeupptagare/sil till lageröverfall
5 Packning (om en sådan finns)

6 Oljepumpens drivhjul
7 Oljepumpens drivna drev
8 Oljepumpens drivna drevaxel
9 Oljetrycksventilens kula
10 Oljetrycksventilens fjäder
11 Saxsprint

och garanterar att ventilen fungerar som den ska. Vid återmonteringen fäster du kulan och fjädern i läge med en ny saxsprint.

Montering

8 Om det behövs, sätter du dit en ny packning på upptagaren/silrörets anliggningsyta. Håll den på plats med lite fett.

9 Smörj oljepumpsdreven och axlarna ordentligt och för sedan in dreven i pumphuset. Håll dem på plats, passa in upptagar-/silenheten och montera de fem fästbultar. Dra oljeupptagarens/silröret till angivna moment.

10 Montera tillbaka sumpen enligt beskrivningen i avsnitt 9.

9 Sump – demontering och montering

Demontering

1 Lossa batteriets minusledare (se Koppla loss batteriet i kapitlet Referens i slutet av den här handboken).

8.6 Kontrollera spelet mellan oljepumpens drev och kåpan (axialspel)

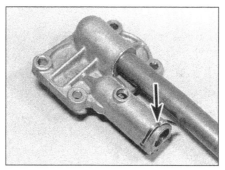

8.7a Dra ut saxsprinten (markerad med pil) ...

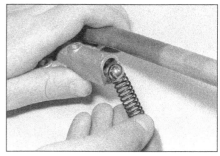

8.7b ... och ta bort tryckutjämningsventilens kula och fjäder från oljeupptagaren/silen

9.4 Skruva loss bulten som håller fast kylvätskeröret vid sumpens högra sida

2 Klossa bakhjulen och dra åt handbromsen. Lyft sedan upp framvagnen och ställ den på pallbockar (se Lyftning och stödpunkter). Demontera motorns underkåpa.
3 Töm ut motoroljan. Rengör och sätt tillbaka oljepluggen och dra åt den till angivet moment. Om motorn närmar sig sitt serviceintervall, då oljan och filtret ska bytas ut, rekommenderas att även filtret tas bort och byts ut mot ett nytt. Efter återmontering kan motorn fyllas med ny olja. Se kapitel 1A för ytterligare information.
4 Arbeta under framvagnen. Skruva loss bulten som håller fast kylvätskeröret vid fästbygeln på sumpens högra sida (se bild) och skruva även loss bultarna som håller fast stödfästet vid mellanplattan.

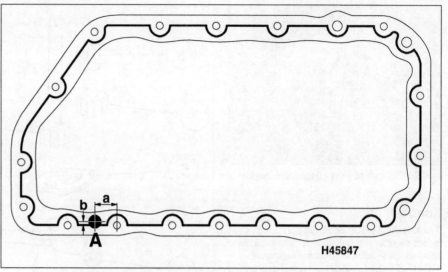

Applicera en 2,0 till 3,0 mm sträng tätningsmedel på sumpens fläns

A = Applicera extra tätningsmedel på den punkt som visas (a = 15 mm, b = 4 mm)

5 Arbeta i omvänd ordning jämfört med bilden, lossa sumpens fästbultar jämnt och stegvis och ta bort dem. Notera samtidigt rätt position för kylvätskerörets fästbygel som sitter under den högra sumpbulten och stödfästbygeln som är monterad på vänster sida.
6 Lossa sumpen genom att slå på den med handflatan, och dra den sedan nedåt och ta bort den från motorn. Observera: En packning monteras endast på 1,0 liters motorn (beskrivs inte i den här Handboken).
7 Passa på att rengöra oljepumpens oljeupptagarens/silrörets nät med lämpligt lösningsmedel medan sumpen är borttagen. Undersök silens nät med avseende på igentäppning eller hål och byt det om det behövs enligt beskrivningen i avsnitt 8.

Montering

8 Ta bort ordentligt alla spår av tätningsmedel och olje från motorblockets/vevhusets och sumpens fogytor, rengör sedan sumpen och

9.10a Återmontera sumpen till motorn

motorn invändigt med en ren trasa.
9 Stryk på en sträng tätningsmedel på 2,0 till 3,0 mm diameter på sumpens fogfläns (se bild) och kontrollera att strängen ligger innanför bulthålen. Strängen får inte vara större än 3,0 mm i diameter och extra tätningsmedel måste strykas på mot punkten där kamremskåpan nuddar motorblocket. Observera: Sumpen måste monteras tillbaka maximalt 5 minuter efter tätningsmedlet appliceras. En medhjälpare bör därför hålla kylvätskerörets fäste åt sidan.
10 Placera sumpen i motorblocket. Montera tillbaka sumpens fästbultar, kylvätskerörets fästbygel och stödfästbygel och dra åt dem stegvis till angivet moment i ordningsföljd (se bild).
11 Montera tillbaka och dra åt kylvätskerörets fästbult och fästbygelns bultar, sänk sedan ner bilen och återanslut batteriets jordledning.
12 Fyll motorn med olja enligt beskrivningen i kapitel 1A.

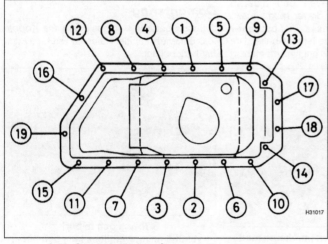

9.10 Ordningsföljd för åtdragning av sumpbultar

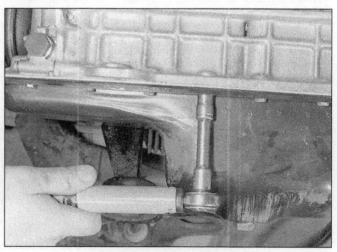

9.10c Drå at sumpens fästbultar

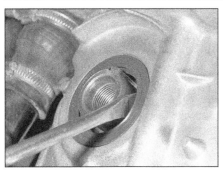

10.2 Bänd ut vevaxelns oljetätning på höger sida med en stor skruvmejsel

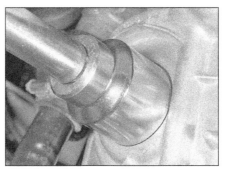

10.5 Knacka den nya tätningen på plats med en lämplig rörformig dorn som endast trycker på tätningens hårda ytterkant

10.8 Ta bort vevaxelns oljetätning på vänster sida med en självgängande skruv

10 Vevaxelns oljetätningar – byte

Höger oljetätning

1 Ta bort vevaxelns remskiva enligt beskrivningen i avsnitt 7.
2 Bänd försiktigt ut den gamla tätningen ur kamkedjekåpan med en lämplig spårskruvmejsel. Var mycket försiktig så att du inte skadar kåpan eller vevaxeln. **(se bild)**.
3 Annars kan du använda en körnare eller en borr för att göra två små hål mitt emot varandra i tätningen. Därefter skruvar du i en självgängande skruv i hålen och drar ut tätningen genom att dra i skruvarna med en tång.
4 Rengör tätningshuset och vevaxeln. Putsa av alla grader eller vassa kanter som kan ha skadat tätningen.
5 Smörj läpparna på den nya tätningen med ren motorolja och tryck in den tills dess ytterkant är i nivå med kamkedjekåpans yta. Om det behövs kan en rörformig dorn, t.ex. en hylsa, som endast vilar på tätningens hårda yttre kant användas för att knacka tätning på plats **(se bild)**. Observera att tätningens kanter måste vara riktade inåt.
6 Tvätta bort alla spår av olja och montera sedan vevaxelns remskiva enligt beskrivningen i avsnitt 7. Observera att om vevaxeln låses enligt beskrivningen måste sumpen tas bort när du ska kontrollera tryckbrickans placering.

Vänster oljetätning

7 Demontera svänghjulet enligt beskrivningen i avsnitt 11.
8 Stansa eller borra försiktigt två hål på var sin sida av oljetätningen. Skruva i självgängande skruvar i hålen och dra i skruvarna med tänger för att få ut tätningen **(se bild)**
9 Rengör tätningshuset och vevaxeln. Putsa av alla grader eller vassa kanter som kan ha skadat tätningen.
10 Smörj tätningsläpparna och vevaxelklacken med ren motorolja, och för sedan in tätningen till cylinderblocket/vevhuset och se till att tätningsläpparna har framsidan inåt.

11 Skjut försiktigt in tätningsläppen över vevaxelklacken för hand och tryck tätningen jämnt in i huset tills dess yttre fläns sitter jämnt på klacken till huset. Om det behövs kan en mjuk klubba användas för att försiktigt knacka tätningen på plats.
12 Tvätta bort alla spår av olja och montera sedan svänghjulet enligt beskrivningen i avsnitt 11.

11 Svänghjul – demontering, kontroll och återmontering

Demontering

1 Ta bort växellådan enligt beskrivningen i kapitel 7A. Ta sedan bort kopplingen enligt beskrivningen i kapitel 6.
2 Hindra svänghjulet/drivplattan från att vridas genom att spärra krondrevskuggarna (se Verktygstips), eller genom att skruva fast en remsa mellan svänghjulet/drivplattan och motorblocket/vevhuset.
3 Lossa och ta bort svänghjulets fästbultar; kassera bultarna. De måste bytas när de har lossats.

Hindra svänghjulets rotation medan fästbultarna lossas eller dras åt, ett låsverktyg kan tillverkas av en lämplig bit tjock plåt, med en kuggformad del som ska haka i svänghjulets kuggar, och ett bulthål för fastsättning via en av växellådshusets bultar.

4 Markera vevaxelns placering och svänghjulets mitt i förhållande till varandra **(se bild)**. Det går endast att montera tillbaka svänghjulet i ett läge eftersom bulthålen är asymmetriska (detta gäller inte 1,0 liters motorer som inte beskrivs i denna handbok).
5 Ta bort svänghjulet . Tappa det inte, det är mycket tungt!

Kontroll

6 Om kopplingens anliggningsyta har djupa spår, sprickor eller är skadad på annat sätt måste svänghjulet bytas, om det inte går att planslipa det. Ta hjälp av en Skoda-verkstad eller en specialist på motorrenoveringar.
7 Om krondrevet är mycket slitet eller saknar kuggar måste det bytas ut. Detta arbete bör överlåtas till en Skoda-verkstad eller en specialist på motorrenoveringar. Temperaturen som den nya krondrevet måste värmas upp till före monteringen (180 till 200°C) är kritisk, eftersom kuggarnas hårdhet förstörs om den inte är korrekt.
8 Om det verkar behövas kan du använda en gängtapp av rätt storlek för att ta bort låsvätska från gängorna i vevaxeln.

Montering

9 Rengör anliggningsytorna på svänghjulet och vevaxeln, montera sedan tillbaka svänghjulet på vevaxeln.
10 Om de *nya* svänghjulsbultarna inte levererats med redan belagda gängor ska en lämplig gänglåsmassa läggas på varje bults gängor. Montera bultarna och dra åt dem för hand än så länge.

11.4 Innan du lossar svänghjulet, markera dess läge i förhållande till vevaxeln

11 Lås svänghjulet som vid demonteringen och dra svänghjulsbultarna till angivet moment och vinkel.

12 Montera kopplingen enligt beskrivning i kapitel 6, sedan avlägsna låsredskapet och montera växellådan enligt beskrivning i kapitel 7A.

12 Motorns/växellådans gummifästen– kontroll och byte

Kontroll

1 Hissa upp framvagnen och ställ den på pallbockar om du behöver mer utrymme för att komma åt *(se Lyftning och stödpunkter)*. Ta bort fästskruvarna och ta bort motorns undre skyddskåpor.

2 Kontrollera om gummifästena är spruckna, förhårdnade eller skilda från metallen på något ställe. Byt fästena om du upptäcker skador eller åldrande.

3 Kontrollera att fästenas hållare är hårt åtdragna. Använd om möjligt en momentnyckel.

4 Undersök om fästet är slitet genom att försiktigt bända det med en stor skruvmejsel eller en kofot för att kontrollera eventuellt fritt spel. Där detta inte är möjligt, låt en medhjälpare vicka på motorn/växellådan framåt/bakåt och i sidled, medan du studerar fästet. Visst spel finns även hos nya komponenter, men kraftigt slitage märks tydligt. Vid överdrivet fritt spel, kontrollera först att hållarna sitter ordentligt,

byt därefter ut alla slitna komponenter enligt beskrivningen i följande punkter.

Byte

Höger fäste

Observera: *Nya fästbultar/mutter kommer att behövas vid återmonteringen.*

5 Koppla en hiss och en talja till motorns lyftfästen på topplocket och lyft motorn för att ta upp tyngden av motorn och växellådan. Alternativt kan motorn stödjas på en verkstadsdomkraft under motorn. Placera en träbit mellan sumpen och domkraftens huvud för att inte skada sumpen.

6 Skruva loss kylvätskebehållaren och för den åt sidan. Låt kylvätskeslangarna sitta kvar.

7 Skruva loss de bultar som håller fast fästet vid fästbygeln på motorn, och de bultar som håller fast fästet vid karossen. Lyft sedan bort fästet från motorrummet.

8 Skruva loss den mittersta muttern och separera fästbygeln från fästet.

9 Montering utförs i omvänd ordningsföljd, men dra åt *de nya* bultarna och muttrarna till angivet moment.

Vänster fäste

Observera: *Nya fästbultar kommer att behövas vid återmonteringen.*

10 Ta bort motorns hasplåt och stötta sedan växellådan med en garagedomkraft och en träbit.

11 Ta bort batteriet, enligt beskrivningen i kapitel 5A, koppla sedan loss startmotorns huvudmatningskabel från batteriets pluspol.

12 Lossa alla relevanta kablage och slangar

från klämmorna på batterihyllan, skruva sedan loss de fyra fästbultarna och ta bort batterihyllan.

13 Om du behöver mer utrymme för att komma åt fästet till motorn-växellådan, ta bort luftrenarenheten enligt beskrivningen i kapitel 4A.

14 Skruva loss de bultar som håller fast fästet vid växellådan, och bultarna som håller fast fästet vid karossen. Lyft sedan bort fästet från motorrummet.

15 Montering utförs i omvänd ordningsföljd, men dra åt *de nya* bultarna till angivet moment.

Bakre fäste

Observera: *Nya fästbultar kommer att behövas vid återmonteringen.*

16 Dra åt handbromsen. Lyft sedan upp framvagnen och ställ den ordentligt på pallbockar *(se Lyftning och stödpunkter)*.

17 Ta bort motorns hasplåt och stötta sedan växellådan med en garagedomkraft och en träbit.

18 Vid arbete under bilen lossar du den mutter och den bult som håller fast det bakre fästet på växellådans fästbygel.

19 Skruva loss de två bultarna som fäster fästenheten vid växellådan.

20 Skruva loss den enda bult som håller fast fästet på kryssrambalken och ta sedan bort enheten underifrån bilen.

21 Skruva loss muttern och bulten och separera lenkan från fästbygeln.

22 Monteringen utförs i omvänd ordning, men nya fästbultar bör användas (förutom bulten mellan länkarmen och fästbygeln) och dra åt alla fästen till angivet moment.

Kapitel 2 Del C:
Reparationer med 1,4 liters DOHC bensinmotor kvar i bilen

Innehåll

Svårighetsgrad

Enkelt, passar novisen med lite erfarenhet		**Ganska enkelt,** passar nybörjaren med viss erfarenhet		**Ganska svårt,** passar kompetent hemmamekaniker		**Svårt,** passar hemmamekaniker med erfarenhet		**Mycket svårt,** för professionell mekaniker	

Specifikationer

Allmänt

Typ . . . . Fyra cylindrar i rad, remdrivna dubbla överliggande kamaxlar (DOHC), fyrtakt, 16 ventiler, vätskekyld

Motorkoder*:
  1390 cc 55 kW . . . . AUA och BBY
  1390 cc 74 kW . . . . AUB och BBZ
Lopp. . . . . 76,5 mm
Slaglängd . . . . 75,6 mm
Kompressionsförhållande. . . . . 10.5 : 1
Kompressionstryck:
  Minsta kompressionstryck . . . . ungefär 7,0 bar
  Maximal skillnad mellan cylindrar. . . . . ungefär 3,0 bar
Tändföljd . . . . 1 – 3 – 4 – 2
Placering av cylinder nr 1. . . . . Vid vevaxelns remskiva
Vevaxelns rotationsriktning. . . . . Medurs (när sett från fordonets högra sida)

* Observera: *Mer information om kodmärkningens placering på motorn hittar du under "Identifikationsnummer" i slutet av den här handboken.*

Kamaxeln

Kamaxelns axialspel (maximalt) . . . . 0,15 mm
Kamaxellagrens spel . . . . Inget värde angivet
Kamaxelns kast . . . . Inget värde angivet

Smörjningssystem

Oljepumpstyp. . . . . Drevtyp, driven direkt från vevaxelns främre del
Oljetryck (oljetemperatur 80 °C):
  Vid tomgång . . . . 1,0 bar
  Vid 2000 varv per minut . . . . 2,0 bar

Åtdragningsmoment

	Nm
Generator	20
Fästbultar till hjälpaggregatens (generator etc.) fästbyglar	50
Fästbult till drivremmens spännare	
M8 bult:	
Steg 1	20
Steg 2	Vinkeldra ytterligare 90°
M10-bult	45
Storändens lageröverfall, bultar*:	
Steg 1	30
Steg 2	Vinkeldra ytterligare 90°
Kamaxelhållarens bultar*:	
Steg 1	10
Steg 2	Vinkeldra ytterligare 90°
Bultar till kamaxelns vänstra ändkåpa	10
Kamaxeldrevets bultar*:	
Steg 1	20
Steg 2	Vinkeldra ytterligare 90°
Kopplingstryckplattans fästbultar*:	
Steg 1	60
Steg 2	Vinkeldra ytterligare 90°
Kylvätskepumpens bultar	20
Vevhusventilationens (oljeavskiljarens) bultar	10
Vevaxeloljetätningshusets bultar	12
Vevaxelns remskiva/drevaxelbult*:	
Steg 1	90
Steg 2	Vinkeldra ytterligare 90°
Topplockets bultar*:	
Steg 1	30
Steg 2	Vinkeldra ytterligare 90°
Steg 3	Vinkeldra ytterligare 90°
Motor/växellådans vänster fäste till växellåda:	
Steg 1	40
Steg 2	Vinkeldra ytterligare 90°
Motor/växellådans vänster fäste till kaross:	
Steg 1	50
Steg 2	Vinkeldra ytterligare 90°
Motor/växellådans bakre fästbygel till växellåda:	
Steg 1	30
Steg 2	Vinkeldra ytterligare 90°
Motorns/växellådans bakre fäste till kryssrambalk:	
Steg 1	40
Steg 2	Vinkeldra ytterligare 90°
Motor/växellådans höger fäste till motor:	
Steg 1	20
Steg 2	Vinkeldra ytterligare 90°
Motor/växellådans höger fäste till kaross:	
Steg 1	30
Steg 2	Vinkeldra ytterligare 90°
Bultar, motor till automatisk växellåda:	
M12 bultar	80
M10 motorblocket-till-växellådan bultar	60
M10 sumpen-till-växellådan bultar	25
Bultar mellan motor och manuell växellåda	80
Bultar, motor till skyddsplåt på manuell växellåda	10
Avgasgrenrörets muttrar	25
Muttrar avgasrör till grenrör	40
Svänghjulets/drivplattens bultar (ny)*:	
Steg 1	60
Steg 2	Vinkeldra ytterligare 90°
Knackningsgivare	20
Oljekylarens fästmutter	25
Bultar till givare för oljenivå/oljetemperatur	10
Oljeupptagarrörets fästbultar	10
Oljetrycklampans brytare	25
Oljepumpens fästbultar*	12

Åtdragningsmoment (forts.)

	Nm
Sump:	
Bultar för sump till motorblock:	
Metallsump	15
Aluminiumsump	13
Bultar för sump till växellåda	45
Oljesumpens avtappningsplugg.	30
Bult för kamremmens tomgångsöverföring	50
Yttre kamremskåpans bultar:	
Små bultar	10
Stora bultar.	20
Bakre kamremskåpans bultar:	
Små bultar	10
Stor bult (kylvätskepumpens bultar).	20
Kamremsspännare:	
Låsbult för huvudkamremsspännare	20
Bult till sekundär kamremsspännare	20

* Observera: *Använd nya bultar*

---

1 Allmän information

Hur detta kapitel används

Den här delen av kapitel 2 beskriver de reparationer som kan utföras med motorn monterad i bilen. Om motorn redan har lyfts ut ur motorrummet och tagits isär på det sätt som beskrivs i del E, kan du bortse från anvisningarna för förberedande isärtagning i det här kapitlet.

Det är visserligen fysiskt möjligt att göra en översyn av sådana delar som kolvar och vevstakar med motorn kvar i bilen, men sådana åtgärder utförs vanligen inte som separata operationer, och kräver normalt att ytterligare åtgärder utförs (för att inte tala om rengöring av komponenter och smörjkanaler). av den anledningen klassas alla sådana åtgärder som större renoveringsåtgärder, och beskrivs i del E i det här kapitlet.

Varning: Vevaxeln får inte tas bort på dessa motorer. Om vevaxelns eller ramlagrets ytor är slitna eller skadade måste hela enheten med vevaxel och motorblock bytas.

Del E beskriver demontering av motor/ växellåda, samt tillvägagångssättet för de reparationer som kan utföras med motorn/ växellådan demonterad.

Motorbeskrivning

Motorn är vattenkyld, har dubbla överliggande kamaxlar, fyra cylindrar i rad, samt motorblock och topplock av en lättmetallegering. Den är placerad på tvären i bilens främre del med växellådan fastbultad på motorns vänstra sida.

Vevaxeln har fem lager och tryckbrickor finns monterade på det mittersta huvudlagret för att kontrollera vevaxelns axialspel. Vevaxeln och ramlagren är anpassade till motorblockets legering och det går inte att montera ihop vevaxeln och motorblocket när

de har tagits isär. Om vevaxeln eller lagren är slitna eller skadade måste hela enheten med vevaxel och motorblock bytas.

Insugskamaxeln drivs av en kuggad rem från vevaxeldrevet, och avgaskamaxeln drivs från insugskamaxeln av en andra kuggad rem. Kamaxlarna sitter i en kamaxelhållare, som är fäst med bultar vid topplockets överdel.

Avgasventilerna stängs med dubbla spiralfjädrar och löper i styrningar som är inpressade i topplocket; kamaxlarna styr ventilerna med rullvipparmar och hydrauliska ventillyftare. Varje cylinder har fyra ventiler; två insugsventiler och två avgasventiler.

Oljepumpen drivs direkt från vevaxelns ände. Olja dras från sumpen genom en renare, och tvingas sedan genom ett externt, utbytbart filter. Från filtret fördelas oljan till topplocket där den smörjer kamaxelns lager och ventillyftarna liksom till vevhuset där den smörjer ramlager, vevstakslager, kolvbultar och cylinderlopp. En kylvätskematad oljekylare är monterad på vissa motorer.

I alla motorer, motorns kylvätska drivs runt med en pump som drivs av huvuddrivremmen. Kylsystemet beskrivs i detalj i kapitel 3.

Reparationer med motorn kvar i bilen

Följande arbeten kan utföras utan att motorn lyfts ur bilen:
a) *Kompressionstryck – kontroll.*
b) *Kamaxelhållare – demontering och montering.*
c) *Vevaxelns remskiva – demontering och montering.*
d) *Kamremskåpor – demontering och montering.*
e) *Kamremmar – demontering, montering och justering.*
f) *Kamremmens spännare och drev – demontering och montering.*
g) *Kamaxelns oljetätning(ar) – byte.*
h) *Kamaxlar) och hydrauliska ventillyftar – demontering, kontroll och återmontering.*
i) *Topplock – demontering och montering*.*

j) *Sump – demontering och montering.*
k) *Oljepump – demontering, reparation och montering*
l) *Vevaxelns oljetätningar – byte.*
m) *Motor-/växellådsfästen – kontroll och byte*
n) *Svänghjul – demontering, kontroll och återmontering.*

*Topplockets isärtagning beskrivs i detalj i kapitel 2E, inklusive detaljer kring demontering av kamaxel och hydrauliska ventillyftare.

Observera: *Det går att ta loss kolvar och vevstakar (efter det att topplocket och sumpen har demonterats) utan att motorn tas ur bilen. Detta tillvägagångssätt är dock inte att rekommendera. Arbete av denna typ är mycket enklare att utföra med motorn på en arbetsbänk, enligt beskrivningen i kapitel 2E.*

2 Kompressionsprov – beskrivning och tolkning

1 Om motorns effekt sjunker eller om det uppstår misständningar som inte kan hänföras till tändning eller bränslesystem, kan ett kompressionsprov ge en uppfattning om motorns skick. Om kompressionsprov görs regelbundet kan de ge en förvarning om problem innan några andra symptom uppträder.

2 Motorn måste vara uppvärmd till normal arbetstemperatur, batteriet måste vara fulladdat och tändstift måste vara urskruvade. Dessutom krävs assistans från en medhjälpare.

3 Koppla ur tändsystemet genom att koppla ifrån anslutningskontakten från DIS-tändenheten (motorkod AUA och AUB) eller tändspolarna (motorkod BBY och BBZ).

4 Montera en kompressionstestare till tändstiftsplatsen för cylinder nr 1. Använd helst en testare som ska skruvas in i tändstiftsgängorna.

5 Låt en medhjälpare hålla gasspjället helt öppet och dra runt motorn med startmotorn i

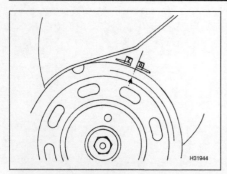

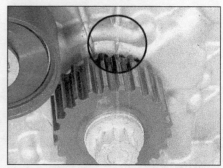

3.4a Tändinställningsmärke på vevaxelns remskiva i linje med ÖD-markeringen på kamremskåpan

3.4b Tändinställningsmärke inristat på den inre flänsen på remskivan i linje med ÖD-markeringen på kamremskåpan

3.5 Vevaxeldrevets kugge med sned kant i linje med den ingjutna pilen på oljepumpen

flera sekunder. Observera: Gasspjället fungerar inte förrän tändningen slås på. Efter ett eller två varv bör kompressionstrycket byggas upp till maxvärdet och sedan stabiliseras. Anteckna det högsta värdet.

6 Upprepa testet på övriga cylindrar och notera trycket i var och en.

7 Alla cylindrar bör skapa mycket lika tryckvärden. Skillnader som är större än vad som angivits tyder på ett fel. Observera att kompressionen ska byggas upp snabbt i en felfri motor. Om kompressionen är låg i det första kolvslaget och sedan ökar gradvis under följande slag är det ett tecken på slitna kolvringar. Om kompressionsvärdet är lågt under den första takten och inte stiger under de följande, tyder detta på läckande ventiler eller en trasig topplockspackning (eller ett sprucket topplock). Avlagringar på undersidan av ventilhuvudena kan också orsaka dålig kompression.

8 Om trycket i en cylinder minskar till den angivna miniminivån eller underskrider den ska följande test utföras för att ta reda på orsaken. Häll i en tesked ren olja i cylindern genom tändstiftshålet och upprepa provet.

9 Om tillförsel av olja tillfälligt förbättrar kompressionen är det ett tecken på att det är slitage på kolvringar eller lopp som orsakar tryckfallet. Om ingen förbättring sker tyder det på läckande/brända ventiler eller trasig topplockspackning.

10 Lågt tryck i två angränsande cylindrar är nästan helt säkert ett tecken på att topplockspackningen mellan dem är trasig och förekomst av kylvätska i oljan bekräftar detta.

11 Om en cylinder har omkring 20 % lägre tryck än de andra och motorns tomgång är något ojämn, kan detta orsakas av en sliten kamlob.

12 När proverna är genomförda, skruva i tändstiften och koppla in tändkablage igen.

3 Motorns ihopsättning och synkroniseringsmärken – allmän information och användning

Allmän information

1 Övre dödpunkt (ÖD) är den högsta punkt varje kolv når i cylindern när vevaxeln vrids runt. Varje kolv når ÖD en gång under kompressionstakten och ännu en gång under avgastakten, men med ÖD avses oftast kolvens position vid kompressionstakten. Kolv nr 1 sitter på motorns kamremsida.

2 Det är mycket viktigt att placera kolv 1 i ÖD för många åtgärder, t.ex. borttagning av kamrem och kamaxel.

3 De motorer som behandlas i det här kapitlet är utformade så att kolven kommer att komma i kontakt med ventilen om kamaxeln eller vevaxeln vrids när kamremmen är demonterad. Därför är det viktigt att se till att kamaxeln och vevaxeln inte rör sig i förhållande till varandra när kamremmen har tagits bort från motorn.

4 Vevaxelns remskiva har en markering som, när den är i linje med referensmarkeringen på kamremskåpan, anger att kolv nr 1 (och således även kolv nr 4) är i ÖD. Observera att på vissa modeller sitter tändinställningsmärket på ytterflänsen på vevaxelns remskiva. För att lättare kunna placera tändinställningsmärkena korrekt i förhållande till varandra bör du ta bort remskivan (se avsnitt 5) och med hjälp av en vinkellinjal ritsa markeringar på remskivans inre fläns **(se bilder)**.

5 Observera att det också finns ett inställningsmärke som kan användas med vevaxeldrevet – detta är användbart om vevaxelns remskiva och kamremmen har tagits bort. När kolv 1 är i ÖD är vevaxeldrevets kugge med sned yta på innerkanten i linje med en gjuten pil på oljepumpen **(se bild)**.

6 Kamaxeldrevet är utrustat med ÖD-lokaliseringshål. När lokaliseringshålen är i linje med motsvarande hål i kamaxelhållaren är kolv 1 i ÖD i kompressionstakten **(se bild)**.

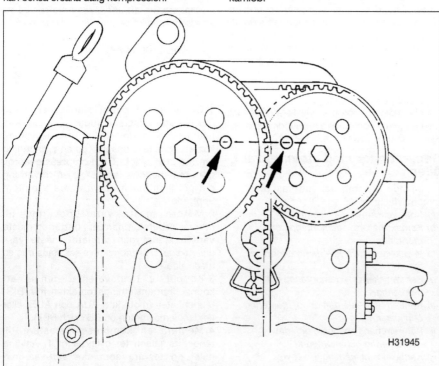

3.6 Kamaxeldrevets lokaliseringshål (markerad med pil) i linje med hålen i kamaxelhållaren (kolv 1 vid ÖD)

7 På vissa modeller har även svänghjulet/ drivplattan en ÖD-markering som kan observeras om man skruvar loss en skyddskåpa av plast från balanshjulskåpan. Markeringen ser ut som en inskärning i kanten på svänghjulet på modeller med manuell växellåda eller som en O-markering på modeller med automatväxellåda. Observera att det inte är möjligt att använda dessa markeringar på alla modeller på grund av begränsat utrymme.

Ställa in ÖD på cylinder nr 1

Observera: *Det behövs lämpliga låssprintar för att låsa kamaxeldrevet i läge under den här åtgärden. På vissa motorer kan man behöva en liten spegel på skaft för att kunna se inställningsmarkeringen från hjulhusets undersida.*

8 Innan arbetet påbörjas, se till att tändningen är frånslagen (det bästa är om batteriets minusledare är frånkopplad).

9 Ta bort luftrenaren enligt beskrivningen i kapitel 4A.

10 Om du vill kan du göra motorn lättare att dra runt genom att ta bort alla tändstift enligt beskrivningen i kapitel 1A.

11 Dra åt handbromsen. Lyft sedan upp framvagnen och ställ den på pallbockar *(se Lyftning och stödpunkter).*

12 Ta bort höger framhjul, ta sedan bort fästskruvarna och/eller klämmorna och ta bort relevanta undre motorskyddskåpor för att kunna komma åt vevaxelns remskiva.

13 Ta bort kamremmens övre kåpa enligt beskrivningen i avsnitt 6.

14 Vrid runt motorn medurs, med en skruvnyckel på vevaxelns remskivebult, tills ÖD-markeringen på vevaxelns remskiva eller svänghjulet/drivplattan är i linje med motsvarande markering på kamremskåpan eller växellådans hölje, och låssprinthålen i kamaxeldrevet är i linje med motsvarande hål i kamaxelhållaren.

15 Om du behöver mer plats för att haka i kamaxellåsverktyget i kamaxeldrevet kan du lossa luftrenarens stödfäste från motorfästet. Om det behövs kan du även skruva loss behållaren för servostyrningsvätska och flytta den åt sidan, med vätskeslangarna anslutna.

16 Ett lämpligt verktyg behövs nu för att låsa kamaxeldrevet i ÖD. Det finns ett särskilt Skoda-verktyg för detta, men det går även att tillverka ett verktyg av två M8-bultar och muttrar, och ett kort stålstag. Placera kamaxeldrevet enligt beskrivningen i punkt 14, mät avståndet mellan mitten på låssprintarnas hål, och borra två motsvarande hål med 8 mm diameter i stålstaget. För M8-bultarna genom hålen i staget och fäst dem med muttrarna.

17 För verktyget i läge i hålen i kamaxeldreven. Se till att stiften (eller bultarna) hamnar i hålen i kamaxelhållaren **(se bild).** Motorn har nu kolv nr 1 vid ÖD i dess kompressionsslag.

3.17 Verktyg för att låsa kamaxeldrevet vid ÖD (motorn och kamremmen borttagna från motorn)

4 Drivrem – demontering och montering

Allmän information

1 Drivremmen som drivs av en remskiva monterad på vevaxeln driver, beroende på bilens specifikationer, generatorn, servostyrningspumpen och, på modeller med luftkonditionering, kylmediekompressorn.

2 Den ribbade drivremmen är försedd med en automatisk spännanordning.

Demontering

3 För att komma åt bättre, dra åt handbromsen och lyft sedan upp framvagnen och ställ den på pallbockar *(se Lyftning och stödpunkter).* Ta bort höger framhjul och ta sedan bort åtkomstpanelen från det inre hjulhuset. Ta även bort motorns övre skyddskåpa och lossa, om det behövs, ventilationsslangen.

4 Släpp spänningen på drivremmen genom att vrida spännarens mittbult medurs med en skruvnyckel **(se bild).**

5 Observera hur drivremmen är dragen. Ta sedan bort den från vevaxelns remskiva, generatorns remskiva, servostyrningspumpens remskiva och luftkonditioneringskompressorns remskiva (i förekommande fall).

Montering

6 Placera den nya drivremmen på remskivorna och släpp sedan spännaren. Kontrollera att remmen sitter korrekt i spåren på remskivorna.

7 Montera tillbaka åtkomstpanel, hjul och övre kåpa och sänk bilen till marken.

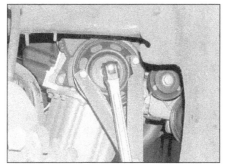

5.6 Håll emot vevaxelns remskiva

4.4 Ta bort drivremmen

5 Vevaxelns remskiva – demontering och montering

Demontering

1 Lossa batteriets minusledare (se *Koppla loss batteriet* i kapitlet *Referens* i slutet av den här handboken).

2 Hissa upp framvagnen och ställ den på pallbockar för att lättare komma åt *(se Lyftning och stödpunkter).* Demontera höger framhjul. Ta även bort motorns övre skyddskåpa och lossa, om det behövs, ventilationsslangen.

3 Ta bort fästskruvarna och/eller lossa klämmorna, och ta bort de undre motorskyddskåporna så att du kommer åt vevaxelns remskiva.

4 Om det behövs (för senare arbeten som ska utföras) vrider du runt vevaxeln med en hylsa eller skruvnyckel på vevaxelns remskivebult, tills de relevanta inställningsmärkena kommer i linje (se avsnitt 3).

5 Demontera drivremmen enligt beskrivningen i avsnitt 4.

6 Du kan använda ett verktyg liknande det som visas för att förhindra att vevaxeln går runt när remskivebulten lossas. Placera verktyget i de två urtagen i remskivan **(se bild).**

7 Håll emot remskivan och lossa på remskivebulten (var försiktig – bulten är mycket hårt åtdragen) med en hylsa och lämplig förlängning.

8 Skruva loss bulten, och ta bort remskivan **(se bild).**

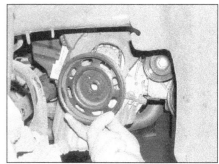

5.8 Ta bort vevaxelns remskiva

6.2 Ta bort kamremmens övre, yttre kåpa.

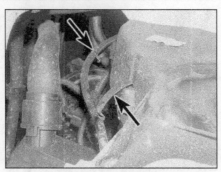

6.5a Lossa de två fästklämmorna (markerad med pil) . . .

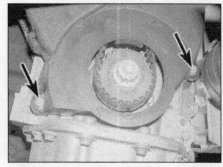

6.5b . . . och skruva sedan loss de två undre fästbultarna (markerad med pil) . . .

6.5c . . . och den enkla bulten som håller fast kåpan vid motorfästbygeln . . .

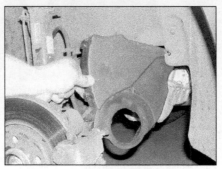

6.5d . . . och ta bort den undre kamremskåpan

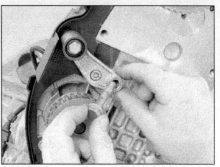

6.8 Borttagning av tomgångsöverföringen/ fästbygelenheten (med motorn borttagen)

9 Montera tillbaka fästbulten till vevaxelns remskiva med en distansbricka under dess skalle, så att vevaxeldrevet hålls fast.

Montering

10 Skruva loss vevaxelns remskiva/drevbult som används för att hålla fast drevet, och ta bort distansbrickan, montera sedan tillbaka remskivan till drevet. Se till att styrsprinten på drevet hamnar i motsvarande hål i remskivan.
11 a Smörj vevaxelns remskivans bultens gängorna och skallarna något. Se till att vevaxeln inte vrids som vid demonteringen och montera sedan den nya fästbulten för remskivan och dra åt den till angivet moment, under de två steg som anges i specifikationerna.
12 Montera tillbaka drivremmen enligt beskrivningen i avsnitt 4.
13 Montera motorns undre skyddskåpor och övre skyddskåpa.

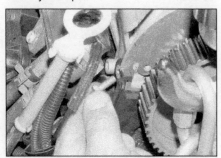

6.9 Skruva loss kamremskåpans bakre fästbult bredvid höger motorlyftögla

14 Montera tillbaka hjulet och sänk ner bilen, och återanslut batteriets jordledning.

6 Kamremskåpor – demontering och montering

Övre yttersta kåpa – demontering

1 Ta bort luftrenaren enligt beskrivningen i kapitel 4A. Ta även bort motorns övre skyddskåpa och lossa ventilationsslangen om det behövs.
2 Lossa de två fästklämmorna och lyft bort kåpan från motorn (se bild).
3 Monteringen utförs i omvänd ordningsföljd mot demonteringen.

Nedre yttersta kåpa

4 Ta bort vevaxelns remskiva enligt beskrivningen i avsnitt 5.

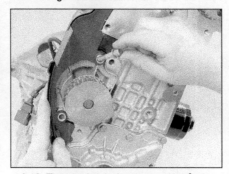

6.10 Ta bort den bakre kamremskåpan (med motorn borttagen)

5 Lossa kåpans två fästklämmor som sitter baktill på motorn och skruva sedan loss de två undre fästbultarna och den bult som fäster kåpan på motorfästets fästbygel. Dra kåpan nedåt, bort från motorrummet (se bilder).
6 Montering sker i omvänd ordningsföljd, men montera vevaxelns remskiva enligt beskrivningen i avsnitt 5.

Bakre kamremskåpa

Observera: *Eftersom den bakre kamremskåpans fästbultar även fäster kylvätskepumpen bör du tappa ur kylsystemet (se Kapitel 1A) innan du påbörjar detta arbete. Dessutom bör du byta kylvätskepumpens tätning/packning (se Kapitel 3) innan du monterar kåpan. Fyll på kylsystemet enligt beskrivningen i kapitel 1A.*
7 Demontera kamremmen enligt beskrivningen i avsnitt 7.
8 Skruva loss kamremmens tomgångsöverföring/fästbygelenheten (se bild).
9 Skruva loss kamremskåpans bakre fästbult bredvid höger motorlyftögla (se bild).
10 Skruva loss de två fästbultarna och ta loss den bakra kamremskåpan. Observera att bultarna också fäster kylvätskepumpen (se bild).
11 Monteringen utförs i omvänd ordning. Dra åt bulten till kamremmens tomgångsremskiva/ fästbygel till angivet moment och montera kamremmen enligt beskrivningen i avsnitt 7.

7 Kamrem(mer) – demontering och montering

Demontering

1 Dessa motorer har två kamremmar. den primära kamremmen driver insugskamaxeln från vevaxeln, och den sekundära kamremmen driver avgaskamaxeln från insugskamaxeln.

Primär kamrem

2 Lossa batteriets minusledare *(se Koppla loss batteriet* i kapitlet *Referens* i slutet av den här handboken).

3 Ta bort luftrenaren enligt beskrivningen i kapitel 4A. Ta även bort motorns övre skyddskåpa och lossa ventilationsslangen om det behövs.

4 Demontera de två fästklämmorna och ta bort de övre och nedre kamremskåporna enligt beskrivningen i avsnitt 6.

5 Montera tillbaka fästbulten till vevaxelns remskiva med en distansbricka under dess skalle, så att vevaxeldrevet hålls fast.

6 Vrid vevaxeln för att placera kolv 1 i ÖD i kompressionstakten och lås kamaxeldreven i läge enligt beskrivningen i avsnitt 3.

7 Skruva loss fästskruven och flytta bort behållaren för servostyrningsvätska från arbetsområdet. Låt vätskeslangarna sitta kvar. Om det behövs lossar du kolfilterslangen från behållaren.

8 På modeller med luftkonditionering, skruva loss fästbulten och ta bort drivremmens remskiva, efter tillämplighet.

9 Koppla en hiss och en talja till motorns höger lyftfästen (kamremssida) på topplocket och lyft motorn för att ta upp tyngden av motorn och växellådan.

10 Ta bort hela höger motorfästenheten enligt beskrivningen i avsnitt 20. Skruva även loss fästbygeln från blocket.

11 Skruva loss de fyra fästbultarna och ta bort höger motorfästbygel från motorn.

12 Om någon av kamremmarna ska återmonteras, markera deras riktning så att de kan monteras korrekt.

13 Placera en lämplig insexnyckel i hålet i den primära kamremsspännarens platta, lossa sedan spännbulten, för spännaren moturs med insexnyckeln (så att remmens spänning släpps), och dra åt spännbulten **(se bild)**.

14 tillfälligt bort kamaxeldrevets låsverktyg och skjut sedan huvudkamremmen från dreven, medan du noterar dess dragning **(se bild)**. Montera tillbaka kamaxeldrevens låsverktyg när kamremmen är demonterad.

15 Vrid vevaxeln ett kvarts varv (90°) moturs så att kolv 1 och 4 hamnar strax nedanför ÖD i loppen. Detta eliminerar risken för kontakt mellan kolvar och ventiler om vevaxeln eller kamaxeln vrids medan kamremmen tas bort.

Sekundär kamrem

16 När huvuddrivremmen är demonterad,

7.13 Lossa spännbulten, vrid spännaren medurs med en insexnyckel och dra sedan åt spännbulten igen

7.17 Lossa den sekundära kamremsspännarens bult, och vrid spännaren medurs med en insexnyckel i armens urtag . . .

gör enligt följande för att demontera den sekundära drivremmen

17 Placera en lämplig insexnyckel i hålet i den sekundära kamremsspännarens platta, lossa sedan spännbulten, för spännaren moturs med insexnyckeln (så att remmens spänning släpps). Skruva loss fästbulten, och ta bort den sekundära kamremsträckaren **(se bild)**.

18 Ta tillfälligt bort kamaxeldrevets låsverktyg och skjut sedan bort den sekundära kamremmen från dreven **(se bild)**. Montera tillbaka låsverktygen när remmen är demonterad.

Montering

Sekundär kamrem

19 Kontrollera att kamaxeldreven fortfarande

7.18 Den sekundära huvudkamremmen demonteras

7.14 Huvudkamremmen demonteras

7.17b . . . skruva sedan loss fästbulten och ta bort spännaren

hålls på plats av låssprintarna och vrid sedan vevaxeln ett kvarts varv (90°) medurs så att kolv 1 och 4 hamnar i ÖD. Se till att vevaxeldrevets kugge med den sneda innerkanten är i linje med motsvarande markering på oljepumphuset **(se bild)**.

20 Ta tillfälligt bort kamaxeldrevets låsverktyg och montera den sekundära kamremmen runt kamremdreven. Se till att remmen är så hårt spänd som möjligt högst upp mellan dreven (men notera att remmen kommer att slacka något). Om den ursprungliga remmen monteras tillbaka bör du observera riktningsmarkeringarna. Montera tillbaka kamaxeldrevens låsverktyg när remmen har placerats på dreven.

7.19 Vevaxeldrevets kugge med sned kant i linje med den ingjutna pilen på oljepumpen

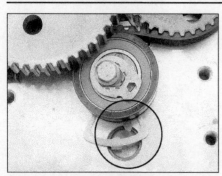

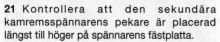

7.22 Den sekundära kamremsspännarens pekare ska placeras längst till höger på spännarens fästplatta.

21 Kontrollera att den sekundära kamremsspännarens pekare är placerad längst till höger på spännarens fästplatta.
22 Lyft den nedre delen av den sekundära kamremmen med spännaren och montera spännarens fästbult (vrid, om det behövs, spännaren med en insexnyckel tills bulthålet i spännaren kommer i linje med bulthålen i topplocket). Se till att tappen på spännarens fästplatta hamnar i hylsplugghålet i topplocket (se bild).
23 Vrid spännaren moturs med en insexnyckel tills spännarens pekare är i linje med tappen på spännarens fästplatta, med tappen placerad mot vänster stopp i hylsplugghålet (se bild). Dra åt spännbulten till angivet moment.

Primär kamrem

24 I förekommande fall ser du till att den sekundära drivremmen har monterats tillbaka och sträckts. Sedan tar du tillfälligt bort låsverktyget för kamaxeldrevet och passar in huvudkamremmen runt dreven. Om den ursprungliga remmen monteras tillbaka bör du observera riktningsmarkeringarna. Arbeta moturs, börja vid vattenpumpens drev, därefter spännrullen, vevaxeldrevet, tomgångsöverföringen, insugskamaxeldrevet och den andra tomgångsöverföringen. När kamremmen är monterad tillbaka, montera tillbaka kamaxeldrevens låsverktyg.

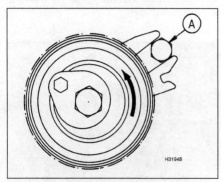

8.3 Vrid spännaren moturs till visat läge före montering. Observera att utskärningen ska passas in på bulten (A) vid monteringen

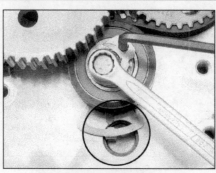

7.23 Vrid spännaren moturs tills spännarens pekare är i linje med tappen på spännarens fästplatta.

25 Se till att spännbulten sitter löst. Sätt sedan en insexnyckel mot hålet i spännarens platta och vrid plattan medurs tills pekaren för spänningen är i linje med mitten på utskärningen i fästplattan. Dra åt spännarens fästbult till angivet moment.
26 Demontera kamaxeldrevets låsningsverktyg
27 Använd en skruvnyckel eller en hylsa på vevaxelns remskivebult, vrid motorn två hela varv i normal rotationsriktning, tills vevaxeldrevskuggen med den avfasade innerkanten är i linje med motsvarande märke på oljepumphuset (se bild 3.5). Kontrollera att låsverktyget kan återmonteras för att låsa kamaxeldreven i läge – om inte, kan en eller båda kamremmarna ha monterats felaktigt.
28 Kontrollera spänningen på kamremmarna med vevaxelns inställningsmärken i linje och kamaxeldreven låsta i läge. Spänningsindikatorerna för sekundär rem och huvudrem ska placeras enligt beskrivningen i punkt 23 och 25 – om inte, upprepar du lämplig spänningsprocedur och kontrollerar spänningen igen.
29 När remmens spänning är korrekt monterar du höger motorfästbygel och drar åt fästbultarna till angivet moment.
30 Lossa lyften och taljan från motorns lyftfästbygel.
31 Montera tillbaka drivremmens remskiva, om en sådan finns.
32 Montera, om det behövs, den nedre yttre kamremskåpan enligt beskrivningen i avsnitt 6.

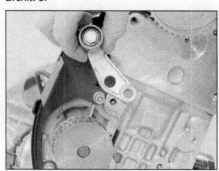

8.8a Ta bort de mindre . . .

33 Montera vevaxelns remskiva enligt beskrivningen i avsnitt 5.
34 Montera kamremmens övre, yttre kåpa.
35 Montera luftrenaren och återanslut batteriets jordledning.

8 Kamremsspännare och drev – demontering, kontroll och återmontering

Spännare

Primär kamrem

1 Demontera huvudkamremmen enligt beskrivningen i avsnitt 7.
2 Skruva loss bulten av den primära kamremsträckaren och ta bort sträckaren från motorrummet.
3 Stick in en insexnyckel genom hålet i kamremsspännarens platta, och vrid sträckaren moturs på plats(se bild).
4 Montera spännaren på motorn. Se till att utskärningen i spännarens fästplatta hamnar på bulten på motorblocket (se bild 8.3). Sätt tillbaka spännarens fästbult, och dra åt med handkraft.
5 Montera och spänn huvudkamremmen enligt beskrivningen i avsnitt 7.

Sekundär kamrem

6 Demonteringen och monteringen av sträckaren utgör en del av demontering av kamremmen och som i avsnitt 7.

Huvudkamremmens tomgångsöverföringar

7 Demontera kamremmen enligt beskrivningen i avsnitt 7.
8 Skruva loss fästbulten och ta bort remskivan. Observera att den mindre remskivan (tomgångsöverföringen närmast insugsgrenröret på motorn) kan tas bort helt tillsammans med fästbygeln (skruva loss fästbygelns bult, låt remskivan sitta kvar på fästbygeln) (se bilder).
9 Montera relevant tomgångsöverföring och dra åt fästbulten till angivet moment. Observera att om den mindre tomgångsöverföringen har tagits bort tillsammans med fästbygeln måste du se till att fästbygeln placeras över kamremskåpans bakre bult vid återmonteringen.

8.8b . . . och större tomgångsremskivorna

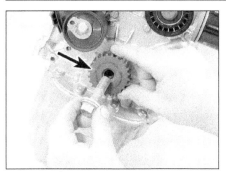

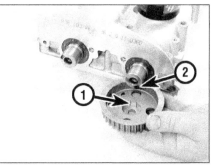

8.13 Återmontera vevaxeldrevet. Remskivans styrsprint (markerad med pil) måste vara ytterst

8.18 Montera drevet. Se till att tappen (1) på drevet hamnar i inskärningen (2) i kamaxelns ände.

8.19 Dra åt drevets fästbult med ett lämpligt verktyg för att hålla drevet stillastående

10 Montera och spänn huvudkamremmen enligt beskrivningen i avsnitt 7.

Vevaxeldrev

11 Demontera huvudkamremmen enligt beskrivningen i avsnitt 7.
12 Skruva loss vevaxelns remskiva, och brickan som används för att hålla fast drevet, och ta bort drevet från vevaxeln.
13 Börja återmonteringen med att placera drevet på vevaxelns ände. Observera att remskivans styrsprint måste vara ytterst **(se bild)**. Montera tillfälligt tillbaka remskivans fästbult och bricka för att hålla fast drevet.
14 Montera huvudkamremmen enligt beskrivningen i avsnitt 7.

Kamaxeldrev

15 Ta bort den primära och sekundära kamremmen enligt beskrivningen i avsnitt 7. Se till att vevaxeln står ett kvarts varv (90°) moturs så att kolv 1 och 4 hamnar strax nedanför ÖD i loppen. Detta eliminerar risken för kontakt mellan kolvar och ventiler om vevaxeln eller kamaxeln vrids medan kamremmen tas bort.
16 Den relevanta kamaxeldrevbulten måste nu lossas. Kamaxeln måste hindras från att vridas eftersom drevbulten är lös – **lita** inte helt på drevets låsverktyg för detta. Tillverka ett verktyg och använd det för att hålla fast drevet med hjälp av hålen i drevet **(se bild 8.19)**.
17 Skruva loss kamaxeldrevets bult, och ta bort drevet från kamaxelns ände, och notera hur den sitter.
18 Börja återmonteringen med att passa in drevet på kamaxeln. Se till att tappen på drevet hamnar i inskärningen i kamaxelns ände. Om båda kamaxeldreven har tagits bort, observera att det dubbla drevet (för den primära och den sekundära kamremmen) ska monteras vid insugskamaxeln, och att avgaskamdrevet måste monteras först **(se bild)**.
19 Montera en ny fästbult för drevet och använd sedan verktyget för att hålla drevet stillastående, som vid demontering, och dra åt bulten till angivet moment, i de två steg som beskrivs i Specifikationerna **(se bild)**.
20 Montera tillbaka huvudkamremmen och den sekundära kamremmen enligt beskrivningen i avsnitt 7.

Kylvätskepumpdrev

21 Vattenpumpens drev är inbyggt i kylvätskepumpen. Se kapitel 3A för detaljer om demontering av kylvätskepumpen.

9 Kamaxelhållare – demontering och montering

Demontering

1 Lossa batteriets minusledare *(se Koppla loss batteriet i kapitlet Referens i slutet av den här handboken)*.
2 Ta bort den primära och sekundära kamremmen enligt beskrivningen i avsnitt 7.
3 På motorer med motorkod AUA eller AUB,

9.3a Använd en bit böjd vajer för att dra bort kontaktdonen från tändstiften (AUA- och AUB-motorer)

9.3c . . . ta sedan bort DIS-enheten och tändkablarna

lossa tändkablarna från tändstiften. Dra bort kontaktdonen från tändstiften med en bit böjd kraftig vajer. Lossa fästtappen och lossa anslutningskontakten från DIS-enheten. Skruva sedan loss fästbultarna och ta bort DIS-enheten och tändkablarna som en enhet **(se bilder)**.
4 På motorkoderna BBY och BBZ lossar du kablaget, tar bort tändspolarna från tändstiften (se Kapitel 5B) och tar sedan bort kabelstyrningen.
5 Lossa insugskamaxeln lägesgivarens kontaktdonet **(se bild)**.
6 Skruva loss den bult som håller fast avgasåterföringens magnetventil vid kamaxelhållarens ände **(se bild)**. Flytta ventilen åt sidan.
7 Lossa anslutningskontakten från oljetryckskontakten vid kamaxelhållarens

9.3b Skruva loss DIS-enhetens fästbultar . . .

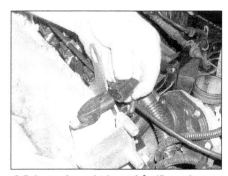

9.5 Lossa kontaktdonet från lägesgivaren för insugskamaxeln

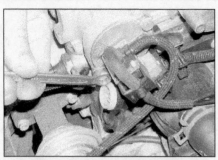

9.6 Skruva loss den bult som håller fast avgasåterföringens magnetventil vid kamaxelhållarens ände.

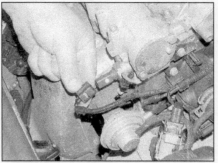

9.7a Lossa anslutningskontakten till brytaren för oljetrycksvarningslampan . . .

9.7b . . . lossa sedan kablaget från klämman på kamaxelhållarens ände

främre vänstra hörn. Lossa kabelknippet från klämman på änden av kamaxelhållaren och flytta kablaget till ena sidan **(se bild)**.
8 Ta bort kamremskåpans bakre fästbult bredvid höger motorlyftögla **(se bild)**.
9 Arbeta stegvis från mitten och utåt, i diagonal ordningsföljd. Skruva loss kamaxelhållarens fästbultar **(se bild)**.
10 Lyft försiktigt bort kamaxelhållaren från topplocket. Kamaxlarna kan tas bort från hållaren enligt beskrivningen i avsnitt 10.

Montering

11 Börja återmonteringen med att noggrant ta bort alla spår av gammalt tätningsmedel och alla spår av olja och fett från topplockets och kamaxelhållarens anliggningsytor. Se till att det inte kommer in skräp i topplocket eller kamaxelhållaren.

12 Se till att vevaxeln fortfarande är inställd ett kvarts varv (90°) moturs från ÖD-läget och att kamaxlarna är låsta i läge med låsverktyget enligt beskrivningen i avsnitt 3.
13 Kontrollera att ventilvipparmarna sitter rätt på ventilerna och är ordentligt fästa i läge på de hydrauliska ventillyftarna.
14 Applicera ett tunt, jämnt skikt av tätningsmedel (Skoda AMV 188 003 eller liknande) på topplockets fogyta för kamaxelhållaren **(se bild)**. Lägg inte på tätningsmedlet för snabbt eftersom för mycket tätningsmedel kan tränga in och blockera smörjkanalerna och orsaka skador på motorn.
15 Sänk försiktigt ner kamaxelhållaren på topplocket, tills kamaxlarna vilar på vipparmarna. Observera att kamaxelhållaren ska placeras på stift i topplocket. om du vill kan du underlätta monteringen genom att

tillverka två styrstift på följande sätt:
a) Skär av skallarna på två M6-bultar och skär skåror i toppen på de båda bultarna så att bulten kan lossas med en spårskruvmejsel.
b) Skruva i en bult i vart och ett av kamaxelhållarens bulthål i motsatta hörn av topplocket.
c) Styr kamaxelhållaren i läge på topplocket genom att sänka ner den över bultarna.
16 Montera nya fästbultar på kamaxelhållaren och dra åt dem stegvis. Arbeta från mitten och utåt i diagonal ordningsföljd (det vill säga dra åt alla bultar ett varv och dra sedan åt alla bultar ett varv till och så vidare). Se till att kamaxelhållaren sitter rakt på topplocket när bultarna dras åt, och se till att hållaren hakar i topplockets styrstift. När kamaxelhållaren kommer i kontakt med topplockets yta skruvar du i förekommande fall loss de två styrstiften och monterar de två resterande nya fästbultarna för kamaxelhållaren i deras ställe.
17 Dra år fästbultarna till kamaxelhållaren till angivet moment, i de två steg som beskrivs i Specifikationer **(se bild)**.
18 Låt tätningsmedlet för kamaxelhållaren torka under ungefär 30 minuter innan du fortsätter med mer arbete på topplocket eller kamaxelhållaren.
19 När tätningsmedlet har torkat sätts den bakre bulten på kamremskåpan tillbaka.
20 Återanslut anslutningskontakten från oljetryckskontakten, och fäst kablaget på plats på änden av kamaxelhållaren.
21 Montera fästbygeln av avgasåterföringens magnetventil vid kamaxelhållaren och drå at fästmuttern. Se till att tappen på kamaxelhållarens ändplatta hamnar i motsvarande hål i magnetventilens fästbygel.
22 Återanslut kamaxellägesgivarens kontaktdon.
23 På motorkoder AUA och AUB, montera tillbaka DIS enheten och dra fästbultarna, återanslut sedan DIS enhetens kontaktdonet, och HT tändkablarna.
24 På motorkoder BBY och BBZ, montera tilbaka kabelstyrningen och återanslut tändspolarna vid tändstiften.
25 Montera tillbaka huvudkamremmen och den sekundära kamremmen enligt beskrivningen i avsnitt 7.
26 Återanslut batteriets jordledning.

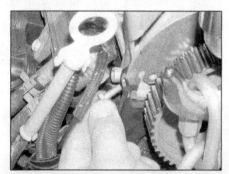

9.8 Ta bort kamremskåpans bakre fästbult bredvid höger motorlyftögla

9.9 Demontering av kamaxelhållarens fästbultar

9.14 Applicera ett tunt, jämnt skikt av tätningsmedel på topplockets fogyta för kamaxelhållaren

9.17 Åtdragning av en kamaxelhållarbult till angiven vinkel för steg 2

10 Kamaxlar –
demontering, kontroll
och återmontering

Demontering

1 Ta bort kamaxelhållaren, enligt beskrivningen
i avsnitt 9.
2 Ta bort kamaxeldreven, enligt beskrivningen
i avsnitt 8, om det behövs.
3 Om insugskamaxeln ska tas bort lossar du
på fästbulten och tar bort lägesgivaren för
insugskamaxeln **(se bild)**.
4 Ta bort relevant kamaxelhållares ändplatta
(se bild). Observera att på motorkod AUA
och AUB fästs insugskamaxelns ändplatta
av DIS-enhetens bultar, som redan har
tagits bort, och avgaskamaxelns ändplatta
är fäst med tre bultar, av vilka en även fäster
avgasåterföringens magnetventil.
5 Ta försiktigt bort relevant kamaxel från
ändplattssidan av kamaxelhållaren. Var
försiktig så att du inte skadar lagerytorna på
kamaxeln och huset när kamaxeln tas bort **(se
bild)**.

Kontroll

6 Se efter om kamaxlarna visar tecken på
slitage på lober och lagerytor. Normalt ska
ytorna vara släta och ha matt glans. Sök
efter repor, erosion och punktkorrosion och
områden som verkar väldigt polerade, vilket
tyder på slitage. Slitaget sker snabbt när de
härdade ytorna på kamaxeln skadats, så
byt alltid slitna delar. *Observera: Om dessa
symptom syns på kamlobernas spetsar,
kontrollera då motsvarande vipparm eftersom
de då troligtvis också är slitna.*
7 Om de bearbetade ytorna på kamaxeln
verkar missfärgade eller "blåanlöpta" är det
troligt att de vid något tillfälle överhettat,
förmodligen beroende på otillräcklig smörjning.
Detta kan ha förvrängt axeln, så kontrollera
kastet som följer: lägg kamaxeln mellan två
V-block och mät den centrala lagertappens
kast med en mätklocka. Tillverkaren anger
ingen maximal skevhetsgrad, men det syns
om kamaxeln är väldigt skev.
8 Mät kamaxelns axialspel genom att
tillfälligt montera den aktuella kamaxeln på
kamaxelhållaren och montera kamaxelns
tätningsplatta på kamaxelhållarens baksida.
Montera en mätklocka på kamaxelhållarens
kamremsände och rikta in mätsonden längs
kamaxeln. Tryck kamaxeln så långt den
går mot ena änden av kamaxelhållaren och
placera mätklockans sond mot kamaxelns
ände och nollställ mätklockan. Tryck sedan
kamaxeln så långt det går åt andra hållet och
anteckna det avlästa värdet på mätklockan.
Verifiera avläsningen genom att trycka tillbaka
kamaxeln och kontrollera att mätaren visar
noll igen.
9 Kontrollera att kamaxelns axialspel ligger
inom specifikationerna. Slitage utanför detta
gränsvärde kan åtgärdas genom att man byter

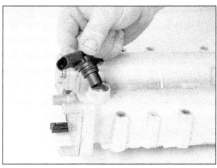

**10.3 Ta bort lägesgivaren för
insugskamaxeln**

10.4 Ta bort kamaxelhållarens ändplatta

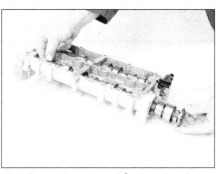

**10.5 Ta bort kamaxeln från ändplattsänden
av kamaxelhållaren**

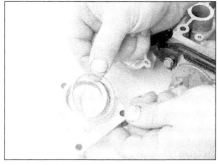

**10.10 Byta kamaxelhållarens ändplattas
O-ring**

den aktuella kamaxelhållarens ändplatta.
Slitage uppkommer dock oftast på mer än en
komponent så du bör även överväga att byta
kamaxeln och kamaxelhållaren.

Montering

10 Monteringen utförs i omvänd
ordningsföljd mot demonteringen, och tänk på
följande:

a) *Innan du återmonterar kamaxeln byter
du kamaxelns högra oljetätning enligt
beskrivningen i avsnitt 12.*
b) *Smörj lagerytorna på kamaxelhållaren
och kamloberna innan kamaxlarna
återmonteras.*
c) *Byta O-ringtätningen på varje
kamaxelhållarens ändplatta(se bild).*
d) *Montera tillbaka kamaxeldreven enligt*

e) *beskrivningen i avsnitt 8. Observera att
om båda dreven har tagits bort måste
avgaskamdrevet monteras först.*
f) *Montera tillbaka kamaxelhållaren, enligt
beskrivningen i avsnitt 9.*

11 Vipparmar och hydrauliska
ventillyftare – demontering,
kontroll och montering

Demontering

1 Ta bort kamaxelhållaren, enligt beskrivningen
i avsnitt 9.
2 Håll strikt ordning på komponenterna när
du tar bort dem, så att de kan återmonteras
på sin ursprungliga plats.
3 Ta loss vipparmarna från de hydrauliska
ventillyftarna, och lyft av dem från topplocket
(se bild).
4 Lyft försiktigt bort de hydrauliska
ventillyftarna från deras lopp i topplocket. Du
bör förvara ventillyftarna (i ordning) upprätt i
ett oljebad när de är borttagna från motorn.

Kontroll

5 Kontrollera ventillyftarnas lopp i topplocket.
Sök efter tecken på repor och skador. Om du
hittar betydande repor eller skador kan det
vara nödvändigt att byta topplocket och alla
ventillyftarna.
6 Undersök de hydrauliska ventillyftarna.
Sök efter uppenbara tecken på slitage och
skador, och byt dem vid behov. Kontrollera att
oljehålen i ventillyftarna inte är tilltäppta.

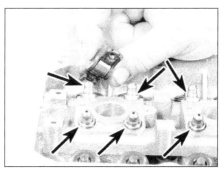

**11.3 Ta bort en vipparm (hydrauliska
ventillyftare – pil)**

11.9 Smörj ventillyftarna före monteringen

7 Kontrollera vipparmarnas kontaktytor mot ventiler, ventillyftare, och kamaxlar. Sök efter slitage och skador, och leta även efter tecken på sprickbildning i vipparmarna. Byt ut utslitna eller skadade vipparmar.
8 Undersök kamloberna enligt beskrivningen i avsnitt 10.

Montering

9 Smörj ventillyftarnas lopp i topplocket och även de hydrauliska ventillyftarna. För sedan försiktigt in ventillyftarna i deras ursprungliga lopp **(se bild)**.
10 Smörj ventillyftarnas kontaktytor mot vipparmarna, och ventilskaftens överdelar och montera sedan tillbaka vipparmarna på deras ursprungliga plats. Se till att vipparmarna fästs ordentligt på ventillyftarna.
11 Kontrollera axialspelet för varje kamaxel, enligt beskrivningen i avsnitt 10, och montera sedan tillbaka kamaxelhållaren enligt beskrivningen i avsnitt 9.

12 Kamaxelns oljetätningar – byte

Höger oljetätningar

1 Ta bort den primära och sekundära kamremmen enligt beskrivningen i avsnitt 7.
2 Demontera relevant kamaxeldrev enligt beskrivningen i avsnitt 8.
3 Borra två små hål i den befintliga oljetätningen, diagonalt mot varandra. Var noga med att inte borra hål i tätningshuset

13.5 Egentillverkad motorlyftögla fastskruvad i hålet bredvid kylvätskepumpen

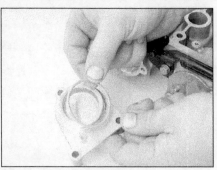

12.12 Placera den nya O-ringen i spåret i ändplattan

eller kamaxelns lageryta. Skruva in två självgängande skruvar i hålen. Dra sedan i skruvskallarna med tänger för att dra ut oljetätningen.
4 Rengör tätningshuset och kamaxelns tätningsyta genom att torka med en luddfri trasa. Ta bort filspån eller borrskägg som kan orsaka att tätningen läcker.
5 Smörj läppen och ytterkanten på den nya oljetätningen med ren motorolja. Tryck den sedan över kamaxeln tills den sitter placerad ovanför sitt hus. Vira lite tejp runt änden av kamaxeln för att hindra att läpparna skadas.
6 Driv in tätningen rakt in i huset med hjälp av en hammare och en hylsa av lämplig storlek. *Observera: Välj en hylsa som endast greppar på tätningens hårda yttre yta, inte på den inre läppen som lätt skadas.*
7 Montera kamaxeldrevet enligt beskrivningen i avsnitt 8.
8 Montera tillbaka och spänn huvudkamremmen och den sekundära kamremmen enligt beskrivningen i avsnitt 7.

Vänster oljetätningar

9 Kamaxlarnas vänstra oljetätningar ser ut som O-ringar i spåren i kamaxelhållarnas ändplattor.
10 Skruva loss fästbultarna och ta bort den aktuella kamaxelns ändplatta. Observera att på motorkod AUA och AUB fästs avgaskamaxelns ändplatta av DIS-tändmodulens fästbultar.
11 Bänd loss den gamla O-ringen från spåret i ändplattan.
12 Smörj den nya O-ringen något, och placera den försiktigt i spåret i ändplattan **(se bild)**.

13.6 Lossa kylarslangen från kylvätskehuset vid växellådssidan av topplocket

13 Montera tillbaka ändplattan (och DIS enheten, om tillämpligt), och dra åt fästbultarna till angivet moment.

13 Topplock – demontering, kontroll och återmontering

Observera: *Motorn måste vara kall när topplocket tas bort.*

Demontering

1 Lossa batteriets minusledare *(se Koppla loss batteriet i kapitlet Referens i slutet av den här handboken).*
2 Töm kylsystemet enligt beskrivningen i kapitel 1A.
3 Ta bort den primära och sekundära kamremmen enligt beskrivningen i avsnitt 7.
4 Eftersom motorn nu stöttas av en lyft fäst vid motorns lyftöglor som är fastskruvade i topplocket måste du nu ansluta en lämplig fästbygel vid motorblocket, så att motorn fortfarande kan stöttas när topplocket är borttaget.
5 En lämplig fästbygel kan skruvas fast i motorblocket med distansbrickor och en lång bult som skruvas in i hålet bredvid kylvätskepumpen **(se bild)**. Det bästa är att ansluta en andra uppsättning taljor till lyften, justera taljan så att den stöttar motorn med hjälp av den fästbygel som är ansluten till motorblocket, koppla sedan loss taljan som är ansluten till fästbygeln på topplocket. Annars kan du tillfälligt stötta motorn under sumpen med en domkraft och en träbit. Överför sedan taljan från fästbygeln på topplocket till den fästbygel som är fäst vid motorblocket.
6 Lossa slangklämmorna, och lossa de två expansionskärlsslangen från kylvätskehuset vid växellådans ände av topplocket.(se bild). På samma sätt kan du lossa slangklämmorna och de resterande tre små kylvätskeslangarna från baksidan av kylvätskehuset.
7 Ta bort hela luftrenarenheten tillsammans med luftventileringsröret enligt beskrivningen i kapitel 4A.
8 Skruva loss den bult som håller fast fästbygeln till oljemätstickans rör vid topplocket och lyft sedan bort oljemätstickans rör och för det åt sidan, så att du får mer utrymme **(se bild)**. Lossa kabelknippet från klämman på

13.8 Skruva loss bulten som håller fast fästbygeln till oljemätstickans rör vid topplocket

13.9 Lossa avgasåterföringsröret från gasspjällshuset och återställ packningen

13.11 Lyft tillbaka insugsgrenröret från motorn

13.12 Skruva loss kontaktdonets fästbygel från topplockets högra bakre hörn

fästbygeln till oljemätstickans rör. Observera att bulten till fästbygeln till oljemätstickans rör även fäster insugsgrenröret.

9 Skruva loss de två fästbultarna och lossa avgasåterföringens överföringsrör från gasspjällshuset. Ta loss packningen **(se bild)**.

10 Skruva loss bulten som håller fast avgasåterföringens överföringsrörets fästbygel vid kylvätskehuset.

11 Skruva loss de sex fästbultarna (tre övre och tre undre) och lyft tillbaka insugsgrenröret från motorn **(se bild)**. Se till att insugsgrenröret är ordentligt stöttat i motorrummet och se till att du inte spänner några vajrar, kablar eller slangar. Ta loss O-ringarna om de sitter löst.

12 Skruva loss kontaktdonets fästbygel från topplockets högra bakre hörn **(se bild)**.

13 Lossa anslutningskontakten från kylvätskans temperaturgivare (som finns i kylvätskehuset på växellådeänden av topplocket) och lossa sedan kabelknippet från kylvätskehuset och flytta det åt sidan **(se bild)**.

14 Lossa vakuumslangen från avgasåterföringens (EGR) ventil **(se bild)**.

15 Lossa kablaget från den fästbygel som är ansluten till avgassystemets värmeskydd och skruva sedan loss fästbultarna (två övre och en undre) och ta bort värmeskyddet **(se bild)**.

16 Lossa avgassystemets frontsektion från grenröret enligt beskrivningen i kapitel 4C. Om så önskas kan avgasgrenröret tas bort på följande sätt:

a) *Skruva loss anslutningsmuttern som håller fast avgasåterföringsröret vid grenröret och ta bort avgasåterföringsröret.*

b) *Skruva loss fästmuttrarna till*

avgasgrenröret, lyft av grenröret och ta loss packningen.

17 Ta bort kamaxelhållaren enligt beskrivningen i avsnitt 9.

18 Dra ut metallklämman som håller fast kylvätskeröret av plast vid kylvätskehuset vid topplockets vänstra bakre hörn **(se bild)**.

19 Lossa stegvis på bultarna till topplocket och skruva sedan loss och ta bort bultarna **(se bild)**.

20 Ta bort alla bultar och lyft av topplocket från motorblocket. Om topplocket sitter fast, knacka på det med en mjuk klubba så att tätningen spricker. Bänd inte i packningsfogen. När topplocket lyfts bort, lossa kylvätskepumpens rör från termostathuset på topplocket.

21 Lyft bort topplockspackningen från blocket.

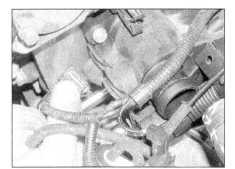

13.13a Lossa kylvätsketemperaturgivarens anslutningskontakt . . .

13.13b . . . lossa sedan kablaget och det flytta åt sidan

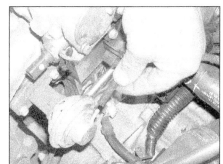

13.14 Koppla loss vakuumslangen från EGR ventilen

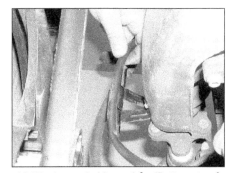

13.15a Lossa kablaget från fästbygeln på avgassystemets värmeskydd . . .

13.15b . . . ta sedan bort värmesköld

13.18 Dra ut metallklämman som håller fast kylvätskeröret vid kylvätskehuset (motorn demonterad)

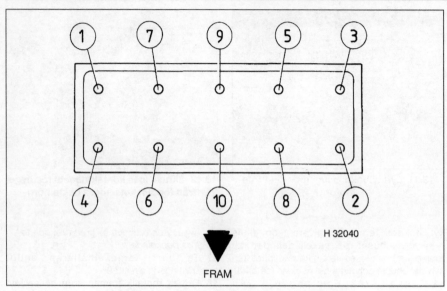

13.19 Ordningsföljd för lossning av topplocksbultar

Kontroll

22 Isärtagning och kontroll av topplocket beskrivs i Del E i detta kapitel. Kontrollera dessutom skicket på O-ringen mellan kylvätskepumpröret och termostathuset och byt ut om så behövs.

Montering

23 Topplockets och motorblockets fogytor måste vara helt rena innan topplocket sätts tillbaka. Ta bort alla spår av packning och sot med en avskrapare, och rengör även

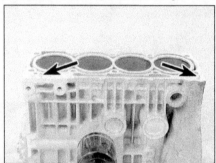

13.28a Se till att styrstiften (markerad med pil) är på plats i motorblocket

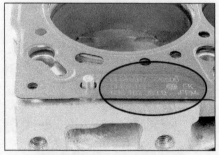

13.28b Se till att artikelnumret och OBEN/TOP-markeringarna på topplockspackningen är överst

kolvarnas ovansidor. Var extra försiktig med aluminiumytorna, eftersom den mjuka metallen lätt skadas. Se till att avlagringar inte kommer in i olje- och vattenkanalerna – det är särskilt viktigt när det gäller oljeledningarna, eftersom sotpartiklar kan täppa till oljetillförseln till kamaxeln och vevlagren. Försegla vattenkanaler, oljekanaler och bulthål i motorblocket med tejp och papper. Lägg lite fett i gapet mellan kolvarna och loppen för att hindra sot från att tränga in. När en kolv har gjorts ren, vrid vevaxeln så att kolven rör sig nedåt i loppet och torka sedan bort fett och sot med en tygtrasa. Rengör de övriga kolvkronorna på samma sätt.
24 Undersök motorblocket och topplocket och leta efter hack, djupa repor och andra skador. Mindre skador kan slipas bort försiktigt med en fil. Mer omfattande skador

kan repareras med maskinslipning, men det arbetet måste överlåtas till en specialist.
25 Kontrollera topplockets yta med en stållinjal om den misstänks vara skev, enligt beskrivningen i Del D i detta kapitel.
26 Kontrollera att hålen för topplocksbultarna i vevhuset är rena och fria från olja. Sifonera eller sug upp den olja som finns kvar i bulthålen. Detta är av största vikt för att bultarna ska kunna dras åt till rätt åtdragningsmoment, och för att inte motorblocket ska spricka på grund av hydrauliskt tryck när bultarna dras åt.
27 Se till att vevaxeln har vridits till läge för kolv 1 och 4 strax nedanför ÖD i loppen (se avsnitt 7). Detta eliminerar risken för kontakt mellan kolvarna och ventilen när topplocket återmonteras. Se även till att kamaxeldreven är låsta i ÖD-läge med låsverktyget enligt beskrivningen i avsnitt 3.
28 Se till att topplockets styrstift är korrekt placerade i motorblocket. Montera sedan en ny topplockspackning över stiften. Se till att artikelnummret är överst. I förekommande fall, ska även OBEN/TOP-markeringen vara överst **(se bilder)**. Observera att Skoda rekommenderar att packningen inte tas fram ur sin förpackning förrän strax innan den ska monteras.
29 Sänk topplocket i läge på packningen, se till att den placeras korrekt över stiften. När topplocket sänks i läge, se till att kylvätskepumpens rör ansluts till termostathuset (använd en ny O-ring om det behövs).
30 Montera de nya topplocksbultarna och skruva in dem så långt som möjligt för hand.
31 Arbeta stegvis och i den ordningsföljd som visas och dra först åt alla topplocksbultar till angivet moment för steg 1 **(se bild)**.
32 Arbeta stegvis i angiven ordningsföljd. Dra åt alla topplocksbultar till angiven vinkel för steg 2.
33 Dra slutligen åt alla topplocksbultar i

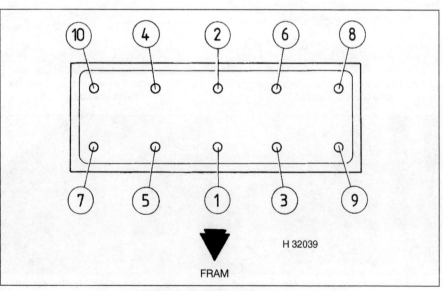

13.31 Ordningsföljd för åtdragning av topplocksbultar

angiven ordningsföljd till angivet moment för steg 3.

34 Återanslut taljan till höger motorlyftögla på topplocket. Justera sedan taljan så att den stöttar motorn. När motorn stöttas korrekt med topplocksfästbygeln, lossa taljan från fästbygeln som är fäst vid motorblocket, och skruva loss den improviserade motorlyftöglan från motorblocket. Du kan också ta bort garagedomkraften och träbiten underifrån sumpen.

35 Montera tillbaka klämman som fäster plastkylvätskeröret på kylvätskehuset.

36 Montera tillbaka kamaxelhållaren, enligt beskrivningen i avsnitt 9.

37 Ytterligare återmontering utförs i omvänd ordningsföljd men tänk på följande:

a) Montera tillbaka avgasgrenröret och återanslut avgasåterföringsröret och/eller återanslut avgassystemets frontsektion till grenröret, enligt beskrivningen i avsnitt 4C.

b) Montera tillbaka insugsgrenröret med nya O-ringar.

c) Återanslut avgasåterföringsröret till gasspjällshuset med en ny packning.

d) Montera tillbaka huvudkamremmen och den sekundära kamremmen enligt beskrivningen i avsnitt 7.

e) Se till att alla ledningar, rör och slangar återansluts och dras korrekt på det sätt som noterades före demonteringen.

f) Dra åt alla fästen till angivna moment, om det är tillämpligt.

g) Avsluta med att fylla på kylsystemet enligt beskrivningen i kapitel 1A.

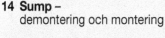

14 Sump –
demontering och montering

Demontering

1 Lossa batteriets minusledare (se Koppla loss batteriet i kapitlet Referens i slutet av den här handboken).

2 Klossa bakhjulen och dra åt handbromsen. Lyft sedan upp framvagnen och ställ den på pallbockar (se Lyftning och stödpunkter). Demontera motorns underkåpa.

3 Töm ut motoroljan. Rengör och sätt tillbaka oljepluggen och dra åt den till angivet moment. Om motorn närmar sig sitt serviceintervall, då oljan och filtret ska bytas ut, rekommenderas att även filtret tas bort och byts ut mot ett nytt. Efter återmontering kan motorn fyllas med ny olja. Se kapitel 1A för ytterligare information.

4 Demontera det främre avgasröret enligt beskrivningen i kapitel 4C.

5 Koppla loss kablaget från givaren för oljenivå/temperatur.

6 Skruva loss de två bultar som håller fast sumpens bakre fläns vid växellådan.

7 Skruva loss sumpens fästbultar stegvis och ta bort dem.

8 Lossa sumpen genom att slå på den med

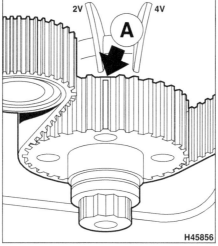

15.2 Vevaxeldrevets ÖD-märke (A)

handflatan, och dra den sedan nedåt och ta bort den från motorn.

9 Passa på att rengöra oljepumpens oljeupptagarens/silrörets nät med lämpligt lösningsmedel medan sumpen är borttagen. Undersök silens nät med avseende på igentäppning eller hål och byt det om det behövs enligt beskrivningen i avsnitt 15.

Montering

10 Ta noga bort alla spår av tätningsmedel och olja från motorblockets/vevhusets och sumpens fogytor, rengör sedan sumpen och motorn invändigt med en ren trasa.

11 Stryk på en sträng tätningsmedel på 2,0 till 3,0 mm diameter på sumpens fogfläns och kontrollera att strängen ligger innanför bulthålen. Droppen måste inte överskridas 3,0 mm. **Observera:** Sumpen måste sättas tillbaka inom 5 minuter från det att tätningsmedlet applicerats.

12 När du återmonterar sumpen kan du använda ett egentillverkat verktyg för att styra sumpen i läge på motorblockets fogyta. Du tillverkar två styrstift genom att skära av skallarna på två M6-bultar och skära skåror i bultarnas ändar så att de senare kan lossas med en spårskruvmejsel. Skruva i styrstiften i två diagonalt motsatta fästbulthål i sumpen.

13 Placera sumpen i läge och montera sedan

tillbaka sumpens bultar och dra åt dem till angivet moment. När sumpen sitter säkert i läge skruvar du loss styrstiften och monterar tillbaka återstående två sumpfästbultarna.

14 Sätt i de två bakre flänsbultarna och dra åt dem till angivet moment.

15 Återanslut kablaget till givaren för oljenivå/temperatur.

16 Montera det främre avgasröret enligt beskrivningen i kapitel 4C.

17 Montera tillbaka motorns hasplåt och sänk ner bilen.

18 Återanslut batteriets jordledning.

19 Fyll motorn med olja enligt beskrivningen i kapitel 1A.

15 Oljepump –
demontering, kontroll och återmontering

Demontering

1 Demontera huvudkamremmen enligt beskrivningen i avsnitt 7.

2 Vrid vevaxeln ett kvarts varv (90°) medurs för att återställa kolv 1 och 4 till ÖD. Se till att vevaxeldrevets kugge med den sneda innerkanten är i linje med motsvarande markering på oljepumphuset **(se bild)**.

3 Vrid vevaxeln så att vevaxeldrevet flyttas tre kuggar moturs från ÖD. Den tredje kuggen till höger om kuggen med en nedslipad ytterkant måste vara i linje med motsvarande markering på oljepumphuset. Den här proceduren placerar vevaxeln korrekt inför monteringen av oljepumpen.

4 Ta bort kamremspännare enligt beskrivningen i avsnitt 8.

5 Demontera sumpen enligt beskrivningen i avsnitt 14.

6 Skruva loss fästbultarna och ta bort oljeupptagarröret från oljepumpen och motorblocket **(se bild)**. Ta loss packningen. **Observera:** Från 06/04 är ett plaströr monterat utan stödfäste på modeller med manuell växellåda.

7 Ta bort vevaxeldrevet. Notera åt vilket håll det är monterat.

8 Skruva loss fästbultarna. Observera var de sitter för att garantera korrekt återmontering, och ta bort oljepumpen **(se bild)**. Ta loss packningen.

15.6 Demontering av oljeupptagarröret

15.8 Ta bort oljepumpen

15.10 Bortlyftning av oljepumpens bakre kåpa

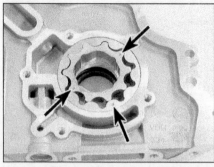

15.11 Observera att rotorerna passar med de stansade punkterna (markerad med pil) mot oljepumpskåpan

15.15 Bänd bort vevaxelns oljetätning från oljepumpen

Kontroll

9 Det finns inga reservdelar att få tag på till oljepumpen, om den är sliten eller defekt måste hela pumpen bytas ut.
10 Om du vill kontrollera oljepumpens rotorer, ta bort fästskruvarna och lyft bort oljepumpens bakre kåpa **(se bild)**.
11 Observera att rotorerna passar med de stansade punkterna på kanterna på de rotorer som är riktade mot oljepumpskåpan **(se bild)**.
12 Lyft ut rotorerna och kontrollera om de är slitna eller skadade. Om det finns tecken på slitage eller skador måste hela oljepumpenheten bytas.
13 Smörj rotorernas fogytor med ren motorolja. Montera sedan tillbaka rotorerna på pumpen. Se till att de stansade punkterna på

rotorernas kanter är riktade mot pumpkåpan.
14 Montera pumpkåpan och dra åt skruvarna ordentligt.
15 Använd en spårskruvmejsel, bänd loss vevaxelns oljetätning från oljepumpen och kassera den **(se bild)**.
16 Rengör tätningens säte i oljepumpen ordentligt.
17 Tryck eller pressa en ny oljetätning i läge i oljepumpen med en passande hylsa eller rör **(se bild)**. Se till att oljetätningen sitter rakt i oljepumpen. Se till att hylsan eller röret endast trycker på tätningens hårda ytterring och se till att du inte skadar tätningens kanter. Tryck eller pressa tätningen i läge tills den sitter mot klacken i huset. Se till att tätningens slutna ände är vänd utåt.

Montering

18 Börja återmonteringen genom att ta bort alla spår av gammal packning och tätningsmedel från fogytorna på motorblocket och oljepumpen.
19 Linda en bit tejp runt vevaxelns ände så att tätningsläpparna skyddas när oljepumpen förs i läge.
20 Sätt in en ny oljepumpspackning över stiften i motorblocket **(se bild)**.
21 Vrid den inre oljepumprotorn så att en av utskärningarna i den inre rotorns kant hamnar mitt för linjen på oljepumpens bakre kåpa **(se bild)**.
22 Smörj de fyra spetsarna på oljepumpens drivkam på vevaxelns ände något.
23 Täck vevaxelns oljetätning med ett tunt lager ren motorolja.
24 Skjut in oljepumpen i läge över änden av vevaxeln tills den sitter mot stiften. Var försiktig så att oljetätningen inte skadas och se till at den inre rotorn har kontakt med drivkammen på vevaxeln **(se bild)**.
25 Montera nya fästbultar för oljepumpen på de ställen som noterades före demonteringen och dra åt dem till angivet moment **(se bild)**.
26 Ta bort tejpen från vevaxelns ände och montera sedan tillbaka vevaxeldrevet. Observera att remskivans styrsprint måste vara ytterst. Montera tillfälligt tillbaka fästbulten och brickan för att hålla fast drevet.
27 Montera tillbaka oljeupptagarröret med en

15.17 Intryckning av en ny oljetätning i oljepumpen med en hylsa

15.20 Montera en ny packning över stiften i motorblocket

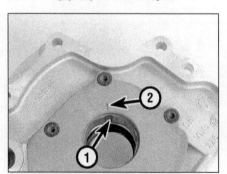

15.21 Placera en av utskärningarna (1) i rotorns kant i linje med strecket (2) på oljepumpens bakre kåpa

15.24 För oljepumpen över vevaxelns ände. Observera tejpen som används för att skydda oljetätningen

15.25 Montera oljepumpens nya fästbultar på de ställen (markerad med pil) som noterades före demonteringen

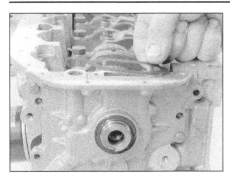

15.27 Montera en ny packning på oljeupptagarröret

ny packning och dra åt fästbultarna till angivet moment **(se bild)**.
28 Montera sumpen enligt beskrivningen i avsnitt 14.
29 Montera kamremspännaren enligt beskrivningen i avsnitt 8.
30 Montera huvudkamremmen enligt beskrivningen i avsnitt 7.

16 Oljetrycksventil – demontering, kontroll och montering

Oljetrycksventilen är inbyggd i oljepumpen. Ventilens kolv och fjäder sitter vid sidan av oljepumprotorerna och kan kontrolleras när oljepumpen har tagits bort från motorn och den bakre kåpan har tagits bort (se avsnitt 15). Om det finns tecken på slitage och skador på oljepumpsenheten ska den bytas ut. avlastningsventilens kolv och fjäder finns inte att köpa separat.

17 Brytare till varningslampa för oljetryck – demontering och montering

Demontering

1 Brytaren till varningslampan för oljetryck är placerad på vänster sida av topplocket. Ta bort luftrenaren enligt beskrivningen i kapitel 4 för att komma åt brytaren.
2 Koppla loss kontaktdonet och rengör området runt brytaren **(se bild)**.
3 Skruva loss brytaren från topplocket och ta bort den, tillsammans med tätningsbrickan. Om brytaren ska vara borttagen från motorn en längre tid pluggar du igen hålet i topplocket.

Montering

4 Undersök tätningsbrickan efter tecken på skada eller åldrande, och byt ut om det behövs.
5 Montera kontakten och dess bricka. Dra åt till angivet moment.
6 *Återanslut kontaktdonet ordentligt och montera sedan tillbaka luftrenaren. Kontrollera motoroljenivån och fyll på om det behövs enligt beskrivningen i* Veckokontroller.

18 Vevaxelns oljetätningar – byte

Höger oljetätning

1 Ta bort huvudkamremmen enligt beskrivningen i avsnitt 7 och vevaxeldrevet enligt beskrivningen i avsnitt 8.
2 Tätningen kan tas bort utan att oljepumpen tas bort genom att man borrar två små hål på diagonalt motsatt sida, sätter in självgängande skruvar och vrider runt skruvarna med en tång.
3 Oljetätningen kan också tas bort tillsammans med oljepumpen (se avsnitt 15).
4 Rengör oljetätningens säte i oljepumpen ordentligt.
5 Linda en bit tejp runt vevaxelns ände så att tätningsläpparna skyddas när tätningen monteras.
6 Montera en ny oljetätning på oljepumpen. Tryck eller pressa den i läge med en passande hylsa eller rör. Se till att hylsan eller röret endast trycker på tätningens hårda ytterring och se till att du inte skadar tätningens kanter. Tryck eller pressa tätningen i läge tills den sitter mot klacken i oljepumpen. Se till att tätningens slutna ände är vänd utåt. **Montera tillbaka huvudkamremmen enligt beskrivningen i avsnitt 7 och vevaxeldrevet enligt beskrivningen i avsnitt 8.**

Vänster oljetätning

8 Vevaxelns vänstra oljetätning är inbyggd i huset och den måste bytas som en enhet, komplett med vevaxelns hastighets-/lägesgivarhjul. Givarhjulet sitter på oljetätning-/husenheten och är fasttryckt på vevaxelflänsen. Skodas specialverktyg T10017 behövs vid monteringen av den här enheten och vi upptäckte i verkstaden att det inte finns något sätt att rikta givarhjulet på vevaxeln utan verktyget (det finns ingen styrning och inga inställningsmarkeringar). Om givarhjulet inte är exakt inställt på vevaxeln skickar vevaxelns hastighets-/lägesgivare felaktiga ÖD-signaler till ECU-motorstyrningen och motorn kommer inte att gå korrekt (den kanske inte går alls). Eftersom lämpliga specialverktyg bara är tillgängliga för Skoda-verkstäder måste den nya enheten monteras i en Skoda-verkstad.

19 Svänghjul/drivplatta – demontering, kontroll och montering

Svänghjul

Demontering

1 Demontera manuella växellådan och kopplingen enligt beskrivningarna i kapitel 7A och kapitel 6.
2 Lås svänghjulet på plats med ett verktyg tillverkat av metallskrot.**(se bild)**. Bulta fast

17.2 Frånkoppling av oljetrycksbrytarens kontaktdon

det i ett av svänghjulskåpans hål. Märk upp svänghjulets läge i förhållande till vevaxeln med en färgklick.
3 Skruva ur svänghjulets fästbultar och lyft av svänghjulet.
Varning: Ta hjälp av någon, svänghjulet är mycket tungt.

Kontroll

4 Om svänghjulets anliggningsyta mot kopplingen har djupa repor, sprickor eller andra skador måste svänghjulet i regel bytas. Det kan dock vara möjligt att renovera det; ta hjälp av en Skoda-verkstad eller en specialist på motorrenoveringar.
5 Om kuggkransen är mycket sliten eller saknar kuggar måste svänghjulet bytas.

Montering

6 Rengör svänghjulets och vevaxelns fogytor. Ta bort alla rester av fästmassa från vevaxelhålens gängor, helst med en gängtapp av rätt dimension, om en sådan finns tillgänglig.

> **HAYNES TiPS** *Om en lämplig gängtapp inte finns tillgänglig, skär två skåror i gängorna på en av de gamla svänghjulsbultarna med en metallsåg och använd bulten för att ta bort gänglåsningsmedlet från gängorna.*

7 Om de nya svänghjulsbultarna inte levererats med redan belagda gängor ska en lämplig gänglåsmassa läggas på varje bults gängor **(se bild)**.

19.2 Svänghjulet låst på plats med ett egentillverkat verktyg

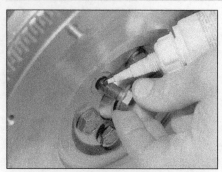

19.7 Stryk på låsvätska på svänghjulets nya bultar om det behövs

19.9 Dra åt svänghjulets bultar till angivet moment

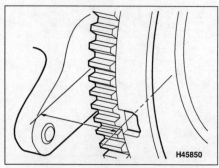

19.14 Avståndet (a) mellan motorblocket och drivplattan bör vara mellan 19,7 och 21,3 mm

8 För upp svänghjulet mot vevaxeln, följ gjorda uppriktningsmärken och skruva i de nya bultarna.

9 Lås svänghjulet som vid demonteringen och dra svänghjulsbultarna till angivet moment och vinkel **(se bild)**.

10 Montera tillbaka kopplingen enligt beskrivningen i kapitel 6. Avlägsna låsredskapet och montera växellådan enligt beskrivning i kapitel 7A.

Drivplatta

Demontering

11 Demontera automatväxellådan enligt beskrivningen i kapitel 7B.

12 Lås drivplattan i läge genom att bulta fast en skrotbit mellan drivplattan och ett hål på svänghjulskåpan. Märk drivplattans läge i förhållande till vevaxeln med en färgklick.

13 Skruva ur drivplattans fästbultar och lyft ut drivplattan. Ta reda på distansplattan och mellanlägget (i förekommande fall)

Montering

14 Monteringen utförs i omvänd ordningsföljd mot demonteringen, med hjälp av inställningsmarkeringarna du gjorde vid demonteringen. Initialt drar du endast åt de nya fästbultarna till 30 Nm och kontrollerar avståndet mellan motorblocket och drivplattans (inre) yta **(se bild)**. Utgör kontrollen

på tre ställen och beräkna det genomsnittliga avståndet som ska ligga mellan 19,7 och 21,3 mm. Om det uppmätta avståndet är utanför dessa gränsvärden, montera ett annat mellanlägg och kontrollera igen. När avståndet stämmer, dra åt fästbultarna helt till angivet moment och vinkel.

15 Ta bort låsverktyget och montera växellådan enligt beskrivningen i kapitel 7B.

20 Motorns-/växellådans fästen
– kontroll och byte

Se avsnitt 12 i del B i detta kapitel

Kapitel 2 Del D:
Reparationer med motorn i bilen – dieselmotorer

Svårighetsgrad

Enkelt, passar novisen med lite erfarenhet	Ganska enkelt, passar nybörjaren med viss erfarenhet	Ganska svårt, passar kompetent hemmamekaniker	Svårt, passar hemmamekaniker med erfarenhet	Mycket svårt, för professionell mekaniker

Specifikationer

Allmänt

Typ Tre eller fyra cylindrar i rad, remdrivna enkel överliggande kamaxel (SOHC), fyrtakt, vätskekyld

Tillverkarens motorkoder*:
1422 cc, 3-cylinder, turbo.	AMF
1896 cc, 4-cylinder, inte-turbo	ASY
1896 cc, 4-cylinder, turbo.	ASZ and ATD

Maximal utgående effekt:
Motorkod AMF	55 kW vid 4000 varv/minut
Motorkod ASY	47 kW vid 4000 varv/minut
Motorkod ATD	74 kW vid 4000 varv/minut
Motorkod ASZ	96 kW vid 4000 varv/minut

Maximalt vridmoment:
Motorkod AMF	195 Nm vid 2200 varv/minut
Motorkod ASY	125 Nm vid 1600 till 2800 varv/minut
Motorkod ATD	240 Nm vid 1800 till 2400 varv/minut
Motorkod ASZ	310 Nm vid 1900 varv/minut

Lopp	79,5 mm
Slaglängd	95,5 mm

Kompressionsförhållande:
Motorkoder AMF och ASY	19.5 : 1
Motorkoder ASZ och ATD	19.0 : 1

Kompressionstryck:
Minsta kompressionstryck	ungefär 19,0 bar
Maximal skillnad mellan cylindrar.	ungefär 5,0 bar

Tändföljd:
Motorkod AMF	1 – 2 – 3
Motorkoder ASY, ASZ och ATD	1 – 3 – 4 – 2
Placering för cylinder nr 1	Kamremsänden

* **Observera:** Mer information om kodmärkningens placering på motorn hittar du under "Identifikationsnummer" i slutet av den här handboken.

Kamaxel

Kamaxelns axialspel (maximalt)	0,15 mm
Kamaxelns löpande lagerspel (maximum)	0,11 mm
Kamaxel kast (maximalt)	0,01 mm

Smörjningssystem

Oljepumpstyp	Drevtyp, kejdedriven från kamaxeln
Oljetryck (oljetemperatur 80°C) vid 2000 varv/min	2,0 bar

Åtdragningsmoment

	Nm
Fästbultar till hjälpaggregatens (generator etc.) fästbyglar	45
Fästbult till drivremmens spännare	25
Balansaxelenheten till vevhuset (motorkod AMF)	20
Balansaxeldrevets kedjespännarhus (motorkod AMF):	
Steg 1	8
Steg 2	Vinkeldra ytterligare 90°
Balansaxel vikt/drev (motorkod AMF):	
Steg 1	100
Steg 2	Vinkeldra ytterligare 90°
Storändens lageröverfall, bultar*:	
Steg 1	30
Steg 2	Vinkeldra ytterligare 90°
Muttrar till kamaxellageröverfall:	
Motorkod ASY	20
Bultar till kamaxellageröverfall*:	
Motorkoder AMF, ASZ och ATD:	
Steg 1	8
Steg 2	Vinkeldra ytterligare 90°
Kamaxelkåpans muttrar/bultar.	10
Kamaxeldrevets centrumbult:	
Motorkod ASY	45
Kamaxeldrevets nav centrumbult:	
Motorkoder AMF, ASZ och ATD	100
Kamaxeldrevets yttre bultar*:	
Motorkoder AMF, ASZ och ATD:	
Steg 1	20
Steg 2	Vinkeldra ytterligare 45°
Kylvätskepumpens bultar.	15
Vevaxeloljetätningshusets bultar (främre och bakre)	15
Bultar för vevaxelns remskiva till drevet:	
Steg 1	10
Steg 2	Vinkeldra ytterligare 90°
Vevaxelns hastighets-/lägesgivare, bultar för hjul till vevaxel*:	
Steg 1	10
Steg 2	Vinkeldra ytterligare 90°
Vevaxeldrevets bult*:	
Steg 1	120
Steg 2	Vinkeldra ytterligare 90°
Topplockets bultar*:	
Motorkoder AMF, ASZ och ATD:	
Steg 1	40
Steg 2	60
Steg 3	Vinkeldra ytterligare 90°
Steg 4	Vinkeldra ytterligare 90°
Motorkod ASY:	
Steg 1	35
Steg 2	60
Steg 3	Vinkeldra ytterligare 90°
Steg 4	Vinkeldra ytterligare 90°
Motorfäste:	
Höger fäste:	
Till motor:	
Steg 1	30
Steg 2	Vinkeldra ytterligare 90°
Till kaross:	
Steg 1	20
Steg 2	Vinkeldra ytterligare 90°
Centrummutter	
Steg 1	40
Steg 2	Vinkeldra ytterligare 90°
Vänster fäste:	
Till växellåda:	
Steg 1	40
Steg 2	Vinkeldra ytterligare 90°
Till kaross:	
Steg 1	50
Steg 2	Vinkeldra ytterligare 90°

Åtdragningsmoment (forts.)   Nm

Motorfästen (forts.):
  Bakre kardanstag:
    Till kryssrambalk:
      Steg 1 40
      Steg 2 .... Vinkeldra ytterligare 90°
    Till växellåda:
      Steg 1 30
      Steg 2 .... Vinkeldra ytterligare 90°
Avgasgrenrörets muttrar.................................. 25
Avgasrör till grenrör/turboaggregat, muttrar 25
Svänghjul:
  Steg 1 60
  Steg 2 .... Vinkeldra ytterligare 90°
Bränsleinjektorens anslutningsmuttrar.................... 25
Glödstift 15
Styrremskivans drevbult (motorkod AMF) 20
Insprutningspumpens drevbultar:
  Typ 1*:
    Steg 1 20
    Steg 2 .... Vinkeldra ytterligare 90°
  Typ 2... 25
Insprutningens vipparmsaxlar*:
  Motorkoder AMF, ASZ och ATD:
    Steg 1 20
    Steg 2 .... Vinkeldra ytterligare 90°
Ramlageröverfall, bultar*:
  Steg 1 65
  Steg 2 .... Vinkeldra ytterligare 90°
Oljekylarens fästkåpa.................................... 25
Oljeavtappningsplugg 30
Oljefilterhus-till-motorblocket bultar*:
  Steg 1 15
  Steg 2 .... Vinkeldra ytterligare 90°
Oljefilterhus.. 25
Bultar till givare för oljenivå/oljetemperatur 10
Oljeupptagarrörets fästbultar 15
Bult till oljetrycksplugg 40
Oljetryckslampans brytare 20
Bult till oljepumpens kedjespännare 15
Oljepumpens fästbultar 15
Oljepumpdrevets fästmutter/bult:
  Motorkod AMF:
    Steg 1 20
    Steg 2 .... Vinkeldra ytterligare 90°
  Motorkoder ASY, ASZ och ATD 25
Kolvens oljesprutningsmunstyckebult 25
Pumpinsprutningens vipparmsaxel:
  Steg 1 20
  Steg 2 .... Vinkeldra ytterligare 45°
Sump:
  Bultar för sump till motorblock....................... 15
  Bultar för sump till växellåda 45
Kamremmens stora överföringsremskiva (motorkod ASY):
  Steg 1 40
  Steg 2 .... Vinkeldra ytterligare 90°
Bultar för kamremmens yttre kåpa......................... 10
Bakre kamremskåpans bultar:
  Bult, kåpa mot topplock............................... 10
  Bultar, kåpa till insprutningspump (motorkod ASY) 30
Mutter/bult för kamremmens lilla överföringsremskiva 20
Fästmutter för kamremmens spännrulle
  Motorkod ASY 25
  Motorkoder AMF, ASZ och ATD:
    Steg 1 20
    Steg 2 .... Vinkeldra ytterligare 45°
Bult för kamremmens övre överföringsvals 20
Banjobult till turboaggregatets oljereturrör till motorblock........... 40
Turboaggregatens oljetillförselrör till oljefilterhus:
  Banjobult 25
  Anslutningsmutter..................................... 22

* **Observera:** *Använd nya bultar*

1 Allmän information

Hur detta kapitel används

Den här delen av kapitel 2 beskriver de reparationer som kan utföras med motorn monterad i bilen. Om motorn redan har lyfts ut ur motorrummet och tagits isär på det sätt som beskrivs i del E, kan du bortse från anvisningarna för förberedande isärtagning i det här kapitlet.

Det är visserligen fysiskt möjligt att göra en översyn av sådana delar som kolvar och vevstakar med motorn kvar i bilen, men sådana åtgärder utförs vanligen inte som separata operationer, och kräver normalt att ytterligare åtgärder utförs (för att inte tala om rengöring av komponenter och smörjkanaler). av den anledningen klassas alla sådana åtgärder som större renoveringsåtgärder, och beskrivs i del E i det här kapitlet.

Del E beskriver demontering av motor/växellåda, samt tillvägagångssättet för de reparationer som kan utföras med motorn/växellådan demonterad.

Motorbeskrivning

Motorerna är vattenkylda med enkel överliggande kamaxel, tre eller fyra raka cylindrar och motorblock av gjutjärn samt topplock av aluminiumlegering. Motorerna är placerade på tvären i bilens främre del med växellådan fastbultad på motorns vänstra ände.

På 3-cylindersmotorer har vevaxeln fyra lager och tryckbrickor finns monterade på huvudlagret 3 för att styra vevaxelns axialspel. På 4-cylinders motorer har vevaxeln fem lager och tryckbrickor finns monterade på det mittersta huvudlagret.

Kamaxeln drivs med en tandad kamrem från vevaxeln. På motorkod ASY driver kamremmen också bränsleinsprutningspumpen. Kamaxeln sitter ovanpå topplocket och är fäst med lageröverfall.

Ventilerna stängs med spiralfjädrar och löper i styrningar som är inpressade i topplocket.

Kamaxeln aktiverar ventilerna direkt via hydraulisk ventillyftare. På motorkoden AMF för 3 cylindrar finns sex ventiler, en insugsventil och en avgasventil per cylinder. På motorkoder ASY, ASZ och ATD finns åtta ventiler, en insugsventil och en avgasventil per cylinder.

En kejdedriven balansaxelenhet är fäst på botten av vevhuset på motorkod AMF med 3 cylindrar. Balansaxeln motverkar vibrationer inom motorn och ger jämn körning för motorns alla varvtal.

På 3-cylindersmotorer finns det en oljepump i botten av balansaxelenheten som drivs av en kedja från ett drev på vevaxeln. Balansaxelenheten och oljepumpen är inneslutna i en plastkåpa där det finns en oljesil. På alla motorer med fyra cylindrar drivs oljepumpen av en kedja från den främre delen av vevaxeln.

Från sumpen, oljan tvingas sedan genom ett externt, utbytbart filter. Från filtret fördelas oljan till topplocket där den smörjer kamaxelns lager och ventillyftarna liksom till vevhuset där den smörjer ramlager, vevstakslager, kolvbultar och cylinderlopp. En kylvätskematad oljekylare är monterad på oljefilterhuset på alla motorer. Motorerna har oljemunstycken monterade längst ner i varje cylinder dessa sprutar olja på kolvarnas undersidor för att förbättra kylningen.

Alla motorer har en bromsservovakuumpump som drivs av kamaxeln på växellådssidan av topplocket. För motorkoderna AMF, ASZ och ATD är pumpen av tandemutformning med en vakuumpump och en bränslepump som drivs av kamaxeln.

I alla motorer, motorns kylvätska drivs runt med en pump som drivs av drivremmen. Kylsystemet beskrivs i detalj i kapitel 3.

Arbeten med motorn kvar i bilen

Följande arbeten kan utföras utan att motorn lyfts ur bilen:

a) *Kompressionstryck – kontroll.*
b) *Kamaxelkåpa – demontering och montering.*
c) *Vevaxelns remskiva – demontering och montering.*

d) *Kamremskåpor – demontering och montering.*
e) *Kamrem – demontering, montering och justering.*
f) *Kamremmens spännare och drev – demontering och montering.*
g) *Kamaxelns oljetätningar – byte.*
h) *Kamaxel och hydrauliska ventillyftarna – demontering, kontroll och återmontering.*
i) *Topplock – demontering och montering.*
j) *Topplock och kolvar – sotning.*
k) *Sump – demontering och montering.*
l) *Oljepump (utom motorkod AMF) – demontering, översyn och återmontering.*
m) *Vevaxelns oljetätningar – byte.*
n) *Motor-/växellådsfästen – kontroll och byte*
o) *Svänghjul – demontering, kontroll och återmontering.*

Observera: *Det går att ta loss kolvar och vevstakar (efter det att topplocket och sumpen har demonterats) utan att motorn tas ur bilen. Detta tillvägagångssätt är dock inte att rekommendera. Arbete av denna typ är mycket enklare att utföra med motorn på en arbetsbänk, enligt beskrivningen i kapitel 2E.*

2 Kompressionsprov och tryckbortfallstest – beskrivning och tolkning

Kompressionsprov

Observera: *För detta prov måste en kompressionsprovare speciellt avsedd för dieselmotorer användas.*

1 Om motorns effekt sjunker eller om det uppstår misständningar som inte kan hänföras till tändning eller bränslesystem, kan ett kompressionsprov ge en uppfattning om motorns skick. Om kompressionsprov görs regelbundet kan de ge en förvarning om problem innan några andra symptom uppträder.

2 Motorn måste vara uppvärmd till normal arbetstemperatur, batteriet måste vara fulladdat och detta arbetet krävs en medhjälpare.

3 På modeller utan turbo, ta bort insugsrörets övre del enligt beskrivningen i kapitel 4B.

4 På motorkod SASY, stoppsolenoiden och bränslemätarens kablage måste kopplas loss, så att inte motorn startar eller bränsle sprutas in **(se bilder).** *Observera: Som ett resultat av att sladdarna kopplats loss kommer fel att lagras i styrmodulens minne. Dessa måste raderas efter kompressionstestet.*

5 För motorkoderna AMF, ASZ och ATD lossas insprutningsventilerna genom att man lossar kontaktdonet på topplocksänden **(se bild). Observera:** *Som ett resultat av att sladdarna kopplats loss kommer fel att lagras i styrmodulens minne. Dessa måste raderas efter kompressionstestet.*

6 Ta bort glödstiften enligt beskrivningen

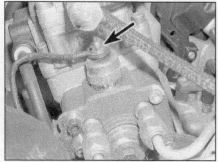

2.4a Anslutningskontakten till bränsleavstängningens magnetventil är fäst med en mutter (markerad med pil)

2.4b Anslutningskontakten för bränslemängdregulatorn sitter bakom oljefilterhuset

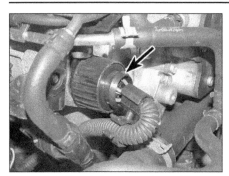

2.5 Koppla loss kontakten till insprutningsventilen (markerad med pil)

i kapitel 5C, montera sedan en kompressiontester på glödstifthålet till 1:a cylindern. Använd helst en testare som ska skruvas in i tändstiftsgängorna.

7 Låt en medhjälpare dra runt motorn med startmotorn i flera sekunder. Efter ett eller två varv bör kompressionstrycket byggas upp till maxvärdet och sedan stabiliseras. Anteckna det högsta värdet.

8 Upprepa testet på övriga cylindrar och notera trycket i var och en.

9 Orsaken till dålig kompression är svårare att fastställa på en dieselmotor än en bensinmotor. Effekten av att tillföra olja i cylindrarna (våt testning) är inte entydig, eftersom det finns en risk att oljan sätter sig i urtagen på kolvkronorna i stället för att ledas till kolvringarna. Följande är dock en grov diagnos.

10 Alla cylindrar bör skapa mycket lika tryckvärden. Skillnader som är större än vad som angivits tyder på ett fel. Observera att kompressionen ska byggas upp snabbt i en felfri motor. Om kompressionen är låg i det första kolvslaget och sedan ökar gradvis under följande slag är det ett tecken på slitna kolvringar. Om kompressionsvärdet är lågt under den första takten och inte stiger under de följande, tyder detta på läckande ventiler eller en trasig topplockspackning (eller ett sprucket topplock).

11 Lågt tryck i två angränsande cylindrar är nästan helt säkert ett tecken på att topplockspackningen mellan dem är trasig och förekomsten av kylvätska i oljan bekräftar detta.

12 När det är avslutat, ta bort kompressiontesteren, och montera tillbaka glödstiften, enligt beskrivningen i kapitel 5C.

13 Återanslut kablage, och (i förekommande fall) montera tillbaka insugsgrenrörets övre del enligt beskrivningen i Kapitel 4B.

Tryckbortfallstest

14 Ett tryckbortfallstest mäter hur snabbt trycket sjunker på tryckluft som förs in i cylindern. Det är ett alternativ till kompressionsprov som på många sätt är överlägset, eftersom den utströmmande

luften anger var tryckfallet uppstår (kolvringar, ventiler eller topplockspackning).

15 Den utrustning som krävs för tryckförlusttest är som regel inte tillgänglig för hemmamekaniker. Om dålig kompression misstänks ska detta prov därför utföras av en verkstad med lämplig utrustning.

---

3 Motorns ihopsättning och synkroniseringsmärken – allmän information och användning

Allmän information

1 Övre dödpunkt (ÖD) är den högsta punkt som varje kolv når under sin rörelse upp och ner i cylindern när vevaxeln roterar. Varje kolv når ÖD en gång under kompressionstakten och ännu en gång under avgastakten, men med ÖD avses oftast kolvens position vid kompressionstakten. Kolv nr 1 sitter på motorns kamremssida.

2 Det är mycket viktigt att placera kolv 1 i ÖD för många åtgärder, t.ex. borttagning av kamrem och kamaxel.

3 De motorer som behandlas i det här kapitlet är utformade så att kolven kommer att komma i kontakt med ventilen om kamaxeln eller vevaxeln vrids när kamremmen är demonterad. Därför är det viktigt att se till att kamaxeln och vevaxeln inte rör sig i förhållande till varandra när kamremmen har tagits bort från motorn.

3.4a Lossa klämmorna . . .

3.6 ÖD-låssprint insatt genom kamaxeldrevet i topplocket

Ställa in ÖD på cylinder nr 1

Motorkod AMF

4 Ta bort den övre, yttre kamremskåpan enligt beskrivningen i avsnitt 6 (se bild).

5 Ta bort glödstiften enligt beskrivning i kapitel 5C för att underlätta att vrida motorn.

6 Vrid motorn tills ÖD-hålet i drevet är i klockan 8-läge och i linje med ÖD-inställningshålet i topplocket. nu kan man föra in en särskild Skoda-låssprint (se bild). Improviserade verktyg kan tillverkas, men p.g.a. de exakta mått som krävs rekommenderas det starkt att en uppsättning låsverktyg antingen lånas eller hyrs från en Skoda-verkstad, eller köps från en bra verktygstillverkare

7 Motorn är nu satt till ÖD på cylinder nr 1.

Motorkod ASY

Observera: Det behövs lämpligt verktyg för att låsa kamaxeldrevet och bränsleinsprutningspumpens drev i läge under den här åtgärden – se teksten.

8 Demontera kamaxelkåpan enligt beskrivningen i avsnitt 4.

9 Demontera den övre, yttre kamremskåpan enligt beskrivningen i avsnitt 6.

10 Ta bort glödstiften enligt beskrivning i kapitel 5C för att underlätta att vrida motorn.

11 Om en sådan finns, tar du bort den sexkantige inspektionspluggen från balanshjulskåpan, om det behövs med hjälp av en stor mutter för att skruva loss den (se bild). Du underlättar åtkomsten till mätstickan om du först tar bort luftrenaren enligt beskrivningen i kapitel 4B.

3.4b . . . och ta bort den övre yttre kamremskåpan.

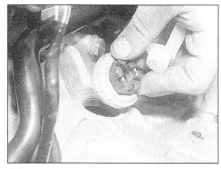

3.11a Använd en stor mutter för att skruva loss mätstickan från balanshjulskåpan

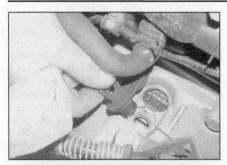

3.11b Borttagning av gummiproppen från balanshjulskåpan – ses här med luftrenaren borttagen

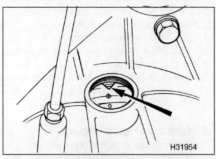

3.11c Tändinställningsmärket på kanten av balanshjulet (pilen) står mitt emot markeringen på balanshjulet (manuell växellåda)

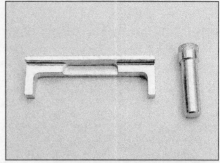

3.13 Låsverktyget för kamaxeln och bränsleinsprutningsdrevet

12 Vrid vevaxeln medurs med en skiftnyckel eller sträckare på vevaxeldrevbulten tills tändinställningsmärket på kanten av svänghjulet/drivplattan står mitt emot markeringen på växellådakåpan och inställningshålet på bränsleinsprutningsdrevet står mitt emot hålet på stödfästet.
13 För att låsa motorn i ÖD-läge måste kamaxeln (inte drevet) och insprutningspumpen låsas i ett läge med speciella låsverktyg. Improviserade verktyg kan tillverkas, men p.g.a. de exakta mått som krävs rekommenderas det starkt att en uppsättning låsverktyg antingen lånas eller hyrs från en Skoda-verkstad, eller köps från en bra verktygstillverkare **(se bild)**.
14 För in änden av låsbalken (Skoda verktyg 3418) i spåret på kamaxelns ände **(se bild)**.

15 Vrid kamaxeln något med låsbalken på plats (genom att vrida vevaxeln medurs, som tidigare), så att låsbalken tippas åt ena sidan så att dess ena ände vidrör topplocket. Mät mellanrummet mellan staven och topplocket i låsbalkens andra ände med ett bladmått.
16 Vrid tillbaka kamaxeln något och dra ut bladmåttet. Sedan ska låsbalken ställas i nivå genom att två bladmått sticks in, vart och ett med *halva* tjockleken mot det ursprungligen uppmätta mellanrummet, på var sida av kamaxeln mellan var ände av låsbalken och topplocket. Detta centrerar kamaxeln och ställer ventilsynkroniseringen till referensläget **(se bild)**.
17 Sätt in låssprinten (Skoda-verktyg 3359) genom inställningshålet i bränsleinsprutningspumpens drev, så

att den förs igenom inställningshålet i insprutningspumpnavet och in i stödfästbygeln bakom navet. Detta låser bränsleinsprutningspumpen i ÖD-referensläget **(se bild)**.
18 Motorn är nu satt till ÖD på cylinder nr 1.

Motorkoder ASZ och ATD

Observera: *Skoda verktyg (T10050) behövs nu för att låsa vevaxeldrevet i ÖD.*
19 Ta bort drivremmen/remmarna enligt beskrivningen i kapitel 1B. Ta också bort drivremsspänningsenheten.
20 Ta bort vevaxelns remskiva/vibrationsdämpare enligt beskrivningen i avsnitt 5.
21 Demontera kamremkåporna enligt beskrivningen i avsnitt 6.

3.14a Använd en stållinjal för att se till att skåran i kamaxeländen är parallell med topplocket

3.14b Sätt låsbalken i skåran på kamaxeln

3.16 Kamaxeln centrerad och låst med hjälp av låsbalk och bladmått

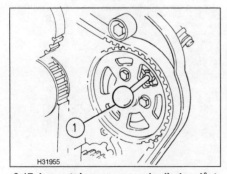

3.17 Insprutningspumpens kedjedrev låst med hjälp av låssprint (1)

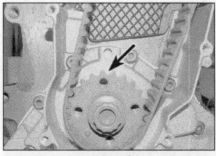

3.23a Placera vevaxeln så att markeringen på drevet är nästan vertikal (markerad med pil) . . .

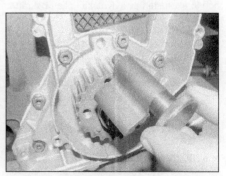

3.23b . . . sätt sedan i Skoda redskap T10050 . . .

3.23c . . . och rikta in markeringarna (markerad med pil) på verktyget och drevet

3.24 Rikta in pilen på baksidan av den bakre kamremskåpan (pil) mellan tapparna på baksidan av kamaxelnavets givarhjul

3.25 Sätt i ett borr på 6 mm (pil) genom kamaxelnavet i topplocket för att låsa kamaxeln

22 Ta bort glödstiften enligt beskrivning i kapitel 5C för att underlätta att vrida motorn.

23 Använd en skruvnyckel eller hylsa på vevaxeldrevsbulten, vrid vevaxeln i normal rotationsriktning (medurs) tills inställningsmärket på drevets yta är nästan lodrätt **(se bilder)**.

24 Pilen (märkt 4Z) på den bakre sektionen av den övre kamremmens övre kåpa är i linje mellan de två tapparna på baksidan av kamaxelnavets givarhjul **(se bild)**.

25 I detta läge ska det vara möjligt att föra in Skoda-verktyget T10050 för att låsa vevaxeln och ett stag på 6 mm för att låsa kamaxeldrevet **(se bild)**. *Observera: Märket på vevaxeldrevet och märket på Skoda-verktyget T10050 måste linjera och skaftet på verktyg T10050 måste samtidigt sättas i borrningen i vevaxelns oljetätningshus.*

26 Motorn är nu satt till ÖD på cylinder nr 1.

4 Ventilkåpa – demontering och montering

Demontering

Motorkod AMF

1 Ta bort motorns övre skyddskåpa genom att bända loss den från styrpelarna och koppla bort vakuumrören. Ta också bort stödet av skumplast **(se bild)**.

2 Ta bort insugsluftkanalerna från topplockets baksida.

3 Lossa klämman och koppla loss vevhusventilationens slang från kamaxelkåpan.

4 Lossa bränsleledningarna från kamaxelkåpans framsida.

5 Ta bort kamremmens övre kåpa enligt beskrivningen i avsnitt 6.

6 Skruva stegvis loss och ta bort ventilkåpans fästbultar och lyft bort kåpan. Om den sitter

fast, försök inte bända loss den – lossa den inställt genom att knacka lätt runt kanterna med en gummiklubba.

7 Ta bort kamaxelkåpans packning. Undersök den noga och byt ut den om den visar tecken på skador eller slitage.

8 Rengör fogytorna på topplock och kamaxelkåpa noga, ta bort alla spår av olja och gammal packning. Var noga med att inte skada ytorna.

Motorkod ASY

9 Ta bort motorns övre skyddskåpa. Borttagningsmetoden varierar mellan olika modeller. På senare modeller är kåpan fasttryckt, men på tidigare modeller finns fästmuttrar under runda skyddshattar som man bänder loss från kåpan. Där plastskruvar eller vridfästen används kan dessa tas bort med en bredbladig skruvmejsel. Ta bort muttrarna eller skruvar och lyft bort kåpan från motorn, lossa eventuella kablar eller slangar som är anslutna **(se bilder)**.

4.1a Lyft den övre kåpan från styrpelarna . . .

4.1b . . . och ta bort stödet av skumplast

4.9a Bänd ut kåporna . . .

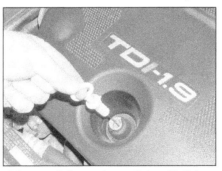

4.9b . . . ta bort muttrarna nedanför. . .

4.9c . . . på den motorn måste mätstickan demonteras . . .

4.9d . . . innan kåpan kan lyftas av

4.10 Koppla loss tryckreglerventilens ventilationsslang

4.11a Skruva loss fästbultarna . . .

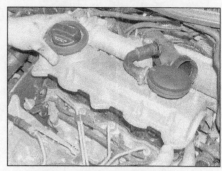

4.11b . . . och lyft av kamaxelkåpan

4.13a Bakre fäste för motorns övre skyddskåpa – motorkod ATD

4.13b Ett av kåpans styrstift (markerad med pil) och även ventilrör (markerad med pil)

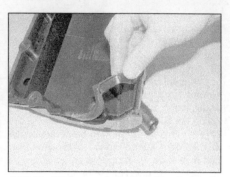

4.15 Ventilkåpans packning sitter i ett spår i kåpan

10 Koppla loss ventileringenslangen from lufttrumman **(se bild)**. Om man vill kan man avlägsna ventilen från kamaxelkåpans överdel genom att varsamt dra den uppåt, men det är inte nödvändigt att ta bort den.

11 Skruva loss fästmuttrarna/bultarna och lyft av kamaxelkåpan från topplocket **(se bild)**. På de flesta modeller är det svårt att komma åt bultarna baktill – en uppsättning insexnycklar med bits och en lednyckel kommer väl till pass. Observera att packningen är vulkaniserad vid kåpan; Om det blir fel på den, måste hela kåpa bytas.

12 Lossa och avlägsna oljekåpan vid behov.

Motorkoder ASZ och ATD

13 Ta bort oljepåfyllningslocket och bänd sedan loss och dra tillbaka motorns övre skyddskåpa från det bakre fästet. Om det är

tillämpligt, koppla loss ventilationsslang från kamaxelkåpan**(se bild)**.

14 Skruva loss ventilkåpans fästbultar och lyft bort kåpan. Om den sitter fast, försök inte bända loss den – lossa den instället genom att knacka lätt runt kanterna med en gummiklubba.

15 Ta loss kamaxelkåpans packning **(se bild)**. Undersök den noga och byt ut den om den visar tecken på skador eller slitage.

16 Rengör fogytorna på topplock och kamaxelkåpa noga, ta bort alla spår av olja och gammal packning. Var noga med att inte skada ytorna.

Montering

17 Montera tillbaka kamaxelkåpan i motsatt ordning, och tänk på följande:

  a) *Innan du sätter tillbaka kamaxelkåpan på en motor med koden ASY bör du lägga*

på lite tätningsmedel på topplockets fram- och baksida, på de båda ställen där kamaxellageröverfallet har kontakt med topplocket (se bild). Se till att packningen sitter korrekt på topplocket, och var försiktig så att du inte rubbar den när du sätter kamaxelkåpan på plats.

  b) *På motorkoder ASZ och ATD, applicera lämpligt tätningsmedel på punkterna där kamaxelns lageröverfall kommer i kontakt med topplocket (se bild).*

  c) *Dra ventilkåpans muttrar/bultar stegvis till angivet moment.* **Observera:** *På motorkoder ASZ och ATD, dra åt fästbultarna i ordningsföljd* **(se bild).**

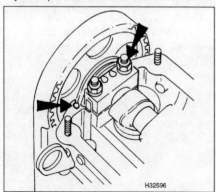

4.17a Stryk på tätningsmedel på de bakre och främre (markerad med pil) lageröverfallens fogytor

4.17b Stryk på tätningsmedel på punkterna (markerad med pil) på topplocket

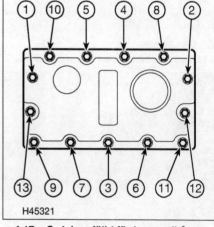

4.17c Ordningsföljd för kamaxelkåpan

5 Vevaxelns remskiva – demontering och montering

Demontering

1 Lossa batteriets minusledare *(se Koppla loss batteriet* i kapitlet *Referens* i slutet av den här handboken).

2 Hissa upp framvagnen (höger) och ställ den på pallbockar för att lättare komma åt *(se Lyftning och stödpunkter)*. Ta bort hjulet.

3 Ta bort fästskruvarna och dra bort motorns undre skydd och/eller hjulhusfodrets paneler. På modeller med turbo, skruva loss muttern baktill och fästbrickorna längre fram, lossa sedan luftslangens klämma och plocka ut laddluftkylarens luftkanal av plast **(se bild)**.

4 Ta bort drivremmen enligt beskrivningen i kapitel 1B.

5 Bänd i förekommande fall bort kåpan från remskivans mitt så att fästbultarna friläggs **(se bild)**.

6 Lossa bultarna som fäster vevaxelns remskiva vid drevet **(se bild)**. Om det behövs kan du hindra remskivan från att vrida sig genom att hålla emot med en skruv- eller hylsnyckel på vevaxeldrevets bult.

7 Skruva loss bultarna som håller fast remskivan vid drevet och sedan ta bort remskivan **(se bild)**.

Montering

8 Sätt tillbaka remskivan på vevaxeldrevets styrstift och skruva sedan dit remskivans fästbultar igen.

9 Håll fast vevaxeln som vid borttagningen, sätt dit remskivans fästbultar och dra åt till angivet moment.

10 Montera tillbaka drivremmen och spänn den enligt beskrivningen i kapitel 1B

11 Montera tillbaka motorns undre skydd, hjulhusfoder och laddluftkylarens luftkanal, efter tillämplighet.

12 Montera tillbaka hjulet och sänk ner bilen, och återanslut batteriets jordledning.

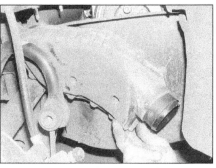

5.3 Ta bort laddluftkylarens lufttrumman för att komma åt vevaxelns remskiva

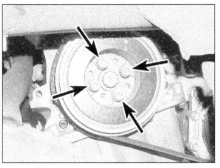

5.6 Vevaxelns fyra remskivebultar (markerad med pil)

6 Kamremskåpor – demontering och montering

Övre yttersta kåpa – demontering

1 Lossa i förekommande fall fästklämmorna och ta bort luftinsugsslangen från kamremskåpans översida **(se bild)**.

2 Lossa översta delen av kamremskåpan genom att öppna fjäderclipsen av metall, ta sedan bort kåpan från motorn **(se bild)**.

3 Montering sker i omvänd ordningsföljd mot demontering. Observera att toppkåpans nedre kant hakar i mittkåpan.

Mittre yttersta kåpa

4 Ta bort drivremmen enligt beskrivningen i kapitel 1B.

5 Demontera vevaxelns remskiva enligt

5.5 Bänd ut mittenlocket till vevaxelns remskiva

5.7 Ta bort vevaxelns remskiva

beskrivningen i avsnitt 5. Om mittkåpan tas bort antar vi att även den nedre kåpan avlägsnas. I annat fall, ta helt enkelt bort de komponenter som beskrivs i avsnitt 5 så att du kommer åt vevaxelns remskiva och lämna remskivan på plats.

6 Med toppkåpan borttagen (punkt 1 till 3), skruva loss och ta bort fästbultarna från mittkåpan. Ta bort mittkåpan från motorn (notera hur den sitter på den nedre kåpan, om tillämpligt) **(se bild)**.

7 Monteringen utförs i omvänd ordningsföljd mot demonteringen.

Nedre yttersta kåpa

8 Demontera de övre och mittre kåporna enligt den tidigare beskrivningen.

9 Ta bort vevaxelns remskiva enligt beskrivningen i avsnitt 5, om det inte redan är gjort.

10 Skruva loss de resterande bultarna som håller fast den nedre kåpan, och lyft av den.

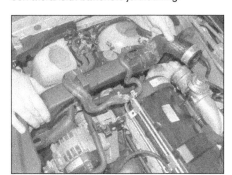

6.1 Ta bort luftinsugsslangen från kamremskåpans överdel

6.2a Lossa på fästklämmorna (en markerad med pil) . . .

6.2b . . . och ta bort den övre kåpan

6.6 Ta bort den mittre, yttre kåpa – motorkod AMF

7.6a Bär upp växellådans/motorns tyngd med en garagedomkraft.

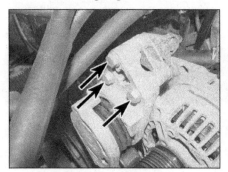

7.7a Skruva loss bultarna . . .

11 Monteringen utförs i omvänd ordningsföljd mot demonteringen; sätt mittkåpan på plats innan de två toppbultarna skruvas dit.

Bakre kåpa

12 Demontera de övre, nedre och mittre kåporna enligt den tidigare beskrivningen.
13 Ta bort kamremsdreven och spännaren enligt beskrivningen i avsnitt 7 och 8.
14 Skruva loss fästbultarna, lyft av den inre kamremskåpan från pinnbultarna på motoränden och avlägsna kåpan från motorrummet.
15 Monteringen utförs i omvänd ordningsföljd mot demonteringen.

7.6b Den högra motorfästen tas bort

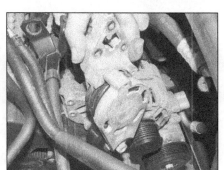

7.7b . . . och skruva loss och ta bort drivremsspännaren – motorkod AMF

7 Kamrem – demontering, kontroll och montering

Demontering

1 Kamremmens primära funktion är att driva kamaxeln, men den driver även kylvätskepumpen. På motorer med koden ASY driver den även bränsleinsprutningspumpen. Om remmen slirar eller brister med motorn igång rubbas ventilsynkroniseringen, vilket kan leda till kontakt mellan kolvar och ventiler och därmed åtföljande allvarliga motorskador. Därför är det viktigt att kamremmen är korrekt spänd, och att den undersöks med jämna mellanrum efter tecken på slitage eller åldrande.
2 Lossa batteriets minusledare (se *Koppla loss batteriet* i kapitlet *Referens* i slutet av den här handboken).
3 På modeller med turbo avlägsnas höger strålkastare enligt beskrivningen i kapitel 12, avsnitt 7, och insugsgrenröret till laddluftkylarens luftventilering tas bort enligt beskrivningen i kapitel 4C.
4 Dra åt handbromsen. Lyft sedan upp framvagnen och ställ ordentligt på pallbockar (se *Lyftning och stödpunkter*). Demontera höger framhjul.
5 Ta bort fästskruvarna och dra bort motorns undre skyddskåpa och höger hjulhusfodret.
6 Använd en lyft för att stötta upp motorns/ växellådans vikt, ta sedan bort höger det högre motorfästet och fästbygeln, och motorns bakre fäste enligt beskrivningen i kapitel 2A (se bild).
7 Ta bort drivremmen enligt beskrivningen i kapitel 1B. På motorer med koden AMF skruvas även drivremsspännaren loss (se bild).
8 Lossa matnings- och returbränsleslangarna från bränslefiltret (se bild), se Kapitel 1B om det behövs. Om det behövs, märk upp slangarna, så att de kan sättas tillbaka på sina rätta platser.

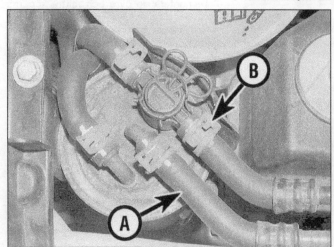

7.8 Bränslematningsledning (A) och bränslereturledning (B) vid bränslefilter

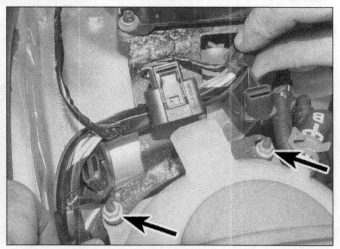

7.9 Koppla loss kablage från kylvätskeexpansionskärlet. Notera tankens fästmuttrar

7.10 Sänk den inre kåpan på motorkod AMF

7.11a Ta bort laddluftröret längst ner till höger i motorn

7.11b Ta ut insugsröret ur motorrummet

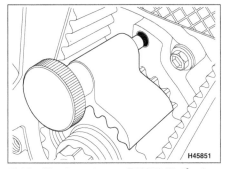

7.12a Skoda-verktyget T10050 för låsning av vevaxeldrevet i dess ÖD-läge

7.12b Använd speciallåsverktyget för att hålla vevaxeldrevet i dess ÖD-läge

7.13 Märk ut åt vilket håll remmen sitter om den ska återmonteras.

9 För att få mer utrymme vid arbetet kan du vid behov även lossa vindrutespolarens flaska (kapitel 12) och kylvätskans expansionskärl (se bild) och föra dem åt sidan utan att koppla loss deras slangar.

10 Demontera de yttre kamremskåporna, enligt beskrivningen i avsnitt 6. Denne proceduren omfattar demontering av vevaxelns remskiva enligt beskrivningen i avsnitt 5. Om det är tillämpligt, skruva loss den nedre, inre kåpan (se bild).

Motorkod AMF

11 Ta bort laddluftröret och slangen nere till höger på motorn, och även insugsröret från motorrummets högra del (se bild).

12 Vrid vevaxeln så att kolv 1 står i ÖD i förbränningstakten (se avsnitt 3) och spärra kamaxeldrevet genom att skjuta in en tättsittande bult genom ÖD-hålet och in i

cylinderhuvudet. Skoda-mekaniker har också ett särskilt verktyg (T10050) som de använder för att låsa vevaxeldrevet i ÖD-positionen (se bild).

13 Om den ursprungliga kamremmen ska sättas tillbaka bör du märka ut remmens löpriktning så att du placerar den rätt vid återmonteringen (se bild).

Varning: Om kamremmen ser ut att vara i bra skick och därmed kan återanvändas är det viktigt att den monteras för samma rotationsriktning, i annat fall slits den ut mycket snabbare.

14 Lossa kamremsspännarbulten så att kamremmens spänning minskar (se bild).

15 Skruva loss muttern och ta bort kamremmens styrremskiva (se bild).

16 Dra av remmen från dreven, och se till så att du inte vrider eller böjer remmen för mycket om du tänkt återanvända den (se bild).

Motorkod ASY

17 Demontera kamaxelkåpan enligt beskrivningen i avsnitt 4.

18 Demontera bromsvakuumservopumpen enligt beskrivningen i kapitel 9.

19 Vrid vevaxeln så att kolv 1 står i ÖD i förbränningstakten och spärra kamaxeldrevet och bränsleinsprutningspumpens drev enligt beskrivningen i avsnitt 3.

20 Om den ursprungliga kamremmen ska sättas tillbaka bör du märka ut remmens löpriktning så att du placerar den rätt vid återmonteringen.

Varning: Om kamremmen ser ut att vara i bra skick och därmed kan återanvändas är det viktigt att den monteras för samma rotationsriktning, i annat fall slits den ut mycket snabbare.

21 Lossa kamremsspännarbulten så att

7.14 Lossa på kamremsspännarens bult

7.15 Kamremmens styrremskiva

7.16 Kamremmen tas bort från dreven

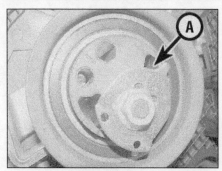

7.24a Vrid spännararmen moturs tills den tar i stoppet (A) . . .

7.24b . . . för sedan in låsverktyget genom urtaget för att låsa spännaren . . .

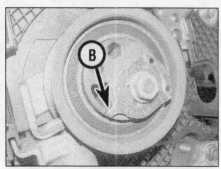

7.24c . . . och vrid sedan spännararmen medurs tills den tar i stoppet (B) – motorkoderna ASZ och ATD, tillverkade fram till sista april 2001

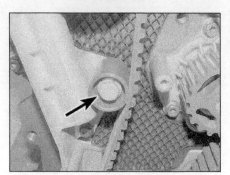

7.25 Skruva loss fästbulten (markerad med pil) och ta bort överföringshjulet – motorkoderna ASZ och ATD

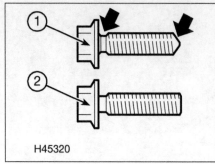

7.30 Olika typer av fästbultar till insprutningspumpsdrevet på motorkod ASY – bult av typ 1 är en spännbult och måste alltid bytas ut

kamremmen kan vris moturs för att minska spänningen.

22 Dra av remmen från dreven, och se till så att du inte vrider eller böjer remmen för mycket om du tänkt återanvända den.

Motorkoder ASZ och ATD

Observera: *Det finns två typer av sträckare På motorer som tillverkats före sista april 2001 använder Skoda-mekaniker specialverktyget T10008 för att låsa kamremsspännaren i avspänt läge. Det går att tillverka ett eget alternativ – se nedan.*

23 Ställ motorn till ÖD för cylinder nr 1 enligt beskrivningen i avsnitt 3.

24 Lätta på kamremmens spänning genom att lossa spännarens fästmutter en aning. På motorer som tillverkats före sista april 2001 vrids spännaren moturs med en insexnyckel som sticks in i navet, varefter tryckkolven

7.31 Håll kamaxeldrevet stilla medan du lossar de tre bultarna

spärras med en låsplatta (Skoda-verktyg nr T10008). Om inget sådant specialverktyg finns till hands kan du själv tillverka ett liknande **(se bild)**. Skruva loss fästbultarna och ta bort tryckkolvenheten. På nyare modeller vrids spännaren helt moturs för hand.

25 Skruva loss bulten och ta bort överföringshjulet **(se bild)**.

26 Undersök om det finns märken för rotationsriktning på kamremmen. Om sådana saknas, gör egna med TippEx eller en färgklick – man får inte på något sätt skära märken i remmen.

Varning: Om kamremmen ser ut att vara i bra skick och därmed kan återanvändas är det viktigt att den monteras för samma rotationsriktning, i annat fall slits den ut mycket snabbare.

27 Dra av remmen från dreven, och se till så att du inte vrider eller böjer remmen för mycket om du hade tänkt återanvända den.

Kontroll

28 Undersök kamremmen noga, leta efter spår av föroreningar från kylvätska eller olja. Om så är fallet måste källan till föroreningen hittas innan arbetet återupptas. Kontrollera remmen efter tecken på slitage eller skador. Kontrollera extra noga runt remkuggarnas framkanter. Byt remmen om dess skick är tvivelaktigt. Kostnaden för rembyte är försumbar jämfört med kostnaden för motorreparation, om remmen skulle sluta fungera. Remmen måste bytas om den har gått så långt som anges i

kapitel 1B). Har den gått mindre är det ändå en bra idé att byta ut den, oavsett skick, som förebyggande åtgärd.

29 Om kamremmen inte ska monteras omedelbart är det en god idé att sätta en varningslapp på ratten, för att påminna dig själv och andra om att inte starta motorn.

30 På motorer med kod ASY kan det hända att bultarna som håller fast insprutningspumpens drev vid navet måste bytas. Det finns två olika typer av bultar **(se bild)**. Spännbultar (1) måste vinkeldras och därför kan de inte återanvändas när de väl har lossats. Skoda anger att pumpdrevet måste återmonteras varje gång kamremmen tas bort. Det går inte att bara montera tillbaka remmen på drevet utan att utföra en återmontering. Vid behov bör du se till att du har tre nya bultar till hands innan du påbörjar återmonteringen.

Montering

Motorkod AMF

31 Ta bort ÖD-sprinten från kamaxeldrevet om den fortfarande sitter kvar. Håll sedan drevet på plats med ett lämpligt verktyg och lossa de tre bultarna som håller fast det vid kamaxeln, så att det kan vrida sig inom de tre långa urtagen **(se bild)**. Vrid drevet moturs så att bultarna kommer nära urtagens ändar och sätt sedan tillbaka ÖD-sprinten.

32 Montera kamremmen runt vevaxeldrevet, spännhjulet, kamaxeldrevet och kylvätskepump. Se till att spännarremskivans arm är rätt inpassad i den bakre kamremskåpans hål. Kontrollera att kamaxeldrevets fästbultar sitter halvvägs in i sina urtag. Lossa i annat fall kamremmen och vrid drevet en aning medurs så att remmen kan hakas på nästa tand.

33 Montera tillbaka styrremskivan och dra åt muttern.

34 Stick in en insexnyckel i det därför avsedda hålet och vrid spännaren moturs tills visaren står mitt i basplattans urskärning. Håll spännaren i detta läge och dra åt dess fästmutter till rätt moment och vinkel **(se bild)**.

35 Dra åt kamaxeldrevets bultar till rätt moment och vinkel medan du håller drevet på

7.34a Vrid spännaren moturs tills pekaren har placerats i mitten av basplattans utskärning och dra sedan åt bulten

7.34b Pekaren måste vara i mitten av utskärningen

plats med ett lämpligt verktyg som stuckits in i två av hålen. ÖD-sprinten kan sitta kvar där den är, men hållverktyget måste bära upp det mesta av momenttrycket. Dra åt fästbultarna ordentligt, och ta bort verktyget.
36 Ta bort ÖD-sprintarna, vrid motorn två hela varv medurs och sätt sedan tillbaka ÖD-sprintarna för att bekräfta ventilernas synkronisering. Vrid inte motorn moturs medan sprintarna sätts in.
37 Den resterande proceduren är i omvänd ordningsföljd mot demonteringen.

Motorkod ASY

38 Kontrollera att vevaxeln och kamaxeln fortfarande står i ÖD för cylinder nr 1, enligt beskrivningen i avsnitt 3.
39 Lossa kamaxeldrevets bult ett halvt varv enligt beskrivningen i avsnitt 8. Använd inte synkroniseringens låssprint för att hålla kamaxeln på plats. den måste avlägsnas innan drevbulten lossas. Lossa drevet från

kamaxelkonen genom att försiktigt knacka på det med en dorn i mjuk metall instucken i hålet i den bakre kamremskåpan **(se bild)**. Sätt tillbaka synkroniseringens låssprint (se avsnitt 3) när drevet har lossats.
40 Skruva loss de tre bultarna som håller fast bränsleinsprutningspumpens drev vid pumpnavet **(se bild)** och skruva dit de tre bultarna i rätt läge, men dra inte åt bultarna än. Placera insprutningspumpens drev så att fästbultarna kommer att ligga centrerad i de förlängda fästhålen.

⚠ *Varning: Lossa inte insprutning-spumpdrevets centrumbult, då kommer insprutningspumpens grundinställning att rubbas, och*

den måste då återställas av en Skoda-verkstad.
41 Montera kamremmen runt vevaxeldrevet, tomgångsöverföringen, kylvätskepumpens drev, insprutningspumpdrev, kamaxeldrev och sträckaren. Observera i förekommande fall de märken för löpriktning som gjordes i samband med demonteringen. Se till att remmens kuggar sätter sig korrekt på dreven. Den övre rembanan måste löpa under den lilla övre tomgångsöverföringen (du måste kanske justera kamaxeldrevets läge en aning för att åstadkomma detta), och rembanan mellan spännaren och vevaxeldrevet bör löpa till höger om den nedre lilla tomgångsöverföringen (sett från motorns kamremssida) **(se bild)**.
42 Se till att bränsleinsprutningspumpens drev fortfarande är centralt placerad i de förlängda fästhålen.
43 Om remmen slackar något, se till att det är i den del som går över spännrullen.
44 Kontrollera att spännaren är rätt monterad, med fästplattans tapp i urtaget i den bakre kamremskåpan.
45 För in ett lämpligt verktyg, t.ex. en vinklad fjäderringstång, i de två hålen på bältessträckarens nav. Vrid sedan spännaren medurs tills skåran på navet ligger längsmed

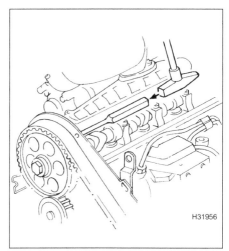

7.39 Lossning av kamdrevet från kamaxelns koniska ände med hjälp av en dorn i mjuk metall – motorkod ASY

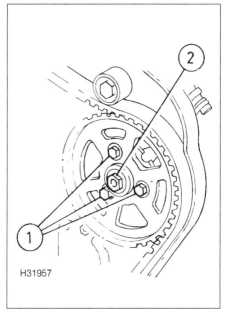

H31957

7.40 Skruva loss de tre bultarna (1) som håller fast bränsleinsprutningspumpen på insprutningspumpnavet
LOSSA INTE centrumbulten (2)

7.41 Kamremmen måsta sitta under den övre tomgångsöverföringen

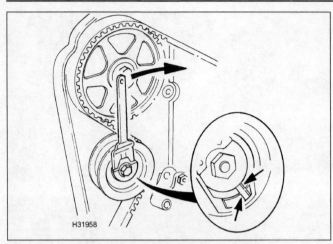

7.45 Vrid spännaren medurs tills skåran på navet är i linje med den upphöjda fliken på fästplattan

7.61 Placera kamaxeldrevet så att fästbultarna sitter i mitten av de avlånga hålen

den höjda fliken på fästplattan (se bild). Observera: Om spännaren vrids för långt medurs, måste den lossas helt innan den spänns igen. Dra åt spännarens mutter till angivet moment när spännarens markeringar är inpassade mot varandra.

46 Kontrollera att vevaxeln står i ÖD för cylinder nr 1 enligt beskrivning i avsnitt 3.

47 Följ beskrivningen i avsnitt 8 och dra kamdrevsbulten till angivet moment. Använd inte synkroniseringens låssprint för att hålla kamaxeln på plats. den måste avlägsnas innan drevbulten dras åt. Sätt tillbaka

7.64 Montera tillbaka styrrullen – motor koder ASZ och ATD

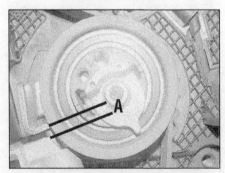

7.66 Avståndet mellan den övre kanten på spännarhuset och spännarens fästplattearm (A) måste vara 4 mm – motorkoder ASZ och ATD tillverkade fram till mai 2001

synkroniseringens låssprint (se avsnitt 3) efter drevbulten är dragits åt.

48 Dra åt bränsleinsprutningspumpens drevbultar till angivet moment. På modeller med spännbultar ska bultarna momentdras till steg 1 medan drevet hålls på plats. Skoda rekommenderar att bultarna slutgiltigt dras åt till steg 2 först efter det att insprutningspumpens dynamiska synkronisering har kontrollerats (se Kapitel 4B, avsnitt 6), men detta kräver specialutrustning från Skoda. Om den dynamiska synkroniseringen kommer att kontrolleras först senare kan du dra åt bultarna stadigt, men inte ända till vinkeln i steg 2 (motorn kan köras med bultarna momentdragna endast till steg 1).

49 Ta bort synkroniseringens låssprint från kamaxeln och ta bort synkroniseringsstiftet från bränsleinsprutningspumpens drev.

50 Vrid motorn två fullständiga varv i den normala rotationsriktningen, tills synkroniseringens låssprint och synkroniseringsstiftet åter kan sättas in så att motorn står med kolven i ÖD i cylinder 1 (se avsnitt 3).

51 Kontrollera att kamremsspännarens inskärning och upphöjda flik har passats in enligt tidigare beskrivning. När spännarens markeringar är inpassade mot varandra, fortsätt till avsnitt 53.

52 Om märkena på kamremsspännaren inte stämmer, upprepa spänningsproceduren och sedan kontrollen i punkt 44 och 45.

53 Montera de mellersta och nedre yttre kamremskåporna enligt beskrivningen i avsnitt 6.

54 Montera vevaxelns remskiva enligt beskrivningen i avsnitt 5.

55 Montera tillbaka höger motorfäste enligt beskrivningen i kapitel 2A, lossa sedan lyften och taljan från motorn.

56 Om du inte redan har gjort det är det nu dags att ta bort de verktyg som använts för att hålla kamaxeln och bränsleinsprutningspumpens drev på plats med kolv 1 i ÖD.

57 Monteringen utförs i omvänd ordning mot demonteringen. Som avslutning rekommenderar Skoda att den dynamiska

insprutningssynkroniseringen kontrolleras med deras speciella testutrustning. När du har kontrollerat den dynamiska synkroniseringen kan du momentdra bränsleinsprutningspumpens drevbultar helt till steg 2 (om tillämpligt) och sätta tillbaka kamremmens övre ytterkåpa.

58 Montera stänkskyddet under motorrummet och sänk sedan ner bilen. Sätt även tillbaka motorns övre skyddskåpa.

59 Återanslut batteriets jordledning (minuspolen) (se Kapitel 5A).

Alla motorkoder ASZ och ATD

60 Kontrollera att vevaxeln och kamaxeln fortfarande står i ÖD för cylinder nr 1, enligt beskrivningen i avsnitt 3.

61 Följ beskrivningen i avsnitt 5 och lossa kamaxeldrevets bultar ungefär ett halvt varv, så att drevet är fritt att vrida sig på kamaxeln. Placera kamaxeldrevet så att fästbultarna sitter i mitten av de avlånga hålen (se bild).

62 Dra kamremmen löst under vevaxeldrevet. *Observera: Följ rotationsriktningsmärkena på remmen.*

63 Haka i kamremmens kuggar i kamaxeldrevet och sätt det på plats runt spännrullen, vevaxeldrevet och slutligen runt kylvätskepumpens drev. Se till att remmens kuggar sätter sig korrekt på dreven. *Observera: Kamaxeldrevets läge kan behöva justeras något. Undvik att böja remmen bakåt eller att vrida den kraftigt.*

64 Sätt tillbaka överföringshjulet och dra åt bulten till angivet moment (se bild).

65 Om remmen slackar något, se till att det är i den del som går över spännrullen.

Motorkoder ASZ och ATD tillverkad upp till maj 2001

66 Med ett lämpligt verktyg (t.ex. låsringstång) fasthakat i de två hålen i spännarens nav, vrid spännarremskivan moturs tills låsplattan (T10008) inte längre är spänd och kan tas bort. Vrid spännaren medurs tills det blir ett mellanrum på 4 mm mellan spännarens fästplattas arm och den övre kanten på spännarhuset (se bild).

67 Håll fast sträckaren i det här läget, och dra åt låsmuttern till angivet moment och vinkel. Observera att måttet på 4 mm kommer att minska en aning när låsmuttern dras åt, så ta med detta i beräkningen när du anpassar avståndet.
68 Dra åt kamaxeldrevets bult till rätt moment och vinkel och ta bort drevets låssprint och vevaxelns låsverktyg.

Motorkoder ASZ och ATD tillverkad från maj 2001

69 Kontrollera att armen på spännarens bakre plåt är rätt inpassad i hålet på den bakre kamremskåpan.
70 Lossa spännarens fästmutter en aning. Vrid sedan spännaren medurs med hjälp av en låsringstång tills visaren står mitt i basplattans mellanrum. Håll fast sträckaren i det här läget, och dra åt låsmuttern till angivet moment och vinkel. Observera att visaren flyttar sig högst 5,0 mm åt höger när muttern dras åt. Detta ska inte korrigeras eftersom kamremmen stabiliseras under inkörningen.
71 Dra åt kamaxeldrevets bult till rätt moment och vinkel och ta bort drevets låssprint och vevaxelns låsverktyg.

Alla motorkoder ASZ och ATD

72 Med hjälp av en skiftnyckel eller hylsnyckel på vevaxelremskivans mittbult, vrider du vevaxeln två hela varv. Ställ motorn i ÖD för cylinder nr 1, se avsnitt 3 och kontrollera att inställningsverktyget kan stickas in. Upprepa återmonteringsproceduren om det inte är fallet.
73 Monteringen utförs i omvänd ordning mot demonteringen. När du sätter tillbaka den nedre kamremskåpan och drivremskivan kan du se att remskivans fästhål endast medger ett enda monteringsläge. Dra åt bultarna till angivet moment.

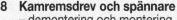

8 Kamremsdrev och spännare
– demontering och montering

Kamremmens spännare

1 Demontera kamremmen enligt beskrivningen i avsnitt 7.

Motorkoder AMF och ASY och ASZ och ATD från maj 2001

2 Skruva loss kamremmens fästmutter och ta bort sträckaren från motorn **(se bild)**.

Motorkoder ASZ och ATD upp till maj 2001

3 Skruva loss fästmuttern helt och ta bort spännarremskivan.
4 Ta bort höger kåpan och spännarhuset fästbultar för att ta bort spännkolven och huset.

Alla modeller

5 Resten av proceduren är den omvända jämfört med demonteringen, enligt

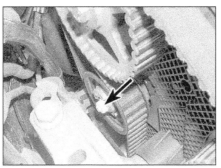

8.2 Kamremsspännarens mutter – motorkod ASY

beskrivningen i avsnitt 7 beträffande återmonteringen av kamremmen. Förutom på äldre motorer med koderna ASZ och ATD ska du försäkra dig om att spännrullens arm sitter rätt i hålet på den bakre kamremskåpan **(se bild)**.

Överföringsstyrningarna

Observera: *Om du har en motor med koden ASY och den nedre främre tomgångsöverföringen har avlägsnats, behövs en ny fästbult för återmonteringen.*

6 Demontera kamremmen enligt beskrivningen i avsnitt 7.
7 Skruva loss tomgångsöverföringens relevanta fästbult/mutter, och ta sedan bort remskivan.
8 Sätt tillbaka remskivan och dra åt fästbulten eller fästmuttern till angivet moment (använd vid behov en ny bult när du monterar den nedre högra remskivan).
9 Montera och spänn kamremmen enligt beskrivningen i avsnitt 7.

Vevaxeldrev

Observera: *En ny fästbult till vevaxeldrevet krävs vid återmonteringen.*

10 Demontera kamremmen enligt beskrivningen i avsnitt 7.
11 Drevets fästbult måste lossas, och därför måste vevaxeln spärras så att den inte vrids när drevbulten skruvas loss. Gör i ordning ett lämpligt verktyg för att hålla drevet på plats. Skruva fast det vid drevet med två bultar i två av hålen på vevaxelns remskiva **(se bild)**.

8.11a Ett hemgjort verktyg används för att hålla vevaxeldrevet medan bulten lossas

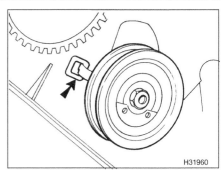

8.5 Se till att tappen på spännarens fästplatta hakar i utskärningen på den bakre kamremskåpan

12 Håll fast drevet med verktyget medan du lossar drevets fästbult. Var försiktig, bulten sitter mycket hårt. Se till så att inte vevaxeln vrids när bulten lossas.
13 Notera åt vilket håll vevaxeldrevets upphöjda klack är vänd. Skruva sedan loss bulten och dra av drevet från vevaxelns ände.
14 Börja återmonteringen med att sätta drevet på vevaxeländen, med den upphöjda klacken inpassad enligt noteringen vid borttagningen.
15 Sätt dit en ny fästbult, håll fast drevet på samma sätt som vid demonteringen och dra åt bulten till det moment och den vinkel som anges i specifikationerna **(se bild)**. Smörj inte bultgängorna.
16 Montera kamremmen enligt beskrivningen i avsnitt 7.

Kamaxeldrev

17 Demontera kamremmen enligt beskrivningen i avsnitt 7.
18 Kamaxeldrevbultarna måste nu lossas. Använd inte synkroniseringens låssprint för att hålla kamaxeln på plats. den måste avlägsnas innan drevbulten lossnas. För att eliminera risken för att en kolv stöter i ventilen ska du vrida vevaxeln 90° moturs så att alla kolvarna står halvvägs upp i cylinderloppen.

Motorkod AMF, ASZ och ATD:

19 Skruva loss de tre fästbultarna och ta bort kamaxeldrevet från kamaxelnavet.

Motorkod ASY

20 Efter drevbulten har lossats, lossa drevet

8.15 Sätta på en ny fästmutter för vevaxeldrevet

8.21 Ta bort kamaxeldrevet

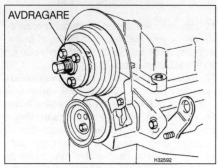

8.27 Fäst en trearmad avdragare på navet och dra åt avdragaren jämnt tills navet inte tar i kamaxelns gängtapp

8.26 Användning av ett tillverkat verktyg för att hålla emot kamaxelnavet

8.28 Den inbyggda klacken i navet måste riktas in mot motsvarande spår i kamaxelkonan (markerad med pil)

från kamaxelkonen genom att försiktigt knacka på det med en dorn i mjuk metall instucken i hålet i den bakre kamremskåpan. Sätt tillbaka synkroniseringens låssprint (se avsnitt 3) när drevet har lossats.

21 Notera hur vevaxeldrevet sitter. Skruva sedan loss och avlägsna bulten och dra av drevet från vevaxelns ände **(se bild)**.

Alla modeller

22 Sätt tillbaka drevet och försäkra dig om att det sitter likadant som före borttagningen.
23 Montera tillbaka drevbulten, men dra bara åt den för hand än så länge.
24 Montera och spänn kamremmen enligt beskrivningen i avsnitt 7.

Kamaxelnav

Motorkoder AMF, ASZ och ATD

Observera: *Skoda-mekaniker använder specialverktyget T10051 för att hålla emot navet. Det går emellertid att tillverka ett eget alternativ – se nedan.*
25 Demontera kamaxeldrevet enligt beskrivningen i detta avsnittet.
26 Haka i specialverktyget T10051 i de tre hålen på navet så att inte navet vrids. Om verktyget inte finns kan ett ersättningsverktyg tillverkas. Medan du håller i verktyget skruvar du loss fästbulten i mitten av navet ett par varv **(se bild)**.
27 Med navets mittbult på plats, anslut Skoda-verktyget T10052 (eller en liknande trearmad avdragare) till navet och dra åt jämnt

tills navet inte längre tar i kamaxelns gängtapp **(se bild)**.
28 Se till att kamaxelns gängtapp och navets mitt är rena och torra, placera navet på gängtappen och notera att den inbyggda nyckeln i navets gängtapp måste stämma med kilspåret på kamaxelns gängtapp **(se bild)**.
29 Håll navet i detta läge med verktyget T10051 (eller liknande egentillverkat verktyg), och dra åt mittbulten till angivet moment.
30 Återstoden av monteringen utförs i omvänd ordningsföljd mot demonteringen.

Bränsleinsprutningspumpens drev

Motorkod ASY

Observera: *Nya fästbultar/muttrar till*

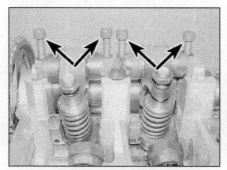

9.2 Börja med de yttre bultarna och lossa försiktigt och jämnt fästbultarna till vipparmsaxeln (markerad med pil)

bränsleinsprutningpumpens drev kommer att behövas vid återmonteringen.
31 Demontera kamremmen enligt beskrivningen i avsnitt 7.
32 Skruva loss de tre bultarna som håller fast bränsleinsprutningspumpens drev på insprutningspumpnavet Det finns två olika typer av bultar som används enligt beskrivningen i avsnitt 7; stretchtype måste vinkeldras, och det är av denna orsak de inte kan återanvändas om de skruvats loss. Vid behov bör du se till att du har tre nya bultar till hands innan du påbörjar återmonteringen.

⚠️ *Varning: Lossa inte insprutnings-pumpdrevets centrumbult, då kommer insprutningspumpens grundinställning att rubbas, och den måste då återställas av en Skoda-verkstad.*
33 Ta bort tillfälligt låsverktyget från bränsleinsprutningspumpens drev och nav, och för sedan drevet från navet. Se till att du vänder det så att det sitter som det gjorde före demonteringen. Montera låsverktyget vid pumpnaven när drevet har demonterats.
34 När du ska sätta tillbaka drevet tar du åter tillfälligt bort låsverktyget från navet och sätter sedan dit drevet. Se till att du vänder det så att det sitter som det gjorde före demonteringen.
35 Vrid drevet om det behövs så att låsverktyget kan stickas in genom drevet och navet och får kontakt med pumpfästets bygel.
36 Montera drevets nya fästbultar, vrid sedan drevet så att bultarna sitter i mitten av de avlånga hålen. Dra bara åt drevbultarna för hand i det här stadiet.
37 Montera och spänn kamremmen enligt beskrivningen i avsnitt 7.

Kylvätskepumpdrev

38 Vattenpumpens drev är inbyggt i kylvätskepumpen. Se kapitel 3A för detaljer om demontering av kylvätskepumpen.

9 Pumpinsprutningens vipparmsenhet – demontering och montering

Observera: *Vipparmaxlarna är endast monterade på motorkoderna AMF, ASZ och ATD.*

Demontering

1 Demontera kamaxelkåpan enligt beskrivningen i avsnitt 4. För att säkerställa att vipparmarna sätts tillbaka i sitt ursprungliga läge använder du en märkpenna eller dylikt och numrerar armarna, med nr 1 närmast motorns kamremssida. Lägg märke till att om armarna inte sitter i sina ursprungliga lägen måste den grundläggande inställningen av spelrum för insprutningsventilen utföras enligt beskrivningen i kapitel 4B, avsnitt 4.
2 Börja med de yttre bultarna och lossa vipparmsaxelns fästbultar försiktigt och jämnt. Kassera vipparmsaxlarnas bultar, nya måste monteras **(se bild)**.

Montering

3 Kontrollera försiktigt vipparmsaxelns, vipparmarnas och kamaxellageröverfallets anliggningsytor för att se om det finns spår efter onormalt slitage eller skador.

4 Se till att axelns anliggningsyta är ren. Placera vipparmsaxeln i kamaxellageröverfallen och se till att de är i ursprungsläge, om du återanvänder de ursprungliga vipparmarna.

5 Sätt i vipparmsaxelns nya fästbultar. Börja med de inre bultarna och dra åt dem gradvis och jämnt till deras åtdragningsmoment enligt steg 1.

6 Börja med de inre bultarna och dra åt bultarna till vinkel steg 2 enligt listan i det här kapitlets Specifikationer.

7 Montera tillbaka kamaxelkåpan enligt beskrivningen i avsnitt 4.

---

10 Kamaxel och hydrauliska ventillyftarna – demontering, kontroll och återmontering

Observera: *En ny oljetätning till kamaxeln behövs vid monteringen.*

Demontering

1 Vrid vevaxeln så att kolv 1 står i ÖD i förbränningstakten och spärra kamaxeldrevet och bränsleinsprutningspumpens drev enligt beskrivningen i avsnitt 3.

2 Demontera kamremmen enligt beskrivningen i avsnitt 7.

3 Demontera kamaxeldrevet och (om tillämpligt) naven, enligt beskrivningen i avsnitt 8.

4 Ta bort bromsvakuum-/tandempumpen enligt beskrivningen i kapitel 9.

5 På motorkoder AMF, ASZ och ATD, ta bort insprutningsventilens vipparmsaxel enligt beskrivningen in avsnitt 9.

6 Kontrollera kamaxellageröverfallens ID-märkning **(se bild)**. Lageröverfallen är normalt märkta med sina cylindernummer. Om märken saknas kan du göra egna med en ritsspets eller körnare, med nr 1 vid motorns kamremssida. Notera på vilken sida av lageröverfallen märkena sitter så att de kommer rätt vid återmonteringen.

7 På motorer med koderna AMF, ASZ och ATD roterar kamaxeln i lagerskålar. När kamaxellageröverfallen demonteras, ta loss lagerskålhalvorna från kamaxeln. Numrera lagrens baksidor med filtpenna så att de vid återanvändning kan monteras på ursprungsplatsen. *Observera: I topplocket under varje kamaxellageröverfall finns en bricka för varje topplocksbult.*

8 På motorer med 3 cylindrar (kod AMF), skruva loss fästmuttrarna och ta bort lageröverfall nr 2 och 3. Arbeta stegvis i diagonal ordningsföljd och lossa muttrarna som håller fast lageröverfall 1 och 4. Observera att när muttrarna lossas trycker ventilfjädrarna upp kamaxeln.

9 På motorer med 4 cylindrar (koder ASY,

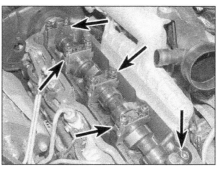

10.6 Kontrollera märkena för kamaxellageröverfallen (markerad med pil)

ASZ och ATD), skruva loss fästbultarna och ta bort lageröverfall nr 1, 3 och 5. Arbeta stegvis i diagonal ordningsföljd och lossa bultarna som håller fast lageröverfall 2 och 4. Observera att när bultarna lossas trycker ventilfjädrarna upp kamaxeln.

10 När muttrarna respektive bultarna har lossats helt kan du lyfta av lageröverfallen.

11 Lyft försiktigt kamaxeln från topplocket, och håll den vågrätt och med stöd i båda ändar så att axeltapparna och loberna inte skadas. Ta bort oljetätningen från kamaxeländen och kassera den – en ny måste användas vid återmonteringen **(se bild)**.

12 Lyft de hydrauliska ventillyftarna från sina lopp i topplocket och förvara dem med ventilkontaktytan vänd nedåt så att oljan inte rinner ut Det rekommenderas att ventillyftarna hålls indränkta i olja medan de är demonterade från topplocket. Notera varje lyftares position eftersom de måste monteras i sina gamla hål vid ihopsättningen – annars ökar slitaget vilket leder till snabbare haveri.

13 På motorer med koderna AMF, ASZ och ATD, ta loss de nedre lagerskålhalvorna från topplocket. Numrera skålarnas baksidor med filtpenna så att de vid återanvändning kan monteras på ursprungsplatsen.

Kontroll

14 Med kamaxeln demonterad, undersök om lageröverfallen och lagersätena i topplocket visar spår av slitage eller punktkorrosion. Om tydliga tecken på slitage finns måste topplocket troligen bytas ut. Kontrollera att oljetillförselhålen i topplocket inte är tilltäppta.

15 Se efter om kamaxeln visar tecken på slitage på lober och lagerytor. Normalt ska ytorna vara släta och ha matt glans. Sök efter repor, erosion och punktkorrosion och områden som verkar väldigt polerade, vilket tyder på slitage. Slitaget sker snabbt när de härdade ytorna på kamaxeln skadats, så byt alltid slitna delar. **Observera:** *Om dessa symptom syns på kamlobernas spetsar, kontrollera då motsvarande lyftare eftersom de då troligtvis också är slitna.*

16 Om de bearbetade ytorna på kamaxeln verkar missfärgade eller "blåanlöpta" är det troligt att de vid något tillfälle överhettat, förmodligen beroende på otillräcklig smörjning. Detta kan ha förvrängt axeln, så kontrollera

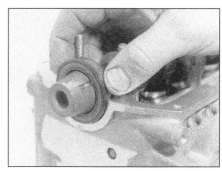

10.11 Ta bort kamaxelns oljetätning

kastet som följer: lägg kamaxeln mellan två V-block och mät den centrala lagertappens kast med en mätklocka. Om det överskrider vad specifikationerna i början av detta kapitel anger bör ett kamaxelbyte övervägas.

17 Mät kamaxelns axialspel genom att provisoriskt montera kamaxeln på topplocket med Nos 1 och 4 (3 cylindrar) eller 1 och 5 (4 cylindrar) lageröverfall, vars bultar ska dras till första stegets moment. Anslut en mätklocka till topplockets kamremssida **(se bild)**. Tryck kamaxeln så långt den går mot ena änden av topplocket och placera mätklockans sond mot kamaxelns ände och nollställ mätklockan. Tryck sedan kamaxeln så långt den går åt andra hållet och anteckna mätklockans avläsning. Verifiera avläsningen genom att trycka tillbaka kamaxeln och kontrollera att mätaren visar noll igen. *Observera: De hydrauliska ventillyftarna får inte vara monterade när denna mätning utförs.*

18 Kontrollera att kamaxelns axialspel ligger inom specifikationerna. Slitage utanför gränsvärdet är troligtvis inte begränsat till en enstaka komponent, vilket innebär att byte av kamaxel, topplock och lageröverfall måste övervägas.

19 Nu måste kamaxellagrets spel mätas. Detta är svår att använda utan en uppsättning mikrometrar eller interna/externa skjutmått. Mäta kamaxellagerytornas yttre diametrar och de inre diametrar som formas av lageröverfallen (och lagerskålen) och lagersätena i topplocket. Skillnaden mellan dessa två mått utgör lagerspelet.

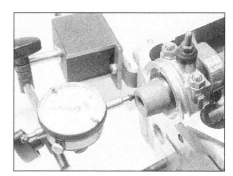

10.17 Kontrollera kamaxelns axialspel med en mätklocka

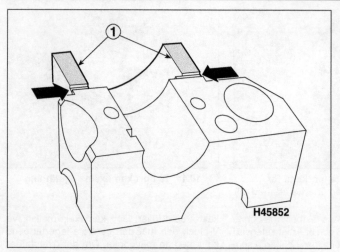

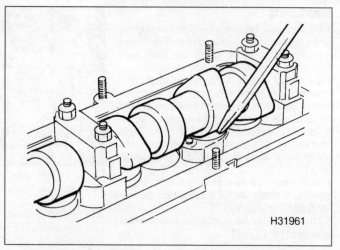

10.27 Stryk på tätningsmedel på den skuggade ytan (1) på de yttre lageröverfallen, se till att det inte hamnar i smörjspåren (markerad med pil)

11.8 Tryck ner ventillyftaren med ett verktyg av trä eller plast

20 Jämför mätvärdena för kamaxelns spel med siffran i specifikationerna. Om några värden överskrider angiven tolerans bör du byta kamaxel, topplock och lageröverfall (liksom lagerskålar om sådana finns).
21 Undersök de hydrauliska ventillyftarna. Sök efter uppenbara tecken på slitage och skador, och byt dem vid behov. Kontrollera att oljehålen i ventillyftarna inte är tilltäppta.

Montering

22 Smörj de hydrauliska ventillyftarnas sidor med lite ren motorolja, och sätt dem på plats i loppen i topplocket. Tryck ned dem tills de kommer i kontakt med ventilerna, och smörj sedan kamlobernas kontaktytor.
23 Smörj kamaxeln och topplockets lagertappar (och lagerskålen) med ren motorolja.
24 Sänk försiktigt kamaxeln på plats i topplocket. Se till att kamloberna för cylinder nr 1 pekar uppåt.
25 Montera en ny oljetätning på kamaxelländen. Se till att tätningens slutna ände är vänd utåt från kamaxeldrevets ände, och se till så att du inte skadar tätningens kant. Passa in tätningen mot säten i topplocket.
26 Smörj de övre ytorna på kamaxellagertapparna (och på eventuella lagerskålar) med olja och sätt sedan dit lageröverfall nr 2 och 3 (3 cylindrar) eller 2 och 4 (4 cylindrar). Se till att de sitter korrekt och på rätt platser, och dra sedan åt fästbultarna/muttrarna stegvis till angivet moment i diagonal ordningsföljd. Observera att när de dras åt tvingas kamaxeln ner mot ventilfjädrarnas tryck.
27 Applicera tätningsmedel på de yttre klackarna på lageröverfall 1 och 4 (3 cylinder) eller 1 och 5 (4 cylinder), men se till att det inte hamnar i smörjspringorna **(se bild)**.
28 Montera lageröverfall 1 och 4 (3 cylinder) eller 1, 3 och 5 (4 cylinder) på kamaxeln och dra stegvis åt muttrarna/bultarna till angivet moment.
29 Montera tillbaka kamaxeldrevet, och om

det är tillämpligt naven, enligt beskrivningen i kapitel avsnitt 8.
30 Montera och spänn kamremmen enligt beskrivningen i avsnitt 7.
31 Montera tillbaka bromsvakuum/tandempumpen enligt beskrivningen i kapitel 9.

11 Hydrauliska ventillyftarna – kontroll

> **Varning: När hydrauliska ventillyftare monterats måste du vänta i minst 30 minuter (helst till nästa dag) innan motorn startas, så att lyftarna får tid att sätta sig. I annat fall kan ventilhuvudena slå i kolvarna.**

1 De hydrauliska ventillyftarna är självjusterande och kräver ingen tillsyn vid drift.
2 Om de hydrauliska ventillyftarna blir för högljudda kan deras funktion kontrolleras enligt följande.
3 Kör motorn tills den når normal arbetstemperatur, och öka sedan varvtalet till ungefär 2 500 varv per minut i 2 minuter.
4 Om det hörs oljud från de hydrauliska ventillyftarna bör du utföra följande kontroller.
5 Demontera kamaxelkåpan enligt beskrivningen i avsnitt 4.
6 Använd en hyls- eller skruvnyckel på vevaxeldrevets bult och vrid vevaxeln tills kamlobens spets ovanför den ventillyftare som kontrolleras pekar rakt uppåt.
7 Mät spelet mellan kamaxelnocken och ventillyftarens överdel med hjälp av ett bladmått. Om spelet är större än 0,2 mm, byt den berörda ventillyftaren. Om spelet är mindre än 0,2 mm, eller om det finns inget spel, gör följande.
8 Tryck ner ventillyftaren med ett verktyg av trä eller plast **(se bild)**. Om det finns större fritt spel än 1,0 mm mellan ventillyftaren och ventilskaftet, byt den berörda ventillyftaren.
9 Avsluta med att montera tillbaka kamaxelkåpan enligt beskrivningen i avsnitt.

12 Kamaxelns oljetätningar – byte

Höger oljetätning

1 Demontera kamremmen enligt beskrivningen i avsnitt 7.
2 Demontera kamaxeldrevet, och om det är tillämpligt naven, enligt beskrivningen i kapitel avsnitt 8.
3 Borra två små hål i den befintliga oljetätningen, diagonalt mot varandra. Var noga med att inte borra hål i tätningshuset eller kamaxelns lageryta. Skruva in två självgängande skruvar i hålen. Dra sedan i skruvskallarna med tänger för att dra ut oljetätningen.
4 Rengör tätningshuset och kamaxelns tätningsyta genom att torka med en luddfri trasa. Ta bort filspån eller borrskägg som kan orsaka att tätningen läcker.
5 Smörj inte läppen och ytterkanten på den nya oljetätningen. Tryck den sedan över kamaxeln tills den sitter placerad ovanför sitt hus. Vira lite tejp runt änden av kamaxeln för att hindra att läpparna skadas.
6 Driv in tätningen rakt in i huset med hjälp av en hammare och en hylsa av lämplig storlek. **Observera:** *Välj en hylsa som endast grepper på tätningens hårda yttre yta, inte på den inre läppen som lätt skadas.*
7 Montera tillbaka kamaxeldrevet, och om det är tillämpligt naven, enligt beskrivningen i kapitel avsnitt 8.
8 Montera och spänn kamremmen enligt beskrivningen i avsnitt 7.

Vänster oljetätning

9 Kamaxelns vänstra oljetätning utgörs av packningen till bromsarnas vakuum-/tandempump. Se kapitel 9 för närmare information om demontering och montering av bromsvakuumpumpen.

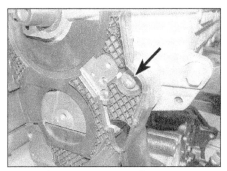

13.6a Skruva loss bulten (markerad med pil) från den inre kåpan i förekommande fall . . .

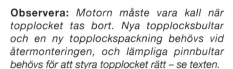

13 Topplock –
demontering, kontroll
och återmontering

Observera: *Motorn måste vara kall när topplocket tas bort. Nya topplocksbultar och en ny topplockspackning behövs vid återmonteringen, och lämpliga pinnbultar behövs för att styra topplocket rätt – se texten.*

Demontering

1 Lossa batteriets jordledning *(se Lossa batteriets jordledning* i kapitlet *Referens* i sluttan av den här handboken) och ta bort motorns övre skyddskåpa.
2 Tappa ur kylsystemet och motorolja enligt beskrivningen i kapitel 1B.
3 Demontera kamaxelkåpan enligt beskrivningen i avsnitt 4.
4 Demontera kamremmen enligt beskrivningen i avsnitt 7.
5 Ta bort kamaxeldrevet och, om tillämpligt, naven og kamremsträckaren enligt beskrivningen i avsnitt 8.
6 Om tillämpligt, skruva loss bulten(ar) som håller fast den bakre kamremskåpan vid topplocket **(se bild)**.
7 Skruva loss kamremsspännarens pinnbult från topplocket med hjälp av två ihopsatta muttrar **(se bild)**.
8 Eftersom motorn nu stöttas av en lyft och talja fäst vid motorns lyftöglor som är fastskruvade i topplocket måste du nu ansluta en lämplig fästbygel vid motorblocket, så att motorn fortfarande kan stöttas när topplocket är borttaget. Annars kan motorn också stöttas upp med en garagedomkraft och en träkloss under motorsumpen.

Motorkod ASY

9 Lossa klämman och lossa kylarens övre slang från kylvätskahusets framsida på topplockets vänster sida.
10 Koppla loss värmeslangen från husets baksida och den mindre oljekylarslangen från husets undersida. Flytta slangarna åt sidan.
11 Lossa klämman och koppla loss avluftningskylslangen från topplockets bakre nedre vänstra sida.

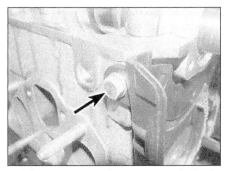

13.6b . . . och den (markerad med pil) på kåpans andra sida

12 Koppla bort avgassystemets främre del från avgasgrenröret enligt beskrivningen i kapitel 4C.
13 Koppla bort kablaget från följande komponenter och notera kabeldragningen:
  a) *Bränsleinsprutningspumpens avstängningsventil (ovanpå insprutningspumpen – lossa fästmuttern).*
  b) *Bränsleinsprutningspumpens insprutningsstartventil (se bild).*
  c) *Temperaturgivare för kylvätska/temperaturmätargivare (topplockets vänstersida).*
  d) *Bränsleinsprutarens nållyftgivare (bakom oljefilterhuset).*
  e) *Huvudkablaget för glödstiftets matning.*
14 Lossa huvudspillslangen från bränsleinsprutarna.
15 Lossa på anslutningsmuttrarna medan

13.13 Koppla från anslutningskontakten (markerad med pil) till insprutningssystemet, bakom oljefilterhuset

13.16b Avgasåterföringsventil och vakuumslangen (markerad med pil) – modeller med turbo

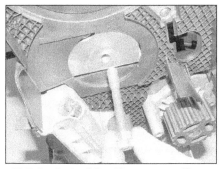

13.7 Använd två ihoplåsta muttrar för att skruva loss spännarens pinnbult

du håller emot anslutningarna med en andra skruvnyckel och tar bort bränsleinsprutarrören som en enhet.
16 Koppla loss vakuumslangarna från bromsvakuumpumpen och avgasåterföringsventilen **(se bild)**.
17 På modeller med vakuumdämpare till insugsgrenrörets spjäll (se Kapitel 4B), tas dämparbehållaren bort från fästbygeln på topplocket eller också tas behållaren bort med sin fästbygel.
18 Gör en slutkontroll för att se till att alla relevanta rör, slangar och kablar har kopplats bort och flyttats från arbetsområdet så att topplocket kan tas bort.
19 Lossa stegvis topplockets bultar, ett varv i taget, i ordningsföljd **(se bild)**. Ta bort topplocksbultarna.
20 När alla bultar är borttagna, lyft topplocket

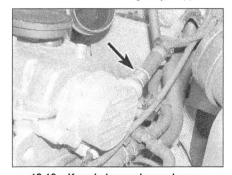

13.16a Koppla loss vakuumslangen (markerad med pil) från bromsvakuumpumpen

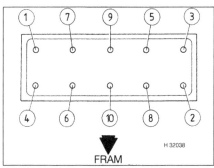

13.19 Ordningsföljd för lossning av topplocksbultar

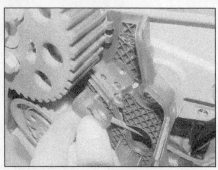

13.23 Skruva loss bulten och ta bort kamaxelgivaren

13.25 Koppla loss insprutningsventilernas mittenkontakt

13.26 Skruva loss de två bultarna (markerad med pil) och ta bort kylvätskeutloppet från änden av topplocket

från blocket, tillsammens med grenrören. Om topplocket sitter fast, knacka på det med en mjuk klubba så att tätningen spricker. Bänd inte i packningsfogen.

21 Lyft bort topplockspackningen från blocket. Kassera inte packningen på det här stadiet eftersom den kommer att behövas när tjockleken på den nya packningen ska bestämmas.

22 Om så önskas kan grenrören tas bort från topplocket enligt beskrivningen i kapitel 4B (insugsgrenrör) eller 4C (avgasgrenrör).

Motorkoder AMF, ASZ och ATD

Observera: *Du måste koppla loss pumpinsprutningsventilernas mittenkontakt – detta kan orsaka att en felkod lagras i ECU-motorstyrningen. Denna kod kan bara raderas av en Skoda-verkstad eller lämpligt utrustad specialist.*

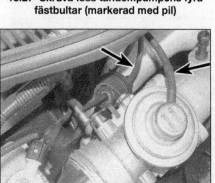

13.27 Skruva loss tandempumpens fyra fästbultar (markerad med pil)

13.28 Koppla loss kylvätskeslangen från änden av topplocket

23 Ta bort den bult som håller fast kamaxelgivaren vid topplocket. Man behöver inte koppla loss anslutningskontakterna på det här stadiet **(se bild)**.

24 Lossa på laddluftröret mellan insugsgrenröret och laddluftkylaren och lägg det åt sidan.

25 Koppla loss det mellersta kontaktdonet för pumpinsprutningsventilerna **(se bild)**.

26 Skruva loss de två bultar som håller fast kylvätskeanslutningen vid topplockets ände **(se bild)**. Man behöver inte koppla loss rören eller anslutningskontakterna på det här stadiet.

27 Skruva loss de fyra fästbultarna och dra bort tandempumpen från topplocket utan att koppla loss bränsle- eller vakuumslangarna **(se bild)**.

28 Lossa på och ta bort den slang som ansluter det övre kylvätskeröret till röret på topplocksänden **(se bild)**.

29 Demontera turboaggregatet enligt beskrivningen i kapitel 4C.

30 Skruva loss den bult som håller fast det övre kylvätskeröret i metall på topplocket.

31 Lossa kontaktdonen från glödstiften – se Kapitel 5C om så krävs.

32 Lossa vakuumrören från avgasåterföringens (EGR) ventil och grenrörets manöverdon **(se bild)**.

33 Lossa topplockets bultar med ett multiräfflat verktyg, skruva loss topplocksbultarna, utifrån och in, jämnt och gradvis. Kontrollera att inget förblir ikopplat och lyft bort topplocket från motorblocket. Be om hjälp om möjligt, eftersom det är en tung enhet, i synnerhet som den tas bort i komplett skick med grenrören.

34 Lyft av packningen från blockets översida, lägg märke till styrstiften. Om dessa sitter löst, dra ut dem och förvara dem tillsammans med topplocket. Kassera inte packningen i detta skede – den behövs för identifiering.

Kontroll

35 Isärtagning och kontroll av topplocket beskrivs i kapitel 2E.

Val av topplockspackning

Observera: *En indikatorklocka krävs för denna åtgärd.*

36 Se efter på den gamla topplockspackningen vilka märkningar den har **(se bild)**. Dessa förekommer som hack eller hål, och ett katalognummer, på packningens kant. Under förutsättning att inte nya kolvar monterats måste den nya topplockspackningen vara av samma typ som den gamla. I detta fall köper du en ny packning och fortsätter med punkt 43.

37 Om nya kolvenheter har monterats som del av en motoröversyn, eller om ett nytt "kort" block ska monteras, måste du mäta kolvkronornas utstick över motorblockets topplocksfog vid ÖD. Mätningen används för att avgöra vilken tjocklek som krävs för den nya topplockspackningen.

38 Fäst en indikatorklocka på motorblockets ovansida (topplockspackningens fogyta) och nollställ mätaren på packningens fogyta.

39 Ställ sedan mätsonden på kronan till kolv

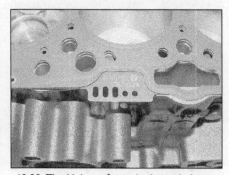

13.32 Koppla loss vakuumrören (pilen)

13.36 Tjockleken på topplockspackningen kan identifieras med hacken eller hålen

nr 1 och vrid sakta vevaxeln för hand tills kolven når ÖD. Mät och notera det maximala kolvutsticket vid ÖD (se bild).

40 Upprepa mätningen för återstående kolvar och notera värdena.

41 Om mätningarna är olika från kolv till kolv använder du den högsta siffran för att avgöra nödvändig tjocklek på topplockspackningen på följande sätt.

Kolvutstickpackning-sidentifiering (antal hål/hack)
0,91 till 1,00 mm 1
1,01 till 1,10 mm 2
1,11 till 1,20 mm 3

42 Köp en ny packning enligt resultaten av mätningarna.

Montering

Observera: *Om ett komplett bytestopplock från Skoda (med kamaxel) ska monteras, rekommenderar tillverkarna följande:*
a) Smörj in kontaktytorna mellan ventillyftare och kamlober före montering av kamaxelkåpan.
b) Ta inte bort plastskydden från de öppna ventilerna förrän direkt innan topplocket monteras.
c) Om ett nytt topplock monteras, rekommenderar Skoda att kylvätskan skal bytas.

43 Topplockets och motorblockets fogytor måste vara helt rena innan topplocket sätts tillbaka. Ta bort alla spår av packning och sot med en avskrapare, och rengör även kolvarnas ovansidor. Var extra försiktig med aluminiumytorna, eftersom den mjuka metallen lätt skadas.

44 Se till att avlagringar inte kommer in i olje- och vattenkanalerna – det är särskilt viktigt när det gäller oljeledningarna, eftersom sotpartiklar kan täppa till oljetillförseln till kamaxeln och vevlagren. Försegla vattenkanaler, oljekanaler och bulthål i motorblocket med tejp och papper.

45 Lägg lite fett i gapet mellan kolvarna och loppen för att hindra sot från att tränga in. När en kolv har gjorts ren, vrid vevaxeln så att kolven rör sig nedåt i loppet och torka sedan bort fett och sot med en tygtrasa. Rengör de övriga kolvkronorna på samma sätt.

46 Undersök motorblocket och topplocket

13.39 Mäta kolvutsticket med en mätklocka vid ÖD

och leta efter hack, djupa repor och andra skador. Mindre skador kan slipas bort försiktigt med en fil. Mer omfattande skador kan repareras med maskinslipning, men det arbetet måste överlåtas till en specialist.

47 Kontrollera topplocket med en stållinjal om den misstänks vara skev, enligt beskrivningen i kapitel 2E.

48 Kontrollera att hålen för topplocksbultarna i vevhuset är rena och fria från olja. Sifonera eller sug upp den olja som finns kvar i bulthålen. Detta är av största vikt för att bultarna ska kunna dras åt till rätt åtdragningsmoment, och för att inte motorblocket ska spricka på grund av hydrauliskt tryck när bultarna dras åt.

49 Vrid vevaxeln moturs tills alla kolvar står på samma höjd, ungefär halvvägs ner i sina lopp från ÖD-läget (se avsnitt 3). Detta eliminerar risken för kontakt mellan kolvarna och ventilen när topplocket återmonteras.

50 Om tillämpligt, montera tillbaka grenrören enligt beskrivningen i kapitel 4B och/eller 4C.

51 För att styra topplocket i rätt läge skruvar du två långa pinnbultar (eller gamla topplocksbultar med avskurna huvuden, och skåror skurna vid ändarna så att de kan lossas) in i motorblocket (se bild).

52 Se till att topplockets styrstift är korrekt placerade i motorblocket. Montera sedan en ny topplockspackning över stiften. Se till att artikelnumret är överst. I förekommande fall ska även OBEN/TOP-markeringen vara överst. Observera att Skoda rekommenderar att packningen inte tas fram ur sin förpackning förrän strax innan den ska monteras.

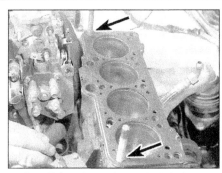
13.51 Två av de gamla topplocksbultarna (markerad med pil) kan användas som styrstift för topplocket

53 Sänk topplocket i läge på packningen, se till att den placeras korrekt över styrpinnbultarna och styrstiften.

54 Montera de nya topplocksbultarna på de åtta resterande bultplatserna och skruva in dem så långt som möjligt för hand.

55 Skruva loss de två styrpinnbultarna från avgassidan av motorblocket, skruva sedan in de två resterande nya topplocksbultarna så långt som möjligt för hand.

56 Arbeta stegvis och i den ordningsföljd som visas och dra först åt alla topplocksbultar till angivet moment för steg 1 (se bilder).

57 Igen, arbeta stegvis och i den ordningsföljd som visas och dra först åt alla topplocksbultar till angivet moment för steg 2 (se bilder).

58 Arbeta i angiven ordningsföljd. Dra åt alla topplocksbultar till angiven vinkel för steg 3 (se bild).

59 Dra slutligen åt alla bultar till angiven vinkel för steg 4, fortfarande i samma ordningsföljd.

60 När du till sist har dragit åt topplocksbultarna, vrider du på kamaxeln så att kamloberna för cylinder 1 pekar uppåt.

61 Om tillämpligt, återanslut taljan till motorlyftöglarna på topplocket. Justera sedan taljan så att den stöttar motorn. När motorn stöttas korrekt med topplocksfästbygeln, lossa taljan från fästbyglarna som är fäst vid motorblocket och skruva loss den improviserade motorlyftöglan från motorblocket. Du kan också ta bort garagedomkraften och träbiten underifrån sumpen.

62 Resten av återmonteringen sker i omvänd

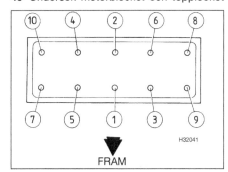
13.56a Ordningsföljd för åtdragning av topplocksbultar

13.56b Dra åt topplocksbultarna med en momentnyckel

13.58 Vinkeldra topplocksbultarna

ordningsföljd mot demonteringen, och tänk på följande.

a) Montera kamaxelkåpan enligt beskrivningen i avsnitt 4.

b) På modeller med turbo används nya tätningsringar vid återanslutning av turboaggregatets oljereturrör på motorblocket.

c) Återanslut efter tillämplighet den främre delen av avgassystemet till grenröret eller turboaggregatet, enligt beskrivningen i kapitel 4C.

d) Montera kamremspännaren enligt beskrivningen i avsnitt 8.

e) Montera kamaxeldrevet enligt beskrivningen i avsnitt 8, och montera tillbaka kamremmen enligt beskrivningen i avsnitt 7.

f) På modeller utan turbo, montera tillbaka insugsrörets övre del enligt beskrivningen i kapitel 4B.

g) Fyll på kylsystemet och motorolja enligt beskrivningen i kapitel 1B.

14 Sump –
demontering och montering

Observera: På 3-cylindersmotorer med koden AMF måste växellådan tas bort innan sumpen kan tas bort. Detta är nödvändigt för att komma åt sumpens fästbultar på svänghjulsänden av vevhuset.

Demontering

1 Dra åt handbromsen. Lyft sedan upp

14.4 Koppla loss kontaktdonet från givaren för oljenivå/temperatur.

14.5b ... och ta bort mätstickan och O-ringstätningen

framvagnen och ställ den ordentligt på pallbockar (se Lyftning och stödpunkter).

2 Ta bort fästskruvarna och ta bort motorns undre skyddskåpor.

3 Dränera motoroljan enligt beskrivningen i kapitel 1B.

4 Lossa i förekommande fall kontaktdonet från givaren för oljenivå/temperatur på sumpen (se bild).

5 På motorer med 3 cylindrar med koden AMF måste växellådan först tas bort från motorn. Se kapitel 7A för information om proceduren. För att få mer arbetsutrymme kan det främre avgasröret också tas bort enligt beskrivningen i kapitel 4C. På den här motortypen, skruva loss bultarna, ta bort oljemätstickans rör från sumpen och ta sedan vara på O-ringstätningen (se bild).

6 Skruva loss och ta bort bultarna som fäster sumpen vid motorblocket, ta sedan loss sumpen (se bild). För motorkoderna ASY, ASZ och ATD är åtkomsten till svänghjulsändens fästbultar begränsad, vilket kräver att en ledhylsnyckel används. Om det behövs, lossa sumpen genom att knacka på den med en mjuk klubba.

Montering

7 Inled återmonteringen med en noggrann rengöring av sumpens och motorblockets/vevhusets fogytor. Se till att alla spår av gammalt tätningsmedel tas bort.

8 Se till att fogytan på sumpen är fri från alla spår av gammalt tätningsmedel, olja och fett. Applicera sedan en 2,0 till 3,0 mm tjock sträng med silikontätningsmedel

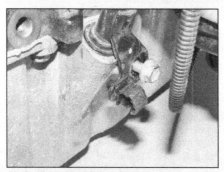

14.5a Skruva loss bultarna ...

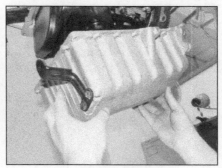

14.6 Ta bort sumpen – motorkod AMF

(D 176404 A2 eller liknande) på sumpen. Observera att tätningsmedlet ska strykas på innanför bulthålen i sumpen. Sumpen måste sättas tillbaka inom 5 minuter från det att tätningsmedlet appliceras.

9 Passa in sumpen på motorblocket och montera sedan tillbaka fästbultarna och dra åt dem lätt för hand. Arbeta stegvis i diagonal ordningsföljd (se bild). På motorkoderna ASY, ASZ och ATD används en ställinjal för att justera sumpens bakyta med motorblocksytan, om sumpen monteras tillbaka med motorn på bänken. Dra stegvis åt fästbultarna i diagonal ordningsföljd.

10 På 3 cylinder motorkod AMF, montera tillbaka växellådan enligt beskrivningen i kapitel 7A. Om den demonterats, montera tillbaka det främre avgasröret.

11 Återanslut kablaget till givaren för oljenivå/temperatur på sumpen.

12 Montera motorns undre skyddskåpan(kåporna) och sänk ner bilen.

13 Låt det gå minst 30 minuter från återmonteringen av sumpen så att tätningsmedlet kan torka och fyll sedan på motorolja enligt beskrivningen i kapitel 1B.

15 Oljepump, drivkedja och kedjedrev – demontering, kontroll och återmontering

Oljepump, drivkedja och drev – motorkod AMF

Observera: Oljepumpen på motorkod AMF drivs av balansaxelns drivkedja; se avsnitt 21 för mer information. Vid demontering av oljepumpen måste balansaxelns drivkedja först tas bort och sedan återinriktas vid återmontering.

Demontering

1 Demontera kamremmen enligt beskrivningen i avsnitt 7.

2 Demontera vevaxeldrevet enligt beskrivningen i avsnitt 8.

3 Demontera sumpen enligt beskrivningen i avsnitt 14.

4 Skruva loss fästbultarna och ta bort oljetätningshuset från motorblockets front/högra sida. Om det behövs, lossa den genom att knacka på den med en mjuk klubba.

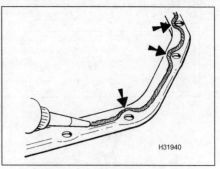

14.9 Stryk på tätningsmedel innanför bulthålen

Linda en bit tejp runt vevaxelns ände så att tätningsläpparna skyddas när oljetätningen ska brukas igen.

5 Skruva loss fästbultarna och ta bort plastkåpan/silen från vevhusets botten. Ta bort O-ringen.

6 Tryck inåt på drivkedjan och lås sedan kedjespännaren genom att montera och dra åt en bult genom spännaren i spännarhuset.

7 Skruva loss bulten och ta bort drevet från styrremskivan. Lägg drevet åt sidan.

8 Skruva loss drivkedjans spännarenhet. Kasta bultarna och skaffa nya.

9 Om kedjan ska återanvändas märks den med målarfärg för att visa monteringsläge och rotationsriktning.

10 Ta bort kedjan från dreven.

11 För att ta bort drevet från balansaxeln, se Kapitel 21. Om det behövs kan oljepumpsdrevet tas bort på det här stadiet genom att hålla det stilla och lossa på fästbulten. Kasta bulten och skaffa en ny.

12 Skruva loss fästbultarna och ta bort oljepumpen från botten av balansaxelenheten **(se bild)**. Ta vara på de två styrstiften.

Kontroll

13 Rengör pumpen och drev och kontrollera att de inte är slitna eller skadade. Byt alla delar som krävs.

Montering

14 Kontrollera att de två styrstiften är i rätt läge. Montera sedan tillbaka oljepumpen, sätt in fästbultarna och dra åt dem till angivet moment.

15 Montera tillbaka oljepumpens drev och dra åt den nya bulten till angivet moment och vinkel. Om drevet har tagits bort, montera tillbaka det på balansaxeln enligt beskrivningen i avsnitt 21.

16 Montera tillbaka kedjespännarenheten och dra åt de nya fästbultarna till angivet moment och angiven vinkel.

17 Med motorn satt till ÖD kommer märket på vevaxeldrevet att peka uppåt. Kedjan har två färgade länkar som också är tandade. placera en av dessa länkar på vevaxeldrevets märke och mata sedan in kedjan medurs över spännardynan, runt oljepumpsdrevet och över balansaxeldrevet. Se till att den andra färgade/tandade länken är i linje med märket på drevet **(se bild)**.

18 Leta rätt på styrremskivans drev i kedjan och sätt sedan tillbaka bulten och dra åt den till angivet moment.

19 Lås upp spännaren genom att skruva loss fästbulten och kontrollera sedan igen att de färgade/tandade länkarna fortfarande är i linje med märkena på dreven.

20 Tvätta bort alla spår av gammalt tätningsmedel från vevaxelns oljetätningshus och motorblocket, bestryk sedan oljetätningshusets fogytor mot motorblocket med en 2,0 till 3,0 mm tjock sträng tätningsmedel (Skoda D 176 404 A2 eller liknande) **(se bild)**. Observera att oljetätningshuset måste sättas tillbaka inom 5 minuter från det att tätningsmedlet applicerats.

15.12 Oljepumpens fästbultar

Varning: SÄTT INTE överdrivna mängder tätningsmedel på huset eftersom det kan hamna i sumpen och blockera oljeupptagarröret.

21 Montera tillbaka oljetätningshuset. Var försiktig så att oljetätningen inte skadas och dra åt bultarna stegvis till angivet moment. Om en ny tätning monteras, se avsnitt 17; om oljetätningen ska sättas tillbaka skyddas den med aluminium eller plastfolie **(se bild)**.

22 Montera sumpen enligt beskrivningen i avsnitt 14.

23 Montera vevaxeldrevet enligt beskrivningen i avsnitt 8.

24 Montera kamremmen enligt beskrivningen i avsnitt 7.

Oljepump – motorkoder ASY, ASZ och ATD

Demontering

25 Demontera sumpen enligt beskrivningen i avsnitt 14.

26 Skruva loss och ta bort oljeskvalpplåten från vevhuset. Observera att skvalpplåten hålls fast av oljepumpens bakre/vänstra fästbult på vissa modeller.

27 Skruva loss fästbultarna och dra bort oljepumpen från styrhylsorna i vevhuset **(se bild på nästa sida)**. Lossa oljepumpens drev från kedjan och dra bort oljepumpen och pickuprөret från motorn. Observera att spännaren kommer att försöka spänna kedjan och att man kan behöva använda en skruvmejsel för att hålla den i fritt läge innan man lossar oljepumpens drev från kedjan.

15.20 Lägg på tätningsmedel på vevaxelns oljetätningshus

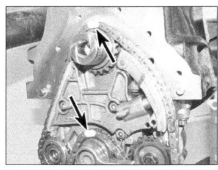

15.17 De färgade länkarna på balans-axelkedjan måste placeras som på bilden

28 Om nödvänding, skruva loss flänsbultarna och ta bort oljeupptagarröret från oljepumpen. Ta vara på O-ringstätningen. Skruva loss bultarna och ta bort kåpan från oljepumpen. **Observera:** *Om oljeupptagarröret demonteras från oljepumpen, måste en ny O-ring användas vid återmonteringen.*

Kontroll

29 Rengör pumpen noga och kontrollera att inte kuggarna/rotorer är slitna eller skadade. Om det behövs kan du byta ut oljepumpen.

30 Skruva loss fästbulten och låt drevet glida av (observera att drevet bara kan monteras i ett läge) och ta bort drevet från oljepumpen.

Montering

31 Prima pumpen med olja genom att hälla olja i pickuprörets öppning medan drivaxeln roteras.

32 Montera kåpan på oljepumpen och dra åt bultarna ordentligt. Montera tillbaka oljeupptagarröret vid oljepumpen om den har tagits bort. Använd en ny O-ringstätning och dra åt fästbultarna till angivet moment.

33 Använd en skruvmejsel för att pressa spännaren mot fjädern så att kedjan blir tillräckligt lös för att oljepumpen ska kunna monteras. Placera oljepumpsdrevet mot drivkedjan och oljepumpen på stiften. Sätt tillbaka de tre fästbultarna och dra åt dem till angivet moment.

34 Montera tillbaka oljeskvalpplåten och dra åt fästbultarna.

35 Montera sumpen enligt beskrivningen i avsnitt 14.

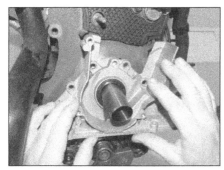

15.21 Användning av folie för att skydda vevaxelns oljetätning när huset monteras

Drivkedja och kedjedrev – motorkoder ASY, ASZ och ATD

Observera: *Skoda-tätningsmedel (D 176404 A2 eller liknande) kommer att krävas för att täta vevaxelns oljetätningshus vid återmontering och vi rekommenderar att du monterar en ny oljetätning på vevaxeln.*

Demontering

36 Demontera sumpen enligt beskrivningen i avsnitt 14.
37 Skruva loss och ta bort oljeskvalpplåten från vevhuset. Observera att skvalpplåten hålls fast av oljepumpens bakre/vänstra fästbult på vissa modeller.
38 Ta bort oljepumpsdrevet genom att skruva loss fästbulten, dra ut drevet från pumpaxeln och haka loss den från drivkedjan.
39 Kamremmen måste tas bort enligt beskrivningen i avsnitt 7) och vevaxelns främre oljetätningshus lossas från motorblocket innan drivkedjan kan demonteras. Skruva loss kedjespännaren från motorblocket. Lossa sedan kedjan från drevet på vevaxelns ände.

40 Oljepumpsdrevet sitter tryckmonterat på vevaxeln och är svårt att ta bort. Rådfråga en Skoda-verkstad om vad som bör göras om drevet är slitet eller skadat.

Kontroll

41 Undersök kedjan efter tecken på slitage och skador. Slitage märks vanligtvis på ett för stort lateralt spel mellan länkarna och för mycket buller under gång. Det är klokt att byta ut kedjan oavsett skick om motorn ska ses över. Oberserva att stiften på en kraftigt utsliten kedja kan blir spåriga. Om det råder minsta tvivel om skicket på kedjan ska den bytas ut.
42 Undersök om kuggarna på dreven är slitna. Varje kugg formar ett inverterat V Om de är slitna kommer ena sidan på varje kugge under tryck vara något konkav jämfört med den andra sidan (d.v.s. kuggen ser något krokig ut). Om kuggen verkar sliten bör drevet bytas ut (rådfråga en Skoda-verkstad för tips om vad som bör göras om vevaxeldrevet är slitet eller skadat).

Montering

43 Montera kedjespännaren på motorblocket och dra åt fästbulten till angivet moment. Se till att spännarfjädern är rätt placerad för att förspänna spännararmen.
44 Haka i oljepumpsdrevet med kedjan och sedan kedjan med vevaxeldrevet. Använd en skruvmejsel för att pressa spännaren mot fjädern så att kedjan blir tillräckligt lös, koppla sedan sammen drevet med oljepumpen. Observera att drevet bara kan monteras i ett läge.
45 Skruva i oljepumpsdrevets bult och dra åt till angivet moment.
46 Montera en ny vevaxeltätning i huset och montera tillbaka huset enligt beskrivningen i avsnitt 17.
47 Montera tillbaka oljeskvalpplåten på vevhuset, och dra åt fästbultarna.
48 Montera sumpen enligt beskrivningen i avsnitt 14.

16 Svänghjul – demontering, kontroll och återmontering

Demontering

1 Demontera manuella växellådan och kopplingen enligt beskrivningarna i kapitel 7A och kapitel 6.
2 Lås svänghjulet på plats med ett verktyg tillverkat av metallskrot.**(se bild)**. Bulta fast det i ett av svänghjulskåpans hål.
3 Ta bort svänghjulet. Tappa det inte, det är mycket tungt! *Observera: Bulthålen är förskjutna, så det går bara att montera svänghjulet i ett läge.*

Kontroll

4 Om svänghjulets anliggningsyta mot kopplingen har djupa repor, sprickor eller andra skador måste svänghjulet i regel bytas. Det kan dock vara möjligt att renovera det; ta hjälp av en Skoda-verkstad eller en specialist på motorrenoveringar.
5 Om kuggkransen är mycket sliten eller saknar kuggar måste svänghjulet bytas.

Montering

6 Rengör svänghjulets och vevaxelns fogytor. Ta bort alla rester av fästmassa från

15.27 Sump och oljepump komponenter – motorkoder ASY, ASZ och ATD

1 Oljepump	5 Vevaxelns	10 Sumpens	15 Tätning
2 Oljepumps	oljetätningshus	dräneringsplugg	16 Oljenivå-/
drev	6 Bult	11 Styrstift	temperaturgivare
3 Bult	7 Drivkedjasträckare	12 O-ring	17 Bult
4 Oljepump	8 Sump	13 Oljeupptagarrör	18 Oljemunstycke
kedjedrift	9 Tätning	14 Oljeskvalpplåten	19 Bult

16.2 Svänghjulet låst på plats med ett egentillverkat verktyg

HAYNES TiPS *Om en lämplig gängtapp inte finns tillgänglig, skär två skåror i gängorna på en av de gamla svänghjulsbultarna med en metallsåg och använd bulten för att ta bort gänglåsningsmedlet från gängorna.*

vevaxelhålens gängor, helst med en gängtapp av rätt dimension, om en sådan finns tillgänglig.

7 Om de nya svänghjulsbultarna inte levererats med redan belagda gängor ska en lämplig gänglåsmassa läggas på varje bults gängor **(se bild)**.

8 Passa in svänghjulet med vevaxeln och fäst de nya fästbultarna.

9 Lås svänghjulet som vid demonteringen och dra svänghjulsbultarna till angivet moment och vinkel **(se bild)**.

10 Montera tillbaka kopplingen enligt beskrivningen i kapitel 6. Avlägsna låsredskapet och montera växellådan enligt beskrivning i kapitel 7A.

17 Vevaxelns oljetätningar – byte

Observera 1: *På motorkoderna ASY, ASZ och ATD är oljetätningarna av teflontyp och monteras torra, utan fett eller olja. De har en bredare tätningsläpp och har börjat användas i stället för oljetätningar av spiralfjädertyp.*

Observera 2: *Om oljetätningshuset tas bort krävs lämpligt tätningsmedel (Skoda D 176 404 A2 eller liknande) för att täta huset vid återmontering.*

Höger oljetätning

1 Demontera kamremmen enligt beskrivningen i avsnitt 7, och vevaxeldrevet enligt beskrivningen i avsnitt 8.

2 Tätningen kan tas bort utan att huset tas bort genom att man borrar två små hål på diagonalt motsatt sida, sätter in självgängande skruvar och vrider runt skruvarna med en tång **(se bilder)**.

3 Det går också att ta bort hela oljetätningen med dess hus. Gör så här:
a) Demontera sumpen enligt beskrivningen i avsnitt 14. Det krävs för en felfri tätning mellan sumpen och tätningshuset vid återmontering.

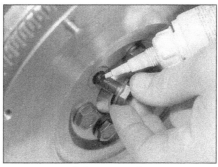
16.7 Stryk på låsvätska på svänghjulets nya bultar om det behövs

b) Skruva loss och ta bort oljetätning och hus.
c) Vid arbete på bänk bänder du oljetätningen från huset med en lämplig skruvmejsel. Var försiktig så att du inte skadar tätningssätet i huset **(se bild)**.

4 Rengör oljetätningens säte i huset ordentligt.

5 Linda en bit tejp runt vevaxelns ände så att oljetätningens läppar skyddas när oljetätningen (och huset, i förekommande fall) monteras. Du kan också använda en lämplig plastkåpa **(se bild)**.

6 Montera en ny oljetätning på huset. Tryck eller pressa den i läge med en passande hylsa eller rör. Se till att hylsan eller röret endast trycker på tätningens hårda ytterring och se till att du inte skadar tätningsläpparnas kanter. Tryck eller pressa tätningen i läge tills den sitter mot klacken i huset. Se till att tätningens slutna ände är vänd utåt.

17.2a Borra två små hål diagonal mitt emot varandra . .

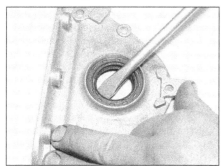
17.3 Bända loss oljetätningen från vevaxelns oljetätningshus

17.5 Användning av en plastkåpa för att skydda oljetätningen under montering

16.9 Dra åt svänghjulets bultar till angivet moment

7 Om oljetätningshuset demonterats, gör följande. I annat fall gå till paragraf 11.

8 Tvätta bort alla spår av gammalt tätningsmedel från vevaxelns oljetätningshus och motorblocket, bestryk sedan oljetätningshusets fogytor mot motorblocket med en 2,0 till 3,0 mm tjock sträng tätningsmedel (Skoda D 176 404 A2 eller liknande). Observera att tätningshuset måste sättas tillbaka inom 5 minuter från det att tätningsmedlet applicerats.

Varning: SÄTT INTE överdrivna mängder tätningsmedel på huset eftersom det kan hamna i sumpen och blockera oljeupptagarröret.

9 Montera tillbaka oljetätningshuset, och dra åt bultarna stegvis till angivet moment **(se bild)**.

10 Montera sumpen enligt beskrivningen i avsnitt 14.

11 Montera tillbaka kamremmen enligt beskrivningen i avsnitt 7, och vevaxeldrevet enligt beskrivningen i avsnitt 8.

17.2b . . . och använd tänger för att dra ut oljetätningen

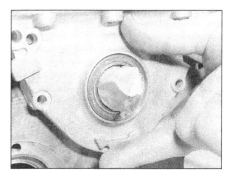
17.9 För oljetätningshuset över vevaxelns ände.

17.17 Sätt monteringsverktyget för vevaxelns oljetätning över vevaxeländen

17.19a Montera oljetätningshusenheten över vevaxelns ände . . .

17.19b . . . dra sedan åt fästbultarna till angivet moment.

Vänster oljetätning

12 Demontera svänghjulet enligt beskrivningen i avsnitt 16.

13 Demontera sumpen enligt beskrivningen i avsnitt 14. Det krävs för en felfri tätning mellan sumpen och oljetätningshusetvid återmontering.

14 Skruva loss och ta bort oljetätningshuset, komplett med tätning.

15 Den nya tätningen levereras färdigmonterad i det nya oljetätningshuset.

16 Rengör noggrant oljetätningshusets fogyta på motorblocket.

17 Nya tätningar med hus levereras med ett monteringsverktyg för att förhindra skador på tätningen medan den monteras. Passa in verktyget över vevaxeländen **(se bild)**.

18 Om det ursprungliga oljetätningshuset monteras med tätningsmedel stryker du på en tunn sträng lämpligt tätningsmedel (Skoda D 176 404 A2 eller liknande) på oljetätningshusets fogytor mot motorblocket. Observera att oljetätningshuset måste sättas tillbaka inom 5 minuter från det att tätningsmedlet applicerats.
Varning: SÄTT INTE överdrivna mängder tätningsmedel på huset eftersom det kan hamna i sumpen och blockera oljeupptagarröret.

19 Var försiktig när du monterar enheten med tätning/hus över vevaxeländen, sätt sedan tillbaka fästbultarna och dra åt bultarna stegvis, i diagonal ordningsföljd till angivet moment **(se bild)**.

20 Ta bort tätningsverktyget från vevaxeländen.

21 Montera tillbaka sumpen enligt beskrivningen i avsnitt 14.

22 Montera tillbaka svänghjulet enligt beskrivningen i avsnitt 16.

18 Motorns-/växellådans fästen
– kontroll och byte

Kontroll

1 Hissa upp framvagnen och ställ den på pallbockar om du behöver mer utrymme för

att komma åt *(se Lyftning och stödpunkter)*. Ta bort fästskruvarna och ta bort motorns undre skyddskåpor.

2 Kontrollera om gummifästena är spruckna, förhårdnade eller skilda från metallen på något ställe. Byt fästena om du upptäcker skador eller åldrande.

3 Kontrollera att fästena är hårt åtdragna; Använd om möjligt en momentnyckel.

4 Undersök om fästet är slitet genom att försiktigt bända det med en stor skruvmejsel eller en kofot för att kontrollera eventuellt fritt spel. Där detta inte är möjligt, låt en medhjälpare vicka på motorn/växellådan framåt/bakåt och i sidled, medan du studerar fästet. Visst spel finns även hos nya komponenter, men kraftigt slitage märks tydligt. Vid överdrivet fritt spel, kontrollera först att hållarna sitter ordentligt, byt därefter ut alla slitna komponenter enligt beskrivningen i följande punkter.

Byte

Höger fäste

Observera: *Nya fästbultar kommer att behövas vid återmonteringen.*

5 Koppla en hiss och en talja till motorns lyftfästen på topplocket och lyft motorn för att ta upp tyngden av motorn och växellådan. Alternativt kan motorn stödjas på en verkstadsdomkraft under motorn. Placera en träbit mellan sumpen och domkraftens huvud för att inte skada sumpen.

6 Skruva, om det behövs, loss kylvätskebehållaren och för den åt sidan. Låt kylvätskeslangarna sitta kvar.

7 För i förekommande fall undan alla kablage, rör och slangar så att du får utrymme att ta bort motorfästet.

8 Skruva loss den mittersta fästmuttern som håller fast fästbygeln vid det elastiska fästet.

9 Skruva loss de tre bultarna som håller fast fästbygeln vid motorn och ta bort fästbygeln.

10 Skruva loss det flexibla fäste från karossen.

11 Monteringen utförs i omvänd ordning, och tänk på följande:
 a) Använd alltid nya fästbultar.
 b) Dra åt alla fästen till angivet moment.

Vänster fäste

Observera: *Nya fästbultar krävs vid återmonteringen (du behöver inte byta de små bultarna mellan fästet och karossen).*

12 Ta bort motorns övre skyddskåpa där även luftfiltret sitter.

13 Koppla en hiss och en talja till motorns lyftfästen på topplocket och lyft motorn för att ta upp tyngden av motorn och växellådan. Alternativt kan motorn stödjas på en verkstadsdomkraft under växellådan. Placera en träbit mellan växellådan och domkraftens huvud för att inte växellådan sumpen.

14 Ta bort batteriet, enligt beskrivningen i kapitel 5A, koppla sedan loss startmotorns huvudmatningskabel från batteriets pluspol.

15 Lossa alla relevanta kablage och slangar från klämmorna på batterihyllan, skruva sedan loss de fyra fästbultarna och ta bort batterihyllan.

16 Skruva loss de bultar som håller fast fästet vid växellådan, och de övriga bultar som håller fast fästet vid karossen. Lyft sedan bort fästet från motorrummet.

17 Monteringen sker i omvänd ordningsföljd mot demonteringen, och tänk på följande:
 a) Använd alltid nya fästbultar.
 b) Dra åt alla fästen till angivet moment.

Bakre fästet (momentarm)

Observera: *Nya fästbultar kommer att behövas vid återmonteringen.*

18 Dra åt handbromsen. Lyft sedan upp framvagnen och ställ den ordentligt på pallbockar *(se Lyftning och stödpunkter)*. Ta bort motorns undre skyddskåpor så att du kommer åt det bakre fästet (momentarm).

19 Stötta växellådans bakre del under slutväxelhuset. Gör detta med en garagedomkraft och en träkloss, eller kila fast en träbit mellan växellådan och kryssrambalken.

20 Arbeta under bilen. Skruva loss bulten som håller fast fästet vid kryssrambalken.

21 Skruva loss de två bultarna som håller fast fästet vid växellådan och ta sedan bort fästet från bilens undersida.

22 Monteringen sker i omvänd ordningsföljd, men använd nya fästbultar och dra åt alla fästen till angivet moment.

19 Motoroljekylare – demontering och montering

Observera: *Nya tätningsringar behövs vid återmonteringen.*

Demontering

1 Oljekylaren sitter under oljefilterhuset på framsidan av motorblocket **(se bild)**. *Observera: Tillverkarna rekommenderar att byta ut oljekylaren om det har hittats avsevärda mängder metallspån i motoroljan under service.*
2 Placera en behållare under oljefiltret/oljekylaren för att fånga upp spill från olja och kylvätska.
3 Kläm ihop oljekylarens kylvätskeslangar för att minska kylvätskespill och ta sedan bort klämmorna och koppla loss slangarna från oljekylaren. Var beredd på att kylvätska läcker ut.
4 Skruva loss oljekylarens fästlock från botten av oljefilterhuset och skjut av oljekylaren. Ta vara på O-ringarna från oljekylarens ovan- och undersida.

Montering

5 Monteringen utförs i omvänd ordningsföljd mot demonteringen, och tänk på följande:
a) *Använd nya O-ringar till oljekylaren.*
b) *I förekommande fall trycker du upp fästlocket på oljekylaren mot vridspärren innan det dras åt till angivet moment. Se till att kylvätskeslangarna dras rätt och fritt från omgivande komponenter.*
c) *Avsluta med att kontrollera kylvätskenivån och oljenivån och fyll på om det behövs.*

20 Brytare till varningslampa för oljetryck – demontering och montering

Demontering

1 Brytaren till varningslampan för oljetryck är placerad på höger sida av oljefilterhuset. Ta bort motorns övre skyddskåpa(or) för att komma åt brytaren (se avsnitt 4).
2 Koppla loss kontaktdonet, och rengör området runt brytaren.
3 Skruva loss brytaren från filterhuset og ta den bort, tillsammans med tätningsbrickan. Om kontakten ska vara borttagen från motorn under en längre tid bör du täppa till öppningen i oljefilterhuset.

Montering

4 Undersök tätningsbrickan efter tecken på skada eller åldrande, och byt ut om det behövs.
5 Montera kontakten och dess bricka. Dra åt till angivet moment.
6 Återanslut kontaktdonet ordentligt. Kontrollera därefter och fyll vid behov på motorolja enligt beskrivningen i Veckokontroller. Avsluta med att montera motorns övre skyddskåpa (kåpor)

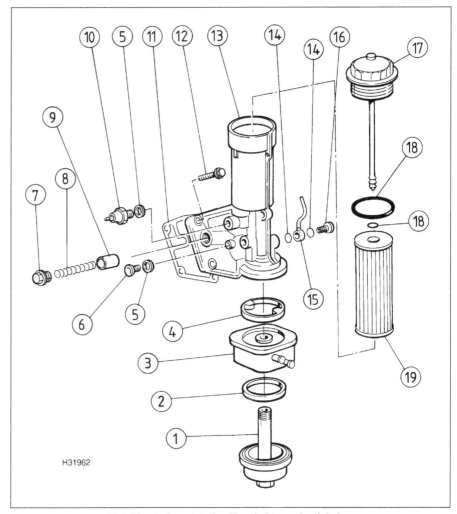

H31962

19.1 Monteringsdetaljer för oljefilter och oljekylare

1 Oljekylarens fästkåpa
2 O-ring
3 Oljekylare
4 O-ring
5 Bricka
6 Tätningsplugg
7 Tätningsplugg
8 Fjädern i oljeövertrycksventil (endast tidiga modeller)
9 Kolven i oljeövertrycksventil (endast tidiga modeller)

10 Oljetryckslampans brytare
11 Packning
12 Fästbult
13 Oljefilterhus
14 Tätning
15 Oljetillförselrör till turboaggregat
16 Banjobult – turbo (eller tätningsplugg – modeller utan turbo)
17 Oljefilterkåpa
18 O-ring
19 Oljefilter

21 Balansaxelenhet (AMF motor) – demontering och montering

Demontering

1 1,4 liters motorer med kod AMF och 3 cylindrar är utrustade med en balanseringsenhet som är fäst mot botten av vevhuset/blocket. Enheten består av en enda motroterande balansaxel driven av vevaxeln **(se bilden på andra sidan)**.
2 Demontera kamremmen enligt beskrivningen i avsnitt 7.

3 Demontera vevaxeldrevet enligt beskrivningen i avsnitt 8.
4 Demontera sumpen enligt beskrivningen i avsnitt 14.
5 Skruva loss fästbultarna och ta bort oljetätningshuset från motorblockets front/höger sida **(se bild)**. Om det behövs, lossa den genom att knacka på den med en mjuk klubba. Linda en bit tejp runt vevaxelns ände så att tätningsläpparna skyddas när oljetätningen ska brukas igen.
6 Skruva loss fästbultarna och ta bort plastkåpan/silen från vevhusets botten. Ta loss O-ringen **(se bilder)**.
7 Tryck inåt på drivkedjan och lås sedan

21.5 Oljetätningshus på främre/högra sidan av motorblocket

21.6a Ta bort plastkåpan/silen från vevhusets botten . . .

21.6b . . . och ta loss O-ringstätningen

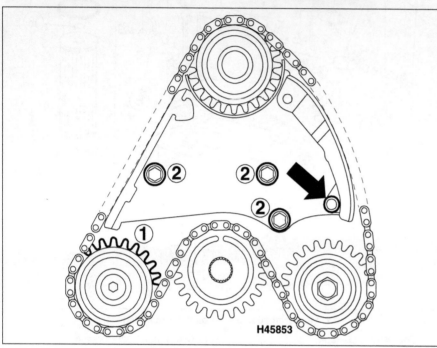

H45853

21.7 Spännarens låsbult (markerad med pil)

1 Styrdrev
2 Sträckarenhetens fästbultar

kedjespännaren genom att montera och dra åt en bult genom spännaren i spännarhuset **(se bild).**

8 Skruva loss bulten, och ta bort styrdrevet **(se bild).** Lägg drevet åt sidan.

9 Skruva loss drivkedjans spännarenhet **(se bild).** Kasta bultarna och skaffa nya.

10 Om kedjan ska återanvändas märks den med färg för att visa monteringsläge och rotationsriktning.

11 Ta bort kedja från dreven

12 Lås balansaxeln genom att sätta en spak eller en lång skruvnyckel mellan excentervikten på svänghjulsänden och vevhuset. Lossa bara den bult som fäster motvikten på kamkedjeänden.

13 Skruva loss balansaxelenheten från vevhuset **(se bild).** Ta loss O-ringstätningen och låshylsan. Kasta tätningen och skaffa en ny.

14 Skruva helt loss bulten och ta bort motvikten och drevet från balansaxeln. Märk drevet og tyngden så att de monteras tillbaka på ett korrekt sätt Kasta bulten och skaffa en ny.

15 Ta bort balansaxeln från huset.

Montering

16 Rengör alla komponenter noggrant och torka torrt. Smörj lagerytorna på balansaxeln och huset med ny motorolja.

17 Sätt i balansaxeln i huset och montera sedan tillbaka drevet och vikten – observera att de bara kan monteras i ett läge. Dra åt den nya fästbulten för hand i det här stadiet.

18 Se till att styrstiftet är på plats och montera sedan en ny O-ringstätning och passa in enheten på vevhuset. Sätt i fästbultarna och dra åt med bara fingrarna, kontrollera sedan att kamkedjeänden av enheten är i linje med motorblocket – ingen rörelse får vara möjlig nära styrstiftet, dock kan viss rörelse vara möjlig inom bulthålen genom att enheten svänger. När enheten befinner sig på rätt plats, dra åt fästbultarna helt till angivet moment och vinkel.

21.8 Styrdrev

21.9 Drivkedjasträckarens fästbultar

21.13 Balansaxelenhet

19 Lås balansaxeln som vid demonteringen och dra åt den nya vikt-/drevbulten till angivet moment och angiven vinkel.
20 Montera tillbaka drivkedjespännarhuset och dra åt de nya fästbultarna till angivet moment och angiven vinkel.
21 Med motorn satt till ÖD kommer märket på vevaxeldrevet att peka uppåt. Kedjan har två färgade länkar som också är tandade. placera en av dessa länkar på vevaxeldrevets märke och mata sedan in kedjan medurs över spännardynan, runt oljepumpsdrevet och över balansaxeldrevet. Se till att den andra färgade/tandade länken är i linje med märket på drevet **(se bild)**.
22 Leta rätt på styrremskivans drev i kedjan och sätt sedan tillbaka bulten och dra åt den till angivet moment.
23 Lås upp spännaren genom att skruva loss fästbulten och kontrollera sedan igen att de färgade/tandade länkarna fortfarande är i linje med märkena på dreven.
24 Tvätta bort alla spår av gammalt tätningsmedel från vevaxelns oljetätningshus och motorblocket, bestryk sedan oljetätningshusets fogytor mot motorblocket med en 2,0 till 3,0 mm tjock sträng tätningsmedel Observera att oljetätningshuset måste sättas tillbaka inom 5 minuter från det att tätningsmedlet applicerats.
Varning: SÄTT INTE överdrivna mängder tätningsmedel på huset eftersom det kan hamna i sumpen och blockera oljeupptagarröret.
25 Montera tillbaka oljetätningshuset. Var försiktig så att tätningen inte skadas och dra åt bultarna stegvis till angivet moment. Om en ny tätning monteras, se avsnitt 17.
26 Montera sumpen enligt beskrivningen i avsnitt 14.

21.21 Färgade inställningslänkar (markerad med pil)

27 Montera vevaxeldrevet enligt beskrivningen i avsnitt 8.
28 Montera kamremmen enligt beskrivningen i avsnitt 7.

Kapitel 2 Del E:
Motor – demontering och reparationer

Innehåll

Svårighetsgrad

Enkelt, passar novisen med lite erfarenhet	Ganska enkelt, passar nybörjaren med viss erfarenhet	Ganska svårt, passar kompetent hemmamekaniker	Svårt, passar hemmamekaniker med erfarenhet	Mycket svårt, för professionell mekaniker

Specifikationer

Topplock

Minsta tillåtna mått mellan ventilskaftets ovansida och topplockets övre yta:
  Bensinmotorer:
    1,2 liters motorer:

Motorkod AWY	N/A
Motorkoder AZQ och BME	7.6 mm

    1,4 liters DOHC motorer :

Insugsventiler	7.6 mm
Avgasventiler	7,6 mm

  Dieselmotorer:

1,4 liters motorer	Uppgift saknas

  1,9 liters motorer:
    Motorkod ASY:

Insugsventiler	35,8 mm
Avgasventiler	36,1 mm

    Motorkoder ASZ och ATD:

Insugsventiler	43,4 mm
Avgasventiler	43,2 mm

Största tillåtna mått mellan ventilskaftets ovansida och ventilfjädersätets yta:
  1,4 liters OHV bensinmotorer

Insugsventiler	42,7 mm
Avgasventiler	42,8 mm

Minsta topplockshöjd:
  Bensinmotorer:

1,2 liters motorer	Uppgift saknas
1,4 OHV motorer	Uppgift saknas
1,4 liters DOHC motorer	108.25 mm
Dieselmotorer	Renovering tillåts ej

Maximal förändring av topplockspackningens yta:

Bensinmotor	0,05 mm
Dieselmotor	0,10 mm

Kolvar/vevstakar

Se Observera i avsnitt 2 om alla 1,2 liters motorer

Vevstakens sidospel på vevaxeltappen:

	Ny	Slitagegräns
Bensinmotorer:		
1,4 liters OHV motorer	Uppgift saknas	Uppgift saknas
1,4 liters DOHC motorer	0,10 till 0,35 mm	0,40 mm
Dieselmotorer	Uppgift saknas	0,37 mm

Kolvringar

Se Observera i avsnitt 2 om alla 1,2 liters motorer

Kolvringsgap:	Ny	Slitagegräns
Bensinmotorer:		
1,4 liter OHV motorer:		
Övre kompressionsring	0,40 till 0,72 mm	1,0 mm
Nedre kompressionsring	0,30 till 0,62 mm	1,0 mm
Oljeavskraparring	0,40 till 1,40 mm	Uppgift saknas
1,4 liters DOHC motorer:		
Övre kompressionsring	0,20 till 0,50 mm	1,0 mm
Nedre kompressionsring	0,40 till 0,70 mm	1,0 mm
Oljeavskraparring	0,40 till 1,40 mm	Uppgift saknas
Dieselmotorer:		
1,4 liters motorer:		
Övre kompressionsring	0,25 till 0,40 mm	1,0 mm
Nedre kompressionsring	0,20 till 0,40 mm	1,0 mm
Oljeavskraparring	0,25 till 0,50 mm	1,0 mm
1,9 liters motorer:		
Kompressionsringer	0,20 till 0,40 mm	1,0 mm
Oljeavskraparring	0,25 till 0,50 mm	1,0 mm
Ringens spel i spåret:		
Bensinmotorer:		
1,4 liter OHV motorer:		
Kompressionsringer	0,04 till 0,08 mm	0,15 mm
Oljeavskraparring	N/A	N/A
1,4 liters DOHC motorer:		
Kompressionsringer	0,04 till 0,08 mm	0,15 mm
Oljeavskraparring	N/A	N/A
Dieselmotorer:		
1:a kompressionsring	0,06 till 0,09 mm	0,25 mm
2:a kompressionsring	0,05 till 0,08 mm	0,25 mm
Oljeavskraparring	0,03 till 0,06 mm	0,15 mm

Diameter för kolv och cylinderlopp

Se Observera i avsnitt 2 om alla 1,2 liters motorer

Bensinmotorer:	Kolv	Cylinderloppen
1,4 liters OHV motorer	Uppgift saknas	Uppgift saknas
1,4 liters DOHC motorer:		
Standard	76.470 mm	76.510 mm
Överstorlek 1	76.720 mm	76.760 mm
Överstorlek 2	76.970 mm	77.010 mm
Dieselmotorer:		
Standard	79.470 mm	79.510 mm
Överstorlek 1	79.720 mm	79.760 mm
Överstorlek 2	79.970 mm	80.010 mm

Vevaxel

Se Observera i avsnitt 2 om alla 1,2 liters motorer och 1,4 liters DOHC motorer

Bensinmotorer:
1,4 liter OHV motorer:
Axialspel:
Ny .... 0,03 till 0,13 mm
Slitagegräns .... 0,26 mm
Dieselmotorer:
Axeltappens diameter i ramlagret:
Grundläggande dimension .... 54,00 mm (nominellt)
Vevaxeldiameter i storänden:
Grundläggande dimension .... 47,80 mm (nominellt)
Axialspel:
Ny .... 0,07 till 0,17 mm
Slitagegräns .... 0,37 mm

Ramlagerspel:		
Bensinmotorer:	**Ny**	**Slitagegräns**
1,4 OHV bensinmotorer	Uppgift saknas	Uppgift saknas
Dieselmotorer:		
Huvudlagren	0,07 till 0,17 mm	0,37 mm
Vevstakslager	0,08 mm	0,37 mm

Cylinderfoder (1,4 liters OHV bensinmotor)

Cylinderfoderns diameter:

Standard – klass A	75.500 mm nominal
Standard – klass B	75.510 mm nominal
Standard – klass C	75.520 mm nominal
Tolerans för nominell diameter	+ 0,009 mm / - 0 mm

Cylinderfodrets utstick ovanför motorblockets yta:

Standard	0,07 till 0,12 mm
Maximal skillnad mellan två foder	0,04 mm

Ventiler

	Insugsventiler	Avgasventiler
Ventilskaftsdiameter:		
Bensinmotorer:		
1,2 liters motorer:		
Motorkod AWY	5.98 mm	5.96 mm
Motorkoder AZQ och BME	5.973	5.953 mm
1,4 liter OHV motorer	7.0 mm	7.0 mm
1,4 liters DOHC motorer	5.973 mm	5.953 mm
Dieselmotorer:		
1,4 liters motorer	6,980 mm	6,956 mm
1,9 liters motorer:		
Motorkod ASY	6.963 mm	6.943 mm
Motorkoder ASZ och ATD	6.980 mm	6.956 mm
Ventilhuvuddiameter:		
Bensinmotorer:		
1,2 liters motorer:		
Motorkod AWY	34.5 mm	28.0 mm
Motorkoder AZQ och BME	29.5	26.0 mm
1,4 liters OHV motorer	34.0 mm	30.0 mm
1,4 liters DOHC motorer	29.5 mm	26.0 mm
Dieselmotorer	35,95 mm	31,45 mm
Ventillängd:		
Bensinmotorer:		
1,2 liters motorer:		
Motorkod AWY	99.25 mm	99.25 mm
Motorkoder AZQ och BME	100.9	100.57 mm
1,4 liters OHV motorer	101.0 mm	101.0 mm
1,4 liters DOHC motorer	100.9 mm	100.5 mm
Dieselmotorer:		
1,4 liters motorer	89,95 mm	89,95 mm
1,9 liters motorer:		
Motorkod ASY	96.55 mm	96.35 mm
Motorkoder ASZ och ATD	89.95 mm	89.95 mm
Ventilsätets vinkel (alla motorer)	45°	45°

Kamaxel (1,4 liter OHV bensinmotor)

Kamaxelns axialspel	0,020 till 0,066 mm

Kamaxeltappens diameter:

Remskiveänden	38,950 till 38,975 mm
Mitten	38,450 till 38,475 mm
Svänghjulsänden	29.959 till 29.980 mm

Kamaxellagrets innerdiameter:

Remskiveänden	39.000 till 39.025 mm
Mitten	38,500 till 38,525 mm
Svänghjulsänden	30.000 till 30.021 mm
Kamaxellagerspel	0,025 till 0,075 mm
Kamaxelns axialspel	0,020 till 0,066 mm

Den hydrauliska ventillyftarens ytterdiameter:

standard	20.980 till 21.000 mm
Överstorlek	21.193 till 21.200 mm

Den hydrauliska ventillyftarens innerdiameter:

Standard	21.000 till 21.021 mm
Överstorlek	21.200 till 21.221 mm

Åtdragningsmoment

Se kapitel 2A, 2B, 2C eller 2D efter tillämplighet.

1 Allmän information

Den här delen av kapitel 2 beskriver hur man tar bort motorn från bilen och översynsprocedurerna för topplocket, motorblocket och andra inre komponenter i motorn.

Informationen omfattar allt från råd om hur man förbereder en renovering och hur man köper ersättningsdelar, till detaljerade steg för steg-procedurer som behandlar demontering, inspektion, renovering och montering av motorns inre komponenter.

Från och med avsnitt 6 bygger alla instruktioner på att motorn har tagits bort från bilen. Information om reparationer med motorn kvar i bilen, och även demontering och montering av de externa komponenter som krävs vid en fullständig renovering, finns i relevant avsnitt (kapitel 2A, 2B, 2C och 2D) och del 6 i detta kapitel. Bortse från alla förberedande isärtagningsprocedurer som beskrivs i de aktuella avsnitten om reparationer med motorn kvar i bilen som inte längre är relevanta när motorn har tagits ut ur bilen.

Förutom värden för åtdragningsmoment, som återfinns i de relevanta beskrivningarna av reparationer med motorn kvar i bilen i kapitel 2A, 2B, 2C eller 2D, finns alla specifikationer som rör motorrenovering i inledningen till denna del av kapitel 2.

2 Motorrenovering – allmän information

Observera: *På 1,2 liters bensinmotorer och 1,4 liters DOHC bensinmotorer får vevaxeln inte tas bort. Om ramlageröverfallets fästbultar lossas, deformeras motorblocket. Om vevaxelns eller ramlagrets ytor är slitna eller skadade måste hela enheten med vevaxel och motorblock bytas. Dessutom får inte kolvarna och vevstakarna tas bort på 1,2 liters motorer, däremot kan de tas bort på 1,4 liters DOHC bensinmotorer.*

1 Det är inte alltid lätt att avgöra när, eller om, en motor ska genomgå en fullständig renovering, eftersom ett flertal faktorer måste beaktas.
2 En lång körsträcka är inte nödvändigtvis ett tecken på att en renovering behövs, lika lite som att en kort körsträcka garanterar att det inte behövs någon renovering. Förmodligen är servicefrekvensen den viktigaste faktorn. En motor som har fått regelbundna olje- och filterbyten och annat nödvändigt underhåll bör gå bra i flera tusen kilometer. En vanskött motor kan däremot behöva en översyn redan på ett tidigt stadium.
3 Överdriven oljekonsumtion är ett symtom på att kolvringar, ventiltätningar och/eller ventilstyrningar kräver åtgärder. Kontrollera att oljeåtgången inte beror på oljeläckage innan du drar slutsatsen att ringarna och/eller styrningarna är slitna. Utför ett kompressionstest (tryckbortfall), enligt beskrivningen i del A, B, C eller C i det här kapitlet (efter tillämplighet), för att avgöra vad som är den troliga orsaken till problemet.
4 Kontrollera oljetrycket med en mätare som sätts in istället för oljetryckskontakten, och jämför trycket med det som anges (se Specifikationer, kapitel 2A, 2B, 2C och 2D). Om trycket är mycket lågt är troligen ram- och vevstakslagren och/eller oljepumpen utslitna.
5 Förlust av motorstyrka, hackig körning, knackningar eller metalliska motorljud, kraftigt ventilregleringsljud och hög bensinkonsumtion kan också vara tecken på att en renovering kan behövas, särskilt om alla dessa symptom visar sig samtidigt. Om en grundlig service inte hjälper, kan en större mekanisk genomgång vara den enda lösningen.
6 En motorrenovering innebär att alla interna delar återställs till de specifikationer som gäller en ny motor. Under en renovering byts alla kolvar och kolvringar ut. Nya ram- och vevlagerändar sätts in (om möjligt). Om det behövs kan vevaxeln bytas så att axeltapparna återställs. Även ventilerna måste gås igenom, eftersom de vid det här laget sällan är i perfekt skick. Medan motorn renoveras kan man också passa på att renovera andra delar, t.ex. startmotorn och generatorn. Slutresultatet bör bli en motor som kan gå många mil utan problem. **Observera:** *Viktiga kylsystemsdelar, t.ex. slangar, termostat och kylvätskepump, ska också gås igenom i samband med att motor renoveras. Kylaren ska kontrolleras noggrant så att den inte är tilltäppt eller läcker. Det är dessutom lämpligt att byta ut oljepumpen när motorn renoveras.*
7 Innan renoveringen av motorn påbörjas bör hela beskrivningen läsas igenom för att man ska bli bekant med omfattningen och förutsättningarna för arbetet. Att göra en översyn av en motor är inte svårt om alla instruktioner följs noggrant, om man har de verktyg och den utrustning som krävs och följer alla specifikationer noga. Däremot kan arbetet ta tid. Planera för att bilen inte kommer att gå att använda under minst två veckor, särskilt om delarna måste tas till en verkstad för reparation eller renovering. Kontrollera att det finns reservdelar tillgängliga och skaffa alla nödvändiga specialverktyg och utrustning i förväg. Större delen av arbetet kan utföras med vanliga handverktyg, även om ett antal precisionsmätverktyg krävs för att avgöra om delar måste bytas ut. Ofta kan en verkstad åta sig att ansvara för kontrollen av delar och ge råd om renovering eller utbyte. Observera: Vänta alltid tills motorn helt demonterats, och tills alla delar (speciellt motorblocket och vevaxeln) har inspekterats, innan du fattar beslut om vilka service- och reparationsåtgärder som måste vidtas av en verkstad. Skicket på dessa delar är avgörande för om man ska renovera den gamla motorn eller köpa en färdigrenoverad motor. Köp därför inga delar och utför inte heller något renoveringsarbete på andra delar, förrän dessa delar noggrant har kontrollerats. Generellt sett är tiden den största utgiften vid en renovering, så det lönar sig inte att montera slitna eller undermåliga delar.
8 Slutligen måste alla delar sättas samman med omsorg och i en skinande ren arbetsmiljö för att den renoverade motorn ska få maximal livslängd och ställa till med minsta möjliga problem.

3 Motor/växellåda, demontering – förberedelser och föreskrifter

Om du bestämt dig för att motorn måste lyftas ut för renovering eller större reparationer måste flera förberedande steg vidtas.

Det är mycket viktigt att man har en lämplig plats att arbeta på. Tillräckligt stort arbetsutrymme och plats att förvara bilen krävs. Om en verkstad eller ett garage inte finns tillgängligt krävs åtminstone en solid, plan och ren arbetsyta.

Rensa om möjligt några hyllor och använd dem till att förvara motordelar och tillbehör allt eftersom de demonteras och tas isär. Det gör att komponenterna får större chans att hållas rena och hela under renoveringsarbetet. Att lägga ut delarna i logiska grupper tillsammans med respektive fästbultar, skruvar etc. sparar tid och undviker att delarna blandas ihop vid monteringen.

Rengör motorrummet och motorn innan du påbörjar demonteringen. Detta förbättrar synligheten och håller verktygen rena.

Det är mycket viktigt att ha en medhjälpare. Det finns många moment under borttagningen av motorn från bilen som en person inte kan utföra ensam på ett säkert sätt. Säkerhet är av största vikt med tanke på de potentiella risker som hör samman med detta arbete. En andra person bör alltid finnas till hands för hjälp i ett nödläge. Om det är första gången du lyfter ur en motor är råd och hjälp från en mer erfaren person till stor nytta.

Planera arbetet i förväg. Skaffa alla verktyg och all utrustning som behövs innan arbetet påbörjas. Tillgång till följande redskap gör arbetet med att lyfta ur och installera motorn/växellådan säkert och relativt enkelt: En hissar och lyftdon – anpassad till en högre vikt än motorns – en komplett uppsättning nycklar och hylsor enligt beskrivningen i slutet av handboken, träblock och en mängd trasor och rengöringsmedel för att torka upp spill av olja, kylarvätska och bränsle. Ett antal plastlådor av olika storlekar kan vara bra för att förvara sammanhörande isärtagna delar i. Se till att du är ute i god tid om någon utrustning måste hyras, och utför alla arbeten som går att göra utan den i förväg. Det kan spara både tid och pengar.

Planera för att bilen kommer att vara ur drift ganska lång tid, speciellt om motorn ska renoveras. Läs igenom hela detta avsnitt och tänk ut en arbetsgång baserat på egen erfarenhet och på vilka verktyg, hur lång tid och hur stort arbetsutrymme som finns tillgängligt. En del av renoveringen kanske måste utföras av en Skoda-verkstad eller en specialist. Dessa har ofta fulltecknade kalendrar, så det är en god idé att fråga dem innan man börjar demontera eller ta isär motorn, för att få en uppfattning om hur lång tid det kan ta att utföra arbetet.

När motorn lyfts ur bilen ska du vara metodisk vid demonteringen av de yttre komponenterna. Märk upp kablar och slangar när de lossas så blir monteringen mycket enklare.

Var alltid mycket försiktig när motorn lyfts ut ur motorrummet. Slarv kan leda till allvarliga skador. Om hjälp behövs är det bättre att vänta på den än att riskera personskador och/eller skador på komponenter genom att fortsätta på egen hand. Med god planering och gott om tid kan ett arbete av denna natur utföras framgångsrikt och olycksfritt, trots att det är frågan om ett omfattande arbete.

4 Motor och växellåda – demontering och montering

Observera: *I skrivande stund finns ingen information om diesel motorkod ASZ som finns i vRS modeller.*

Demontering

1 Alla bensinmotorer tas bort framifrån, sedan låshållarenheten först flyttats åt sidan eller helt tagits bort på modeller utan luftkonditionering.
2 Alla dieselmotorer, utom modeller med motorkoden ASY, tas bort tillsammans med växellådan från bilens framsida. Motorer med koden ASY sänks ner tillsammans med växellådan från motorrummet och avlägsnas den vägen.
3 Lossa batteriets jordledning (*se Koppla loss batteriet* i kapitlet *Referens* i slutet av den här handboken).
4 Ta bort motorns övre skyddskåpa, ta sedan bort luftrenaren och luftkanalerna enligt beskrivningen i kapitel 4A eller 4B.
5 Ta bort batteriet från motorrummet enligt beskrivningen i kapitel 5A. Lossa sedan batterilådan och ta bort den.**(se bilder)**.
6 Töm kylsystemet enligt beskrivningen i kapitel 1A eller 1B.
7 Dra åt handbromsen. Lyft sedan upp framvagnen och ställ den ordentligt på pallbockar (*se Lyftning och stödpunkter*). och ta bort motorns nedre kåpa. Observera att om du har en dieselmotor med koden ASY måste bilen hissas upp så mycket att det

4.5a Skruva loss de fira fästbultarna . . .

finns plats att ta bort motor-/växellådsenheten underifrån.
8 Koppla loss alla kylvätskeslangar från motorn och notera noga hur de sitter **(se bild)**.
9 Lossa kablaget från motorn och växellådan, och notera samtidigt kabeldragningen för att underlätta återmonteringen. Observera att vissa kablar kan förbli anslutna.
10 På modeller med manuell växellåda, koppla loss växlingsmekanismen från växellådan (se Kapitel 7A), skruva sedan loss urkopplingscylindern och för den åt sidan.
11 På modeller med automatväxellåda, koppla loss växelvajern från växellådan (se Kapitel 7B) och skruva sedan loss fästbygeln till servostyrningens tryckrör.
12 På bensinmodeller, tryckutjämna bränslesystemet enligt beskrivningen i kapitel 4A. Linda en ren trasa kring bränslematningens och returslangens anslutningar till höger i motorrummet, tryck ner anslutningsspärrarna och koppla loss bränsleledningen. Var beredd på att bränsle kommer att läcka ut och vidta brandförebyggande åtgärder.
13 På dieselmodeller, lossa bränsleslangarna från insprutningspumpen (motorkod ASY) eller bränslefiltret (motorkoder AMF, ASZ och ATD). Var beredd på spill och plugga genast igen öppningarna på slangarna och anslutningarna för att minimera ytterligare spill och förhindra att smuts kommer in.
14 Koppla loss följande vakuumslangarna:
a) *Kolfiltrets magnetventil (endast bensinmodeller).*
b) *EGR ventil.*
c) *Bromsservoslang på insugsgrenröret.*

4.8 Koppla loss kylarens övre slang från termostathuset

4.5b . . . och demontera batteritråget

Utom diesel motorkod ASY

15 På modeller utan luftkonditionering, göra följande:
a) *Demontera den främre stötfångaren enligt beskrivningen i kapitel 11.*
b) *Koppla loss motorhuvslåsvajern från låshållaren.*
c) *Koppla loss strålkastarkablarna. För att förebygga skador rekommenderar vi också att höger strålkastare tas bort helt.*
d) *Skruva loss låshållaren och kylaren och ta bort den från framvagnen.*
16 På modeller med luftkonditionering, göra följande:
a) *Demontera drivremmen enligt beskrivningen i kapitel 1A eller 1B.*
b) *Koppla loss kablaget från luftkonditioneringskompressorn, skruva sedan loss den och bind fast den vid låshållaren. Koppla inte loss kylmedieslangarna.*
c) *Demontera den främre stötfångaren enligt beskrivningen i kapitel 11.*
d) *Koppla loss motorhuvslåsvajern från låshållaren.*
e) *Koppla loss strålkastarkablarna. För att förebygga skador rekommenderar vi också att höger strålkastare tas bort helt.*
f) *Skruva loss låshållaren och sväng ut den från framvagnen, men låt luftkonditioneringsledningarna förbli anslutna. Stötta upp enheten på pallbockar eller träklossar.*

Diesel motorkod ASY:

17 Ta bort drivremmen enligt beskrivningen i kapitel 1B.
18 Ta bort generatorn enligt beskrivningen i kapitel 5A.
19 På modeller med luftkonditionering, lossa kablaget från luftkonditioneringskompressorn, skruva sedan loss den och bind fast den vid låshållaren, så att det finns plats för att sänka ner motorn. Koppla inte loss kylmedieslangarna.

Alla modeller

20 Ta bort motorns bakre fäste/länk enligt beskrivningen i den relevanta delen av kapitel 2.
21 Ta bort den högra drivaxeln enligt beskrivningen i kapitel 8 och koppla loss den vänstra drivaxeln från växellådan.

22 Ta bort avgassystemets främre del enligt beskrivningen i kapitel 4C.
23 Koppla en hiss och en talja till motorns lyftfästen på topplocket och lyft motorn för att ta upp tyngden av motorn och växellådan.
24 Ta bort motornsväxellådans högra och vänstra fästen enligt beskrivningen i den relevanta delen av kapitel 2.
25 På alla modeller utom dieselmotorer med koden ASY, lyft försiktigt upp motor-/växellådsenheten ur motorrummet tills den kan dras ut ur framvagnen **(se bild)**. På dieselmotorer med koden ASY, sänk försiktigt ner motor- och växellådsenheten på marken. Var försiktig så att du inte skadar omgivande karosseri eller komponenter. Om det behövs, koppla loss växellådan enligt beskrivningen i kapitel 7A eller 7B.

Montering

26 Monteringen utförs i omvänd ordningsföljd mot demonteringen, och tänk på följande:
  a) *Se till att alla eventuella fästen som noterades vid demonteringen fästs på sina platser på motor-till-växellådans bultar.*
  b) *Dra åt alla fästen till angivna moment, om det är tillämpligt.*
  c) *Montera tillbaka motorfästen enligt beskrivningen i kapitel 2A, 2B, 2C eller 2D.*
  d) *Återanslut drivaxlarna vid växellådan enligt beskrivningen i kapitel 8.*
  e) *Se till att alla kablage, slangar och rör återansluts och dras korrekt på det sätt som noterades före demonteringen.*
  c) *Se till att bränsleledningarna är korrekt anslutna. Ledningarna är färgkodade: vitt för matning och blått för retur.*
  g) *Avsluta med att fylla på kylsystemet enligt beskrivningen i kapitel 1A eller 1B. På modeller med automatväxel kontrollerar du automatväxellådans oljenivå när du är klar, och fyller på mer, om det behövs, enligt beskrivningen i kapitel 1A*
  h) *Låt en Skoda-verkstad kontrollera eventuella felkoder i bilens elektroniska styrsystem.*

5 Motorrenovering – preliminär information

1 Det är mycket enklare att ta isär och arbeta med motorn om den sitter fäst i ett portabelt motorställ. Sådana ställ går oftast att hyra i verktygsbutiker. Innan motorn sätts upp istället ska svänghjulet demonteras så att ställets bultar kan dras fast i änden på motorblocket. **Observera:** *Mät inte cylinderloppets dimensioner med motorn monterad i denna typ av ställning.*
2 Om ett ställ inte finns tillgängligt går det att ta isär motorn på en stabil arbetsbänk eller på golvet. Var försiktig så att du inte välter motorn om du arbetar utan ställ.

4.25 Demontering av motor-/växellådsenheten – dieselmotorkod AMF

3 Om en renoverad motor ska införskaffas måste alla hjälpaggregat först demonteras, så att de kan flyttas över till utbytesmotorn (precis som när den befintliga motorn genomgår renovering). Dessa komponenter innefattar följande (det kan bli nödvändigt att överföra ytterligare komponenter, som oljemätsticka med rör, oljefilterhus etc., beroende på vilka komponenter som levereras tillsammans med den renoverade motorn):

Bensinmotorer
  a) *Generator (inklusive fästbyglar) och startmotor (kapitel 5A).*
  b) *Tändningssystemets komponenter, inklusive alla givare, spolar och tändstift (kapitel 1A och 5B).*
  c) *Bränsleinsprutningssystemets delar (kapitel 4A).*
  d) *Alla elektriska brytare, manövreringsorgan och givare, samt motorns kabelhärva (kapitel 3, 4A och 5B).*
  e) *Insugningsrör och grenrör (kapitel 4C).*
  f) *Motorfästen (kapitel 2A, 2B or 2C).*
  g) *Kopplingens komponenter (kapitel 6).*
  h) *Oljeseparator (i förekommande fall).*

Dieselmotorer
  a) *Generator (inklusive fästbyglar) och startmotor (kapitel 5A).*
  b) *Glödstift/förvärmningssystemets komponenter (kapitel 5C).*
  c) *Samtliga bränslesystemets komponenter, inklusive insprutningspump (motorkod ASY), bränsleinjektorer, alla givare och aktiverare (kapitel 4B).*
  d) *Bromsvakuum/tandempumpen (kapitel 9).*
  e) *Alla elektriska brytare, aktiverare och givare, samt motorns kabelhärva (kapitel 3, 4B och 5C).*
  f) *Insugningsrör och grenrör och turboaggregat (utom motorkod ASY) (kapitel 4B och 4C).*
  g) *Motorfästen (kapitel 2B).*
  h) *Kopplingens komponenter (kapitel 6).*

Alla motorer
Observera: *Var noga med att notera detaljer som kan vara till hjälp eller av vikt vid återmonteringen när de externa komponenterna demonteras från motorn. Anteckna monteringslägen för packningar,*

tätningar, distanser, stift, brickor, bultar och andra smådelar.
4 Om du skaffar ett "kort" block (motorblock/vevhus, vevaxel, kolvar och vevstakar monterade) måste topplock, sump, oljepump, kamrem(mar) och kedja (efter tillämplighet – med spännare och kåpor), drivrem (med spännare), kylvätskepump, termostathus, kylvätskekrökar, oljefilterhus samt i förekommande fall oljekylare också demonteras.
5 Planeras en fullständig renovering kan motorn tas isär i den ordning som anges nedan:
  a) *Insugnings- och avgasgrenrör (se relevant del av kapitel 4).*
  b) *Kamkedja/rem(mar), drev och sträckar(e) (se Kapitel 2A, 2B, 2C eller 2D).*
  c) *Topplock (se Kapitel 2A, 2B, 2 C eller 2D).*
  d) *Svänghjul/drivplatta (se Kapitel 2A, 2B, 2C or 2D).*
  e) *Sump (se Kapitel 2A, 2B, 2C eller 2D).*
  f) *Oljepump (se Kapitel 2A, 2B, 2C eller 2D).*
  g) *Kamaxeln på 1,4 liters OHV bensinmotor.*
  h) *Kolvar/vevstakar (se avsnitt 10).*
  i) *Vevaxel (se avsnitt 11).*

6 Topplock – Isärtagning

Observera: *Ett ventilfjäderkompressionsverktyg krävs till detta moment.*

Bensinmotorer

1 Demontera topplocket enligt beskrivningen i den relevanta delan av Kapitel 2D, och fortsätt som följer.
2 Ta bort insugs- och avgasgrenrören enligt beskrivningen i kapitel 4A, 4B eller 4C.
3 På alla motorer utom 1,4 liters bensinmotorer med stötstänger, ta bort kamaxelns och de hydrauliska ventillyftarnas vipparmsfingrar enligt beskrivningen i kapitel 2A eller 2C.
4 Vid behov kan du skruva loss kylvätskehuset från topplockets baksida och ta loss tätningen.
5 Demontera kamaxellägesgivaren, om en sådan finns, enligt beskrivningen i kapitel 4A, avsnitt 4.
6 Skruva vid behov bort fästmuttern, ta loss distansbrickan och ta bort kamremsspännarens remskiva från pinnbulten på topplocket.
7 Skruva vid behov loss eventuella kvarvarande fästbyglar och/eller motorlyftbyglar från topplocket och notera hur de satt för att underlätta återmonteringen. Skruva vid behov bort fästbulten, och ta bort den sekundäre kamremsspännaren från topplockets kamremssida
8 Ställ topplocket på ena sidan.
9 Tryck ihop varje ventilfjäder i tur och ordning med en ventilfjäderkompressor tills de delade insatshylsorna kan tas bort. Lossa

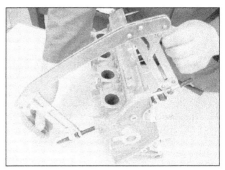

6.9a Tryck ihop en ventilfjäder med ett kompressorverktyg

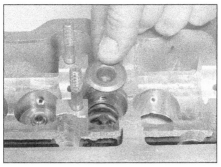

6.9b Ta bort fjäderkåpan . . .

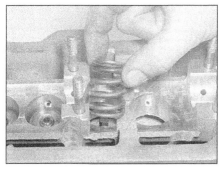

6.9c . . . och ventilfjädern

6.10a Använda ett demonteringsverktyg . . .

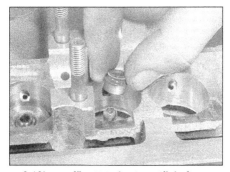

6.10b . . . för att ta bort ventilskaftens oljetätningar

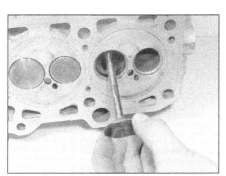

6.11b Ta bort en ventil

kompressorn och lyft bort fjäderkåpan och fjädern. Om ventilfjäderkåpan inte lossnar så att de delade insatshylsorna syns när fjäderkompressorn är nedskruvad, knacka försiktigt ovanpå verktyget med en lätt hammare direkt över fjäderkåpan. Då frigörs hållaren **(se bilder)**.
10 Använd en tång eller specialverktyg och dra försiktigt ut ventilskaftets oljetätning från ventilstyrningens överdel **(se bilder)**.
11 Ta bort ventilen från topplockets packningssida **(se bild)**.
12 Det är viktigt att varje ventil förvaras tillsammans med sin insatshylsa, kåpa, fjäder och sitt fjädersäte. Ventilerna bör även förvaras i samma ordning som de sitter, om de inte är i så dåligt skick att de måste bytas ut.

> **HAYNES TiPS** *Om ventilerna ska återanvändas, förvaras ventilkomponenterna i märkta plastpåsar eller motsvarande små behållare. Sätt en etikett på varje påse och observera att ventil 1 är närmast kamrems-/kedjeänden av topplocket.*

Dieselmotorer

13 Demontera topplocket enligt beskrivningen i Kapitel 2D, och fortsätt som följer.
14 Ta bort insugningsröret och grenröret samt i förekommande fall, turboaggregat enligt beskrivningen i Kapitel 4B och 4C.
15 Ta bort kamaxeln och de hydrauliska ventillyftarna, enligt beskrivningen i Kapitel 2D.

16 Demontera glödstiften enligt beskrivningen i kapitel 5C.
17 Ta bort bränsleinsprutarna enligt beskrivningen i kapitel 4B.
18 Skruva loss muttern och ta bort kamremsspännarens remskiva från pinnbulten på topplockets kamremssida.
19 Skruva vid behov loss eventuella kvarvarande fästbyglar och/eller motorlyftbyglar från topplocket och notera hur de satt för att underlätta återmonteringen.
20 Fortsätt enligt beskrivningen i punkt 8 till 12.

7 Topplock och ventiler – rengöring och kontroll

1 Om topplock och ventilkomponenter rengörs noga och sedan kontrolleras, går det att avgöra hur mycket arbete som måste läggas ner på ventilerna under motoröversynen. **Observera:** *Om motorn har överhettats kraftigt är det bäst att förutsätta att topplocket är skevt – undersök det noga efter tecken på skevhet.*

Rengöring

2 Använd ett passande avfettningsmedel och avlägsna alla spår av oljeavlagringar från topplocket, och var extra noga med kamaxelns lagerytor, ventillyftarnas lopp, ventilstyrningar och oljekanaler. Skrapa bort alla packningsrester från fogytorna, var dock noga med att inte repa dem eller göra hack. Om du använder slippapper bör det

inte vara grovkornigare än grad 100. Vänd på topplocket och skrapa bort eventuella sotavlagringar från förbränningskamrarna och portarna med hjälp av ett slött knivblad. Avsluta med att tvätta hela topplocket med ett lämpligt lösningsmedel för att avlägsna allt kvarvarande skräp.
3 Rengör ventilernas huvud och skaft med en fin stålborste (eller en eldriven stålborste). Om det är tjocka sotavlagringar på ventilen, skrapa först bort det mesta med ett trubbigt blad och borsta sedan bort resten med stålborsten.
4 Rengör resterande delar noga med lösningsmedel och låt dem torka helt. Kassera alla oljetätningar, nya måste användas när topplocket sätts ihop.

Kontroll

Topplock

Observera: *Om ventilsätena ska fräsas om, se till att det maximala ombearbetningsmåttet inte har överskridits (det maximala måttet tillåter bara minimal ombearbetning för att skapa perfekt tätning mellan ventil och säte). Om det maximala måttet överskrids kan inte de hydrauliska ventillyftarnas funktion garanteras och topplocket måste bytas. Se punkt 6 för mer information om hur man beräknar de tillåtna ombearbetningsmåtten.*
5 Undersök noga om gjutgodset är skadat eller sprucket. Sprickor avslöjas ofta av läckande kylvätska eller olja. Var extra uppmärksam kring ventilsäten och tändstifts/bränsleinjektorshål. Om sprickor finns inom detta område anger Skoda att (på dieselmotorer) topplocket kan återanvändas

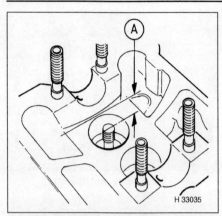

7.6 Mät avståndet (A) mellan den övre ytan på ventilskaftet och den övre ytan på topplocket

om sprickorna inte är bredare än 0,5 mm. Allvarligare skador innebär att topplocket måste bytas.

6 Måttligt gropiga eller brända ventilsäten kan repareras med inslipning av ventilerna vid ihopsättningen, vilket beskrivs senare i detta kapitel. Illa slitna eller skadade ventilsäten kan ibland återställas med omfräsning, men det maximalt tillåtna måttet får inte överskridas, så renovering är endast möjlig i begränsad omfattning (se anmärkningen i början av punkt 5). För att beräkna maximalt tillåtet ombearbetningsmått, utför följande (se bild):

a) *Om en ny ventil ska monteras, använd den nya ventilen för följande beräkning.*
b) *Sätt i ventilen i dess styrning i topplocket och tryck bestämt dit ventilen på dess säte.*
c) *Mät avståndet mellan den övre ytan på ventilskaftet och den övre ytan på topplocket eller fjädersätet (efter tillämplighet). Notera måttet.*
d) *Se efter i specifikationerna och jämför det uppmätta avståndet med det angivna.*

7 Mät upp eventuell skevhet på packningsytorna med stållinjal och bladmått. Gör en mätning i längsled på rörets fogytor. Gör flera mätningar tvärs över topplockspackningens fogyta för att kontrollera skevheten i alla plan (se bild). Jämför avlästa mått med specifikationerna.

8 På bensinmotorer där topplocket har deformerats utöver den angivna gränsen kan topplocket eventuellt ändå renoveras på en mekanisk verkstad, förutsatt att minsta tillåtna topplockshöjd bibehålls.

9 På dieselmotorer där topplocket har deformerats utöver angiven gräns måste topplocket bytas ut.

Ventiler och sammanhörande komponenter

Observera: *För samtliga motorer gäller att ventilhuvudena inte kan skäras om, men att de kan slipas in.*

10 Undersök varje ventil noga för att leta efter spår av slitage. Undersök ventilskaften med avseende på slitagekanter, repor och

variationer i diameter. mät skaftens diameter på flera ställen utmed deras längd med en mikrometer och jamför detta med sifforna i Specifikationerna (se bild).

11 Ventiltallrikarna ska inte vara spruckna, djupt repade eller hårt brända. Smärre skavanker kan åtgärdas med inslipning vid ihopsättningen, vilket beskrivs i avsnitt 8.

12 Kontrollera att ventilskaftets ändyta inte har för mycket punktkorrosion eller tryckmärken. Orsaken kan vara defekta hydrauliska ventillyftar.

13 Använd skjutmått och mät den obelastade längden på varje ventilfjäder. I och med att tillverkaren inte har angett något mått är det enda sättet att kontrollera fjäderlängden att jämföra med en ny. Lägg märke till att ventilfjädrar vanligen byts rutinmässigt vid större motorrenoveringar (se bild).

14 Ställ varje fjäder på sin ände på en plan yta mot en vinkelhake (se bild). Kontrollera fjäderns rätvinklighet visuellt, och byt ut den om den verkar vara vriden.

15 Byt ut ventilskaftens oljetätningar, oavsett deras aktuella kondition.

8 Topplock – hopsättningen

Observera: *Ett ventilfjäderkompressionsverktyg krävs till detta moment.*

1 För att få en gastät passning mellan ventiler och säten måste ventilerna slipas in. För att utföra detta krävs fin/grov ventilslippasta och ett slipverktyg – detta kan antingen vara en käpp med sugkopp eller automatiskt och drivet av ett roterande elverktyg.

2 Lägg på lite *finkornig* slippasta på ventilhuvudets tätningsyta. Vänd på topplocket så att förbränningskamrarna pekar uppåt och stick in ventilen i sin egen styrning. Anslut slipverktyget till ventiltallriken och slipa in ventilen i sätet med en roterande rörelse framåt och bakåt. Lyft på ventilen med jämna mellanrum och fördela slippasta jämnt genom att vrida den (se bild).

3 Fortsätt denna process till dess att kontakten mellan ventilen och sätet visar en obruten, mattgrå ring med jämn bredd

7.7 Kontrollera om topplockets yta är skev

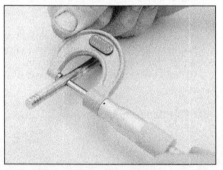

7.10 Mäta ventilskaftens diameter med en mikrometer

7.13 Mät den obelastade längden på varje ventilfjäder

7.14 Kontrollera en ventilfjäders rakhet

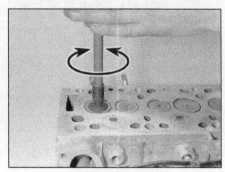

8.2 Slipa in en ventil

på båda ytorna. Upprepa proceduren med resterande ventiler.

4 Om ventilerna och sätena är så illa medfarna att grov slippasta måste användas, ska du tänka på att det finns ett maximalt tillåtet mått för bearbetning av ventiler och säten. Du hittar toleransvärdet i specifikationerna i början av detta kapitel. Märk väl att om värdet överskrids på grund av alltför mycket inslipning, kanske de hydrauliska ventillyftarna inte fungerar som de ska och topplocket måste då bytas.

5 Under förutsättning att reparation är möjlig, följ beskrivningen ovan, men börja med den grovkorniga pastan tills en matt yta uppstår på både ventilytan och sätet. Avlägsna sedan den grova pastan med lösningsmedel och upprepa med den fina pastan till dess att korrekt yta uppstår.

6 När alla ventiler är inslipade, ta bort alla spår av slippasta från topplock och ventiler med lösningsmedel och låt dem torka helt.

7 Lägg topplocket på sidan.

8 Arbeta med en ventil i taget och smörj ventilskaftet med ren motorolja, och sätt i ventilen i styrningen. Montera en av skyddshylsorna av plast som följer med de nya ventilskaftens oljetätningar över ventilskaften. Detta skyddar oljetätningen under monteringen **(se bilder)**.

9 Doppa en ny ventiloljetätningen i ren motorolja och trä den försiktigt över ventilskaftet och mot ventilstyrningens ovankant. Se till att inte skada skafttätningen när den monteras. Använd en lång hylsnyckel eller ett lämpligt monteringsverktyg för att trycka tätningen stadigt på plats **(se bild)**. Ta bort skyddshylsan från ventilskaftet.

10 Leta reda på ventilfjädern ovanför ventilskaftet och se till att fjäderns nedre ände vilar som den ska på topplocket **(se bild)**.

11 Sätt det övre sätet på fjäderns överdel, och tryck sedan ihop fjädern med en ventilfjäderkompressor tills det övre sätet tryckts förbi knasterspåren i ventilskaftet. Sätt tillbaka de delade insatshylsorna. Lossa fjäderkompressorn stegvis och kontrollera att knastret sitter kvar korrekt medan fjädern expanderar. När det övre fjädersätet är rätt placerat ska knastren stadigt passas in i spåren i ventilskaftets ände **(se bilder)**.

12 Upprepa åtgärden med de övriga ventilkomponentsatserna, och se till att alla

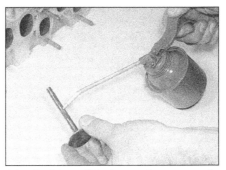
8.8a Smörj ventilskaftet med ren motorolja

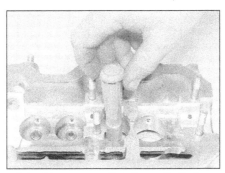
8.9b Montera ventilskaftets oljetätning med ett speciellt monteringsverktyg

 HAYNES TiPS *Håll insatshylsorna på plats på ventilskaften med lite fett medan fjäderkompressorn lossas.*

komponenter monteras på sina ursprungliga platser. Låt komponenterna sätta sig väl efter monteringen genom att slå på ventilskaftens ändar med en klubba. Använd en träkloss så att inte skaften skadas. Kontrollera innan du fortsätter att knastren hålls stadigt på plats i spåren på ventilskaftens ände.

Bensinmotorer

13 Sätt tillbaka de fästbyglar som du tidigare tog bort och sätt i förekommande fall även tillbaka den sekundära kamremsspännaren.

14 Om tillämpligt, montera tillbaka kamremsspännarens remskiva på pinnbulten

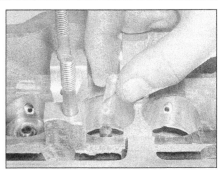
8.8b Sätt på en skyddshylsa över ventilskaftet innan skafttätningen monteras

8.10 Montera en ventilfjäder

och sätt tillbaka fästmuttern och distansbrickan utan att dra fast dem.

15 Montera tillbaka kamaxellägesgivaren, om en sådan finns, enligt beskrivningen i kapitel 4A.

16 Om du har tagit bort kylvätskehuset sätter du tillbaka det på topplocket tillsammans med en ny tätning och drar åt fästbultarna.

17 På alla motorer utom 1,4 liters bensinmotorer med stötstänger, sätt tillbaka kamaxelns och de hydrauliska ventillyftarnas vipparmsfingrar enligt beskrivningen i kapitel 2A eller 2C.

18 Montera insugnings- och avgasgrenrören enligt beskrivningen i kapitel 4A och 4C.

Dieselmotorer

19 Montera de fästbyglar som du tidigare har tagit bort, sätt sedan tillbaka kamremsspännarens remskiva på pinnbulten

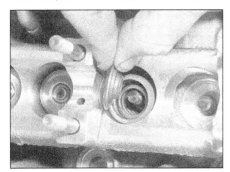
8.11a Montera det övre fjädersätet

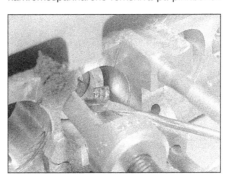
8.11 Använd fett för att håla knastren i spåret

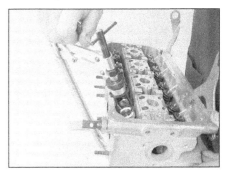
8.11c Komprimera en ventilfjäder med ett kompressorverktyg – 1,4 liters DOHC motor.

2E•10 Motor – demontering och reparationer

9.3 Förvara de hydrauliska ventillyftarna i en behållare med fack för att försäkra dig om korrekt återmontering

9.5 Kontrollera kamaxelns axialspel

och sätt tillbaka fästmuttern och distansbrickan utan att dra fast dem.

20 Sätt tillbaka bränsleinjektorerna enligt beskrivningen i kapitel 4B.

21 Montera tillbaka glödstiften enligt beskrivningen i kapitel 5C.

22 Montera tillbaka kamaxeln och de hydrauliska ventillyftarna enligt beskrivningen i kapitel 2D.

23 Montera tillbaka insugningsröret och grenröret samt i förekommande fall, turboaggregat enligt beskrivningen i Kapitel 4B och 4C.

---

9 Kamaxel(axlar) och hydrauliska ventillyftare (1,4 liters OHV motor) – demontering och montering

Demontering

1 Demontera vipparmsenheten enligt beskrivningen i kapitel 2B.

2 Lyft ut varje tryckstång i tur och ordning och förvara den med rätt placering genom att trycka in den i en kartongmall med tydliga markeringar. Detta gör det möjligt att montera tillbaka stötstängerna i sina ursprungspositioner vid hopsättningen. Observera att insugsventilens tryckstänger är gjorda av aluminium, medan avgasventilerna är av gjutjärn.

3 Stick in en böjd ståltråd i mitthålen och dra upp de hydrauliska ventillyftarna en och en ur motorblocket. Sätt etiketter på dem eller förvara dem i en låda med fack **(se bild)**. Om du vill återanvända ventillyftarna kan du då se till att de monteras som de satt från början. Detta är viktigt för att minimera slitaget mellan ventillyftarna och kamloberna.

4 Ta bort kamkedjan och drev enligt beskrivningen i kapitel 2B.

5 Innan kamaxeln demonteras, kontrollera axialspel enligt följande: Sätt temporärt tillbaka fördelarens resp. oljepumpens drivhjul, den kupade distansbrickan, säkringsbrickan och drevbulten i kamaxeländen och dra åt bulten till angivet moment. Sätt en mätklocka på kamaxeländen och mät axialspelet medan du rör kamaxeln fram och tillbaka **(se bild)**.

6 Om axialspelet överskrider det angivna maxvärdet måste kamaxelns tryckplattan bytas vid återmontering.

7 Ta bort de komponenter du installerat tillfälligt och skruva sedan loss de tre skruvarna som håller fast kamaxelns tryckplatta vid motorblocket. Ta bort plattan och dra ut kamaxeln ur motorblocket **(se bilder)**.

Kontroll

8 Undersök de hydrauliska ventillyftarna och se om det finns slitagespår och punktkorrosion på kamlobernas fogytor.

9 Stick in varje ventillyftare i sitt lopp i motorblocket och försäkra dig om att den fritt kan röra sig vertikalt men att det inte förekommer någon påtaglig rörelse i sidled.

10 Om du har den rätta mätutrustningen till hands kan du mäta slitaget på de hydrauliska ventillyftarna och deras lopp i motorblocket.

11 Om några de hydrauliska ventillyftarna är illa repade eller slitna (jämför med siffrorna i specifikationerna), måste de bytas.

12 Om några ventillyftare kan vickas för mycket i sidled, eller om några av loppen i motorblocket är slitna utöver angiven tolerans, måste loppen i motorblocket brotschas och ventillyftare i överstorlek installeras. Denna uppgift bör överlåtas till en Skoda-verkstad, som kan skaffa en sats med extra stora ventillyftare och har de nödvändiga verktygen för att brotscha loppen.

13 Undersök kamloberna och lagertapparna och titta efter tecken på slitage, som punktkorrosion och repor. Kontrollera också kamaxellagren i motorblocket.

14 Om du har den nödvändiga mätutrustningen till hands, kan du mäta kamaxeltapparnas diameter **(se bild)** och den inre diametern på varje lager i motorblocket, och jämföra resultaten med siffrorna i specifikationerna. Lagrets spel kan beräknas genom att man subtraherar kamaxeltappens yttre diameter från lagrets inre diameter.

15 Om kamloberna eller lagertapparna är illa slitna måste kamaxeln bytas. Om kamaxellagren är illa slitna (jämför med siffrorna i specifikationerna) bör man rådfråga en Skoda-verkstad eller annan expert. Det kan eventuellt gå att få motorblocket uppborrat och nya kamaxellagerskålar installerade. Är det inte möjlig, måste motorn bytas.

16 Undersök kamaxelns tryckplatta, titta efter tecken på slitage och byt ut den vid behov.

Montering

17 Smörj kamloberna och lagertapparna grundligt med olja, skjut sedan kamaxeln på plats i motorblocket.

9.7a Skruva loss tryckplattans fästskruvar . . .

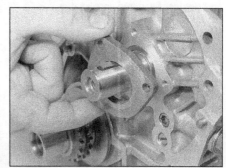

9.7b . . . ta bort tryckplattan . . .

9.7c . . . och ta bort kamaxeln

9.14 Mätning av en kamaxellagertapp

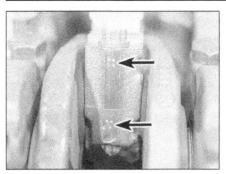

10.2 Märk vevlageröverfallen och vevstakarna med respektive cylindernummer (markerad med pil)

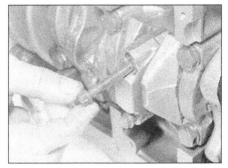

10.16a Skruva loss vevstaksöverfallets bultar . . .

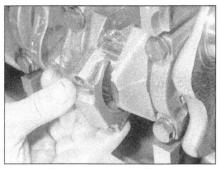

10.16b . . . och ta bort överfallet

18 Montera kamaxelns tryckplatta ovanpå kamaxelns ände och dra åt dess tre fästskruvar stadigt. Kontrollera kamaxlens axialspel enligt beskrivningen i avsnitt 6.
19 Montera tillbaka kamkedjan och drev enligt beskrivningen i kapitel 2B.
20 Olja grundligt in de hydrauliska ventillyftarnas utsidor och sätt in dem i sina respektive lopp i motorblocket. Om de ursprungliga ventillyftarna återanvänds bör du se till att de sätts tillbaka på sina ursprungliga platser för att minimera slitage.
21 Ta bort tryckstängerna från kartongmallen och sätt i dem i ursprungsläget i topplocket. Se till att varje tryckstång sitter korrekt i sin hydrauliska ventillyftare.
22 Montera tillbaka vipparmsenheten enligt beskrivningen i kapitel 2B och utför sedan den grundläggande justeringen av ventilspelet enligt beskrivningen i kapitel 2B, avsnitt 5.

10 Kolvar/vevstakar – demontering

Varning: Kolvar och vevstakar får inte tas bort på 1,2 liters bensinmotorer.

1,4 liters OHV bensinmotorer

1 Ta bort topplocket, sumpen och oljepumpdrev enligt beskrivningen i kapitel 2B. Se till att cylinderfodren sitter ordentligt på plats.
2 Innan du tar bort vevstakarna ska du notera de två siffrorna som finns inpräglade på ena sidan av varje enhet, intill fogytan mellan vevstaken och vevstakslageröverfallet – en på vevstakslageröverfallet och en på vevstaken **(se bild)**. Dessa siffror anger cylindernumret på varje vevstaksenhet, där cylinder nr 1 återfinns längst till höger (närmast kamkedjan).
3 Om något av numren inte längre syns, eller om numret på enheten inte motsvarar enhetens cylinder, använder du en hammare och körnare eller en märkpenna och märker varje vevstake och vevstakslageröverfall med respektive cylindernummer på den flata avfasade ytan.
4 Med vevstakarna kvar på vevaxeln använder du ett bladmått för att mäta axialspelet mellan överfallen och vevaxelns mellanstycken. Om

det uppmätta axialspelet påtagligt överskrider den angivna toleransen måste de berörda vevstakarna bytas.
5 Vrid vevaxeln till dess att kolv 2 och 3 är vid nedre dödpunkt.
6 Skruva loss vevlageröverfallens muttrar/ bultar och ta loss överfallet, tillsammans med lagerskålen, från vevstaken.
7 Om du endast arbetar med lagerskålarna, skjut upp vevstaken och ta av den från vevtappen – se till att vevstakens ände inte repar cylinderloppets väggar – varefter du tar bort den övre lagerskålen.
8 Förvara kåpan, muttrar/bultar och (om de ska monteras tillbaka)lagerskålarna tillsammans i rätt ordning.
9 När du är klar med vevstakarna från cylinder nr 2 och 3 upprepar du proceduren och avlägsnar lageröverfallen från cylinder nr 1 och 4 (var mycket försiktig så att ingen av komponenterna skadas).
10 Ta bort sotavlagringen från den övre mynningen på varje lopp. Tryck upp varje kolv-/vevstaksenhet och ta ut den ur sitt lopp – se till att vevstakens ände inte repar cylinderloppets väggar. Sätt genast tillbaka lageröverfall, skålar och muttrar på varje kolv-/ vevstaksenhet, så att de utgör en enhetlig uppsättning.

1,4 liter DOHC bensinmotor och alla dieselmotorer

11 Demontera topplocket, sump, oljeskvalpplåten och oljepumpens upptagarrör, efter tillämplighet, enligt beskrivningen i kapitel 2A, 2C or 2D. På en 3-cylinders dieselmotor med koden AMF ska även balansaxelenheten avlägsnas.
12 Inspektera cylinderloppens övre delar efter kanter på det ställe där kolvarna når sin övre dödpunkt. Dessa kanter måste tas bort, annars kan kolvarna skadas när de skjuts ut ur sina lopp. Använd en skrapa eller en brotsch för att ta bort kanterna. Ett sådant spår är ett tecken på överdrivet slitage på cylinderloppet.
13 Titta efter ID-märken på vevstakarna och vevstakslageröverfallen. Både vevstakar och överfall ska vara märkta med sitt cylindernummer på ena sidan av varje enhet. Observera att cylinder nr 1 sitter på motorns kamremssida. Om inga märken

finns tar du en hammare och körnare eller en märkpenna och märker varje vevstake och vevstakslageröverfall med respektive cylindernummer – notera på vilken sida av vevstakarna och överfallen märkena sitter **(se bild 10.2)**.
14 Titta också efter riktningsmärken på kolvkronorna. Pilen på varje kolvkrona måste peka mot motorns kamremände På vissa motorer kan märket vara dolt under sotavlagringar – rengör i så fall kolvkronan så att du kan se om det finns ett märke. I vissa fall kan riktningspilen ha nötts av. I så fall bör du själv göra ett lämpligt märke på kolvkronan med hjälp av en ritsspets. Undvik att repa kolvkronan för djupt, se bara till att märket lätt kan urskiljas.
15 Vrid vevaxeln så att kolv nr 1 når sin nedre dödpunkt (på 4-cylindriga motorer står då även kolv nr 4 vid sin nedre dödpunkt).
16 Skruva loss bultarna eller muttrarna, efter tillämplighet, från vevstakslageröverfallet till kolv nr 1. Ta bort överfallet och ta loss den nedre halvan av lagerskålen. Om lagerskålarna ska återanvändas, tejpa ihop överfallet och lagerskålen med varandra. Observera att om lagerskålarna ska återanvändas måste de monteras på sina ursprungliga vevstakar och överfall **(se bilder)**.
17 Där lageröverfallen är fästa med muttrar ska du vira isoleringstejp runt bultarnas gängade ändar för att hindra att de skadar vevtappar och lopp när kolvarna tas bort **(se bild)**.
18 Använd ett hammarskaft för att trycka

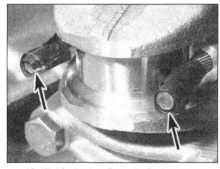

10.17 Linda de gängade ändarna av bultarna med tejp

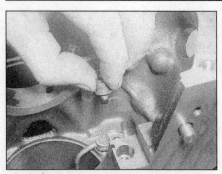

10.22a Ta bort fästbultarna . . .

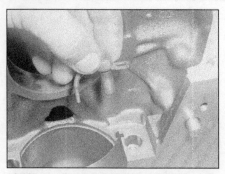

10.22b . . . och ta bort oljemunstyckena för kolvkylning

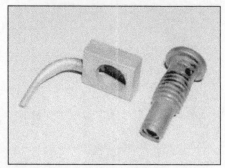

10.22c Kolvens kylmunstycke och hållare

upp kolven genom loppet och ta bort den från motorblockets överdel. I förekommande fall, undvik att du skada kolvkylningsoljans munstycken i motorblocket när kolv-/vevstaksenheten avlägsnas. Ta loss den övre lagerskålen och tejpa fast den på vevstaken så att den inte kommer bort.

19 Montera vevlageröverfallet löst på vevstaken och fäst det med bultar eller muttrar, efter tillämplighet, – då blir det lättare att hålla komponenterna i rätt ordning.

20 På 4-cylindriga motorer tas kolvenhet nr 4 bort på samma sätt.

21 Vrid vevaxeln så att kolv nr 2 når sin nedre dödpunkt och ta bort den på samma sätt (på 4-cylindriga motorer står då även kolv nr 3 vid sin nedre dödpunkt).

22 I förekommande fall, ta bort fästbultarna och avlägsna kolvkylningsoljans munstycken från motorblockets botten **(se bilder)**.

11 Vevaxel – demontering

Varning: *På 1,2 liters bensinmotorer och på 1,4-liters DOHC bensinmotorer får vevaxeln inte tas bort. Om ramlageröverfallets fästbultar lossas, deformeras motorblocket. Om vevaxelns eller ramlagrens ytor är slitna eller skadade, måste hela enheten med vevaxel och motorblock bytas. Följande procedur gäller för 1,4 liters OHV bensinmotorer och alla dieselmotorer.*

11.5 Skruva loss ramlageröverfallets fästbultar

Observera: *Om inget arbete ska utföras på kolvarna eller vevstakarna är det ingen idé att ta bort topplocket och trycka ut kolvarna ur cylinderloppen. Kolvarna ska bara tryckas in så långt i loppen att de inte är i vägen för vevaxeltapparna.*

1 Fortsätt enligt nedan efter motortyp:
  a) *På 1,4 liters bensinmotorer med stötstänger, ta bort kamkedjan och dreven, sumpen, oljepumpen och oljeupptagarröret, svänghjulet och vevaxelns vänstra oljetätningshus enligt beskrivningen i kapitel 2B.*
  b) *På dieselmotorer, ta bort kamremmens och vevaxelns drev, sumpen och oljeskvalpskottet, oljepumpen och oljeupptagarröret, svänghjulet och vevaxelns oljetätningshus enligt beskrivningen i kapitel 2D.*

2 Ta bort kolvar och vevstakar eller lossa dem från vevaxeln enligt beskrivningen i avsnitt 10.

3 Kontrollera vevaxelns axialspel enligt beskrivningen i avsnitt 14. Fortsätt sedan enligt följande.

4 Ramlageröverfallen bör numreras med 1 till 5 (4-cylindrig) eller 4 (3-cylindrig) räknat från motorns kamremssida, men observera att på 1,4 liters bensinmotorer med stötstänger är de tre ramlageröverfallen inbyggda i en enda "ramlagerstomme". Om lageröverfallen inte är märkta, märk dem själv med en körnare. Observera riktningen på markeringarna för korrekt återmontering.

5 Skruva loss ramlageröverfallets fästbultar och lyft av överfallen. Om överfallen verkar ha

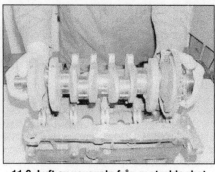

11.6 Lyft av vevaxeln från motorblocket

fastnat, knacka på dem med en mjuk klubba så att de lossnar från motorblocket **(se bild)**. Ta loss de nedre lagerskålarna och tejpa fast dem på deras kåporna så de inte kommer bort.

6 Lyft av vevaxeln från motorblocket **(se bild)**. Var noga med att vevaxeln är tung. På en motor där vevaxeln är försedd med en hastighets-/lägesgivare lägger du vevaxeln på träklossar – låt inte vevaxeln vila på givarhjulet.

7 Ta loss de övre lagerskålarna från motorblocket och tejpa fast dem med respektive överfall för säkert förvar. Ta på samma sätt hand om halvorna av vevaxelns övre axialspelsstyrbricka från vardera sidan av ramlager nr 3 och notera hur de är vända.

8 På en motor där vevaxeln är försedd med ett hastighets-/lägesgivarhjul, skruva loss fästbultarna och ta bort givarhjulet, medan du noterar hur det satt monterat.

12 Motorblock/vevhus – rengöring och kontroll

Rengöring

1 Ta bort alla externa delar och elektriska brytare/givare från blocket, inklusive fästen, kylvätskepumpen, kamaxeln (1,4 liters OHV bensinmotor), oljefilter/kylarehuset, etc. För bästa resultat bör även core-pluggarna tas bort. Borra ett litet hål i vardera pluggen och skruva i en plåtskruv. Dra ut pluggen genom att dra i skruven med en tång eller använd draghammare.

2 Skrapa bort alla packningsrester från blocket och vevhuset, se till att inte skada fogytorna.

3 Avlägsna alla oljekanalpluggar (om sådana finns). Pluggarna sitter ofta mycket hårt och kan behöva borras ut så att hålen måste gängas om. Använd nya pluggar när motorn monteras ihop.

4 Om motorblocket är extremt smutsigt ska det ångtvättas. Rengör sedan alla oljekanaler och oljehål en gång till. Spola alla interna passager med varmt vatten till dess att vattnet rinner rent. Torka noga och lägg på en tunn oljefilm på alla fogytor och cylinderlopp för att förhindra rost. Om du har tillgång till tryckluft,

använd den till att skynda på torkandet och blåsa rent i alla oljehål och kanaler.

 Varning: Använd skyddsglasögon vid arbete med tryckluft.

5 Om gjutdelarna inte är för smutsiga går det att göra en godtagbar rengöring med hett tvålvatten och en styv borste. Var noggrann vid rengöringen. Oavsett tvättmetod ska du se till att rengöra alla oljehål och kanaler mycket noga och att torka alla delar ordentligt. Skydda cylinderloppen enligt ovan för att förhindra rost.

6 I förekommande fall, kontrollera om kolvkylningsoljans munstycken är skadade och byt ut dem vid behov. Kontrollera om oljemunstycket eller någon oljekanal är tilltäppt.

7 Alla gängade hål måste vara rena för att ge korrekt åtdragningsmoment vid ihopsättningen. Rengör gängorna med en gängtapp i korrekt storlek införd i hålen, ett efter ett, för att avlägsna rost, korrosion, gänglås och slam. Det återställer även eventuella skadade gängor **(se bild)**. Använd om möjligt tryckluft för att rengöra hålen från det avfall som uppstår vid detta arbete. *Observera: Var extra noga med att avlägsna all vätska från gängade bottenhål eftersom blocket kan spräckas av hydraultryck om en bult skruvas in i ett hål som innehåller vätska.*

  Ett fullgott alternativ är att spruta in vattenlösligt smörjmedel i hålen med hjälp av den långa pipen som brukar medfölja.

 Varning: Bär skyddsglasögon om hålen rengörs på detta sätt.

8 Täck fogytorna på nya hylspluggar med lämpligt tätningsmedel och sätt sedan i dem i motorblocket. Se till att de drivs rakt in och sitter ordentligt, annars kan läckage uppstå.

 En stor hylsa med en ytterdiameter som precis passar in i hylspluggen kan användas för att pressa hylspluggen på plats.

9 Lägg på ett lämpligt tätningsmedel på de nya oljekanalpluggarna och för in dem i hålen i blocket. Dra åt dem ordentligt.

10 Om motorn inte ska monteras ihop på en gång ska den täckas över med en stor plastpåse så att den hålls ren. skydda alla fogytor och cylinderloppen för att förhindra rost.

Kontroll

1,4 liters OHV bensinmotorer

11 Kontrollera gjutningarna och leta efter sprickor, rost och korrosion. Leta efter skadade

gängor i hålen. Om det har förekommit internt vattenläckage kan det vara värt besväret att låta en renoveringsspecialist kontrollera motorblocket/vevhuset med specialutrustning. Om defekter upptäcks ska de repareras om möjligt, annars ska enheten bytas ut.

12 Ta bort fodren enligt beskrivningen i punkt 28 och titta efter slitage och repor i foderloppen. Fodren har indelats i tre storleksklasser för att ge utrymme för tillverkningstoleranser. Storleksgruppens beteckning är präglad på sidan av varje foder.

13 Mät diametern på varje cylinderfoder strax under slitagespåret överst i loppet, halvvägs ner i loppet och strax ovanför loppets botten. Ta mått både parallellt med vevaxeln och i rät vinkel mot den.

14 Jämför resultaten med specifikationerna för den berörda foderklassen enligt uppgifterna i kapitlets början. Om något värde överskrider den angivna toleransen måste fodret bytas.

15 För att mäta spelet mellan kolv och lopp, mät loppet och kolvmanteln enligt beskrivningen i avsnitt 13 och subtrahera mantelns diameter från loppets värde.

16 Du kan också sätta in varje kolv i det ursprungliga loppet, välja ett bladmått och sticka in det i loppet tillsammans med kolven. Kolven måste vara exakt i linje med sin normalposition och bladmåttet måste hållas mellan kolven och loppet, mot en av tryckytorna, direkt upp från loppets botten.

17 Om spelet är överdrivet stort måste en ny kolv monteras. Om kolven sitter hårt i den nedre delen av loppet och sitter lösare högre upp mot toppen, är loppet konformigt. Om det tar emot någonstans när kolven och bladmåttet får rotera i loppet, är loppet deformerat.

18 Upprepa mätningarna på återstående kolvar och cylinderfoder.

19 Om cylinderfoderväggarna är svårt repade, eller om de är mycket ovala eller koniska, ska cylinderfodren bytas; då kommer även nya kolvar att behövas.

20 Skoda framhåller att alla kolvar och foder i motorn måste vara av samma storleksklass. Fodrets storleksklass står präglad på fodrets utsida, och kolvens storleksklass finns präglad på kolvkronan.

21 Om loppen är i någorlunda gott skick och inte har slitits ner till de angivna gränserna, och om spelen mellan kolv och lopp kan underhållas tillfredsställande, kanske det räcker med att byta kolvringarna.

22 Om så är fallet bör loppen slipas för att de nya ringarna ska sätta sig korrekt, så att man får bästa möjliga tätning.

23 Honing innebär att man använder ett slipverktyg för att skapa ett fint kryssmönster på loppets inre yta. Effekten av detta är att ge kolvringarna möjlighet att sätta sig med god tätning mellan kolv och cylinder. Det finns två typer av honare som används av hemmamekaniker, båda drivs av ett roterande elverktyg, exempelvis en borrmaskin. "Flaskborsten" är en styv cylindrisk borste med slipstenar på borsten. Den mer

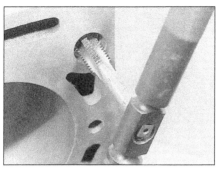

12.7 Rengör motorblocksgängorna genom att skruva i en gängtapp med lämplig storlek i hålen

konventionella hemmahonaren har slipstenar monterade på fjäderbelastade ben. Mindre rutinerade hemmamekaniker får lättare ett tillfredsställande resultat med flaskborsten. **Observera:** *Om du inte vill utföra detta moment själv kan en maskinverkstad utföra det till en rimlig kostnad.*

24 Utför honingen så här: det krävs något av de slipningsverktyg som beskrevs ovan, en borrmaskin/luftnyckel, rena trasor, slipningsolja och ett par skyddsglasögon.

25 Montera honaren i borrchucken. Smörj loppen med honingsolja och stick in honaren i det första loppet, tryck ihop stenarna så att de passar. Starta borren och för verktyget upp och ner i loppet medan det roterar, så att ett fint kryssmönster uppstår på ytan. Linjerna i mönstret ska helst korsa i mellan 50 och 60°, men vissa kolvringstillverkare kan ange andra vinklar; Titta efter i den information som medföljer de nya ringarna.

 Varning: Använd skyddsglasögon för att skydda ögonen mot skräp som lossnar från honaren.

26 Använd rikligt med olja under honingen. Avlägsna inte mer material än vad som krävs för att ge önskad yta. När du tar bort honaren från loppet ska du inte dra ut den när den fortfarande roterar. Fortsätt med upp-/nedrörelsen tills chucken har stannat, dra sedan bort verktyget samtidigt som du roterar chucken för hand, i den vanliga rotationsriktningen.

27 Torka av olja och spån med en trasa och gå vidare till nästa lopp. När alla fyra honats ska hela motorblocket rengöras noga i varmt tvålvatten för att avlägsna alla spår av honingsolja och skräp. Blocket är att betrakta som rent när en trasa, fuktad med ren motorolja inte tar upp grå avlagringar när den dras utmed loppet.

28 För att ta bort fodren, placera motorblocket upp och ner och stötta upp det på träklossar. Använd sedan en hård drivdorn av trä och knacka ut varje foder från vevaxelsidan.

29 När alla foder har lossats, vänd motorblocket på sidan och ta ut varje foder från topplockets sida.

30 Ta bort tätningsbrickan från fodrets bas och mät dess tjocklek. Brickan finns i

12.33 Montera en tätningsbricka av rätt tjocklek på fodrets bas . . .

12.34 . . . och montera fodret i blocket

olika storlekar och används för att justera cylinderfodrets utstick (se punkt 35). Skaffa en ny bricka av lämplig tjocklek till varje foder för återmonteringen.

31 Om fodren ska återanvändas, märk vart och ett med maskeringstejp på höger sida (mot kamkedjan) och skriv cylindernumret på tejpen.

32 När du ska installera fodren, rengör grundligt fodrens fogytor i motorblocket och använd finkornigt slippapper för att polera bort eventuella borrskägg eller skarpa kanter som skulle kunna skada fodrets tätningsbricka.

33 Rengör fodren och torka torrt, och montera sedan en ny tätningsbricka av lämplig tjocklek på varje foders bas **(se bild)**. Stryk på ett tunt lager motorolja i loppet.

34 Om de ursprungliga fodren återanvänds, gå efter märkena från borttagningen och se till att varje foder sätts tillbaka på samma sätt i sitt ursprungliga lopp. Sätt in varje foder i motorblocket – var försiktig så att du inte rubbar tätningsbrickan – och tryck in det för hand så långt det går **(se bild)**. Knacka lätt men bestämt med en hammare och en träkloss på varje foders klack.

35 När alla fyra fodren har installerats använder du en mätklocka eller en stållinjal och ett bladmått och kontrollerar att varje foders utstick ovanför motorblocket håller sig inom den gräns som angetts i specifikationerna och att den maximalt tillåtna skillnaden mellan två foder inte överskrids **(se bild)**.

36 Om så inte är fallet, måste du ta bort det berörda fodret och skaffa en ny tätningsbricka

som är lagom tjock. Brickorna finns i tre tjocklekar: 0,10 mm, 0,12 mm och 0,14 mm.

37 Montera brickan på fodret, montera fodret och kontrollera utsticket igen.

38 Upprepa efter behov tills alla foderutstick håller sig inom den angivna gränsen och den maximalt tillåtna skillnaden mellan två foder inte överskrids, varefter du klämmer fast fodren stadigt på plats **(se bild)**.

Alla bensinmotorer utom 1,4 liter OHV och dieselmotorer

39 Kontrollera gjutningarna och leta efter sprickor, rost och korrosion. Leta efter skadade gängor i hålen. Om kylvätska någon gång läckt ut inne i motorn kan det löna sig att låta en motorrenoveringsspecialist kontrollera motorblocket/vevhuset med specialutrustning för att se om de fått sprickor. Om defekter upptäcks ska de repareras, om möjligt. Annars måste enheten bytas ut.

40 Kontrollera alla cylinderlopp och leta efter repor.

41 Om det föreligger några tvivel om motorblockets skick, låt en motorrenoveringsfirma kontrollera och mäta motorblocket och loppen. De kan avgöra om motorblocket går att reparera och om det måste borras upp, och de kan tillhandahålla de kolvar och ringar som behövs.

42 Om loppen är i någorlunda gott skick och inte överdrivet slitna kanske det räcker med att byta ut kolvringarna.

43 Om så är fallet bör loppen slipas för att de nya ringarna ska sätta sig korrekt, så att man

får bästa möjliga tätning. Kontakta en verkstad eller en motorrenoveringsspecialist.

44 Om du har tagit bort oljefilter-/kylarhuset på en dieselmotor, kan du sätta tillbaka det i det här läget, om du så önskar. Använd en ny packning, och linjera husets sidor med motorblockets innan du skruvar åt bultarna helt.

45 Motorblocket/vevhuset ska nu vara helt rent och torrt och alla komponenter kontrollerade och reparerade eller renoverade efter behov.

46 Lägg på ett tunt lager motorolja på fogytor och i cylinderlopp för att förhindra rost.

47 Montera så många hjälpaggregat som möjligt så att det blir lättare att hålla reda på dem. Täck över motorblocket med en stor plastpåse för att hålla det rent om inte ihopsättningen ska påbörjas omedelbart. Och skydda de slipade ytorna enligt ovan för att förebygga rost.

13 Kolvar/vevstakar – rengöring och kontroll

Rengöring

1 Innan kontrollen kan fortsätta måste kolvarna/vevstakarna rengöras, och de ursprungliga kolvringarna tas bort från kolvarna.

2 Ringarna ska ha släta, blanka arbetsytor utan några matta eller sotiga partier (vilket är ett tecken på att ringen inte sluter tillräckligt tätt mot loppets väggar och att förbränningsgaserna kan blåsa igenom) eller några spår av slitage på över- och underytorna. Ändgapen ska vara fria från sot, men inte blanka (det är ett tecken på för små ändgap), och alla ringarna (inklusive oljekontrollringens delar) ska kunna rotera fritt i spåren men utan överdrivna rörelser uppåt och nedåt. Om ringarna verkar vara i gott skick kan de troligtvis användas även i fortsättningen. kontrollera ändgapen (i en del av loppet som är utan slitage) enligt beskrivningen i avsnitt 17.

3 Om någon av ringarna verkar vara sliten eller skadad, eller har ett ändgap som

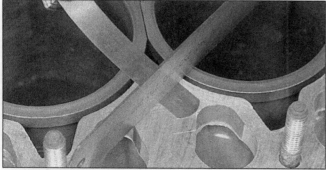

12.35 Användning av en stållinjal och ett bladmått för att kontrollera foderutstick

12.38 När foderutsticken ligger inom angivna gränser klämmer du fast alla foder på plats

13.4 Gamla bladmått kan användas för att hindra kolvringarna från att fall ner i tomma spår

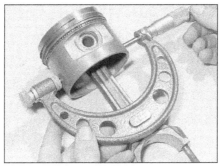

13.9 Användning av en mikrometer för att mäta diameter på en kolv

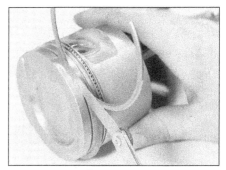

13.18 Mät avståndet mellan kolvring och spår med ett bladmått

betydligt avviker från det angivna värdet, byter man i regel ut allihop som en sats. **Observera:** *Det är vanligt att kolvringarna byts ut när en motor renoveras, men om de är i acceptabelt skick så kanske de kan återanvändas. Om ringarna återanvänds ska alla ringar märkas vid demonteringen så att de garanterat monteras tillbaka korrekt.*

4 Bänd försiktigt ut de gamla ringarna och dra upp dem över kolvarna. Använd två eller tre gamla bladmått för att hindra att ringarna fastnar i tomma spår**(se bild)**. Var noga med att inte repa kolven med ringkanterna. Ringarna är sköra och går sönder om de töjs för mycket. De är också mycket vassa – skydda händer och fingrar. Observera att den tredje ringen har en förlängare. Förvara uppsättningarna med ringar tillsammans med respektive kolv om de gamla ringarna ska återanvändas. Notera hur varje ring är vänd så att du kan sätta tillbaka dem på samma sätt.

5 Skrapa bort allt sot från kolvens ovansida. En handhållen stålborste (eller finkornig smärgelduk) kan användas när de flesta avlagringar skrapats bort.

6 Ta bort sotet från ringspåren i kolven med hjälp av en gammal ring. Bryt ringen i två delar (var försiktig så du inte skär dig – kolvringar är vassa). Var noga med att bära ta bort sotavlagringarna – ta inte bort någon metall och gör inga hack eller repor i sidorna på ringspåren.

7 När avlagringarna har tagits bort, rengör kolven/vevstaken med fotogen eller annat lämpligt lösningsmedel, och torka ordentligt. Försäkra dig om att oljereturhålen i ringspåren är helt rena.

Kontroll

8 Om kolvarna och cylinderloppen inte är skadade eller överdrivet slitna, och om motorblocket inte behöver borras om, kan originalkolvarna monteras tillbaka.

9 Mät alla fyra kolvarnas diameter på en punkt 10 mm ovanför kjolnederkanten med en mikrometer, mät i rät vinkel mot kolvbulten**(se bild)**. Jämför mätresultatet med specifikationerna. Observera att kolvarnas storlek står präglade på kolvkronorna.

10 Om kolvdiametern är fel för den aktuella storleken måste kolven bytas. **Observera:** *Om*

motorblocket har borrats om vid en tidigare översyn (eller om nya foder har monterats på en 1,4 liters bensinmotor med stötstänger), kanske kolvar i överstorlek redan har monterats. Anteckna alla mätvärden och använd dem till att kontrollera kolvspelet mot de mått på cylinderloppen som uppmättes i avsnitt 12.

11 Normalt kolvslitage visar sig som jämnt vertikalt slitage på kolvens stötytor, och genom att den översta ringen sitter något löst i sitt spår. Använd alltid nya kolvringar när motorn monteras ihop.

12 Gör en noggrann granskning av varje kolv beträffande sprickor kring manteln, runt kolvtappens hål och på ytorna mellan ringspåren.

13 Titta efter repor och slitage på kolvmanteln, hål i kolvkronan och brända fläckar vid kronans kant. Om manteln är repad eller nött kan det bero på att motorn har överhettats och/eller på onormal förbränning som orsakat för höga arbetstemperaturer. Kontrollera kyl- och smörjningssystemen noga.

14 Förbränningsavlagringar på kolvarnas sidor visar att genomblåsning har uppstått.

15 Ett hål i kolvkronan eller brända fläckar i kanten av kolvkronan är tecken på att onormal förbränning (förtändning, tändningsknack) har ägt rum.

16 Om något av ovanstående problem föreligger måste orsakerna undersökas och åtgärdas, annars kommer de nya delarna också att skadas. Orsaken kan vara felaktig synkronisering av tändningen och insprutningspumpen, insugsluftläckor, felaktig

blandning av luft och bränsle (bensinmotorer) eller fel på en bränsleinsprutare (dieselmotorer).

17 Punktkorrosion på kolven är tecken på att kylvätska har läckt in i förbränningskammaren och/eller vevhuset. Även här måste den bakomliggande orsaken åtgärdas, annars kan problemet bestå i den ombyggda motorn.

18 Placera en ny kolvring i tillämpligt spår och mät spelet mellan ring och spår med bladmått **(se bild)**. Lägg märke till att ringarna har olika bredd, så använd rätt ring för spåret. Jämför mätningarna med de som har angivits. Om spelen ligger utanför toleransintervallet måste kolven bytas. Bekräfta genom att mäta kolvringens bredd med en mikrometer.

19 Nya kolvar kan inköpas från en Skoda-verkstad.

20 Undersök noga varje vevstake och titta efter tecken på skador, t.ex. sprickor runt lagren. Försäkra dig om att vevstaken inte är böjd eller deformerad. Det är mycket osannolikt att du hittar skador här, såvida inte motorn har skurit eller blivit svårt överhettad. Detaljerad kontroll av vevstaksenheten kan endast utföras av en Skoda-verkstad eller annan motorverkstad med nödvändig utrustning.

21 Kolvbultarna är av flottörtyp och hålls på plats av två låsringar. Kolvarna och dragstängerna kan separeras på följande sätt.

22 Använd en liten, flatbladig skruvmejsel, bänd bort låsringarna och tryck ut kolvbulten **(se bild)**. Det ska räcka med handkraft för att få ut kolvbulten. Märk kolven och vevstaken

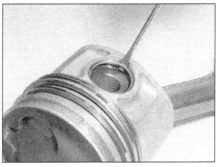

13.22a Använd en liten spårskruvmejsel för att bända ut låsringen . . .

13.22b . . . tryck sedan ut kolvtappen och skilj kolven från vevstaken

13.25a Kolvkronan är märkt med en pil som ska peka mot kamremsdelen av motorn

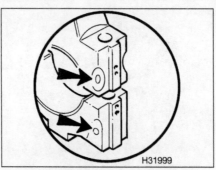

13.25b Urholkningarna (markerad med pil) i vevstake och lageröverfall måste riktas mot motorns kamremssida

för att garantera korrekt ihopsättning. Kasta låsringarna – nya måste användas vid monteringen. Om kolvbulten är svår att ta loss, värm kolven till 60 °C med varmt vatten, så expanderar den och delarna kan tas isär.

23 Undersök kolvbulten och vevstakens lilländslager efter tecken på slitage och skador. Det bör gå att skjuta in kolvbulten genom vevstakshylsan för hand, utan märkbart spel. Slitage kan åtgärdas genom att kolvbulten och bussningen byts ut. Bussningsbyte måste dock utföras av en specialist – det krävs tryck för att göra det, och den nya bussningen måste inpassas ordentligt.

24 Undersök alla komponenter och skaffa alla nya delar som behövs från en Skoda-verkstad. Nya kolvar levereras komplett med kolvbultar och låsringar. Låsringar kan även köpas separat.

25 Kolvens riktning i förhållande till vevstaken måste vara korrekt när de två sätts ihop. Kolvkronan är märkt med en pil (som kan döljas av sotavlagringar). På 1,4 liters bensinmotorer med stötstänger pekar pilen mot motorns oljefilter-/kamaxelsida, och smörjkanalen i vevstaken är riktad mot motorns motsatta sida. På alla andra motorer måste pilen peka mot kamremssidan, där kolven är monterad. Vevstaken och dess överfall har frästa urtag nära fogytorna. Dessa urtag ska vara vända åt samma håll som pilen på kolvkronan när de är korrekt monterade. Montera de båda komponenterna enligt detta

(se bilder).

26 Smörj lite ren motorolja på kolvbulten. Tryck in den i kolven, genom vevstakens lillände. Kontrollera att kolven svänger fritt på vevstaken, fäst sedan kolvbulten i sitt läge med två nya låsringar. Se till att alla låsringar placeras i rätt kolvspår.

27 Upprepa rengöringen och kontrollen med de övriga kolvarna och vevstakarna.

14 Vevaxel – axialspelskontroll och allmän kontroll

Kontrollera vevaxelns axialspel

1 Om vevaxelns axialspel skall kontrolleras, måste vevaxeln fortfarande vara monterad i motorblocket, men den skall kunna röra sig fritt (se avsnitt 11).

2 Kontrollera axialspelet med hjälp av en mätklocka mot vevaxeländen. Tryck vevaxeln helt åt ena hållet och nollställ sedan mätaren. Tryck vevaxeln helt åt andra hållet och kontrollera axialspelet. Resultatet kan jämföras med angiven mängd och ger en indikation på om det krävs ny tryckbricka (se bild). Observera att tryckbrickorna måste ha samma tjocklek.

3 Om mätklocka saknas kan bladmått användas. Tryck först vevaxeln helt mot motorns svänghjulssida och stick in

bladmåttet för att mäta avståndet mellan skuldran på vevtapp 3 och tryckbrickshalvorna (se bild).

Kontroll

4 Rengör vevaxeln med fotogen eller lämpligt lösningsmedel och torka den, helst med tryckluft om det är möjligt. Var noga med att rengöra oljehålen med piprensare eller något liknande för att se till att de inte är igentäppta.

> ⚠️ **Varning: Använd skyddsglasögon vid arbete med tryckluft.**

5 Kontrollera ramlagrets och vevstakslagrets axeltappar efter ojämnt slitage, repor, punktkorrosion och sprickbildning.

6 Slitage på vevstakslagret följs av tydliga metalliska knackningar när motorn körs (märks särskilt när motorn drar från låg fart) och viss minskning av oljetrycket.

7 Slitage på ramlagret följs av tydliga motorskakningar och mullrande ljud – som ökar stegvis med hastigheten – och av minskat oljetryck.

8 Kontrollera lagertapparna efter ojämnheter genom att dra ett finger löst över lagerytan. Förekommer ojämnheter (tillsammans med tydligt lagerslitage) är det ett tecken på att vevaxeln måste slipas om (om det är möjligt) eller bytas ut.

9 Om vevaxeln har borrats om, kontrollera om det finns borrskägg runt vevaxelns oljehål (hålen är oftast fasade, så borrskägg bör inte vara något problem om inte omborrningen skötts slarvigt). Ta bort eventuella borrskägg med en fin fil eller skrapa och rengör oljehålen noga enligt beskrivningen ovan.

10 Använd en mikrometer och mät diametern på ramlagrets och vevstakslagrets axeltappar, och jämför resultatet med värdena i Specifikationerna (se bild). Genom att mäta diametern på flera ställen runt varje axeltapp kan man avgöra om axeltappen är rund eller inte. Utför mätningen i båda ändarna av axeltappen, nära vevarmarna, för att avgöra om axeltappen är konisk.

11 Kontrollera oljetätningarnas fogytor i varje ände av vevaxeln efter slitage och skador. Om oljetätningen har slitit ner ett djupt spår på ytan av vevaxeln rådfrågar du en

14.2 Mät vevaxelns axialspel med en mätklocka

14.3 Mät vevaxelns axialspel med ett bladmått

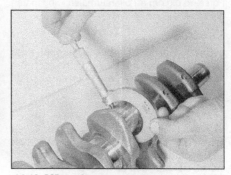

14.10 Mät varje vevaxelaxeltapps diameter med en mikrometer

motorrenoveringspecialist. reparation kan vara möjlig men annars krävs det en ny vevaxel.

12 Om vevaxeltapparna inte redan har borrats om, är det möjligt att renovera vevaxeln och att montera skålar i överstorlek (se avsnitt 18). Om inga skålar i överstorlek är tillgängliga och vevaxelns nötning överstiger den tillåtna gränsen måste den bytas ut. Rådfråga din Skoda-verkstad eller motorspecialist för att för mer information om tillgängliga delar.

15 Ram- och vevlager – kontroll

Kontroll

1 Även om ram- och vevlagren ska bytas vid renoveringen ska de gamla lagren behållas för undersökning, eftersom de kan ge värdefull information om motorns skick **(se bild)**.
2 Lagren kan skära på grund av otillräcklig smörjning, förekomst av smuts eller andra främmande partiklar, överbelastning av motorn eller korrosion. Oavsett orsak måste den åtgärdas innan motorn sätts ihop så att det inte inträffar igen.
3 När lagerskålarna undersöks ska de tas ut ur blocket/vevhuset, liksom ramlagerkåporna, vevstakarna och vevstakslageröverfall. Lägg ut dem på en ren yta i ungefär samma läge som deras placering i motorn. Därigenom kan man se vilken vevtapp som har orsakat lagerproblemen. Vidrör inte någon skåls inre lageryta med fingrarna vid kontrollen eftersom den ömtåliga ytan kan repas.
4 Smuts och andra främmande ämnen kan komma in i motorn på många sätt. Smuts kan t.ex. finnas kvar i motorn från ihopsättningen, eller komma in genom filter eller vevhusventilationssystemet. Den kan hamna i oljan, och därmed tränga in i lagren. Metallspån från slipning och normalt slitage förekommer ofta. Slipmedel finns ibland kvar i motorn efter en renovering, speciellt om delarna inte har rengjorts noggrant på rätt sätt. Sådana främmande föremål bäddas ofta så småningom in i det mjuka lagermaterialet och är lätta att upptäcka. Större partiklar bäddas inte in utan repar lager och tapp. Bästa sättet att förebygga lagerhaverier är att rengöra alla delar noga och hålla allt perfekt rent under ihopsättningen av motorn. Täta och regelbundna oljebyten är också att rekommendera.
5 Oljebrist har ett antal relaterade orsaker. Överhettning (som tunnar ut oljan), överbelastning (som tränger undan oljan från lagerytan) och oljeläckage (p.g.a. för stora lagerspel, sliten oljepump eller höga motorvarv) kan orsaka problemet. Igensatta oljekanaler, som vanligen är ett resultat av att oljehålen i lagerskålen inte är korrekt uppriktade, svälter lagren på olja och förstör dem. Om ett lagerhaveri beror på oljebrist slits eller pressas lagermaterialet bort från lagrets

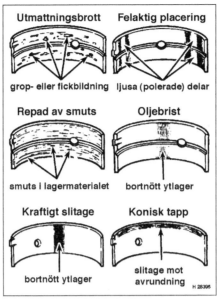

15.1 Typiska lageravbrott

stålstödplatta. Temperaturen kan stiga så mycket att stålplattan blir blå av överhettning.
6 Körvanorna kan påverka lagrens livslängd betydligt. Full gas från låga varv (segdragning) belastar lagren mycket hårt och tenderar att pressa ut oljefilmen. Dessa belastningar kan få lagren att vika sig, vilket leder till fina sprickor i lagerytorna (utmattningsfel). Till sist kommer lagermaterialet att gå i bitar och slitas bort från stålplattan.
7 Korta körsträckor leder till korrosion i lagren därför att det inte alstras nog med värme i motorn för att driva ut kondensvatten och frätande gaser. Dessa restprodukter samlas istället i motoroljan och bildar syra och slam. När oljan sedan leds till motorlagren angriper syran lagermaterialet.
8 Felaktig installation av lagren vid ihopsättning leder också till att lagren skär. Tätt åtsittande lager ger för litet spel och resulterar i oljesvält. Smuts eller främmande partiklar som fastnat bakom en lagerskål kan resultera i högre punkter på lagret, vilket i sin tur leder till haveri.
9 Vidrör inte någon lagerskåls inre yta med fingrarna under hopsättningen, eftersom det finns en risk att den ömtåliga ytan repas eller att smutspartiklar lämnas på ytan.
10 Som nämndes i början av detta avsnitt ska lagerskålarna bytas som rutinåtgärd vid motorrenovering. Att inte göra det är detsamma som dålig ekonomi.

Val av lager

11 Ram- och vevlager till de motorer som tas upp i detta kapitel finns i standardstorlek och i ett antal understorlekar för att passa till renoverade vevaxlar.
12 Lagerspelen måste kontrolleras när vevaxeln monteras med nya lager (se avsnitt 18 och 19).

16 Motoröversyn – ordningsföljd vid ihopsättning

1 Innan återmonteringen påbörjas, se till att alla nya delar och nödvändiga verktyg finns tillgängliga. Läs igenom hela arbetsbeskrivningen och kontrollera att allt som behövs verkligen finns tillgängligt. Förutom alla normala verktyg och material krävs flytande gänglås. En lämplig sorts tätningsmedel krävs också till de fogytor som inte har några packningar.
2 För att spara tid och undvika problem går det att utföra ihopsättningen av motorn i följande ordning, enligt beskrivningen i del A, B, C eller D i detta kapitel. I förekommande fall används nya packningar och tätningar vid montering av olika komponenter.

   a) Vevaxel (avsnitt 18).
   b) Kolvar/vevstakar (avsnitt 19).
   c) kamaxeln på 1,4 liters OHV bensinmotor.
   d) Oljepump.
   e) Sump.
   f) Svänghjul/drivplatta.
   g) Topplock.
   h) Kamkedja/kamkedjerem, spännare och drev.
   i) Insugnings- och avgasgrenrör.
   j) Motorns externa komponenter.

3 I detta skede ska alla motorkomponenter var absolut rena och torra med alla fel åtgärdade. Komponenterna ska läggas ut (eller finnas i individuella behållare) på en fullständigt ren arbetsyta.

17 Kolvringar – återmontering

1 Innan nya kolvringar monteras måste ringarnas ändavstånd kontrolleras enligt följande.
2 Lägg ut kolv-/vevstaksenheterna och de nya kolvringsuppsättningarna så att ringuppsättningarna paras i hop med samma kolv och cylinder vid mätningen av ändgapen samt under efterföljande ihopsättning av motorn.
3 Stoppa in den övre ringen i den första cylindern och tryck ner den i loppet med hjälp av kolvens överdel. Då hålls ringen garanterat vinkelrätt mot cylinderns väggar. 15.0 Placera ringen ungefär 15,0 mm vid cylinderloppets botten, vid den nedre gränsen för ringrörelsen. Observera att den övre ringen skiljer sig från den andra ringen.

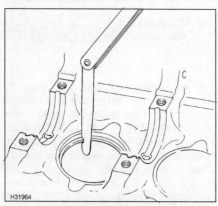

17.4 Kontrollera kolvringens ändgap med ett bladmått

4 Mät ändgapet med bladmått och jämför de uppmätta värdena med siffrorna i Specifikationer **(se bild)**.
5 Om öppningen är för liten (föga troligt om äkta Skoda-delar används), måste det förstoras, annars kommer ringändarna att komma i kontakt med varandra medan motorn körs och orsaka omfattande skador. Helst ska nya kolvringar med korrekt ändgap monteras. Som en sista utväg kan ändgapet förstoras genom att ringändarna filas ner försiktigt med en fin fil. Fäst filen i ett skruvstäd med mjuka käftar, dra ringen över filen med ändarna i kontakt med filytan och rör ringen långsamt för att slipa ner materialet i ändarna. Var försiktig, kolvringar är vassa och går lätt sönder.
6 På nya ringar är det föga troligt att ändgapet är för stort. Om gapet är för stort, kontrollera att det är rätt sorts ringar för motorn och för den aktuella cylinderloppsstorleken.
7 Upprepa kontrollen på de återstående ringarna i den första cylindern, och sedan på ringarna i de återstående cylindrarna. Kom ihåg att förvara ringar, kolvar och cylindrar som hör ihop med varandra tillsammans.
8 När ringarnas ändgap har kontrollerats och, om det var nödvändigt, justerats kan ringarna monteras på kolvarna.
9 Montera ringarna med samma teknik som

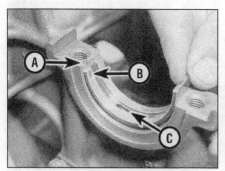

18.4 Korrekt monterad lagerskål

A Urholkning i motorblocket
B Tapp på lagerskål
C Oljehål

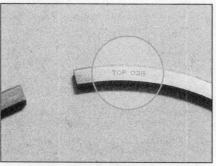

17.9 TOP-markering på kolvringen

användes vid demonteringen. Montera den nedersta ringen (oljekontrollringen) först, och fortsätt uppåt. Observera att en oljeskrapring på två eller tre sektioner kan monteras. Om en ring på två sektioner sätts in monteras först expanderfjädern och sedan ringen. Se till att ringarna monteras på rätt sätt – ringarnas övre yta är normalt märkta TOP **(se bild)**. *Förskjut kolvringsglappen med 120° från varandra.* **Observera:** *Följ alltid instruktionerna som medföljer de nya uppsättningarna med kolvringar – olika tillverkare kan ange olika tillvägagångssätt. Blanda inte ihop den övre och den andra kompressionsringen. De har olika tvärsnittsprofiler.*

18 Vevaxel – återmontering och kontroll av ramlagerspel

Kontroll av ramlagerspel

1 Kontrollen av spelet kan utföras med de ursprungliga lagerskålarna. Det är bäst att använda en ny uppsättning eftersom resultaten blir mer givande. Om nya lagerskål används, kontrollera att alla spår av skyddsfett avlägsnats med fotogen.
2 Om vevaxeln fortfarande är monterad, lyfter du upp den försiktigt ur motorblocket och torkar av ytorna på lagerskålarna i vevhus och lageröverfall.
3 Rengör lagerskålarnas baksidor och

18.8 Smörj de övre lagerskålarna

lagersätena i både motorblocket/vevhuset och ramlageröverfall(en).
4 Placera motorblocket på en ren arbetsyta, med vevhuset överst. Tryck lagerskålarna på plats, se till att fliken på varje skål hakar i hacket i motorblocket eller lageröverfallet och att oljehålen i motorblocket och lagerskålen är linjerade **(se bild)**. Rör inte vid lagerskålarnas lageryta med fingrarna. Om du använder de ursprungliga lagerskålarna för kontrollen, se till att de monteras på sina respektive ursprungliga platser.
5 Montera de delade tryckbrickorna som reglerar vevaxelns axialspel på ömse sidor av ramlagersätet 3. Använd lite fett för att hålla dem på plats. Se till att tryckbrickorna placeras på rätt sätt i försänkningarna, med oljespåren utåt.
6 Spelet kan kontrolleras, även om detta blir svårt att åstadkomma utan en uppsättning invändiga mikrometrar eller interna/externa skjutmått. Montera ramlageröverfallen på motorblocket/vevhuset, med lagerskålarna på plats. Med de ursprungliga överfallsfästbultarna åtdragna till angivet moment, mät den invändiga diametern på varje monterat par lagerskålar. Om diametern på varje motsvarande vevaxeltapp mäts och sedan subtraheras från lagrets invändiga diameter blir resultatet ramlagerspelet.

Slutlig montering av vevaxel

7 Om tillämpligt, montera tillbaka hastighets/lägesgivarens hjul vid vevaxeln, och drar åt fästbultarna till angivet moment. Kontrollera att givarhjulet är korrekt inriktat enligt noteringarna före borttagning.
8 Täck lagerskålarna i vevhuset med rikligt med ren motorolja av korrekt typ **(se bild)**. Kontrollera att lagerskålarna fortfarande sitter rätt på sina platser.
9 Sänk ner vevaxeln i läge så att vevtappen för cylinder 1 befinner sig vid ND, klar att passas in i kolv 1. Se till att tryckbrickshalvorna som reglerar vevaxelns axialspel, på ömse sidor av ramlagersätet 3, sitter på plats. Var försiktig så att du inte skadar vevaxelns hastighets-/lägesgivarhjul när vevaxeln sänks på plats.
10 Smörj de nedre lagerskålarna i ramlageröverfallen med ren motorolja. Kontrollera att tryckbrickshalvorna som reglerar vevaxelns axialspel fortfarande är korrekt

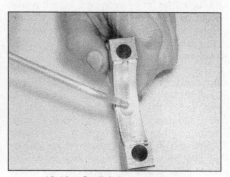

18.10a Smörj de nedre lager skålarna . . .

placerade på ömse sidor av lageröverfall 3 (se bilder).

11 Om tillämpligt, montera ramlageröverfallen i korrekt ordning med rätt riktning – överfall nr 1 ska vara vid motorns kamremssida och lagerskålarnas styrurtag i vevhuset och överfall ska vara bredvid varandra (se bild). Sätt i bultarna till lageröverfallet (använd nya bultar om så krävs – se inställningarna för åtdragningsmoment i Specifikationer) och dra åt dem endast för hand.

12 Arbeta från det centrala ramlagret och utåt och dra överfallsbultarna till angivna moment. På dieselmotorer där två steg ges för momentet drar du åt alla bultar till moment för steg 1, gå sedan varvet runt och dra åt alla bultar till vinkel för steg 2 (se bilder).

13 Kontrollera att vevaxeln roterar fritt för hand. Om motstånd märks, kontrollera ramlagerspelen igen enligt den tidigare beskrivningen.

14 Kontrollera vevaxelns axialspel enligt beskrivningen i början av avsnitt 14. Om tryckytorna på vevaxeln har kontrollerats och nya tryckbrickor har monterats bör axialspelet ligga inom specifikationernas värden.

15 Sätt tillbaka kolvar och vevstakar eller återanslut dem till vevaxeln enligt beskrivningen i avsnitt 19.

16 Fortsätt enligt nedan efter motortyp:

a) På 1,4 liters bensinmotorer med stötstänger, återmonteras vevaxelns vänstra oljetätningshus, svänghjul, oljepump och oljeupptagarrör, sump och kamkedja samt drev enligt beskrivningen i kapitel 2B.

b) På dieselmotorer återmonteras vevaxelns oljetätningshus, svänghjul, oljepump och oljeupptagarrör, sump och oljeskvalpskott, vevaxeldrev och kamrem enligt beskrivningen i kapitel 2D.

19 Kolvar/vevstakar– montering och kontroll av vevstakslagrets spelrum

Observera: Ett kolvringkompressionsverktyg krävs till detta moment.

Kontroll av vevlagerspel

1 Kontrollen av spelet kan utföras med de ursprungliga lagerskålarna. Det är bäst att använda en ny uppsättning eftersom resultaten blir mer givande.

2 Rengör lagerskålarnas baksidor, och lagerplatserna i både motorblocket/vevhuset och vevstakslageröverfallen.

3 Tryck in lagerskålarna på sina platser och se till att skålarnas flikar hakar i hacken på vevstaken eller överfallet. Rör inte vid lagerskålarnas lageryta med fingrarna. Om du använder de ursprungliga lagerskålarna för kontrollen, se till att de monteras på sina respektive ursprungliga platser.

4 Spelet kan kontrolleras, även om detta blir svårt att åstadkomma utan en uppsättning

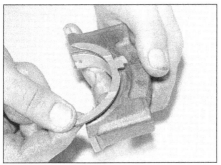
18.10b . . . och se till att tryckbrickorna sitter korrekt

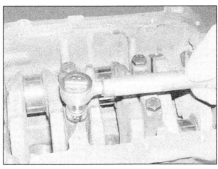
18.12a Dra åt ramlageröverfallets bultar till angivet moment . . .

18.11a Montera ramlageröverfall nr 1

18.12b . . . och sedan till den angivna vinkeln

invändiga mikrometrar eller interna/externa skjutmått. Sätt tillbaka vevstakslageröverfallet på vevstaken, använd markeringarna som gjordes eller antecknades vid demonteringen för att se till att de monteras i rätt riktning, med lagerskålarna på plats. Med de ursprungliga överfallsfästbultarna eller muttrarna (efter tillämplighet) korrekt åtdragna, använd en invändig mikrometer eller skjutmått för att mäta den invändiga diametern för varje monterat par lagerskålar. Om diametern på varje motsvarande vevaxeltapp mäts och sedan subtraheras från lagrets invändiga diameter blir resultatet vevlagerspelet.

Kolv-/vevstaksenhet – montering

5 Observera att följande arbetsbeskrivning förutsätter att vevaxelns ramlageröverfall är på plats.

6 I förekommande fall återmonterar du

oljemunstyckena för oljekylning på botten av motorblocket, och drar åt fästbultarna till angivet moment.

7 På motorer där vevstakslageröverfall fästs med muttrar byter du ut bultarna/pinnbultarna i vevstakarna. Knacka ut de gamla bultarna/pinnbultarna ur vevstakarna med en mjuk klubba och knacka in de nya bultarna/pinnbultarna på plats. På motorer där överfallen fästs med bultar byts dessa ut.

8 Kontrollera att lagerskålarna är korrekt monterade enligt beskrivningen i början av detta avsnitt. Om nya lagerskålar används, kontrollera att alla spår av skyddsfett avlägsnats med fotogen. Torka av skålar och stakar med en luddfri trasa.

9 Smörj cylinderfoder/loppen, kolvarna, kolvringarna och övre lagerskålarna med ren motorolja (se bild). Lägg ut vevstakarna/-kolvarna i korrekt ordningsföljd på en ren

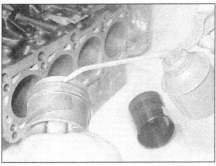
19.9a Smörj kolvarna . . .

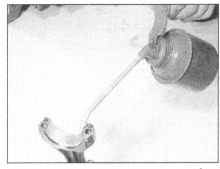
19.9b . . . och storändens övre lagerskålar med ren motorolja

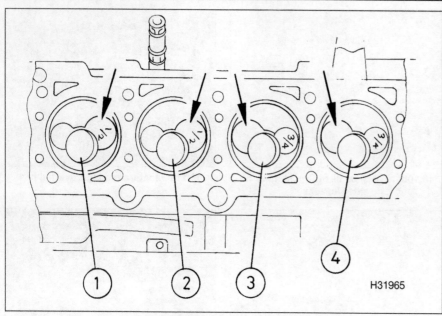

19.12 Kolvorientering och kodning på dieselmotorer –
motorer med 3 cylindrar användar 1 till 3

arbetsyta. Där lageröverfallen är fästa med bultar ska du slå in de gängade ändarna av bultarna med isoleringsband för att hindra att de skadar vevtappar och lopp när kolvarna sätts tillbaka.

10 Börja med kolv-/vevstaksenhet 1. Se till att kolvringarnas ändavstånd fortfarande stämmer med beskrivningen i avsnitt 17. Kläm sedan fast dem med en kolvringskompressor.

11 Sätt i kolv-/vevstaksenheten i ovansidan på cylinder/foder 1. Sänk storänden först, och styr den rätt så att cylinderloppen skyddas. Om det finns oljemunstycken längst ner i loppen ska du vara extra försiktig, så att du inte bryter av dem när du ansluter vevstakarna till vevtapparna.

12 Se till att riktningen på kolven i dess cylinder/foder är korrekt – detaljerad information finns i avsnitt 13. På dieselmotorer har kolvkronorna en speciell form för att förbättra motorns förbränningsegenskaper. Därför skiljer sig kolvarna 1 och 2 från kolvarna 3 och 4. Om kamrarna är korrekt monterade ska de större insugsventilkamrarna på kolv nr

1 och nr 2 vara vända mot motorns svänghjulssida och de större insugsventilkamrarna på övriga kolvar ska vara vända mot motorns kamremssida. Observera att 3-cylindersmotorn med kod AMF följer mönstret för cylinder 1, 2 och 3. Nya kolvar har siffermärken på kronan för att ange typ; "1/2" anger kolv 1 eller 2, "3/4" anger kolv 3 eller 4 **(se bild)**.

13 Använd en träkloss eller ett hammarskaft på kolvkronan och knacka ner kolven i cylindern/fodern tills kolvkronan är i jämnhöjd med cylinderns överkant **(se bild)**.

14 Se till att lagerskålen fortfarande är korrekt installerad i vevstaken, smörj sedan vevtappen och båda lagerskålarna rejält med ren motorolja.

15 Var noga med att inte repa cylinder-/foderloppen och knacka ner kolv-/vevstaksenheten i loppet och på vevtappen. På motorer där vevstakslageröverfallen fästs med muttrar tar du bort isoleringstejpen från vevstaksbultarnas gängade ändar. Olja in bultgängorna, och på motorer där

vevstakslageröverfallen fästs av bultar oljar du in bulthuvudenas undersidor.

16 Montera vevstakslageröverfallet, dra åt dess nya fästmuttrar eller bultar (efter tillämplighet), först med bara fingrarna. På dieselmotorer har vevstaken och dess överfall frästa urtag nära fogytorna. Dessa urtag ska vara vända åt samma håll som pilen på kolvkronan (d.v.s. mot motorns kamremsände) när de är korrekt monterade. Montera ihop komponenterna så att detta villkor är uppfyllt.

17 Dra åt fästbultarna till angivet moment och vinkel som anges i Specifikationerna **(se bilder)**.

18 Montera tillbaka kvarvarande tre kolvar/vevstakar på samma sätt.

19 Dra runt vevaxeln för hand. Kontrollera att den snurrar fritt. Lite stelhet är normalt med nya delar, men den ska inte kärva eller ta i.

20 Om nya kolvenheter har monterats på dieselmotorer eller om en nytt "kort" block har monterats, måste kolvkronornas utstick över topplockets fogyta för motorblocket mätas vid ÖD. Mätningen används för att avgöra vilken tjocklek som krävs för den nya topplockspackningen. Proceduren beskriv som en del av Topplock – demontering, kontroll och montering i kapitel 2D.

21 Fortsätt enligt nedan efter motortyp:

a) På 1,4 liters bensinmotorer med stötstänger återmonteras oljepumpsdrev, sump och topplock enligt beskrivningen i kapitel 2B.

b) På 3-cylindrig dieselmotor med kod AMF återmonteras balansaxelenheten enligt beskrivningen i kapitel 2D.

c) På 1,4 liters DOHC bensinmotorer och alla dieselmotorer återmonteras oljepumpens upptagarrör och oljeskvalpskott, sumpen och topplocket enligt beskrivningen i kapitlen 2C eller 2D.

20 Motor – första start efter renovering och ihopsättning

1 Montera de återstående motordelarna i den ordning som anges i avsnitt 5 i detta kapitel. Montera motorn i bilen enligt beskrivningen i avsnitt 4 i detta kapitel. Kontrollera motoroljenivån och kylvätskenivån igen,

19.13 Knacka ner kolven i loppet med ett hammarskaft

19.17a Dra åt vevstakslageröverfallets bultar/muttrar till angivet moment . . .

19.17b . . . och sedan till den angivna vinkeln

samt att alla komponenter har återanslutits. Försäkra dig om att inga verktyg eller trasor glömts kvar i motorrummet.

2 *Återanslut batteriets jordledning (se* Lossa batteriets jordledning *i kapitlet* Referens i slutet av den här handboken).

Bensinmodeller

3 Skruva ur tändstiften, se Kapitel 1A för mer information.

4 Motorn måste hållas orörlig så att den kan vridas med startmotorn, utan att den startas – enligt beskrivningen i avsnitt 2 i kapitlen 2A, 2B och 2C. Avaktivera också bränslepumpen genom att koppla loss bränslepumpens effektrelä från reläkortet enligt beskrivningen i kapitel 12.

Varning: Det är viktigt att du kopplar bort bränslesystemet för att förebygga skador på katalysatorn.

5 Vrid runt motorn med startmotorn till oljetryckslampan slocknar. Om lampan inte släcks efter ett flertal sekunders runddragning, kontrollera motorns oljenivå och att oljefiltret sitter fast. Om dessa är som de ska, kontrollera skicket på kablaget till oljetryckskontakten. Fortsätt inte förrän du är säker på att oljan

pumpas runt i motorn med tillräckligt tryck.

6 Skruva i tändstiften och koppla tillbaka tändningen och kablaget till bränslepumpen.

Dieselmodeller

7 På motorkod ASY måste kablaget till magnetventilen för bränsleavstängning och bränslemätaren kopplas loss, så att motorn inte startar eller bränsle sprutas in. För motorkoderna AMF, ASZ och ATD lossas insprutningsventilerna genom att lossa kontaktdonet på änden av topplocket. **Observera:** *Som ett resultat av att sladdarna kopplats loss kommer fel att lagras i styrmodulens minne. Dessa måste raderas efter kompressionstestet.*

8 Vrid runt motorn med startmotorn till oljetryckslampan slocknar.

9 Om lampan inte släcks efter ett flera sekunders runddragning, kontrollera motorns oljenivå och att oljefiltret sitter fast. Om dessa är som de ska, kontrollerar du att sladdarna till oljetryckskontakten sitter i ordentligt – fortsätt inte förrän du är säker på att oljan pumpas runt i motorn med tillräckligt tryck.

10 Återanslut kablaget efter tillämplighet.

Alla modeller

11 Starta motorn, var beredd på att det kan ta lite längre tid än vanligt eftersom bränslesystemets delar rubbats.

12 Låt motorn gå på tomgång och undersök om det förekommer läckage av bränsle, vatten eller olja. Var inte orolig om det förekommer ovanliga dofter och tillfälliga rökpuffar medan delarna värms upp och bränner bort oljeavlagringar.

13 Under förutsättning att allt är OK, låt motorn gå på tomgång till dess att man kan känna att varmvatten cirkulerar genom övre kylarslangen.

14 Stanna motorn efter några minuter, kontrollera oljans och kylvätskans nivåer och fyll på om det behövs.

15 Du måste inte dra åt topplocksbultarna igen när motorn har startats efter ihopsättningen.

16 Om nya cylinderfoder, kolvar, kolvringar eller vevaxellager monterats ska motorn behandlas som en ny och köras in de första 1 000 kilometerna. Ge inte full gas och segdra inte på någon växel. Det är rekommendabelt att byta motorns olja och oljefilter efter denna körsträcka.

Kapitel 3
Kyl-, värme- och luftkonditioneringssystem

Innehåll

Svårighetsgrad

Enkelt, passar novisen med lite erfarenhet 	Ganska enkelt, passar nybörjaren med viss erfarenhet	Ganska svårt, passar kompetent hemmamekaniker 	Svårt, passar hemmamekaniker med erfarenhet	Mycket svårt, för professionell mekaniker

Specifikationer

Trycklock för kylsystemet
Öppningstryck . . . . 1,4 till 1,6 bar

Termostat

Bensinmotorer

1,2 liters motorer . . . . Uppgift saknas
1,4 liter OHV motorer:
  Börjar öppnas vid . . . . 88°C
  Helt öppen . . . . 103°C
1,4 liters DOHC motorer:
  Börjar öppnas vid . . . . 84°C
  Helt öppen . . . . 98°C

Dieselmotorer

1,4 liters motorer:
  Börjar öppnas vid . . . . 85°C
  Helt öppen . . . . 105°C
1,9 liters motorer . . . . Uppgift saknas

Kylfläkt
Fläkthastigheter:
  1:a hastighetens aktiveringsvärde . . . . 91 till 97 °C
  1:a hastighetens frånslagsvärde . . . . 91 till 84 °C
  2:a hastighetens aktiveringsvärde . . . . 99 till 105 °C
  2:a hastighetens frånslagsvärde . . . . 98 till 91 °C

Temperaturgivare för kylvätska

Resistans:

1,2 liter bensinmotorer:
Vid 30° C	1500 till 2000 ohm
Vid 80° C	275 till 375 ohm

1,4 liters bensinmotorer med stötstänger:
Vid 20° C	2340 till 2680 ohm
Vid 80° C	290 till 330 ohm

1,4 liters DOHC bensinmotorer:
Vid 30° C	1500 till 2000 ohm
Vid 80° C	275 till 375 ohm

1,4 liter dieselmotorer:
Vid 30° C	1500 till 2000 ohm
Vid 80° C	275 till 375 ohm

1,9 liter dieselmotorer:
Vid 30° C	1500 till 2000 ohm
Vid 80° C	275 till 375 ohm

Åtdragningsmoment

	Nm
Luftkonditioneringskondensator	5
Kylvätskepump:	
1,2 liters bensinmotorer	24
1,4 liter OHV bensinmotorer	20
1,4 liters DOHC bensinmotorer	20
Dieselmotorer	15
Kylvätskepumpens remskiva:	
1,2 liter bensinmotorer	22
1,4 liter OHV bensinmotorer	10
Fördelarhus (dieselmotorer)	10
Kylare	5
Kylarfläktkåpans bultar	10
Kylarfläktens termokontakt	35
Termostatkåpa (dieselmotorer)	15
Termostat-/fördelarhus:	
1,2 liter bensinmotorer	8
1,4 liter OHV bensinmotorer	20
1,4 liter DOHC bensinmotorer	10
Kamremmens styrremskiva:	
1,4 liters DOHC bensinmotorer	50
1,9 liters diesel (endast motorkod ASY):	
Steg 1	40
Steg 2	Vinkeldra ytterligare 90°

1 Allmän information och föreskrifter

Kylsystemet består av en centrifugalpump, kylare med vattengenomströmning i horisontalled, elektrisk kylfläkt, termostat och ett värmepaket, samt slangar som kopplar ihop dessa. Systemet fungerar så här: Kall kylvätska från kylaren passerar genom bottenslangen till kylvätskepumpen, och därifrån pumpas kylvätskan runt i motorblocket och motorns huvudutrymmen. Efter att cylinderloppen, förbränningsytorna och ventilsätena kylts, når kylvätskan motorns överdel och passerar genom den övre slangen till kylaren. Kylvätskan passerar också genom värmepaketet där inkommande luft till bilens insida värms upp.

När motorn är kall begränsas kylvätskecirkulationen till motorblocket, topplocket, expansionskärlet och värmeenheten av en termostat som sitter i kylarkretsen. I bensinmotorer sitter termostaten i kylvätskefördelarhuset på topplockets vänstra ände, medan den i dieselmotorn sitter i kylvätskereturröret frampå motorblocket. När kylvätskan uppnår en angiven temperatur öppnas termostaten och kylarvätskan passerar genom kylaren. När kylvätskan cirkulerar genom kylaren kyls den ner av den luft som strömmar in i motorn när bilen rör sig framåt. Om det behövs, förstärks luftflödet av en eller flera el-kylfläktar. När kylvätskan rinner igenom kylaren, kyls den, och processen upprepas.

En termostatkontakt styr de elektriska kylfläktarna som sitter på kylarens baksida. När kylvätskan når en angiven temperatur slås fläkten i gång.

Föreskrifter

 Varning: Försök inte ta av expansionskärlets lock eller lossa någon del av kylsystemet medan

motorn är varm, eftersom detta medför stor risk för brännskador. Om expansionskärlets påfyllningslock måste tas bort innan motorn och kylaren har svalnat helt (även om detta inte rekommenderas), måste övertrycket i kylsystemet först släppas ut. Täck locket med ett tjockt lager tyg för att hindra skållning. Skruva sedan långsamt upp påfyllningslocket tills ett svagt väsande hörs. När pysandet har upphört, vilket tyder på att trycket minskat, fortsätt att långsamt skruva loss locket tills det kan tas loss helt. Hörs ytterligare pysljud, vänta tills det försvinner innan locket tas av helt. Stå alltid så långt ifrån öppningen som möjligt.

Låt inte frostskyddsmedel komma i kontakt med huden eller lackerade ytor på bilen. Spola omedelbart bort eventuellt spill med stora mängder vatten. Lämna aldrig frostskydd i öppna kärl eller pölar på uppfarten eller garagegolvet. Barn och husdjur attraheras av den söta doften, men frostskydd kan vara livsfarligt att förtära.

2.4 Dra ut fästklämman

3.3 Koppla loss termokontaktens kablage

3.4 Koppla loss den övre slangen från kylaren

Om motorn är varm kan den elektriska kylfläkten börja rotera även om motorn inte är igång, så var försiktig och håll undan händer, hår och löst sittande kläder när du arbetar i motorrummet.
* *Se även extra föreskrifterna för arbete på modeller med luftkonditionering i avsnitt 8.*

2 Kylsystemets slangar – urkoppling och byte

Observera: *Se varningarna i avsnitt 1 i detta kapitel innan du fortsätter.*
1 Om kontrollerna som beskrivs i berörda delar av kapitel 1 avslöjar någon trasig slang, måste denna bytas på följande sätt.
2 Börja med att tömma kylsystemet enligt beskrivningen i kapitel 1A eller 1B. Om det inte är dags att byta kylvätska kan den återanvändas om den förvaras i ett rent kärl.
3 Lossa en slang genom att först lossa slangklämman och dra den utmed slangen, fri från relevant anslutning. Lossa slangen försiktigt.
4 När du ska lossa kylarens in- och utloppsslangar håller du fast slangen mot relevant anslutning, drar ut fjäderklämman och drar slangen från förbindelsen **(se bild)**. Observera att kylarens in- och utgående anslutningar är känsliga. Ta inte i för hårt för att dra loss slangarna. Om en slang sitter fast kan du pröva att vrida på dess ändar för att få loss den.

 Om inget annat hjälper, skär upp slangen på längden med en vass kniv. Även om detta kan verka kostsamt om slangen i övrigt är oskadd, är det att föredra framför att tvingas köpa en ny kylare.

5 När en slang ska monteras, trär du först på klämmorna på slangen och lirkar sedan slangen på plats. Om slangklämmor av klämtyp ursprungligen användes, är det en god idé att använda klämmor av skruvtyp när slangen monteras tillbaka. Om slangen är stel kan lite tvålvatten användas som smörjmedel, eller så kan slangen mjukas upp i ett varmvattenbad.
6 För slangen på plats, kontrollera att den

är korrekt dragen och dra vardera klämman utmed slangen till dess att den passerar över flänsen på relevant anslutning innan slangen säkras på plats med slangklämmorna.
7 Innan du sätter tillbaka någon av kylarens in- eller utgående slangar, byter du anslutningens O-ring oavsett dess skick. Anslutningarna trycks fast på kylarens anslutningar.
8 Fylla på kylsystemet enligt beskrivningen i kapitel 1A eller 1B.
9 Så snart du arbetat med någon del av kylsystemet måste du undersöka om någon läcka uppkommit.

3 Kylare – demontering, kontroll och montering

Demontering

1 Koppla loss batteriets minusledare.
Observera: *Innan batteriet kopplas loss, läser du informationen i "Koppla loss batteriet" i*

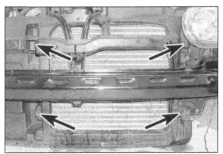

3.9a Skruva bort radiatorns fästskruvarna (markerad med pil)

3.9c Skruva bort kylfläktens fästskruvarna (markerad med pil)

kapitlet Referens i slutet av handboken
2 Tappa först ur kylsystemet enligt beskrivningen i kapitel 1.
3 Koppla loss kablaget från kylfläktens termokontakt och kylfläkten på vänstra sidan av kylaren **(se bild)**.
4 Koppla loss de övre och nedre slangarna från vänstra sidan av kylaren. Dra ut fjäderklämman och skjut försiktigt ut slangarna från rörstosarna **(se bild)**.

Modeller utan luftkonditionering

5 Demontera den främre stötfångaren enligt beskrivningen i kapitel 11.
6 Koppla loss motorhuvslåsvajern från låshållaren.
7 Koppla loss strålkastarkablarna. För att förebygga skador rekommenderar vi också att höger strålkastare tas bort helt.
8 Skruva loss låshållaren och kylaren och ta bort den från framvagnen.
9 Skruva loss kylaren från låshållaren och skruva sedan loss kylfläkten och kylkåpan från kylaren **(se bilder)**.

3.9b Kylarens gummifäste

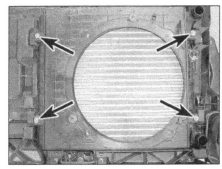

3.9d Skruva loss kylarens fästskruvarna (markerad med pil)

3.15 Sänka ner kylaren från luftkonditioneringskondensorn

Modeller med luftkonditionering

10 Koppla loss kablaget från luftkonditioneringskompressorn, skruva sedan loss den och bind fast den vid låshållaren. Koppla inte loss kylmedieslangarna.
11 Demontera den främre stötfångaren enligt beskrivningen i kapitel 11.
12 Koppla loss motorhuvslåsvajern från låshållaren.
13 Koppla loss strålkastarkablarna. För att förebygga skador rekommenderar vi också att höger strålkastare tas bort helt.
14 Skruva loss låshållaren och sväng ut den från framvagnen, men låt luftkonditioneringsledningarna förbli anslutna. Stötta upp enheten på pallbockar eller träklossar.
15 Skruva loss kondensorn från kylaren, och kylaren från låshållaren, sänk sedan kylaren till golvet och fäst kondensorn vid husets insida med buntband **(se bild)**.

4.5 Koppla loss kylvätskans fördelarhus från motorblocket

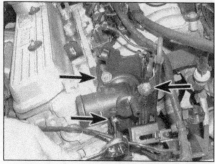

4.11a Lossa och ta bort fästbultarna ...

3.21 Kylarens gummifäste

Kontroll

16 Om kylaren har demonterats på grund av misstänkt stopp, ska den backspolas enligt beskrivningen i relevant del av kapitel 1.
17 Rensa bort smuts och skräp från kylflänsarna med hjälp av tryckluft (bär skyddsglasögon i så fall) eller en mjuk borste. Var försiktig, flänsarna är vassa och skadas lätt.
18 Om det behövs, kan en kylarspecialist utföra ett flödestest på kylaren för att ta reda på om den är blockerad.
19 En läckande kylare måste lagas av en specialist. Försök inte att svetsa eller löda ihop en läckande kylare, eftersom plastdelarna lätt kan skadas.
20 Om kylaren ska skickas på reparation eller om den ska bytas ut ska först kylfläktsbrytaren och termokontakten tas bort.

Montering

21 Monteringen sker i omvänd ordningsföljd

4.10 Lossa fästklämmorna och lossa kylvätskeslangarna från termostathuset

4.11b ... och ta bort termostathusets kåpa

mot demonteringen, men kontrollera fästgummin och byt ut dem om det behövs **(se bild)**. Avsluta med att fylla på kylarsystemet igen med rätt typ av frostskyddsmedel enligt beskrivningen i relevant del av kapitel 1.

4 Termostat – demontering, kontroll och montering

1,2 liter bensinmotorer

Demontering

1 Termostaten är inbyggd i kylvätskefördelarhuset, fäst mot vänster sida av motorblocket. Om det blir fel på den, måste hela huset bytas.
2 Töm kylsystemet enligt beskrivningen i kapitel 1A.
3 För att få arbetsutrymme tar du bort batteriet, luftrenaren och luftkanalerna enligt beskrivningen i kapitel 5A och 4A.
4 Lossa klämmorna och koppla loss slangarna från fördelarhuset
5 Skruva loss fästbultarna och ta bort huset från fördelarhuset och mellanliggande kylvätskerör på motorns baksida **(se bild)**. Ta bort O-ringen.

Kontroll

6 Eftersom termostaten är inbyggd i fördelarhuset går det inte att testa den genom upphettning i vatten på det vanliga sättet. Symptom på en defekt termostat är överhettning om den sitter fast i stängd position eller långsam uppvärmning om den sitter fast i öppen position.

Montering

7 Monteringen utförs i omvänd ordningsföljd mot demonteringen, men fyll kylsystemet igen med rätt mängd och typ av kylvätska enligt beskrivningen i kapitel 1A.

1,4 liters OHV bensinmotorer

Demontering

8 Termostaten sitter under en kåpa i ett hus på baksidan av topplocket, till vänster.
9 Töm kylsystemet enligt beskrivningen i kapitel 1A.
10 Lossa fasthållningsklämmorna och koppla loss kylvätskeslangen från termostatkåpan **(se bild)**.
11 Skruva loss fästbultarna och ta bort termostathuskåpan och tätningsringen/packningen från motorn **(se bilder)**. Kasta tätningsringen/packning; Du måste sätta dit en ny vid monteringen.
12 Termostaten är fäst på termostathusets kåpa. Notera dess placering och lossa sedan fästklämman från kåpan och ta bort fjädern och termostatens tryckkolv **(se bilder)**.

Kontroll

13 Observera att termostaten måste monteras i kåpan innan testet kan påbörjas.

4.12a Frigör fästklämman från husets kåpa . . .

4.12b . . . ta sedan bort fjädern . . .

4.12c . . . och termostatens tryckkolv

14 Termostaten kan grovtestas genom att den hängs upp i ett snöre i en behållare full med vatten. Hetta upp vattnet tills det kokar – termostaten måste ha öppnat sig när vattnet kokar. Om inte, byter du ut termostaten.

15 En mer exakt metod är att med hjälp av en termometer ta reda på termostatens exakta öppningstemperatur och jämföra med värdena i specifikationerna. Öppningstemperaturen ska även finnas angiven på termostaten.

16 En termostat som inte stängs när vattnet svalnar måste också bytas ut.

Montering

17 Monteringen utförs i omvänd ordningsföljd mot demonteringen, men sätt i en ny tätningsring/packning och fyll i kylsystemet igen med rätt mängd och typ av kylvätska enligt beskrivningen i kapitel 1A.

1,4 liters DOHC bensinmotorer

Demontering

18 Termostaten sitter under en kåpa i ett hus till vänster av topplocket.

19 Töm kylsystemet enligt beskrivningen i kapitel 1A.

20 Lossa fasthållningsklämman och koppla loss kylarens nedre slang från termostatkåpan **(se bild)**.

21 Skruva loss fästbultarna och ta bort termostathuskåpan och tätningsringen från motorn. Kasta tätningsringen. en ny en måste användas vid återmonteringen **(se bild)**.

22 Ta bort termostaten från huset **(se bild)**. Observera att termostaten bara är tillgänglig tillsammans med dess fjäderhus.

Kontroll

23 Följ punkt 14 till 16.

Montering

24 Monteringen utförs i omvänd ordningsföljd mot demonteringen, men sätt i en ny tätningsring och fyll i kylsystemet igen med rätt mängd och typ av kylvätska enligt beskrivningen i kapitel 1A.

Dieselmotorer

Demontering

25 Termostaten sitter under en kåpa på motorns framsida, i kylvätskereturröret från kylarens botten.

26 Töm kylsystemet enligt beskrivningen i kapitel 1A.

27 Lossa fasthållningsklämman och koppla loss kylvätskeslangen från termostatkåpan.

28 Skruva loss fästbultarna och ta bort

termostathuskåpan och tätningsringen från motorn **(se bild)**. Kasta tätningsringen. Du måste sätta dit en ny vid monteringen.

29 Vrid termostaten 90° moturs för att ta bort den från kåpan och dra ut den.

Montering

30 Monteringen utförs i omvänd ordning, och tänk på följande:

a) *Montera tillbaka termostaten med en ny O-ring.*

b) *Sätt i termostaten i kåpan och vrid 90° medurs.*

c) *Termostaten ska monteras med nästan vertikalt stag.*

d) *Se till att alla eventuella fästen som noterades vid demonteringen fästs på sina platser på motor-till-växellådans bultar.*

e) *Fyll på kylsystemet med rätt mängd och rätt kylarvätska enligt beskrivningen i kapitel 1B.*

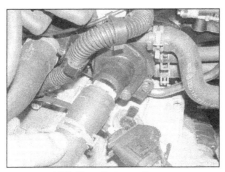

4.20 Koppla loss slangen

4.21 Ta bort tätningen och kasta den

4.22 Demontera termostaten

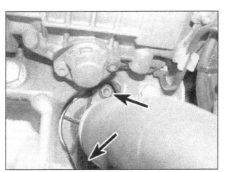

4.28a Termostatkåpans skruvar . . .

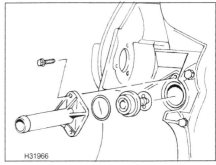

4.28b . . . och termostaten – dieselmotorer

5.9 Ta bort kylfläkten och dess kåpa från kylaren

5 Elektrisk kylfläkt – kontroll, demontering och montering

Kontroll

1 Bilar kan monteras med en eller två kylfläktar, beroende på modell. Kylfläkten matas med ström via tändningslåset, kylfläktens styrenhet (i förekommande fall), relän och säkringar/smältsäkring (se Kapitel 12). Kretsen sluts av kylfläktens termostatbrytare, som sitter på kylarens vänstra sida. Kylfläkten har två hastigheter; termostatbrytaren innehåller faktiskt två brytare, en för fläkthastighetens inställningssteg 1 och en annan för steg 2. Test av kylfläktskretsen utförs som nedan. Observera att följande kontroll ska genomföras för respektive krets för hastighet 1 och 2 (se kopplingsscheman i slutet av kapitel 12).
2 Om en fläkt inte verkar fungera kontrollerar du först säkringar/smältsäkringar. Om de fungerar, kör motorn tills normal arbetstemperatur uppnås, och låt sedan motorn gå på tomgång. Om fläkten inte startar inom ett par minuter, slå av tändningen och koppla loss anslutningskontakten från kylfläktskontakten. Kortslut de två polerna i anslutningskontakten med en bit kabel och slå på tändningen. Om fläkten nu går, är det antagligen brytaren som är defekt och måste bytas.
3 Om brytaren verkar fungera kan motorn kontrolleras genom att man kopplar från motorns kontaktdon och ansluter en strömkälla på 12 volt direkt till motoranslutningarna.

6.6 Skruva loss termokontakten

Om motorn är defekt måste hela enheten bytas, eftersom det inte finns några separata reservdelar.
4 Om fläkten fortfarande inte fungerar kontrollerar du kylfläktens kablage (kapitel 12). Kontrollera varje kabelförbindelse och se till att alla anslutningar är rena och korrosionsfria.
5 Om inget fel kan hittas på modeller med en styrenhet för kylfläkten, varken på säkringar/smältsäkringar, kablage, fläktbrytare eller fläktmotor, är det troligt att kylfläktens styrenhet är defekt. Kontrollen av enheten bör överlåtas till en Skoda-mekaniker eller verkstad; om den är defekt måste den bytas.

Demontering

6 Koppla loss batteriets minusledare.
Observera: *Innan batteriet kopplas loss, läser du informationen i "Koppla loss batteriet" i kapitlet Referens i slutet av handboken*
7 Ta bort motorns övre skyddskåpa.
8 Koppla loss anslutningskontakten från kylfläktsmotorn och skjut bort kontaktdonet från fästbygeln.
9 Skruva loss bultarna och ta bort kylfläkten och kåpan från kylaren **(se bild)**. Var försiktig så att kylarflänsarna inte skadas.
10 Skruva loss de tre torxskruvarna som håller fast fläkten på kylarkåpan och ta bort fläkten.

Montering

11 Monteringen utförs i omvänd ordningsföljd mot demonteringen.

6 Kylsystemets elektriska kontakter och givare – kontroll, demontering och montering

Kylfläktens termostatbrytare

Kontroll

1 Test av kontakten beskrivs i avsnitt 5, som en del av testet av den elektriska kylfläkten.

Demontering

2 Termokontakten sitter på kylarens vänstra sida. Motorn och kylaren måste vara kalla innan brytaren demonteras.
3 Koppla loss batteriets minusledare. Observera: Innan batteriet kopplas loss, läser du informationen i "Koppla loss batteriet" i kapitlet Referens i slutet av handboken Demontera motorns övre skyddskåpa, om det behövs.
4 Tappa antingen ur kylaren till under brytarens nivå (enligt beskrivning i kapitel 1A eller 1B) eller ha en lämplig plugg till hålet i kylaren redo för att täppa igen hålet medan brytaren är demonterad. Om en plugg används, var noga med att inte skada kylaren och använd inte något som låter främmande föremål komma in i kylaren.
5 Koppla loss anslutningskontakten från termokontakten.
6 Skruva försiktigt loss termokontakten från kylaren **(se bild)**.

Montering

7 Monteringen sker i omvänd ordningsföljd mot demonteringen. Stryk ett tunt lager av lämpligt fett på brytarens gängor och dra åt den till angivet moment. Avsluta med att fylla kylsystemet igen med rätt mängd och typ av kylvätska enligt beskrivningen i kapitel 1A eller 1B, eller fyll på enligt beskrivningen i *Veckokontroller*.
8 Starta motorn och köra den tills den når normal arbetstemperatur. Fortsätt sedan köra motorn och kontrollera att kylfläkten startar och fungerar korrekt.

Temperaturgivare för kylvätska

Kontroll

9 Kylvätskatemperaturgivaren is sitter på kylvätskefördelarhuset fäst mot vänster sida av motorblocket. På bensinmotorer är den ovanpå eller på framsidan av huset och på dieselmotorer är den på husets baksida.
10 Givaren innehåller en termistor, som består av en elektronisk komponent vars elektriska motstånd sjunker med en förbestämd takt när temperaturen stiger. När kylvätskan är kall är givarens resistans hög, strömmen genom mätaren är låg och mätarens visare pekar mot den 'kalla' delen av skalan. Normalvärden för resistans anges i Specifikationer, men givarna kan också kontrolleras av en Skoda-verkstad eller specialist med hjälp av diagnosutrustning. Om givaren är defekt måste den bytas.

Demontering och montering

11 Ta bort motorns övre skyddskåpa.
12 Koppla loss anslutningskontakten från givaren som sitter på termostathuset på topplockets vänstra ände. Dränera delvis kylsystemet till under givarens nivå (enligt beskrivningen i kapitel 1A eller 1B).
13 Dra försiktigt ut clipset och dra ut givaren ur huset. Ta bort O-ringen.
14 Monteringen utförs i omvänd ordning, och tänk på följande:
   a) Montera tillbaka givaren med en ny O-ring.
   b) Fyll kylsystemet enligt beskrivning i kapitel 1A eller 1B eller fyll på enligt beskrivning i "Veckokontroller".

7 Kylvätskepump – demontering och montering

Observera: *Nya kylvätskepumpar kan ha en ändrad utformning, där packningar inte krävs. Använd ett lämpligt tätningsmedel.*

1,2 liter bensinmotorer

Demontering

1 Töm kylsystemet enligt beskrivningen i kapitel 1A.
2 Innan du tar bort drivremmen lossar du endast på fästbultarna till kylvätskepumpens remskiva.

7.4 Ta bort kylvätskepumpens remskiva – motorkod BME

7.5 Ta bort kylvätskepumpen – motorkod BME

7.18 Ta bort kylvätskepumpen – 1,4 liters DOHC motorer

3 Demontera drivremmen enligt beskrivningen i kapitel 1A.

4 Skruva helt loss bultarna och ta bort remskivan från kylvätskepumpen **(se bild)**.

5 Skruva loss kylvätskepumpens fästbultarna/muttrarna och ta bort pumpen och packningen (om sådan finns) från motorblocket. Identifiera den främre fästbulten eftersom den har tätningsmedel på gängorna. Om pumpen är defekt måste den bytas **(se bild)**.

Montering

6 Monteringen utförs i omvänd ordning, och tänk på följande:
a) *Montera tillbaka pumpen med en ny packning (beskrivning i "Observera" ovan).*
b) *Stryk något lämpligt tätningsmedel på den främre fästbultens gängor.*
c) *Fyll på kylsystemet enligt beskrivningen i kapitel 1A.*

1,4 liters OHV bensinmotorer

Demontering

7 Töm kylsystemet enligt beskrivningen i kapitel 1A.

8 Demontera motorfästen på höger sida enligt beskrivningen i kapitel 2B. I denna procedur måste motorn bäras upp av en lyft. Observera att kylvätskepumphuset utgör en del av motorfästet.

9 Innan du tar bort drivremmen lossar du endast på fästbultarna till kylvätskepumpens remskiva.

10 Demontera drivremmen enligt beskrivningen i kapitel 1A.

11 Skruva loss metallkylvätskeröret från motorblocket.

12 Lossa klämman och koppla loss den korta slangen som ansluter pumpen till metallkylvätskeröret.

13 Skruva helt loss bultarna och ta bort remskivan från kylvätskepumpen.

14 Skruva loss fästbultarna/muttrarna och ta bort pumpen och packningen från motorblocket.

Montering

15 Monteringen utförs i omvänd ordning, och tänk på följande:
a) *Montera tillbaka pumpen med en ny packning.*
b) *Fyll på kylsystemet enligt beskrivningen i kapitel 1A.*

1,4 liters DOHC bensinmotorer

Demontering

16 Demontera huvudkamremmen enligt beskrivningen i kapitel 2C. Märk ut åt vilket håll remmen sitter om den ska återmonteras.

17 Ta bort kamremmens överföringshjul och bakre kamremskåpa.

18 Skruva loss kylvätskepumpens fästbultarna/muttrarna och ta bort pumpen från motorblocket. Observera att packningen är inbyggd i pumpen och att den inte får tas bort. Om pumpen är defekt måste den bytas **(se bild)**.

Montering

19 Monteringen utförs i omvänd ordning, och tänk på följande:
a) *Rengör ytan på motorblocket innan du monterar tillbaka pumpen.*
b) *Fyll på kylsystemet enligt beskrivningen i kapitel 1A.*

Dieselmotorer

Demontering

20 Töm kylsystemet enligt beskrivningen i kapitel 1B.

21 Ta bort kamremmen enligt beskrivningen i kapitel 2D, men observera följande.
a) *Den nedre delen av kamremsskyddet behöver inte tas bort.*

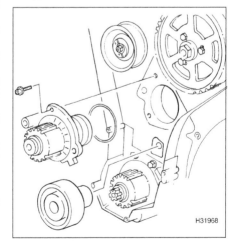

7.23a Kylvätskepump – dieselmotorer

b) *Kamremmen ska lämnas på plats på vevaxeldrevet.*
c) *Täck kamremmen med en duk för att skydda den från kylvätskan.*

22 Endast för 1,9 liters motorn med kod ASY skruvas kamremmens tomgångsöverföring loss, och remskivan trycks nedåt ungefär 30 mm.

23 Skruva loss kylvätskepumpens fästbultarna/muttrarna och ta bort pumpen och O-ringen från motorblocket. Om pumpen är defekt måste den bytas **(se bilder)**.

Montering

24 Monteringen utförs i omvänd ordning, och tänk på följande:
a) *Sätt i kylvätskepumpen med en ny O-ring, smord med lite kylvätska.*
b) *Montera pumpen med den gjutna tappen nedåt.*
c) *Fyll på kylsystemet enligt beskrivningen i kapitel 1B.*

---

8 Värme/luftkonditionerings-system – allmän information och föreskrifter

Värmesystem

1 Systemet för värme och ventilation består av en fläkt med fyra hastigheter (placerad i kup n), luftmunstycken i ansiktshöjd, mitt på och på vardera änden av instrumentbrädan samt lufttrummor till främre och bakre fotbrunnarna.

2 Styrenheten sitter i instrumentbrädan, och

7.23b Kylvätskepump – dieselmotorkod AMF

kontrollerna styr klaffventiler som riktar och blandar luften som strömmar igenom de olika delarna av värme/ventilationssystemet. Klaffarna är placerade i luftfördelningshuset som fungerar som central fördelningsenhet och leder luften till de olika trummorna och munstyckena.

3 Kalluft kommer in i systemet via grillen i bakre delen av motorrummet. På vissa modeller (beroende på specifikationen) har ett pollenfilter monterats i värmeenheten för att filtrera bort damm, sot, pollen och sporer från den luft som flödar in i bilen.

4 Luftflödet, som kan förstärkas av fläkten, strömmar sedan genom de olika trummorna enligt reglagens inställning. Gammal luft blåses ut genom luftkanaler under det bakre fönstret. Om varmluft önskas passerar den kalla luften genom värmarens element som värms upp av motorns kylvätska.

5 Vid behov kan luften utifrån stängas av för att låta kupéluften återcirkulera. Detta kan användas för att förhindra dålig lukt att komma in i bilen, men bör bara användas korta perioder, eftersom den återcirkulerade luften snabbt försämras.

Luftkonditioneringssystem

6 Luftkonditionering är standard på alla modellerna i Förenade kungariket. Det kan sänka den inkommande luftens temperatur, och avfukta luften, vilket ger snabbare imborttagning och ökad komfort.

7 Den kylande delen av systemet fungerar på samma sätt som ett vanligt kylskåp. Köldmedia i gasform sugs in i en remdriven kompressor och passerar en kondenserare som är monterad framför kylaren. Vätskan passerar genom en expansionsventil till en förångare där den omvandlas från vätska under högt tryck till gas under lågt tryck. Den här omvandlingen leder till ett temperaturfall som kyler förångaren. Kylmedlet återvänder sedan till kompressorn och cykeln upprepas.

8 Luft strömmar genom förångaren till luftfördelaren där den blandas med varmluft som passerat värmeelementet så att kupén får önskvärd temperatur.

9 Värmesidan av systemet fungerar som i bilar utan luftkonditionering.

10 Systemets arbete styrs elektroniskt via kylvätsketemperaturbrytare och tryckvakter

som finns inskruvade i kompressorns högtrycksledning. Problem med systemet ska därför överlåtas till en Skoda-verkstad eller till en specialist på luftkonditionering.

Föreskrifter

• *Om ett luftkonditioneringssystem finns monterat, är det viktigt att speciella säkerhetsprocedurer följs vid arbete med någon del av systemet, dess associerade komponenter eller några enheter som kräver att systemet kopplas loss. Om systemet måste kopplas loss, överlåt detta arbete till en Skoda-verkstad eller en specialist på luftkonditioneringsanläggningar.*

⚠️ *Varning: Kylkretsen innehåller kylmediet, och det är därför farligt att koppla loss någon del av systemet utan specialkunskap och specialutrustning. Kylmediet kan vara farligt och bör endast hanteras av utbildad personal. Om det stänker på huden kan det orsaka frostskador. Det är inte giftigt i sig, men utvecklar en giftig gas om den kommer i kontakt med en oskyddad låga (inklusive en tänd cigarrett). Okontrollerat utsläpp av kylmediet är farligt och skadligt för miljön, och är dessutom illegalt i de flesta land.*

• *Använd inte luftkonditioneringssystemet om det innehåller för lite kylmedel eftersom det kan skada kompressorn.*

9 Värme-/luftkonditionerings-systemets komponenter – demontering och montering 🔧

System, styrenhet

Demontering

1 Stäng av tändningen och alla elektriska förbrukare.

2 Ta bort instrumentbrädans mittdel enligt beskrivningen i kapitel 11.

3 Bänd försiktigt bort klädselpanelen från styrenheten Tejpa fast vridreglagen för att garantera korrekt återmontering.

4 Koppla loss kablarna.

5 Tryck ner klämmorna och lossa de flexibla styrkablarna från styrenheten.

6 Om det behövs kan du koppla bort kablarna från enheten genom att trycka ner plasttapparna med en skruvmejsel.

Montering

7 Monteringen utförs i omvänd ordningsföljd mot demonteringen.

Systemets montering

Demontering

8 Lossa batteriets jordledning (se *Koppla loss batteriet* i kapitlet *Referens* i sluttan av den här handboken).

9 På modeller med luftkonditionering ska kylmediet tömmas från systemet av en Skoda-verkstad eller luftkonditioneringsspecialist.

10 Ta bort pollenfiltret enligt beskrivningen i kapitel 1A och 1B.

11 Skruva loss expansionskärlets lock (med kall motor) så att eventuellt övertryck i kylsystemet släpps ut. Skruva sedan på locket igen.

12 Avlägsna motorns kåpa. Fäst båda värmeslangarna så nära mellanväggen som möjligt för att minimera kylvätskeförlust. Du kan också tappa ur kylsystemet enligt beskrivningen i relevant del av kapitel 1A eller 1B. Märk slangarnas lägen för att garantera korrekt återmontering, eftersom de skiljer sig åt beroende på modell. Generellt kan sägas att på modeller med temperaturstyrning är utloppet närmast mitten av bilen returslangen till vattenpumpen och den yttre slangen är en matningsslang från topplocket. På modeller utan temperaturstyrning är slangpositionerna omvända.

13 Lossa klämmorna och koppla loss båda slangarna från värmepakets utlopp. Blås försiktigt rent från kvarstående kylvätska och plugga sedan igen utloppen för att förhindra spill av kylvätska när värmeenheten tas bort.

14 Demontera askkoppen från mittkonsolen enligt beskrivningen i kapitel 11.

15 Skruva loss och ta bort hållaren till frampassagerarens krockkudde(se bild).

16 Ta bort luftmunstyckena från värmeenhetens ovansida och luftkanalen från sidan. Ta också bort den bakre kanalen till fotbrunnen från värmeenhetens botten (se bilder).

17 Stödfästet måste nu tas bort för att underlätta borttagningen av värmeenheten. På högerstyrda modeller måste den vänstra fästbygeln tas bort och på vänsterstyrda

9.15 Ta bort hållaren för frampassagerarens krockkudde

9.16a Ta bort det övre luftmunstycket . . .

9.16b . . . och det nedre luftmunstycket från värmeenheten

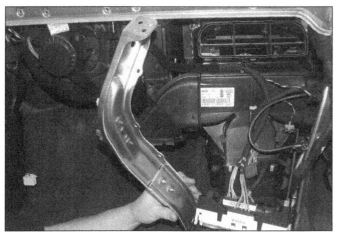

9.17 Ta bort stödfästet

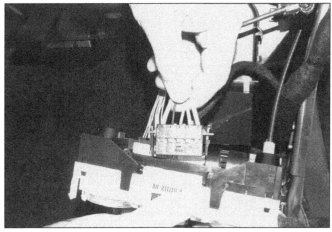

9.18 Koppla loss kablarna från styrenheten

modeller den högra. Lossa kablaget och ta bort fästbygeln **(se bild)**.
18 Lossa kablaget och ta bort värme/luftkonditioneringens styrenhet **(se bild)**. Koppla även loss vajrarna från fläktmotorn.
19 Ta bort munstycket vid förarens fotbrunn **(se bild)**.
20 Skjut i förekommande fall mekanismens styrenhet uppåt från värmeenheten och lägg den åt sidan.
21 I förekommande fall kopplar du från kablage och jordkabel till det extra värmesystemet. Skär loss alla buntband som fäster kablaget till värmeenheten.
22 Skruva loss adaptern vid värmepaketet från mellanväggen i motorrummet **(se bild)**.
23 På modeller med luftkonditionering skruvar du loss kylmedieslangarna från förångarens expansionsventil på mellanväggen i motorrummet och tar vara på O-ringstätningarna **(se bild)**.
24 Skruva loss och ta bort fästbultarna **(se bild)**.
25 Lägg ut trasor i passagerarens fotbrunn, ta sedan försiktigt ut värme-/luftkonditioneringsenheten och ta bort den från bilen **(se bild)**. Var beredd på visst spill av kylvätska.

Montering

26 Montering sker i omvänd arbetsordning men lägg märke till följande:
a) *Kontrollera skicket på skumpackningen som passas in mellan värmeenheten och mellanväggen och byt ut den om så behövs (se bild).*
b) *Se till att alla kablar är korrekt dragna och återanslutna.*
c) *Kontrollera att luftkanalerna är säkert fästa på plats.*
d) *Avsluta med att kontrollera kylvätskenivån och fyll på om det behövs, enligt beskrivningen i 'Veckokontroller'.*

Värmepaket

Demontering

27 Det går att ta bort värmepaketet från värmeenhetens nederkant med enheten på

9.19 Ta bort luftmunstycket från förarens fotbrunn

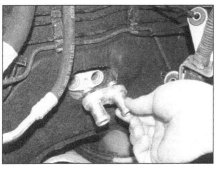

9.22 Ta bort värmepaketets adapter

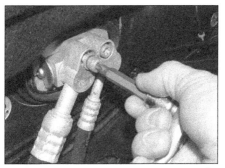

9.23 Skruva loss kylmedieledningarna från förångarens expansionsventil

9.24a Skruva loss fästbultarna . . .

9.25 . . . dra sedan bort värme/luftkonditionering från bilens insida

9.26 Kontrollera skick för skumpackningen mellan värmeenhet och mellanväggen

9.28 Ta bort värmepaketet och kåpan från värmeenhetens nederdel

9.33 Ta loss värmefläktens motor

plats, men här förklarar vi proceduren med enheten borttagen som beskrivits tidigare.

28 Placera enheten på bänken och bänd loss fjäderklämmorna med en skruvmejsel. Ta sedan bort värmepaketet och kåpan från enhetens botten **(se bild)**.

Montering

29 Monteringen utförs i omvänd ordningsföljd mot demonteringen.

Värmefläktens motor

Demontering

30 Stäng av tändningen och alla elektriska förbrukare.

31 Ta bort handskfacket enligt beskrivningen i kapitel 11, avsnitt 27.

32 Koppla loss den lilla kabeln från anslutningen i närheten av fläktmotorhusets mitt. Koppla också loss den stora kontakten från anslutningen och lossa kablaget från buntbanden på huset.

33 Skruva loss skruvarna och dra ut motorenheten från huset **(se bild)**.

34 Tryck ner stiften med en skruvmejsel och dra ut anslutningskontakten ur hållaren.

35 Tryck ner hakarna och ta bort fläktmotorn och fläkthjul från huset.

Montering

36 Monteringen utförs i omvänd ordningsföljd mot demonteringen.

Fläktmotorns seriemotstånd

Demontering

37 Stäng av tändningen och alla elektriska förbrukare.

38 Ta bort handskfacket enligt beskrivningen i kapitel 11, avsnitt 27.

39 Lossa kablaget och vrid seriemotståndet 45° moturs för att ta bort det från huset.

Montering

40 Monteringen utförs i omvänd ordningsföljd

mot demonteringen, men kontrollera att fläktmotorn fungerar tillfredsställande i alla fyra hastigheterna innan du sätter tillbaka handskfacket.

Luftkonditioneringens kompressor

⚠️ **Varning: Försök inte öppna kylkretsen. Se föreskrifterna i avsnitt 8.**

41 Vid borttagning av motorn eller kylaren kan du skruva loss kompressorn från motorn och binda fast den vid låshållaren efter det att kablaget har kopplats loss. Koppla inte loss kylmedieslangarna.

10 Luftmunstycken för värme-/ ventilationssystem – demontering och montering

Luftmunstycken på sidan

1 När du ska ta bort ett luftmunstycke bänder du försiktigt loss det från huset med en liten spårskruvmejsel. Var försiktig så att den omgivande panelen inte skadas.

2 Vid återmonteringen trycker du varsamt luftmunstycket på plats så att dess låsklämmor hakar i.

Luftmunstycken mitt på instrumentbrädan

3 Gå tillväga på samma sätt som tidigare beskrivits för sidomunstyckena, men observera att varje munstycke måste bändas loss stegvis från båda håll för att lossna från underlaget.

Kapitel 4 Del A:
Bensinmotorns bränslesystem

Innehåll

Svårighetsgrad

Enkelt, passar novisen med lite erfarenhet 	Ganska enkelt, passar nybörjaren med viss erfarenhet	Ganska svårt, passar kompetent hemmamekaniker 	Svårt, passar hemmamekaniker med erfarenhet	Mycket svårt, för professionell mekaniker

Specifikationer

Motorkoder

1,2 liter:
SOHC	AWY
DOHC	AZQ, BME

1,4 liters OHV:
44 kW	AZE och AZF
50 kW	AME, ATZ och AQW

1,4 liters DOHC:
55 kW	AUA och BBY
74 kW	AUB och BBZ

Systemtyp

1,2 liters motorer:
Motorkod AWY	Siemens Simos 3PD
Motorkod AZQ	Siemens Simos 3PE
Motorkod BME	Siemens Simos 3PG

1,4 liter OHV motorer:
Motorkoder AME, AZE och AZF	Siemens Simos 3PB
Motorkoder AQW och ATZ	Siemens Simos 3PA

1,4 liters DOHC motorer:
Motorkoder AUA och AUB	Magneti Marelli 4LV
Motorkoder BBY och BBZ	Magneti Marelli 4MV

Rekommenderat bränsle

Minsta oktantal:
Alla modeller	95 oktan blyfri (91 oktan blyfri kan användas men med sämre effekt)

Bränslesystemdata

Bränslepump, typ	Elektrisk, nedsänkt i bränsletanken
Bränslepumpens tillförseltakt	600 cc/30 secs (batterispänning 12.5 V)
Reglerat bränsletryck	2,5 bar

Motorns tomgångshastighet (icke justerbar, elektroniskt styrd):

1,2 liters motorer:	
Motorkod AWY	610 till 830 varv per minut
Motorkoder AZQ och BME	580 till 800 varv/min
1,4 liters motorer:	
OHV motorer	730 till 870 varv/minut
Motorkod AUA:	
Manuell växellåda	650 till 850 varv/minut
Automatväxel	580 till 780 rpm
Motorkod BBY:	
Manuell växellåda	660 till 860 varv/minut
Automatväxel	580 till 780 rpm
Motorkod AUB	740 till 940 varv per minut
Motorkod BBZ	580 till 780 varv per minut
CO-innehåll vid tomgång (inte justerbart, elektroniskt styrt)	0,5 % max
Elektriskt motstånd för insprutningsventil (normalt)	12 till 17 ohm

Åtdragningsmoment

	Nm
Kamaxelgivare	8
Bränslefördelarskenans fästbultar:	
1,2 liters motorer:	
Motorkod AWY	8
Motorkoder AZQ och BME	10
1,4 liters motorer:	
OHV motorer	20
DOHC motorer	10
Bränsletank	25
Insugslufttemperaturgivaren/tryckgivaren	2
Insugsrör:	
1,2 liters motorer:	
Motorkod AWY:	
Till insugningsgrenröret	20
Nedre fäste	15
Motorkoder AZQ och BME	20
1,4 liters motorer:	
OHV motorer	25
DOHC motorer	20
Knackningsgivarna	20
Lambdasonde	50
Styrenhet för trottelventil	
1,2 liters motorer	8
1,4 liters motorer	10

1 Allmän information och föreskrifter

Allmän information

Flerpunktsinsprutningssystem för bensin som beskrivs i det här kapitlet är helomfattande motorstyrningsystem som styr både bränsleinsprutning och tändning. Kapitlet handlar bara om komponenterna i bränslesystemet – se Kapitel 4C för information om avgassystem och avgasreningssystem, och kapitel 5B för uppgifter om tändsystemet.

Bränslesystemet består av en bränsletank, en elektrisk bränslepump, ett bränslefilter, bränsleledningar för matning och retur, trottelhus styrenhet, bränslerör, fyra elektroniska insprutare och en elektronisk styrenhet samt tillhörande givare, aktiverare och ledningar. Alla bränslesystem som används fungerar på samma sätt men med vissa detaljskillnader. Det elektroniska styrsystemet (EPC) är helt elektroniskt och ingen gasvajer har monterats. Informationen om gaspedalens läge skickas från pedalens styrenhet via två variabla motstånd och gasspjället aktiveras därefter av en elmotor i gasspjällets styrenhet på insugsgrenröret. När motorn står stilla kan gasspjällets läge jämföras direkt med gaspedalens läge, men om motorn körs öppnas motorns styrenhet och gasspjället stängs oberoende av varandra enligt rådande förhållanden. Det kan t.ex. innebära att gasspjället kan vara helt öppet även om gaspedalen bara är halvt öppen. Motorns elektroniska styrmodul (ECU) avgör bästa läge för gasspjället i fråga om avgasutsläpp och bränsleförbrukning. Om det uppstår ett fel i systemet tänds EPC-varningslampan på instrumentpanelen och felet lagras i felminnet. Systemet växlas sedan till nödinställningar och motorvarvtalet ökas så att föraren kan ta bilen till en Skoda-verkstad – men lägesgivarna för gaspedalen fungerar inte längre.

Bränslepumpen är nedsänkt i bränslet i tanken och ger konstant bränsleförsörjning till bränslefördelarskenan via ett patronfilter. För 1,2 liters motorn med kod AWY inbegriper bränslefördelarskenan en tryckregulator och en returledning går från regulatorn till bränsletanken på fordonets baksida. För alla andra modeller är tryckregulatorn inbyggd i bränslefiltret som sitter bredvid bränsletanken, och returledningen går från filtret till bränsletanken. Bränsletrycksregulatorn upprätthåller ett konstant bränsletryck till bränsleinsprutningsventilerna och pumpar tillbaka överflödigt bränsle via returledningen. Detta konstanta flödessystem hjälper till att hålla bränsletemperaturen nere och förhindrar förångning.

Bränsleinsprutarna öppnas och stängs av en elektronisk styrenhet som beräknar när insprutning ska äga rum och hur länge den ska vara i enlighet med den information om motorvarvtal, gasspjällets läge och öppningsgrad, insugsluftens temperatur, kylvätskans temperatur och avgasernas syreinnehåll, som fås från olika givare på och runt motorn.

Insugsluften dras in i motorn genom luftrenaren, som innehåller ett utbytbart pappersfilter. För 1,2 liters motorer och 1,4 liters DOHC motorer är luftrenaren inbyggd i motorns övre skyddskåpa, men för 1,4 liters motorer med stötstänger sitter den i det vänstra bakre hörnet av motorrummet. På alla motorer styrs insugs-luftens temperatur av en ventil, monterad i luftintagets rör som blandar ytterluft med varmluft från avgasgrenröret.

Temperaturen och trycket i den luft som flödar in i motorn mäts av en givare som sitter på insugsgrenröret. Denna information används av den elektroniska styrmodulen för att finjustera bränslekraven för olika driftförhållanden.

Tomgångsvarvtalet bestäms av den elektroniska styrmodulen, så det går inte att justera motorns tomgångsvarvtal manuellt, vilket inte heller behövs.

Andelen syre i avgasen övervakas hela tiden av den elektroniska styrmodulen via en eller två lambdasonder. På motorer med en lambdasonde monteras den före katalysatorn, och på motorer med två lambdasonder monteras en av dem före katalysatorn och den andra efter. Detta förbättrar lambdasondens svarstid och precision och den elektroniska styrmodulen jämför signalerna från varje lambdasonde för att bekräfta att katalysatorn fungerar felfritt. Styrenheten använder informationen från givaren att modifiera tidpunkt och varaktighet för insprutningen så att optimal bränsleblandning erhålls – ett resultat av detta är att manuell justering av CO-halten inte behövs. Modeller med 1,2 liters motor är utrustade med en enda katalysator inbyggd i avgasgrenröret. Modeller med 1,4 liters OHV motor är utrustade med en enda katalysator inbyggd i avgassystemets främre rör. 1,4 liters motor DOHC modeller är utrustade med två katalysatorer, den ene i avgasgrenröret och den andra i det främre avgasröret.

1,2 liters motorer med kod AWY är beroende på region utrustade med antingen en eller två lambdasonder, medan 1,2 liters motorer med koderna AZQ och BME har två lambdasonder – en i avgasgrenröret före katalysatorn och (i förekommande fall) en i det främre avgasröret, efter katalysatorn. 1,4 liters stötstångsmotorer med koderna AME och AZE har en enda

lambdasonde ovanpå det främre avgasröret, och modeller med motorkoderna AQW, ATZ och AZF har två lambdasonder – en ovanpå det främre avgasröret och den andra bakom katalysatorn bakpå det främre avgasröret. Alla 1,4 liters DOHC bensinmotorer har två givare Se kapitel 4C för mer information.

På alla motorer reglerar styrenheten i förekommande fall kolkanisterns avdunstningsreglering – se Kapitel 4C för ytterligare detaljer.

Lägg märke till att en omfattande felsökning av de motorstyrningssystem som tas upp i detta kapitel endast kan utföras med speciell elektronisk testutrustning. Problem med systemets funktion måste därför överlåtas till en Skoda-verkstad för utvärdering. När felet har identifierats kan komponenter bytas efter behov enligt de anvisningar som beskrivs i följande avsnitt.

Föreskrifter

⚠ *Varning: Bensin är extremt brandfarligt – största försiktighet måste iakttagas vid allt arbete som rör bränslesystemets delar.*

• *Rök inte och ha inte nakna lågor eller glödlampor nära arbetsplatsen. Observera att även gasdrivna hushållsapparater med tändlågor, som varmvattensberedare, ångpannor och torktumlare, också utgör en brandrisk. Tänk på det om arbetet utförs på en plats i närheten av sådana apparater. Ha alltid en eldsläckare i närheten av arbetsplatsen och kontrollera hur den fungerar innan arbetet påbörjas. Använd skyddsglasögon vid arbete med bränslesystemet och tvätta omedelbart bort allt bränsle som kommer i kontakt med huden med tvål och vatten. Observera att bränsleångan är lika farlig som det flytande bränslet – kanske ännu mer. Ett kärl som har tömts på flytande bränsle innehåller fortfarande ångor och kan explodera.*

• *Många av de arbeten som beskrivs i detta kapitel innebär bland annat att koppla ur bränsleledningar, vilket orsakar ett visst bränslespill. Innan arbete påbörjas, läs varningen ovan och informationen i 'Säkerheten främst!' i början av den här handboken.*

• *Det finns ett visst övertryck i bränsle-systemet långt efter det att motorn stängts av. Detta måste utjämnas på ett kontrollerat sätt innan arbete på någon del av bränslesystemet kan inledas se avsnitt 8 för detaljer.*

• *Var extra noga med renligheten vid arbete med bränslesystemets komponenter. Smuts som tränger in i bränslesystemet kan orsaka blockeringar som leder till dålig drift.*

• *Många av de följande arbetsbeskriv-ningarna anger att batteriets jordledning ska lossas. Detta med tanke på personlig säkerhet och skydd av utrustning. För det första så elimineras risken för oavsiktliga kortslutningar under arbetet, för det andra*

förhindras skador på elektronisk utrustning (givare, aktiverare, styrenheter etc.) som är synnerligen känsliga för strömtoppar orsakade av in- och urkopplingar till strömförande kabelage. Läs "Koppla loss batteriet" i slutet av handboken.

2 Luftrenare och luftintag – demontering och montering

Demontering

1,2 liters motor

1 Luftfiltret är inbyggt i motorns övre skyddskåpa. När du ska ta bort den övre kåpan på motorkod AWY, koppla loss luftledaren från låshållaren, lyft lite på kåpan och koppla loss den lilla vakuumslangen från klämmorna. Koppla loss de två resterande slangarna och ta bort den övre kåpan och luftrenaren från motorn.

2 När du ska ta bort den övre kåpan på motorkoderna AZQ och BME, koppla loss vevhusventilationsslangen genom att klämma ihop sidorna på slangkröken. Koppla loss den kvarvarande slangen och ta bort den övre kåpan och luftrenaren från motorn.

1,4 liters OHV motor:

3 Ta bort motorns övre skyddskåpa.

4 Luftrenaren sitter baktill till vänster i motorrummet, bakom batteriet.

5 Koppla loss luftinsugsslangen från luftrenarkåpan genom att lossa på fjäderklämman med en tång.

6 Skruva loss skruven och ta bort kanalen till varmluftsspjället från luftrenarbasen.

7 Skruva loss fästskruven och ta bort luftrenarenheten från gummifästena.

8 Ta bort insugsröret och insugsslangen från gasspjällets styrenhet genom att första koppla loss vevhusventilationsslangen och sedan skruva loss fästbultarna och ta bort dem.

1,4 liters DOHC motor

9 Luftfiltret är inbyggt i motorns övre skyddskåpa.

10 Lyft av kåpan och koppla loss värmluftslangen från kontrollklaffhuset.

Montering

11 Monteringen utförs i omvänd ordningsföljd mot demonteringen, men kontrollera att adapterringen sitter rätt och att alla slangar sitter säkert.

3 Temperaturstyrsystem för insugsluft – allmän information

1 Styrsystemet för insugsluftstemperaturen består av en termostatstyrd klaffventil monterad på luftrenarhuset och en slang till varmluftsledarplåten över avgasgrenröret.

4.5 Koppla loss kablaget från gasspjällets styrenhet

2 Temperaturgivaren i klaffventilhuset känner av temperaturen på insugsluften och öppnar ventilen när en i förväg inställd lägre gräns har nåtts. När klaffventilen öppnas, blandas den luft som har värmts upp kring avgasgrenröret med insugsluften.

3 När temperaturen på insugsluften stiger, stänger givaren klaffen stegvis, tills varmluftsförsörjningen från avgasgrenröret är helt avstängd och bara luft med samma temperatur som omgivningen släpps in i luftrenaren.

4 När varmluftsslangen har tagits bort från det termostatstyrda klaffventilhuset kan en hårtork användas för att testa hur givaren fungerar.

---

4 Bränslesystem komponenter– demontering och montering

Observera: *Observera föreskrifterna i avsnitt 1*

4.11a Bränsleinsprutarkablage och bränslefördelarskena – motorkod BME

4.15a Skruva loss fästbultarna . . .

4.6 Fästskruvar till gasspjällets styrenhet

innan något arbete utförs på bränslesystemets komponenter. Information om motorstyrningssystemets givare som mer direkt har att göra med tändsystemet finns i kapitel 5B. När någon av komponenterna i detta avsnitt har monterats ska felminnet till motorstyrningens elektroniska styrmodul läsas av och eventuella kvarvarande fel raderas av en Skoda-verkstad eller lämpligt utrustad specialist.

Gasspjällets styrenhet

Varning: Har gasspjällets styrenhet bytts ut måste den nya enheten programmeras för bilen innan den kan användas – detta måste utföras av en Skoda-verkstad.

Demontering

1 Ta bort motorns övre skyddskåpa och, för 1,4 liters motorer med stötstänger, ta bort luftintagsröret från gasspjällsstyrenhetens ovansida enligt beskrivningen i avsnitt 2.

2 På 1,2 liters motorer med kod AWY, koppla

4.11b Bränsleinsprutarkablage och bränslefördelarskena – motorkod AZF

4.15b . . . och lyft upp bränslefördelarskenan med insprutningsventilerna från insugsgrenröret . . .

---

loss slangen till avdunstningskolfiltret, och slangen till vevhusventilationsslangen från mellanplattan som sitter mellan gasspjällets styrenhet och insugsgrenrör. På 1,2 liters motorer med kod AZQ och BME, skruva loss avgasåterföringens ventilrör från mellanplattan.

3 På 1,4 liters motorer med stötstänger, koppla loss slangen på styrenheten från avdunstningskolfiltret.

4 På 1,4 liters DOHC motorer tillverkade före augusti 2003, skruva loss vevhusventilationsröret från mellanplattan som sitter mellan gasspjällets styrenhet och insugsgrenröret.

5 Koppla loss anslutningskontakten från gasspjällets styrenhet **(se bild)**.

6 Skruva stegvis loss fästskruvarna och lyft gasspjällets styrenhet från insugsgrenrörets ovansida **(se bild)**. Ta loss O-ringen eller packningen (efter tillämplighet) och kassera den eftersom den kommer att krävas en ny vid återmontering.

7 I förekommande fall, ta bort mellanplattan från insugsgrenröret och ta loss O-ringen. Kasta O-ringen, en ny ska användas vid montering.

8 Rengör fogytorna på styrenheten, insugsgrenröret och mellanplattan i förekommande fall.

Montering

9 Monteringen utförs i omvänd ordningsföljd mot demonteringen, men använd nya O-ringar/packningar och dra stegvis åt fästskruvarna till angivet moment.

Bränsleinsprutare och bränslefördelarskena

Observera: *Om en bränsleinsprutare misstänks vara defekt kan det vara idé att försöka rengöra bränsleinsprutaren med en därför avsedd behandling, innan den demonteras. Dessa kan läggas till i bensinen i tanken och är avsedda att rengöra insprutningsventilerna medan du kör.*

Demontering

10 Demontera motorns övre skyddskåpa enligt beskrivningen i avsnitt 2.

11 Dra ut insprutarnas kontakter, märk dem för att underlätta monteringen **(se bilder)**. Lossa kablageklämmorna från bränslefördelarskenans ovansida och lägg kablaget åt sidan.

12 Tryckutjämna bränslesystemet enligt beskrivningen i avsnitt 8.

På 1,2 liters motorer med kod AWY, lossa vakuumslangen från bränsletryckregulatorn på undersidan av bränslefördelarskenan.

14 Kläm in spärren på snabbkopplingarna och koppla loss bränslematningsslangen (och returslangen i förekommande fall) från mellanväggen. Lossa fjäderklämman(orna) som håller fast slangarna på bränslefördelarskenan.

15 Skruva loss bränslerörets fästbultar och lyft försiktigt undan det från insugsröret, komplett med insprutare. Ta reda på bränsleinsprutarnas nedre o-ringar **(se bild)**.

16 Insprutarna kan lossas en och en från bränsleröret genom att relevant clips dras ut och insprutaren lirkas loss. Ta reda på bränsleinsprutarnas övre O-ringar **(se bild)**.
17 Kontrollera insprutarnas elektriska motstånd och jämför med Specifikationerna.

Montering

18 Montera tillbaka insprutningsventilerna och bränslefördelarskenan i omvänd ordning och tänk på följande:

a) *Byt insprutningsventilens O-ringstätningar om de verkar vara slitna eller skadade. Stryk på lite motorolja på tätningarna så att det blir lättare att montera tillbaka dem **(se bild)**.*

b) *Kontrollera att insprutningsventilernas fasthållningsklämmor sitter ordentligt.*

c) *Kontrollera att alla elektriska och vakuumanslutningar är korrekta.*

d) *På 1,2 liters motorer med koderna AZQ och BME samt alla 1,4 litersmodeller, rensa luften från bränslefördelarskenan genom att lossa på luftningsventilen och temporärt slå på tändningen för att använda bränslepumpen. Dra åt luftningsventilen när bränslet är fritt från luftbubblor.*

e) *Avsluta med en kontroll av att inget bränsleläckage förekommer innan bilen tas i användning.*

Bränsletrycksregulator (endast på 1,2 liters motorer med kod AWY)

Observera: *Observera föreskrifterna i avsnitt 1 innan något arbete utförs på bränslesystemets komponenter.*

Demontering

19 Tryckutjämna bränslesystemet enligt beskrivningen i avsnitt 8.
20 Ta bort motorns övre skyddskåpa.
21 Koppla loss vakuumslangen från bränsletrycksregulatorn.
22 Lossa fjäderklämman och koppla tillfälligt loss bränslematningsslangen från änden av bränslefördelarskenan. Detta låter största delen av bränslet i regulatorn rinna ut. Var beredd på ett visst spill placera ett litet kärl och några trasor under regulatorhuset. Återanslut slangen när bränslet har tappats ut. **Observera:** *Matningsslangen är märkt med en svart eller vit pil.*

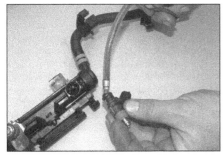
4.18 Stryk på lite motorolja på O-ringstätningarna så det blir enklare att sätta in dem igen

4.15c ... och ta sedan loss insprutnings-ventilens nedre O-ringstätningar

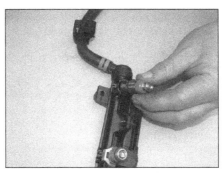
4.16b ... och ta loss insprutningsventilen från bränslefördelarskenan ...

22 Dra ut spärrfjäderklämman från regulatorhusets ovansida, lyft ut regulatorhuset och ta loss O-ringstätningarna.

Montering

23 Montering sker i omvänd arbetsordning, lägg märke till följande:
a) *Byt o-ringar om de är slitna eller skadade.*
b) *Kontrollera att regulatorns fästclips sitter säkert fast.*
c) *Anslut regulatorns vakuumslang på ett säkert sätt.*

Varvtalsgivare

Demontering

24 På alla 1,2 liters motorer och 1,4 liters DOHC motorer sitter varvtalsgivaren baktill på motorblockets vänstra sida, bredvid balanshjulskåpan, och det är mycket svårt att nå den. Om så behövs bänder du ut gummiproppen för att nå givaren. På 1,4 liters

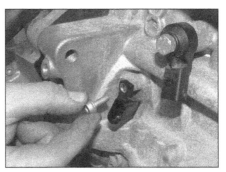
4.26a Skruva loss bulten ...

4.16a Dra ut metallklämman ...

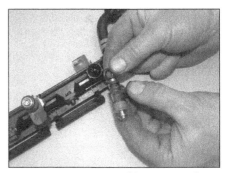
4.16c ... och ta reda på insprutares övre o-ring.

motorer med stötstänger sitter givaren på motorns vänstra sida i balanshjulskåpan.
25 Följ kablarna bakåt från givaren och koppla loss kablagekontakten.
26 Skruva ur fästbulten och dra ut givaren från motorblocket/växellådan **(se bild)**.

Montering

27 Monteringen utförs i omvänd ordningsföljd mot demonteringen.

Insugslufttemperaturgivaren/ tryckgivaren

Demontering

28 Den kombinerade givaren för insugslufttemperatur och tryck sitter på insugsgrenröret. På 1,2 liters motorer med kod AWY sitter den baktill på vänster sida (sett från förarsätet) och på motorer med koderna AZQ och BME sitter den på högeränden av grenröret. På 1,4 liters motorer

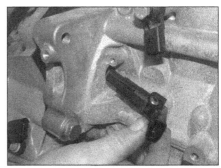
4.26b ... och ta bort varvtalsgivaren – 1,2 liters motor

4.32 Knackgivaren sitter placerad på motorblockets baksida.

med stötstänger sitter den på baksidan av insugsgrenröret, under gasspjällets styrenhet. På 1,4 liter DOHC motor är den placerad på insugningsrörets bakre högra sida.

29 Ta bort motorns övre skyddskåpa och koppla loss kablaget från givaren.

30 Skruva loss de två fästskruvarna och ta bort givaren från insugsgrenröret. Ta loss O-ringstätningen(arna). **Observera:** *Det finns två O-ringstätningar och en styrplatta på 1,4 liters DOHC motorer– notera hur styrplattan är monterad.*

Montering

31 Monteringen utförs i omvänd ordningsföljd mot demonteringen, men byt O-ring(arna) och styrplattan om det behövs.

Knackgivare

Demontering

32 Knackgivaren sitter på motorblockets baksida och är svår att nå **(se bild)**.

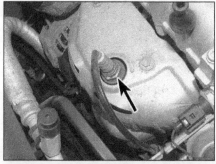

4.43a Lambdasonden på avgasgrenröret

4.47a Användning av en blocknyckel för att lossa på lambdasonden

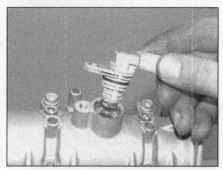

4.40 Demontera kamaxelgivare

33 Ta bort motorns övre skyddskåpa för att komma åt den ovanifrån. Du kan också dra åt handbromsen ordentligt, lyfta upp framvagnen och ställa den på pallbockar *(se Lyftning och stödpunkter)* och sedan ta bort motorns hasplåt.

34 Lossa kontaktdonet från givaren eller följ kablaget tillbaka från givaren och koppla loss dess kontaktdon.

35 Skruva sedan ur fästbultarna och ta bort givaren från motorblocket.

Montering

36 Montering utförs i omvänd ordningsföljd mot demonteringen. För att allt ska fungera bra bör du kontrollera att fogytorna på givaren och motorblocket är rena och torra samt se till att fästbulten är åtdragen till angivet moment.

Kamaxelgivare

Observera: *Ingen kamaxelgivare har monterats på 1,4 liters DOHC motorer.*

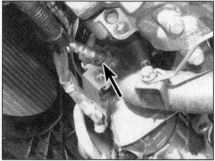

4.43b Lambdasonden på främre avgasröret

4.47b Lambdasonden demonteras från avgasgrenröret

Demontering

37 På 1,2 liters motorer sitter kamaxelgivaren på motorblockets vänstra ände och på 1,4 liters motorer med stötstänger sitter den mitt fram på motorblocket.

38 Ta bort motorns övre skyddskåpa.

39 Koppla loss kablarna från givaren.

40 Skruva loss fästbulten och ta bort givaren **(se bild)**.

Montering

41 Monteringen utförs i omvänd ordningsföljd mot demonteringen.

Temperaturgivare för kylvätska

42 Se kapitel 3, avsnitt 6.

Kontrollera lambdasonden/sonderna

Demontering

43 På 1,2 liters motorer sitter en lambdasonde på avgasgrenröret och ibland även en andra lambdasonde efter katalysatorn ovanpå avgasröret **(se bilder)**. Åtkomst till lambdasonden före katalysatorn sker uppifrån och till den efter katalysatorn underifrån.

44 På 1,4 liters motorer med stötstänger sitter en lambdasonde före katalysatorn ovanpå det främre avgasröret och ibland även en andra lambdasonde efter katalysatorn bakpå det främre avgasröret. Lambdasonden före katalysatorn går att nå ovanifrån när du har tagit bort motorns övre skyddskåpa och avgassystemets värmeskyddskåpa. Lambdasonden efter katalysatorn, om en sådan har monterats, går att nå när du har lyft framvagnen och stöttat upp den på pallbockar.

45 På 1,4 liters DOHC motorer sitter en lambdasonde före katalysatorn i avgasgrenröret och en andra lambdasonde efter katalysatorn i det främre avgasröret. Lambdasonden före katalysatorn går att nå när du har tagit bort motorns övre skyddskåpa och avgassystemets värmeskyddskåpa men det kan vara svårt att nå den eftersom den är dold mellan grenrör och topplock. Lambdasonden efter katalysatorn går att nå när du har lyft framvagnen och stöttat upp den på pallbockar.

⚠ **Varning:** *Arbete på lambdasonderna bör endast utföras när motorn (och därmed också avgassystemet) är helt kall. Särskilt katalysatorn är mycket het en tid efter det att motorn har slagits av.*

46 Arbete med lambdasonden: Följ kablaget från lambdasonden tillbaka till kontaktdonet och koppla loss det. Anslutningskontakten är oftast svart för lambdasonden före katalysatorn och brun efter katalysatorn. Lossa lambdasondens kablage från alla fästklämmor och observera hur det är draget.

47 Lossa och dra bort lambdasonden och var försiktig så att sonden inte skadas när den tas bort. **Observera:** *Eftersom tråden sitter kvar på sonden när den har kopplats från, krävs en blocknyckel för att ta bort sonden om en skruvnyckel av rätt storlek inte är tillgänglig* **(se bilder)**.

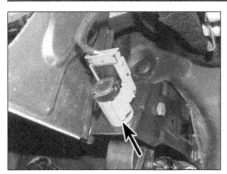

4.50 Kopplingspedalkontakt

4.55 Den elektroniska styrmodulen sitter på vänstra sidan av motorrummets mellanvägg

4.58 Koppla loss kablaget och ta bort den elektroniska styrmodulen

Montering

48 Lägg på lite antikärvningsfett för hög temperatur på sondens gängor, men se till att hålla sondspetsen ren.
49 Montera tillbaka lambdasonden och dra åt den till rätt moment. Koppla in kablaget.

Kopplingspedalkontakt

Demontering

50 På alla motorer är kopplingsbrytaren monterad på kopplingspedalens fästbygel och skickar en signal till den elektroniska styrmodulen **(se bild)**. Syftet med brytaren är att undvika att motorn övervarvar och att bilen hoppar när kopplingen släpps. Brytaren avaktiverar också farthållarsystemet (om sådant har monterats) när du trycker på pedalen.
51 När du tar bort brytaren tar du först bort instrumentbrädans nedre klädselpanel på förarsidan, enligt beskrivningen i kapitel 11.
52 Sök rätt på brytarens anslutningskontakt fram på kopplingspedalen och koppla loss den.
53 Lossa på brytarens låsklackar och ta bort dem från pedalen.

Montering

54 När du monterar tillbaka brytaren drar du först ut brytarkolven så långt det går, håll sedan kopplingspedalen nedtryckt medan du passar in den i läge. När brytaren har klämts på plats släpper du pedalen, så fastställs justeringen. Vidare montering utförs i omvänd ordningsföljd mot demonteringen.

Elektronisk styrmodul (ECU)

Varning: Vänta alltid minst 30 sekunder efter det att du slagit av tändningen innan du kopplar loss sladdarna från styrmodulen. När kablaget kopplas loss raderas alla de lagrade värdena. Eventuella felkoder behålls dock i minnet. När kablaget återanslutits måste grundinställningarna justeras av en Skoda-verkstad med ett särskilt testinstrument. Observera även att om styrmodulen byts ut måste den nya styrmodulens identifikation överföras till motorlåsningssystemets styrenhet av en Skoda-verkstad.

Demontering

55 Den elektroniska styrmodulen (ECU) sitter till vänster på motorrummets mellanvägg **(se**

bild). *Lossa först batteriets jordledning (se* Lossa batteriets jordledning *i kapitlet* Referens i slutet av den här handboken).
56 Demontera luftrenaren enligt beskrivningen i avsnitt 2, om så behövs.
57 Dra bort de övre och nedre fästklämmorna och låt samtidigt styrmodulen glida utåt så att den lossnar.
58 Koppla loss anslutningskontakten genom att lossa spärrarna **(se bild)**.

Montering

59 Monteringen utförs i omvänd ordningsföljd mot demonteringen. Tryck enheten åt vänster så att den sitter fast på sin plats. Kom ihåg varningen ovan – styrmodulen fungerar inte korrekt förrän den har kodats elektroniskt.

5 Bränslefilter – byte

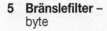

Observera: *Observera föreskrifterna i avsnitt 1 innan något arbete utförs på bränslesystemets komponenter.*
1 Tryckutjämna bränslesystemet enligt beskrivningen i avsnitt 8. Kom ihåg att den här proceduren bara avlastar bränsletrycket och minskar risken för att bränsle sprutar ut när anslutningarna öppnas. Bränsle kommer ändå att spillas ut vid filterbyte, så utför de föreskrivna säkerhetsåtgärderna.
2 Bränslefiltret sitter framför bränsletanken, nere till höger på bilens undersida.
3 *Ställa höger bakvagnen på pallbockar (se* Lyftning och stödpunkter*)*. Placera pallbockarna så att de inte hindrar dig att komma åt filtret.
4 Underlätta åtkomsten ytterligare genom att haka loss handbromsvajern från kabelklämman.
5 Lossa bränsleslangarna i båda ändarna av filtret och observera deras placering inför återmonteringen. På 1,2 liters motorer med koden AWY finns det en enda slang i vardera änden av filtret, men på alla andra modeller finns det två slangar på filtrets tanksida, en svart matningsslang och en blå returslang, medan det bara finns en enda svart slang på sidan med motor och bränslefördelarskena. Anslutningarna är av snabbkopplingstyp och lossas genom att man klämmer på en spärr.

Det kan hända att slangarna måste lossas från klämmorna på bilens undersida för att du ska få bättre svängrum.
6 Filtret hålls på plats av en slangklämma med stor diameter. Innan du tar bort filtret ska du titta efter en pilmarkering som visar bränsleflödets riktning – i det här fallet mot framvagnen. Det nya filtret måste monteras på samma sätt.
7 Lossa slangklämman och dra ut filtret. Försök att hålla det så plant som möjligt så att du begränsar bränslespillet. Hantera det gamla filtret varsamt – även om du har hällt ut bränslet ur enheten är själva filtret fortfarande indränkt och mycket lättantändligt.
8 Passa in det nya filtret på sin plats och se till att flödesindikeringspilen pekar mot framvagnen. Dra åt slangklämman ordentligt, men inte så hårt att filtret kan skadas.
9 Anslut bränsleslangarna på båda sidor om filtret och se till att de sitter likadant som förut. Tryck fast slangarna helt och hållet på filtrets munstycken och kläm åter fast dem på bilens undersida om det behövs. Haka åter på handbromsvajern på sin plats, om du har lossat den.
10 Sänk ner bilen, starta motorn och titta efter tecken på bränsleläckage på båda sidor om filtret.

6 Bränslepump och bränslemätarens givare – demontering och montering

Observera: *Observera föreskrifterna i avsnitt 1 innan något arbete utförs på bränslesystemets komponenter.*

⚠ *Varning: Undvik direkt kontakt med bränsle – använd skyddskläder och handskar när du hanterar bränslesystemets komponenter. Se till att arbetsplatsen är välventilerad för att undvika ansamling av bränsleångor.*

Allmän information

1 Bränslepumpen och nivågivaren är sammanbyggda till en enhet som är monterad ovanpå bränsletanken. Man kommer åt den via en lucka i lastutrymmets golv.
Varning: Demontering av givarenheten innebär att bränsletankens innehåll kommer i kontakt med den omgivande luften.

6.5 Lyft av åtkomstluckan ...

6.6 ... koppla loss kablaget ...

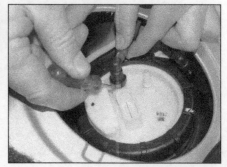

6.7 ... och lossa bränsleslangarna

Demontering

2 Tryckutjämna bränslesystemet enligt beskrivningen i avsnitt 8.

3 Se till att bilen är parkerad på plant underlag, lossa sedan batteriets jordledning (se *Lossa batteriet* i *Referens* i sluttan av den här handboken).

4 Fäll baksätets dyna framåt och lyft upp mattan från bagageutrymmets golv.

5 Skruva loss åtkomstluckans skruvar och lyft bort luckan från golvet **(se bild)**.

6 Koppla loss kablagets kontaktdon från pump-/givarenheten **(se bild)**.

7 Lägg ut trasor i området kring matnings- och returslangarna för att suga upp eventuellt bränslespill. Tryck på spärren så att slangklämmorna lossnar och koppla bort slangarna från givarenhetens öppningar (vid behov kan du använda en skruvmejsel för att trycka ner spärren) **(se bild)**. Notera pilmarkeringarna på bränsleslangarnas

portar – märk slangarna på samma sätt för att garantera korrekt återmontering senare. Matningsröret är svart och kan vara försett med vita markeringar, medan returröret är blått eller har blå markeringar.

8 Notera justeringsmärkenas position, skruva sedan loss fästringen av plast och ta bort den. Använd vid behov en rörtång eller annat lämpligt verktyg för att greppa tag om ringen och vrida runt den **(se bilder)**.

9 Lyft upp pump-/givarenheten och håll den ovanför bränslenivån i tanken tills överskottsbränslet har runnit ut. Ta loss flänstätningen **(se bilder)**.

10 Ta bort pump-/givarenheten från bilen och lägg den på en absorberande kartongbit eller trasa. Undersök flottören i änden av givarenhetens svängarm med avseende på hål och bränsleintrång, och byt ut enheten om den verkar skadad.

11 Bränsleupptagaren som är integrerad i

enheten är fjäderbelastad för att garantera att den alltid hämtar bränsle från botten av tanken. Kontrollera att oljeupptagaren kan röra sig fritt under fjäderspänning med avseende på givarenhetens hus.

12 Undersök gummitätningen från bränsletankens öppning och titta efter tecken på nötning – byt den vid behov.

13 Undersök givarenhetens torkare och spår. Tvätta bort all smuts och alla avlagringar som kan ha ansamlats och leta efter defekter i spåret.

14 Om det behövs kan givaren skiljas från enheten på följande sätt. Koppla loss de två små kablarna (notera hur de satt), avlägsna sedan de fyra skruvarna och låt enheten glida nedåt så att du kan ta bort den **(se bild)**.

15 Enhetens övre plåt kan tas bort om du lossar plastflikarna på båda sidor. ta vara på den stora fjädern som sitter på plåtens undersida.

Montering

16 Montera tillbaka pump-/givarenheten i omvänd arbetsordning, tänk på följande:

a) Se till att du inte böjer flottörarmen när du sätter tillbaka enheten.

b) Smörj utsidan på tanköppningens gummitätning med rent bränsle eller smörjningsspray för att underlätta monteringen. Om tätningen inte behöver bytas bör du lämna kvar den på pumpenheten tills du monterar enheten igen. När enheten nästan är på plats skjuter du ner tätningen och passar in den kring kanten av tanköppningen. Låt sedan enheten glida helt på plats.

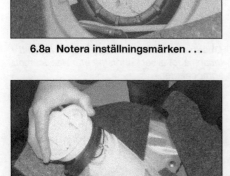

6.8a Notera inställningsmärken ...

6.8b ... skruva sedan loss plastfästringen

6.9a Lyft ut pump-/givarenheten ...

6.9b ... och ta loss flänstätningen

6.14 Fästskruvar för givarenhet

c) Pilarna på givarenheten och på åtkomstöppningen måste vara i linje med varandra.

d) Återanslut bränsleslangarna till sina öppningar – observera pilmarkeringarna som visar flödesriktningen enligt beskrivningen i punkt 7. Returöppningen är märkt med R och matningsöppningen med V. på vissa modeller kan det finnas pilmarkeringar som visar bränsleflödets riktning. Se till att bränsleslangarnas kopplingar går helt i lås.

e) Avsluta med att kontrollera att alla berörda slangar är ordentligt fastsatta vid tanken.

f) Innan du monterar tillbaka åtkomstluckan och baksätet bör du starta motorn och kontrollera om det finns något bränsleläckage.

7 Bränsletank – demontering och montering

Observera: Observera föreskrifterna i avsnitt 1 innan något arbete utförs på bränslesystemets komponenter.

Demontering

1 Innan tanken tas bort måste den tömmas på så mycket bränsle som möjligt. Eftersom det inte finns någon avtappningsplugg är det bäst att tanken är nästan tom när den här åtgärden utförs.

2 Öppna tankluckan och skruva loss bränslepåfyllningslocket, men låt locket sitta kvar löst.

3 Lossa batteriets jordledning (se *Koppla loss batteriet* i kapitlet *Referens* i slutet av den här handboken). Avlägsna eventuellt återstående bränsle från tankens botten med hjälp av en handpump eller hävert.

4 Lossa bultarna på höger bakhjul, hissa sedan upp bakvagnen med en domkraft och ta av det högra bakhjulet.

5 Ta bort det högra bakhjulets hjulhusfoder enligt beskrivningen i kapitel 11, avsnitt 23.

6 Frilägg överdelen av bränslepump-/givarenheten enligt beskrivningen i avsnitt 6 och lossa kablaget från enheten vid flervägskontakten.

7 Skruva loss tankluckans fästskruv (på motsatta sidan mot luckans gångjärn) och lirka luckan åt sidan. Ta loss gummitätningen som sitter kring påfyllningsröret.

8 Lossa skruven som håller fast påfyllningsröret.

9 Fäll baksätets dyna framåt och lyft upp mattan från bagageutrymmets golv.

10 Skruva loss luckan och lyft bort den från golvplattan.

11 Koppla loss kablagekontakten från pump-/givarenheten.

12 Ta bort kolfiltret från sin plats bakom påfyllningsröret enligt beskrivningen i kapitel 4C.

13 Bränsletankens undersida är skyddad

med en eller flera plastkåpor. Lossa hållarna och ta bort kåporna.

14 Skruva loss fästet för avgassystemets bakre ljuddämpare och sänk försiktigt ner avgassystemets bakre del (se Kapitel 4C om det behövs). Om bakaxeln måste tas bort (eller åtminstone sänkas ner) för att tanken ska kunna avlägsnas, är det bäst att ta bort avgassystemets bakre del i sin helhet.

15 Demontera bakaxeln enligt beskrivningen i kapitel 10. Annars kan du helt enkelt bara sänka ner axeln från dess plats i stället för att ta bort den helt och hållet.

16 Tryckutjämna bränslesystemet enligt beskrivningen i avsnitt 8.

17 Ta bort bränslefiltret enligt beskrivningen i avsnitt 5, eller lossa den enda utloppsslangen från filtrets motorsida.

18 Lossa kolfiltret strax framför bränsletankens högra sida.

19 Skruva loss och ta bort fästbultarna och lossa spännremmen från tanken.

20 Placera en garagedomkraft mitt under tanken. Placera en träbit mellan domkraften och tanken för att inte skada tankytan. Höj domkraften tills den stöder tankens vikt.

21 Skruva loss och ta bort tankens fästbultar.

22 Sänk ner tanken från bilen. Om det behövs, koppla loss de olika rören och slangarna från tanken och ta bort bränslepumpen och mätarens givarenhet enligt beskrivningen i avsnitt 6.

23 Om tanken är förorenad med sediment eller vatten, skölj ur tanken med rent bränsle. Tanken är gjuten i syntetmaterial, och om den skadas måste den bytas ut. I vissa fall kan det dock vara möjligt att reparera små läckor eller mindre skador. Kontakta en specialist innan några försök görs att reparera bensintanken.

Montering

24 Montera i omvänd ordningsföljd mot demonteringen. Tänk på följande:

a) Var noga med att se till att inga slangar kommer i kläm mellan tanken och bilens underrede när tanken lyfts tillbaka på sin plats.

b) Se till att alla rör och slangar är rätt dragna och att de hålls ordentligt på plats med sina fasthållningsklämmor.

c) Dra åt tankremmens fästbultar till angivet moment.

d) När du är färdig, fyll tanken med bränsle och undersök noga förekomsten av eventuella läckor, innan du ger dig ut med bilen i trafiken.

8 Bränsleinsprutningssystem – tryckutjämning

Observera: Observera föreskrifterna i avsnitt 1 innan något arbete utförs på bränslesystemets komponenter.

⚠️ **Varning: Följande moment kommer endast att minska trycket i bränslesystemet – kom ihåg att**

det fortfarande kommer att finnas bränsle i systemkomponenterna och vidta lämpliga säkerhetsåtgärder innan du kopplar bort någon av dem.

1 Det bränslesystem som avses i det här avsnittet definieras som en bränslepump fäst på tanken, ett bränslefilter, bränsleinsprutare, samt de metallrör och slangar som är kopplade mellan dessa komponenter. Alla komponenter innehåller bränsle som är under tryck när motorn är igång och/eller när tändningen är påslagen. Trycket ligger kvar en tid efter att tändningen slagits av. Systemet måste tryckutjämnas innan något arbete utförs på någon av dessa komponenter. Helst bör motorn få kallna helt innan arbetet påbörjas.

2 Placera en lämplig behållare under den anslutning som ska kopplas isär och linda rena trasor om den. Lossa kopplingen en aning innan du lindar den.

3 Öppna kopplingen varsamt så att trycket inte släpps ut plötsligt. När trycket har utjämnats kan bränsleledningen kopplas loss. Plugga igen ledningarna för att minimera bränslespill och förhindra att smuts kommer in i bränslesystemet.

9 Insugsgrenröret – demontering och montering

Observera: Observera föreskrifterna i avsnitt 1 innan något arbete utförs på bränslesystemets komponenter.

Demontering

1 Ett insugsgrenrör finns monterat baktill på topplocket på alla modeller. Lossa först batteriets minusledare (se *Koppla loss batteriet* i kapitlet *Referens* i slutet av den här handboken).

2 Ta bort motorns övre skyddskåpa. I förekommande fall, lossa slangen från insugsgrenrörets övre ände **(se bild)**.

3 Ta bort styrenheten för gasspjället från insugsgrenröret enligt beskrivningen i avsnitt 4.

4 Lossa vakuumslangen för broms-vakuumservon och notera hur den är dragen.

5 För att ta bort grenröret helt och för att förbättra åtkomst till grenrörets fästbultar tar du bort bränslefördelarskenan och insprutningsventilerna enligt beskrivningen

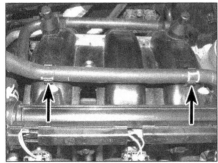

9.2 Slangklämmor ovanpå insugsgrenröret

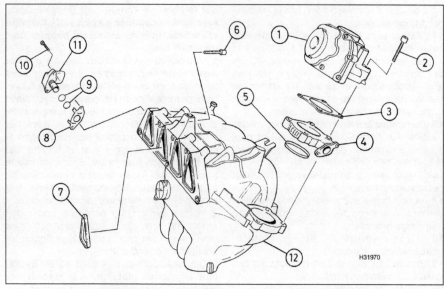

9.6 Insugsgrenrör – 1,4 liters DOHC motor fram till augusti 2003

1 Styrenhet för trottelventil	5 Tätning	9 O-ringar
2 Bult	6 Bult för	10 Skruv
3 Packning	insugsgrenrör	11 Insugslufttemperatur-
4 Fläns till	7 Grenrörstätning	givaren/tryckgivaren
avgasåterföringsrör	8 Styrplatta	12 Insugsgrenrör

i avsnitt 4. Men om grenröret tas bort som en del av en annan procedur (som borttagning av topplock eller motor) kan bränslefördelarskenan lämnas kvar på plats.

6 Lossa anslutningskontakten från givaren för insugsluftstemperatur/tryck – om så behövs, se avsnitt 4 för mer information **(se bild)**. Du kan också ta bort den helt.

7 På 1,2 liters motorer med kod AWY, skruva loss de två nedre fästbultarna och ta loss gummifästen och hylsor.

8 Lossa bultarna stegvis (eller muttrarna, på 1,4 liters motorer med stötstänger) och ta bort grenröret från topplocket. Ta loss O-ringstätningarna på 1,2 liters motorer och 1,4 liters DOHC motorer. Ta loss packningen på 1,4 liters OHV motorer – alla måste bytas ut vid återmontering av grenröret **(se bild)**.

Montering

9 Monteringen utförs i omvänd ordningsföljd mot demonteringen. Använd nya packningar eller tätningar, efter tillämplighet, och dra åt fästbultarna/muttrarna till angivet moment.

10 Bränsleinsprutningssystem – kontroll och justering

1 Om ett fel uppstår i bränsleinsprutningssystemet, kontrollera först att alla kontakter är väl anslutna och fria från korrosion. Kontrollera

sedan att felet inte beror på dåligt underhåll. Det vill säga, kontrollera att luftrenarfiltret är rent, att tändstiften är hela och korrekt placerade, att cylinderkompressionstrycken är korrekta, att tändsystemets kablage är helt samt ordentligt fastsatt och att motorns ventilationsslangar är rena och utan skador, se Kapitel 1A, 2A, 2B, 2C och kapitel 5B.

2 Om dessa kontroller inte visar på problemets orsak ska bilen tas till en lämpligt utrustad Skoda-verkstad för test. Ett diagnosuttag är inbyggt i motorstyrningssystemets kablage, där därför avsedd elektronisk testutrustning kan sättas in (kontaktdonet sitter bakom en klädselpanel över den främre askkoppen – lossa och ta bort panelen för att komma åt det). Testutrustningen kan "fråga ut" motorstyrningssystemets ECU elektroniskt och läsa av dess lagrade felkoder.

3 Det går bara att avläsa felkoder från ECU:n med en särskild felkodsläsare. En Skoda-verkstad har förstås en sådan avläsare, men de går också att få tag på hos andra leverantörer. Det är knappast kostnadseffektivt för den private ägaren att köpa en felkodsläsare, men de brukar finnas hos välutrustade bilverkstäder.

4 Med denna utrustning går det snabbt och enkelt att hitta fel, även om de uppträder periodiskt. Att kontrollera alla systemkomponenter för sig i ett försök att hitta ett fel genom uteslutningsmetoden

9.8 Ta bort insugsgrenröret – 1,2 liters motor

är ett tidsödande företag med stora risker att misslyckas (särskilt om felet uppträder sporadiskt). Dessutom löper styrmodulens inre delar risk att skadas.

5 Erfarna hemmamekaniker som har en noggrann varvräknare och en välkalibrerad avgasanalysutrustning kan kontrollera avgasernas CO-halt och motorns tomgångsvarvtal. Om dessa ligger utanför specifikationerna måste bilen tas till en lämpligt utrustad Skoda-verkstad för utvärdering. Varken luft-bränsleblandningen (avgasernas CO-halt) eller motorns tomgångsvarvtal går att justera manuellt.

11 Farthållarsystem – allmän information

1 Vissa modeller kan vara utrustade med ett farthållarsystem där föraren kan ställa in en vald hastighet som systemet sedan försöker hålla, oavsett vägens sluttning etc.

2 När vald hastighet har ställts in styrs systemet helt av motorstyrningens elektroniska styrmodul, som reglerar hastigheten via styrenheten för gasspjället.

3 Systemet använder signaler från varvtalsgivaren (se avsnitt 4) och hastighetsgivaren (på växellådan).

4 Systemet avaktiveras via kopplingspedalkontakten (avsnitt 4) eller bromsljuskontakten (kapitel 9) när du trycker på kopplings- eller bromspedalen.

5 Farthållarkontakten ingår i rattstångens kombinationsbrytarenhet, som kan tas bort enligt beskrivningen i kapitel 12, avsnitt 4.

6 Eventuella problem med systemet som inte orsakas av kabelfel eller komponentfel som nämns i detta avsnitt bör överlämnas till en Skoda-verkstad. När det uppstår problem är det bäst att ta bilen till en lämpligt utrustad verkstad för elektronisk diagnos av fel med en felkodsläsare, enligt beskrivningen i avsnitt 10.

Kapitel 4 Del B:
Dieselmotorns bränslesystem

Innehåll

Svårighetsgrad

Enkelt, passar novisen med lite erfarenhet 	**Ganska enkelt,** passar nybörjaren med viss erfarenhet	**Ganska svårt,** passar kompetent hemmamekaniker	**Svårt,** passar hemmamekaniker med erfarenhet	**Mycket svårt,** för professionell mekaniker 

Specifikationer

Allmänt

Motorkod efter typ*:	
Elektronisk direktinsprutning, utan turbo	ASY
Elektronisk direktinsprutning, pumpinsprutningsventiler, med turbo .	AMF, ASZ och ATD
Tändföljd:	
Motorkod AMF	1-2-3
Motorkoder ASY, ASZ och ATD	1-3-4-2
Maximalt motorvarvtal	E/T (styrs av styrmodulen)
Tomgångshastighet:	
Motorkod AMF	800 till 970 varv per minut
Motorkod ASY	860 till 950 varv per minut
Motorkoder ASZ och ATD	800 till 950 varv/min
Motorns snabbtomgångsvarvtal	E/T (styrs av styrmodulen)

* Observera: *Se "Identifikationsnummer" för information om var kodmärkningen på motorn sitter.*

Insprutningsventiler

Resistans	0,5 ohm

Tandempump

Bränsletryck vid 1 500 varv/minut	3,5 bar

Turboaggregat

Typ	Garrett eller KKK

Åtdragningsmoment

	Nm
Gaspedalens givare	10
Avgasåterföringrörets flänsbultar	25
Avgasåterföringsventil	10
Avgasåterföringsventilens (utan turbo) klämbult	10
Bränslekylare	15
Bränsleavstängnings solenoidventil	40
Bränslefilterns fästbygel	25
Bränslepump oljereturrör, huvmutter	25
Bränsletank	25
Anslutningsrör på insprutningspumphuvudet	45
Insprutningspumpen-till-stödfästbygeln bultar	25
Insprutningsventilens klämbult:	
Motorkod ASY	20
Motorkoder AMF, ASZ och ATD*:	
Steg 1	12
Steg 2	Vinkeldra ytterligare 270°
Insprutningsrörets anslutningsmutter	25
Insprutningspumpdrev (se Kapitel 2D):	
Typ 1*:	
Steg 1	20
Steg 2	Vinkeldra ytterligare 90°
Typ 2	25
Insugsgrenrörets klaffhuset till grenrör	10
Insugsgrenrör till topplock:	
Motorkod ASY	20
Motorkoder AMF, ASZ och ATD	25
Pumpinsprutningens vipparmsaxelbultar*:	
Steg 1	20
Steg 2	Vinkeldra ytterligare 90°
Tandempumpsbultar:	
Övre	20
Nedre	
Turboaggregatets oljereturrör till motorblock	
Motorkod AMF	30
Motorkoder ASZ och ATD	40
Turboaggregat till katalysator	25
Turboaggregat till avgasgrenrör*	25

Använd nya fästen

1 Allmän information och föreskrifter

Allmän information

Alla motorer som beskrivs i den här handboken är utrustade med två olika bränsleinsprutningssystem. Båda är direktinsprutningssystem men skiljer sig åt i hur bränslet levereras till insprutningsventilerna.

Båda system består av en bränsletank, en bränsleinsprutningspump, ett motorrumsmonterat bränslefilter med inbyggd vattenavskiljare, slangar för bränsletillförsel och retur, samt tre eller fyra bränsleinjektorer.

På modeller med motorkod ASY trycksätts bränslet med en insprutningspump, och insprutningsstarten styrs av motorstyrningens elektroniska styrmodul och en magnetventil på insprutningspumpen. Pumpen drivs med halva vevaxelhastigheten via kamremmen. Bränsle matas från bränsletanken och via

filtret till insprutningspumpen, som sedan matar bränslet under mycket högt tryck till insprutningsventilerna via separata matningsledningar. Denna bilen är inte utrustad med et turboaggregat.

På modeller med motorkoderna AMF, ASZ och ATD tillförs bränslet med en kamaxel som drivs av en 'tandempump' vid lågt tryck, via en kanal i topplocket till insprutarna (kallas "pumpinsprutningsventiler"). En "rullvipparmsenhet", fäst ovanför kamaxellageröverfallen, använder en extra uppsättning kamlober för att trycka ihop varje insprutningsventils övre del en gång per tändordning. Detta orsakar mycket högre insprutningstryck. Den exakta tidsinställningen för förinsprutning och huvudinsprutning styrs av motorstyrningens elektroniska styrmodul och en solenoid på varje insprutningsventil. Effekten av detta system är förbättrad vridmoment och utgående effekt från motorn, högre förbränningsverkningsgrad och lägre avgasutsläpp. Alla tre motorer är utrustade med ett turboaggregat, och en bränslekylare på underredet mellan bränsletanken och motorrummet. Alla turbomotorer är utrustade med ett ventilblock som sitter i motorrummets vänstra bakre hörn. i denna enhet ingår

1.3a Bränslekylare på underredet, monterad på turbomodeller

1.3b Ventilblock i motorrummets bakre vänstra hörn

insugsgrenrörets omkastningsventil, avgasåterföringsventil och laddtryckets magnetstyrventil (se bilder).

Direktinsprutningssystemet styrs elektroniskt av ett dieselmotorstyrningssystem, som består av en styrmodul och tillhörande givare, aktiverare och kablar. Systemet är helt elektroniskt och ingen gasvajer har monterats. Gasspjällets lägesgivare på gaspedalen är kopplad till motorstyrningens elektroniska styrmodul, som justerar insprutningsmängd för bränslet och på så sätt styr motorhastigheten. Olika givare används för att den elektroniska styrmodulen ska kunna ställa in exakt bränslemängd som ska sprutas in, och pumpsynkroniseringen (insprutningsstart).

På motorkod ASY, synkroniseringen för insprutningen justeras mekaniskt efter pumpens läge på fästbygel. Dynamisk synkronisering och insprutningens varaktighet styrs av styrmodulen och är beroende av motorvarvtal, gasspjällets läge och öppningsgrad, insugningsluftflödet, insugningssluftens temperatur, kylvätskans temperatur, bränslets temperatur, omgivande tryck och information om grenrörets undertryck, hämtad från givare på och runt motorn. Kontroll över insprutningens synkronisering i en sluten krets sker via en nållyftsgivare i insprutningsventilen. Observera att nållyftsgivaren sitter monterad på insprutningsventil nr 3. Eftersom tvåstegsinjekorer används förbättras motorns förbränningsegenskaper vilket i sin tur ger tystare motor och bättre avgasvärden.

Dessutom är det styrmodulen som styr avgasåtercirkulationens avgaskontrollsystem (kapitel 4C), turboaggregatets kontrollsystem för tryckökning (kapitel 4C) samt kontrollsystemet för glödstift (kapitel 5C).

På modeller utan turbo sitter en elektriskt driven klaffventil på insugsgrenröret för att öka vakuumet när motorvarvtalet är lägre än 2 200 varv/minut. det krävs för att avgasåterföringssystemet ska fungera effektivt.

På modeller med turbo sitter en elektriskt driven klaffventil på insugsgrenröret för att öka vakuumet. På det her sättet kan avgasåterföringssystemet fungera effektivt. Den sluts också av den elektroniska styrmodulen i 3 sekunder medan motorn slås av, för att minimera luftintaget medan motorn stannar. Detta minimerar den vibration som känns när kolvarna närmar sig den högtryckskluft som finns i förbränningskamrarna. På modeller med motorkoderna ASZ och ATD förser en vakuumbehållare på motors framsida vakuum till en vakuumkapsel som styr klaffen (se bilder).

Observera att diagnostisering av fel på dieselmotorstyrningssystemet endast kan utföras med speciell elektronisk utrustning. Problem med systemet ska därför överlåtas till en Skoda-verkstad eller till en lämpligt utrustad specialist för att analyseras. När felet har identifierats kan komponenter bytas efter behov enligt de anvisningar som beskrivs i

1.8a Vakuumbehållare för insugsgrenrörets klaffventil

följande avsnitt. **Observera:** *I detta kapitel betecknas motorer genomgående med sina respektive motorkoder, snarare än slagvolymen – se Kapitel 2D för en lista över motorkoder.*

Föreskrifter

Många av de arbeten som beskrivs i detta kapitel innebär bland annat att koppla ur bränsleledningar, vilket orsakar ett visst bränslespill. Läs föreskrifterna och informationen i avsnittet *Säkerheten först!* i början av den här handboken.

⚠ *Varning: När du arbetar med bränslesystemet, undvik direkt kontakt med dieselbränsle – använd skyddskläder och handskar när du hanterar bränslesystemets komponenter. Se till att arbetsplatsen är välventilerad för att undvika ansamling av dieselångor.*

• *Bränsleinsprutare arbetar vid extremt höga tryck, och bränslestrålen som kommer från munstycket är stark nog att gå igenom hud, något som kan få ödesdigra följder. Se till att inte komma i vägen för bränslestrålen med någon del av kroppen vid arbete med trycksatta insprutningsventiler. Det rekommenderas att en specialist på dieseloljesystem utför alla trycktester av bränslesystemets komponenter.*

• *Under inga omständigheter får dieselolja komma i kontakt med kylvätskeslangarna – torka bort eventuellt spill omedelbart. Slangar som har smutsats ner med bränsle under en längre tid ska bytas.*

• *Dieselbränslesystem är mycket känsliga för förorening av smuts, luft och vatten. Var*

2.1 Lossa fjäderklämman från luftintagskanalen med en tång

1.8b Vakuumkapsel på insugsgrenröret under avgasåterföringsventilen

extra noga med renligheten när du arbetar med bränslesystemet, för att undvika att smuts kommer in i systemet. Rengör noga området runt bränsleanslutningarna innan du kopplar loss dem. Använd bara dammfria trasor och ren olja vid rengöring av komponenter.

Förvara demonterade komponenter i lufttäta behållare så att förorening undviks.

2 Luftrenarenhet – demontering och montering

Demontering

1 Lossa klämmorna (eller fjäderklämmorna) och lossa sedan luftkanalen från luftrenarenheten eller luftflödesmätaren (efter tillämplighet) (se bild).

2 På modeller utan turbo, koppla loss insugslufttemperaturgivarens anslutningskontakt från luftrenarens baksida.

3 På modeller med turbo, koppla loss anslutningskontakten från luftflödesmätaren Koppla även loss vakuumslangen under luftflödesmätarens kontaktdon (se bilder).

4 Lossa alla slangar, kablage etc. som kan vara fästa på luftrenaren och notera hur de är dragna inför återmonteringen.

5 Ta bort de två skruvarna som håller fast luftrenarlocket, och haka loss locket från de främre klämmorna, tillsammans med luftflödesmätare på modeller med turbo (se bild). Lyft ut luftfiltret.

2.3a Koppla loss kablaget från luftflödesmätaren. . .

2.3b ... och vakuumslangen under den

2.5 Ta bort locket på luftrenaren

2.6 Ta bort luftrenaren och inloppskanalen

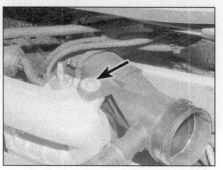

2.7 Fästbult för luftintagskanal (markerad med pil) – beroende på modell

6 Luftrenarens nedre halva är fäst med två skruvar. Ta bort skruvarna och lyft ut luftrenaren framåt, medan luftintagspipen lossas från sin plats (se bild).

7 Om det behövs kan resten av lufttrumman tas bort genom att fästklämmorna lossas; vissa delar av inloppskanalen är dock fästa med bultar (se bild). Information om hur du tar bort laddluftkylarrelaterade kanaler på modeller med turbo finns i kapitel 4C.

Montering

8 Montera tillbaka luftrenaren genom att följa demonteringsordningen bakifrån.

3 Dieselmotorstyrningssystem – demontering och montering av komponenter

Observera: Observera föreskrifterna i avsnitt 1 innan något arbete utförs på bränslesystemets

3.4 Temperaturgivare för kylvätska kontaktdon (markerad med pil)

komponenter. När någon av komponenterna i detta avsnitt har monterats ska felminnet till motorstyrningens elektroniska styrmodul läsas av och eventuella kvarvarande fel raderas av en Skoda-verkstad eller lämpligt utrustad specialist.

Gaspedalens lägesgivare

1 Lägesgivaren är inbyggt i gaspedalen. Pedalenheten kan demonteras när den nedre instrumentbrädan på förarsidan har tagits bort – kapitel 11. Demontera givarens kontaktdon och skruva loss muttrarna som fäster pedalen till fästbygeln

Temperaturgivare för kylvätska

Demontering

2 Se kapitel 1B och tappa ur ungefär en fjärdedel av motorns kylvätska. Var beredd på kylvätskaspill när givaren lossas.

3 Ta bort motorns övre skyddskåpa om det behövs för att du ska komma åt. Anvisningarna för demonteringen varierar beroende på modell, men kåpans fästmuttrar är dolda under runda skydd, som bänds loss från huvudkåpan. Ta bort muttrarna och lyft bort kåpan från motorn, lossa eventuella kablar eller slangar som är anslutna.

4 Givaren sitter i kylvätskans övre utloppsvinkel på framsidan av topplocket. Koppla loss kablaget från kontaktdonet (se bild).

5 Ta bort fästklammern, dra sedan ut givaren från huset och ta loss O-ringstätningen.

Montering

6 Montera tillbaka kylvätsktamperaturgivaren i omvänd ordningsföljd mot demonteringen,

och använd en ny O-ring. Se kapitel 1B eller Veckokontroller och fyll på kylsystemet.

Bränsletemperaturgivare

Observera: På modeller utan turbo (motorkod ASY) finns bränsletemperaturgivaren inbyggd i bränslemängdsregulatorn som sitter ovanpå insprutningspumpen. Givaren kan inte bytas ut separat.

Demontering

7 På turbomoterkoder AMF, ASZ och ATD, sitter en bränsletemperaturgivare mot vänster framsida av motorblocket.. På vissa modeller kan en extra givare finnas i bränsletankens returledning, bredvid bränslefiltret i högra hörnet av motorrummet.

8 Vid borttagning av givaren som sitter på topplocket lägger du tygtrasor under den, lossar kablaget och skruvar loss givaren. Var beredd på visst bränslespill.

9 Vid borttagning av givaren som sitter i bränslereturledningen, lossa kablaget och lägg sedan tygtrasor under ledningen. Lossa sedan slangarna.

Montering

10 Monteringen utförs i omvänd ordningsföljd mot demonteringen.

insugningsluftens temperaturgivare

Demontering – modeller utan turbo

11 Givaren är monterad på luftrenarhusets övre kåpan.

12 Koppla loss givarens anslutningskontakt och ta sedan bort fästklämman och dra ut givaren. Ta vara på O-ringstätningen.

Demontering – modeller med turbo

13 Alla modeller har en inbyggd lufttemperaturgivare i luftflödesmätaren. Givaren är integrerad i luftflödesmätaren och kan inte bytas separat. Ytterligare en temperatur-/tryckgivare är monterad, antingen ovanpå laddluftkylaren eller på luftslangen från laddluftkylaren till insugsgrenröret. Följ beskrivningen nedan för att ta bort denna givare.

14 Följ luftslangen bakåt från insugsgrenröret till stället där den passerar genom den inre skärmen. Om givaren är monterad på slangen, kopplar du loss anslutningskontakten och tar sedan bort de två fästskruvarna och tar bort givaren. Ta vara på O-ringstätningen.

15 Om givaren är monterad på laddluftkylaren, demontera höger strålkasteren enligt beskrivningen i kapitel 12, avsnitt 7. Givaren kan sedan tas bort på samma sätt som den rörmonterade typen.

Montering

16 Montera tillbaka insugsluft-temperaturgivaren i omvänd ordningsföljd mot demonteringen, och använd en ny O-ring.

Varvtalsgivare

Observera: Detta tillvägagångssätt gäller bara för modeller med motorkoderna AMF, ASZ och ATD.

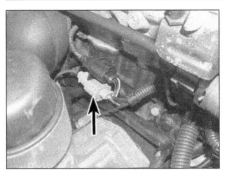

3.19a Kontakdon (markerad med pil) för hastighetsgivaren

Demontering

17 Varvtalsgivaren är monterad på blockets framsida bredvid fogytan mellan motorblocket och svänghjulskåpan.
18 Ta bort motorns övre skyddskåpa om det behövs för att du ska komma åt.
19 Följ kablage från givaren och koppla loss det vid anslutningskontakten bakom oljefilterhuset **(se bild)**.
20 Skruva ur skruven och dra ut givaren från blocket.

Montering

21 Montera givaren i omvänd ordningsföljd.

Luftmängdmätare

Observera: *Detta tillvägagångssätt gäller bara för modeller med motorkoderna AMF, ASZ och ATD.*

Demontering

22 Lossa klämmorna och koppla loss luftkanalerna från luftflödesmätaren, på baksidan av luftrenarhuset, enligt beskrivningen i avsnitt 2.
23 Lossa kablage från luftflödesmätaren, och sedan vakuumslangen nedanför kontaktdonet (se avsnitt 2).
24 Skruva ur skruvarna och dra ut mätaren från luftrenarhuset, Ta vara på O-ringstätningen.
Observera! Hantera luftflödesmätaren försiktigt, eftersom dess interna komponenter lätt skadas.

Montering

25 Monteringen utförs i omvänd ordningsföljd mot demonteringen. Byt O-ringen om den är skadad.

Absoluttrycksgivare (höjd över havet)

26 Absoluttrycksgivaren är inbyggd i den elektroniska styrmodulen och kan därför inte bytas ut separat.

Insugsgrenrörets klaffhus

Observera: *Dessa anvisningar gäller endast motorkod ASY. Ytterligare information om klaffhuset på motorkoder ASZ och ATD finns i avsnitt 12.*

Demontering

27 På turbomotorkoder ASZ och ATD, är

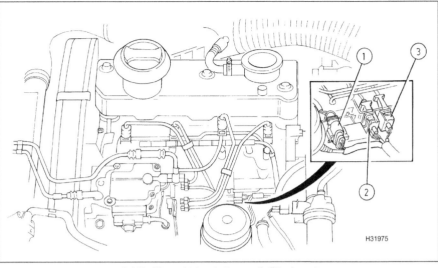

3.19b Kontaktdon bakom oljefilterhuset

1 Bränsletemperaturgivare, mängdregulator, avstängningsventil och ändstycke på insprutningsventil
2 Varvtalsgivare
3 Nållyftgivare

klaffhuset integrerad i avgasåterföringsventilen (se Kapitel 4C). På modeller utan turbo med motorkod ASY är klaffhuset separat och fäst på vänster sida av insugsgrenröret, med en separat avgasåterföringsventil fäst på den högra änden av grenröret.
28 Ta bort motorns övre skyddskåpa, lossa klämman (eller fjäderklämman) och koppla loss luftventileringsröret från turboaggregatet på klaffhuset.
29 Koppla loss anslutningskontakten till spjällmotorn från husets framsida.
30 Skruva loss husets fyra fästbultar och ta bort hsuet från insugningsgrenröret. Ta vara på O-ringstätningen.

Montering

31 Monteringen utförs i omvänd ordningsföljd mot demonteringen. Byt O-ringen om den är skadad.

Kopplings- och bromspedalsbrytare
Demontering

32 Kopplings- och bromspedalbrytaren är fästa på fästbyglar direkt över sina respektive pedaler.

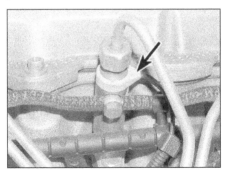

3.38 Insprutningsventil 3 – nållyftgivare, markerad med pil

33 Bromspedalbrytaren fungerar som en säkerhetsenhet, vid problem med gaspedalens lägesgivare. Om bromspedalbrytaren trycks ner medan gaspedalen hålls i konstant läge, sänks motorvarvtalet till tomgång. På så sätt kan en felaktig eller feljusterad bromspedalbrytare resultera i motorgångsproblem.
34 Funktionen hos kopplingspedalkontakten gör att insprutningspumpen tillfälligt minskar arbetseffekten medan kopplingen är lossad, för att tillåta mjukare växling.
35 Ska du ta bort någon av brytarna, se Kapitel 11 och ta bort klädselpanelen under rattstångsområdet på instrumentbrädan för att komma åt pedalerna.
36 Brytare kan tas bort genom att demontera dem från sina fästen och lossa anslutningskontakterna.

Montering

37 Monteringen utförs i omvänd ordningsföljd mot demonteringen. När detta är klart kan det krävas att brytarna programmeras om av en Skoda-verkstad.

Ventilnål lyftgivare

Observera: *Dessa anvisningar gäller endast motorkod ASY.*
38 Nållyftgivaren är inbyggd i insprutningsventil 3 **(se bild)**. Se avsnitt 4 för information om demontering och montering.

Kamaxelgivare

Observera: *Detta tillvägagångssätt gäller bara för modeller med motorkoderna AMF, ASZ och ATD.*

Demontering

39 På turbomotorkoder AMF, ASZ och ATD, sitter kamaxelgivare bakom den inre kamremskåpan, på topplockets höger sida.
40 Ta bort kamremmens övre kåpa enligt beskrivningen i kapitel 2D.

4.6 Insprutningsventilens anslutningsmuttrar på insprutningspumpen

41 Bänd ut gummigenomföringen från den inre kamremskåpan.

42 Följ kablaget bakåt från kamaxelgivarens lägesgivare till skarvdonet, och koppla loss det.

43 Skruva loss fästbulten och ta bort givaren från motorn.

Montering

44 Monteringen utförs i omvänd ordningsföljd mot demonteringen.

Elektronisk styrmodul (ECU)

Varning: Vänta alltid minst 30 sekunder efter det att du slagit av tändningen innan du kopplar loss sladdarna från styrmodulen. När kablaget kopplas loss raderas alla de lagrade värdena. Eventuella felkoder behålls dock i minnet. När kablaget återanslutits måste grundinställningarna justeras av en Skoda-verkstad med ett särskilt testinstrument. Observera även att om styrmodulen byts ut måste den nya styrmodulens identifikation överföras till motorlåsningssystemets styrenhet av en Skoda-verkstad.

Demontering

45 Den elektroniska styrmodulen sitter på vänstra sidan av motorrummets mellanvägg Lossa först batteriets jordledning (se *Lossa batteriets jordledning* i kapitlet *Referens* i slutet av den här handboken).

46 Ta bort luftrenaren enligt beskrivningen i avsnitt 2.

47 Dra bort de övre och nedre fästklämmorna

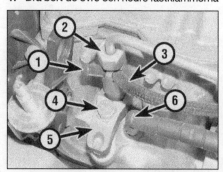

4.9 Vy av insprutningsventil 1

1 Överfall	5 Spännbricka
2 Anslutningsmutter	6 Glödstiftets
3 Spillrör	kontaktdon
4 Fästbult	

och låt samtidigt styrmodulen glida utåt så att den lossnar.

48 Koppla loss anslutningskontakten genom att lossa på spärrarna.

Montering

49 Monteringen utförs i omvänd ordningsföljd mot demonteringen. Tryck enheten åt vänster så att den sitter fast på sin plats. Kom ihåg varningen ovan – styrmodulen fungerar inte korrekt förrän den har kodats elektroniskt.

4 Insprutare – allmän information, demontering och montering

⚠️ *Varning: Var mycket försiktig vid arbete med bränsleinsprutningsventilerna. Utsätt aldrig händerna eller andra kroppsdelar för insprutningsventilernas strålar, eftersom det höga trycket är tillräckligt för att få strålarna att gå igenom huden, vilket kan ge dödliga skador. Vi rekommenderar starkt att allt arbete som omfattar test av insprutarna under tryck utförs av en Skoda-verkstad eller en specialist på bränsleinsprutning. Se föreskrifterna i avsnitt 1 i detta kapitel innan du fortsätter.*

Allmän information

1 Insprutningsventilerna slits ut efter lång användning och man kan räkna med att de behöver renoveras eller bytas efter ungefär 100,000 km. Riktiga test, renovering och kalibrering av insprutningsventilerna måste överlåtas till en specialist.

2 På motorkod ASY, en felaktig insprutningsventil som orsakar tändningsknackning eller rök kan lokaliseras utan demontering enligt följande. Kör motorn på snabbtomgång. Lossa alla insprutningsventilanslutningar i tur och ordning. Lägg en trasa runt anslutningen för att suga upp bränslespill och var noga med att inte utsätta huden för bränslestrålar. När anslutningen till den defekta insprutningsventilen lossas kommer knackningarna eller röken att upphöra. **Observera:** *Det är inte möjligt att göra testen på motorer utrustade med pumpinsprutningsventiler (motorkoder AMF, ASZ och ATD).*

4.12 Skruva loss justeringsskruven tills vipparmen ligger mot insprutningsventilens tryckstift

Demontering

Observera: *Var noga med att inte släppa in smuts i insprutningsventilerna eller bränslerören när du gör detta. Tappa inte insprutningsventilerna och låt inte nålarna skadas i spetsarna. Insprutningsventilerna är precisionstillverkade och får inte hanteras vårdslöst.*

Motorkod ASY

3 Ta bort motorns övre skyddskåpa.

4 Täck generatorn med en ren trasa eller plastpåse för att inte riskera att spilla bränsle på den.

5 Rengör noggrant runt insprutningsventilerna och röranslutningsmuttrarna, och koppla loss returrören från insprutningsventilerna.

6 Rengör röranslutningarna och lossa anslutningsmuttrarna som fäster insprutningsrör vid insprutarna. Lossa även anslutningsmuttrarna som fäster rören vid bakdelen av insprutningspumpen (rören tas bort som en enhet). när alla anslutningsmuttrar är lossade, håll kvar insprutare eller pumpadaptern med lämplig skiftnyckel för att hindra den från att röra sig **(se bild)**.

7 Med anslutningsmuttrarna lossade, ta bort insprutningsventilernas rör från motorn. Täck insprutningsventilernas och rörens anslutningar för att förhindra att smuts tränger in i systemet.

 HAYNES TiPS *Klipp av fingertopparna från en gammal gummihandske och fäst dem runt de öppna anslutningarna med gummiband för att förhindra smuts i systemet.*

8 Koppla loss kablaget för nållyftsgivaren från insprutningsventil nr 3.

9 Skruva loss och ta bort fästbultarna samt ta vara på brickor och spännbrickor **(se bild)**. Notera hur alla komponenter är monterad, så att den kan monteras tillbaka på samma sätt. Ta bort insprutningsventilerna från topplocket, och ta loss värmeskyddsbrickorna – nya brickor måste användas vid återmonteringen.

Motorkod AMF

10 Enligt beskrivningen i kapitel 2D, ta bort den övre kamremskåpa och kamaxelkåpan.

11 På trecylindriga motorer är ett enkelt vipparmsskaft monterat. Vrid vevaxelns remskiva med en hylsnyckel eller skiftnyckel, tills vevaxeln är i ÖD (No 1 cylinder) enligt beskrivningen i kapitel 2D. Justera läget för vevaxeln så att insprutningsventilens vipparmar alla pekar lika mycket uppåt, dvs. insprutningsventilens tryckkolvsfjädrar är satta under lägsta tryck.

12 Arbeta på varje insprutningsventil i tur och ordning, lossa på justeringsskruvens låsmutter på änden av vipparmen och skruva loss justeringsskruven tills vipparmen ligger an mot tryckkolven på insprutningsventilen **(se bild)**.

4.15 Ta bort spännblockets fästbult (markerad med pil)

13 Börja utifrån och arbeta inåt medan du stegvis lossar och tar bort fästbultarna på vipparmsaxeln. Lyft bort vipparmsaxeln från kamaxellageröverfal. Kontrollera varje justeringsskruvs fogyta och byt de skruvar som visar tecken på slitage.

14 Placera motorn så att avgasnocken för cylinder 1 (närmast kamaxeldrevet) pekar uppåt. I detta läge går det att ta bort alla tre klämplattorna på insprutningsventilen.

15 Arbeta med den första insprutningsventilen, skruva loss fästbulten på spännblocket och ta bort blocket från sidan av insprutningsventilen **(se bild).**

16 Använd en liten skruvmejsel och bänd försiktigt loss kontaktdonet från insprutaren.

17 Skoda-mekaniker använder en glidhammare (verktyg No T10055) för att dra bort insprutningsventilen från topplocket. Det är en glidhammare som hakar i insprutningsventilens sida. Om du inte har tillgång till detta verktyg kan du tillverka ett eget med hjälp av en kort bit vinkeljärn, en bit gängstag, en cylindrisk vikt och två låsmuttrar. Svetsa/hårdlöd staget på vinkeljärnet, låt vikten glida på staget och lås ihop de båda muttrarna i stagets ände som stopp för vikten **(se bild).** Placera glidhammaren/verktyget i skåran på insprutningsventilens sida och dra ut insprutningsventilen med hjälp av några försiktiga slag. Ta bort låsringen, värmeskölden och O-ringarna och kasta dem. Vid återmonteringen måste du använda nya **(se bild). Observera:** *Skoda rekommenderar att varje insprutningsventil märks för att garantera korrekt återmontering på dess ursprungsplats.*

18 Ta bort de resterande insprutningsventilerna enlight beskrivningen i avsnitt 15 till 17.

19 Om så behövs kan insprutningsventilens kablage/skena tas bort från topplocket genom att de två fästmuttrarna/bultarna tas bort. För att förhindra att kontaktdonen skadar topplockets gjutdelar när enheten tas bort, sätt i kontaktdonen i förvaringsspåren i plastkablageskenan. Tryck försiktigt enheten bakåt, ut från gjutdelen **(se bilder).**

Motorkoder ASZ och ATD

20 Enligt beskrivningen i kapitel 2D, ta bort den övre kamremskåpa och kamaxelkåpan.

21 På motorer med 4 cylindrar sitter två vipparmsskaft och vart och ett driver ett par

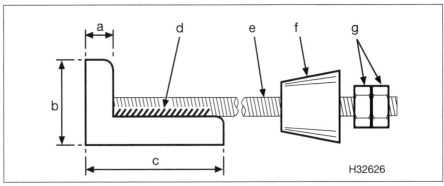

4.17a Pumpinsprutningsventilens borttagningsverktyg

a 5 mm
b 15 mm
c 25 mm

d Svetsa/hårdlös staget på vinkeljärnet
e Gängstag

f Cylindrisk vikt
g Låsmutter

4.17b Placera glidhammaren/verktyget i spåret på insprutningsventilens sida, och dra ut insprutningsventilen

insprutningsventiler. Vrid vevaxelns remskiva med en skruvnyckel eller hylsnyckel tills vipparmarna för insprutningsventilerna 1 och 2 båda pekar uppåt, dvs. insprutningsventilens tryckkolvsfjädrar har mycket låg spänning.

22 Arbeta på varje insprutningsventil i tur och ordning, lossa på justeringsskruvens låsmutter på änden av vipparmen och skruva loss justeringsskruven tills vipparmen ligger an mot tryckkolvssprinten på insprutningsventilen.

23 Börja utifrån och arbeta inåt medan du stegvis lossar och tar bort fästbultarna på vipparmsaxeln. Lyft bort vipparmsaxeln. Kontrollera varje justeringsskruvs fogyta och byt de skruvar som visar tecken på slitage.

24 Vrid motorn ett helt varv och ta bort

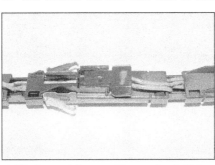

4.19b Insprutningsventilernas kontaktdon glider in i hylsan/skenan för att förhindra att de skadas när enheten tas bort/sätts in i topplocket

4.19a Skruva loss de båda muttrarna på topplocket och låt insprutningshylsan/skenan glida ut

insprutningsventilens vipparmsaxel för cylindrarna 3 och 4, enligt tillvägagångssättet i avsnitt 22 och 23.

25 Placera motorn så att avgasnocken för cylinder 2 pekar rakt uppåt mot den bakre kanten av vipparmsaxelns nedre lagerfäste **(se bild).** I detta läge går det att ta bort alla fyra klämplattorna på insprutningsventilen.

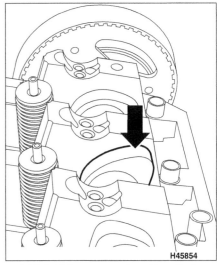

4.25 Ställ in avgasnocken för cylinder 2 enligt bilden för åtkomst till alla fyra klämplattor på insprutningsventilen

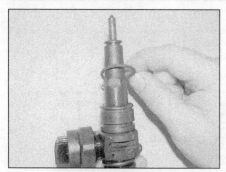

4.33 Var försiktig så att insprutningsventilens O-ringar monteras utan att vridas

26 Följ proceduren enligt beskrivningen i avsnitt 15 till 19.

Montering

Motorkod ASY

27 Sätt insprutningsventilen på plats, med nya värmeskölds brickor. Se till att insprutningsventilen med nållyftsgivaren sitter i cylinder nr 3 (cylinder Nr 1 är den som ligger närmast kamremmen)
28 Montera spännbrickan och montera sedan tillbaka bulten och dra åt den till angivet moment.
29 Montera tillbaka återstående insprutningsventiler enligt tillvägagångssättet i punkterna 27 och 28 och återanslut sedan kablaget för nållyftgivaren på insprutningsventil 3.
30 Montera tillbaka insprutningsventilernas rör och dra åt anslutningsmuttrarna till angivet moment. Placera alla klämmor som är fästa på rören enligt noteringarna före borttagningen.
31 Återanslut returrören till insprutningsventilerna. Ta bort generatorskyddet.
32 Montera tillbaka motorns övre skyddskåpa, starta motorn och kontrollera att den körar korrekt.

Motorkoder AMF, ASZ och ATD

33 Innan du sätter tillbaka insprutningsventilerna måste du byta de

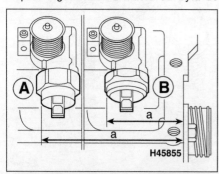

4.37a Mät avståndet (a) från baksidan av topplocket till den rundade delen av insprutningsventilen (se text)

A Insprutningsventil med tidigare mutter
B Insprutningsventil med senare mutter

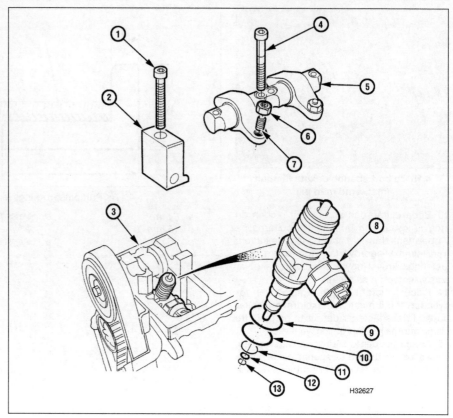

4.34 Insprutningsventilenhet – Motorkoder AMF, ASZ och ATD

1 Bult	5 Vipp	8 Enhet	10 O-ring
2 Spännblock	arm	insprutnings-	11 O-ring
3 Topplock	6 Mutter	ventil	12 Värmeskydd
4 Bult	7 Justerare	9 O-ring	13 Låsring

tre O-ringarna, värmeisoleringsbrickan och klämman. På grund av det höga insprutningstrycket är det mycket viktigt att O-ringarna monteras utan att vridas. Skoda rekommenderar att man använder tre särskilda monteringshylsor för att sätta dit O-ringarna rakt. Det kan vara bra att låta en Skoda-verkstad eller en därför utrustad specialist på insprutning byta O-ringarna, för att undvika risk för läckor (se bild).
34 När du har bytt O-ringarna, sätt dit värmeskölden och fäst den med låsringen (se bild).
35 Smörj in O-ringarna med ren motorolja

och tryck ner insprutningsventilen jämnt i topplocket, ända till stoppet. Se till att insprutningsventilerna monteras tillbaka på sina gamla platser enligt anteckningarna.
36 Sätt dit ett spännblock längs med insprutningsventilen, men dra handdra endast den nya fästbulten på det här stadiet.
37 Det är viktigt att insprutningsventilerna placeras i rät vinkel mot spännblocket. För att uppnå detta mäter du avståndet från vänstra sidan på topplocket till den avrundade delen av magnetventilsmuttern – men observera att det finns två olika typer av muttrar monterade (se bilder). Måtten (a) är följande:

4.37b Använd en vinkelhake mot kanten på insprutningsventilen . . .

4.37c . . . och mät avståndet till baksidan av topplocket

Motorkod AMF

Gammal magnetventilsmutter
Cylinder 1 = 244,2 ± 0,8 mm
Cylinder 2 = 156,2 ± 0,8 mm
Cylinder 3 = 64,8 ± 0,8 mm
Ny magnetventilsmutter
Cylinder 1 = 245,0 ± 0,8 mm
Cylinder 2 = 157,0 ± 0,8 mm
Cylinder 3 = 65,6 ± 0,8 mm

Motorkoder ASZ och ATD

Gammal magnetventilsmutter
Cylinder 1 = 332,2 ± 0,8 mm
Cylinder 2 = 244,2 ± 0,8 mm
Cylinder 3 = 152,8 ± 0,8 mm
Cylinder 4 = 64,8 ± 0,8 mm
Ny magnetventilsmutter
Cylinder 1 = 333,0 ± 0,8 mm
Cylinder 2 = 245,0 ± 0,8 mm
Cylinder 3 = 153,6 ± 0,8 mm
Cylinder 4 = 65,6 ± 0,8 mm

38 När insprutningsventilerna är i linje, dra åt klämbulten till angivet moment för Steg 1 och senare Steg 2 vinkel. **Observera:** *Om en insprutningsventil har bytts är det viktigt att justeringsskruven, låsmuttern för motsvarande vipparmar och kulstift byts samtidigt. Kylstiften dras helt enkelt ut från insprutningsventilens fjäderkåpa. Det sitter en O-ring i varje fjäderkåpa som hindrar kulstiften från att ramla ut.*

39 Om det har tagits bort, monterar du tillbaka insprutningsventilens kablage/skena på topplocket och drar åt de två fästmuttrarna/bultarna. Återanslut kabeln till varje insprutningsventil

40 Smörj lite fett (Skoda G000 100) på fogytan på varje vipparms justeringsskruv, sätt tillbaka vipparmsaxelenheten på kamaxellageröverfallen och dra åt fästbultarna enligt följande. Börja inifrån och ut och dra åt bultarna för hand. Dra sedan åt bultarna, inifrån och ut, till åtdragningsmomentet för steg ett. Vinkeldra slutligen bultarna, inifrån och ut, till inställningen för steg två.

41 Följande procedur är bara nödvändig när en insprutningsventil ska bytas. Anslut en DTI-mätare (indikatorklocka) på topplockets övre yta och placera DTI-sonden mot justeringsskruvens övre del **(se bild).** Vrid vevaxeln tills vipparmsrullen är i det högsta läget på motsvarande kamlob, och justeringsskruven är i det lägsta. När detta läge

5.2 Bränslereturanslutningen på insprutningspumpens baksida

har uppnåtts, ta bort mätklockan och skruva i justeringsskruven tills det tar emot ordentligt och insprutningsventilens fjäder inte kan tryckas ihop mer. vrid justeringsskruven moturs 225° och dra åt låsmuttern till angivet moment.

42 Montera tillbaka kamaxelkåpan och övre kamremskåpan enligt beskrivningen i kapitel 2D.

43 Starta motorn och kontrollera att den fungerar som den ska.

5 Insprutningspump (endast motorkod ASY) – demontering och montering

Observera: *Endast motorkod ASY har en insprutninspump. Efter återmontering måste insprutningspumpens synkronisering (insprutningsstart) kontrolleras dynamiskt och om så behövs justeras av en Skoda-verkstad, eftersom därför avsedd elektronisk testutrustning krävs för gränssnittet till den elektroniska styrmodulen.*

Demontering

1 Ta bort motorns övre skyddskåpa.

2 Rengör området runt oljerörsanslutningarna vid pumpen och insprutningsventilerna **(se bild).**

3 Lossa på de stela bränslerörsanslutningarna med en skruvnyckel på baksidan av insprutningspumpen och vid insprutningsventilerna. Lyft sedan bort bränslerörsenheten från motorn.

Varning: Var beredd på visst bränslespill genom att placera trasor under anslutningarna. Var försiktig så att du inte skadar de stela bränslerören när de tas bort.

4 Täck de öppna rören och portarna för att hindra smuts från att tränga och ytterligare bränsle från att läcka ut **(se Haynes tips 1).**

5 Lossa på bränslematnings- och returrörens banjobultar på insprutningspumps-öppningarna. Vidtag nödvändiga åtgärder för att minimera bränslespill. Täck de öppna rören och portarna för att hindra smuts från att tränga och ytterligare bränsle från att läcka ut **(se Haynes tips 2).**

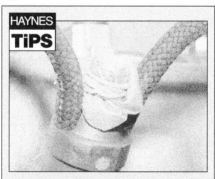

Tips 1: Klipp av fingertopparna på ett par gamla gummihandskar och fäst dem över bränsleportarna med gummiband.

4.41 Anslut en DTI-mätare (indikatorklocka) på topplockets övre yta och placera DTI-sonden mot justeringsskruvens övre del

6 Enligt beskrivningen i kapitel 2D, ta bort den övre kamremskåpan och kamaxelkåpan.

7 Demontera bromsvakuumservopumpen enligt beskrivningen i kapitel 9.

8 Ställ motorn till ÖD för cylinder nr 1 enligt beskrivningen i kapitel 2D. Kontrollera att övre dödpunktens märke på svänghjulet fortfarande är i linje med markeringen på växellådans inställningshål. Kontrollera också att kamaxeln är exakt i ÖD-läge med synkroniseringssprinten på änden av kamaxeln.

9 Koppla en lämplig lyft till motorns lyftöglor och låt den bära upp motorn.

10 Demontera höger motorfäste från motor och kaross enligt beskrivningen i kapitel 2D.

11 Skruva loss den högra motorfästbygeln från blocket. Observera att det inte går att ta bort bulten längst ner förrän fästbygeln har tagits bort helt.

12 Demontera tillbaka insprutningspumpens drev och kamrem enligt beskrivningen i kapitel 2D.

13 Koppla loss kontaktdonet som sitter bakom oljefilterhuset.

14 Skruva loss och ta bort bulten som håller fast insprutningspumpens bygel vid den bakre (vänstra) fästbygeln **(se bild).**
Varning: Lossa inte bultarna på pumpens fördelarhuvud eftersom det kan orsaka allvarliga inre skador på insprutningspumpen.

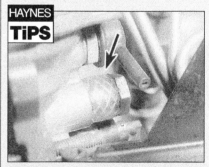

Tips 2: Sätt en liten bit slang över banjobulten (markerad med pil) så att borrhålen täcks och trä sedan tillbaka bulten i porten på insprutningspumpen.

15 Skruva loss och ta bort de tre bultarna som håller fast insprutningspumpen vid den främre (höger) fästbygeln. Stötta pumphuset medan det sista fästet tas bort. Kontrollera att inget förblir inkopplat till insprutningspumpen och lyft bort den från motorblocket.

Montering

16 Passa in insprutningspumpen mot motorn, sätt sedan i de främre och bakre fästbultarna och dra åt till angivet moment.
17 Återanslut kablaget bakom oljefilterhuset.
18 Montera tillbaka insprutningspumpens drev och kamrem enligt beskrivningen i kapitel 2D.
19 Montera tillbaka höger motorfäste och fästbygeln enligt beskrivningen i kapitel 2D, och dra åt bultarna till angivet moment.
20 Flöda insprutningspumpen genom att sätta en liten tratt på bränslereturrörsanslutningen och fylla hålet med ren diesel. Täck området runt anslutningen med rena torra trasor så att eventuellt spill sugs upp.
21 Återanslut bränsleinsprutarens matningsrör på insprutningsventilerna och insprutningspumphuvudet och dra sedan åt anslutningarna till korrekt moment med en skruvnyckel.
22 Återanslut bränslematings- och returrören med nya tätningsbrickor, dra sedan åt banjobulten till angivet moment.
Observera: *Innerdiametern på banjobulten för bränslereturröret är mindre än på bränslematningsledningen och är märkt OUT.*
23 Ändstycket på insprutningen måste nu kontrolleras dynamiskt och om så behövs justeras av en Skoda-verkstad.
24 Sätt tillbaka motorns övre skyddskåpa.

6 Bränsleinsprutningspumpens synkronisering (endast för motorkod ASY) – kontroll och justering

Synkroniseringen för bränsleinsprutningspumpen kan bara testas och justeras med därför avsedd testutrustning. Rådfråga en Skoda-verkstad

7 Magnetventil för bränsleavstängning (endast för motorkod ASY) – demontering och montering

Allmän information

1 Magnetventilen för bränsleavstängning gör att motorn kan stängas av elektromekaniskt.

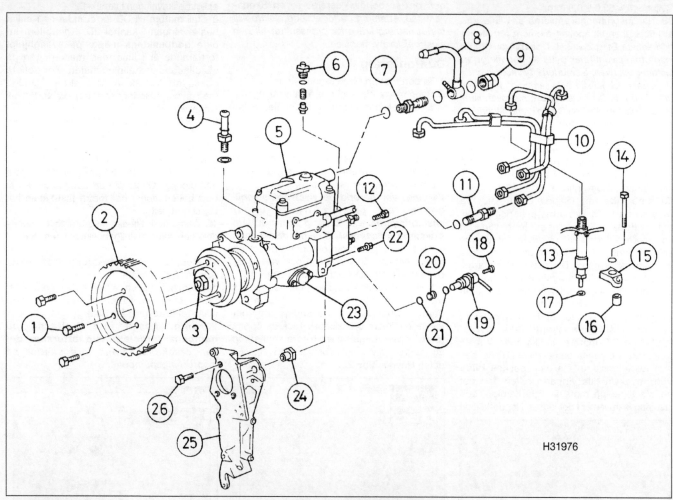

5.14 Bränsleinsprutningspump, detaljer

1 Drevbultar
2 Insprutningspumpens drev
3 Navmutter (lossa inte)
4 Bränsletillförselslang
5 Insprutningspump
6 Bränsleavstängnings solenoidventil
7 Bränslereturslang
8 Bränslereturrör
9 Anslutningsmutter
10 Insprutningsrörenhet
11 Insprutningsröranslutning
12 Insprutningspump, fästbult
13 Insprutningsventil 3 (med nållyftgivare)
14 Fästbult till insprutning
15 Fästplatta
16 Fästhylsa
17 Värmeskydd
18 Fästbult
19 Början för insprutningsventil
20 Sil
21 O-ring
22 Insprutningspump, fästbult
23 Styrenhetens kåpa
24 Hylsmutter
25 Fästbygel
26 Fästbult

H31976

När tändningen är avstängd avbryts strömmatningen till magnetventilen – detta gör att ventillyftaren sänks, vilket stänger av huvudbränslematningskanalen i pumpen samt stänger av motorn.

2 Om avstängningsmagnetventilen inte skulle fungera i öppet läge går det inte att stänga av motorn. Skulle detta inträffa bromsar du kraftigt med fot- och handbromsen, lägger i högsta växeln och släpper kopplingen långsamt tills motorn stannar. Om avstängningsmagnetventilen inte fungerar i slutet läge kan inte motorn startas.

3 Observera att magnetventilen är kopplad till stöldskydds- och motorlåsningssystemet, vilket hindrar motorn från att startas innan motorlåsningssystemet har avaktiverats på rätt sätt av föraren.

Demontering

4 Bränsleavstängningsventilen sitter bakpå insprutningspumpens överdel.

5 Skruva loss fästmuttern och lossa kablaget från ventilens ovansida **(se bild)**.

6 Skruva loss och ta bort ventilhuset från insprutningspumpen. Ta vara på tätningen och tryckkolven.

Montering

7 Monteringen utförs i omvänd ordningsföljd mot demonteringen, men med en ny tätning.

8 Insugsgrenrör – demontering och montering

Motorkod AMF

Demontering

1 Ta bort motorns övre skyddskåpa.

2 Ta bort luftintagskanalen från luftrenaren för turboaggregatet enligt beskrivningen i avsnitt 2.

3 Ta bort klaffhuset och avgasåterföringsventilen från insugsgrenröret enligt beskrivningen i avsnitt 3. Observera att motorns bakre lyftögla sitter fast med bultar på ventilhuset.

4 Skruva loss fästmuttrarna och ta bort insugsgrenröret från topplockets baksida. Ta bort packningarna och kasta dem – du måste sätta dit nya vid återmonteringen.

Montering

5 Monteringen utförs i omvänd ordningsföljd mot demonteringen. Se till att fogytorna är rena. Använd nya packningar och dra åt grenrörsbultarna till angivet moment.

Motorkod ASY

Demontering

6 Ta bort motorns övre skyddskåpa.

7 Ta bort luftintagskanalen från luftrenaren för insugsgrenrörets klaffhus enligt beskrivningen i avsnitt 2.

8 Ta bort insugsgrenrörets klaffhus från grenröret enligt beskrivningen i avsnitt 3. Det

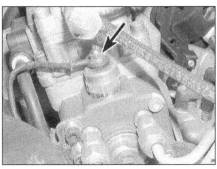

7.5 Anslutningskontakten till bränsleavstängningens magnetventil är fäst med en mutter (markerad med pil)

går dock också att ta bort grenröret med klaffhuset – i så fall måste alla ledningar kopplas från huset enligt beskrivningen i avsnitt 3, men husets fästbultar kan vara kvar.

9 Lossa anslutningskontakten från magnetventilen på avgasåterföringens vakuumenhet och lossa kablaget från grenröret. Det går också att ta bort magnetventilen helt enligt beskrivningen i kapitel 4C.

10 Skruva loss de sex fästbultarna och ta bort grenröret från topplocket. Ta bort packningen och kasta den – du måste sätta dit en ny vid återmonteringen.

Montering

11 Monteringen utförs i omvänd ordningsföljd mot demonteringen. Se till att fogytorna är rena. Använd en ny packning och dra åt grenrörsbultarna till angivet moment.

Motorkoder ASZ och ATD

Demontering

12 Ta bort motorns övre skyddskåpa.

13 Ta bort luftintagskanalen från luftrenaren för turboaggregatet enligt beskrivningen i avsnitt 2.

14 Ta bort klaffhuset och avgasåterföringsventilen från insugsgrenröret enligt beskrivningen i avsnitt 3. Observera att motorns bakre lyftögla sitter fast med bultar på ventilhuset.

15 Skruva loss muttrarna och ta bort insugsgrenröret från pinnbultarna på topplocket. Ta bort packningen och kasta den – du måste sätta dit en ny vid återmonteringen.

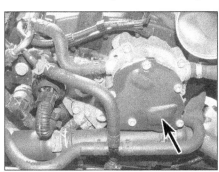

11.2a Tandembränslepump

Montering

16 Monteringen utförs i omvänd ordningsföljd mot demonteringen, använd nya packningar på grenröret, avgasåterföringsrör och grenrörsklaffenheten.

9 Bränslemätargivare – demontering och montering

Observera: *Observera föreskrifterna i avsnitt 1 innan något arbete utförs på bränslesystemets komponenter.*

⚠️ *Varning: Undvik direkt kontakt med bränsle – använd skyddskläder och handskar när du hanterar bränslesystemets komponenter. Se till att arbetsplatsen är välventilerad för att undvika ansamling av bränsleångor.*

1 Bränslemätargivaren sitter monterad ovanpå bränsletanken. Man kommer åt den via en lucka i lastutrymmets golv. Enheten sitter delvis i bränsletanken och demontering av enheten innebär att tankens innehåll exponeras för luft.

2 I kapitel 4A beskrivs procedurerna för demontering och montering. På bensinmodeller kombineras mätargivaren med bränslepumpen, så du kan hoppa över hänvisningar till bränslepumpen.

10 Bränsletank – demontering och montering

Observera: *Observera föreskrifterna i avsnitt 1 innan något arbete utförs på bränslesystemets komponenter.*

1 Se informationen i kapitel 4. Det finns inget ventilrör med aktivt kol att koppla från på tankens framsida – i stället ska bränslematningsröret (färgat svart) och (endast för modeller med motorkod ASY) returröret (färgat blått) kopplas från.

11 Tandembränslepump – demontering och montering

Observera: *Tandembränslepumpen är endast monterade på motorkoderna AMF, ASZ och ATD. Ifall pumpinsprutningsventilernas mittenkontakt lossas kan detta orsaka att en felkod lagras i ECU-motorstyrningen. Denna kod kan bara raderas av en Skoda-verkstad eller lämpligt utrustad specialist.*

Demontering

1 Ta bort motorns övre skyddskåpa.

2 Koppla loss bromsservopumpröret från tandembränslepumpen**(se bild)**.

3 Placera en behållare under bränslefiltret i

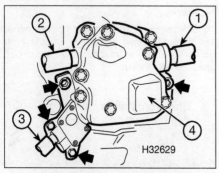

11.2b Bränsletandempumpens fästbultar (markerad med pil)

1 Bromsservoslang 3 Bränslereturslang
2 Bränslematnings- 4 Tandempump
  slang

det främre högra hörnet av motorrummet. Koppla sedan loss matnings- (vit) och retur- (blå) slangarna från filtret. Tappa ur bränslet ner i behållaren.

4 Koppla loss matarslangen (vit) från bränsletandempumpen.

5 Skruva loss de fyra fästbultarna och ta bort pumpen från topplocket. Dra pumpen uppåt, koppla från returslangen (blå) och ta sedan bort pumpen. Observera hur drivkugghjulet sitter i änden av kamaxeln. Var beredd på bränslespill. Det finns inga delar som kan åtgärdas inuti tandempumpen. Om det är fel på pumpen måste den bytas ut.

Montering

6 Återanslut bränslereturslangen till pumpen och sätt tillbaka pumpen på topplocket, använd nya gummitätningar. Se till att pumpens kugghjul hakar i urtaget i kamaxeln (se bild).

7 Sätt i pumpens fästbultar och dra åt dem till angivet moment.

8 Återanslut bränslematningsslangen och bromsservoslangen till pumpen.

9 Återanslut matarslangen (vit) till bränslefiltret.

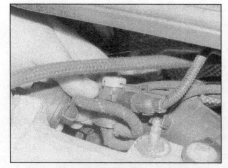

12.4 Lossa på insugsgrenrörsklaffens magnetventil . . .

11.6 Se till att tandempumpens kugghjul hakar i spåret på kamaxeln korrekt

10 Anslut en handvakuumpump till bränslefiltrets returslang (märkt med blått). Kör vakuumpumpen tills bränsle kommer ut ur returslangen. Detta flödar tandempumpen. Återanslut returslangen till bränslefiltret.

11 Sätt tillbaka motorns övre skyddskåpa.

12 Låt en Skoda-verkstad eller annan specialist med lämplig utrustning avläsa felminnet för motorstyrningens elektroniska styrmodul och radera eventuella fel.

12 Insugsgrenrörets omkastningsspjäll och ventil – demontering och montering

Observera: Endast motorkoder ASZ och ATD.

Omkastningsspjällhus och vakuumstyrdel

Demontering och montering

1 Eftersom dieselmotorer har ett mycket högt kompressionsförhållande, trycker kolvarna fortfarande ihop en stor mängd luft i några varv när motorn stängs av, vilket gör att motorenheten skakar lite. Insugsgrenrörets omkastningsspjäll är inbyggt i avgasåterföringsventilen och klaffen drivs av en vakuumdel. När tändningslåset vrids

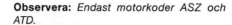

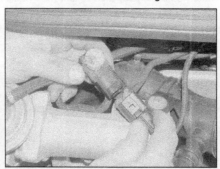

12.5 . . . och koppla loss anslutningskontakten

till läget "off" styr motorns ECU-styrda ventil ut spjället, som stänger av lufttillförseln till cylindrarna. Därför trycker kolvarna ihop mycket lite luft och motorn stannar mjukt. Spjället måste öppnas igen ungefär tre sekunder efter det att tändningen slås av. Avgasåterföringsventilen (EGR-ventilen) är också inbyggd i spjällhuset.

2 Demontering och montering av klaffhuset är samma som det som beskrevs för avgasåterföringsventilen i kapitel 4C. När den har tagits bort, kan klaffstyrdelen tas bort genom att armen på klaffen kopplas från och bultarna på fästbygeln tas bort.

Omkastningsventil

Demontering

3 Omkastningsventilen styr vakuumtillförseln till omkastningsspjället. Elmatningen till ventilen kontrolleras av motorstyrningens ECU. När startnyckeln vrids till läget "off" skickar ECU:n till ventilen som låter vakuumet stänga spjället. ungefär tre sekunder senare avbryts strömförsörjningen till ventilen, vakuumet till manöverdonet kollapsar, och spjället öppnas.

4 Ventilen är placerad ovanpå luftfilterhuset. Observera hur de sitter och koppla bort vakuumrören från ventilen (se bild).

5 Koppla loss anslutningskontakten från ventilen (se bild).

6 Skruva loss fästskruven och ta bort ventilen.

Montering

7 Monteringen utförs i omvänd ordningsföljd mot demonteringen.

13 Bränslekylare – demontering och montering

Demontering

1 En bränslekylare är monterad på returledningen till bränsletanken på modeller med motorkoderna AMF, ASZ och ATD. Den är ansluten till underredet. Klossa framhjulen, lyft upp bilens bakvagn med hjälp av en domkraft och stöd den på pallbockar (se Lyftning och stödpunkter).

2 Skruva loss kåpan från bränslekylaren.

3 Lägg trasor runt kylaren så att bränsle sugs upp om du spiller och koppla sedan bort matnings- och returledningarna från den.

4 Skruva loss fästmuttrarna och ta bort bränslekylaren från bilens undersida.

Montering

5 Montering sker i omvänd arbetsordning, men dra åt fästmuttrarna till angivet moment.

Kapitel 4 Del C:
Avgasrening och avgassystem

Innehåll

Svårighetsgrad

Enkelt, passar novisen med lite erfarenhet	**Ganska enkelt,** passar nybörjaren med viss erfarenhet	**Ganska svårt,** passar kompetent hemmamekaniker	**Svårt,** passar hemmamekaniker med erfarenhet	**Mycket svårt,** för professionell mekaniker

Specifikationer

Motorkoder

Bensinmotorer

1,2 liter:
SOHC	AWY
DOHC	AZQ, BME

1,4 liters OHV:
44 kW	AZE och AZF
50 kW	AME, ATZ och AQW

1,4 liters DOHC:
55 kW	AUA och BBY
74 kW	AUB och BBZ

Dieselmotorer

1,4 liter	AMF
1,9 liter utan turbo	ASY
1,9 liter med turbo	ASZ och ATD

Bensinmotorer

Katalysator
En katalysator monterad på modeller med motorkoderna	AME, AQW, ATZ, AWY, AZE, AZF, AZQ och BME
Två katalysatorer monterade på modeller med motorkoderna	AUA, AUB, BBY och BBZ

Lambdasonde
En eller två lambdasonder monterad på modeller med motorkoderna	AME, AQW, ATZ, AWY, AZE, AZF, AZQ och BME
Två lambdasonder monterad på modeller med motorkoderna	AUA, AUB, BBY och BBZ

Avgasåterföringssystem (EGR)
Monterad på modeller med motorkoderna	AUA, AUB, AZQ, BBY, BBZ och BME

Kolfilter (avdunstningsreglering)
Monterat på alla motorkoder

Dieselmotorer

Katalysator
En katalysator monterad på alla motorkoder

Avgasåterföringssystem (EGR)
Monterat på alla motorkoder

Turboaggregat
Monterad på motorkoder	AMF, ASZ och ATD

Laddluftkylare
Monterad på motorkoder	AMF, ASZ och ATD

Åtdragningsmoment

Nm

Bensinmotorer

Avgasåterföringsadapter till topplock	20
Avgasåterföringsanslutningsrör till mellanplattan eller insugsgrenröret.	10
Avgasåterföringsventil	20
Avgassystemets klämmuttrar.	25
Avgasgrenrörets muttrar*	25
Avgasgrenrörets stödfästbygeln till motor:	
Motorkoder AUA, AUB, BBY och BBZ.	40
Avgassystemets fästbygelbultar	25
Lambdasonde	50

Dieselmotorer

Avgasåterföringsanslutningsrör -till-avgasgrenröret (motorkod ASY) . .	25
Avgasåterföringsrörets muttrar/bultar	25
Avgasåterföringsventil/klaffhus till insugningsgrenröret:	
Motorkoder AMF, ASZ och ATD	10
Avgasåterföringsventil-till-insugningsrör (motorkod ASY)	25
Avgassystemets klämmuttrer.	40
Avgasgrenrörets muttrar*	25
Avgasgrenrör/turboaggregat till främre avgasrör, muttrar*.	25
Laddluftkylarens fästbultar.	8
Turboaggregatets oljematningsrör, anslutningsadapter.	30
Turboaggregatets oljematningsrör, anslutningsmutter.	22
Turboaggregatets oljereturrör, flänsbultar	15
Turboaggregatets oljereturanslutning, bult.	30
Turboaggregatets vakuumanslutningsbult (motorkod AMF)	15
Turboaggregat till grenrör, bultar (motorkod AMF)*	30

Använd alltid nya bultar/muttrar

1 Allmän information

Bensinmotorns system

Alla bensinmotormodeller kan köras på blyfri bensin och styrs av motorstyrningssystem som är inställda att ge den bästa kombinationen av körbarhet, bränsleförbrukning och avgasutsläpp. Dessutom finns ett antal system som minimerar andra skadliga utsläpp. Ett vevhusventilationssystem finns monterat, som minskar utsläppen av föroreningar från motorns smörjningssystem, och en eller två katalysatorer som minskar föroreningarna i avgaserna. Ett avdunstningsregleringssystem finns monterat, som minskar utsläppen av kolväten i gasform från bränsletanken.

Vevhusventilation

I syfte att minska utsläppen av oförbrända kolväten från vevhuset till atmosfären försluts motorn. Genomblåsningsgaser och oljedimma dras från vevhusets insida genom en oljeavskiljare till insugsröret och förbränns av motorn på vanligt vis.

När högt undertryck råder i grenröret sugs gaserna ut ur vevhuset. När lågt undertryck råder i grenröret tvingas gaserna ut ur vevhuset av det (relativt) högre trycket i vevhuset. Om motorn är sliten gör det högre vevhustrycket (p.g.a. ökad genomblåsning) att en viss del av flödet alltid går tillbaka oavsett tryck i grenröret. 1,2 liters motorer och 1,4 liters motorer med koderna BBY och BBZ är utrustade med en PCV-ventil som tillför friskluft till vevhuset under vissa förutsättningar.

Avgasrening

För att minimera föroreningar i atmosfären är alla bensinmodeller försedda med en eller två katalysatorer i avgassystemet. Bränslesystemet är av typen sluten slinga, där en eller två lambdasonder i avgassystemet ger motorns styrmodul kontinuerlig information, så att styrmodulen kan justera bränsleblandningen för optimal förbränning.

1,2 litersmodeller har en inbyggd katalysator i avgasgrenröret. Modeller med 1,4 liters bensinmotor med stötstänger är utrustade med en enda katalysator inbyggd bak i avgassystemets främre rör. 1,4 liters motor DOHC modeller är utrustade med två katalysatorer, den ene i avgasgrenröret och den andra bak i det främre avgasröret.

1,2 liters och 1,4 liters motorer med stötstänger har antingen en eller två lambdasonder monterade beroende på utsläppsstandard och land. Alla 1,4 liters DOHC motorer är utrustade med två katalysatorer. Modeller med två lambdasonder har en före och en efter katalysatorn/ katalysatorerna – detta möjliggör mer effektiv övervakning av avgas, vilket ger snabbare svarstid. Det går också att kontrollera själva katalysatorns effektivitet. Mer information om demontering och montering av lambdasonden finns i kapitel 4A.

Lambdasonden har ett inbyggt värmeelement som styrs av styrmodulen via lambdasondsrelät för att snabbt få upp sondspetsen till optimal arbetstemperatur. Sondspetsen skickar en konstant spänningssignal, som varierar beroende på syrehalten i avgaserna, till den elektroniska styrmodulen. Om bränsleblandningen är för fet är avgaserna syrefattiga och sonden sänder då en låg spänning till styrenheten. Signalspänningen stiger när blandningen magrar och syrehalten i avgaserna därmed stiger. Maximal omvandlingseffekt för alla större föroreningar uppstår när bränsleblandningen hålls vid den kemiskt korrekta kvoten för fullständig förbränning av bensin, som är 14,7 delar (vikt) luft till 1 del bensin (den stökiometriska kvoten). Sondens signalspänning ändras ett stort steg vid denna punkt och styrenheten använder detta som referens och korrigerar bränsleblandningen genom att modifiera insprutningens pulsbredd.

Ett system för avgasåterföring finns på några dieselmodeller (se Specifikationerna). Detta reducerar halten av kväveoxid från förbränningen genom att tillföra en del avgaser till insuget via en kolvventil under vissa arbetsförhållanden. Systemet styrs elektroniskt av motorns styrmodul.

Avdunstningsreglering

För att minimera utsläppen av oförbrända kolväten i atmosfären finns även ett system för avdunstningsreglering på alla bensinmodeller. Tanklocket är tätat och en kolkanister är monterad i höger främre hjulhus för att samla upp bensinångor från tanken. Detta lagrar ångorna tills de sugs ut (styrt av bränsleinsprutnings/tändningssystemets styrmodul) via en eller flera rensventiler till insuget, där de sedan förbränns av motorn under den normala förbränningen.

För att motorn ska fungera bra när det är kallt och/eller vid tomgång, samt för att skydda katalysatorn från skador vid en alltför mättad blandning, öppnar inte motorns elektroniska styrsystem rensstyrventilerna förrän motorn är uppvärmd och under belastning. Magnetventilen öppnas och stängs då så att ångorna kan dras in i insugskanalen.

Avgassystem

Avgassystemet består av avgasgrenröret, det främre avgasröret, mellanrör och ljuddämpare samt bakre avgasrör och ljuddämpare. När de är nya är mellandelen och det bakre avgasröret en enhet, men vid service kan de bytas ut separat.

Systemet stöds av olika metallfästbyglar som är fästa på underredet, med gummivibrationsdämpare som ljuddämpare.

Dieselmotorns system

Alla dieselmodeller har avgasreningssystem för vevhuset och är dessutom utrustade med en katalysator. Alla dieselmodeller har en katalysator och ett system för avgasåtercirkulation som minskar avgasutsläppen.

Vevhusventilation

I syfte att minska utsläppen av oförbrända kolväten från vevhuset till atmosfären försluts motorn. Genomblåsningsgaser och oljedimma dras från vevhusets insida genom en oljeavskiljare till insugsröret och förbränns av motorn på vanligt vis.

Gaserna tvingas ut ur vevhuset av det (relativt) högre trycket där. Alla dieselmotorer har en tryckregleringsventil på kamaxelkåpan, för att styra gasflödet från vevhuset.

Avgasrening

En oxideringskatalysator (katalysator) är monterad i avgassystemet på samtliga dieselmodeller. Denna avlägsnar en stor del gasformiga kolväten, koloxid och partiklar från avgaserna.

Ett system för återcirkulation av avgaser (EGR) finns på alla dieselmodeller. Detta reducerar halten kväveoxider från förbränningen genom att tillföra en del avgaser till insuget via en kolvventil under vissa arbetsförhållanden. Systemet styrs elektroniskt av dieselmotorns styrmodul.

Avgassystem

Avgassystemet består av ett avgasgrenrör, framrör med katalysator, mellanrör (och ljuddämpare beroende på modell), och ett bakre avgasrör och en bakre ljuddämpare. På modeller med turbo är turboaggregatet antingen fäst med bultar på avgasgrenröret eller inbyggt i det, och drivs av avgaserna.

Systemet stöds av olika metallfästbyglar som är fästa på underredet, med gummivibrationsdämpare som ljuddämpare.

2 Avdunstningsregleringssystem – information och byte av komponenter

Observera: *Dette system finns bara på bensinmodeller.*

1 Avdunstningsregleringen består av en urluftningsventil, ett kolfilter och en uppsättning anslutande vakuumslangar.

2 Urluftningsventilen (eller magnetventilen) sitter i motorrummets högra bakre hörn och kolfiltret sitter nära bränsletanken bakom det högra bakhjulhusfodret.

3 Vid borttagning av urluftningsventilen kontrollerar du att tändningen är avslagen och kopplar sedan från anslutningskontakten och de två slangarna.

4 För att demontera kolkanistern, klossa framhjulen och dra åt handbromsen. Lyft sedan upp framvagnen och ställ den på pallbockar (se *Lyftning och stödpunkter*). Ta bort det högra bakhjulet och hjulhusfodret. Koppla loss slangen som leder till magnetventilen från adapterns ovansida. Koppla sedan loss slangen från bränsletanken, från adaptersidan. Skruva loss fästbulten och sänk ner kolkanistern från huset.

5 Monteringen utförs i omvänd ordningsföljd mot demonteringen.

3 Vevhusventilation– allmän information

1 Vevhusets avgasreningssystem består av slangar som ansluter vevhuset till luftrenaren eller insugsgrenröret.

4.4 Avgasåterföringsventilens anslutningsrör på insugsgrenröret

2 På vissa bensinmotorer är en oljeavskiljare monterad på motorns baksida.

3 På dieselmotorer är en tryckreglerventil monterad på kamaxelkåpan.

4 Systemet kräver ingen tillsyn, förutom en regelbunden kontroll av att slangarna, ventilen och oljeavskiljaren (efter tillämplighet) inte är blockerade och i god kondition.

4 Avgasåterföringssystem– byte av komponenter

Bensinmotorer

Avgasåterföringsventil

1 Avgasåterföringssystemet består av en kombinerad avgasåterföringsventil och en potentiometer(magnet)ventil, tillsammans med en serie anslutna vakuumslangar. Avgasåterföringsventilen sitter på adaptorn som sitter på topplockets främre, vänstra ände. Det är anslutet via ett metallrör till en flänsfog på mellanplattan vid gasspjällsstyrenheten på modeller med motorkod AUA och motorkoden BBY (före sept 2003) eller direkt på insugsgrenröret på modeller med motorkod BBY (efter sept 2003) och motorkoderna AZQ, BBZ och BME. En vakuumslang är ansluten mellan avgasåterföringsventilen och luftfiltret.

2 Ta först bort motorns övre skyddskåpa när du ska ta bort avgasåterföringsventilen/potentiometern.

3 Koppla loss anslutningskontakten och vakuumslangen.

4 Skruva loss anslutningsröret från gasspjällsstyrenheten eller insugsgrenröret om det är tillämpligt **(se bild)**. Ta bort packningen och kasta den – du måste sätta dit en ny vid återmonteringen. Skruva också loss rörets fästbult.

5 Skruva loss fästmuttrarna (motorkoder AZQ och BME) eller bultarna (motorkoder AUA, AUB, BBY och BBZ) som håller fast avgasåterföringsventilen på adapterflänsen på topplocket och ta vara på packningarna. Muttrarna/bultarna även håller fast anslutningsröret till ventilen **(se bild)**. Ta bort packningarna och kasta dem – du måste sätta dit nya vid återmonteringen.

4.5a Skruva loss muttrarna och ta bort anslutningsröret. . .

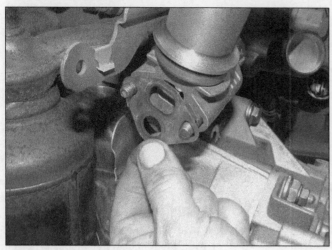

4.5b ... och packning ...

4.5c ... och ta bort avgasåterföringsventilen från adaptern – motorkod BME

6 Om så behövs skruvar du loss adaptern från topplocket och kastar packningen.
7 Monteringen utförs i omvänd ordningsföljd mot demonteringen. Använd nya packningar och dra åt fästmuttrarna/bultarna till angivet moment.

Dieselmotorer

8 Avgasåterföringssystemet består av en avgasåterföringsventil (mekanisk, modulator (magnet) tillsammans med en serie anslutna vakuumslangar. På motorer med kod AAZ utan turbo,är EGR-ventilen monterad på en flänsfog på insugsröret och ansluten till en andra flänsfog på grenröret med ett kort metallrör. På modeller med turbomotorkoderna AMF, ASZ och ATD är avgasåterföringsventilen en del av insugsgrenrörets klaffhus och är kopplat till avgasgrenröret med ett flänsrör.
9 På modeller med motorkod ASY och motorkoderna ATD och ASZ (fram till november 2001) är magnetventilen fäst på mellanväggen baktill, till höger i motorrummet. På senare modeller med motorkoderna ATD och ASZ och på alla modeller med motorkod AMF ingår den i ett ventilblock tillsammans med omkastningsspjällventilen och turboladdtrycksventilen. ventilblocket kan bara bytas som en enhet.

Avgasåterföringsventil (motorkod ASY)

10 Ta bort motorns övre skyddskåpa.
11 Koppla loss vakuumslangen från anslutningen på avgasåterföringsventilen.
12 Lossa på klämbulten som fäster ventilen på det korta anslutningsröret.
13 Skruva loss och ta bort avgasåterföringsventilens fästbultar **(se bild)**.
14 Skilj ventilen från insugningsrörets nedre del och ta loss packningen. Skjut ventilen försiktigt uppåt ut ur klämman och anslutningsröret och ta bort den.
15 Anslutningsröret kan också tas bort vid behov. Skruva loss rörets flänsmuttrar och ta loss röret från avgasgrenröret. Ta loss packningen.
16 Monteringen utförs i omvänd ordningsföljd mot demonteringen. Använd nya packningar och dra åt muttrarna och bultarna till angivet moment.

Agasåterföringsventil (mtorkoder AMF, ASZ och ATD)

17 Avgasåterföringsventilen är integrerad i insugsrörets spjällhus och kan inte bytas separat.
18 Om så behövs går det att ta bort röret från huset till avgasgrenröret när du har skruvat loss flänsmuttrarna och bultarna. Ta loss packningen från rörets båda ändar **(se bild)**.
19 Återmontering av röret utförs i omvänd ordning mot demonteringen. Använd nya packningar och dra åt flänsmuttrarna och bultarna till angivet moment.

Avgasåterföringens magnetventil/ventilblock

20 Koppla loss anslutningskontakten.
21 Notera deras placering och koppla sedan loss vakuumslangarna.
22 Skruva loss fästskruven och ta bort ventilen från mellanväggen.
23 Monteringen utförs i omvänd ordningsföljd mot demonteringen. Se till att alla slangarna och anslutningskontakterna är ordentligt återanslutna.

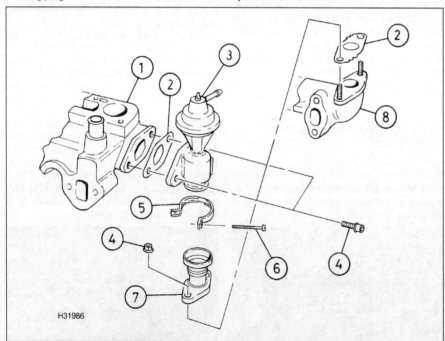

H31986

4.13 Avgasåterföringsventil detaljer – diesel motorkod utan turbo ASY

1 Insugsgrenrörets nedre del
2 Packning
3 Avgasåterföringsventil
4 Avgasåterföringsventilens fästbultar/muttrar
5 Klämma
6 Klämbult
7 Anslutningsrör
8 Avgasgrenrör

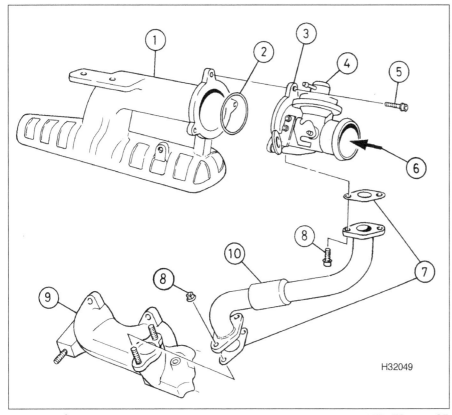

H32049

4.18 Avgasåterföringsrörets monteringsdetaljer – turbodieselmotorkoder AMF, ATD och ASZ

1 Insugsgrenrör	4 Avgasåterföringsventil	7 Packning
2 O-ring	5 Fästbult	8 Flänsmutter/bult
3 Insugsgrenrörets klaffhus	6 Från laddluftkylaren	9 Avgasgrenrör
		10 Avgasåterföringsrör

5 Turboaggregat – allmän information, föreskrifterna, demontering och montering

Allmän information

Turboaggregatet är endast monterad på dieselmotorkoderna AMF, ASZ och ATD. På modeller med motorkod AMF är den fäst med bultar längst ner i avgasgrenröret, men på modeller med motorkoderna ASZ och ATD ingår den i grenröret.

Turboaggregatet ökar motorns verkningsgrad genom att höja trycket i insugningsgrenröret över atmosfäriskt tryck. I stället för att luften bara sugs in i cylindrarna tvingas den dit. Extra bensin tillsätts från insprutningspumpen, i proportion till det ökade luftflödet.

Turboaggregatet drivs av avgasen. Gasen flödar genom ett specialutformat hus (turbinhuset) där den får turbinhjulet att snurra. Turbinhjulet sitter på en axel i vars ände ytterligare ett vingförsett hjul, kompressorhjulet, sitter monterat. Kompressorhjulet snurrar i sitt eget hus och komprimerar insugsluften på väg till insugsgrenröret.

Mellan turboaggregatet och insugsgrenröret

passerar den komprimerade luften genom en laddluftkylare. Syftet med laddluftkylaren är att avlägsna något av värmen som uppstår vid komprimeringen från insugsluften. Eftersom kall luft är tätare, ökar motorns verkningsgrad ytterligare när denna värme avlägsnas.

Laddtrycket (trycket i insugsgrenröret) begränsas av en övertrycksventil, som leder bort avgasen från turbinhjulet som reaktion på ett tryckkänsligt manöverdon.

Turboaxeln trycksmörjs med hjälp av en oljematningspump från motoroljefiltrets fäste. Axeln "flyter" på en bädd av olja. Oljan leds tillbaka till sumpen via ett returrör som är anslutet till sumpen.

Vissa motorer har ett så kallat "justerbart" turboaggregat, som ytterligare höjer motorns utgående effekt jämfört med en vanlig turboinstallation. Vid låga motorvarvtal används vingar för att begränsa avgastillförselns spridningsväg innan gasen träffar turbinhjulet – detta har effekten att gasflödet ökar på grund av begränsningen och hjulet uppnår optimal hastighet snabbare ("eftersläpningen" i turbo minskas). Vid högre motorvarvtal öppnar vingarna tillförseln, vilket sänker avgassystemets baktryck och minskar bränsleförbrukningen.

Föreskrifter

Turboaggregatet arbetar vid extremt höga hastigheter och temperaturer. Vissa säkerhetsåtgärder måste vidtas för att undvika personskador och skador på turboaggregatet.

* *Kör inte turboaggregatet när dess komponenter är oskyddade. Om ett föremål skulle falla ner på de roterande vingarna kan det orsaka omfattande materiella skador och (om det skjuts ut) personskador. Täck över turboaggregatets luftintagskanaler för att hindra smuts från att tränga in. Rengör sedan med luddfria trasor.*
* *Varva inte motorn direkt efter starten, särskilt inte om den är kall. Låt oljan cirkulera i några sekunder.*
* *Låt alltid motorn gå ned på tomgång innan den stängs av – varva inte upp motorn och vrid av tändningen, eftersom aggregatet då inte får någon smörjning.*
* *Låt motorn gå på tomgång i flera minuter innan den stängs av efter en höghastighetskörning.*
* *Observera de rekommenderade intervallen för påfyllning av olja och byte av oljefilter och använd olja av rätt märke och kvalitet. Om du byter olja för sällan eller använder begagnad olja eller olja av dålig kvalitet kan det orsaka sotavlagringar på turboaxeln med driftstopp som följd. Var ytterst noga vid rengöringen kring alla oljerörsanslutningar innan de öppnas, så att smutsinträng förhindras. Förvara demonterade komponenter i en lufttät behållare så att förorening undviks.*

Motorkod AMF

Demontering

1 Dra åt handbromsen. Lyft sedan upp framvagnen och ställ den på pallbockar (se *Lyftning och stödpunkter*). Ta bort motorrummets undre skyddskåpa.

2 Ta bort motorns övre skyddskåpa.

3 Lossa på klämmorna och ta bort laddluftröret som går från laddluftkylaren till klaff-/avgasåterföringskåpan på insugsgrenröret. Koppla också loss laddluftröret från luftrenaren på det bakre röret.

4 Lossa klämman och slangen från turboaggregatet luftintag **(se bild)**, skruva sedan loss bakröret.

5 Skruva loss muttrarna och ta bort

5.4 Turboaggregatets insugningsslang

5.5 Anslutningsrör från avgasgrenröret till klaff-/avgasåterföringsventilhus

5.6 Turboaggregatets oljematningsrör

anslutningsröret som går från avgasgrenröret till klaff-/avgasåterföringsventilkåpan. Ta loss packningar **(se bild)**.

6 Skruva loss anslutningsmuttrarna som kopplar oljematningsröret till turboaggregatet och motorn **(se bild)** och skruva sedan loss muttern från stödfästet. Demontera oljematningsröret.

7 Skruva loss de två bultarna som håller fast turboaggregatet längst ner på avgasgrenröret. Ta inte loss fästmuttern ännu.

8 Ta bort den högra drivaxeln enligt beskrivningen i kapitel 8. Skruva också loss drivaxelns värmesköld från motorblocket.

9 Lossa klämman och koppla från utloppsluftslangen från botten av turboaggregatet.

10 Notera deras placering och koppla sedan loss vakuumslangarna till övertrycksventilen och ventilblocket från turboaggregatet.

11 Arbeta under bilen och skruva loss anslutningsmuttern som fäster oljereturledningen från turboaggregatet till motorblocket **(se bild)**. Skruva loss bultarna och koppla loss returrörets fläns från turboaggregatet. Ta loss packningen.

12 Se avsnitt 9 och ta bort det främre avgasröret och katalysatorn. Ta bort packningen från turboaggregatet pinnbultar **(se bild)**.

13 Stötta turboaggregatet och skruva sedan loss den kvarvarande fästmuttern från grenrörspinnbulten. Sänk ner turboaggregatet och ta bort den från bilens undersida. Det finns ingen packning mellan turboaggregatet och avgasgrenröret.

5.11 Oljereturledning och turboaggregatets utloppsslang

Montering

14 Montering utförs i omvänd arbetsordning, tänk på följande:
  a) Byt alla packningar, kopparbrickor och O-ringar.
  b) Byt ut turboaggregatets fästbultar och mutter och innan de monteras, stryk på antikärvmedel på deras gängor och huvuden.
  c) Innan du återansluter oljematningsröret, fyll på turboaggregatet med ny olja från en oljekanna.
  d) Dra åt alla muttrar och bultar till angivet moment, om det är tillämpligt.
  e) Se till att luftslangklämmorna är ordentligt åtdragna så att luft inte läcker ut.
  f) När motorn startas efter monteringen, låt den gå på tomgång i ungefär en minut så att oljan får tid att cirkulera runt turbinaxelns lager. Kontrollera om det finns tecken på olje- eller kylvätskeläckage på relevanta anslutningar.

Motorkoder ASZ och ATD

Demontering

15 Dra åt handbromsen. Lyft sedan upp framvagnen och ställ den på pallbockar (se Lyftning och stödpunkter). Ta bort motorrummets undre skyddskåpa.

16 Ta bort motorns övre skyddskåpa.

17 Ta bort den högra drivaxeln enligt beskrivningen i kapitel 8. Skruva också loss drivaxelns värmesköld från motorblocket.

18 Lossa klämmorna och koppla från luftslangen och anslutningsröret som går från botten på laddluftkylaren till turboaggregatets

5.12 Packning till främre avgasrör till turboaggregat

utloppsslang via vevaxelns remskiva. Koppla sedan loss båda laddluftslangarna från turboaggregatet. Koppla också loss laddluftröret från luftrenaren.

19 Skruva loss anslutningsmuttern och koppla loss oljereturledningen från motorblocket.

20 Skruva loss turboaggregatets nedre stödfäste.

21 Koppla loss vakuumslangen från övertrycksventilen på turboaggregatet.

22 Se avsnitt 9 och ta bort det främre avgasröret och katalysatorn från turboaggregatet. Ta loss packningen från pinnbultarna.

23 Skruva loss muttrarna och ta bort anslutningsröret som går från avgasgrenröret till klaff-/avgasåterföringsventilkåpan. Ta loss packningarna.

24 Skruva loss anslutningsmuttrarna som kopplar oljematningsröret till turboaggregatet och motorn och skruva sedan loss muttern/bulten från stödfästet. Demontera oljematningsröret.

25 Skruva loss stegvis muttrarna och bultarna som håller fast avgasgrenröret/turboaggregatet vid topplocket, ta sedan bort enheten och ta loss packningen. Kasta packningen eftersom en ny måste användas vid återmonteringen.

Montering

26 Montering utförs i omvänd arbetsordning, tänk på följande:
  a) Byt alla packningar, kopparbrickor och O-ringar.
  b) Innan du återansluter oljematningsröret, fyll på turboaggregatet med ny olja från en oljekanna.
  c) Dra åt alla muttrar och bultar till eventuellt angivet åtdragningsmoment.
  d) Se till att luftslangklämmorna är ordentligt åtdragna så att luft inte läcker ut.
  e) När motorn startas efter hopsättandet, låt den gå på tomgång i ungefär en minut så att oljan får tid att cirkulera runt turbinaxelns lager. Kontrollera om det finns tecken på olje- eller kylvätskeläckage på relevanta anslutningar.

6 Turboaggregatets laddtrycksmagnetventil – demontering och montering

Observera: Denna delen gäller bara för modeller med dieselmotorkoderna ASZ och ATD.

Demontering

1 Laddtrycksmagnetventilen är monterad separat på höger sida om mellanväggen på modeller tillverkade fram till sista oktober 2001. På senare modeller är ventilen inbyggd i ett ventilblock på samma plats.

2 Koppla loss anslutningskontakten.

3 Notera deras placering och koppla sedan loss vakuumslangarna **(se bilder)**.

4 Skruva loss fästskruven och ta bort ventilen från mellanväggen.

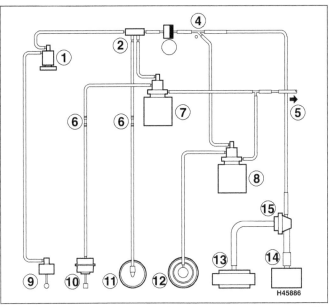

6.3a Vakuumslanganslutningar på modeller med motorkoder ATD
och ASZ upp till slut av 10/2001

1 Omkastningsventil för
  insugsgrenrörsklaff
2 Kontaktdon
3 Backventil
4 Kontaktdon
5 Till luftrenare
6 Kontaktdon
7 Turboaggregatets
  laddtrycksmagnetventil
8 Avgasåterföringens

  solenoidventil
9 Vakuumenhet för
  insugsgrenrörets klaffventil
10 Vakuumenhet
11 Vakuumbehållare
12 Mekanisk
  avgasåterföringsventil
13 Bromsservo av vakuumtyp
14 Tandemvakuumpump
15 Kontaktdon

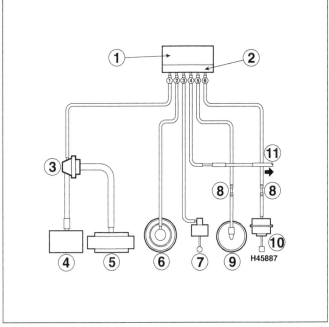

6.3a Vakuumslanganslutningar på modeller med motorkoder ATD
och ASZ från 11/2001

1 Ventilblock
2 Vakuumgrenkoppling
3 Kontaktdon
4 Tandemvakuumpump
5 Bromsservo av vakuumtyp
6 Mekanisk
  avgasåterföringsventil

7 Vakuumenhet för
  insugsgrenrörets klaffventil
8 Kontaktdon
9 Vakuumbehållare
10 Laddtryckstyrningens
  vakuumenhet
11 Till luftrenare

Montering

5 Monteringen utförs i omvänd ordningsföljd mot demonteringen. Se till att alla slangarna och anslutningskontakterna är ordentligt återanslutna.

7 Laddluftkylar – allmän information, demontering och montering

Observera: Denna delen gäller bara för modeller med dieselmotorkoderna AMF, ASZ och ATD.

Allmän information

1 Laddluftkylaren är i praktiken en luftkylare, som kyler den trycksatta insugsluften innan den kommer in i motorn. När turboaggregatet komprimerar insugsluften, blir en sidoeffekt att luften värms upp, vilket gör att den expanderar. Om insugsluften kan kylas, kan en större effektiv luftvolym sugas in, och motorn ger därmed större effekt.
2 Den komprimerade luften från turboaggregatet, som normalt skulle matas direkt till insugsgrenröret, leds istället runt motorn till laddluftkylarens nederdel. Laddluftkylaren är monterad bakom hjulhusfodret under den högra framskärmen,

i luftflödet. Den uppvärmda luften som kommer in längst ner i enheten stiger uppåt och kyls av luftflödet över laddluftkylarens flänsar, som i den vanliga motorkylaren. När luften når laddluftkylarens överdel leds den till insugsgrenröret.

Demontering

3 För att komma att laddluftkylaren, ta bort stötfångaren enligt beskrivningen i kapitel 11, och höger strålkastare enligt beskrivningen i kapitel 12, avsnitt 7. Ta också bort det högra framhjulets hjulhusfoder och laddluftkylarens luftkanal (se bild).

7.3 Ta bort laddluftkylarens luftkanal

4 Koppla från kablaget från insugsgrenrörets tryck-/temperaturgivare som sitter ovanpå laddluftkylaren.
5 Lossa utloppsslangen/kanalen från dess fästen och använd sedan tänger för att lossa fjäderklämman och koppla ifrån slangen från laddluftkylarens ovansida. Observera: Vissa modeller har snabbkopplingar. dra ut klämman för att lossa den.
6 Lossa fjäderklämman och lossa inloppsslangen från botten av laddluftkylaren.
7 Skruva loss fästbultarna och ta bort laddluftkylaren från motorrummet (se bild).
8 Undersök om laddluftkylaren är skadad

7.7 Laddluftkylaren sitter under höger framhjuls hjulhus

8.1 Grenröret och katalysatorn på motorkod BME

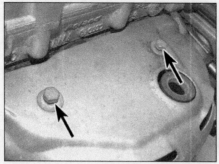

8.5a Värmeskyddets övre fästbultar . . .

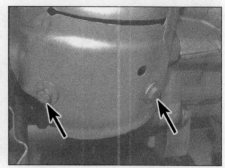

8.5b . . . och nedre fästbultar

8.5c Ta bort värmeskölden från avgasgrenröret

8.5d Värmesköld monterad på motorblocket för modeller med motorkod BME (borttaget avgasgrenrör)

8.9 Skruva loss fästmuttrarna . . .

och kontrollera om luftslangarna har spruckit. Laddtrycks-/temperaturgivaren kan tas bort från laddluftkylarens ovansida genom att du skruvar loss de två fästbultarna – ta vara på O-ringstätningen och undersök dess skick.

Montering

9 Monteringen utförs i omvänd ordningsföljd mot demonteringen. Se till att slangklämmorna är ordentligt åtdragna, så att luft inte läcker ut, och montera en ny O-ringstätning på laddtrycks-/temperaturgivaren.

8 Grenrör – demontering och montering

Bensinmotorer

Demontering

1 Motorkoder AUA, AUB, AWY, AZQ, BBY, BBZ och BME har en katalysator inbyggd i avgasgrenröret **(se bild)**. Modeller med motorkoderna AME, AQW, ATZ, AZE och AZF har ett vanligt avgasgrenrör.
2 Ta bort motorns övre skyddskåpa.
3 Dra åt handbromsen. Lyft upp framvagnen och ställ den på pallbockar (se *Lyftning och stödpunkter*). Demontera motorns underkåpa. Behövs extra arbetsutrymme tar du bort den elektriska kylfläkten och kåpan från baksidan på kylaren enligt beskrivningen i kapitel 3.
4 Dra varmluftsslangen (för luftrenaren)

från värmeskölden över grenröret och lägg slangänden åt sidan.
5 Skruva loss bultarna och ta bort värmeskyddet från grenröret. Observera att det på vissa modeller har monterats extra förlängda sköldar, inklusive några som är fästa med bultar på motorblocket **(se bilder)**.
6 På modeller där en lambdasonde har skruvats in i grenröret leds kablaget från sonden till kontakten. Koppla loss anslutningskontakten och ta loss kablarna från fästklämmorna. Skruva loss lambdasonden eller lämna kvar den tills grenröret har tagits bort.
7 Om en sådan finns, skruva loss grenrörets stödfäste.
8 Skruva loss muttrarna och koppla loss det främre avgasröret från botten på avgasgrenröret. På vissa modeller kan det krävas att det främre röret tas bort helt enligt

beskrivningen i avsnitt 9. Kasta packningen, eftersom en ny måste användas vid återmonteringen.
9 Skruva loss grenrörets fästmuttrar och notera att vissa grenrörspinnbultar kan lossna tillsammans med muttrarna **(se bild)**.
10 Ta bort brickorna, ta sedan bort grenröret från topplocket, och ta loss packningen från pinnbultarna **(se bild)**.
11 Om pinnbultar har lossnat sätter du dem i ett skruvstycke och skruvar loss muttrarna. Applicera lite låsvätska på pinnbultarnas gängor innan de sätts i topplocket och dras åt till angivet moment. Använd två muttrar åtdragna mot varandra för att dra åt pinnbultarna.

Montering

12 Montera i omvänd ordningsföljd mot demonteringen. Tänk på följande:
  a) Använd alltid nya packningar.

8.10a . . . och ta bort grenröret . . .

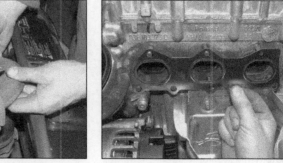

8.10b . . . och ta hand om packningen

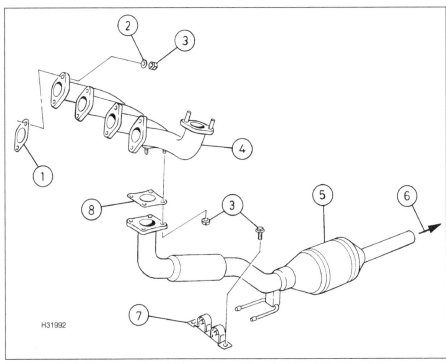

8.19 Avgasgrenrör och främre avgasrör – dieselmodeller utan turbo

1 Grenrörspackning
2 Bricka
3 Fästmutter
4 Avgasgrenrör
5 Katalysator
6 Till avgassystemets bakre del
7 Främre fäste
8 Packning för främre avgasrör

b) Om några pinnbultar har gått sönder vid borttagningen, borrar du ut resterna av dem och sätter in nya pinnbultar och muttrar.
c) Dra åt alla muttrar och bultar till eventuellt angivet åtdragningsmoment.

Dieselmotorer

Observera: *Demontering och montering av avgasgrenröret/turboaggregatet på motorkoder ASZ och ATD behandlas i avsnitt 5. Detta underavsnitt behandlar demontering endast på motorkoder AMF och ASY.*

Demontering

13 Modeller med motorkod AMF har ett turboaggregat fäst med bultar på avgasgrenrörets undersida. På modeller med motorkoderna ASZ och ATD utgör turboaggregatet och avgasgrenröret en helhet och kan inte tas isär. På modeller med motor utan turbo, kod ASY, är det främre avgasröret fäst med bultar direkt på avgasgrenröret.
14 Ta bort motorns övre skyddskåpa.
15 Dra åt handbromsen. Lyft sedan upp framvagnen och ställ den på pallbockar (*se Lyftning och stödpunkter*). Demontera motorns underkåpa.
16 Du underlättar åtkomsten till avgasgrenröret om du först tar bort insugningsröret enligt beskrivningen i del B i dette kapitel.
17 På motorkod AMF, ta bort turboaggregatet enligt beskrivningen i avsnitt 5.

18 Ta bort anslutningsröret till avgasåterföringen från avgasgrenröret enligt beskrivningen i avsnitt 4. På modeller utan turbo med motorkod ASY, om insugsgrenröret inte har tagits bort, skruvar du loss avgasåterföringsventilen från insugsgrenröret, så att anslutningsröret kan tas bort.
19 Skruva loss fästmuttrarna, och skilj det främre avgasröret från grenröret eller turboaggregatet **(se bild)**. Det bör gå att röra röret tillräckligt mycket för att lossa det från pinnbultarna – i annat fall lossar du bultarna som håller fast avgassystemets främre fäste.
20 Stötta upp grenröret, skruva sedan loss grenrörets fästmuttrar och ta loss brickorna. Demontera avgasgrenröret från topplockets pinnbultar och ta bort den underifrån bilen.

9.3 Främre rör och katalysator på motorkod BBY

Ta loss grenrörspackningen från topplockets pinnbultar, och kassera den.

Montering

21 Monteringen sker i omvänd ordningsföljd mot demonteringen. Men använd alltid nya packningar. Dra åt alla muttrar och bultar till angivna moment.

9 Avgassystem – byte av komponenter

⚠ *Varning: Ge avgassystemet tillräckligt med tid att svalna innan arbetet påbörjas. Observera särskilt att katalysatorn arbetar med mycket höga temperaturer. Om det finns någon risk för att systemet är varmt ska handskar användas.*

Demontering

1 Skodas originalsystem som monteras i fabriken har två delar. Den främre delen (inklusive katalysatorn på alla motorer utom på bensinmodeller med motorkoderna AWY, AZQ och BME) kan tas bort separat. Den bakre originaldelen kan inte tas bort i ett stycke, eftersom den sitter över bakaxeln – röret måste kapas igenom mellan mellanljuddämparen och den bakre ljuddämparen, vid punkten som har märkts ut på röret. Det finns tre märken och röret måste kapas vid mittmärket.
2 Om någon del av systemet ska demonteras, börja med att lyfta upp fram- eller bakvagnen och ställ den på pallbockar (*se Lyftning och stödpunkter*). Alternativt kan bilen placeras över en smörjgrop eller på ramper.

Främre avgasrör (med katalysator)

Observera: *Var försiktig med den flexibla, omflätade delen av det främre avgasröret och böj den inte i onödan.*
3 På bensinmodeller arbetar du så här:
a) Innan du tar bort den främre delen av avgassystemet kontrollerar du om det finns lambdasonder monterade **(se bild)**. Följ kablaget bakåt från givaren och koppla loss anslutningskontakten. På vissa modeller döljs lambdasondens kablage bakom en åtkomstpanel bakom höger drivaxel, och du måste ta bort kåpan som är monterad över den högra inre drivknuten (eller till och med hela drivaxeln, enligt beskrivningen i kapitel 8) för att komma åt.
b) Lossa lambdasondens kablage från alla klämmor eller fästbyglar, och notera hur det är draget inför återmonteringen.
c) Monterar du en ny främre del skruvar du loss lambdasonderna från röret i förekommande fall. Har du två lambdasonder noterar du var de sitter eftersom de måste sitta på samma ställe vid återmonteringen.
4 Lossa de två muttrarna på klämman på det främre rörets baksida och lossa på klämman

9.4 Ta bort fästet som håller fast främre det främre avgasröret i det bakre röret

9.5a Avgassystemets främre fläns på grenröret

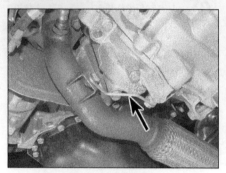

9.5b Främre avgasrörets stag på motorkod BME

9.6 Använd ett specialverktyg för att ta bort avgassystemets gummifästen

så att den kan röra sig i förhållande till de främre och bakre rören **(se bild)**.

5 Skruva loss muttrarna som håller fast den främre flänsen på avgasgrenröret eller turboaggregatet **(se bild)**. På vissa modeller måste skärmen över den högra drivaxelns inre drivknut tas bort för bättre åtkomst, och dessutom är det främre röret på vissa modeller förstärkt med en metallstång **(se bild)**. Avskilj den främredrivknuten och flytta det främre röret nedåt så att det går att komma åt pinnbultarna. Ta reda på packningen och kassera den.

6 Lossa på gummifästena från metallstiften och stötta rörets främre ände **(se bild)**.

7 Skjut klämman bakom katalysatorn antingen framåt eller bakåt för att avskilja drivknuten. Vrid det främre avgasröret något från sida till sida medan du drar framåt för att lossa det från den bakre delen. När röret är fritt sänker du det till marken och tar bort det från bilens undersida.

Bakre rör och ljuddämpare

8 Om du arbetar på Skodas fabriksmonterade bakre del, letar du rätt på tre hålmärken eller linjemärken på röret. Mittenmärket visar punkten där röret ska kapas medan de yttre märkena visar läget för den nya klämmans ändar vid återmontering. Kapa röret med mittenmärket som ledning. Lägg snittet så vinkelrätt mot röret som möjligt om någon av de tillkapade delarna ska återanvändas.

9 Om den fabriksmonterade bakre delen redan har bytts ut, lossar du på muttrarna som

håller fast klämman mellan de två delarna så att klämman kan flyttas.

Mellanljuddämpare

10 För att demontera mellanljuddämparen, lossa de främre muttrarna och bakre klämmor.
11 Skjut på klämmorna på ljuddämparsektionens ändar för att lossa rörändarna, ta bort fäststiftet från gummifästet och ta bort ljuddämparen från bilens undersida.

Bakljuddämpare

12 Den bakre ljuddämparen stöds på fram- och baksidan av gummifästen som sitter på bilens undersida. Lossa muttrarna på klämman som håller fast bakljuddämpare vid mellanljuddämpare.
13 Skjut försiktigt den bakre ljuddämparen fråm klämman, ta bort fäststiften från gummifästena och ta bort ljuddämparen från bilens undersida.

Montering

14 Varje del monteras i omvänd ordning mot demonteringen, och tänk på följande.
a) Se till att alla spår av korrosion har tagits bort från flänsarna eller rörändarna och byt ut den främre avgasrörspackningen om den har tagits bort.
b) Utformningen av klämmorna som används mellan avgassystemsdelarna innebär att de garanterar en gastät tätning – sätt in nya klämmor om de inte är helt felfria.

c) När klämmorna monteras använder du märkena på rören som ledning för klämmans korrekta monteringsläge.
d) Undersök fästena och leta efter tecken på skada eller åldrande, och byt dem om det behövs.
e) Använder du lim för avgassystem måste du se till att det bara stryks på fogytorna efter katalysatorn.
f) Kontrollera innan avgassystemets fästen och klämmor dras åt att alla gummiupphängningar är korrekt placerade och att det finns tillräckligt med mellanrum mellan avgassystemet och underredet. Försök se till att rören inte påfrestas av onödiga vridningar – du kan flytta rören i förhållande till varandra på klämmorna för att åtgärda detta.

10 Katalysator – allmän information och föreskrifter

Katalysatorn är en tillförlitlig och enkel anordning som inte kräver något underhåll. Det finns dock några punkter som man bör vara medveten om för att katalysatorn skall fungera ordentligt under hela sin livslängd.
a) ANVÄND INTE blyad bensin (eller alternativ till bly) i bilar med katalysator. Blyet (eller andra tillsatser) täcker ädelmetallerna vilket minskar deras omvandlingseffekt och förstör katalysatorn på sikt.
b) Underhåll tändning och bränslesystem noga enligt tillverkarens schema.
c) Om motorn börjar feltända bör bilen (i möjligaste mån) inte köras alls förrän felet är åtgärdat.
d) Använd INTE tillsatser i olja eller bensin. Dessa kan innehålla ämnen som skadar katalysatorn.
e) Kör INTE bilen om motorn bränner så mycket olja att den avger synlig blårök.
f) Kom ihåg att katalysatorn arbetar vid mycket höga temperaturer. Parkera INTE bilen i torr undervegetation, över långt gräs eller lövhögar efter en längre körsträcka.
g) Kom ihåg att katalysatorn är BRÄCKLIG – slå inte på den med verktyg under service och var försiktig vid hanteringen när den tas bort från bilen av någon orsak.
h) Ibland kan en svavelaktig lukt (som från ruttna ägg) kännas från avgasröret. Detta är vanligt för många bilar som är utrustade med katalysatorer och har mer att göra med svavelinnehållet i det bränslemärke som används än med själva katalysatorn.
i) Katalysatorn i en väl underhållen och körd bil ska hålla mellan 80 000 och 160 000 miles – om den inte längre är effektiv måste den bytas.

Kapitel 5 Del A:
Start- och laddningssystem

Innehåll

Svårighetsgrad

Enkelt, passar novisen med lite erfarenhet	Ganska enkelt, passar nybörjaren med viss erfarenhet	Ganska svårt, passar kompetent hemmamekaniker	Svårt, passar hemmamekaniker med erfarenhet	Mycket svårt, för professionell mekaniker

Specifikationer

Motorkoder

Bensinmotorer

1,2 liter:
SOHC	AWY
DOHC	AZQ, BME

1,4 liters OHV:
44 kW	AZE och AZF
50 kW	AME, ATZ och AQW

1,4 liters DOHC:
55 kW	AUA och BBY
74 kW	AUB och BBZ

Dieselmotorer

1,4 liter	AMF
1,9 liter utan turbo	ASY
1,9 liter med turbo	ASZ och ATD

Allmänt

Systemtyp	12 volt, negativ jord

Startmotor

Kapacitet:
Bensinmotorer	12V, 1,1 kW
Dieselmotorer	12V, 2,0 kW

Batteri

Kapacitet	36 till 72 Ah (beroende på modell och marknad)

Generator

Kapacitet	55, 60, 70 eller 90 amp
Minsta borstlängd	5,0 mm

Åtdragningsmoment

	Nm
Generatorns fästbultar:	
1,2 liters bensinmotorer	23
1,4 liter OHV bensinmotorer	30
1,4 liter DOHC bensinmotorer	20
Dieselmotorer	25
Batteriklammerplattans bultar	22
Batteriplatta	20
Startmotorns fästbultar	65

1 Allmän information och föreskrifter

Allmän information

Motorns elsystem består i huvudsak av laddnings- och startsystemen. P.g.a. deras motorrelaterade funktioner, tas dessa upp separat från övriga elektriska funktioner som belysning, instrument etc (som tas upp i kapitel 12). Om bilen har bensinmotor, se del B av detta kapitel för information om tändsystemet. Om bilen har dieselmotor, se del C för information om förvärmningen.

Systemet är ett 12 volts elsystem med negativ jordning.

Batteriet kan vara av typen lågunderhåll eller "underhållsfritt" (livstidsförseglat) och laddas av generatorn, som drivs med en rem från vevaxelns remskiva.

Startmotorn är av föringreppad typ med en integrerad solenoid. Vid start trycker solenoiden kugghjulet mot kuggkransen på svänghjulet innan startmotorn ges ström. När motorn startat förhindrar en envägskoppling att startmotorn drivs av motorn tills drevet släpper från svänghjulet.

Detaljinformation om de olika systemen ges i relevanta avsnitt i detta kapitel. Även om vissa reparationsmetoder beskrivs här är det normala tillvägagångssättet att byta ut defekta komponenter. Ägare som är intresserade av mer än enbart komponentbyte rekommenderas boken *Bilens elektriska och elektroniska system* från detta förlag.

Föreskrifter

Varning: Det är nödvändigt att iakttaga extra försiktighet vid arbete med elsystem för att undvika skador på halvledarenheter (dioder och transistorer) och personskador.

⚠️ *Förutom föreskrifterna i "Säkerheten främst!", tänk på följande vid arbete med elsystem:*
- Ta alltid av ringar, klocka och liknande innan något arbete utförs på elsystemet. En urladdning kan inträffa, även med batteriet urkopplat, om en komponents strömstift jordas genom ett metallföremål. Detta kan ge stötar och allvarliga brännskador.
- Kasta inte om batteripolerna. Komponenter som växelströmsgeneratorer, elektroniska styrenheter och andra komponenter med halvledarkretsar kan totalförstöras så att de inte går att reparera.
- Om motorn startas med hjälp av startkablar och ett laddningsbatteri ska batterierna anslutas plus till plus *och* minus till minus *(se Starthjälp)*. Detta gäller även vid inkoppling av en batteriladdare.
- Koppla aldrig loss batteripolerna, generatorn, några elektriska kablar eller testinstrument med motorn igång.
- Låt aldrig motorn dra runt generatorn när den inte är ansluten.
- Testa aldrig växelströmsgeneratorn genom

att "gnistra" strömkabeln mot jord.
- Testa aldrig kretsar eller anslutningar med en ohmmätare av den typ som har en handvevad generator.
- Kontrollera alltid att batteriets negativa anslutning är bortkopplad vid arbete i det elektriska systemet.
- Koppla ur batteriet, generatorn och komponenter som bränsleinsprutningens/tändningens elektroniska styrenhet för att skydda dem från skador, innan elektrisk bågsvetsningsutrustning används på bilen.
Varning: Vissa standardmonterade ljudanläggningar har en inbyggd skyddskod för att avskräcka tjuvar. Om strömmen till enheten bryts aktiveras systemet. Även om strömmen omedelbart återställs kommer radion inte att fungera förrän korrekt kod angetts. Om du inte känner till koden för radion ska du därför inte lossa batteriets jordledning eller ta ut enheten ur bilen. En Skoda-återförsäljare kan lämna ytterligare information om bilens eventuella säkerhetskod. Läs informationen i 'Koppla loss batteriet' i Referenskapitlet i slutet av denna handbok.

2 Batteri – kontroll och laddning

Kontroll

Standard och lågunderhållsbatteri

1 Om bilen endast körs en kort sträcka varje år är det mödan värt att kontrollera elektrolytens specifika vikt var tredje månad för att avgöra batteriets laddningsstatus. Ta bort batteriet (se avsnitt 3) och ta sedan bort cellkåporna/locket (efter tillämplighet) och använd en hydrometer för att utföra kontrollen. Jämför resultaten med följande tabell. Observera att densitetskontrollen förutsätter att elektrolyttemperaturen är 15 °C. För varje 10 °C under 15 °C, dra ifrån 0,007. För varje 10 °C över 15 °C, lägg till 0,007. Om elektrolytnivån i någon av cellerna är för låg, fyll på med destillerat vatten upp till MAX-nivåmarkeringen.

	Över 25 °C	Under 25 °C
Fullt laddat	*1,210 till 1,230*	*1,270 till 1,290*
70% laddat	*1,170 till 1,190*	*1,230 till 1,250*
Urladdat	*1,050 till 1,070*	*1,110 till 1,130*

2 Om batteriet misstänks vara defekt, kontrollera först elektrolytens specifika vikt i varje cell. En variation som överstiger 0,040 eller mer mellan celler är tecken på elektrolytförlust eller nedbrytning av de inre plattor.
3 Om de specifika vikterna har avvikelser på 0,040 eller mer ska batteriet bytas ut. Om variationen mellan cellerna är tillfredsställande men batteriet är urladdat ska det laddas enligt beskrivningen längre fram i detta avsnitt.

Underhållsfritt batteri

4 Om ett underhållsfritt batteri är monterat kan elektrolyten inte testas eller fyllas på. Batteriets skick kan därför bara kontrolleras med en batteriindikator eller en voltmätare.
5 Vissa modeller kan vara utrustade med ett underhållsfritt batteri med inbyggd laddningsindikator. Indikatorn sitter ovanpå batterihöljet och anger batteriets skick genom att ändra färg. Om indikatorn visar grönt är batteriet i gott skick. Om indikatorn mörknar, möjligen ända till svart, behöver batteriet laddas enligt beskrivning längre fram i detta avsnitt. Om indikatorn är färglöst eller gult är elektrolytnivån låg. Läget är kritiskt och batteriet ska fyllas med destillerat vatten. Om ögat inte blir grönt när du har laddat batteriet ska batteriet kasseras.
6 Om batteriet testas med voltmätare, koppla den över batteriet och avläs spänningen. För att kontrollen ska ge korrekt utslag får batteriet inte ha laddats på något sätt under de senaste sex timmarna. Om så inte är fallet, tänd strålkastarna under 30 sekunder och vänta sedan fyra till fem minuter innan batteriet kontrolleras. Alla andra kretsar ska vara frånslagna, kontrollera att dörrar och baklucka verkligen är stängda när kontrollen görs.
7 Om den uppmätta spänningen understiger 12,2 volt är batteriet urladdat, medan en spänning mellan 12,2 och 12,4 volt indikerar delvis urladdning.
8 Om batteriet ska laddas, ta ut det ur bilen och ladda enligt beskrivning längre fram i detta avsnitt.

Laddning

Observera: *Följande är endast avsett som hjälp. Följ alltid tillverkarens rekommendationer (finns ofta på en tryckt etikett på batteriet) innan batteriladdning utförs.*

Standard och lågunderhållsbatteri

9 Ladda i en takt som motsvarar ungefär 10 % av batteriets kapacitet (dvs. ett 45 Ah-batteri ska laddas med 4,5 A) och fortsätt ladda i denna takt till dess att ingen ökning av elektrolytens densitet noterats under en fyratimmarsperiod.
10 Alternativt kan en underhållsladdare som laddar med 1,5 ampere användas över natten.
11 Speciella snabbladdare som utger sig kunna återställa batteriets styrka på 1-2 timmar är inte att rekommendera i och med att de kan orsaka allvarliga skador på plattorna genom överhettning.
12 Observera att elektrolytens temperatur aldrig får överskrida 37,8 °C när batteriet laddas.

Underhållsfritt batteri

13 Denna batterityp tar avsevärt längre tid att ladda fullt än standardtypen. Hur lång tid det tar beror på hur urladdat batteriet är, men det kan ta ända upp till tre dagar.
14 En laddare av konstantspänningstyp krävs, som ska ställas till mellan 13,9 och 14,9 V med en laddström under 25 A. Med denna metod bör

batteriet vara användbart inom 3 timmar med en spänning på 12,5 V, men detta gäller ett delvis urladdat batteri. Som sagt, full laddning kan ta avsevärt längre tid.

15 Om batteriet ska laddas från att ha varit helt urladdat (mindre än 12,2 volt), bör du överlåta laddningen åt en bilverkstad, eftersom laddströmmen är högre och batteriet måste övervakas konstant under laddningen.

3 Batteri – demontering och montering

Observera: *Om bilen har en kodskyddad radio, se till att ha en kopia av radions/bandspelarens säkerhetskod innan batteriet kopplas ur. Om så behövs går det att använda ett "kodminne" (externminne) för att förvara radiokoden och alla relevanta minnesvärden medan batteriet är frånkopplat (se "Koppla loss batteriet" i referensavsnittet).*

Demontering

1 Batteriet sitter längst fram till vänster i motorrummet. Öppna först kåpan och lyft säkringshållaren från batteriets ovansida. Lossa sedan facksektionen från batterihyllan. På modeller tillverkade före juni 2001, trycker du ner hakarna på varje ände av hållaren och viker hållaren framåt. På senare modeller lyfter du den högra änden av hållaren och placerar den över motorrummets främre tvärbalk **(se bilder)**.

2 Lossa klämmuttern och koppla loss batteriets minusledare (–) från anslutningen **(se bild)**.

3 Lossa klämmuttern och koppla loss batteriets positiva ledare (+) från anslutningen **(se bild)**.

4 Skruva loss bulten och ta bort batteriets fasthållningskläm **(se bild)**. Batteriet kan sedan lyftas ut.

Montering

5 Montering sker i omvänd arbetsordning. Dra fästklämbulten till angivet moment. Dra åt muttrarna till uttagsklämman ordentligt, men inte så mycket att klämmorna skadas.

6 Om så behövs anger du koden till radion med stöldskyddskod. Ställ in klockan på rätt tid och sätt igång de elektriska fönsterhissarna enligt beskrivningen i kapitel 11.

4 Generator/laddningssystem – kontroll i bil

Observera: *Se avsnitt 1 i detta kapitel innan arbetet påbörjas.*

1 Om laddningslampan inte tänds när tändningen slås på, kontrollera först generatorledningarnas anslutningar. Om lampan fortfarande inte tänds, kontrollera att det inte är något ledningsbrott på varningslampans matningskabel från generatorn till lamphållaren. Om allt

3.1a Batteriet i motorrummets vänstra bakre del

3.1c ... följt av facksektionen

fungerar, men lampan fortfarande inte tänds, är generatorn defekt och ska bytas eller tas till en bilelektriker för test och reparation eller bytas ut.

2 Om laddningslampan tänds när tändningen slås på men slocknar långsamt när motorn startas kan detta indikera ett begynnande generatorproblem. Kontrollera alla poster på listan i föregående paragraf och låt en bilelektriker titta på problemet om inget tydligt fel påträffas.

3 Om laddningslampan tänds när motorn är igång, stoppar du motorn och kontrollerar att drivremmen är hel och korrekt spänd, och att generatorns anslutningar sitter ordentligt. Om allt är tillfredsställande så långt ska växelströmsgeneratorns borstar och släpringar enligt beskrivningen i avsnitt 6. Om felet kvarstår måste generatorn bytas eller tas till en bilelektriker för kontroll och reparation.

4 Om generatorns utmatning är misstänkt

3.3 Koppla loss klämman från batteriets positiva pol

3.1b Ta bort kåpan och säkrings hållaren ...

3.2 Koppla loss klämman från batteriets minuspol

även om laddningslampan fungerar korrekt så kan spänningsregulatorn kontrolleras enligt följande:

5 Koppla en voltmätare över batteripolerna och starta motorn.

6 Öka motorvarvtalet tills voltmätarutslaget är stabilt. Den bör visa ungefär 12 till 13 volt och inte mer än 14 volt.

7 Slå på alla elektriska funktioner och kontrollera att generatorn upprätthåller reglerad spänning mellan 13 och 14 volt.

8 Om den reglerade spänningen inte ligger inom dessa parametrar kan felet vara slitna borstar, svaga borstfjädrar, defekt spänningsregulator, defekt diod, kapad fasledning eller slitna/skadade släpringar. Borstar och släpringar kan kontrolleras (se avsnitt 6), men om något annat fel föreligger är generatorn defekt och ska bytas eller tas till en bilelektriker för test och reparation.

3.4 Skruva loss fästbulten

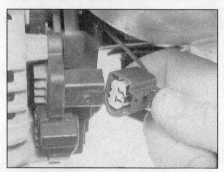
5.3 Koppla loss 2-stiftskontakten

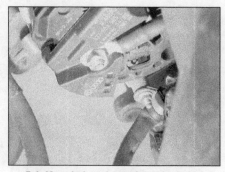
5.4 Koppla loss batteriets pluskabel

5.6a Skruva loss fästbultarna

5 Generator – demontering och montering

Demontering

1 Lossa batteriets minusledare (se *Koppla loss batteriet* i kapitlet *Referens* i slutet av den här handboken).
2 Avlägsna drivremmen från generatorns remskiva (se Kapitel 1A eller 1B). Markera drivremmens rotationsriktning så att den kan återmonteras korrekt.
3 Dra ut inskjutningskontakten med två stift från generatorn (se bild).
4 Ta bort skyddslocket (om en sådan finns,), skruva loss och ta bort muttern och brickor, lossa sedan batteriets positiva kabel från generatorns skruvstift. Skruva i förekommande

fall loss muttern och ta bort kabelstyrningen (se bild).
5 På alla dieselmodeller och på vissa bensinmodeller måste luftkonditionerings-kompressorn skruvas loss och läggas åt sidan. På modeller med förstärkt kylsystem tar du bort den extra elektriska kylfläkten från kylarens högra sida och skyddar kylaren med en bit kartong.
6 Skruva ur de nedre och övre bultarna och lyft ut generatorn ur fästet (se bild).

Montering

7 Generatorns fästhylsor centrerar sig själva och ska försiktigt knackas tillbaka ungefär 1,0 mm före återmontering.
8 Monteringen utförs i omvänd ordningsföljd mot demonteringen. Se kapitel 1A eller 1B, vad som är tillämpligt, efter information om återmontering av drivremmen. Dra åt generatorns fästbultar till angivet moment.

6 Generator- borsthållare/regulator byte

1 Ta bort generatorn enligt beskrivningen i avsnitt 5.
2 Placera generatorn på en ren arbetsyta, med remskivan nedåt.
3 Skruva loss skruven och de två fästmuttrarna, och lyft bort den yttre plastkåpan (se bild).
4 Skruva loss de tre skruvarna och ta bort spänningsregulatorn (se bilder).
5 Mät den fria längden för borstkontakterna (se bild). Kontrollera mätningen i Specifikationerna; Byt modulen om borstarna är slitna under minimigränsen.
6 Rengör och kontrollera släpringarnas ytor i änden av generatorskaftet (se bild). Om de är mycket slitna, eller skadade, måste generatorn bytas.
7 Innan modulen återmonteras trycker du ner borstarna i lossat läge och håll dem där genom att dra ut kåpan – med modulen i läge trycker du på kåpan för att lossa på borstarna. Resterande montering utförs i omvänd ordning mot demonteringen. Avsluta med att montera generatorn enligt beskrivningen i avsnitt 5.

7 Startsystem – test

Observera: Se avsnitt 1 i detta kapitel innan arbetet påbörjas.

6.3 Ta bort den yttre kåpan .

6.4a Skruva loss de tre skruvarna ...

6.4b ... och ta bort borsthållare/regulator

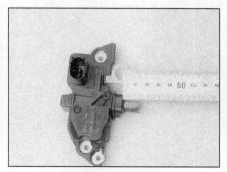
6.5 Mät borstlängden

6.6 Rengör och kontrollera släpringarnas ytor

1 Om startmotorn inte arbetar när tändningsnyckeln vrids till startläget kan något av följande vara orsaken:
a) Det är fel på batteriet.
b) Någon av de elektriska anslutningarna mellan startnyckel, solenoid, batteri och startmotor släpper inte igenom ström från batteriet genom startmotorn till jord.
c) Fel på solenoiden.
d) Elektriskt eller mekaniskt fel i startmotorn.
2 Kontrollera batteriet genom att tända strålkastarna. Om de försvagas efter ett par sekunder är batteriet urladdat. Ladda (se avsnitt 2) eller byt batteri. Om strålkastarna lyser starkt, vrid om startnyckeln. Om strålkastarna då försvagas betyder det att strömmen når startmotorn, vilket anger att felet finns i startmotorn. Om strålkastarna lyser klart (och inget klick hörs från solenoiden) indikerar detta ett fel i kretsen eller solenoiden – se följande stycken. Om startmotorn snurrar långsamt, trots att batteriet är i bra skick, indikerar detta antingen ett fel i startmotorn eller ett avsevärt motstånd någonstans i kretsen.
3 Om ett fel på kretsen misstänks, kopplar du loss batterikablarna (inklusive jordningen till karossen), startmotorns/solenoidens kablar och motorns/växellådans jordledning. Observera: Innan batteriet kopplas loss, läs informationen i 'Koppla loss batteriet' i Referenskapitlet i slutet av denna handbok. Rengör alla anslutningar noga och anslut dem igen. Använd sedan en voltmätare eller testlampa och kontrollera att full batterispänning finns vid den positiva batterikabelns anslutning till solenoiden och att jordförbindelsen är god.
4 Om batteriet och alla anslutningar är i bra skick, kontrollerar du kretsen genom att lossa ledningen från solenoidens flatstift. Anslut en voltmätare eller testlampa mellan kabeländen och en bra jord (t.ex. batteriets minuspol) och kontrollera att kabeln är strömförande när tändningsnyckeln vrids till startläget. Är den det, fungerar kretsen. Om inte, kan kretsen kontrolleras enligt beskrivningen i kapitel 12.
5 Solenoidens kontakter kan kontrolleras med en voltmätare eller testlampa mellan batteriets pluskabel på solenoidens startmotorsida och jord. När tändningsnyckeln vrids till start ska mätaren ge utslag eller lampan tändas. Om inget sker är solenoiden defekt och måste bytas.
6 Om både krets och solenoid är felfria måste felet finnas i startmotorn. Det kan vara möjligt att låta en specialist renovera motorn, men kontrollera först pris och tillgång

8.3 Solenoidens utlösningskabel

på reservdelar, eftersom det mycket väl kan vara billigare att köpa en ny eller begagnad startmotor.

8 Startmotor – demontering och montering

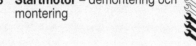

Demontering

1 Lossa batteriets minusledare (se *Koppla loss batteriet* i kapitlet *Referens* i slutet av den här handboken). Avlägsna motorns toppkåpa.
2 Behöver du mer åtkomst tar du bort batteriet enligt beskrivningen i avsnitt 3 och skruvar sedan loss och tar bort batteriets fästbygel.
3 Koppla loss utlösningskablarna från solenoiden **(se bild)**.
4 Ta bort kåpan (om sådan finns), skruva sedan loss muttern och koppla från batteriets positiva kabel från solenoiduttaget **(se bild)**.
5 Skruva loss startmotorns övre fästbultar, observera att en av bultarna är riktad inåt och den andra utåt. På de flesta modeller finns det

8.5a Ta bort jordledningen . . .

8.4 Batteriets positiva kabel på startmotorns solenoidanslutning

en jordkabel på bulten som är riktad utåt **(se bilder)**.
6 För att komma åt bilens undersida, dra åt handbromsen, lyft upp framvagnen och ställ den på pallbockar (se *Lyftning och stödpunkter*). Demontera motorns underkåpa.
7 Skruva loss den sista nedre fästbulten, ta bort startmotorn och lyft bort den från motorn.

Montering

8 Montering utförs i omvänd arbetsordning. Dra åt fästbultarna till angivet moment.

9 Startmotor – kontroll och översyn

Om startmotorn misstänks vara defekt, måste du demontera den och ta den till en bilelektriker för kontroll. I de flesta fall kan nya borstar monteras för en rimlig summa. Kontrollera dock reparationskostnaderna, det kan vara billigare med en ny eller begagnad startmotor.

8.5b . . . skruva sedan loss startmotorns övre bult

Kapitel 5 Del B:
Tändsystem – bensinmotorer

Innehåll

Svårighetsgrad

Enkelt, passar novisen med lite erfarenhet	Ganska enkelt, passar nybörjaren med viss erfarenhet	Ganska svårt, passar kompetent hemmamekaniker	Svårt, passar hemmamekaniker med erfarenhet	Mycket svårt, för professionell mekaniker

Specifikationer

Motorkoder

1,2 liter:
SOHC	AWY
DOHC	AZQ, BME

1,4 liters OHV:
44 kW	AZE och AZF
50 kW	AME, ATZ och AQW

1,4 liters DOHC:
55 kW	AUA och BBY
74 kW	AUB och BBZ

Systemtyp*

1,2 liters motorer:
Motorkod AWY	Siemens Simos 3PD
Motorkod AZQ	Siemens Simos 3PE
Motorkod BME	Siemens Simos 3PG

1,4 liter OHV motorer:
Motorkoder AME, AZE och AZF	Siemens Simos 3PB
Motorkoder AQW och ATZ	Siemens Simos 3PA

1,4 liters DOHC motorer:
Motorkoder AUA och AUB	Magneti Marelli 4LV
Motorkoder BBY och BBZ	Magneti Marelli 4MV

* Observera: Se 'Chassinummer' i slutet av den här handboken för information om kodmärkningens placering på motorn.

Tändspole

Typ:
1,2 liters motorer	Enkel spole per cylinder (inga tändkablar), kamaxelgivare (i topplocket), knackgivare
1,4 liters OHV motorer	Enkel direktmonterad tändspole i en enda modul över tändstift (inga tändkablar), kamaxelgivare (i motorblocket)

1,4 liters DOHC motorer:
Modeller med motorkoderna AUA och AUB	Enkel direktmonterad fjärrtändspole med fyra tändkablar, kamaxelgivare (i topplocket)
Motorkoder BBY och BBZ	Enkel spole per cylinder (inga tändkablar), kamaxelgivare (i topplocket), knackgivare

Primärlindningsresistans	Ingen uppgift

Sekundär resistans:
Enkel direktmonterad tändspole (fyra tändstiftskablar)	4 000 till 6 000 ohm

Tändstift

Se specifikationerna i kapitel 1A

Åtdragningsmoment

	Nm
Tändspolens fästbultar (enkel direktmonterad tändspole)	10
Knacksensorns fästbult	20
Tändstift	30

1 Allmän information

Siemens och Magneti-Marelli tändningsystem som beskrivs i det här kapitlet, är del av ett helomfattande motorstyrningsystem som styr både bränsleinsprutning och tändning. Detta kapitel behandlar endast tändsystemets komponenter, se Kapitel 4A för detaljer om bränslesystemets komponenter.

Tändningssystemet består av tändstiften, tändkablarna (om sådan finns), (1,4 liters motorkoder AUA och AUB), elektronisk tändspole (spolar), och den elektroniska styrenheten tillsammans med tillhörande givare, manövreringsorgan och kablage. Komponenternas placering varierar från system till system, men den grundläggande funktionen är densamma för alla modeller.

Den elektroniska styrenheten skickar en spänning till tändspolens ingång. Spänningen gör att spolens primärlindning magnetiseras. Spänningen avbryts med jämna mellanrum av styrmodulen, vilket resulterar i att det primära magnetfältet kollapsar, vilket inducerar en mycket högre spänning i den sekundära spolen, en högspänning. Spänningen förs mot tändstiftet i cylindern där kolven just är mot slutet av sin kompressionstakt. Tändstiftets elektroder bildar ett gap som är litet nog för att högspänningen ska ta sig över, och den resulterande gnistan antänder bränsle-/luftblandningen i cylindern. Tidsinställningen för dessa händelser är kritisk och regleras enbart av den elektroniska styrenheten.

1,4 litersmodeller med motorkoderna AME, AQW, ATZ, AUA, AUB, AZE och AZF är försedda med en enda direktmonterad tändspole (DIS), som arbetar enligt principen "wasted spark". Spolenheten består faktiskt av två separata spolar – en för cylindrarna 1 och 4, den andra för cylindrarna 2 och 3. Var och en av de två spolarna ger en högspänning vid båda uttagen varje gång spolens primärkretsspänning avbryts – dvs. cylindrarna 1 och 4 "tänder" alltid tillsammans och sedan "tänder" 2 och 3 tillsammans. När detta inträffar kommer en av de två cylindrarna att vara i sin kompressionstakt (och kommer att tända bränsle-/luftblandningen), medan den andra befinner sig i avgastakt. Eftersom gnistan i avgastakten inte har någon effekt kallas den "wasted spark".

På 1,2 liters motorer och 1,4 liters motorer med koderna BBY och BBZ har varje tändstift sin egen direktmonterade tändspole som passar direkt på tändstiftet. Till skillnad från systemet med "wasted spark", ger varje tändstift på dessa modeller bara en gnista per arbetscykel i motorn.

Den elektroniska styrenheten beräknar och kontrollerar tändningsinställningen i första hand med hjälp av uppgifter om motorvarvtal, vevaxelns/kamaxelns läge, gasspjällets läge och insugningsluftens temperatur som

styrenheten får från olika givare monterade på och runt motorn. Övriga parametrar som påverkar tändningsinställningna är kylvätsketemperaturen och motorknackning, som övervakas av givare på motorn.

Knackgivaren sitter monterad på motorblocket för att upptäcka eventuell förtändning (eller 'spikning') Vid förtändning sänker den elektroniska styrenheten tändningsinställningen stegvis tills förtändningen upphör. Den elektroniska styrenheten ökar sedan tändningsinställningen stegvis tills den normaliseras eller tills förtändningen återuppstår.

Tomgångens varvtal regleras delvis av en elektronisk lägesmodul för trottelventilen, delvis av tändsystemet som finjusterar tomgångsvarvet genom att modifiera tändläget. Manuell justering av motorns tomgångsvarvtal eller tändningsinställningen är varken nödvändig eller möjlig.

Observera att en omfattande feldiagnos av alla motorstyrningssystem som beskrivs i det här kapitlet endast är möjlig med särskild elektronisk testutrustning. Problem med en systemfunktion som inte kan fastställas efter de grundläggande riktlinjerna i avsnitt 2 ska därför överlåtas till en Skoda-verkstad för utvärdering. När felet har identifierats kan komponenter bytas efter behov enligt de anvisningar som beskrivs i följande avsnitt.

2 Tändsystem – kontroll

⚠️ **Varning: Var mycket försiktig vid arbete med systemet då tändningen är påslagen. Du kan få en kraftig elstöt från bilens tändsystem. Personer med pacemaker för hjärtat ska hålla sig på betryggande avstånd från tändningens kretsar, komponenter och testutrustning. Slå alltid av tändningen innan någon komponent kopplas till eller från, liksom när en multimeter används för att testa motstånd.**

Motorkoder AUA och AUB

1 Se informationen i punkt 1 till 3. Den enda troliga övriga orsaken till tändningsproblem är tändkablarna som kopplar tändspolen till tändstiften. Kontrollera kablarna på följande sätt. Koppla aldrig loss mer än en tändkabel i taget för att undvika att du blandar ihop dem.

2 Dra bort den första kabeln från tändstiftet genom att ta tag i ändbeslaget, inte själva kabeln, annars kan du skada kabelanslutningen. Kontrollera om tändhattens insida visar spår av korrosion, som i så fall liknar ett vitt pulver. Tryck tillbaka tändhatten på stiftet och kontrollera att den sitter ordentligt fast. Om inte, dra av hatten igen och kläm försiktigt ihop metallkontakten i hatten med en tång så att den sitter ordentligt fast på tändstiftets ände.

3 Använd en ren trasa och torka ren hela tändkabeln. När kabeln väl är ren ska du kontrollera om det finns brännskador, sprickor och andra skador. Böj inte kabeln för mycket, och dra inte i den på längden – ledaren inuti är relativt känslig och kan gå sönder.

4 Lossa kabelns andra ände från tändspolen. Dra endast i ändstycket. Kontrollera passform och korrosion som i tändstifts-änden.

5 Har du en ohmmätare kontrollerar du förbindelsen mellan varje ände på tändkabeln. Saknas förbindelse är kabeln felaktig och måste bytas ut (i regel ska motståndet för varje kabel ligga mellan 4 och 8 kohm).

6 Avsluta med att sätta tillbaka kabeln ordentligt och kontrollera sedan återstående kablar på samma sätt, en i taget. Om du är tveksam inför någon av tändkablarnas skick, byt allihopa.

Alla övriga motorer

7 Om det uppstår ett fel i motorstyrnings-systemet (bränsleinsprutningen/tändningen) som kan vara relaterat till tändningen bör du först kontrollera att felet inte beror på dålig elektrisk anslutning eller dåligt underhåll. Det vill säga, kontrollera att luftfiltret är rent, att tändstiften är hela och har korrekt avstånd, att motorns ventilationsslangar är rena och oskadda, se Kapitel 1A för mer information. Om motorn går mycket ojämnt kontrollerar du kompressionstrycken enligt beskrivningen i kapitel 2A, 2B, 2C.

8 Om orsaken till felet fortfarande är okänd efter dessa kontroller ska bilen lämnas in till en Skoda-verkstad för undersökning. Det sitter ett diagnosuttag i motorstyrningskretsen, där man ansluta ett särskilt elektroniskt diagnosverktyg (se Kapitel 4A). Testverktyget hittar felet snabbt och lätt och minskar behovet av att kontrollera alla systemkomponenter enskilt, något som är tidskrävande och medför stora risker för att skada styrenheten.

9 De enda kontrollerna av tändsystemet som en hemmamekaniker kan utföra är de som beskrivs i kapitel 1A, och som rör tändstiften. Om så behövs kan systemkablage och kabelanslutningar kontrolleras enligt beskrivningen i kapitel 12. Se till att den elektroniska styrmodulens kabelanslutning först har kopplats från.

3 Tändspole–
demontering och montering

Demontering

Motorkoder AUA och AUB

1 Tändspolenenheten sitter vid motorns övre, vänstra ände **(se bild)**.

2 Se till att tändningen är frånkopplad och ta sedan bort motorns övre skyddskåpa.

3 Dra ur helljuskontakten (LT-kontaktdonet) från tändspolen **(se bild)**.

4 De ursprungliga tändkablarna ska märkas

3.1 På motorkoder AUA och AUB, sitter spolen på vänster sida av topplocket.

3.3 Koppla loss lågspänningskablaget från tändspolen

från 1 till 4, motsvarande den cylinder/det tändstift de tillhör (nr 1 sitter på motorns kamkedjeände). Vissa ledningar är också märkta från A till D, och motsvarande markeringar finns på tändspolens högspänningsanslutningar – i detta fall motsvarar cylinder A nr 1, B motsvarar nr 2 och så vidare. Om det inte finns några markeringar, märk tändkablarna innan du kopplar loss dem. Gör dessutom en färgmarkering på tändspolens anslutningar eller gör en skiss av ledningarnas placeringar för att underlätta återanslutningen.

5 Koppla bort tändkablarna från tändspoleanslutningarna och skruva sedan loss de tre fästbultarna och ta bort spolenheten från motorn **(se bilder)**.

Motorkoder AME, AQW, ATZ, AZE och AZF

6 Den direktmonterade tändspolen är inbyggd i tändspolemodulen och monterad över tändstiften på motorns framsida **(se bild)**.

7 Se till att tändningen är frånkopplad och ta sedan bort motorns övre skyddskåpa.

8 Koppla loss anslutningskontakten på tändspolmodulens vänstra sida **(se bild)**.

9 Skruva loss de två fästbultarna på modulen med en insexnyckel, och ta bort modulen försiktigt medan tändspolarna kopplas loss från tändstiften.

Motorkoder AWY, AZQ, BBY, BBZ och BME

10 Borttagning av tändspolarna beskrivs i tillvägagångssättet för utbyte av tändstift i kapitel 1A, eftersom spolarna måste tas bort för att komma åt tändstiften **(se bild)**.

Montering

11 Monteringen utförs i omvänd ordning mot den aktuella demonteringen.

4 Tändningsinställning – kontroll och justering

Tändläget styrs av motorstyrningens styrenhet och kan inte justeras manuellt utan tillgång till speciell elektronisk testutrustning. En grundinställning kan inte anges eftersom tändningsinställningen ändras konstant för att styra motorns tomgångsvarvtal (se avsnitt 1 för ytterligare information).

Bilen ska tas till en Skoda-verkstad om tändläget behöver kontroll eller justering.

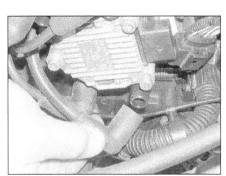

3.5a Anteckna var de sitter och koppla sedan loss tändkablarna . . .

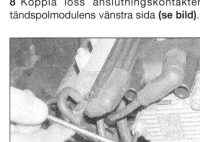

3.5b . . . skruva loss de tre insexbultarna och ta bort spolen

3.8 Koppla loss anslutningskontakten

3.6 Tändspolmodulen på motor kod AZF

3.10 Tändspolarna på motorkod BME

5.1 Knackgivaren sitter placerad på motorblockets baksida.

5 Knackgivare – demontering och montering

Demontering

1 Knackgivaren sitter på motorblockets baksida, under insugsgrenröret **(se bild)**.

2 Ta bort motorns övre skyddskåpa för att komma åt givaren ovanifrån. För att komma åt bättre underifrån, dra åt handbromsen och lyft sedan upp framvagnen och ställ den på pallbockar (se *Lyftning och stödpunkter*). Det är besvärligt att komma åt knackgivaren och det kan bara göras lättare genom borttagning av insugsgrenröret (se Kapitel 4A).

3 Lossa kablage från givaren eller följ kablaget tillbaka från givaren och koppla loss dess kontaktdon.

4 Skruva sedan ur fästbultarna och ta bort givaren från motorblocket.

Montering

5 Montering utförs i omvänd ordningsföljd mot demonteringen. För att allt ska fungera bra bör du kontrollera att fogytorna på givaren och motorblocket är rena och torra samt se till att fästbulten är åtdragen till angivet moment.

Kapitel 5 Del C:
Förvärmning – dieselmotorer

Innehåll

Avsnittsnummer   Avsnittsnummer

Svårighetsgrad

| Enkelt, passar novisen med lite erfarenhet | | Ganska enkelt, passar nybörjaren med viss erfarenhet | | Ganska svårt, passar kompetent hemmamekaniker | | Svårt, passar hemmamekaniker med erfarenhet | | Mycket svårt, för professionell mekaniker | |

Specifikationer

Glödstift
Elektriskt motstånd (normal – inget värde angivet av Skoda) . . . .   1,5 ohm
Strömförbrukning (normal – inget värde angivet av Skoda). . . . .   8 ampere (per tändstift)

Åtdragningsmoment
Glödstift till topplock   15   **Nm**

1 Allmän information

För att underlätta kallstart är dieselmodeller utrustade med förvärmningssystem, vilket består en glödstift per cylinder, en glödstiftsstyrenhet (inbyggd i den elektroniska styrenheten), en varningslampa på instrumentbrädan samt tillhörande kablage.

Glödstiften är elektriska värmeelement i miniatyr, inkapslade i ett metallhölje med en spets i ena änden och en kontakt i den andra. Varje förbränningskammare har ett glödstift gängar i sig, som sitter direkt i skottlinjen för den inkommande bränsleinsprutningen.

När glödstiftet aktiveras värms bränslet som passerar över stiftet upp så att dess optimala förbränningstemperatur kan uppnås snabbare.

Förvärmningsperiodens längd styrs av glödstiftsstyrenheten (i den el-styrenheten) som följer motorns temperatur via temperaturgivaren för kylarvätskan och som anpassar förvärmningsperioden efter villkoren.

En varningslampa på instrumentbrädan meddelar föraren när förvärmning pågår. Lampan slocknar när tillräcklig förvärmning skett för att starta motorn, men glödstiften är aktiva till dess att motorn startar. Om inget startförsök görs stängs strömmen till glödstiften av för att förhindra att stiften bränns

ut och att batteriet laddas ur. Observera att om ett fel uppstår i motorstyrningssystemet medan bilen rör sig börjar glödstiftens varningslampa att blinka och systemet slås sedan om till felsäkert läge. Om detta händer måste bilen lämnas till en Skoda-verkstad för feldiagnos.

Om en varningslampa blinkar eller tänds under normal körning innebär detta ett fel på dieselmotorns styrningssystem, som ska undersökas av en Skoda-verkstad så snart som möjligt.

När motorn startats är glödstiften aktiva ytterligare en period. Detta förbättrar förbränningen medan motorn varmkörs, vilket resulterar i tystare och mjukare motorgång och minskade utsläpp.

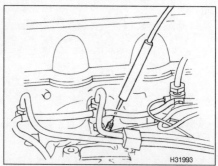

2.9 Test av glödstift med hjälp av en multimeter

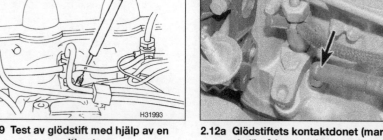

2.12a Glödstiftets kontaktdonet (markerad med pil) på insprutningsventil nr 1 – motorkod ASY

2.12b Kabelhärva/skena till glödstift – motorkoder AMF, ATD och ASZ

2 Glödstift – kontroll, demontering och montering

⚠️ **Varning: Ett glödstift som fungerar på rätt sätt blir glödhett på mycket kort tid. Tänk på detta när du ska ta bort glödstiften, om de nyligen varit igång.**

Kontroll

1 Om det är svårt att starta motorn kan en eller flera glödstift vara felaktiga eller också kanske förvärmningssystemets krets inte fungerar korrekt. Några förberedande kontroller kan utföras enligt beskrivningen i följande punkter.
2 Innan du testar systemet kontrollerar du att batterispänningen är på minst 11,5 volt med en multimeter. Slå av tändningen.
3 Ta bort motorns övre skyddskåpa.
4 Koppla loss anslutningskontakten från temperaturgivaren för kylvätskan på motorns vänstra sida (sedd från förarsätet) enligt beskrivningen i kapitel 3. När givaren kopplas ifrån på det här sättet simulerar du en kall motor, vilket krävs för att glödstiftssystemet ska aktiveras.
5 Koppla loss kontaktdonet från det mest lättåtkomliga glödstiftet och anslut en lämplig

voltmätare mellan kontaktdonet och en bra jordanslutning.
6 Låt en medhjälpare slå på tändningen i ungefär 20 sekunder.
7 Batterispänningen bör visas – observera att spänningen sjunker till noll när förvärmningsperioden avslutas.
8 Om glödstiften inte får ström är antingen glödstiftsreläet (i förekommande fall) eller matningskretsen defekt. Kontrollera också att glödstiftssäkringen eller smältsäkringen (normalt placerad ovanpå batteriet) inte har gått – om den har det kan det innebära ett felaktigt glödstift eller allvarligt kablagefel. Rådfråga en Skoda-verkstad
9 När du ska leta rätt på ett felaktigt glödstift kontrollerar du att tändningen har slagits från och kopplar sedan loss anslutningskontakten från glödstiftsanslutningen. Mät motståndet mellan glödstiftsanslutningen och motorns jord (se bild). I skrivande stund fanns inte den informationen tillgänglig. Som riktmärke kan anges att en resistans på mer än flera ohm tyder på att det är fel på glödstiftet.
10 Om en passande amperemätare finns tillgänglig, anslut den mellan glödstiftet och kontaktdonet och mät upp den konstanta strömförbrukningen (ignorera den inledande strömtoppen som är ungefär 50 % högre). Som riktmärke kan anges att en hög

strömförbrukning (eller ingen strömförbrukning) anger att det är fel på ett glödstift.
11 Gör en sista kontroll genom att ta bort glödstiften och undersöka dem visuellt enligt beskrivningen i nästa underavsnitt.

Demontering

Observera: *Läs Varningen i början av detta avsnittet innan du fortsätter.*
12 Se till att tändningen har slagits från, koppla sedan loss kabelanslutningarna/kabelskenan från glödstiften och om så behövs märker du kablarna så att återmonteringen blir enklare (se bilder). På vissa modeller är glödstiftskablarna fästa på insprutningsventilens spillslangar – se till att klämmorna inte tappas bort när kablarna tas bort.
13 Skruva loss tändstiften. På modeller med motorkod ASY är det inte lätt att komma åt tändstiften när insprutningsventilrören är på plats – det kan förmodligen behövas ett förlängningshandtag och en kardanknut.
14 Undersök glödstiftsskaften efter tecken på skador. Ett bränt eller förkolnat skaft kan tyda på att det är fel på en bränsleinsprutare.

Montering

15 Montering sker i omvänd arbetsordning, men dra åt glödstiftet till angivet moment.

Kapitel 6
Koppling

Innehåll

Svårighetsgrad

Enkelt, passar novisen med lite erfarenhet		**Ganska enkelt,** passar nybörjaren med viss erfarenhet		**Ganska svårt,** passar kompetent hemmamekaniker		**Svårt,** passar hemmamekaniker med erfarenhet	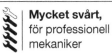	**Mycket svårt,** för professionell mekaniker	

Specifikationer

Motorkoder

Bensinmotorer

1,2 liter:
    SOHC . . . . AWY
    DOHC . . . . AZQ, BME
1,4 liters OHV:
    44 kW . . . . AZE och AZF
    50 kW . . . . AME, ATZ och AQW
1,4 liters DOHC:
    55 kW . . . . AUA och BBY
    74 kW . . . . AUB och BBZ

Dieselmotorer

1,4 liter . . . . AMF
1,9 liter utan turbo . . . . ASY
1,9 liter med turbo . . . . ASZ och ATD

Allmänt

Typ . . . . Enkel torrlamell, tallriksfjäder
Funktion . . . . Hydraulisk med slav- och huvudcylinder
Användning:
  Bensinmodeller:
    1,4 liters OHV motorer . . . . 5-växlad växellåda 02T
    1,4 liters OHV motorer . . . . 5-växlad växellåda 002
  Dieselmodeller:
    1,4 liters motor . . . . 5-växlad växellåda 02T eller 02R
    1,9 liters motor:
      Motorkod ASY . . . . 5-växlad växellåda 02T
      Motorkod ATD . . . . 5-växlad växellåda 02T eller 02R
      Motorkod ASZ . . . . 5-växlad växellåda 02T
Lamell, diameter:
  5-växlad växellåda 02T . . . . 200 mm
  5-växlad växellåda 002 . . . . 190 mm
  5-växlad växellåda 02R . . . . 228 mm

Åtdragningsmoment

                                                         Nm

Kopplingens huvudcylinder, fästmuttrar* 28
Kopplingspedalfäste, fästmuttrar* 28
Kopplingspedalens pivåmutter* 25
Kopplingstryckplattan till svänghjulets bultar 20
Kopplingens slavcylinder, fästbultar 20
Bultar mellan styrhylsa och växellåda 9
Använd alltid nya bultar/muttrar.

1 Allmän information

Kopplingen är av typen enkel torrlamell. Den innehåller en tallriksfjäder och en tryckplatta och manövreras hydrauliskt.

Tryckplattan är fastbultad på svänghjulets bakre yta och lamellen är placerad mellan husets tryckplatta och svänghjulets friktionsyta. Lamellens nav är spårat och kan glida fritt i spåren i växellådans ingående axel. Friktionsmaterial finns fastnitat på vardera sidan på lamellen och lamellnavet är avfjädrat för att absorbera ryck och ge en mjuk upptagning av drivkraften.

När kopplingspedalen trycks ner, för slavcylinderns tryckstång urtrampningsarmens övre del mot motorn och den nedre delen av armen vrids mot en kulbult som sitter i kopplingskåpan. Urkopplingslagret aktiverar fingrarna på tryckplattans tallriksfjäder. När mitten av tallriksfjädern trycks in rör sig fjäderns yttre del utåt och lösgör tryckplattan från lamellen. Därmed upphör överföringen av drivkraft till växellådan.

När kopplingspedalen släpps upp tvingar tallriksfjädern tryckplattan i kontakt med lamellens belägg och trycker samtidigt lamellen något framåt på räfflorna till kontakt med svänghjulet. Lamellen kläms då fast mellan tryckplattan och svänghjulet. Detta gör att drivkraften överförs till växellådan.

I takt med att lamellbeläggen slits flyttas tryckplattans viloläge närmare svänghjulet, vilket lyfter tallriksfjäderfingrarnas viloläge. Hydraulsystemet kräver ingen justering eftersom mängden hydraulolja i kretsen automatiskt kompenserar för slitage varje gång kopplingspedalen trycks ner.

2 Hydraulsystem – luftning

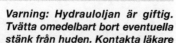

⚠ *Varning: Hydrauloljan är giftig. Tvätta omedelbart bort eventuella stänk från huden. Kontakta läkare om oljan sväljs eller kommer i ögonen. Vissa hydrauloljor är lättantändliga och kan självantända om de kommer i kontakt med heta komponenter. Hydraulolja är dessutom ett effektivt färgborttagningsmedel. Om olja spills ut på lackerade ytor som kaross och beslag ska den omedelbart tvättas bort med rikliga mängder kallt vatten. Den är också hygroskopisk (den absorberar fukt från luften) – gammal vätska är därför inte lämplig att använda.*

1 Ett hydraulsystem kan inte fungera som det ska förrän all luft har avlägsnats från komponenterna och kretsen. Detta görs genom att systemet luftas.
2 Tillsätt endast ren, oanvänd hydraulvätska av rekommenderad typ under luftningen.

Återanvänd aldrig vätska som redan har tömts ur systemet. Se till att det finns tillräckligt med vätska i beredskap innan luftningen påbörjas.
3 Om det finns någon möjlighet att fel typ av vätska finns i systemet måste hydraulkretsen spolas ur helt med ren vätska av rätt typ.
4 Om systemet förlorat hydraulvätska eller luft trängt in från en läcka, se till att åtgärda problemet innan du fortsätter.
5 Luftningsskruven sitter på slavcylindern till vänster på växellådans ovansida. Eftersom luftningsskruven är svår att nå måste du lyfta upp framvagnen och ställa den på pallbockar, så att du kan komma åt skruven underifrån.
6 Kontrollera att alla rör och slangar sitter säkert, att anslutningarna är ordentligt åtdragna och att luftningsskruven är stängd. Tvätta bort all smuts runt luftningsskruven.
7 Skruva loss huvudcylinderbehållarens lock (kopplingen har samma behållare som bromssystemet) och fyll på behållaren till MAX-markeringen. Montera locket löst. Kom ihåg att oljenivån aldrig får sjunka under MIN-nivån under arbetet, annars är det risk för att ytterligare luft tränger in i systemet.
8 Det finns ett antal enmans gör-det-själv-luftningssatser att köpa i motortillbehörsbutiker. Vi rekommenderar att en sådan sats används närhelst möjligt eftersom de i hög grad förenklar arbetet och minskar risken av att avtappad olja och luft sugs tillbaka in i systemet. Om det inte går att få tag på en sådan sats återstår bara den vanliga tvåmansmetoden som beskrivs i detalj nedan.
9 Om en luftningssats ska användas, förbered bilen enligt beskrivningen ovan och följ sedan luftningssatstillverkarens instruktioner, eftersom metoden kan variera något mellan olika luftningssatser. I allmänhet är metoden den som beskrivs i relevant underavsnitt.

Luftning

Grundläggande luftning (för två personer)

10 Skaffa en ren glasburk, en lagom längd gummislang som sluter tätt över avluftningsskruven, samt en ringnyckel som passar skruven. Dessutom krävs assistans från en medhjälpare.
11 Ta bort dammkåpan från luftningsskruven. Montera nyckeln och slangen på skruven. Placera slangens andra ände i glasburken och häll i så mycket vätska att slangänden täcks.
12 Se till att oljenivån överstiger MIN-nivålinjen på behållaren under hela arbetets gång.
13 Låt medhjälparen trampa kopplingen i botten ett flertal gånger, så att trycket byggs upp, och sedan hålla kvar bromsen i botten.
14 Med pedaltrycket intakt, skruva loss luftningsskruven (ungefär ett varv) och låt den komprimerade vätskan och luften flöda in i behållaren. Medhjälparen ska behålla pedaltrycket och inte släppa det förrän instruktion ges. När flödet stannat upp, dra åt luftningsskruven, låt medhjälparen sakta

släppa upp pedalen och kontrollera sedan nivån i oljebehållaren.
15 Upprepa stegen i punkt 13 och 14 tills vätskan som kommer ut från luftningsskruven är fri från luftbubblor. Om huvudcylindern har tömts och fyllts på igen, låt det gå ungefär fem sekunder mellan cyklerna innan huvudcylindern går över till påfyllning.
16 När inga fler luftbubblor syns, dra åt avluftningsskruven till angivet moment, ta bort nyckel och slang och montera dammkåpan. Dra inte åt luftningsskruven för hårt.

Med hjälp av en luftningssats med backventil

17 Dessa luftningssatser består av en bit slang försedd med en envägsventil för att förhindra att luft och vätska dras tillbaka in i systemet. Vissa satser levereras även med en genomskinlig behållare som kan placeras så att luftbubblorna lättare ses flöda från slangänden.
18 Satsen ansluts till luftningsskruven, som sedan öppnas. Återvänd till förarsätet, tryck ner kopplingspedalen mjukt och stadigt och släpp sedan långsamt upp den igen. Detta upprepas tills vätskan som rinner ut är fri från luftbubblor.
19 Observera att dessa luftningssatser underlättar arbetet så mycket att man lätt glömmer vätskebehållarens nivå. Se till att nivån hela tiden ligger över den undre markeringen.

Med hjälp av en tryckluftssats

20 Tryckluftssatser för avluftning drivs vanligen av trycklufteni i reservdäcket. Observera dock att trycket i reservhjulet antagligen behöver minskas till under den normala nivån. Se instruktionerna som följer med luftningssatsen.
21 Om man kopplar en trycksatt vätskefylld behållare till vätskebehållaren kan man utföra avluftningen genom att helt enkelt öppna luftningsskruven och låta vätskan strömma ut tills den inte längre innehåller några bubblor.
22 Den här metoden har fördelen att vara extra säker eftersom den stora behållaren hindrar luft från att dras in i systemet under avluftningen.

Alla metoder

23 När luftningen är avslutad och pedalen känns fast, dra åt luftningsskruven ordentligt och tvätta bort eventuellt spill. Sätt tillbaka dammkåpan på luftningsskruven.
24 Kontrollera hydrauloljenivån i huvudcylinderbehållaren och fyll på om det behövs (se *Veckokontroller*).
25 Kassera all hydraulvätska som har tappats ur systemet. Den lämpar sig inte för återanvändning.
26 Kontrollera kopplingspedalens funktion. Om kopplingen fortfarande inte fungerar som den ska finns det luft kvar i systemet, och det måste luftas ytterligare. Om systemet inte är helt luftat efter ett rimligt antal upprepningar av luftningen kan det bero på slitna huvudcylinder/urkopplingscylindertätningar.

3 Kopplingspedal – demontering och montering

Demontering

1 Ta bort klädselpanelerna under instrumentbrädan och förvaringsfacket på förarsidan enligt beskrivningen i kapitel 11.
2 Ta i förekommande fall bort kopplingspedalkontakten från pedalbygeln genom att vrida den 90° moturs.
3 Mittfjädern måste nu lossas från pedalen och tas bort. På högerstyrda modeller, placera en skruvmejsel mellan kopplingspedalen och fjädern, tryck sedan ner pedalen och haka loss fjädern. På vänsterstyrda modeller tillverkar du ett eget verktyg med hjälp av en metallstång som du sedan trycker in ovanför fjädern för att hålla kvar kopplingspedalens mittfjäder i den intryckta läget – tryck ner pedalen för att haka loss fjädern. Vid behov kan denna metod också användas på högerstyrda modeller **(se bild)**.
4 När mittfjädern är borttagen, ta bort fjädersätet från pedalbygeln. Sätet måste bytas varje gång det tas bort.
5 Huvudcylinderns tryckstång är ansluten till kopplingspedalen med en plastklämma. Helst bör du använda ett saxliknande bromsoksverktyg för att trycka in klämmans ändar i pedalens åtkomsthål, men det går även bra med två skruvmejslar.
6 När pedalen är bortkopplad från tryckstången tar du, om det behövs, bort plastfästklämman från tryckstången med en tång.
7 Skruva loss muttern från pedalstyrbulten.
8 Dra ut styrbulten tills pedalen kan flyttas från fästbygelenheten till förarens fotbrunn.
9 Om det behövs, ta bort mellanläggsbussningarna och mitthylsan från pedalen.

Montering

10 Undersök om pedalens komponenter är slitna och byt ut dem om det behövs.
11 Monteringen utförs i omvänd ordning, och tänk på följande:
 a) Sätt i ett nytt mittfjädersäte i pedalbygeln. Se till att fliken är låst i huvudcylinderns fördjupning.
 b) Använd en ny mutter till pedalstyrbulten och dra åt den till angivet moment.
 c) Se till att fästklämman mellan pedalen och huvudcylinderns tryckstång sitter fast på huvudcylinderns tryckstång innan du försöker återansluta tryckstången till pedalen.
 d) Tryck tillbaka pedalen på tryckstången tills fästklämman hakar i. Se till att klämman är ordentligt fastsatt.
 e) Avsluta med att kontrollera broms/kopplingsvätskenivån, och fylla på om det behövs.

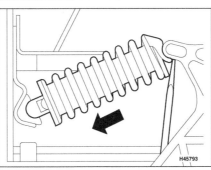
3.3a Mittfjädern lossas med en skruvmejsel på högerstyrda modeller

4 Huvudcylinder – demontering, översyn och återmontering

Observera: Se varningen i början av avsnitt 2.

Demontering

1 Kopplingens huvudcylinder är placerad inne i bilen, vid basen av kopplings- och bromspedalsfästet **(se bild)**. Systemet förses med hydraulvätska från bromshuvudcylinderns behållare.
2 På vänsterstyrda modeller tar du bort luftrenarenheten enligt beskrivningen i kapitel 4A eller 4B, lossa sedan den extra relähållaren på motorrummets vänstra sida och flytta den åt sidan.
3 Placera tygtrasor på mattan inuti bilen för att skydda den från hydrauliskoljespill, innan arbetet fortsätts.
4 Arbeta i motorrummet. Kläm ihop hydrauloljeslangen som leder från bromsoljebehållaren till kopplingens huvudcylinder med hjälp av en bromsslangklämma.
5 Kläm ihop gummidelen av hydraulslangen från huvudcylindern till slavcylindern med en bromsslangklämma, för att förhindra hydraulvätskeläckage.
6 Placera en lämplig behållar eller trasor, under huvudcylindern för att fånga upp den hydraulvätskan som kommer att läcka ut.
7 Dra bort matarslangen från kopplingens huvudcylinder på torpedväggen.

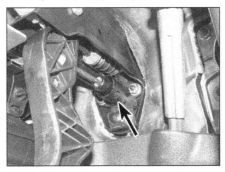
4.1 Kopplingens huvudcylinder

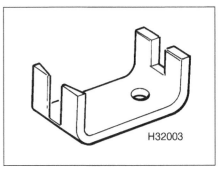
3.3b Mittfjäderns fästverktyg

8 Lossa fästklämman för vätskeutloppsslangen från anslutningen på huvudcylindern, ta sedan bort röret från anslutningen. Var beredd på ytterligare oljespill.
9 Ta bort klädselpanelerna under instrumentbrädan och förvaringsfacket på förarsidan enligt beskrivningen i kapitel 11.
10 Ta i förekommande fall bort kopplingspedalkontakten från pedalbygeln genom att vrida den 90° moturs.
11 Pedalen måste nu kopplas loss från huvudcylinderns tryckstång genom att du klämmer ihop fästklämmans flikar (se avsnitt 3) och flyttar tryckstången bort från pedalen.
12 Vrid kopplingspedalstoppet moturs och ta bort det från mellanväggen.
13 Skruva loss de tre muttrarna som håller fast kopplingspedalens fästbygel vid mellanväggen, ta sedan bort fästbygeln inklusive pedalen från mellanväggen **(se bild)**.
14 Låt fästbygeln vara kvar på bänken medan du lossar mittfjädern och tar bort den från pedalen. På högerstyrda modeller, placera en skruvmejsel mellan kopplingspedalen och fjädern, tryck sedan ner pedalen och haka loss fjädern. På vänsterstyrda modeller tillverkar du ett eget verktyg med hjälp av en metallstång som du sedan trycker in ovanför fjädern för att hålla kvar kopplingspedalens mittfjäder i den intryckta läget – tryck ner pedalen för att haka loss fjädern. Vid behov kan denna metod också användas på högerstyrda modeller.
15 När mittfjädern är borttagen, ta bort fjädersätet från pedalbygeln. Sätet måste bytas varje gång det tas bort.
16 Ta bort huvudcylindern från fästet.

4.13 Skruva loss muttrarna till pedalbygeln (markerad med pil)

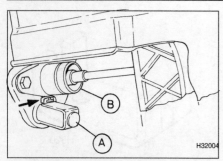

4.18 Se till att stoppet (A) sitter med tappen (markerad med pil) närmast huvudcylindern (B)

Renovering

17 Det går inte att köpa några reservdelar till huvudcylindern från Skoda. Om huvudcylindern är defekt måste hela enheten bytas.

Montering

18 Monteringen utförs i omvänd ordningsföljd mot demonteringen, och tänk på följande:
a) Se till att fästklämman mellan pedalen och huvudcylinderns tryckstång sitter fast på huvudcylinderns tryckstång innan du försöker återansluta tryckstången till pedalen.
d) Tryck tillbaka pedalen på tryckstången tills fästklämman hakar i. Se till att klämman är ordentligt fastsatt.
fc) Vid återmontering av pedalstoppet på tidiga modeller, se till att stoppet sitter med tappen närmast huvudcylindern (se bild).
d) Avsluta med att fylla på och lufta kopplingens hydraulsystem enligt beskrivningen i avsnitt 2.

5 Slavcylinder–
demontering, översyn och återmontering

Observera: Se varningen i början av avsnitt 2 rörande risker med hydraulolja.

Demontering

1 Slavcylindern är placerad ovanpå

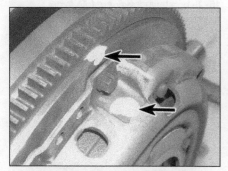

6.2 Markera kopplingstryckplattans och svänghjulets relation i förhållande till varandra.

växellådshuset. Demontera först motorns övre skyddskåpa.
2 Ta bort batteriet från motorrummet enligt beskrivningen i kapitel 5A. Skruva sedan loss batterilådan och ta bort den
3 Ta bort luftrenaren och luftkanaler enligt beskrivningen i kapitel 4A eller 4B, efter tillämplighet.
4 Skruva loss muttern och ta bort växelspaken från växellådans ovansida.
5 Ta loss låsringen och koppla bort växelvajern från växelförararmen.
6 Skruva loss de tre bultarna och bind stödfästbygeln åt sidan.
7 Kläm ihop gummidelen av hydraulslangen från huvudcylindern till slavcylindern med en bromsslangklämma, för att förhindra hydraulvätskeläckage. Lägg en ren tygtrasa under anslutningen till vätskeröret på slavcylindern för att suga upp vätska som rinner ut.
8 Ta loss vätskerörets fästklämma från anslutningen på slavcylindern och koppla sedan loss röret från anslutningen. Lossa vätskeröret från fästbygeln och flytta bort det från slavcylindern. Var beredd på oljespill.
9 Skruva loss de två bultarna som håller fast slavcylindern vid växellådshuset, och ta bort slavcylinder (se bild).

Renovering

10 Det går inte att köpa några reservdelar till slavcylindern från Skoda. Om slavcylindern är defekt måste hela enheten bytas.

5.9 Ta bort kopplingens slavcylinder

Montering

11 Montering sker i omvänd ordningsföljd. Tänk på följande:
a) Stryk på lite molybdensulfidbaserat fett på änden av slavcylinderns tryckkolv.
b) Dra åt slavcylinderns fästbultar till angivet moment.
c) Avsluta med att fylla på och lufta kopplingens hydraulsystem enligt beskrivningen i avsnitt 2.

6 Kopplingslamell och tryckplatta– demontering, kontroll och återmontering

Varning: Dammet från kopplingsslitage som avlagrats på kopplingskomponenterna kan innehålla hälsovådlig asbest. BLÅS INTE bort dammet med tryckluft och ANDAS INTE in det. ANVÄND INTE bensin eller bensinbaserade lösningsmedel för att tvätta bort dammet. Bromssystemavputsare eller T-sprit bör användas för att spola ner dammet i en lämplig behållare. När kopplingskomponenterna är rengjorda med rena trasor, släng trasorna och avputsaren i en lufttät behållare.

Demontering

1 Du kommer åt kopplingen genom att ta bort växellådan enligt beskrivningen i kapitel 7A.
2 Markera kopplingstryckplattans och svänghjulets relation i förhållande till varandra (se bild).
3 Håll svänghjulet stilla. Skruva sedan loss kopplingstryckplattans bultar stegvis i diagonal ordningsföljd (se bild). När bultarna skruvats ur 2 till 3 varv, kontrollera då att tryckplattan inte kärvar på styrstiften. Bänd vid behov loss tryckplattan med en skruvmejsel.
4 Ta bort alla bultar och lyft av kopplingstryckplattan och friktionslamellen från svänghjulet (se bild).

Kontroll

5 Rengör tryckplattan, lamellen och svänghjulet. Andas inte in dammet, det kan innehålla asbest vilket är hälsovådligt.
6 Undersök tallriksfjäderns fingrar med

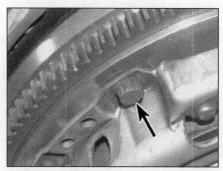

6.3 Skruva loss tryckplattans bultar . . .

6.4 . . . och lyft sedan bort tryckplattan och lamellen från svänghjulet

6.11 Lamellen placeras på svänghjulet

6.12 Kopplingstryckplattan placeras över lamellen

6.13 Sätt i bultarna och dra först åt med fingrarna

avseende på slitage eller repor. Om slitdjupet överskrider hälften av fingrarnas tjocklek måste en ny tryckplatteenhet monteras.

7 Kontrollera om tryckplattan är repad, sprucken eller missfärgad. Smårepor är godtagbara, men om de är för djupa måste en ny tryckplatta monteras.

8 Kontrollera om lamellens belägg är slitna, spruckna eller förorenade av olja eller fett. Beläggen är utslitna om de är slitna ner till, eller nära nitskallarna. Kontrollera lamellens nav och spårning efter slitage genom att tillfälligt montera den på växellådans ingående axel. Byt lamell vid behov.

9 Kontrollera om svänghjulets friktionsyta är repad, sprucken eller missfärgad (orsakas av överhettning). Om skadorna är för stora kan det vara möjligt att få svänghjulet svarvat på en mekanisk verkstad, i annat fall måste det bytas.

10 Kontrollera att alla delar är rena och fria från olja eller fett innan monteringen påbörjas. Applicera lite fett med hög smältpunkt på spåren i lamellens nav. Observera att de nya tryckplattorna kan vara täckta med skyddande fett. Det är endast tillåtet att ta bort fettet från lamellens kontaktyta. Om fettet avlägsnas från andra ytor förkortas kopplingens livslängd.

Montering

11 Inled ihopsättningen med att placera friktionslamellen på svänghjulet, med den upphöjda, vridfjäderförsedda sidan av navet utåt. Om det behövs kan centreringsverktyget (se punkt 14) användas för att hålla fast lamellen på svänghjulet i det här stadiet **(se bild)**.

12 Placera kopplingstryckplattan över lamellen och passa in den ovanpå styrpinnarna **(se bild)**. Om den gamla tryckplattan monteras ska märkningen följas.

13 Skruva åt bultarna för hand för att hålla tryckplattan på plats **(se bild)**.

14 Friktionslamellen måste nu centreras för att garantera korrekt upprikting med växellådans ingående axel och kamaxelns tapplager. För att genomföra detta kan ett specialverktyg användas alternativt en trädorn som passar inuti lamellen och svänghjulets tapplager. För verktyget genom lamellen in i tapplaget, se till att det är centralt.

15 Dra åt tryckplattans bultar stegvis och i

diagonal ordningsföljd till angivet moment. Ta sedan bort centreringsverktyget.

16 Kontrollera att urkopplingslagret i balanshjulskåpan går mjukt och byt ut det vid behov enligt beskrivningen i avsnitt 7.

17 Montera tillbaka växellådan enligt beskrivningen i kapitel 7A.

---

7 Urkopplingslager och -arm – demontering, kontroll och återmontering

Demontering

1 Urkopplingslagret och armen tas bort tillsammans med styrhylsan. Skilj dem sedan åt på bänken. Börja med att ta bort växellådan enligt beskrivningen i kapitel 7A.

7.2a Skruva loss fästbultarna

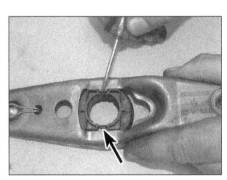

7.5a Tryck ner klämmorna . . .

2 Skruva loss och ta bort de två fästbultarna **(se bild)**, bänd sedan loss urtrampningsarmen från kulbulten på växellådshuset. Det gör du genom att trycka spärrfjädern genom urtrampningsarmen.

3 Dra av styrhylsan tillsammans med urtrampningsarmen och lagret över växellådans ingående axel.

4 Vrid styrhylsan 90° tills flikarna står mitt för spåren i urtrampningslagret och ta bort röret **(se bild)**.

5 Använd en skruvmejsel för att trycka ner klämmorna och ta bort lagret från urtrampningsarmen **(se bild)**.

Kontroll

6 Snurra urtrampningslagret för hand och kontrollera att det löper mjukt. Varje tendens

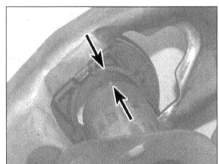

7.4 Ta bort styrhylsan från urkopplingslagret. Observera fliken och spåret (markerad med pil)

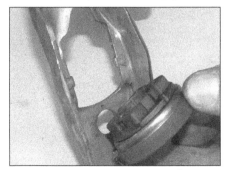

7.5b . . . och ta bort lagret från urtrampningsarmen

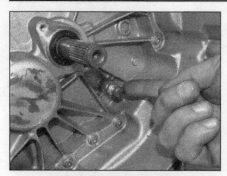

7.8 Smörj kulbulten med molybdendisulfidbaserat fett

7.9a Haka fast fjädern över armänden . . .

7.9b . . . och tryck in den andra änden i hålet

7.12 Placera urtrampningsarmen och fjädern på kulbulten

till kärvning eller ojämnhet gör det nödvändigt att byta lagret. Om lagret ska återanvändas torkar du av det med en torr trasa lagret bör inte rengöras med flytande lösningsmedel då detta avlägsnar det invändiga fettet.

7 Rengör urtrampningsarmen, kulklacken och styrhylsan.

Montering

8 Smörj kulbulten i svänghjulskåpan med molybdendisulfidbaserat fett **(se bild)**. Lägg på en liten fettklick på urtrampningslagrets kontaktyta mot tallriksfjäderns fingrar i kopplingshuset.

9 Montera tillbaka kulbultfjädern till urtrampningsarmen **(se bild)**.

10 Passa in lagret på armen och tryck in det tills klämmorna hakar fast.

11 Passa in styrhylsan på lagret och rikta in flikarna mot spåren. Sätt sedan in den och vrid runt 90°.

12 Placera urtrampningsarmen på kulbulten och tryck tills den hålls på plats av spärrfjädern **(se bild)**.

13 Trä styrhylsan med lager och arm över den ingående axeln, sätt sedan i fästbultarna och dra åt till angivet moment.

14 Montera tillbaka växellådan enligt beskrivningen i kapitel 7A.

Kapitel 7 Del A:
Manuell växellåda

Innehåll

Svårighetsgrad

| **Enkelt,** passar novisen med lite erfarenhet | ⚒ | **Ganska enkelt,** passar nybörjaren med viss erfarenhet | ⚒ | **Ganska svårt,** passar kompetent hemmamekaniker | ⚒ | **Svårt,** passar hemmamekaniker med erfarenhet | ⚒ | **Mycket svårt,** för professionell mekaniker | ⚒ |

Specifikationer

Motorkoder

Bensinmotorer

1,2 liter:
    SOHC . . . . AWY
    DOHC . . . . AZQ, BME
1,4 liters OHV:
    44 kW . . . . AZE och AZF
    50 kW . . . . AME, ATZ och AQW
1,4 liters DOHC:
    55 kW . . . . AUA och BBY
    74 kW . . . . AUB och BBZ

Dieselmotorer

1,4 liter . . . . AMF
1,9 liter utan turbo . . . . ASY
1,9 liter med turbo . . . . ASZ och ATD

Allmänt

Observera: *I skrivande stund finns ingen information om 6-växlad växellådan (code 0A8) som finns i vRS modeller.*

Typ . . . . Tvärställd, framhjulsdriven växellåda med inbyggd axelöverförd differential/bakaxelväxel. Fem framåtväxlar och en back.

Användning:
  Bensinmodeller:
    1,4 liters OHV motorer . . . . 5-växlad växellåda 02T
    1,4 liters OHV motorer . . . . 5-växlad växellåda 002
  Dieselmodeller:
    1,4 liters motor . . . . 5-växlad växellåda 02T eller 02R
    1,9 liters motor:
      Motorkod ASY och ASZ . . . . 5-växlad växellåda 02T
      Motorkod ATD . . . . 5-växlad växellåda 02T eller 02R

Åtdragningsmoment

Nm

Motorfäste till växellådan:
  Steg 1 40
  Steg 2 . . . . Vinkeldra ytterligare 90°
Backljus, kontakt:
  002 växellåda 15
  02T växellåda 25
  02R växellåda 20
Hastighetsmätardrev:
  002 växellåda 20
  02R växellåda 10
Hastighetsmätarens givare (02T växellådan):
  Steg 1 8
  Steg 2 . . . . Vinkeldra ytterligare 90°
Växellåda till motor:
  M12 bultar 80
  M10 bultar 45

1 Allmän information

Observera: *I skrivande stund finns ingen information om 6-växlad växellådan (code 0A8) som finns i vRS modeller.*

Den manuella växellådan är fäst med bultar på motorns vänster sida. Den här utformningen ger kortast möjliga drivavstånd till framhjulen samtidigt som kylningen

av växellådan förbättras eftersom den är placerad mitt i luftflödet genom motorrummet. Växellådshuset är gjort i lättmetall.

Drivkraft från vevaxeln överförs via kopplingen till växellådans ingående axel, som är förbunden med kopplingslamellen med splines.

Alla växlar framåt är försedda med synkroniseringsdon. Den golvmonterade växelspaken är ansluten till växellådan med växelvajrar **(se bild)**. Detta aktiverar väljargafflar i växellådan som sitter i spår på synkroniseringshylsorna. Hylsorna, som är fästa på växellådans axlar men som kan glida längs axlarna med hjälp av

räfflade nav, trycker balkringar mot respektive kugghjul/drev. Den koniska ytan mellan balkringarna och växeldrevet fungerar som en friktionskoppling som stegvis anpassar synkroniseringshylsans (och således även växellådeaxelns) hastighet till växeldrevet. Detta gör att växlingen blir mjukare.

Drivkraften överförs till differentialens kronhjul, som roterar med differentialhuset och planetdreven, vilket driver soldreven och drivaxlarna. Planetdrevens rotation på sina axlar vilket gör att de inre hjulet kan rotera långsammare än de yttre i svängar.

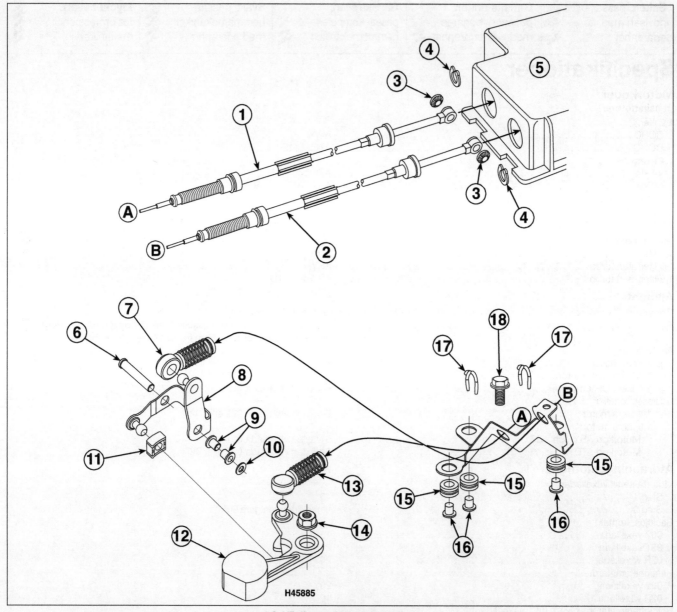

1.3 Växlingsvajerkomponenter

1 Växelförarvajer	5 Växelförarhus	9 Bussningar	13 Växelkabellås	16 Distansbricka
2 Växelvajer	6 Styrbult	10 Låsring	14 Mutter	17 Låsring
3 Tryckbult	7 Lås på växelvajer	11 Glidsko	15 Muff	18 Bult
4 Låsring	8 Växelförararm	12 Växelspak med vikt		

2 Växlingsvajrar – kontroll och justering

Observera: *Skodas låssprint T10027 eller ett lämpligt alternativ behövs för detta moment.*

Kontroll

1 Med hjälp av följande kontroll kan du avgöra om något behöver justeras. Börja med att lägga i friläge så att växelspaken står mellan 3:an och 4:ans växel.

2 Starta motorn och låt den gå på tomgång, tryck sedan ner kopplingspedalen. Vänta 3 till 6 sekunder på att den ingående axeln ska sluta rotera, lägg sedan i en växel i taget. Kontrollera särskilt att backväxeln går att lägga i på ett jämnt sätt.

3 Om någon växel är svår att lägga i, så låt en medhjälpare observera *växelföraren* på växellådans ovansida medan du lägger i 1:ans växel och tillfälligt flyttar växelspaken åt vänster. Växelföraren bör röra sig ca 1 mm. Om inte, utför följande justeringar.

Justering

4 På 1,4 liters bensinmodeller med 002 växellåda, ta bort luftrenaren och luftkanalerna enligt beskrivningen i kapitel 4A.

5 När växlingsspaken ligger i friläge trycker du de två låskragarna (en på vardera vajer) framåt så att fjädrarna trycks ihop. Vrid sedan kragarna medurs (sett från förarsätet) så att de låses fast **(se bild)**.

6 Tryck ner *väljaraxeln* ovanpå växellådan och vrid samtidigt vinkelarmen på växellådans sida moturs **(se bild)**.

7 Arbeta inuti bilen och lossa försiktigt växelspaksdamasken från mittkonsolen. Stanna kvar i friläge och flytta växelspaken så långt åt vänster som möjligt, så att den står mellan 1:ans och 2:ans växel. För sedan in låssprinten (eller borret) genom hålet i växelspakens fot och in i hålet i huset **(se bild)**.

8 Arbeta i motorrummets bakre del. Vrid de två låskragarna på vajrarna moturs för att låsa upp dem så att fjädrarna släpper vajrarna till deras utgångslägen**(se bild)**.

9 När vajerjusteringen är gjord kan

2.5 Skjut ner kragen och lås den i läge

2.7 Lås växelspaken på plats med ett borr

vinkelarmen vridas moturs till ursprungsläget.

10 Arbeta inuti bilen. Ta bort låssprinten/ borret från växelspaken och kontrollera sedan funktionen hos växelmekanismen enligt beskrivning i punkterna 1 till 3. När växelspaken ligger i friläge bör den befinna sig mellan 3:an och 4:ans växel. Växelspaksdamasken kan nu sättas tillbaka på mittkonsolen.

11 Om tillämpligt, montera tillbaka luftrenaren luftkanalerna enligt beskrivningen i kapitel 4A.

3 Manuell växellåda – demontering och montering

Demontering

1 Parkera bilen på en stabil och plan yta. Se till

3.9a Koppla loss kablaget . . .

3.9b . . . och skruva loss fästbygeln

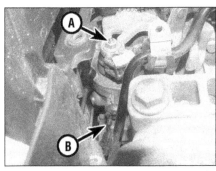

2.6 Tryck nedåt på (A) och vrid sedan på vinkelarmen (B)

2.8 Lossa på de två låskragarna (markerad med pil)

att ha tillräckligt med arbetsutrymme runt om. Dra åt handbromsen och klossa bakhjulen.

2 *Ställ framvagnen på pallbockar (see* se *Lyftning och stödpunkter).* Ta bort motorns övre skyddskåpa och motor/växellådans hasplåt. Ta bort det vänstra framhjulet och hjulhusfodret.

3 Ställ en lämplig behållare under växellådan. Skruva sedan loss dräneringspluggen och låt växeloljan rinna ut.

4 Skruva loss fästmuttrarna/skruvarna, och ta bort motorkåpan(orna).

5 Ta bort batteriet och batterilådan enligt beskrivningen i kapitel 5A (se *Koppla loss batteriet* i *Referens* kapitel i slutet av den här handboken). På vissa modeller kan du också behöva lossa batteriets pluskabel från startmotorns magnetventil.

6 Bortsett från på växellådan 02T, se i den relevanta delen av kapitel 4 och demontera luftrenarhuset och luftkanalerna.

7 På växellåda 002, skruva loss bulten och ta bort motorhastighetsgivaren. Skruva även loss fästmuttern och bind upp motorns bakre kablage från växellådan.

8 Skruva loss de tre bultarna som håller fast växelvajerns fästbygel vid växellådans ovansida.

9 Koppla loss vinkelhävarmen till växelförararmen tillsammans med växelväljaren och växlingsvajrarna från växellådans ovansida genom att skruva loss låsringen och dra ut tappen. Ta loss bussningarna. Alternativt, lossa vajrarna och skruva loss fästbygeln **(se bild)**.

10 Skruva loss muttern och ta bort växelspaken tillsammans med motvikten **(se**

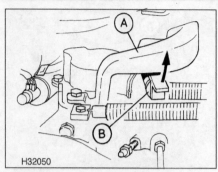

3.10 Kabel till växelföraraxeln (B) och motvikt (A)

3.13 Skruva loss kopplingens slavcylinder och fästbygel och bind dem åt sidan

3.18 Ta tillfälligt bort den vänstra drivflänsen på växellådan 02R

bild). Observera att spaken bara går att fästa på axeln i ett läge. Bind upp vajerenheten på ena sidan.

11 Demontera startmotorn enligt beskrivningen i kapitel 5A.

12 Koppla loss kablarna från hastighetsmätarens givare och backljusbrytaren (om det är tillämpligt).

13 Lossa kopplingens slavcylinder och stödfäste från växellåda och fäst dem på ena sidan **(se bild)**.

Varning: Tryck inte ner kopplingspedalen medan slavcylindern är demonterad från växellådan.

14 Lossa avgassystemklämman som fäster det främre avgasröret vid mellandelen och skjut klämman framåt. På växellåda 002 och 02T gör detta att motorn kan sänkas utan att det främre röret tas bort. På växellåda 02R är det dock nödvändigt att ta bort hela främre röret enligt beskrivningen i kapitel 4C.

15 Lossa lambdasondkablarna från klämman på underredet, så att de går att sänka avgassystemet utan att kablarna belastas.

16 Skruva loss jordkabeln från växellådshusets främre del.

17 Skruva loss muttern och flytta kablagets stödfäste åt sidan.

18 , Skruva loss drivaxlarna från växellådans drivflänsar enligt beskrivningen i kapitel 8. På växellådan 02R, ta bort skärmen till den högra inre styrledsdamasken. På växellådan 02R har vi även funnit att det hjälper att temporärt skruva loss den vänstra drivflänsen från växellådan, så att svänghjulskåpan får extra spelrum vid borttagning **(se bild)**.

19 Se kapitel 10 och märk ut placeringarna för de bultar som fäster det vänstra svängnavet på framfjädringens länkarm och skruva sedan loss och ta bort bultarna. Skruva loss muttern och lossa krängningshämmarlänkens ände från benet på vänster sida.

20 Vrid styrningen helt till vänster lås och använd sedan ett snöre eller vajer för att binda upp drivaxlarna så högt som möjligt från växellådan. Se till att inte skada den omgivande karossen. Ta bort den vänstra divaxeln helt om du behöver mycket arbetsutrymme.

21 Vid arbete under motorns baksida skruvar du loss den enda muttern från fästpinnbulten mellan växellådan och motorn. På växellåda 02R tar du bort den lilla täckplåten på

svänghjulet som sitter bakom högra drivflänsen.

22 Skruva loss motorns bakre fäste/lenkan och ta bort dem från växellådan och kryssrambalken.

23 Stöd motorn med en lämplig lyft.

24 Ta bort det högra motorfästets övre del – gäller endast växellådan 02R – genom att först flytta kylvätskeexpansionskärlet åt sidan och sedan ta bort de muttrar och bultar som fäster delen på motorns fästbygel.

25 Lyft lyftanordningen något och skruva loss bultarna som håller fast motor/växellådans vänstra fäste vid karossen. Sänk ner lyftanordningen något och skruva loss fästets nedre bultar från växellådan. Ta bort fästet.

26 Skruva loss och ta bort de övre och nedre växellåda-till-motor fästbultarna.

27 Placera en garagedomkraft under växellådan så att den kan tas bort underifrån bilens vänstra side.

28 Dra bort växellådan försiktigt från motorn, men var noga med att inte låta växellådan hållas upp av kopplingslamellen. Du kanske måste skjuta motorn något framåt under isärtagningen.

⚠️ *Varning: Stötta växellådan så att den står stadigt på domkraften. Håll växellådan i nivå med motorn till dess att den ingående växellådsaxeln är helt utdragen från kopplingslamellen.*

29 När styrstiften och kopplingskomponenterna har tagits bort från växellådan sänker du växellådan till marken och tar ut den från bilens undersida.

Montering

30 Monteringen av växellådan utförs i omvänd arbetsordning, men lägg märke till följande:

a) Stryk på lite fett med hög smältpunkt på kopplingslamellens navräfflor och se till att det inte spiller ut på lamellytorna.

b) Kontrollera att styrstiften är korrekt monterade på motorblocket.

c) Dra åt alla muttrar och bultar till angivet moment enligt beskrivningen i de relevanta kapitel.

d) Se avsnitt 2 och kontrollera justeringen av växlingsvajern.

e) Fyll på växellådan med olja av rätt kvalitet

och kvantitet. Se 'Smörjmedel och vätskor' och kapitel 1A eller 1B, efter tillämplighet.

4 Översyn av manuell växellåda – allmän information

Renovering av en manuell växellåda är ett komplicerat (och ofta dyrt) arbete för en hemmamekaniker och kräver tillgång till specialutrustning. Det omfattar isärtagning och ihopsättning av många små delar. Ett stort antal spel måste mätas exakt och vid behov justeras med mellanlägg och distansbrickor. Reservdelar till växellådans inre delar är ofta svåra att få tag på och i många fall mycket dyra. Om det blir något fel på växellådan eller om den ger missljud ifrån sig är det därför bäst att den lämnas in för översyn hos en specialist, eller att en renoverad växellåda inskaffas.

Det är dock möjligt för en erfaren hemmamekaniker att renovera en växellåda, under förutsättning att de verktyg som behövs finns tillgängliga och att arbetet utförs metodiskt och stegvis, utan att något förbises.

De verktyg som krävs är tänger för inre och yttre låsringar, en lageravdragare, en draghammare, en sats drivdorn, en indikatorklocka, möjligen en hydraulpress Dessutom krävs en stor, stadig arbetsbänk och ett skruvstäd.

Anteckna noga hur alla komponenter är placerade medan växellådan tas isär, det underlättar en korrekt återmontering.

Innan växellådan tas isär är det till stor hjälp om felet är lokaliserat. Vissa problem kan höra nära samman med vissa delar av växellådan, vilket kan underlätta undersökningen och bytet av komponenter. Se avsnittet *Felsökning* i denna handbok för mer information.

5 Backljus switch – test, demontering och montering

Kontroll

1 Kontrollera att tändningen är avstängd.

2 Koppla loss kablaget från backljusbrytaren.

Kontakten är inskruvad på höljets framsida för växellådorna 002 och 02T samt på växelförarens kåpa ovanpå växellådan 02R.

3 Anslut sonderna på en kontinuitetsprovare eller multimätare inställd på motståndsmätning mellan stiften på backljuskontakten.

4 Brytarkontakterna är öppna när annan växel än backen har valts. Testverktyget/ mätaren bör indikera ett kretsavbrott eller oändligt motstånd. När backväxeln är vald bör brytarkontakterna slutas så att testverktyget/ mätaren indikerar kontinuitet eller motståndet noll.

5 Om brytaren inte fungerar korrekt ska den bytas ut.

Demontering

6 Kontrollera att tändningen är avstängd.

7 Koppla loss kablaget från backljusbrytaren.

8 Skruva loss kontakten och ta reda på tätningsringen för växellådan 02T.

Montering

9 Monteringen sker i omvänd ordningsföljd mot demonteringen, och dra åt brytaren till angivet moment. På växellåda 002, stryk ut lite tätningsmedel på brytarens gängor. På 02T växellådan, byt tätningsringen. På växellåda 02R, stryk ut lite molybdendisulfidfett på stiftet.

6 Hastighetsgivarens/ mätarens drev – demontering och montering

Allmän information

1 Alla modeller utan ABS är utrustade med en elektronisk hastighetsmätaromvandlare. Denna mäter slutväxelns rotationshastighet och omvandlar informationen till en elektronisk signal som sänds till hastighetsmätarmodulen på instrumentbrädan. På vissa modeller används signalen även av motorstyrningssystemets elektroniska styrenhet.

Demontering

2 Kontrollera att tändningen är avstängd.

3 Placera hastighetsomvandlaren ovanpå bakre delen av växellådshuset och lossa kablaget.

4 På växellåda 002 sitter hastighetsgivaren direkt ovanpå drivhjulet. Skruva loss omvandlaren från drivhjulet. För att demontera kugghjulet, skruva loss fästbulten och ta bort den från växellådshuset. Ta vara på O-ringstätningen.

5 På växellåda 02T, sitter hastighetsgivaren direkt ovanpå slutväxelhuset, och hålls på plats med en enkel bult. Använd en insexnyckel för att skruva loss bulten, ta sedan bort givaren från växellådshuset. Ta vara på O-ringstätningen.

6 På växellåda 02R sitter hastighetsgivaren direkt ovanpå drivhjulet. Håll kugghjulhuset med en skruvnyckel och skruva sedan loss omvandlaren ovanifrån. Skruva loss drevhuset från växellådshuset.

Montering

7 Monteringen utförs i omvänd ordningsföljd mot demonteringen, men byt O-ringstätningen om en sådan finns, och dra åt huset/bultarna till angivet moment.

Kapitel 7 Del B:
Automatväxellåda

Innehåll

Svårighetsgrad

Enkelt, passar novisen med lite erfarenhet ❀	**Ganska enkelt,** passar nybörjaren med viss erfarenhet ❀	**Ganska svårt,** passar kompetent hemmamekaniker ❀	**Svårt,** passar hemmamekaniker med erfarenhet ❀	**Mycket svårt,** för professionell mekaniker ❀

Specifikationer

Allmänt

Växellådans typnummer	001
Användning	1,4 liters DOHC bensinmodeller
Beskrivning	Elektro-hydrauliskt reglerad planetväxellåda med fyra framåtväxlar och en back. Drivkraft överförs via en hydrokinetisk momentomvandlare. Låskoppling på 3:a och 4:a växlarna, elektronisk styrenhet (ECU) Två drivlägen, automatiskt valda av den elektroniska styrmodulen. Växlingspunkter styrda av den elektroniska styrmodulen med hjälp av flexibel logik

Förhållanden

1:a	2.875:1
2:a	1.510:1
3:a	1.000:1
4:a	0.726:1
Back	2.656:1
Slutväxel	4.050:1

Åtdragningsmoment

	Nm
Bultar för växellådans svänghjulskåpa till motorn:	
Övre M12 bultar	80
Bakre M12 bult	80
Främre nedre M12-bult	45
Momentomvandlare till drivplatta, muttrar	85
Sump till växellådskydd	45
Hastighetsgivaren fästbult	6
Fästbult för växellådans hastighetsgivare	6

1 Allmän information

Automatväxellåda finns endast som tillval för 1,4 liters DOHC bensinmodeller.

Automatväxellåda typ 001 (se bild) har fyra framåtväxlar (och en back). De automatiska växlingarna styrs elektroniskt, till skillnad mot tidigare konventionella typers hydrauliska styrning. Fördelen med elektronisk styrning är snabbare gensvar på växlingsimpulser. Den separata växellådans elektroniska styrmodul (sitter bakom batteriet) använder flexibel logik ("fuzzy logic") för att avgöra växlingspunkter. I stället för att ha förutbestämda punkter för uppåtväxling och nedåtväxling tar den elektroniska styrmodulen flera påverkande faktorer i beräkning före beslut om växling.

Bland dessa faktorer ingår motorvarvtal, "körmotstånd" (motorbelastning), bromspedalläge, gasspjällsläge och hur snabbt gaspedalläget ändras. Detta resulterar i ett nästan oändligt antal växlingspunkter, som den elektroniska styrmodulen kan skräddarsy för att matcha körstil, både sportig och ekonomisk. Kickdown finns för att ge snabbare acceleration när så önskas.

Växellådan består av tre huvudenheter: momentomvandlaren, som är direkt kopplad till motorn, slutväxelenheten, där differentialenheten finns och planetväxellådan med flerskivkopplingar och bromsband. Växellådan smörjs av automatväxelolja (ATF) och anses av tillverkarna vara "livstidsfylld" utan att vätskan ska behöva bytas ut med regelbundna intervall. Inga åtgärder har heller vidtagits för att gör-det-själv-kontroller ska kunna utföras på vätskenivån – detta

måste utföras av en Skoda-verkstad, med särskild utrustning som kan övervaka vätsketemperaturen (se Kapitel 1A).

I momentomvandlaren finns en automatisk låsfunktion som eliminerar omvandlarslirring på tredje och fjärda växel; detta höjer prestanda och sänker kostnaderna. Förutom det vanliga alternativet med manuell växling finns det ytterligare två lägen – sport och ekonomi. I sportläget fördröjs uppväxlingar längre och nedväxlingar sker vid högre motorvarvtal för att motoreffekten ska utnyttjas helt. I ekonomiläget däremot sker uppväxlingarna tidigare och nedväxlingar fördröjs så länge som möjligt, vilket ger det mest ekonomiska körsättet. Beslutet om vilket läge som ska användas tas av den eletroniska styrmodulen, baserat på förarens körstil. en normal stil ger ekonomiläge medan en snabbare stil ger sportläget.

En annan funktion i denna växellåda är det automatiska växelväljarlåset när tändningen är på med läge P eller N valt och fordonet är stilla eller rör sig med mindre än 5 km/h. För att kunna flytta växelväljaren trycker du först ner bromspedalen medan du samtidigt trycker på skiftlåsknappen.

Kickdown-funktionen för växellådan, som agerar för att välja en lägre växel (om så är möjligt) på acceleration med fullt gasspjäll, drivs av gaspedalens lägesgivare (se Kapitel 4A för ytterligare information).

Ett startspärrelä har monterats för att förhindra startmotorfunktion om inte växellådan är i P eller N. Reläet sitter på relähållaren bakom förvaringsområdet på förarsidan och är märkt med nummer 53.

Vissa modeller har också en säkerhets-/skyddsenhet som låser växellådan i P när startnyckeln tas bort (se avsnitt 5).

Växellådan är utrustad med en elektronisk hastighetsgivare. Denna mäter slutväxelns rotationshastighet och omvandlar informationen till en elektronisk signal som sänds till hastighetsmätarmodulen på instrumentbrädan. Signalen används även av motorstyrningssystemets elektroniska styrenhet.

Ett system för feldiagnostik finns inbyggt i styrenheten, men analys kan endast utföras med specialutrustning. Skulle ett fel uppstå i växellådans elsystem kommer styrningen att växla till ett av två nödprogram. antingen växlar växellådan fortfarande automatiskt men inte så mjukt eller också växlar inte växellådan automatiskt och det går bara att manuellt välja tredje växeln och backväxeln. När växellådan ställs i nödläget är det viktigt att alla fel identifieras och rättas till så snart som möjligt. Förseningar av detta orsakar bara fler problem. En Skoda-verkstad kan läsa av den elektroniska styrmodulens felminne efter lagrade felkoder, vilket gör att felen snabbt kan pekas ut. När felet har korrigerats och eventuella felkoder har raderats bör normal växellådefunktion vara återställd.

På grund av behovet av speciell test-utrustning, vissa delars enormt komplexa

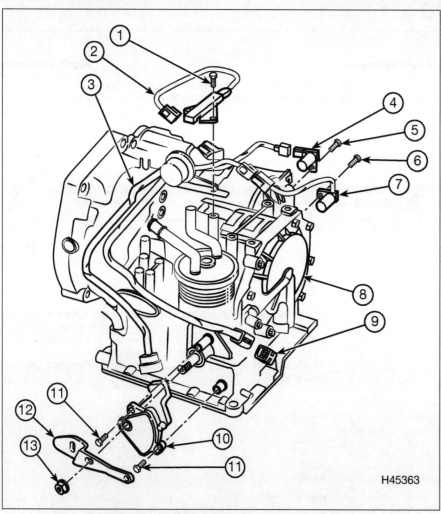

H45363

1.2 Externa komponenter på 001 automatväxellåda

1 Bult	6 Bult	10 Flerfunktions
2 Seriemotstånd	7 Växellådans	brytare
3 Kablage	varvtalsgivare	11 Bult
4 Hastighets	8 Växellåda	12 Växelspakens arm
givaren	9 Solenoidventilens	13 Mutter
5 Bult	kabelhärva	

uppbyggnad och behovet av klinisk renlighet vid arbete med automatväxellådor, är det arbete bilägaren själv kan utföra begränsat. Reparation av slutväxelns differential är inte heller att rekommendera. Större arbeten ska överlåtas till en Skoda-verkstad som har den nödvändiga utrustningen för diagnos och reparationer. Informationen i detta kapitel begränsas därför till en beskrivning av växellådans demontering och montering som en komplett enhet. Även demontering, montering och justering av väljarvajern beskrivs.

Om problem uppstår med växellådan ska en Skoda-verkstad eller specialist på automatväxellådor rådfrågas innan växellådan demonteras, eftersom största delen av all felsökning utförs med växellådan *på plats i bilen*.

2 Automatväxellåda – demontering och montering

Demontering

1 Parkera bilen på en stabil och plan yta. Se till att ha tillräckligt med arbetsutrymme runt om. Dra åt handbromsen och klossa bakhjulen.
2 Lossa framhjulets bultar, och vänster drivaxelnavmutter/bult, lyfta framvagnen och ställ den på pallbockar (*se Lyftning och stödpunkter*). Ta bort framhjulen, det vänstra hjulets hjulhusfoder och motorns hasplåt. Se till att det finns tillräckligt med utrymme under bilen för att växellådan ska kunna demonteras.
3 Ta bort motorhuven enligt beskrivningen i kapitel 11 om så behövs för den lyftanordning som används.
4 Ta bort motorns övre skyddskåpa.
5 Ta bort batteriet och batterilådan enligt beskrivningen i kapitel 5A (*se Koppla loss batteriet i Referens* kapitel i slutet av den här handboken).
6 Dra ut fästklämman och koppla loss växelväljarens styrkabel från stödfästet på växellådans framsida.
7 Använd en öppen nyckel på 13 mm och bänd upp styrkabelns ändbeslag från växelväljaren.
8 Snör av kylslangarna för automatväxelolja med bromsslangklämmor. Lossa fasthållningsklämmorna och ta loss slangarna från kylaren. Tejpa över eller plugga igen kylvätskerörens ändar så att inte damm eller smuts tränger in.
9 Skruva loss styrkabelens stödfäste.
10 Lossa alla kablar och kontaktdon från växellådan, och observera var de sitter för att garantera korrekt återmontering (**se bild**).
11 Skruva loss kablagets stödfäste och notera att en jordkabel sitter under en av bultarna.
12 Lossa på plastkabelskyddsröret från växellådans lyftögla och från den särskilda bulten mellan växellådan och motorn.

13 Skruva ur de övre bultarna mellan motorn och växellådan.
14 Demontera startmotorn enligt instruktionerna i kapitel 5A.
15 Ta bort den vänstra drivaxeln enligt beskrivningen i kapitel 8.
16 Ta bort avgassystemets främre avgasröret enligt beskrivningen i kapitel 4C.
17 Skruva loss den högra drivaxeln från växellådsflänsen enligt beskrivningen i kapitel 8 och bind den åt sidan.
18 Lossa på täckpluggen som sitter bredvid den högra växellådsflänsen och vrid motorn för att passa in en av muttrarna som fäster momentomvandlaren vid drivplattan i öppningen. Skruva loss muttern samtidigt som du förhindrar att motorn vrids runt genom att hålla fast startkransens kuggar på drivplattan (synlig genom startmotorns öppning) med en bredbladig skruvmejsel. Skruva loss de två kvarvarande muttrarna genom att dra runt motorn ett tredjedels varv åt gången för att hitta dem.
19 Skruva loss motorns bakre fästlenkan och bygeln och ta bort dem från växellådan och kryssrambalken. Ta också bort växellådans oljetrågsskydd.
20 Skruva loss täckplattan från balanshjulskåpan.
21 Vid arbete under motorns baksida skruvar du loss ena muttern från fästpinnbulten mellan växellådan och motorn.
22 Stöd motorn med en lyft eller ett stödstag monterat på framflygelns inre kanaler. Beroende på motor demonterar du tillfälligt de komponenter som krävs för att kunna fästa lyftanordningen.
23 Ta helt bort det högra motorfästet genom att först lägga kylvätskeexpansionskärlet åt sidan och sedan ta bort de bultar som håller fast fästsektionerna på karossen och motorn. Du behöver inte separera de två delarna.
24 Placera en garagedomkraft under växellådan, och hissa upp den så att den precis lyfter enheten.
25 Skruva loss och ta bort de två bultarna som håller fast det vänstra växellådsfästet till fästets trekantiga distansbricka. Styr både motorlyft/lyftbalk och garagedomkraft och sänk ner växellådan ungefär 60 mm. Skruva loss de två återstående bultarna och en mutter och ta bort växellådsfästets distansbricka.
26 Skruva loss de nedre bultarna som håller fast svänghjulskåpan på motorn och notera var bultarna sitter eftersom de har olika storlek och längder.
27 Kontrollera att alla fästen och tillbehör är borttagna från växellådan. Ta hjälp av någon till att styra växellådan när den dras ut, sänks ned och avlägsnas.
28 Växellådan sitter på två stift, och det kan vara nödvändigt att bända bort växellådan från dem. När växellådan demonterats från styrstiften, ta bort den från bilen.

⚠ **Varning: Stötta växellådan så att den står stadigt på domkraften. Se till att momentomvandlaren sitter kvar på axeln i momentomvandlarhuset.**

29 När växellådan har demonterats, bulta fast en lämplig stång och distans tvärs över momentomvandlarhuset för att hålla momentomvandlaren på plats.

Montering

30 Monteringen utförs i omvänd arbetsordning, lägg märke till följande:
 a) När växellådan monteras på motorn, se till att styrstiften finns på plats och att växellådan är korrekt uppriktad med dem innan den trycks på plats. När momentomvandlaren återmonteras, se till att drevstiften i mitten av momentomvandlarens nav passas in i urtagen i det inre hjulet till automatväxellådans oljepump.
 b) Dra alla bultar till angivna moment.
 c) Anslut och justera väljarvajern enligt beskrivning i avsnitt 4.
 d) När du är klar kontrollerar du växellådsoljenivån (se Kapitel 1A).
 e) Har du satt in en ny växellådsenhet kan du behövs låta växellådans elektroniska styrmodul "matchas" mot motorstyrningens elektroniska styrmodul elektroniskt för att garantera felfri funktion – rådfråga Skoda-verkstaden.

3 Automatväxellåda, renovering – allmän information

Om ett fel uppstår måste man avgöra om felet är av elektrisk, mekanisk eller hydraulisk natur innan reparation kan påbörjas. Diagnos kräver detaljkunskaper om växellådans funktion och konstruktion, utöver speciell testutrustning, vilket ligger utanför denna handboks omfattning. Det är därmed nödvändigt att överlåta problem med en automatväxellåda till en Skoda-verkstad för utvärdering.

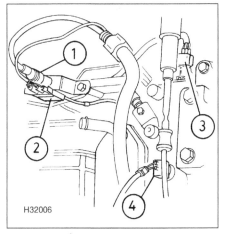

H32006

2.10 Växellådans elektriska anslutningar

 1 Magnet ventil
 2 Hastighetsgivaren
 3 Flerfunktionsbrytare
 4 Växellådans hastighetsgivare

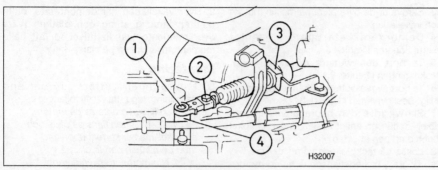

4.4 Växelvajer

1 Växelvajer   2 Mutter   3 Låsring   4 Växelspak

Tänk på att en defekt växellåda inte bör demonteras innan den utvärderats, eftersom felsökning utförs med växellådan på plats *i bilen*.

4 Växelvajer –
demontering, återmontering och justering

Demontering

1 Lossa batteriets minusledare (se *Koppla loss batteriet* i kapitlet *Referens* i slutet av den här handboken).
2 Dra åt handbromsen. Lyft upp framvagnen och ställ den på pallbockar (*se Lyftning och stödpunkter*). Tänk på att ställa in ett lämpligt arbetsutrymme under fordonet. Ta bort motorns hasplåt och övre skyddskåpa efter tillämplighet.
3 För växelspaken till läge P.
4 Dra ut fästklämman och koppla loss växelväljarens styrkabel från stödfästet på växellådans framsida **(se bild)**.
5 Använd en öppen nyckel på 13 mm och bänd upp styrkabelns ändbeslag från växelväljaren. Lossa också kabeln från dess fästen.
6 Under bilen, skruva loss golvtvärbalken från undersidan av avgassystemet.
7 Ta loss avgasröret från mellanröret enligt beskrivningen i kapitel 4C.
8 Lossa på gummifästet till avgassystemets mellanrör och sänk det bakre avgassystemet så långt som möjligt. Ta bort avgassystemets värmesköld från tunneln i underredet.
9 Skruva loss skruvarna och ta bort kåpan från undersidan av växelspakhuset.
10 Använd en skruvmejsel och bänd loss växelvajerns ändbeslag från spaken, dra sedan ut klämman och ta bort växelvajern från huset. Ta loss tätningen.

11 Ta bort växelvajern från motorrummet.

Montering

12 Montera växelvajer i omvänd ordning och notera följande punkter:
   a) Smörj lätt in kabelns ändbeslag innan du sätter tillbaka kabeln.
   b) Kontrollera att vajern är dragen enligt noteringarna som gjordes vid borttagningen och att den sitter säkert i fästklämmorna.
   c) Kontrollera och byt vid behov ut kabeln och tätningarna på husets kåpa.
   d) Se till att inte böja eller vika vajern.
   e) Genomför kabeljusteringen enligt beskrivningen nedan.

Justering

13 Inne i bilen kontrollerar du att växelväljaren fortfarande är i läge P.
14 På växellådans framsida, lossa vajrens justeringslåsbult vid kulleden.
15 Kontrollera att växelväljaren på växellådan är i läge P. Det ska inte gå att samtidigt vrida båda framhjulen i samma riktning.
16 Dra åt kabeljusteringens låsbult ordentligt.
17 Kontrollera växelspakens funktion genom att föra den mellan alla lägen och kontrollera att alla lägen kan väljas mjukt och utan fördröjning.
18 Sänk ner bilen.

5 Växelspakshus – demontering och montering

Demontering

1 Lossa batteriets minusledare (se *Koppla loss batteriet* i kapitlet *Referens* i slutet av den här handboken).
2 Dra åt handbromsen. Lyft upp framvagnen

och ställ den på pallbockar (*se Lyftning och stödpunkter*). Demontera motorns underkåpa.
3 Inne i bilen flyttar du växelväljaren till läge 2, skjut sedan ner hylsan under spakhandtaget och dra av handtaget uppåt **(se bild)**.
4 För växelspaken till läge P.
5 Demontera mittkonsolen enligt beskrivningen i kapitel 11.
6 Ta bort kåpan till växelväljaren och lägesindikatorn genom att dra dem uppåt från huset och samtidigt koppla loss kablaget på framsidan.
7 Koppla loss kablaget till växelväljarens låssolenoid.
8 Under bilen, skruva loss golvtvärbalken från undersidan av avgassystemet.
9 Ta loss avgasröret från mellanröret enligt beskrivningen i kapitel 4C.
10 Lossa på gummifästet till avgassystemets mellanrör och sänk det bakre avgassystemet så långt som möjligt. Ta bort avgassystemets värmesköld från tunneln i underredet.
11 Skruva loss skruvarna och ta bort kåpan från undersidan av växelspakhuset.
12 Använd en skruvmejsel och bänd loss växelvajerns ändbeslag från spaken, dra sedan ut klämman och ta bort växelvajern från huset. Ta loss tätningen.
13 Stötta huset underifrån och skruva sedan loss fästmuttrarna inifrån bilen. Dra bort huset från bilens undersida.

Montering

14 Monteringen utförs i omvänd ordning mot demonteringen, men kontrollera och byt vid behov ut kabeln och tätningarna på husets kåpa. Kontrollera och justera slutligen vajern enligt beskrivningen i avsnitt 4.

6 Elektronisk styrenhet – demontering och montering

Observera: *Om den elektroniska styrmodulen byts ut måste den nya enheten sättas igång av en Skoda-verkstad.*

Demontering

1 Växellådans elektroniska styrmodul (ECU) är placerad bakom batteriet på batterilådan.
2 Slå av tändningen och lås upp och koppla loss anslutningskontakten från styrenheten.
3 Skruva loss de två fästskruvarna och ta bort styrenheten från motorrummet.

Montering

4 Monteringen utförs i omvänd ordningsföljd mot demonteringen.

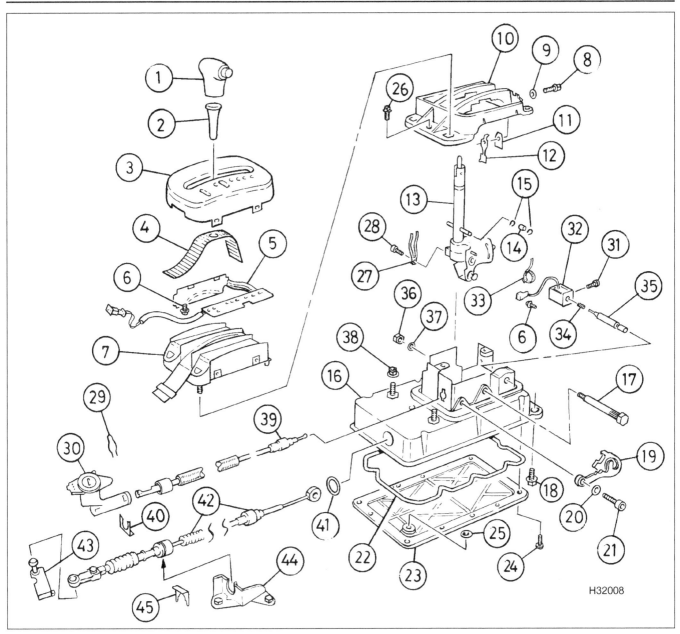

5.3 Växelspakenenhet

1 Växelspakens arm	9 Mellanlägg	18 Bult	28 Bult	38 Mutter
2 Hylsa	10 Låssegment	19 Låsspak	29 Klämma	39 Låsvajer
3 Kåpa	11 Platta	20 Bricka	30 Styrinrättningslås	40 Låsring
4 Täcklist	12 Placera fjäder med rulle	21 Bult	31 Bult	41 Packning
5 Visning av spakläge	13 Växelspak	22 Packning	32 Låsmagnetventil	42 Växelvajer
6 Fasthållningsklämma	14 Rulle	23 Kåpa	33 Buntband	43 Arm
7 Ram	15 Låsring	24 Bult	34 Fjäder	44 Fäst bygeln
8 Bult	16 Spakhus	25 O-ring	35 Låssprint	45 Låsring
	17 Svängtapp	26 Bult	36 Mutter	
		27 Kontaktfjäder	37 Bricka	

Anteckningar

Kapitel 8
Drivaxlar

Innehåll

Svårighetsgrad

Enkelt, passar novisen med lite erfarenhet	**Ganska enkelt,** passar nybörjaren med viss erfarenhet	**Ganska svårt,** passar kompetent hemmamekaniker	**Svårt,** passar hemmamekaniker med erfarenhet	**Mycket svårt,** för professionell mekaniker

Specifikationer

Smörjning

Typ av fett...	G 000 603 eller G 000 633
Fettmängd per led:	
Yttre drivknut:	
Leddiameter 90 mm	80 g (allt på leden)
Leddiameter 100 mm	100 g (allt på leden)
Inre drivknut:	
Drivknut av trebenstyp:	
Leddiameter 108 mm	110 g
Drivknut av kulhållartyp:	
Leddiameter 90 mm	80 g (40 g på leden, 40 g på damasken)
Leddiameter 100 mm	110 g (55g in joint, 55g in gaiter)

Åtdragningsmoment

	Nm
Drivaxelsköld	35
Flänsbultar mellan drivaxel och växellåda:	
M8:	
Modeller t.o.m. 04/03:	
Steg 1	10
Steg 2	40
Modeller fr.o.m. 05/03:	
Steg 1	10
Steg 2	20
Steg 3	Vinkeldra ytterligare 90°
M10:	
Modeller t.o.m. 04/03:	
Steg 1	10
Steg 2	70
Modeller fr.o.m. 05/03:	
Steg 1	10
Steg 2	50
Steg 3	Vinkeldra ytterligare 45°
Navmutter*:	
12-kantsmutter*:	
Steg 1	50
Steg 2	Vinkeldra ytterligare 45°
Pläterad mutter (tidiga modeller)**	30
Bultar länkarm – spindelled*:	
Steg 1	20
Steg 2	Vinkeldra ytterligare 90°

* Använd en ny mutter/bult
** Bör bytas ut mot en 12-kantsmutter

2.1 Egentillverkat verktyg för fasthållning av det främre navet medan navmuttern lossas

1 Allmän information

Drivkraft överförs från differentialen till framhjulen via två massiva eller ihåliga drivaxlar av stål (beroende på modell). Båda drivaxlarna är räfflade i ytterändarna för att passa in i hjulnaven, och är fästa vid naven med en stor mutter eller bult. Vardera drivaxelns inre ände är fastbultad på drivfläns på växellådan.

Drivknutar av typen konstant hastighet (CV-knutar) finns på var ände på drivaxlarna för att ge mjuk och effektiv kraftöverföring i alla möjliga hjulvinklar, vartefter hjulen rör sig upp och ned i fjädringen och i sidled vid styrning. På alla modeller med manuell

2.4a Markera drivaxellknuten och flänsen i förhållande till varandra . . .

2.4c Trä plastpåsar över knuten och flänsen för att skydda dem

2.3 Ta bort värmeskölden

växellåda är både den inre och yttre drivknuten av kulburtyp. På alla modeller med automatväxellåda har yttre drivknutar av typen kulbur, medan de inre drivknutarna är av typen tripod.

Damasker av gummi eller plast sitter fast över båda drivknutarna med stålklämmor. Damaskerna innehåller fettet som smörjer drivknutarna och även skyddar dem så att inte smuts och skräp från att tränga in.

2 Drivaxel – demontering och montering 🔧

Observera: *En ny navmutter behövs vid monteringen. På modeller med*

2.4b . . . skruva sedan loss och ta bort bultarna och spännbrickorna

2.7 Ta bort nav/drivaxelmuttern

automatväxellåda kan man behöva skruva loss det bakre växellådsfästet från kryssrambalken och lyfta motorn något för att få plats att ta bort den vänstra drivaxeln.

Demontering

1 Ta bort navkapseln/hjulsidan. Be någon trycka på fotbromsen och lossa nav-/drivaxelmuttern något medan bilen står kvar på hjulen – observera att muttern sitter väldigt hårt, så du behöver antagligen använda ett förlängningsskaft för att lossa muttern. Navmuttern kan även lossas senare med ett egentillverkat verktyg gjort av två bitar metallstång **(se bild)**. Lossa även hjulfästbultarna.

2 Dra åt handbromsen. Lyft upp framvagnen och ställ den på pallbockar (*se Lyftning och stödpunkter*). Demontera relevant framhjul.

3 Skruva loss fästskruvarna och/eller klämmorna och ta bort den undre kåpan under motorn/växellådan för att komma åt drivaxlarna. Om det behövs, skruva även loss värmeskölden från växellådshuset för att komma åt den inre drivknuten bättre **(se bild)**.

4 Markera den inre drivaxelknutens och drivflänsens lägen i förhållande till varandra. Skruva sedan loss bultarna med ett multiräfflat verktyg och ta i förekommande fall loss fästplattorna under bultarna. Trä en plastpåse över leden så att inte damm och smuts kan tränga in **(se bilder)**.

Varning: Stöd drivaxeln genom att hänga upp den med ståltråd eller snöre. Låt den inte hänga fritt, eftersom detta kan skada drivknuten.

5 Rita med en märkpenna eller ritsspets runt kanterna av änden på fjäderupphängningens länkarm mot länkarmens spindelled så att du markerar korrekt monteringsläge för spindelleden.

6 Skruva loss fästbultarna till länkarmens spindelled och ta bort fästplattan/navet från ovansidan av länkarmen. **Observera:** *På vissa modeller har spindelledens inre fästbulthål spår; på dessa modeller kan man lossa på den inre bulten och lämna plattan och bulten på plats på bärarmen medan spindelleden lossas från bulten.*

7 Skruva loss och ta bort nav/drivaxelmuttern, och kassera den – en ny måste användas vid återmonteringen **(se bild)**. Om en tidigare pläterad mutter monteras rekommenderar vi att du använder en ny 12-kantig mutter.

8 Dra försiktigt ut navhållaren och dra ut yttre drivknuten ur navet. Knuten kan sitta hårt i navet; knacka ut knuten ur navet med en mjuk klubba (sätt tillbaka navmuttern på drivaxeländen för att skydda gängorna). Om detta inte lossar drivaxeln från navet måste den pressas ut med ett passande verktyg fastbultat på navet.

9 Demontera drivaxeln från bilens undersida och (om monterad) ta ut packningen från den inre drivknutens ände. Kasta packningen, en ny måste användas vid montering.

2.13 Sätt på en ny 12-kantig nav/drivaxelmutter

Varning: Låt inte bilen stå på hjulen med ena eller båda drivaxlarna demonterade, eftersom detta kan skada hjullagren.

10 Om bilen måste flyttas, sätt tillfälligt tillbaka drivaxel (ar) yttre ändar i nav(en) och dra åt drivaxelbultarna/muttrarna. i detta fall måste drivaxlarnas inre ändar stöttas, t.ex. genom att de hängs upp med ett snöre i underredet.

Montering

11 Kontrollera att fogytorna mellan växellådans fläns och den inre drivknuten är rena och torra. Där så behövs, montera en ny packning på knuten genom att dra loss folien och klistra fast den på plats.

12 Kontrollera att räfflorna i navet och den yttre drivknuten är rena och torra. Stryk in räfflorna på den yttre drivknuten, gängorna på änden av den yttre drivknuten, räfflorna i navet och fogytorna på navmuttern med lite fett.

13 För drivaxeln på plats och låt ytterknuten greppa i navet. Sätt fast den nya nav-/drivaxelmuttern och använd den för att föra in leden på plats **(se bild)**.

14 Rikta in fjädringens länkarmsled, länkarmen och fästplattan/navet. Sätt fast nya fästbultar för länkarmens spindelled och dra åt dem till angivet moment enligt markeringarna du gjorde vid demonteringen så att spindelleden hamnar på rätt plats.

15 Rikta upp den inre drivknuten med växellådans fläns och skruva i bultarna (i förekommande fall med låsbrickor). Dra bultarna till angivet moment.

16 Om tillämpligt (se Observera i början av detta avsnitt), montera nya bulter för det bakre motor/växellåda fästet-till-kryssrambalken, och dra åt bultarna till angivet moment (se relevant del i kapitel 2).

17 Kontrollera att den yttre knuten är dragen på plats. Sätt på hjulet och ställ ned bilen på marken.

18 Dra åt drivaxelmuttern till det moment (och i förekommande fall den vinkel) som anges i specifikationerna.

19 När drivaxelns mutter är korrekt åtdragen ska hjulbultarna dras till angivet moment (se relevant del i kapitel 1) och avsluta med att montera hjulsidan/-navkapseln.

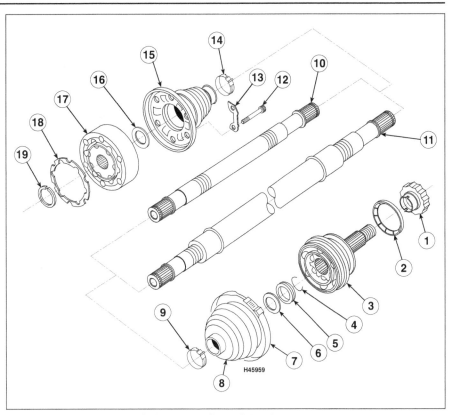

3.1a Drivaxel med inre drivknutkomponenter

1 12-punkt nav/drivaxel mutter
2 Oljekastarring
3 Yttre drivknut
4 Låsring
5 Tryckring
6 Kupad bricka
7 Damaskens fästklämma
8 Yttre drivknutsdamask
9 Damaskens fästklämma
10 Vänster drivaxel·(massiv)
11 Höger drivaxel (rörformig)
12 Flänsbultar mellan drivaxel och växellåda
13 Spännbricka
14 Damaskens fästklämma
15 Inre drivknutsdamask
16 Kupad bricka
17 Inre drivknut
18 Packning
19 Låsring

3 Drivaxelns gummidamasker – byte

1 Demontera drivaxeln enligt beskrivningen i avsnitt 2. Följ sedan beskrivningen under tillämplig underrubrik. Drivaxlar med en inre drivknut av trebenstyp känner man igen på formen hos den inre drivknuten: drivaxelns fästbultshål har gjutna förlängningar, som ger det ett sexuddigt, stjärnformat utseende till skillnad från den jämna, runda formen hos kulhållarknuten **(se bilder)**.

Yttre drivaxeldamask

2 Lås drivaxeln i ett skruvstycke med mjuka käftar och lossa ytterdamaskens fästklämmor. Vid behov kan klämmorna kapas för demontering.

3 Dra damasken utmed axeln för att blotta drivknuten och gräv ut eventuellt överskottsfett.

4 Använd en mjuk klubba och knacka loss drivknuten från drivaxeländen.

5 Ta ut låsringen ur drivaxelns spår och dra av tryckbrickan och den kupade brickan, anteckna monteringslägena.

6 Dra av damasken från drivaxeln och kassera den.

7 Rengör drivknutarna noga med fotogen eller lämpligt lösningsmedel och torka dem noga. Kontrollera dem okulärt enligt följande.

8 För den inre räfflade drivdelen från sida till sida så att varje kula visas i turordning i högsta punkten i sin bana. Undersök kulorna och leta efter sprickor, flata delar eller gropar.

9 Undersök kulbanorna på inre och yttre delarna. Om banorna har breddats har kulorna inte längre en tät passning. Kontrollera samtidigt kulhållens fönster vad gäller slitage eller sprickor mellan fönstren.

10 Om någon del av drivknuten är sliten eller skadad måste hela knuten bytas. Om knuten är i gott skick, skaffa en ny damask och fästklämmor, en drivknutslåsring och korrekt typ av fett. Fett medföljer oftast knutrenoveringssatsen – om inte, använd molybdendisulfidfett av hög kvalitet.

11 Tejpa över splinesen på drivaxeländen

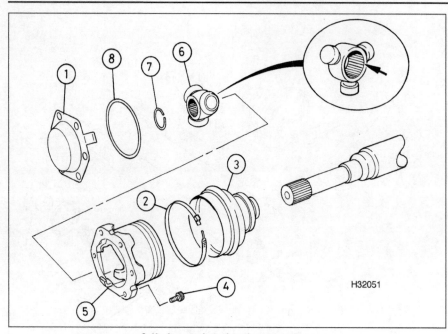

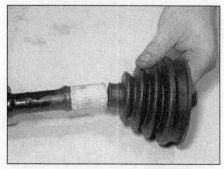

3.11 Tejpa över drivaxelns räfflor och skjut sedan den nya damasken längs axeln

3.1b Inre trebensknutkomponenter

1 Metallkåpa
2 Damaskens fästklämma
3 Inre drivknutsdamask
4 Flänsbultar mellan drivaxel och växellåda

5 Inre drivknut
6 Trebensknut/rulle (den sneda ytan med pilar är vänd mot drivaxeln)
7 Låsring
8 Tätning

som skydd och trä på den nya damasken **(se bild)**.

12 Trä den nya damasken över drivaxeländen och ta sedan bort skyddstejpen från drivaxelräfflorna.

13 Trä på den kupade brickan, kontrollera att den konvexa sidan är inåt och trä sedan på tryckbrickan **(se bild)**.

14 Montera en ny låsring på drivaxeln och knacka på drivknuten till dess att låsringen

greppar i spåret **(se bild)**. Kontrollera att knuten hålls fast av låsringen.

15 Fyll leden med angivet fett. Arbeta in fettet väl i kulbanorna, vrid på knuten och fyll damasken med resterande fett.

16 Dra damasken över knuten och kontrollera att läpparna är korrekt placerade på både drivaxeln och knuten. Lyft på den yttre läppen för att släppa ut eventuell luft i damsken **(se bild)**.

17 Montera den stora metallklämman på damasken. Dra åt klämman så hårt som möjligt och placera hakarna på klämman i sina spår. Åtgärda damaskens klämma om den har för stort spelrum genom att försiktigt trycka ihop klämmans upphöjda del. I avsaknad av ett specialverktyg kan en sidavbitartång användas, med försiktighet så att clipset inte kapas **(se bild)**. Sätt fast den lilla fästklämman på samma sätt.

3.13a Sätt på den kupade brickan med den konvexa sidan inåt . . .

3.13b . . . och skjut på den på tryckbrickan

3.14a Sätt på den nya låsringen på drivaxelns spår . . .

3.14b . . .sätt sedan på drivknuten på räfflorna på drivaxeln . . .

3.14c . . . och för på leden på drivaxeln

3.16 Sätt på damasken på den yttre drivknuten och drivaxeln, och lyft sedan dess inre läpp för att släppa ut lufttrycket

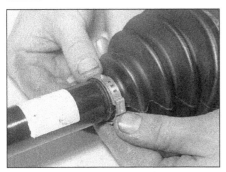

3.17a Tryck ihop den upphöjda delen av damaskens fästklämma . . .

3.17b . . . och var försiktig så att du inte skär igenom klämmorna

3.28 Kontrollera om trebensknutens rullar och yttre del uppvisar tecken på slitage

18 Kontrollera att drivknuten kan röra sig fritt i alla riktningar. Montera sedan tillbaka drivaxeln i bilen enligt beskrivningen i avsnitt 2.

Inre drivknutsdamask av trebenstyp

19 Lås drivaxeln i ett skruvstycke med mjuka käftar, och den inre drivknuten överst, och lossa ytterdamaskens fästklämmor. Vid behov kan klämmorna kapas för demontering. Dra ner gummidamasken längs skaftet, bort från ledhuset.
20 Bänd upp flikarna på metallkåpan över den inre änden av knuten med en skruvmejsel. Bänd av kåpan.
21 Avlägsna överskottsfett från knuten och ta sedan bort O-ringen från spåret i knuten.
22 Använd en märkpenna eller ritsspets och gör inställningsmarkeringar mellan änden av drivaxeln, trebensknutens rulle och huset.
23 Dra ner knuten längs drivaxeln, bort från knuten.
24 Ta bort låsringen från drivaxelns ände.
25 Tryck av drivaxeln från trebensknuten. Var försiktig så att du inte skadar rullarna.
26 Skjut av huset och gummidamasken från änden av drivaxeln.
27 Rengör drivknutens komponenter noga med fotogen eller lämpligt lösningsmedel, och torka den noggrant. Kontrollera dem okulärt enligt följande.
28 Undersök trebensknutrullarna och knutens yttre hus efter tecken på slitage, punktkorrosion eller skav på ytorna. Kontrollera att lagervalsarna roterar mjukt, utan tecken på ojämnheter **(se bild)**.
29 Om rullarna eller det yttre huset visar tecken på slitage eller skador måste man byta ut hela drivaxelenheten eftersom det inte går att få tag på bara drivknuten. Om knuten är i tillfredsställande skick, skaffa en renoveringssats bestående av en ny damask, fasthållningsklämmor, låsringen och rätt typ fett av rätt mängd.
30 Tejpa över räfflorna i änden av drivaxeln för att skydda den nya damasken när den skjuts på plats och skjut sedan på den nya damasken och fästklämmorna samt ledhuset på drivaxeländen **(se bilder)**. Ta bort skyddstejpen från räfflorna på drivaxeln.
31 Tryck in trebensknuten på drivaxeländen

till anslaget. Se till att markeringarna på drivaxeländen och trebensknuten som du gjorde före isärtagningen riktas in igen. Den avfasade kanten av de invändiga räfflorna på trebensknuten ska vara vänd mot drivaxeln. Var försiktig så att inte rullarna skadas vid monteringen.
32 Sätt på den nya låsringen för att hålla fast trebensknuten på drivaxeländen.
33 Arbeta in hälften av det fett som ingår i renoveringssatsen på insidan av knuten och skjut huset över trebensknuten. Se till att de markeringar som gjorde vid isärtagningen riktas in och spänn fast huset i skruvstädet.
34 Smörj in resten av fettet från renoveringssatsen på utsidan av knuten **(se bild)**.
35 Skjut upp gummidamasken längs drivaxeln och på knuten. Se till att änden av damasken passas in i spåret i knuten och fäst den med

den stora klämman enligt beskrivningen i punkt 17.
36 Lyft upp damaskens yttre ände för att jämna ut lufttrycket i damasken och fäst den yttre fästklämman på samma sätt som tidigare **(se bild)**.
37 Kontrollera att fettet på utsidan av knuten är jämnt fördelat kring trebensknutens rullar.
38 Torka bort överskottsfett från insidan av knuten och sätt i O-ringen som ingår i renoveringssatsen i spåret.
39 Montera den nya kåpan som ingår i renoveringssatsen på den inre änden av knuten. Se till att bulthålen i huset och kåpan stämmer överens.
40 Fäst kåpan genom att böja fästflikarna runt kanten av den yttre husflänsen.
41 Kontrollera att drivaxelknuten kan röra sig fritt i alla riktningar. Montera sedan tillbaka drivaxeln i bilen enligt beskrivningen i avsnitt

3.30a Tejpa över drivaxelns räfflor för att skydda den nya damasken. . .

3.30b . . . och lyft försiktigt damasken över kanten på drivaxeln

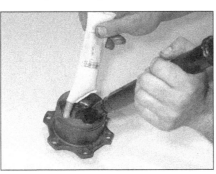

3.34 Arbeta in fettet i ledens yttre del

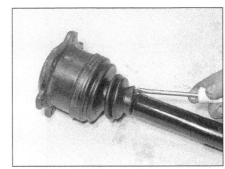

3.36 Lyft upp damaskens yttre ände för att jämna ut lufttrycket

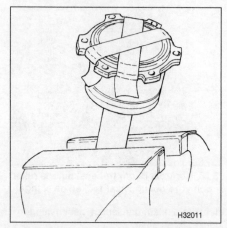

3.41 Tejpa över drivaxelknutens ände

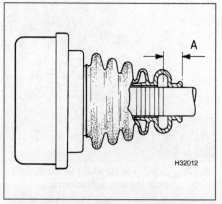

3.52 Installationsposition för den inre drivknutens damask på vänster drivaxel

A = 17,0 mm

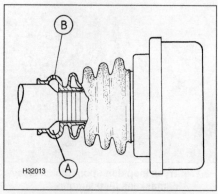

3.56 Installationsposition för den inre drivknutens damask på höger drivaxel

A *Ventilationskammare i damasken*
B *Ventilationshål*

2. För att förhindra att trebensknuten trycks ner längs drivaxeln igen vid återmonteringen kan du tillfälligt fästa tejp över den öppna änden av knutens yttre del **(se bild)**. Ta bort tejpen strax innan du återansluter drivaxelns inre ände till växellådan.

Inre drivknut av kulhållartyp

42 Lås drivaxeln i ett skruvstycke med mjuka käftar, lossa sedan damaskens yttre fästklämma, som håller fast damasken vid drivaxeln. Vid behov kan fästklämmorna kapas för demontering.

43 Använd en hammare och en liten dorn och knacka försiktigt av den inre änden av damasken från knuten.

44 Dra gummidamasken utmed drivaxeln för att blotta drivknuten och gräv ut eventuellt överskottsfett.

45 Ta bort låsringen från drivaxelns ände.

46 Tryck av drivaxeln från knuten. Var försiktig så att du inte skadar knuten. Ta loss den kupade brickan som sitter mellan drivknuten och damasken.

47 För damasken från drivaxelns ände.

48 Fortsätt enligt tidigare beskrivningen i punkt 7 till 12.

49 Trä på den kupade brickan över drivaxeln, och kontrollera att den konvexa sidan är inåt.

50 Montera knuten på drivaxeländen med den avfasade kanten av de invändiga räfflorna på knuten vänd mot drivaxeln. Tryck eller pressa knuten i läge tills den sitter mot klacken på drivaxeln.

51 Sätt på en ny låsring för att hålla fast drivknuten på drivaxelns ände.

52 Om du arbetar på den vänstra drivaxeln, markera den slutliga positionen för damaskens yttre ände på drivaxeln med tejp eller färg – repa inte ytan på drivaxeln **(se bild)**.

53 Fyll först knuten och därefter damasken med rekommenderad mängd fett (se "Specifikationer").

54 Skjut upp damasken längs drivaxeln och tryck eller knacka på den inre änden av damasken på ledhuset.

55 Om du arbetar på den vänstra drivaxeln, skjut den yttre änden av damasken på plats enligt den markering du gjorde tidigare (se punkt 52) och fäst damaskens yttre fästklämma enligt beskrivningen i punkt 17.

56 Om du arbetar på den högra drivaxeln, skjut den yttre änden av damasken på plats och fäst damaskens yttre fästklämma enligt beskrivningen i punkt 17 **(se bild)**.

57 Kontrollera att drivaxelknuten kan röra sig fritt i alla riktningar. Montera sedan tillbaka drivaxeln i bilen enligt beskrivningen i avsnitt 2.

4 Drivaxel, översyn – allmän information

Om någon av de kontroller som beskrivs i kapitel 1A eller 1B påvisar slitage i någon drivknut, demontera först hjulsidan/navkapseln (efter tillämplighet) och kontrollera att navmuttern är väl åtdragen. Om muttren sitter löst, skaffa en ny mutter och dra åt den till angivet moment (se avsnitt 2). Om muttern sitter ordentligt fast, sätt tillbaka navkapseln och upprepa kontrollen på den andra navmuttern/bulten.

Provkör bilen på landsväg. Lyssna efter metalliskt klickande från framvagnen när bilen körs långsamt i en cirkel med fullt rattutslag. Om ett klickande hörs indikerar detta slitage i den yttre drivknuten. Det innebär att drivknuten måste bytas.

Om vibrationer som följer hastigheten känns i bilen vid acceleration, kan det vara de inre drivknutarna som är slitna.

Kontrollera om fogytorna är slitna genom att ta bort drivaxlarna och ta isär dem enligt beskrivningen i avsnitt 3. Om du upptäcker något slitage eller fritt spel måste drivknuten bytas ut. Vänd dig till en Skoda-verkstad för information om tillgången på drivaxelkomponenter.

Kapitel 9
Bromssystem

Innehåll

Svårighetsgrad

Enkelt, passar novisen med lite erfarenhet	**Ganska enkelt,** passar nybörjaren med viss erfarenhet 	**Ganska svårt,** passar kompetent hemmamekaniker	**Svårt,** passar hemmamekaniker med erfarenhet	**Mycket svårt,** för professionell mekaniker

Specifikationer

Motorkoder

Bensinmotorer

1,2 liter:
SOHC	AWY
DOHC	AZQ, BME

1,4 liters OHV:
44 kW	AZE och AZF
50 kW	AME, ATZ och AQW

1,4 liters DOHC:
55 kW	AUA och BBY
74 kW	AUB och BBZ

Dieselmotorer

1,4 liter	AMF
1,9 liter utan turbo	ASY
1,9 liter med turbo	ASZ och ATD

Bakre trumbromsar

Trummans diameter:
Ny	200 mm
Maximal diameter	201 mm (stämplat på insidan av trumman)

Bromsbacksbeläggens tjocklek:
Ny	5.4 mm
Minimum	1,5 mm

Bakre skivbromsar

Skivdiameter.	232 mm
Skivtjocklek:	
Ny.	9.0 mm
Minsta tjocklek	7.0 mm
Maximalt kast.	0,1 mm
Bromsklosstjocklek:	
Ny (inklusive stödplatta)	16.9 mm
Minimum (inklusive stödplatta).	7.6 mm
Minimum (endast friktionsbelägg	2,0 mm

Främre bromsar

Typer av bromsok:	
Motorkoder AWY och AZF utan servostyrning.	FSII
Motorkod ASZ	C54-II
Alla andra motorkoder	FSIII
Skivans diameter:	
Motorkoder AWY och AZF utan servostyrning.	239 mm
Motorkod ASZ	288 mm
Alla andra motorkoder	256 mm
Skivtjocklek:	
Ny:	
Motorkoder AWY och AZF utan servostyrning.	18.0 mm
Motorkod ASZ	25.0 mm
Alla andra motorkoder	22.0 mm
Lägsta tillåtna tjocklek:	
Motorkoder AWY och AZF utan servostyrning.	15.0 mm
Motorkod ASZ	22.0 mm
Alla andra motorkoder	19.0 mm
Maximalt kast.	0,1 mm
Bromsklosstjocklek:	
Ny (inklusive stödplatta):	
Motorkoder AWY och AZF utan servostyrning.	17.6 mm
Motorkod ASZ	18.6 mm
Alla andra motorkoder	19.6 mm
Minimum (inklusive stödplatta).	7.0 mm
Minimum (endast friktionsbelägg)*	2,0 mm

Varningslampan för slitna bromsklossar lyser när bromsklossarna slitits till mellan 2 och 3 mm.

Åtdragningsmoment

	Nm
Muttrar som fäster ABS-styrenhetens fästbygel mot skärmen	20
ABS styrenhetens fästbultar.	8
Fästbultar, ABS hjulgivare	8
Bromspedalens axelmutter	25
Främre bromsok:	
Styrsprintar (FSII och FSIII).	28
Styrsprintbultar (C54-II)*.	30
Fästbygelbultar (C54-II)	125
Främre bromsskivans sköld	10
Handbromsspakens fästbygel:	
Steg 1	20
Steg 2	Vinkeldra ytterligare 90°
Huvudcylinderns fästmuttrar	20
Pedalbygel	28
Bakre bromsok (skivbromsar):	
Styrsprintsbultar*	35
Fästbygelbultar:	
Steg 1.	30
Steg 2	Vinkeldra ytterligare 30°
Bakhjulscylinder (trumbromsar)	8
Hjulbultar	120
Servoenhetens mekaniska vakuumpump (dieselmodeller)	20
Servoenhetens fästmuttrar.	28

Använd nya bultar

1 Allmän information
och föreskrifter

Allmän information

Bromssystemet är av servoassisterad diagonal tvåkretstyp. Hydraulsystemet är inrättat så att varje krets styr en framhjuls- och en bakhjulsbroms från en tandemhuvudcylinder. Under normala förhållanden arbetar båda kretsarna samtidigt. Men om ett hydraulfel uppstår i en krets finns full bromskraft fortfarande på två hjul.

Samtliga modeller i den här handboken har skivbromsar fram. Bak kan det finnas antingen trumbromsar eller skivbromsar. ABS finns på de flesta modeller.

De främre skivbromsarna aktiveras av flytande enkelkolvsok som ger lika tryck på alla bromsklossarna.

På modeller med trumbromsar bak har de bakre bromsarna ledande och släpande backar som aktiveras av tvåkolvs hjulcylindrar. En självjusteringsmekanism ingår som kompenserar för slitage av bromsbackarna. Handbromsspaken manövrerar de bakre bromsbackarna via två vajrar.

På modeller med skivbromsar bak aktiveras bromsarna av flytande enkelkolvsok, som har en mekanisk handbromsmekanism.

Föreskrifter

• Var försiktig och noggrann vid underhåll av någon del av systemet; iakttag alltid fullständig renlighet när någon del av hydraulsystemet ses över. Byt alltid ut komponenter som är i tvivelaktigt skick (axelvis om det är tillämpligt). Använd endast Skoda reservdelar, eller åtminstone delar av erkänt god kvalitet. Läs varningarna i Säkerheten främst! och relevanta punkter i detta kapitel som rör asbestdamm och hydraulvätska.

2 Hydraulsystem –
luftning

⚠ **Varning: Bromsvätska är giftig. Tvätta noggrant bort vätskan omedelbart vid hudkontakt och sök omedelbar läkarhjälp om vätska sväljs eller hamnar i ögonen. Vissa bromsvätska är lättantändliga och kan självantända om de kommer i kontakt med heta komponenter. Vid arbete med hydraulsystem är det alltid säkrast att anta att vätskan är brandfarlig, och att vidta samma försiktighetsåtgärder mot brand som när bensin hanteras. Bromsvätska är även ett effektivt färgborttagningsmedel och angriper plast. Vid spill ska vätskan sköljas bort omedelbart med stora mängder rent vatten. Den är också hygroskopisk**

(den absorberar fukt från luften) – gammal vätska kan vara förorenad och är därför inte lämplig att använda. Vid påfyllning eller byte ska alltid rekommenderad typ användas och den måste komma från en nyligen öppnad förseglad förpackning.

Observera: *Vi rekommenderar att minst 0,25 liter bromsvätska tappas av från varje bromsok.*

Allmänt

1 Ett hydraulsystem kan inte fungera som det ska förrän all luft har avlägsnats från komponenterna och kretsen. Detta görs genom att systemet luftas. Eftersom kopplingens hydraulsystem även använder vätska från bromssystemets behållare måste den tömmas samtidigt enligt anvisningarna i kapitel 6, del 2.

2 Tillsätt endast ren, oanvänd bromsvätska av rekommenderad typ under luftningen. Återanvänd aldrig vätska som redan har tömts ur systemet. Se till att det finns tillräckligt med vätska i beredskap innan luftningen påbörjas.

3 Om det finns någon möjlighet att fel typ av olja finns i systemet måste bromsarnas komponenter och kretsar spolas ur helt med ren olja av rätt typ, och alla tätningar måste bytas.

4 Om systemet förlorat bromsvätska eller luft trängt in från en läcka, se till att åtgärda problemet innan du fortsätter.

5 Parkera bilen på plant underlag, klossa hjulen ordentligt och lossa handbromsen.

6 Kontrollera att alla rör och slangar sitter säkert, att anslutningarna är ordentligt åtdragna och att luftningsskruvarna är stängda. Tvätta bort all smuts runt luftningsskruvarna.

7 Skruva loss huvudcylinderbehållarens lock och fyll på behållaren till MAX-markeringen; Montera locket löst. Kom ihåg att oljenivån aldrig får sjunka under MIN-nivån under arbetet, annars är det risk för att ytterligare luft tränger in i systemet.

8 Det finns ett antal enmans gör-det-själv-luftningssatser att köpa i motortillbehörsbutiker. Vi rekommenderar att en sådan sats används närhelst möjligt eftersom de i hög grad förenklar arbetet och minskar risken av att avtappad olja och luft

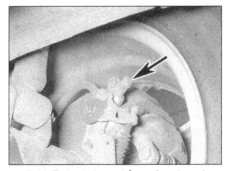

2.14 Ta bort dammkåpan (markerad med pil) från den första skruven i ordningsföljden.

sugs tillbaka in i systemet. Om det inte går att få tag på en sådan sats återstår bara den vanliga tvåmansmetoden som beskrivs i detalj nedan.

9 Om en luftningssats ska användas, förbered bilen enligt beskrivningen ovan och följ sedan luftningssatstillverkarens instruktioner, eftersom metoden kan variera något mellan olika luftningssatser. I allmänhet är metoden den som beskrivs i relevant underavsnitt.

10 Oavsett vilken metod som används måste ordningen för luftning (se punkt 11 och 12) följas för att systemet garanterat ska tömmas på all luft.

Ordningsföljd vid luftning av bromsar

11 Om systemet bara delvis kopplats ur och lämpliga åtgärder vidtagits för att minimera vätskeförlust ska det bara vara nödvändigt att avlufta den delen av systemet.

12 Om hela systemet ska luftas ska det göras i följande ordningsföljd:

Vänsterstyrda modeller
a) *Höger bakbroms.*
b) *Vänster bakbroms.*
c) *Höger frambroms.*
d) *Vänster frambroms.*

Högerstyrda modeller
a) *Vänster bakbroms.*
b) *Höger bakbroms.*
c) *Vänster frambroms.*
d) *Höger frambroms.*

Luftning

Grundläggande luftning (för två personer)

13 Skaffa en ren glasburk, en lagom bit slang av gummi eller plast som passar tätt på luftningsskruven samt en ringnyckel som passar skruven. Dessutom krävs assistans från en medhjälpare.

14 Dra av dammskyddet från den första nippeln i ordningen **(se bild)**. Montera nyckeln och slangen på skruven. Placera slangens andra ände i glasburken och häll i så mycket vätska att slangänden täcks.

15 Se till att oljenivån i huvudcylinderbehållaren överstiger linjen för miniminivå under hela arbetets gång.

16 Låt medhjälparen trampa bromsen i botten ett flertal gånger, så att trycket byggs upp, och sedan hålla kvar bromsen i botten.

17 Med pedaltrycket intakt, skruva loss luftningsskruven (ungefär ett varv) och låt den komprimerade vätskan och luften flöda in i behållaren. Medhjälparen måste hålla trycket på pedalen, ända ner till golvet om så behövs, och inte släppa förrän du säger till. När flödet stannat upp, dra åt luftningsskruven, låt medhjälparen sakta släppa upp pedalen och kontrollera sedan nivån i oljebehållaren.

18 Upprepa stegen i punkt 16 och 17 tills vätskan som kommer ut från luftningsskruven är fri från luftbubblor. Om huvudcylindern har

2.22 Luftning av en broms med en envägsventilsats

tömts och fyllts på igen och den luftas via den första skruven i ordningsföljden, låt det gå ungefär fem sekunder mellan cyklerna innan huvudcylindern går över till påfyllning.

19 När inga fler luftbubblor syns, dra åt avluftningsskruven till angivet moment, ta bort nyckel och slang och montera dammkåpan. Dra inte åt luftningsskruven för hårt.

20 Upprepa med resterande avluftningsskruvar i ordningsföljd till dess att all luft släppts ut ur systemet och bromspedalen åter känns fast.

Med hjälp av en luftningssats med backventil

21 Dessa luftningssatser består av en bit slang försedd med en envägsventil för att förhindra att luft och vätska dras tillbaka in i systemet. Vissa satser levereras även med en genomskinlig behållare som kan placeras så att luftbubblorna lättare ses flöda från slangänden.

22 Satsen ansluts till luftningsskruven, som sedan öppnas. Återvänd till förarsätet, tryck ner bromspedalen mjukt och stadigt och släpp sedan långsamt upp den igen. detta upprepas tills vätskan som rinner ut är fri från luftbubblor **(se bild)**.

23 Observera att dessa luftningssatser underlättar arbetet så mycket att man lätt glömmer huvudcylinderns vätskebehållarens nivå. se till att nivån hela tiden ligger över MIN-markeringen.

Med hjälp av en tryckluftssats

24 Tryckluftssatser för avluftning drivs vanligen av tryckluften i reservdäcket. Observera dock att trycket i reservhjulet antagligen behöver minskas till under .1,0 bar

4.4a Ta bort de skyddande damaskerna . . .

(14,5 psi) Se instruktionerna som följer med luftningssatsen.

25 Om man kopplar en trycksatt oljefylld behållare till huvudcylinderbehållaren kan man utföra avluftningen genom att helt enkelt öppna avluftningsskruvarna i angiven ordningsföljd, och låta oljan strömma ut tills den inte längre innehåller några bubblor.

26 Den här metoden har fördelen av att vara extra säker eftersom den stora behållaren hindrar luft från att dras in i systemet under avluftningen.

27 Trycksatt luftning är speciellt effektiv för luftning av "svåra" system och vid rutinbyte av all vätska.

Alla metoder

28 Efter avslutad avluftning och när pedalkänslan är fast, spola bort eventuellt spill, dra åt avluftningsskruvarna till angivet moment och sätt på dammkåporna.

29 Kontrollera bromsvätskenivån i huvudcylinderbehållaren och fyll på om det behövs *(se Veckokontroller)*.

30 Kassera all bromsvätska som har tappats ur systemet. Den lämpar sig inte för återanvändning.

31 Kontrollera känslan i bromspedalen. Om den känns "svampig" finns det luft kvar i systemet och ytterligare luftning behövs. Om systemet inte är helt luftat efter ett rimligt antal upprepningar av luftningen kan det bero på slitna huvudcylindertätningar.

3 Bromsrör och slangar – byte

Observera: *Se anmärkningen i avsnitt 2 angående riskerna med bromsvätska.*

1 Om ett rör eller en slang måste bytas ut, minimera oljespillet genom att först ta bort huvudcylinderbehållarens lock och sedan skruva på det igen över en bit plastfolie så att det blir lufttätt. Alternativt kan mjuka slangar tätas vid behov med en bromsslangklämma. Bromsrörsanslutningar i metall kan pluggas igen eller täckas över direkt när de kopplas loss. Var då noga med att inte låta smuts tränga in i systemet. Placera trasor under de anslutningar som ska lossas för att fånga upp eventuellt spill.

2 Om en slang ska kopplas loss, skruva loss muttern till bromsslanganslutningen innan fjäderklammern som fäster slangen i fästet tas bort, om det är tillämpligt.

3 Använd helst en bromsrörsnyckel av lämplig storlek när anslutningsmuttrarna skruvas loss. Sådana finns att köpa i de flesta större motortillbehörsbutiker. Finns ingen sådan nyckel tillgänglig måste en tättsittande öppen nyckel användas, även om det innebär att hårt sittande eller korroderade muttrar kan runddras om nyckeln slinter. Skulle det hända är ofta en självlåsande tång det enda sättet att skruva loss en envis anslutning, men i så fall måste röret och de skadade muttrarna bytas ut vid ihopsättningen. Rengör alltid

anslutningen och området runt den innan den kopplas loss. Om en komponent med mer än en anslutning kopplas loss ska noggranna anteckningar göras om anslutningarna innan de rubbas.

4 Om ett bromsrör måste bytas ut kan ett nytt köpas färdigkapat, med muttrar och flänsar monterade, hos en Skoda-verkstad. Allt som sedan behöver göras innan det nya röret kan monteras är att böja det till rätt form med det gamla röret som mall. Alternativt kan de flesta tillbehörsbutiker bygga upp bromsrör av satser men det kräver noggrann uppmätning av originalet för att det nya röret ska hålla rätt längd. Det bästa är oftast att ta med sig originalröret till butiken som mall.

5 Dra inte åt anslutningsmuttrarna för hårt vid återmonteringen. Man behöver inte använda överdrivet mycket kraft för att få en ordentlig tätning.

6 Se till att rören och slangarna dras korrekt, utan veck, och att de monteras ordentligt i klamrar och fästen. Ta bort plastfolien från behållaren och lufta bromsarnas hydraulsystem enligt beskrivningen i avsnitt 2 efter monteringen. Skölj bort eventuell utspilld vätska och undersök noga om det finns vätskeläckage.

4 Främre bromsbackar – demontering, kontroll och återmontering

⚠️ *Varning: Byt ut båda bromsklossuppsättningarna på en gång – byt aldrig bromsklossar bara på ena hjulet eftersom det kan ge ojämn bromsverkan. Observera att dammet som uppstår p.g.a. slitage på bromsklossarna kan innehålla hälsovådlig asbest. Blås aldrig bort dammet med tryckluft och andas inte in det. En godkänd skyddsmask bör bäras vid arbete med bromsarna. Använd INTE bensin eller petroleumbaserade lösningsmedel för att rengöra bromskomponenter. Använd endast bromsrengöringsmedel eller T-sprit.*

Bromsok FSII och FSIII

Demontering

1 Dra åt handbromsen. Lyft sedan upp framvagnen och ställ den på pallbockar *(se Lyftning och stödpunkter)*. Ta bort framhjulen.

2 Följ ledningen från slitagevarnaren (om monterad) från klossarna och dra ur kontakten. Anteckna ledningens dragning och lossa den från eventuella fästklämmor.

3 I vissa fall kan du underlätta åtkomst genom att skruva loss fästbultarna och ta bort luftavskiljarens skärm från bromsoket.

4 Ta bort de två skyddande gummikåporna och skruva loss de två styrsprintarna från bromsoket med en sexkantsnyckel **(se bilder)**. Lyft sedan bort bromsoket tillsammans med bromsklossarna från hjulspindeln.

5 Notera hur de sitter och ta sedan bort de två bromsklossarna från bromsoket. Den inre bromsklossen hålls fast på bromsokskolven

4.4b . . . och använd en insexnyckel för att skruva loss . . .

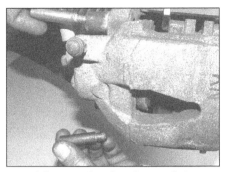

4.4c . . . och ta bort bromsokets styrsprintarna

4.5a Ta bort det yttre bromsbelägget från bromsokets utskärning . . .

med en vit klämma och den yttre klossen sitter i bromsokets utskärning med en svart klämma. Om de ursprungliga bromsklossarna ska monteras tillbaka ska de märkas så att de kan sättas tillbaka i ursprungsläget. Fäst bromsoket vid fjäderbenet spiralfjädern med en bit kabel. Låt inte oket hänga i bromsslangen utan stöd (se bild).

Kontroll

6 Mät först tjockleken på beläggen på varje bromsbelägg. Om någon kloss är sliten ner till angiven minimitjocklek eller under måste alla fyra klossarna bytas. Dessutom ska klossarna bytas ut om de är förorenade med olja eller fett. Det finns inget bra sätt att avfetta belägg när det väl har blivit smutsigt. Om någon bromskloss är ojämnt sliten eller förorenad ska orsaken spåras och åtgärdas innan ihopsättningen. Satser med nya bromsklossar finns hos Skoda-handlare.

7 Om bromsklossarna fortfarande är användbara, rengör dem noga med en fin stålborste eller liknande, var extra noga med stödplattans kanter och baksida. Rengör i förekommande fall spåren i beläggen och ta bort eventuella inbäddade större smutspartiklar. Rengör noggrant placeringsytorna för bromsklossarna i bromsokshuset.

8 Kontrollera innan klossarna monteras att styrsprintarna löper lätt i okets bussningar och att de är en någorlunda tät passning. Torka bort damm och smuts från bromsoket och kolven, men andas inte in det, eftersom det är skadligt. Undersök dammtätningen runt kolven och leta efter tecken på skador, och undersök

4.5b . . . och ta sedan bort det inre bromsbelägget från bromsokets kolv

kolven efter tecken på vätskeläckage, korrosion eller skador. Om någon av dessa komponenter måste åtgärdas, se avsnitt 5.

Montering

9 Om nya bromsklossar ska monteras måste okets kolv tryckas in i cylindern för att skapa plats för dem. Använd antingen en G-klämma eller liknande, eller använd lämpliga trästycken som hävarmar. Undvik att smuts kommer in i ABS-magnetventilen genom att ansluta ett rör till luftningsnippeln och trycka kolven bakåt medan du öppnar nippeln och låter vätskan rinna ut genom röret till en lämplig behållare (se bild).

10 Montera de nya bromsklossarna på bromsoket. Den inre bromsklossen är märkt som "kolvsida" med en vit klämma som måste sitta på kolven. Den yttre klossen har en svart klämma som måste sitta i den yttre utskärningen på bromsoket.

11 Stryk på lite fett med hög smältpunkt

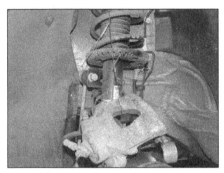

4.5c Fäst bromsoket i fjäderbenet eller spiralfjädern

på bromsokets nedre fästtapp och placera bromsoket och bromsklossarna över skivan på hjulspindeln. Se till att den nedre tappen passas in korrekt (se bilder). I förkommande fall, för igenom bromsklossens varningsgivarkablage genom bromsokets öppning.

12 Tryck bromsoket på plats ända tills det går att sätta in bromsokets styrsprintar. Dra åt styrsprintarna till angivet moment och montera sedan tillbaka de skyddande gummikåporna.

13 Anslut i förekommande fall slitage-varnarens kontakt och kontrollera att ledningen är korrekt dragen. Sätt i förekommande fall tillbaka luftavskiljarens skärm på bromsoket.

14 Tryck ned bromspedalen upprepade gånger till dess att klossarna är i fast kontakt med skivan och normalt (icke assisterat) pedaltryck är återställt.

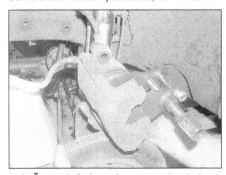

4.9 Öppna luftningsnippeln medan kolven trycks tillbaka i bromsoket

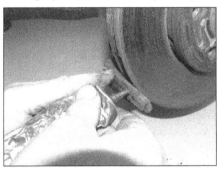

4.11a Stryk på lite fett med hög smältpunkt på den nedre fästtappen . . .

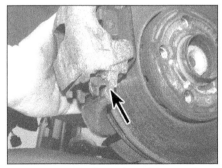

4.11b . . . och sätt sedan på bromsoket och bromsklossarna över skivan och på hjulspindeln. Kontrollera att bromsoket sitter korrekt på den nedre fästtappen

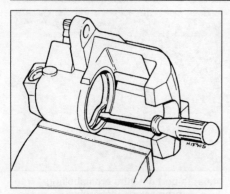

5.8 Använd en liten skruvmejsel för att bända loss bromsokskolvens hydrauliska tätning

15 Upprepa ovanstående arbete med det andra främre bromsoket.

16 Sätt på hjulen, ställ bilen på marken och dra åt hjulbultarna till angivet moment.

17 Nya klossar ger inte omedelbart full effekt förrän de har "bäddats in". Var beredd på detta och försök att undvika hårda inbromsningar under ca 150 km efter att bromsklossarna bytts ut.

Bromsok C54-II

Demontering

18 Dra åt handbromsen. Lyft sedan upp framvagnen och ställ den på pallbockar (se Lyftning och stödpunkter). Ta bort framhjulen.

19 Skruva loss bromsokets nedre styrsprintsbult. Använd en smal fast nyckel för att hindra styrsprinten från att rotera. Kasta styrsprintsbulten. Vid återmonteringen måste en ny bult användas.

20 Vrid sedan oket uppåt till dess att det går fritt från bromsklossarna och fästet. Ta bort värmeskyddet från bromsokets kolv om det sitter löst.

21 Ta bort de två bromsbackarna från bromsokets fästbygel.

Kontroll

22 Se avsnitt 6, 7 och 8. Rengör och undersök bromsklossens fasthållningsfjädrar i fästbygeln. Byt ut dem om de är skadade eller deformerade.

Montering

23 Installera klossarna i okfästet och kontrollera att beläggen är vända mot bromsskivan. Notera att klossen med slitagevarnare ska monteras på insidan.

24 Sätt tillbaka värmeskyddet på bromsokets kolv om du har tagit bort det. *Observera:* Ett nytt värmeskydd finns med äkta Skoda-bromsklossar. Vrid ner oket i läge och dra slitagevarnarens ledning genom oköppningen. Om gängorna på den nya styrstiftsbulten inte redan är täckta med gänglåsmassa ska lämplig sådan strykas på. Skruva in den nedre styrstiftsbulten och dra den till angivet moment, med mothåll med öppen nyckel på styrstiftet.

25 Tryck ned bromspedalen upprepade gånger till dess att klossarna är i fast kontakt med skivan och normalt (icke assisterat) pedaltryck är återställt.

26 Upprepa ovanstående arbete med det andra främre bromsoket.

27 Sätt på hjulen, ställ bilen på marken och dra åt hjulbultarna till angivet moment.

28 Nya klossar ger inte omedelbart full effekt förrän de har "bäddats in". Var beredd på detta och försök att undvika hårda inbromsningar under ca 150 km efter att bromsklossarna bytts ut.

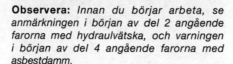

5 Främre bromsok – demontering, renovering och återmontering

Observera: *Innan du börjar arbeta, se anmärkningen i början av del 2 angående farorna med hydraulvätska, och varningen i början av del 4 angående farorna med asbestdamm.*

Demontering

1 Dra åt handbromsen. Lyft sedan upp framvagnen och ställ den på pallbockar (se Lyftning och stödpunkter). Demontera relevanta hjul.

2 Minimera eventuellt oljespill genom att först skruva av huvudcylinderbehållarens lock och sedan skruva på det igen över en bit plastfolie, så att det blir lufttätt. Alternativt, använd en bromsslangklämma, G-klämmer eller liknande och kläm ihop slangen.

3 Rengör runt anslutningen och skruva ut anslutningsmuttern.

4 Ta bort bromsklossarna enligt beskrivningen i avsnitt 4, men skruva loss den övre styrsprintsbulten på bromsok C54-II.

5 Skruva loss oket från bromsslangen och lyft ut det.

Renovering

6 Lägg oket på en arbetsbänk och torka bort all smuts och damm, men undvik att andas in dammet eftersom det är hälsovådligt.

> **HAYNES TiPS** *Om kolven inte kan dras ut för hand kan den tryckas ut med hjälp av tryckluft som kopplas till bromsslangens anslutningshål. Det tryck man får från en fotpump bör räcka för att få bort kolven. Var försiktig så du inte klämmer fingrarna mellan kolven och bromsoket när kolven skjuts ut.*

7 Dra ut kolven ur oket och ta bort kolvens dammskydd.

8 Använd en liten skruvmejsel och lirka ut kolvens oljetätning, var försiktig så att inte loppet skadas **(se bild)**.

9 Rengör alla komponenter noggrant. Använd endast T-sprit, isopropylalkohol eller ren hydraulvätska som rengöringsmedel. Använd aldrig mineralbaserade lösningsmedel som bensin eller fotogen, eftersom de kommer att angripa hydraulsystemets gummikomponenter. Torka omedelbart av delarna med tryckluft eller en ren, luddfri trasa. Använd tryckluft för att blåsa rent i vätskepassagerna.

10 Kontrollera alla komponenter och byt de som är slitna eller skadade. Kontrollera särskilt cylinderloppet och kolven. dessa komponenter ska bytas ut (observera att det gäller byte av hela enheten) om de är repade, slitna eller korroderade. Kontrollera skicket hos styrsprintarna och deras bussningar på samma sätt – båda stiften ska vara oskadda och ha en tillräckligt bra skjutpassning i hålen. Om det råder minsta tvivel om skicket på någon komponent ska den bytas ut.

11 Om enheten kan fortsätta användas kan du skaffa en renoveringssats. komponenterna finns i olika kombinationer hos din Skoda-verkstad.

12 Byt alla gummitätningar, dammskydd och huvar som rubbats vid isärtagningen som en rutinåtgärd; Dessa får aldrig återanvändas.

13 Vid ihopsättningen ska alla delar vara rena och torra.

14 Stryk på lite bromspasta på kolven och kolvtätningen (Skoda nr G 052 150 A2). Den ska ingå i Skodas översyns-/renoveringssats för bromsoket.

15 Använd fingrarna och montera kolvens oljetätning för hand i spåret i cylinderloppet, använd inga verktyg. Montera den nya dammtätningen på kolven och sätt tillbaka kolven i cylinderloppet med en skruvande rörelse. se till att kolven skjuts in rakt i loppet. Tryck in kolven hela vägen och tryck in dammskyddet i oket.

Montering

16 Skruva på oket på bromsslangen.

17 Montera bromsklossarna enligt beskrivningen i avsnitt 4. På bromsoket C54-II ska även den övre styrsprintbulten dras åt.

18 Dra åt bromsslangsanslutningens mutter rejält.

19 Ta bort bromsslangklämman eller plastfolien, i förekommande fall, och lufta bromssystemet enligt beskrivningen i avsnitt 2. Observera att om angivna åtgärder vidtogs för att förhindra förlust av bromsvätska behöver man bara lufta den relevanta frambromsen.

20 Sätt tillbaka hjulet, ställ ned bilen på marken och dra hjulbultarna till angivet moment.

6 Bromsskiva – kontroll, demontering och montering

Observera: *Innan du börjar, läs anmärkningen i början av avsnitt 4 om riskerna med*

6.4 Mät skivans kast med en mätklocka

6.8 Lossa skivans fästskruv

6.13 Lyft av skivan

asbestdamm. Om någon av skivorna behöver bytas bör du byta BÅDA samtidigt för att undvika ojämn bromsverkan. Nya bromsklossar ska då monteras.

Skivbroms, fram

Kontroll

1 Dra åt handbromsen. Lyft sedan upp framvagnen och ställ den på pallbockar *(se Lyftning och stödpunkter)*. Demontera relevant framhjul.

2 Rotera bromsskivan långsamt så att hela ytan på båda sidor kan kontrolleras. Ta bort bromsklossarna om det krävs bättre åtkomst till den inre ytan. Viss spårning är normalt i det område som bromsklossarna sveper över, men om det finns överdriven spårning eller sprickor måste skivan bytas ut.

3 Det är normalt med en liten kant av rost och bromsdamm runt skivans yttre kant. Denna kan skrapas bort om så önskas. Men om en kant uppstått på grund av överdrivet slitage på den bromsklossvepta ytan måste skivans tjocklek mätas med en mikrometer. Ta måtten på flera ställen runt skivan, på insidan och utsidan av det område som bromsklossen sveper över. Om skivan på något ställe har nötts ner till den angivna minimitjockleken eller under denna, måste skivan bytas.

4 Om skivan misstänks vara skev, kan man göra ett skevhetstest. Använd antingen en mätklocka som monteras på en lämplig fast punkt medan skivan roteras långsamt, eller bladmått för att mäta (på flera punkter runt hela skivan) avståndet mellan skivan och en fast punkt, som t.ex. bromsokets fästbygel Om mätningarna ligger på eller över maxgränsen är skivan mycket skev och måste bytas ut, men det kan vara en god idé att först kontrollera att navlagret är i gott skick (kapitel 1A eller 1B). Om kastet är för stort, byt skiva **(se bild)**.

5 Leta efter sprickor på skivan, i synnerhet runt hjulbultarnas hål, och eventuellt annat slitage eller skada. Byt delen om det behövs.

Demontering

6 Demontera bromsklossarna enligt beskrivningen i avsnitt 4.

7 På modeller med bromsok C54-II ska bromsokets övre styrsprintbult skruvas loss. Använd sedan en bit kabel eller snöre för att binda fast bromsoket i framfjädringens spiralfjäder så att inte bromsslangen belastas. Skruva loss de två bultarna som håller fast bromsokets fästbygel i hjulspindeln och ta bort fästbygeln.

8 Använd krita eller färg och märk skivans läge i förhållande till navet, skruva sedan ur den skruv som fäster skivan vid navet och lyft av skivan **(se bild)**. Om det går trögt kan du applicera rostlösande vätska och knacka på baksidan med en mjuk klubba, men tänk på att du kan skada skivan om du slår för hårt.

Montering

9 Montera i omvänd ordningsföljd mot demonteringen. Tänk på följande:
a) *Se till att skivans och navets fogytor är rena.*
b) *Rikta in märkena som gjordes vid demonteringen och skruva fast skruven väl.*
c) *Om en ny skiva monterats ska skyddsmedel torkas bort från skivan med lämpligt lösningsmedel innan oket monteras.*
d) *På modeller med bromsok C54-II, dra åt bygels fästbultar till angivet moment.*
e) *Montera bromsklossarna enligt beskrivningen i avsnitt 4.*
f) *Sätt på hjulet, ställ ner bilen och dra åt hjulbultarna till angivet moment. Avsluta med att trampa flera gånger på bromspedalen tills normalt (ej assisterat) pedaltryck uppnåtts.*

Skivbroms, bak

Kontroll

10 Klossa framhjulen och ställ bakvagnen på pallbockar. Ta bort relevant bakhjul.

11 Undersök skivan enligt beskrivningen i avsnitt 2 till 5.

Demontering

12 Skruva ut de två bultar som håller okfästet på plats och dra loss oket från skivan. Bind upp oket i spiralfjädern så att inte bromsslangen belastas.

13 Använd krita eller färg och märk skivans läge i förhållande till navet, skruva sedan ur den skruv som fäster skivan vid navet och lyft av skivan **(se bild)**. Om det går trögt kan du applicera rostlösande vätska och knacka på baksidan med en mjuk klubba. Tänk dock på att du kan skada skivan om du slår för hårt.

Montering

14 Montera i omvänd ordningsföljd mot demonteringen. Tänk på följande:
a) *Se till att skivans och navets fogytor är rena och plana.*
b) *Rikta in märkena som gjordes vid demonteringen (om tillämpligt) och skruva fast skruven väl.*
c) *Om en ny skiva monterats ska skyddsmedel torkas bort från skivan med lämpligt lösningsmedel innan oket monteras.*
d) *Skjut bromsoket på plats över skivan och se till att bromsklossarna hamnar på var sida om skivan. Dra åt bromsokets fästbultar till angivet moment. Om du har monterat nya skivor och det inte finns tillräckligt med utrymme mellan bromsklossarna för att få plats med den nya, tjockare skivan, kan du behöva trycka tillbaka kolven i bromsokshuset enligt beskrivningen i avsnitt 8.*
e) *Sätt på hjulet, ställ ner bilen och dra åt hjulbultarna till angivet moment. Avsluta med att trampa flera gånger på bromspedalen tills normalt (ej assisterat) pedaltryck uppnåtts.*

7 Främre bromsköld – demontering och montering

Demontering

1 Ta bort bromsskivan enligt beskrivningen i avsnitt 6.

2 Skruva loss fästbultarna och ta bort bromsskivans skärm.

Montering

3 Monteringen utförs i omvänd ordningsföljd mot demonteringen. Dra åt skärmens fästbultar till angivet moment. Sätt tillbaka bromsskivan enligt beskrivningen i avsnitt 6.

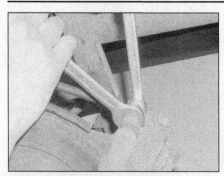

8.4 Håll emot styrsprintarna

8.5 Ta bort bromsoket

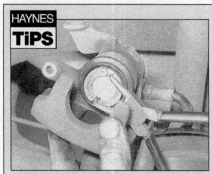

Om ett specialverktyg inte finns tillgängligt kan kolven skruvas tillbaka in i bromsoket med hjälp av en låsringstång

8 Bakre bromsbackar – demontering, kontroll och återmontering

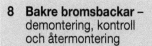

Observera: *Innan du börjar, läs anmärkningen i början av avsnitt 4 om riskerna med asbestdamm. Nya styrsprintsbultar till bromsoket kommer att behövas vid återmonteringen.*

Demontering

1 Klossa framhjulen, lyft upp bakvagnen med hjälp av en domkraft och stötta upp den på pallbockar *(se Lyftning och stödpunkter)*. Demontera bakhjulen.
2 Lossa i förekommande fall bromsklossens slitagevarningskablar från kontakten.
3 Lossa klämman som håller fast den yttre handbromsvajern vid bromsoket och tryck sedan ner spaken och lossa den inre vajern. Dra loss handbromsvajern från bromsoket.
4 Skruva ur okets styrstiftsbultar med en tunn öppen nyckel så att styrstiften inte roterar **(se bild)**. Kassera bultarna – nya ska användas vid montering.
5 Lyft bort bromsoket från bromsklossarna och bind upp det på fjäderbenet med en vajer **(se bild)**. Låt inte bromsoket hänga i bromsslangen.
6 Ta bort de två bromsbackarna från bromsokets fästbygel och ta loss fästfjäderklämmorna från fästbygeln. Notera hur de sitter.

Kontroll

7 Mät först tjockleken på bromsklossarna

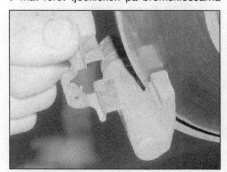

8.11 Sätt tillbaka fjäderklämmorna

(inklusive stödplattan). Om någon kloss är sliten ner till angiven minimitjocklek eller mindre, måste alla fyra klossar bytas. Dessutom ska klossarna bytas ut om de är förorenade med olja eller fett. Det finns inget bra sätt att avfetta belägg när det väl har blivit smutsigt. Om någon av bromsklossarna är ojämnt sliten eller nedsmutsad med olja eller fett, fastställ orsaken och åtgärda den före ihopsättningen. Nya bromsklossar går att köpa hos Skoda-återförsäljare.
8 Om bromsklossarna fortfarande är användbara, rengör dem noga med en fin stålborste eller liknande, var extra noga med stödplattans kanter och baksida. Rengör i förekommande fall spåren i beläggen och ta bort eventuella inbäddade större smutspartiklar. Rengör noga bromsklossplatserna i bromsokets fästbygel.
9 Kontrollera innan klossarna monteras att styrsprintarna löper lätt i okfästet och att styrsprintsdamaskerna är hela. Torka bort damm och smuts från bromsoket och kolven, men andas inte in det, eftersom det är skadligt. Undersök dammtätningen runt kolven och leta efter tecken på skador, och undersök kolven efter tecken på vätskeläckage, korrosion eller skador. Om någon av dessa komponenter måste åtgärdas, se avsnitt 9.

Montering

10 Om nya bromsklossar monteras måste kolven tryckas in helt i bromsoket genom att det vrids medurs **(se Haynes tips)**. Undvik att smuts kommer in i ABS-magnetventilen genom att ansluta ett rör till luftningsnippeln

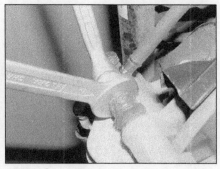

8.12 Håll i styrsprinten medan du drar åt fästbulten

och trycka kolven bakåt medan du öppnar nippeln och låter vätskan rinna ut genom röret till en lämplig behållare.
11 Montera fjäderklämmorna på bromsokets fästbygel och kontrollera att de sitter på rätt ställe. Installera klossarna i fästet och kontrollera att beläggen är vända mot bromsskivan. Ta bort skyddsfolien från den yttre bromsklossens stödplatta **(se bild)**.
12 Skjut in bromsoket i rätt läge över klossarna, sätt sedan tillbaka de nya styrsprintbultarna och dra åt dem till angivet moment medan du håller fast styrsprinten med en öppen nyckel **(se bild)**.
13 Tryck ned bromspedalen upprepade gånger till dess att klossarna är i fast kontakt med skivan och normalt (icke assisterat) pedaltryck är återställt.
14 Upprepa ovanstående arbete med det andra bakre bromsoket. Återanslut bromsklossens slitagevarningskablar om det är tillämpligt.
15 Anslut handbromsvajrarna till oken och justera handbromsen enligt beskrivning i avsnitt 17.
16 Sätt på hjulen, sänk ner bilen och dra åt hjulbultarna till angivet moment.
17 Kontrollera hydrauloljenivån enligt beskrivningen i Veckokontroller.
18 Nya klossar ger inte omedelbart full effekt förrän de har "bäddats in". Var beredd på detta och försök att undvika hårda inbromsningar under ca 150 km efter att bromsklossarna bytts ut.

9 Bakre bromsok – demontering, översyn och montering

Observera: *Innan du börjar arbeta, se anmärkningen i början av del 2 angående farorna med bromsvätska, och varningen i början av del 4 angående farorna med asbestdamm.*

Demontering

1 Klossa framhjulen, lyft upp bakvagnen med hjälp av en domkraft och stötta upp den på

pallbockar (se *Lyftning och stödpunkter*). Lyft av det relevanta bakhjulet.

2 Minimera eventuellt oljespill genom att först skruva av huvudcylinderbehållarens lock och sedan skruva på det igen över en bit plastfolie, så att det blir lufttätt. Alternativt, använd en bromsslangklämma, G-klammer eller liknande och kläm ihop slangen.

3 Rengör området runt bromsokets anslutning, skruva sedan bort bromsslangens anslutningsbult.

4 Demontera bromsklossarna enligt beskrivningen i avsnitt 8.

5 Ta bort bromsoket ur bilen.

Renovering

Observera: *Det går inte att renovera bromsokets handbromsmekanism. Om mekanismen är defekt eller om olja läcker från handbromsspakens tätning måste bromsoksenheten bytas ut.*

6 Lägg oket på en arbetsbänk och torka bort all smuts och damm, men undvik att andas in dammet eftersom det är hälsovådligt.

7 Använd en liten skruvmejsel och lirka ut dammskyddet ur loppet, var försiktig så att inte loppet skadas.

8 Dra ut kolven ur loppet genom att vrida den motsols. Detta kan utföras med en passande låsringstång som greppar i kolvens spår. När kolven kan vridas fritt men inte kommer längre ut kan den dras ut för hand.

Om kolven inte kan dras ut för hand kan den tryckas ut med hjälp av tryckluft som kopplas till bromsslangens anslutningshål. Det tryck man får från en fotpump bör räcka för att få bort kolven. Var försiktig så du inte klämmer fingrarna mellan kolven och bromsoket när kolven skjuts ut.

9 Använd en liten skruvmejsel och ta bort kolvens hydraultätning. Var noga med att inte skada bromsoksloppet.

10 Dra bort styrsprintarna från bromsokets fästbygel och ta bort styrhylsdamaskerna.

11 Rengör alla komponenter noga, använd

endast T-sprit, isopropylalkohol eller ren bromsvätska som tvättmedel. Använd aldrig mineralbaserade lösningsmedel som bensin eller fotogen, eftersom de kommer att angripa hydraulsystemets gummikomponenter. Torka omedelbart av delarna med tryckluft eller en ren, luddfri trasa. Använd tryckluft för att blåsa rent i vätskepassagerna.

12 Kontrollera alla komponenter och byt de som är slitna eller skadade. Kontrollera särskilt cylinderloppet och kolven. dessa komponenter ska bytas ut (observera att det gäller byte av hela enheten) om de är repade, slitna eller korroderade. Kontrollera skicket hos styrsprintarna och deras lopp på samma sätt; båda stiften ska vara oskadda och ha en tillräckligt bra skjutpassning i hålen. Om det råder minsta tvivel om skicket på någon komponent ska den bytas ut.

13 Om enheten kan fortsätta användas kan du skaffa en renoveringssats. komponenterna finns i olika kombinationer hos din Skoda-verkstad.

14 Byt alla gummitätningar, dammskydd och huvar som rubbats vid isärtagningen som en rutinåtgärd; Dessa får aldrig återanvändas.

15 Vid ihopsättningen ska alla delar vara rena och torra.

16 Stryk på ett tunt lager bromspasta (Skodas art.nr G 052 150 A2) på kolven, tätningen och bromsokets lopp. Den ska ingå i översyns-/renoveringssatsen. Montera den nya kolvtätningen. Använd fingrarna (inga verktyg) för att få in tätningen i cylinderloppets spår.

17 Montera det nya dammskyddet på kolven och för in kolven i loppet med en vridande rörelse. Se till att kolven kommer in rakt i loppet.

18 Tryck in kolven hela vägen och tryck in dammskyddet i oket.

19 Lägg på det medföljande fettet, eller ett kopparbaserat bromsfett eller antikärvmedel på styrsprintarna. Sätt på de nya damaskerna på styrsprintarna och sätt på sprintarna på bromsoket, och se till att damaskerna sitter korrekt i spåren både på sprintarna och på bromsoket.

20 Före monteringen, fyll bromsoket med ny hydraulvätska genom att lossa

luftningsskruven och pumpa vätskan genom bromsoket tills den vätska som kommer ut genom anslutningshålet är fri från bubblor.

Montering

21 Montera bromsklossarna enligt beskrivningen i avsnitt 8.

22 Sätt tillbaka bromsslangens anslutningsbult och dra åt den.

23 Ta bort bromsslangklämman eller plasten från vätskebehållaren, efter tillämplighet, och lufta bromssystemet enligt beskrivningen i avsnitt 2. Observera att om angivna åtgärder vidtogs för att förhindra förlust av bromsvätska behöver man bara lufta den relevanta bakbromsen.

24 Justera handbromsen enligt beskrivningen i avsnitt 17.

25 Sätt tillbaka hjulet, ställ ned bilen på marken och dra hjulbultarna till angivet moment. Avsluta med att kontrollera hydrauloljenivån enligt beskrivning i "*Veckokontroller*".

10 Bakre bromstrumma – demontering, kontroll och återmontering

Observera: *Se varningen i början av avsnitt 4 beträffande riskerna med asbestdamm innan arbetet påbörjas.*

Demontering

1 Ta bort navkapseln (i förekommande fall), lossa bakhjulsbultarna och klossa framhjulen. Lyft upp bakvagnen med hjälp av en domkraft och stötta upp den på pallbockar under karossens sidobalkar (se *Lyftning och stödpunkter*). Ta bort hjulet.

2 Lossa handbromsen helt.

3 Skruva loss och ta bort trumman. Trumman kan gå trögt på grund av att bromsbackarna ligger an mot insidan av trumman. Om så är fallet, för in en skruvmejsel genom ett av hjulbultshålen i bromstrumman og navet och bänd upp kilen så att bromsbackarna kan dras tillbaka hela vägen. Kilen sitter under den främre delen av hjulcylindern **(se bilder)**. Dra sedan ut bromstrumman.

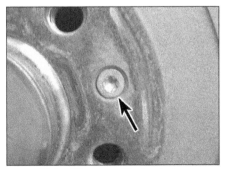
10.3a Fästskruv för den bakre bromstrumman

10.3b Om trumman är trång kan du sätta in en skruvmejsel genom ett av hjulbulthålen ...

10.3c ... och bända upp mot kilen för att dra tillbaka bromsbackarna helt (visas med demonterad trumma för tydlighets skull)

10.3d De bakre bromstrummorna tas bort

10.6 Trummans maximal diameter är stämplat på insidan av trumman

11.5 Observera hur bromsbackarna sitter innan du tar isär dem

Kontroll

Observera: *Om någon av trummorna måste bytas, ska BÅDA trummorna bytas för att säkerställa jämn och konsekvent bromsning. Montera då även nya bromsbackar.*

4 Borsta ren trumman från damm och smuts. Var noga med att inte andas in dammet.

5 Undersök trummans inre friktionsytor. Om de är djupt repade eller så slitna att trumman har räfflats efter bromsbackarnas bredd, måste båda trummorna bytas ut.

6 Omslipning av friktionsytan är möjlig om inte maximal diameter enligt specifikationerna samt vad som anges på själva trumman överskrids **(se bild)**.

Montering

7 Om en ny bromstrumma ska monteras, använd lämpligt lösningsmedel och avlägsna

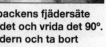

11.7 Lossa bromsbackens fjädersäte genom att trycka ner det och vrida det 90°. Lyft sedan av fjädern och ta bort fäststiftet ...

eventuellt skyddslager från dess insida. Innan du sätter tillbaka trumman ska bromsbackarna dras tillbaka helt genom att kilen lyfts upp.

8 Montera bromstrumman och dra åt fästskruven.

9 Justera bromsarna genom att trycka ner fotbromsen ett antal gånger. Ett klickande ljud hörs vid trumman när den automatiska justeraren arbetar. När klickandet upphör är justeringen klar.

10 Montera tillbaka hjulet och sänk ner bilen.

11 Upprepa proceduren med den andra bromstrumman och kontrollera handbromsvajern, justera den vid behov (se avsnitt 17).

12 Avsluta med att sätta på hjulen, ställa ner bilen och dra åt hjulbultarna till angivet moment.

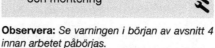

11 Bakre bromsbackar –
demontering, kontroll och montering

Observera: *Se varningen i början av avsnitt 4 innan arbetet påbörjas.*

1 Ta bort bromstrumman (se avsnitt 10) och avlägsna försiktigt allt damm från bromstrumman, bromsskölden och bromsbackarna.

2 Mät beläggens tjocklek på flera punkter på varje bromsback. Om någon av bromsbackarna på någon punkt är sliten ner till eller under angiven minimitjocklek måste alla fyra backarna bytas ut samtidigt. Dessutom ska belägget bytas ut om de är förorenade med olja eller fett. Det finns inget

sätt att avfetta belägg när det väl har blivit smutsigt.

3 Om någon av backarna är ojämnt sliten eller förorenad med olja eller fett ska orsaken spåras och åtgärdas innan ihopsättningen.

4 Byt bromsbackar enligt följande beskrivning. Om allt är OK, montera bromstrumman enligt beskrivning i avsnitt 10.

5 Observera läget på bromsbackar och fjädrar och märk om nödvändigt bromsbackskanterna för att underlätta återmonteringen **(se bild)**.

6 Vi tyckte att det var enklare att demontera och montera bromsbackarna om vi först tog bort navet (se Kapitel 10), men på vissa modeller kanske det inte behövs.

7 Ta bort bromsbackarnas fjädersäten med en tång genom att trycka ihop dem och vrida dem 90°. När fjädersätena är borttagna lyfter du av fjädrarna och tar ut fästsprintarna **(se bild)**.

8 Lirka ut backarna en i taget från nedre pivån för att slaka returfjäderns spänning, haka sedan av nedre returfjädern från bägge bromsbackarna **(se bilder)**.

9 Lirka ut backarnas övre ändar från hjulcylindern, var noga med att inte skada cylindertätningarna, och lossa handbromsvajern från den släpande backen. Bromsbackarna kan nu lyftas ut från bromsskölden. Tryck inte ner bromspedalen innan bromsarna monterats ihop – fäst ett hållbart elastiskt band eller ett buntband runt hjulcylinderkolvarna för att hålla dem på plats **(se bilder)**.

10 Anteckna alla komponenters korrekta monteringslägen, haka sedan av den övre returfjädern och lossa kilfjädern **(se bild)**.

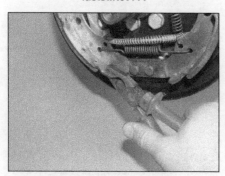

11.8a Skjut försiktigt ut bromsbackarna från den nedre styrbulten ...

11.8b ... och lossa den nedre returfjädern

11.9a Lossa de övre ändarna av bromsbackarna från hjulcylindrarna ...

11 Haka loss den övre returfjädern och ta bort den släpande bromsbacken från den ledande bromsbacken och fjäderbenet. En bit böjd svetselektrod kan användas för att haka loss fjädern **(se bilder)**.

12 Se efter hur kilen sitter och ta bort den. Skjut sedan försiktigt ut benet ur den ledande bromsbacken och koppla loss spännfjädern. Placera fjäderbenet i ett skruvstäd om det behövs och använd den böjda svetselektroden för att ta bort fjädern **(se bilder)**.

13 Kontrollera om någon komponent visar spår av slitage eller skador och byt efter behov.

14 Dra tillbaka damaskerna och kontrollera om hjulcylindern läcker olja eller är skadad på annat sätt; kontrollera att båda cylinderkolvarna är lättrörliga. Se vid behov avsnitt 12 för information om renovering av hjulcylinder.

15 Lägg på lite bromsfett på kontaktytan mellan tryckstången och handbromsspaken.

16 Haka fast spännfjädern i den ledande bromsbacken. Koppla samman benet med fjäderns slut och för benet i läge i spåret på den ledande bromsbacken.

17 Sätt i kilen mellan den ledande bromsbacken och tryckstången, kontrollera att den är rättvänd **(se bild)**.

18 Sätt fast den övre returfjädern på ledande bromsbacken och haka fast fjädern i dess hål i den släpande bromsbacken **(se bild)**. Se till att fjädern sitter fast ordentligt och fäst den släpande bromsbacken. Kontrollera att både bromsbacken och handbromsspaken är korrekt ihakade i fjäderbenet.

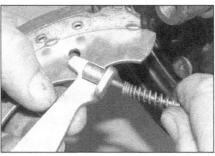

11.9b ... lossa sedan handbromskabeln och ta bort bromsbackarna från bilen

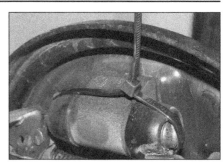

11.9c Använd ett buntband eller ett elastiskt band för att hålla fast hjulcylinderkolvarna

11.10 Haka loss justeringskilens fjäder och ta bort den

19 Montera fjädern på kilen och haka fast den på den släpande bromsbacken.

20 Före monteringen ska bromsskölden rengöras. Applicera ett tunt lager värmetåligt bromsfett eller antikärvmedel på bromsbackarnas kontaktytor **(se bild)**

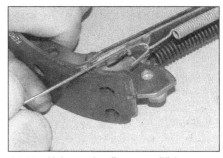

11.11a Haka av den övre returfjädern med en bit böjd svetselektrod

samt på hjulcylinderkolvarna och den nedre styrtappen. Låt inte smörjmedlet förorena friktionsmaterialet.

21 Ta bort gummibandet eller kabelklämman runt hjulcylindern och för upp bromsbackarna.

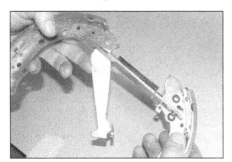

11.11b Ta bort den släpande bromsbacken från den ledande bromsbacken samt tryckstången

11.12a Fäst benet i ett skruvstäd och använd svetselektroden för att haka loss spännfjädern

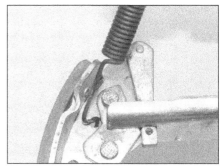

11.12b Ta bort kilen och lossa fjädern . . .

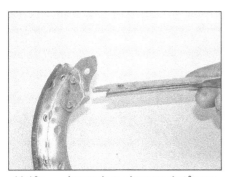

11.12c . . . innan du tar bort tryckstången från den ledande bromsbacken

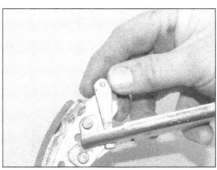

11.17 Sätt in kilen och se till att stiftet vänds bort från bromsbacken

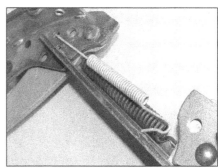

11.18 Återmontering av den övre returfjädern

---

22 Koppla handbromsvajern till armen och placera de övre delarna av backarna i hjulcylinderns kolvspår.

23 Montera den nedre returfjädern på backarna och bänd på backarnas nederdelar på det nedre ankaret.

24 Knacka på backarna för att centrera dem med fästplattan, montera sedan backarnas fästsprintar och fjädrar och fäst dem med fjädersätena.

25 Montera navet och bromstrumman enligt beskrivningen i avsnitt 10.

26 Upprepa ovanstående arbete med den andra bakbromsen.

27 När båda uppsättningarna bromsbackar bytts ut, justera avståndet mellan belägg och trumma genom att trycka ner bromspedalen tills normalt (ej assisterat) pedaltryck återställs.

28 Kontrollera och justera vid behov handbromsen enligt beskrivning i avsnitt 17.

29 Avsluta med att kontrollera bromsoljenivån enligt beskrivning i *Veckokontroller*.

 HAYNES TiPS *Nya backar ger inte omedelbart full effekt förrän de "körts in". Var beredd på detta och försök undvika hårda inbromsningar under ca 150 kilometer efter bytet.*

12 Bakhjulscylinder –
demontering, översyn och återmontering

Observera: *Innan du börjar arbeta, se anmärkningen i början av del 2 angående farorna med hydraulvätska, och varningen i*

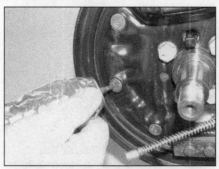

11.20 Applicera värmetåligt bromsfett på bromsbackarnas kontaktytor på bromsskölden

början av del 4 angående farorna med asbestdamm.

Demontering

1 Demontera bromstrumman (se avsnitt 10).

2 Använd en tång och haka försiktigt av övre returfjädern från bägge backarna. Dra undan övre ändarna av backarna från cylindern så att de lossar från kolvarna.

3 Minimera eventuellt oljespill genom att först skruva av huvudcylinderbehållarens lock och sedan skruva på det igen över en bit plastfolie, så att det blir lufttätt. Alternativt, använd en bromsslangklämma, G-klammer eller liknande och kläm ihop slangen så nära hjulcylindern som praktiskt möjligt.

4 Torka bort all smuts kring bromsrörsanslutningen på hjulcylinderns baksida, och skruva ur anslutningsmuttern. Lirka ut röret ur hjulcylindern och plugga eller tejpa över änden för att förhindra smutsintrång. Torka omedelbart upp spillet.

5 Skruva loss hjulcylinderns två fästbultar från fästplattans baksida och ta bort cylindern, var

noga med att inte låta överflödig bromsvätska förorena bromsbackarnas belägg.

Renovering

6 Borsta bort smuts och damm från hjulcylindern, var noga med att inte andas in dammet.

7 Dra loss dammskydden från cylinderns ändar **(se bild)**.

8 Kolvarna trycks vanligen ut av spiralfjäderns tryck om inte, knacka på cylinderns ände med en träbit, eller lägg på svag tryckluft från en fotpump i hydraulanslutningen för att trycka ut kolvarna ur loppen.

9 Inspektera ytorna på kolvarna och i loppen, leta efter repor eller spår av direkt metallkontakt. Vid tydliga tecken, byt ut hela hjulcylinderenheten.

10 Om kolvarna och loppen är i bra skick, kassera tätningarna och skaffa en renoveringssats som innehåller alla nödvändiga utbytesdelar.

11 Ta bort tätningarna från kolvarna, anteckna deras monteringslägen. Smörj de nya kolvtätningarna med färsk bromsvätska och trä på dem på kolvarna med den större diametern innerst.

12 Doppa kolvarna i färsk bromsvätska och montera fjädern i cylindern.

13 Vrid in kolvarna i loppen.

14 Montera nya dammtätningar och kontrollera att kolvarna kan röra sig fritt i sina lopp.

Montering

15 Kontrollera att bromssköldens och hjulcylinderns kontaktytor är rena, sära på bromsbackarna och för hjulcylindern i läge. För in bromsröret och skruva in anslutningsmuttern två eller tre varv så att den säkert börjat gä gäng.

16 Skruva i de två hjulcylinderbultarna och dra dem till angivet moment. Dra sedan åt bromsrörsmuttern helt.

17 Ta bort klämman från bromsslangen eller plasten från huvudcylinderns behållare (i förekommande fall).

18 Kontrollera att bromsbackarna är korrekt placerade i kolvarna och montera övre returfjädern, använd en skruvmejsel till att sträcka den på plats.

19 Montera bromstrumman (se avsnitt 10).

20 Lufta bromshydraulsystemet enligt beskrivningen i avsnitt 2. Om angivna åtgärder vidtogs för att förhindra förlust av bromsvätska behöver man bara lufta den relevanta bakbromsen.

13 Bromspedal –
demontering och montering

Demontering

1 Lossa batteriets minusledare (se *Koppla loss batteriet* i kapitlet *Referens* i slutet av den här handboken).

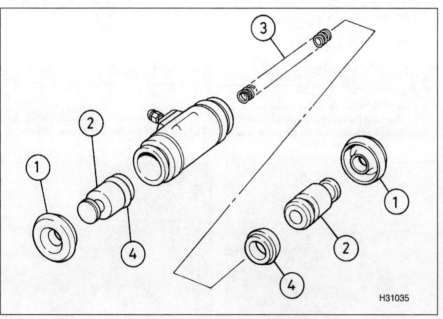

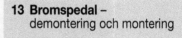

H31035

12.7 Sprängskiss av en bakre hjulcylinder

| 1 Dammtätning | 2 Kolv | 3 Spiralfjäder | 4 Vätsketätning |

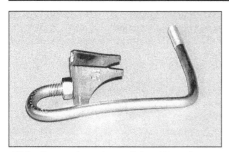

13.5a Improviserat specialverktyg gjort av en ombyggd avgassystemklämma, som används för att lossa bromspedalen från servotryckstången

13.5b Använd verktyget för att lossa bromspedalen från servotryckstången

13.5c Bromspedalen sedd bakifrån (med borttagen pedal) – här visas plasttapparna (markerad med pil) som håller fast pedalen i servotryckstången

2 Ta bort klädselpanelerna under instrumentbrädan på förarsidan enligt beskrivningen i kapitel 11.

3 Ta i förekommande fall bort bekvämlighetssystemets centrala styrenhet från dess plats ovanför gaspedalen enligt beskrivningen i kapitel 12.

4 Ta bort bromsljusbrytaren enligt beskrivningen i avsnitt 21 och koppla sedan loss kablaget från pedalens lägesgivare.

5 Nu måste bromspedalen lossas från kulan på vakuumservotryckstången. Det finns ett specialverktyg från Skoda för detta arbete, men du kan även hitta på ett annat lämpligt alternativ. Observera att pedalens plasttappar är mycket stela och inte kan lossas för hand. Använd verktyget för att lossa fästtapparna och dra av pedalen från servotryckstången **(se bilder)**.

6 Om du tar bort pedalbygelstödet, lossa och ta bort fästmuttern **(se bild)**.

7 Skruva vid behov ur muttrarna från pedalens stödfäste i mellanväggen/servon tillräckligt mycket för att fästbygeln ska gå att rucka. Lossa inte muttrarna helt **(se bild)**.

8 Skruva loss axelmuttern till svängtappen och tryck axeln åt höger tills pedalen är fri. Ta loss pedalen och ta bort styrbussningen **(se bild)**.

9 Rengör alla komponenter forsiktigt och byt ut de som är utslitna eller skadade.

Montering

10 Före monteringen ska axelns svängtapp och pedalens lagerytor smörjas med lite universalfett.

11 Bänd bort pedalbygeln från mellanväggen med en skruvmejsel **(se bild)**.

12 Dra ner servoenhetens tryckstång samtidigt som du för in pedalen på plats. Se till att styrbussningen hamnar rätt.

13 Dra åt fästmuttrarna till pedalbygeln ordentligt och sätt tillbaka fästmuttern för stödfästet.

14 Håll fast servoenhetens tryckstång och tryck tillbaka pedalen på tryckstångens kula. Se till att pedalen sitter fast ordentligt på tryckstången.

15 För in pedalstyrbulten och dra åt fästmuttern till angivet moment.

16 Återanslut kablaget till pedalens lägesgivare och sätt tillbaka bromsljusbrytaren enligt beskrivningen i avsnitt 21.

17 Sätt i förekommande fall tillbaka bekvämlighetssystemets centrala styrenhet.

18 Montera tillbaka instrumentbrädans klädselpaneler enligt beskrivningen i kapitel 11.

19 Återanslut batteriets jordledning (se *Lossa batteriets jordledning* i kapitlet *Referens* i slutet av den här handboken).

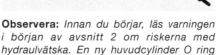

14 Huvudcylinder – demontering, översyn och återmontering

Observera: *Innan du börjar, läs varningen i början av avsnitt 2 om riskerna med hydraulvätska. En ny huvudcylinder O ring krävs vid återmontering.*

Demontering

1 Ta bort motorns övre skyddskåpa och demontera vid behov luftintagskanalerna från

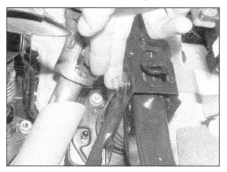

13.6 Lossa stödfästmuttern

13.8 Ta loss styrbussningen

baksidan av motorrummet (se relevant del av kapitel 4).

2 Ta bort batteriet och batterilådan enligt beskrivningen i kapitel 5A.

3 Ta bort huvudcylinderns behållarlock (koppla loss anslutningskontakten från bromsvätska nivågivare), och sifonera ut bromsvätska från behållaren. Observera: Sug inte med munnen, vätskan är giftig; använd en bollspruta.

4 Lossa vakuumslangen från klämman på bromsvätsbehållaren.

5 Rengör området kring bromsrörsanslutningarna på sidan av huvudcylindern. Lägg trasor nedanför röranslutningarna för att suga upp läckande vätska. Notera hur anslutningarna sitter monterade, skruva sedan bort anslutningsmuttrarna och dra försiktigt ut rören. Plugga eller tejpa igen rörändarna och huvudcylinderns öppningar för att minimera bromsvätskespill och för att hindra smuts från

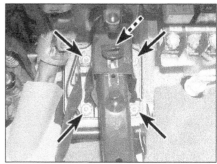

13.7 Lossa de fem låsmuttrarna

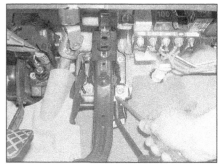

13.11 Höj fästbygeln bort från mellanväggen

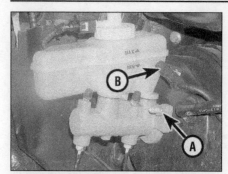

14.8 Bromscylindermuttrar (A), och kopplingscylinderns matningsslang (B)

att tränga in i systemet. Tvätta omedelbart bort allt vätskespill med kallt vatten.

6 Lossa och anslut matningsslangen för kopplingens huvudcylinder från bromsvätskebehållaren.

7 På bilar med ESP (elektroniskt stabiliseringssystem – se Kapitel 10) ska de två tryckgivarna lossas från undersidan av huvudcylindern.

8 Skruva loss de två muttrarna och brickorna som håller fast huvudcylindern i vakuumservoenheten, ta bort värmeskölden (om sådan finns) och ta sedan ut enheten ur motorrummet **(se bild)**. Ta ut och kassera O-ringen från huvudcylinderns baksida.

Renovering

9 Om huvudcylindern är defekt måste den bytas. Det går inte att köpa renoveringssatser från Skoda-verkstäder så cylindern måste behandlas som en förseglad enhet.

10 De enda delar som kan bytas är vätskebehållarens fästtätningar. Om tätningarna visar tecken på åldrande, dra ut fäststiftet, dra loss behållaren och ta bort de gamla tätningarna. Smörj de nya tätningarna med ren bromsvätska och tryck in dem i huvudcylinderns portar. Skjut försiktigt vätskebehållaren i läge, skjut den helt på plats och sätt i fäststiftet.

Montering

11 Rengöra fogytorna mellan huvudcylindern och servon, montera en ny o-ring i spåret på huvudcylindern.

12 Montera huvudcylindern på servon, se

15.11 Fästmuttrar för bromsservoenheten

till att servons tryckstång går in centralt i huvudcylinderns lopp. Montera tillbaka värmeskölden (i förekommande fall) samt huvudcylinderns fästmuttrar och brickor och dra åt dem till angivet moment.

13 Torka rent på rören och anslutningarna, montera dem på huvudcylindern och dra åt dem väl.

14 På bilar med ESP ska tryckgivarna sättas tillbaka på undersidan av huvudcylindern.

15 Återanslut matningsslangen för kopplingens huvudcylinder till behållaren.

16 Fäst vakuumslangen i klämman på bromsvätsbehållaren.

17 Sätt tillbaka batteriet och batterilådan (kapitel 5A), luftintagskanalerna (kapitel 4) och motorns övre skyddskåpa.

18 Fyll på huvudcylinderbehållaren med ny vätska och lufta hela hydraulsystemet enligt beskrivningen i avsnitt 2. Lufta även den hydrauliska kopplingen

15 Servoenhet –
test, demontering och montering

Kontroll

1 Testa servoenhetens funktion genom att trycka ner fotbromsen flera gånger för att släppa ut vakuumet. Starta sedan motorn medan bromspedalen hålls fast nedtryckt. När motorn startar ska pedalen ge efter märkbart medan vakuumet byggs upp. Låt motorn gå i minst två minuter och stäng sedan av den. Om bromspedalen nu trycks ned ska den kännas normal men fler tryckningar ska göra att den känns fastare med allt kortare pedalväg för varje nedtryckning.

2 Om servon inte fungerar enligt ovan, kontrollera först servons backventil enligt beskrivningen i avsnitt 16. På dieselmodeller ska man även kontrollera funktionen hos vakuumpumpen enligt beskrivningen i avsnitt 24.

3 Om servon fortfarande inte fungerar som den ska finns felet i själva servoenheten. Det går inte att reparera enheten – om den är felaktig måste den bytas.

Demontering

Observera: *En ny servoenhetspackning behövs vid monteringen.*

4 Demontera huvudcylindern enligt beskrivningen i avsnitt 14.

5 Ta bort värme-/luftkonditioneringssystemets luftkanal från förarens fotutrymme.

6 Ta i förekommande fall bort bekvämlighetssystemets centrala styrenhet från dess plats ovanför gaspedalen enligt beskrivningen i kapitel 12.

7 Ta i förekommande fall bort värmeskölden från servon och dra försiktigt ut vakuumslangen från tätningsmuffen framtill på servon.

8 Ta bort klädselpanelerna under

instrumentbrädan på förarsidan enligt beskrivningen i kapitel 11.

9 Ta bort bromsljusbrytaren enligt beskrivningen i avsnitt 21.

10 Nu måste bromspedalen lossas från kulan på vakuumservotryckstången. Det finns ett specialverktyg från Skoda för detta arbete, men du kan även hitta på ett annat lämpligt alternativ. Observera att pedalens plasttappar är mycket stela och inte kan lossas för hand. Använd verktyget för att lossa fästtapparna och dra av pedalen från servotryckstången.

11 Arbeta i fotutrymmet och skruva loss muttrarna som håller fast servoenheten i mellanväggen **(se bild)**. Återgå sedan till motorrummet och flytta bort servoenheten. Notera packningen som sitter på baksidan av enheten.

Montering

12 Kontrollera om vakuumslangens tätningsmuff är skadad och byt den vid behov.

13 Montera en ny packning på servons baksida och för den på plats i motorrummet.

14 Kontrollera från bilens insida att servoenhetens tryckstång är fast ansluten till bromspedalen, och tryck pedalen till tryckstångens kula Kontrollera att tryckstångens kula sitter fast ordentligt. Sätt sedan tillbaka servoenhetens fästmuttrar och dra åt dem till angivet moment.

15 Montera tillbaka bromsljusbrytaren enligt avsnitt 21.

16 Montera tillbaka instrumentbrädans klädselpaneler.

17 Trä försiktigt vakuumslangen på plats i servon, var noga med att inte rubba muffen. Sätt i förekommande fall tillbaka värmeskölden på servon och återanslut vakuumgivarens anslutningskontakt.

18 Montera tillbaka bekvämlighetssystemets centrala styrenhet enligt beskrivningen i kapitel 12.

19 Sätt tillbaka värme-/luftkonditioneringssystemets luftkanal i förarens fotutrymme.

20 Montera huvudcylindern enligt beskrivning i avsnitt 14.

21 Avsluta med att starta motorn och kontrollera funktionen hos bromssystemet.

16 Bromsservons backventil
– test, demontering och montering

1 Backventilen sitter i vakuumslangen från insugsgrenröret till bromsservon. Om ventilen ska bytas ska även slangen, komplett med ventil, bytas.

Demontering

2 Lirka ut vakuumslangen ur servon, var noga med att inte rubba tätningsmuffen.

3 Lossa fästklämman och den andra

slangänden från insugsröret/pumpen och lyft ut slangen ur bilen.

Kontroll

4 Kontrollera om ventil eller slang är skadade, byt efter behov.
5 Ventilen kan testas genom att luft blåses genom den bägge vägarna. Luft ska endast släppas genom ventilen åt ett håll; när man blåser från den sida av ventilen som är vänd mot servoenheten. Byt ventilen om så inte är fallet.
6 Undersök servoenhetens gummitätningsmuff efter tecken på skador och åldrande och byt ut den om det behövs.

Montering

7 Kontrollera att muffen är korrekt monterad på servon.
8 Trä in slangen på plats i servon, var noga med att inte skada eller rubba muffen.
9 Anslut slangen till insugsgrenröret/pumpslangen och se till att den sitter fast i fästklämmorna.
10 Avsluta med att starta motorn och kontrollera funktionen hos bromssystemet.

17 Handbroms – justering

1 Kontrollera handbromsens justering genom att först trampa ned bromspedalen ett antal gånger för att ställa in korrekt distans mellan backar och trumma eller klossar till skiva. Dra sedan åt handbromsen tre gånger.
2 Använd normal kraft och dra åt handbromsspaken för fullt, räkna antalet klick i spärrhaksmekanismen. Om justeringen är korrekt ska det höras ungefär 4 klick innan handbromsen är helt åtdragen. Gör så här om det hörs fler klick:
3 Ta bort mittkonsolen enligt beskrivningen i kapitel 11 för att komma åt handbromsspaken. **Observera:** *Observera att på vissa modeller kan du komma åt handbromsens justeringsmutter genom att bara ta loss askkoppen från baksidan av mittkonsolen* **(se bild)**.
4 Klossa framhjulen och ställ bakvagnen på pallbockar. Följ sedan beskrivningen under tillämplig underrubrik.

17.3 På vissa modeller kan du komma åt handbromsens justeringsmutter genom att ta bort askkoppen

Modeller med trumbromsar bak

5 Ställ handbromsen på det första hacket i kuggmekanismen och vrid på justeringsmuttern tills det blir trögt att vrida båda bakhjulen. Lägg sedan ur handbromsen och kontrollera att hjulen roterar fritt. släpp annars efter lite på justeringsmuttern. Dra åt handbromsen helt och kontrollera att den går att dra ända till det fjärde hacket.
6 När justeringen är klar, sätt tillbaka mittkonsolen enligt beskrivningen i kapitel 11.

Modeller med skivbromsar bak

7 Lossa handbromsen helt och lossa justeringsmuttern tills båda bakre bromsokens handbromsspakar når anslagen.
8 Dra åt justeringsmuttern tills båda handbromsspakarna precis lyfter från bromsokens anslag. **Observera:** *Muttern är formad så att den inte ska kunna lossna och det är viktigt att justeringen kontrolleras med muttern på plats på utjämnarstaget. Avståndet mellan bromsokens handbromsspakar och deras respektive anslag ska vara mellan 1,0 och 1,5 mm* **(se bild)**.
9 Dra åt handbromsen helt tre gånger. Lossa den sedan och kontrollera att båda hjulen fortfarande roterar fritt. Kontrollera justeringen genom att dra åt handbromsen helt och räkna klicken Handbromsen måste vara helt åtdragen ända till det fjärde hacket.
10 När justeringen är klar, sätt tillbaka mittkonsolen enligt beskrivningen i kapitel 11.

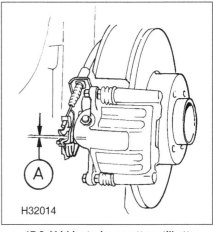

17.8 Vrid justeringsmuttern till ett mellanrum kan ses mellan bromsokets handbromsarm och ändstoppet

18 Handbromsspak – demontering och montering

Demontering

1 Ta bort mittkonsolen enligt beskrivningen i kapitel 11.
2 Om du vill kan du ta bort handbromsspakens damask genom att trycka ner styrstift med en skruvmejsel och skjuta bort damasken från spaken **(se bild)**.
3 Koppla loss anslutningskontakten från 'on' brytaren till handbromsens varningslampa.
4 Lossa handbromsvajerns justeringsmutter tills ändarna av vajrarna lossnar från utjämnarplattan **(se bild)**.
5 Skruva loss fästmuttrarna och dra bort spaken **(se bild)**.

Montering

6 Monteringen utförs i omvänd ordning, och tänk på följande:
a) *Justera handbromsen enligt beskrivningen i avsnitt 17 innan du sätter tillbaka handbromsspakens damask.*
b) *Kontrollera att handbromsens varningsbrytare fungerar innan du sätter tillbaka mittkonsolen.*

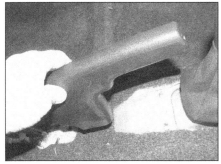

18.2 Ta bort handbromsspakens damask

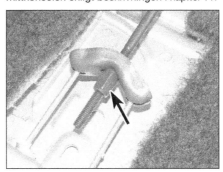

18.4 Handbromskabelns justeringsmutter

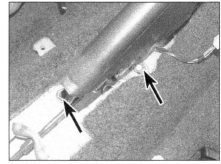

18.5 Handbromsspakens fästmuttrar

19.4a Handbromsvajerns fäste på den bakre länkarmen

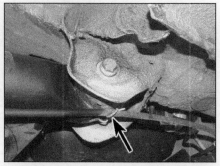

19.4b Handbromsvajerns klämma på framsidan av den bakre länkarmen

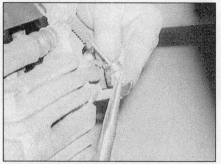

19.6 Lossa vajern från armen och ta bort den från bromsoket

19 Handbromsvajrar – demontering och montering

Demontering

1 Ta bort mittkonsolen enligt beskrivningen i kapitel 11 för att komma åt handbromsspaken. Handbromsvajrarna består av två delar, en höger- och en vänstersektion, som är kopplade till handbromsspaken med en utjämnarplatta. Sektionerna kan demonteras separat.
2 Lossa handbromsvajerns justeringsmutter tills ändarna av vajrarna lossar från utjämnarplattan.
3 Klossa bakhjulen, lyft upp framvagnen och ställ den på pallbockar (se *Lyftning och stödpunkter*).

4 Arbeta längs med vajern, anteckna den korrekta dragningen och lossa den från alla relevanta clips (se bild).
5 På modeller med bakre trumbroms tar du bort bromsbackarna enligt beskrivningen i avsnitt 11 och lossar sedan vajern från bromsskölden.
6 Om bilen har skivbromsar bak, lossa vajern från okets handbromsarm, ta sedan loss vajerhöljets clips och haka av vajern från oket (se bild).
7 Dra ut vajern från undersidan av bilen.

Montering

8 Monteringen utförs i omvänd ordningsföljd mot demonteringen, men handbromsen ska justeras enligt beskrivningen i avsnitt 17 innan mittkonsolen monteras.

20 Handbroms "På" varningsljuskontakt – demontering och montering

Demontering

1 Ta bort mittkonsolen enligt beskrivningen i kapitel 11.
2 Koppla loss kablaget från givaren (se bild).
3 Tryck ihop fästtapparna och ta bort brytaren från handbromsspaken (se bild).

Montering

4 Monteringen utförs i omvänd ordningsföljd mot demonteringen.

21 Bromsljusbrytare – demontering och montering

Demontering

1 Bromsljusbrytaren sitter på pedalfästbygeln under instrumentbrädan. Arbeta i förarens fotutrymme och ta bort de nedre panelerna på instrumentbrädan enligt beskrivningen i kapitel 11.
2 Sträck dig upp bakom instrumentbrädan och koppla loss kontaktdonet från brytaren (se bild).
3 Vrid brytaren moturs 90° (för modeller t.o.m. 07/2001) eller 45° (för modeller fr.o.m. 08/2001) och lossa den från fästbygeln.

Montering

4 För modeller t.o.m. 07/2001 ska bromsljusbrytarens tryckkolv först dras ut helt. Håll bromspedalen helt nedtryckt och för in brytaren. Rikta in tappen på brytaren mot motsvarande utskärning i fästbygeln (se bild). Sätt fast brytaren genom att trycka in den i fästbygeln och vrida den medurs 90°. Släpp sedan bromspedalen så återställs brytaren.
5 För modeller fr.o.m. 08/2001 ska bromsljusbrytarens tryckkolv först dras ut helt. Trampa inte ner bromspedalen, utan sätt bara in brytaren i fästbygeln och vrid den medurs 45°. Brytaren ställs in automatiskt.
6 Återanslut kablaget och kontrollera

20.2 Brytare till handbromsens varningslampa

20.3 Ta bort brytaren till handbromsens varningslampa

21.2 Koppla loss bromsbrytarens kablage

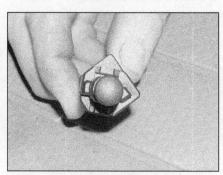

21.4 Rikta in tappen efter motsvarande utskärning i fästbygeln

bromsljusfunktionen. Bromsljuset ska tändas när pedalen tryckts ned ungefär 5 mm. Om kontakten inte fungerar tillfredsställande är den defekt och ska bytas.

7 Montera slutligen tillbaka den nedre instrumentbrädespanelen enligt kapitel 11.

22 Låsningsfria bromsar (ABS) – allmän information och föreskrifter

ABS finns som standard på de flesta modeller som den här handboken gäller för. Systemet kan även innehålla EBD (elektronisk bromsfördelning), vilket innebär att det anpassar bromskraften fram och bak efter bilens aktuella vikt. Det finns tre typer av ABS (se bilder). På modeller med antispinnsystem (TCS) har ABS-enheten en dubbel funktion, eftersom den styr både de låsningsfria bromsarna (ABS) och det elektroniska differentialspärrsystemet (EDL). På modeller med ESP (elektronisk stabilisering) känner systemet igen kritiska körförhållanden och stabiliserar bilen genom att bromsa varje hjul separat och kontrollera motorstyrningen oberoende av broms- och gaspedalernas läge.

Systemet består av en hydraulenhet (som innehåller hydrauliska solenoidventiler och ackumulatorer), den elektriskt drivna returpumpen och fyra hjulgivare (en per hjul), och den elektroniska styrenheten. Syftet med systemet är att förhindra att hjulen låser sig vid hård inbromsning. Detta uppnås genom att bromsen lossas automatiskt på relevant hjul, följt av att man bromsar igen.

Solenoiderna styrs av styrenheten som får signaler från de fyra hjulgivarna som övervakar varje hjuls rotationshastighet. Styrenheten avläser bilens fart genom att jämföra dessa värden. Med utgångspunkt från denna

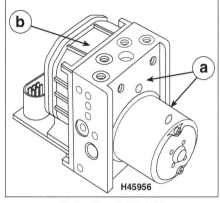

22.1a Bosch 5.7 ABS

a Returflödespump   b Styrenhet

hastighet kan styrmodulen avgöra om ett hjul bromsas onormalt i förhållande till bilens hastighet, och på så sätt förutsäga när ett hjul är på väg att låsa sig. Vid normal funktion fungerar systemet på samma sätt som ett bromssystem utan ABS.

Om styrenheten känner att ett hjul är på väg att låsa manövrerar den relevant solenoid i hydraulenheten, vilket isolerar oket på det hjulet från huvudcylindern, vilket stänger in hydraultrycket.

Om hjulets rotationshastighet fortsätter att bromsas med onormal hastighet startar styrenheten den elektriska returpumpen, som pumpar tillbaka vätska till huvudcylindern, vilket lättar trycket i oket så att bromsen släpps. När hjulets inbromsning är acceptabel stannar pumpen och ventilen öppnas, vilket leder tillbaka huvudcylinderns tryck till oket, som då lägger an bromsen igen. Denna cykel kan utföras upp till 10 gånger per sekund.

Magnetventilernas och returpumpens agerande skapar pulser i hydraulkretsen. När

ABS-systemet är igång kan man känna dessa pulser genom bromspedalen.

ABS-systemets funktion är helt beroende av elektriska signaler. För att förhindra att systemet reagerar på felaktiga signaler finns en inbyggd skyddskrets som övervakar alla signaler till styrmodulen. Om en felaktig signal eller låg batterispänning upptäcks stängs ABS-systemet automatiskt av och varningslampan på instrumentbrädan tänds för att informera föraren om att ABS-systemet inte längre fungerar. Det ska dock fortfarande vara möjligt att bromsa normalt.

Om ett fel uppstår i ABS-systemet måste bilen tas till en Skoda-verkstad för felsökning och reparation.

23 Låsningsfria bromsar (ABS), komponenter – demontering och montering

Hydraulenhet

1 Demontering och montering av hydraulenheten bör utföras av en Skoda-verkstad, eftersom feldiagnos måste utföras efteråt med specialutrustning (se bild).

Elektronisk styrmodul (ECM)

2 Styrmodulen sitter under hydraulenheten. Även om den kan lossas från hydraulenheten rekommenderar vi att du överlåter detta arbete till en Skoda-verkstad, eftersom komponenterna är ömtåliga och måste hållas helt rena.

Främre hjulgivare

Demontering

3 Klossa bakhjulen och dra åt handbromsen. Lyft sedan upp framvagnen och ställ den på

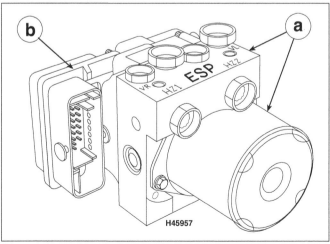

22.1b Bosch 8.0 ABS och ABS/TCS

a Returflödespump   b Styrenhet

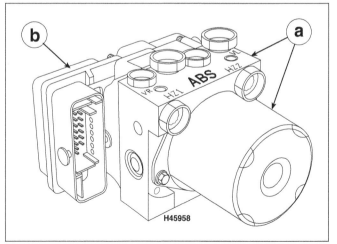

22.1c Bosch 8.0 ABS/TCS/ESP

a Returflödespump   b Styrenhet

23.1 ABS-systemets hydraulenhet på vänstra sidan av motorrummets mellanvägg

23.4 Hjulhastighetsgivare

pallbockar (se Lyftning och stödpunkter). Demontera relevant framhjul.

4 Lossa det elektriska kontaktdonet från givaren genom att försiktigt lyfta upp fäststiftet och dra ut donet (se bild).

5 Lossa och ta bort insexbulten som fäster givaren på hjulspindeln och ta bort givaren.

Montering

6 Kontrollera att givaren och hjulspindelns tätningsytor är rena.

7 Stryk på lite antikärvningsfett på fästhålets insida och sätt in givaren i hjulspindeln. Skruva i bulten och dra åt den till angivet moment.

8 Kontrollera att givarens ledning är korrekt dragen och fäst med alla relevanta klämmor och återanslut sedan kontaktdonet.

9 Sätt på hjulet, ställ ned bilen och dra åt hjulbultarna till angivet moment.

Bakre hjulgivare

Demontering

10 Givaren sitter på insidan av den bakre axeltappen och hålls fast med en insexbult.

11 Klossa framhjulen, lyft upp bakvagnen med hjälp av en domkraft och stötta upp den på pallbockar (se Lyftning och stödpunkter). Demontera relevanta hjul.

12 Ta bort givaren enligt beskrivningen i avsnitten 4 och 5.

Montering

24.1 Bromsvakuumpumpen på dieselmotorkod AMF

13 Montera givaren enligt beskrivningen i punkt 6 till 9 ovan.

Hjulgivarringar

14 Givarringarna är inbyggda i de inre ändarna av hjulnaven. Till skillnad från den tidigare typen av magnetiskt motstånd med kuggar, har givarringarna alternerande magnetiska kärnor inuti de konstanta ringarna. Kontrollera att inte ringarna är skadade. Om byte krävs måste hela navet tas isär och lagren bytas enligt beskrivning i kapitel 10.

Styrvinkelgivare

Observera: *När du tar bort eller installerar styrvinkelgivaren kan du använda tejp för att se till att spolens kontaktdon sitter kvar i mitten.*

Demontering

15 Styrvinkelgivaren sitter under ratten, på rattstången, och är inbyggd i krockkuddens släpring (se Kapitel 12). Försök inte lossa styrvinkelgivaren från krockkuddens släpring. Ställ först framhjulen rakt framåt.

16 Lossa batteriets minusledare (se *Koppla loss batteriet* i kapitlet *Referens* i slutet av den här handboken).

17 Se kapitel 10 och demontera ratten.

18 Ta bort rattstångskåporna enligt beskrivningen i 10.

19 Kontrollera att en gul prick syns genom det lilla hålet i det övre högra hörnet av givaren när framhjulen står rakt framåt. Markeringarna längst ner till höger av givaren ska också stå mitt för varandra. Använd tejp för att fästa givarens inre nav i det yttre huset medan givaren är borttagen.

20 Lossa anslutningskontakten på undersidan av enheten. Lossa låsklackarna och dra av enheten med släpringen från stången.

Montering

21 Monteringen utförs i omvänd ordningsföljd mot demonteringen. Kom ihåg att ta bort tejpen innan du sätter tillbaka ratten. För säkerhets skull bör ingen vara inne i bilen när anslutningskontakten återansluts.

Givare för acceleration i sidled/kursstabilitet

Demontering

22 Givaren för acceleration i sidled sitter under det vänstra framsätet, precis framför tvärbalken. Lossa först batteriets minusledare (se *Koppla loss batteriet* i kapitlet *Referens* i slutet av den här handboken).

23 Ta bort förarsätet enligt beskrivningen i kapitel 11.

24 Koppla loss anslutningskontakten som sitter på baksidan av givaren.

25 Skruva loss fästmuttrarna och ta bort givaren.

Montering

26 Monteringen utförs i omvänd ordningsföljd mot demonteringen.

24 Servoenhetens mekaniska vakuumpump – test, demontering och montering

Kontroll

1 Dieselmodeller har en vakuumpump som tillhandahåller vakuum till bromsservoenheten (se bild). På modeller med turbo har pumpen även en bränslelyftpump för insprutningssystemet, medan modeller utan turbo endast har en vakuumpump. Funktionen för bromssystemets vakuumpump kan kontrolleras med en vakuummätare.

2 Ta bort motorns övre skyddskåpa, koppla loss vakuumslangen från pumpen och anslut mätaren till pumpanslutningen med en lämplig slangbit.

3 Starta motorn och låt den gå på tomgång, mät sedan det vakuum pumpen alstrar. En tumregel är att efter ungefär en minut ska ett minimum om ungefär 500 mmHg visas. Om uppmätt vakuum är betydligt mindre än detta är det troligt att pumpen är defekt. Rådfråga dock en Skoda-verkstad innan pumpen döms ut.

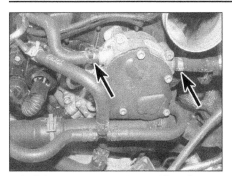

24.6 In- och utloppsslangar för bränsle anslutna till dieselmotorns vakuumpump

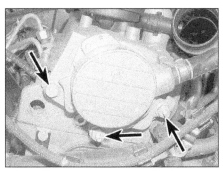

24.7 Skruva loss pumpens fastbult och mutter

24.9 Rikta in kronhjulet efter skåran i änden av kamaxeln

4 Återanslut vakuumslangen. Det är inte möjligt att renovera vakuumpumpen eftersom det inte går att få tag på separata delar. Om pumpen är defekt måste den bytas som en enhet.

Demontering

Observera: *En ny O-ring till pumpen krävs vid återmonteringen.*

5 Lossa klämman och koppla loss bromsservons vakuumslang från ovansidan av pumpen.

6 På modeller med turbo placeras en behållare under bränslefiltret i det främre högra hörnet av motorrummet. Koppla sedan loss matnings-

(vit) och retur- (blå) slangarna från filtret. Tappa ur bränslet i behållaren och koppla sedan loss slangarna från pumpen **(se bild)**.

7 Skruva loss fästbultarna och ta bort pumpen från topplocket. Ta loss packningen/ringen och kasta den, eftersom en ny måste användas vid monteringen. Observera hur drivkugghjulet sitter i änden av kamaxeln **(se bild)**. Var beredd på bränslespill. Det finns inga delar som kan åtgärdas inuti pumpen. Om det är fel på pumpen måste den bytas ut.

Montering

8 Återanslut bränsleslangarna till pumpen på modeller med turbo.

9 Sätt tillbaka pumpen på topplocket med en ny packning/ring och se till att pumpens kugghjul hakar i korrekt i urtaget på kamaxeln **(se bild)**.

10 Sätt i pumpens fästbultar och dra åt dem till angivet moment.

11 Återanslut bränsle- och vakuumslangarna om det är tillämpligt. På modeller med turbo ska en handvakuumpump anslutas till bränslefiltrets returslang (blåmarkerad). Kör vakuumpumpen tills bränsle kommer ut ur returslangen. Detta flödar tandempumpen. Återanslut returslangen till bränslefiltret.

12 Sätt tillbaka motorns övre skyddskåpa.

Kapitel 10
Fjädrings- och styrningssystem

Innehåll

Svårighetsgrad

Enkelt, passar novisen med lite erfarenhet	Ganska enkelt, passar nybörjaren med viss erfarenhet	Ganska svårt, passar kompetent hemmamekaniker 	Svårt, passar hemmamekaniker med erfarenhet	Mycket svårt, för professionell mekaniker

Specifikationer

Framfjädring

Typ .... Oberoende, med MacPherson-fjäderben med spiralfjädrar och teleskopiska stötdämpare. Krängningshämmare finns på alla modeller

Bakfjädring

Typ .... Tvärställd torsionsstavsaxel med länkarmar. Separata, gasfyllda, teleskopiska stötdämpare och spiralfjädrar. Krängningshämmare finns på alla modeller

Styrning

Typ .... Kuggstång och kugghjul. Servostandard

Hjulinställning och styrningsvinklar*

Framhjul:
Cambervinkel:

Hjulupphängning (standard)	-30' ± 30'
Hjulupphängning (sport)	-33' ± 30'
Hjulupphängning (heavy duty)	-16' ± 30'
Maximal skillnad mellan sidorna (samtliga modeller)	30'

Castervinkel:

Hjulupphängning (standard)	7° 40' ± 30'
Hjulupphängning (sport)	7° 50' ± 30'
Hjulupphängning (heavy duty)	7° 15' ± 30'
Maximal skillnad mellan sidorna (samtliga modeller)	30'
Toe-in	0° ± 10'

Toe-ut vid sväng (20° vänster eller höger):

Hjulupphängning (standard)	1° 30' ± 20'
Hjulupphängning (sport)	1° 31' ± 20'
Hjulupphängning (heavy duty)	1° 27' ± 20'

Bakhjul:

Cambervinkel	-1°27' ± 10'
Maximal skillnad mellan sidorna	30'

Toe-in:
Förutom kombi:

Hjulupphängning (standard)	20' ± 10'
Hjulupphängning (sport)	25' ± 10'
Hjulupphängning (heavy duty)	10' +10'/-7'

Kombi:

Hjulupphängning (standard)	16' ± 10'
Hjulupphängning (sport)	22' ± 10'
Hjulupphängning (heavy duty)	10' +10'/-7'

*Kontakta närmaste Skoda-verkstad för den senaste informationen.

Hjul

Typ	Aluminiumlegering

Däck

Storlek	175/80R14, 195/65R15, 205/60R15, 205/55R16, 225/45R17 och 225/40ZR18
Tryckvärden	see Veckokontroller på sidan 0•18

Åtdragningsmoment

Nm

Framfjädring

Krängningshämmare:

Länkar	40

Fästklämma:

Steg 1	20
Steg 2	Vinkeldra ytterligare 90°

Motorns bakre fäste:
Till växellåda:

Steg 1	30
Steg 2	Vinkeldra ytterligare 90°

Till kryssrambalk:

Steg 1	40
Steg 2	Vinkeldra ytterligare 90°
Navmutter*	Se kapitel 8

Nedre arm:
Främre styrbult:

Steg 1	70
Steg 2	Vinkeldra ytterligare 90°

Bakplatta för länkarmens fästbygel:
Mindre bultar:

Steg 1	20
Steg 2	Vinkeldra ytterligare 90°

Större bultar:

Steg 1	70
Steg 2	Vinkeldra ytterligare 90°

Bultar länkarm – kulled*:

Steg 1	20
Steg 2	Vinkeldra ytterligare 90°

Åtdragningsmoment (forts.)   Nm

Nedre arm (forts.):
  Kulledsmutter*:
    Steg 1 20
    Steg 2 . . . . Vinkeldra ytterligare 90°
  Bultar för fästbygel till kryssrambalk:
    Steg 1 50
    Steg 2 . . . . Vinkeldra ytterligare 90°
Stänkskydd till hjulhus 10
Bultar för kryssrambalk till underrede*:
  Steg 1 50
  Steg 2 . . . . Vinkeldra ytterligare 90°
Fjäderben:
  Klämbultsmutter i botten*:
    Steg 1 60
    Steg 2 . . . . Vinkeldra ytterligare 90°
  Vevstaksmutter* 60
  Övre fäste till kaross*:
    Steg 1 15
    Steg 2 . . . . Vinkeldra ytterligare 90°

Bakfjädring

Fästbultar och muttrar för axel*:
  Steg 1 45
  Steg 2 . . . . Vinkeldra ytterligare 90°
Navmutter (12-kantig)*:
  Steg 1 70
  Steg 2 . . . . Vinkeldra ytterligare 30°
Stötdämpare:
  Nedre fästbult och mutter *:
    Steg 1 40
    Steg 2 . . . . Vinkeldra ytterligare 90°
  Övre bultar för fästbygel till kaross*:
    Steg 1 30
    Steg 2 . . . . Vinkeldra ytterligare 90°
  Övre fästbult till fästbygel* 25
Axeltappsbultar*:
  Steg 1 30
  Steg 2 . . . . Vinkeldra ytterligare 90°
Bilens nivågivare:
  Givare till underrede (popnitsskruv) 8
  Givare länk- till undre armen. 6

Styrning

Servostyrningens slanganslutning till elektrisk pump 30
Servostyrningens slanganslutning till styrinrättningen:
  Tillförsel 35
  Retur 30
Rattstång:
  Övre fästbultar till fästbygeln 23
  Nedre fästbult. 19
Rattstångens fästbygel till tvärbalk 23
Klämbult för rattstångens universalled*:
  Steg 1 20
  Steg 2 . . . . Vinkeldra ytterligare 90°
Styrinrättningens fästbultar*:
  Steg 1 50
  Steg 2 . . . . Vinkeldra ytterligare 90°
Rattbult 55
Mutter på parallellstagets kulled*:
  Steg 1 20
  Steg 2 . . . . Vinkeldra ytterligare 90°
Låsmutter på parallellstagets kulled. 50
Parallellstagsändens inre kulled till kuggstång. 80

Hjul

Hjulbultar 120

Byt ut bulten/muttern varje gång du skruvar loss den

2.3 Ta bort drivaxelns fästmutter

1 Allmän information

Den oberoende framfjädringen är av MacPherson fjäderbenstyp, med spiralfjädrar och inbyggda teleskopiska stötdämpare. Fjäderbenen befinner sig vid tvärställda nedre länkarmar, som använder inre fästbussningar av gummi, och som innehåller en spindelled på de yttre ändorna. De främre hjullagerhus, där hjullagren, bromsoken och naven/skivorna sitter, är fastskruvade på MacPherson fjäderbenstyp, och anslutna till de länkarm via kullederna. En främre krängningshämmare finns på alla modeller. Krängningshämmaren är gummimonterad och ansluten till båda länkarmar med korta länkar.

Bakfjädringen består av en torsionsstavaxel med teleskopstötdämpare och spiralfjädrar. En krängningshämmare är innbyggd i bakaxelbalken.

Säkerhetsrattstången har en mellanaxel vid den nedre änden. Mellanaxeln är ansluten till både rattstång och styrväxel via kardanknutar, men axeln levereras som del av rattstångsenheten och kan inte separeras från den. Både den inre rattstången och mellanaxeln har räfflade avsnitt som bryts av vid en kraftig frontalkollision. Den yttre stången är också av teleskoptyp med två avsnitt för att underlätta avståndsjustering.

Styrväxeln är monterad på den främre kryssrambalken och är ansluten via två styrstag med styrleder på de inre och yttre ändarna till styrarmarna som går bakåt från hjullagerhusen. Styrstagsändarna är gängade till styrstagen för att möjliggöra justering av framhjulens toe-in.

Elstyrd hydraulservostyrning (EPHS) är monterad som standard på alla UK-modeller. Systemets elpump och hydraulvätskebehållaren sitter bakom den främre stötfångaren, på vänstra sida.

De flesta UK-modellerna är utrustade med ABS, och de flesta modellerna kan även utrustas med ett antispinnsystem (TCS), en elektronisk differentialspärr (EDL) och ett elektroniskt stabiliseringssystem (ESP). ABS kan även inbegripa EBD (Electronic Brake Distribution) vilket innebär att den anpassar bromskraften bak och fram efter den transporterade vikten, och TCS kan också refereras till som ASR (Anti Slip Regulation).

TCS-systemet hindrar framhjulen från att förlora dragkraft vid acceleration genom att minska motoreffekten. Systemet aktiveras automatiskt när motorn startas och använder ABS-systemets givare för att övervaka framhjulens rotationshastighet.

ESP-systemet utökar ABS-, TCS- och EDL-funktionerna för att minska slirning vid svåra körförhållanden. Detta med hjälp av högkänsliga sensorer som registrerar bilens hastighet, sidledsrörelse, bromstryck och framhjulens styrvinkel. Om bilen t.ex. tenderar till överstyrning utsätts det yttre framhjulet för bromstryck för att korrigera detta. Om bilen tenderar till understyrning utsätts det inre bakhjulet för bromstryck. Framhjulens styrvinkel registreras av en vinkelsensor på rattstångens topp.

TCS/ESP-systemen aktiveras automatiskt när motorn startas och ska lämnas på förutom när du kör med snökedjor, i snö eller på lösa underlag där viss slirning kan vara av fördel. ESP-omställaren sitter mitt på instrumentbrädan.

Vissa modeller är även utrustade med en elektronisk differentialspärr (EDL) som minskar ojämn dragning från framhjulen. Om ett hjul spinner mer än 100 varv/minut snabbare än det andra saktas det ner genom att hjulet utsätts för bromstryck. Systemet är inte samma som den traditionella differentialspärren där de aktuella differentialväxlarna låses. Eftersom systemet applicerar frambroms stängs systemet av om bromsskivan överhettas och förblir avstängt tills skivan har svalnat. Inget varningsljus visas om systemet stängs av. Liksom TCS-systemet använder EDL-systemet ABS-givarna för att registrera framhjulens hastighet.

2 Främre hjullagerhus – demontering och montering

Observera: *Alla självlåsande muttrar och bultar som skadas vid demonteringen måste självfallet bytas ut.*

Demontering

1 Ta bort navkapseln (i förekommande fall) och lossa drivaxelns fästbult medan bilen vilar på sina hjul. Lossa även hjulbultarna.
2 Dra åt handbromsen. Lyft upp framvagnen och ställ den på pallbockar (*se Lyftning och stödpunkter*). Ta bort framhjulet och motorrummets undre skyddskåpa.
3 Skruva loss och ta bort drivaxelns fästmutter**(se bild)**.
4 Skruva loss muttern som håller fast länken till krängningshämmaren och lossa länken.
5 Ta bort ABS-hjulsensorn enligt beskrivningen i kapitel 9.
6 Ta bort bromsskivan enligt beskrivningen i kapitel 9 **(se bilder)**. Detta innefattar att ta loss bromsoket. Koppla emellertid inte loss bromsslangen från bromsoket. Bind upp oket i spiralfjädern så att inte bromsslangen belastas.
7 Skruva loss stänkskyddet från hjullagerhuset.
8 Lossa muttern som håller fast styrstagets styrleder på hjullagerhuset. Detta gör du genom att sätta i en ringnyckel i spåret och, om tillämpligt, hålla fast styrledessprinten med en insexnyckel. När du har tagit bort muttern kan det vara möjligt att lossa styrleden från hjullagerhuset genom att vrida styrledessprinten med en insexnyckel. Om inte, lämna kvar muttern med ett par varv för att skydda gängorna och använd sedan en universell kulledsavdragare för att lossa

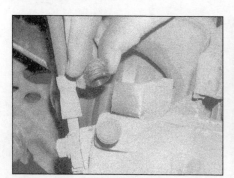

2.6a Ta bort kåporna ...

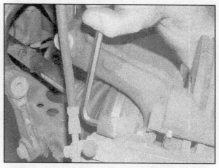

2.6b ... lossa sedan styrsprintarna med en insexnyckel ...

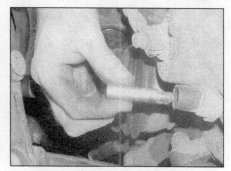

2.6c ... ta bort styrsprintarna ...

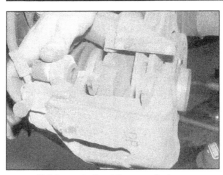

2.6d ... ta bort bromsoket ...

2.6e ... skruva sedan loss skruvarna ...

2.6f ... och ta bort bromsskivan

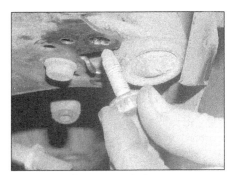

2.9a Skruva loss bultarna ...

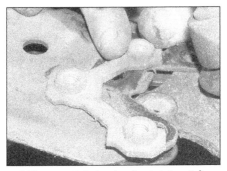

2.9b ... och ta bort spännbrickan från länkarmens överdel

2.9c Dra ut hjullagerhuset och lossa drivaxeln från navet

styrleden. Ta bort muttern helt när konan har lossats.

9 Skruva loss framfjädringens nedre länkarmsbulten, och ta bort spännbrickan från länkarmens överdel. Använd nu en mjuk klubba för att knacka loss drivaxeln från navräfflorna samtidigt som du drar ut hjullagerhusets nederdel. Om drivaxeln sitter tätt mot räfflorna kan du behöva använda en avdragare som är bultad till navet för att ta loss den **(se bilder)**.

10 Notera hur den är monterad, och skruva sedan loss muttern och ta bort klammerbulten som håller fast hjullagerhuset vid fjäderbenets nederkant.

11 Hjullagerhuset måste nu lossas från benet. För att göra detta använder Skodas mekaniker ett specialverktyg i det delade hjullagerhuset och vrider det 90° för att öppna klämman. Även en gammal skruvmejsel eller en lämplig mejsel kan användas och föras in som en kil. Tryck in toppen av hjullagerhuset litet grann och tryck sedan ner den från fjäderbenets botten **(se bilder)**.

12 Skruva loss muttern och ta bort kulleden från undersidan av hjullagerhuset. Använd en avdragare om den sitter hårt.

Montering

13 Observera att alla självlåsande muttrar och bultar som skadats vid demonteringen självfallet måste bytas ut.

14 Återanslut styrleden på hjullagerhus och dra åt muttern till angivet moment.

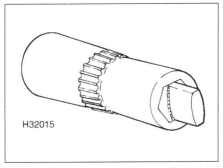

2.11a Verktyg som används av Skodas mekaniker för att öppna upp hjullagerhuset

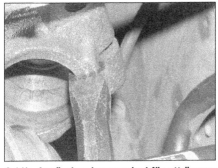

2.11b Använd en huggmejsel för att öppna hjullagerhuset och lossa fjäderbenet

2.11c Ta bort hjullagerhuset från nederkanten av fjäderbenet

2.11d Hjullagerhus

3.2 Slå ut navet och lagret med en stor hammare

15 Se till att drivaxelns yttre drivknut och navräfflor är rena och torra. Smörj sedan räfflorna med ny motorolja. Smörj också navmutterns gängorna och yta med olja.
16 Lyft hjullagerenheten i läge och fäst navet med kilar på drivaxelns ytterände. Montera den nya navmuttren och dra åt den för hand.
17 Haka i hjullagerhuset med fjäderbenets nederdel. Se till att sidplattans hål är i jämnhöjd med hålen i det delade huset. Ta bort verktyget som du använde för att öppna upp delningen.
18 För in klämbulten som förbinder fjäderben med hjullagerhus framifrån, och sätt den nya fästmuttern på plats. Dra åt muttern till angivet moment.
19 Montera tillbaka länkarmens spindelled och spännbricka, och dra åt bultarna till angivet moment.
20 Montera tillbaka parallellstagets styrled på hjullagerhuset, och montera sedan en ny fästmutter och dra åt den till angivet moment. Om det behövs kan du hålla fast kulledssprinten med en insexnyckel medan du drar åt muttern.
21 Montera tillbaka stänkskyddet och dra åt bultarna.
22 Montera tillbaka bromsskivan och bromsoket enligt beskrivningen i kapitel 9.
23 Montera tillbaka ABS-hjulsensorn enligt beskrivningen i kapitel 9.
24 Montera tillbaka krängningshämmarlänken, och dra åt muttern till angivet moment.
25 Se till att den yttre drivknuten dras in helt i navet. Montera sedan tillbaka hjulet och motorrummets undre skyddskåpa. Sänk ner bilen, och dra åt hjulbultarna.

3.7a Pressa in navet och lagret i hjullagerhuset

3.3 Ta bort navet och lagret från hjullagerhuset med en press

26 Dra åt drivaxelns fästmuttrer i de steg som anges i specifikationerna. Vi rekommenderar att du använder en momentgradskiva för att försäkra korrekt åtdragningsgrad.

3 Främre nav och lagren – byte

Observera: *Det främre navet levereras fullständigt med lager, och lagren kan inte bytas ut separat. Observera att nav och lagerenhet måste monteras till hjulspindeln i ett steg, genom att lägga kraft på lagret och inte navet. Skodas mekaniker använder specialverktygen MP 6-414 som endast belastar lagret, men det är också möjligt att tillverka distansbrickor som kan föras in mellan navflänsen och lagret, vilket gör det möjligt att lägga kraft på själva navet. Om du inte kan få tag på dessa verktyg rekommenderar vi att du överlåter arbetet till en Skoda-verkstad.*

1 Demontera hjullagerhuset enligt beskrivningen i avsnitt 2.
2 En press krävs för att demontera navet och lagret. Om ett sådant verktyg inte finns tillgängligt, kan ett stort skruvstäd och mellanlägg (t.ex. stora hylsor) användas istället. Som en sista utväg är det möjligt att använda en hammare för att driva ut nav och lager **(se bild)**.
3 Stöd hjullagerhus på block eller i ett skruvstäd. Använd ett metallrör som vilar mot navets inre ända för att trycka ut nav och lager från huset **(se bild)**. Observera att den inre låsringen som fäster lagret i huset förstörs vid demonteringen.

3.7b Se till att låsringen greppar korrekt i spåret.

4 Rengör hjullagerhuset omsorgsfullt, ta bort alla spår av smuts och fett och polera bort eventuella borrskägg eller upphöjda eggar som kan hindra ihopsättningen. Leta efter sprickor och andra tecken på slitage eller skador. Byt dem om det behövs. Observera att det nya navet och lagret är försedda med en ny låsring som sätts på automatiskt om Skodas specialverktyg används.
5 Vid ihopsättning, applicera ett tunt lager molybdendisulfidfett på lagrets yttre lagerbana och lagerytan på hjullagerhuset.
6 Om du använder Skodas specialverktyg MP 6-414, sätt in det i lagret och för sedan in enheten i hjulspindeln tills låsringen klickar på plats. *Observera: Verktygen innefattar gripare och distansbrickor som inte kan tillverkas lokalt. Kontrollera att navet kan rotera fritt och torka av överflödig olja eller fett.*
7 Om du inte använder specialverktyg, tillverka lämpliga distansbrickor som sitter ordentligt mellan navflänsen och lagret och tryck sedan in nav med lager i hjullagerhuset. Med denna metod kan du behöva knacka in låsringen i spåret **(se bilder)**.
8 Montera hjullagerhuset enligt beskrivningen i avsnitt 2.

4 Främre fjäderben – demontering, renovering och återmontering

Observera: *Alla självlåsande muttrar och bultar som skadas vid demonteringen måste självfallet bytas ut.*

Demontering

1 Ta bort navkapseln (i förekommande fall) och lossa drivaxelns fästbult medan bilen vilar på sina hjul. Lossa även hjulbultarna.
2 Dra åt handbromsen. Lyft upp framvagnen och ställ den på pallbockar (*se Lyftning och stödpunkter*). Ta bort framhjulet och motorrummets undre skyddskåpa.
3 Skruva loss drivaxelns fästmutter och ta bort den.
4 Skruva loss muttrarna som håller fast länken till krängningshämmaren och benet och ta bort länken.
5 Rita med en märkpenna eller ritsspets runt kanterna av änden på fjäderupphängningens länkarm mot länkarmens spindelled så att du markerar korrekt monteringsläge för spindelleden.
6 Skruva loss framfjädringens spindelled-till-nedre arm fästbultar, och ta bort spännbrickan från nedre armens överdel. Detta är nödvändigt för att frigöra mer utrymme till att sänka hjullagerhuset från benet.
7 Koppla loss kablaget från ABS-hjulsensorn och ta bort kablarna från fjäderbensfästet.
8 Lossa muttern som håller fast styrstagets styrled på hjullagerhuset. Detta gör du genom att sätta i en ringnyckel i spåret och, om tillämpligt, hålla fast styrledssprinten med en insexnyckel. När du har tagit bort muttern

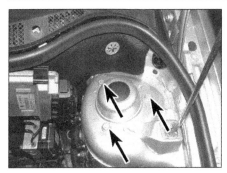

4.12a Skruva loss de övre fäst bultar. . .

4.12b . . . och sänk ner fjäderbenet från hjullagerhuset

4.13 Montera fjäderspännaren

4.14a Håll fast kolvstången med en insexnyckel medan du lossar muttern . . .

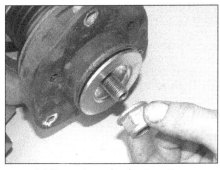

4.14b . . . ta sedan bort muttern

4.15a Ta bort fjäderbenfästet . . .

kan det vara möjligt att lossa styrleden från hjullagerhuset genom att vrida styrledssprinten med en insexnyckel. Om inte, lämna kvar muttern med ett par varv för att skydda gängorna och använd sedan en universell kulledsavdragare för att lossa styrleden. Ta bort muttern helt när konan har lossats.

9 Dra det främre navet och hållaren från drivaxeln och fäst sedan drivaxeln till en sida. Bär upp navhållarens tyngd med en garagedomkraft.

10 Notera hur den är monterad, och skruva sedan loss muttern och ta bort klammerbulten som håller fast hjullagerhuset vid fjäderbenets nederkant.

11 Släpp hjullagerhuset från benet genom att öppna det delade huset litet grann enligt beskrivningen i avsnitt 2, tryck sedan in överdelen på hjullagerhuset en smula, och sänk den från benets nederkant.

12 Stöd benet och skruva loss de övre fästbultarna. Sänk benet från hjullagerhuset och för ut det från hjulhuset (se bilder). Kassera de övre fästbultarna – du måste sätta dit nya vid återmonteringen.

Renovering

⚠️ *Varning: Innan fjäderbenet kan demonteras måste ett passande verktyg för komprimering av spiralfjädern anskaffas. Justerbara spiralfjäderhoptryckare finns i de flesta tillbehörsbutiker och rekommenderas starkt för detta arbete. Varje försök att ta isär fjäderbenet utan ett sådant redskap resulterar troligtvis i skador på material eller person.*

13 Sätt upp fjäderbenets nedre ände i ett skruvstycke och montera hoptryckaren på spiralfjädern. Kontrollera att den är korrekt monterad (se bild).

14 Tryck ihop fjädern så att övre fjädersätet inte längre är belastat och skruva ur kolv-stångens mutter. Håll fast kolvstången med en insexnyckel medan muttern skruvas loss (se bilder). Eftersom kolvstången måste hållas fast kan inte en vanlig djup hylsa användas; i verkstaden använder vi en djupvinklad ringnyckel (en kort ringnyckel tillsammans med en öppen nyckel skulle också fungera). Muttern sitter särskilt hårt – räkna inte med att kunna lossa den säkert med andra ersättningsverktyg.

15 Ta bort benfästet först och därefter damaskerna (se bilder). Notera hur alla komponenter är monterad, så att den kan monteras tillbaka på samma sätt.

16 Ta bort stoppklacken från kolvstången (se bild).

17 Lyft spiralfjädern från benet med fjäderspännaren kvar på plats (se bild). märk vilken fjäderände som är upp.

4.15b . . . och damaskerna

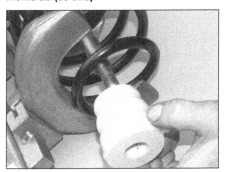

4.16 Ta bort stoppklacken . . .

4.17 . . . och spiralfjädern

4.20 Ändarna av spiralfjädrarna måste sitta korrekt i sätena

18 För stötdämparkolven upp och ned ett helt slag och kontrollera att motståndet är jämnt och smidigt. Om det finns tecken på kärvningar eller motståndslöshet eller om en större mängd olja läckt ut ska stötdämparen bytas.
19 Spiralfjädrarna är vanligtvis färgkodade och om fjädrarna ska bytas (byt bägge samtidigt!), se då till att de nya fjädrarna har samma färgkod.
20 Ihopsättningen utförs som demontering i omvänd ordningsföljd, men se till att spiralfjäderns ändar sitter korrekt i fästena **(se bild)**. Avsluta med att fästa alla delar med stötdämparens kolvmutter, och dra åt den till angivet moment.

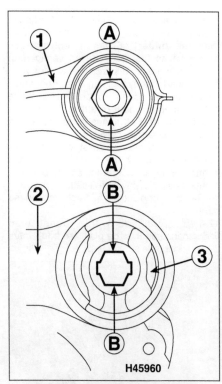

5.8 Ytorna (A) på länkarmens bakre stift måste riktas in mot ytorna (B) i gummifästet

1 Länkarm   3 Gummifäste
2 Fästbygel

Montering

21 För benet på plats under hjulhuset och fäst de övre fästbultarna och dra åt dem till det angivna vridmomentet.
22 Haka i hjullagerhuset med fjäderbenets nederdel. Se till att sidplattans hål är i jämnhöjd med hålen i det delade huset. Ta bort verktyget som du använde för att öppna upp delningen.
23 För in den nya klämbulten som förbinder fjäderben med hjullagerhus framifrån, och sätt den nya fästmuttern på plats. Dra åt muttern till angivet moment.
24 För drivaxeln på plats och låt ytterknuten greppa i navet. Sätt fast den nya navmuttern och använd den för att föra in leden på plats.
25 Rikta in fjädringens länkarmsled, länkarmen och fästplattan/navet. Sätt fast nya fästbultar för länkarmens spindelled och dra åt dem till angivet moment och vinkel enligt markeringarna du gjorde vid demonteringen så att kulleden hamnar på rätt plats.
26 Återanslut parallellstagsändens styrled på hjullagerhus och dra åt muttern till angivet moment.
27 Återanslut kablaget till ABS-hjulsensorn och fäst kablarna till fjäderbensfästet.
28 Montera tillbaka krängningshämmarlänken, och dra åt muttrarna till angivet moment.
29 Kontrollera att den yttre knuten är dragen på plats. Sätt på hjulet och undre skyddskåpan och ställ ned bilen på marken.
30 Dra åt drivalmuttern i de steg som anges i specifikationerna.
31 När drivaxelns mutter är korrekt åtdragen ska hjulbultarna dras till angivet moment, avsluta med att montera hjulsidan/-navkapseln.

5 Framfjädringens länkarm och fäste – demontering, översyn och återmontering

Observera: *Alla självlåsande muttrar och bultar som skadas vid demonteringen måste självfallet bytas ut.*

Demontering

1 Dra åt handbromsen. Lyft sedan upp framvagnen och ställ den på pallbockar *(se Lyftning och stödpunkter).* Ta bort det

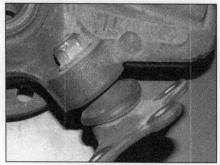

6.2a Framfjädringens spindelled på hjullagerhuset

relevanta framhjulet och motorrummets undre skyddskåpa.
2 Markera hur de är placerade och skruva sedan loss länkarmens spindelledsbult, och ta bort spännbrickan från nedre armens överdel. **Observera:** *På tidiga modeller justeras camberinställningen med spindelledens läge på länkarmen.*
3 Skruva loss och ta bort nedre armens främre styrbult.
4 Sväng ut länkarmens framdel och dra den framåt för att släppa den bakre sprinten från gummifästet. Sväng endast ut armen tillräckligt för att frigöra fästbygeln, och använd om nödvändigt en glidhammare för att lossa den bakre sprinten.
5 Om det behövs att byta det bakre gummifästet, skruva loss fästbygeln från kryssrambalken.

Renovering

6 Rengör den nedre armen och fästbygeln ordentligt, och leta sedan försiktigt efter tecken på sprickor eller skador. Var särskilt noga med styrbulten och de bakre fästbussningarna. Om någon av bussningarna behöver bytas ut bör länkarmen och fästbygeln tas till en Skoda-verkstad eller ett lämpligt utrustat garage. Det behövs en hydraulisk press och lämpliga mellanläggsbrickor för att trycka loss bussningarna och montera nya. När en ny fästbussning måste monteras, se till att den är i linje med märkena.

Montering

7 Montera fästbygeln på kryssrambalken och dra åt fästbultarna till angivet moment.
8 Placera länkarmens bakre sprint i gummifästet och se till att sexkantsprofilen passar och sitter rätt **(se bild)**.
9 Sätt i den främre styrbulten och dra åt till angivet moment.
10 Montera tillbaka kulleden och spännbrickan på länkarmen med nya bultar, använd de tidigare markeringarna som riktmärken, och dra åt bultarna till det moment och den vinkel som angivits.
11 Montera hjulet och den undre skyddskåpan och sänk ner bilen.

6 Framfjädringens länkarm och spindelled – demontering, kontroll och återmontering

Observera: *Alla självlåsande muttrar och bultar som skadas vid demonteringen måste självfallet bytas ut.*

Demontering

Metod 1

1 Demontera hjullagerhuset enligt beskrivningen i avsnitt 2.
2 Skruva loss och ta bort fästmuttern som håller fast spindelleden. Lossa sedan spindelleden från hjullagerhuset med en universell kulledsavdragare **(se bilder)**. Dra ut spindelleden.

Metod 2

3 Ta bort navkapseln (i förekommande fall) och lossa drivaxelns fästbult medan bilen vilar på sina hjul. Lossa även hjulbultarna.

4 *Dra* åt handbromsen. Lyft sedan upp framvagnen och ställ den på pallbockar (*se Lyftning och stödpunkter*). Ta bort framhjulet och motorrummets undre skyddskåpa.

5 Skruva loss drivaxelns fästmutter och ta bort den.

6 Skruva loss muttern som håller fast krängningshämmarlänken på benet.

7 Rita med en märkpenna eller ritsspets runt kanterna av änden på fjäderupphängningens länkarm mot länkarmens spindelleden så att du markerar korrekt monteringsläge för spindelleden.

8 Skruva loss framfjädringens spindelled till länkarmens fästbultar fästbultar, och ta bort spännbrickan från länkarmens överdel.

9 Koppla loss kablaget från ABS-hjulsensorn och ta bort kablarna från fjäderbensfästet.

10 Lossa muttern som håller fast styrstagets styrled på hjullagerhuset. Detta gör du genom att sätta i en ringnyckel i spåret, och, om tillämpligt, hålla fast styrledssprinten med en insexnyckel. När du har tagit bort muttern kan det vara möjligt att lossa styrleden från hjullagerhuset genom att vrida styrledssprinten med en insexnyckel. Om inte, lämna kvar muttern med ett par varv för att skydda gängorna och använd sedan en universell kulledsavdragare för att lossa styrleden. Ta bort muttern helt när konan har lossats.

11 Dra det främre navet och hållaren från drivaxeln och fäst sedan drivaxeln till en sida. Håll hjullagerhuset borta från länkarmen genom att föra in ett träkloss mellan benet och den inre karosspanelen.

12 Skruva loss och ta bort fästmuttern som håller fast styrleden. Lossa sedan styrleden från hjullagerhuset med en universell kulledsavdragare. Dra ut styrleden.

Kontroll

13 När styrleden är borttagen, kontrollera att den kan vridas fritt, utan att kärva. Kontrollera också att styrledens gummidamask inte uppvisar några tecken på åldrande och är fri från sprickor och glipor. Byt om det behövs.

Montering

Metod 1

14 Montera styrleden till hjullagerhuset och montera den nya fästmuttern. Dra åt muttern till angivet moment. Styrledsaxeln kan om nödvändigt hållas på plats med en insexnyckel för att hindra den från att rotera.

15 Montera tillbaka hjullagerhuset enligt beskrivningen i avsnitt 2.

Metod 2

16 Montera styrleden till hjullagerhuset och montera den nya fästmuttern. Dra åt muttern till angivet moment. Styrledsaxeln kan om nödvändigt hållas på plats med en insexnyckel för att hindra den från att rotera.

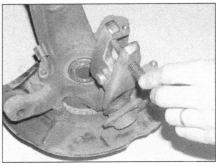

6.2b Ta bort den nedre spindelleden med en universell kulledsavdragare

17 Ta bort träklossen och flytta benet inåt samtidigt som du för in drivaxeln i navräfflorna.

18 Montera tillbaka styrleden och spännbrickan på den nedre armen med nya bultar, och dra åt dem till angivet moment och vinkel.

19 Sätt fast den nya navmuttern och använd den för att föra in leden på plats.

20 Montera tillbaka styrstagets styrled på hjullagerhuset och fäst den med en ny mutter som dragits åt till angivet moment.

21 Återanslut ABS kablarna och anslut dem till fjäderbensfästet.

22 Montera tillbaka krängningshämmarlänken på benet, och dra åt muttern till angivet moment.

23 Kontrollera att den yttre knuten är dragen på plats. Sätt på hjulet och undre skyddskåpan och ställ ned bilen på marken.

24 Dra åt drivalmuttern i de steg som anges i specifikationerna.

25 När drivaxelns mutter är korrekt åtdragen ska hjulbultarna dras till angivet moment, avsluta med att montera hjulsidan/-navkapseln.

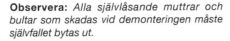

7 Främre krängningshämmare – demontering och montering

Observera: *Alla självlåsande muttrar och bultar som skadas vid demonteringen måste självfallet bytas ut.*

Demontering

1 Dra åt handbromsen. Lyft sedan upp framvagnen och ställ den på pallbockar (*se Lyftning och stödpunkter*). Ta bort båda framhjulen och motorrummets undre skyddskåpa.

2 Skruva loss bultarna som håller fast motorns bakre fäste vid växellådans nederkant.

3 Skruva loss bultarna som håller fast krängningshämmarklämmorna på den bakre delen av länkarmsfästbyglarna. Observera att den nedre högra bulten inte kan tas bort helt ännu.

4 Skruva loss muttrarna och koppla loss sidolänkarna från krängningshämmaren.

5 Skruva loss styrinrättningens fästbultar från kryssrambalkens undersida. Fäst styrväxeln till underredet.

6 Markera läget på underredets kryssrambalk för att behålla hjulinställningen. Notera hur krängningshämmaren och gummibussningar sitter. Detta underlättar återmonteringen.

7 Ta upp vikten för kryssrambalken på en garagedomkraft, och skruva sedan loss fästbultarna och sänk ner kryssrambalken ungefär 4 cm.

8 Ta bort klämman, vrid sedan krängningshämmaren uppåt och ta bort den bakåt. Ta bort gummibussningarna från krängningshämmaren.

9 Undersök krängningshämmarens delar noggrant efter tecken på slitage, skada eller åldrande. Var särskilt noga med gummifästbussningarna. Byt ut slitna komponenter.

Montering

10 Montera gummibussningarna på krängningshämmaren, och justera dem mot markeringarna du gjorde innan du demonterade dem.

11 För krängningshämmaren på plats, montera sedan tillbaka fästklamrarna och skruva i fästbultarna. Se till att bussningens markeringar fortfarande är linjerade med markeringar på stagen, och dra sedan åt fästklämmans fästbultar till angivet moment.

12 Lyfta kryssrambalken och rikta in den med de tidigare gjorda markeringarna. Sätt i fästbultarna till angivet moment och vinkel.

13 Lossa styrväxeln och fäst den till kryssrambalken med bultarna åtdragna till angivet moment.

14 Montera tillbaka sidolänkarna och dra åt muttrarna till angivet moment.

15 Dra även åt muttrarna till krängningshämmarens fästklammerbultar till angivet moment.

16 Montera tillbaka de vänstra bultarna på motorns bakre fästa, skjut sedan fram växellådan så långt som möjligt och dra åt bultarna till angivet moment.

17 Avsluta med att sätta på hjulen och motorns nedre skyddskåpa, ställa ner bilen och dra åt hjulbultarna till angivet moment.

8 Främre krängningshämmares anslutningslänk – demontering och montering

Observera: *Alla självlåsande muttrar och bultar som skadas vid demonteringen måste självfallet bytas ut.*

Demontering

1 Dra åt handbromsen. Lyft sedan upp framvagnen och ställ den på pallbockar (*se Lyftning och stödpunkter*). Ta bort det relevanta framhjulet.

2 Skruva loss muttrarna som håller fast krängningshämmarlänken mot det främre

9.3 Använd en mejsel eller skruvmejsel for att demontera dammkåpan på det bakre navet

9.5 . . . och ta bort navet och lagren från axeltappen

fjädringsbenet och krängningshämmaren och ta bort den.
3 Undersök gummilänkarna efter tecken på skador eller åldrande. Byt ut länken helt om du ser att det behövs.

Montering

4 Monteringen sker i omvänd ordningsföljd mot demonteringen. Dra inte åt fästbultarna helt förrän hela bilens vikt vilar på framfjädringen.

9 Bakre nav – demontering och montering

Observera: *Bakhjulslagren kan inte bytas ut oberoende av det bakre navet, eftersom de yttre lagerbanorna formas i själva navet. Vid överdrivet slitage måste det bakre navet bytas ut. Den bakre navmuttern måste alltid bytas vid återmonteringen.*

Demontering

1 Klossa framhjulen, lyft upp bakvagnen med hjälp av en domkraft och stötta upp den på pallbockar (*se Lyftning och stödpunkter*). Lossa handbromsen och ta bort det relevanta bakhjulet.
2 Ta bort den bakre bromstrumman eller skivan (efter tillämplighet) enligt beskrivningen i kapitel 9.
3 Ta bort dammkåpan från navets mitt med hjälp av en skruvmejsel eller en mejsel (**se bild**).
4 Skruva loss och ta bort den självlåsande 12-kantiga navmuttern. Observera att den är

9.4 Skruva loss den självlåsande 12-kantiga navmuttern. . .

9.8 Använd en hylsa för att skjuta på navet på axeltappen

åtdragen med ett högt vridmoment och att ett förlängningsskaft kan behövas för att lossa den (**se bild**). Det rekommenderas att muttern bytas varje gång den skruvas loss.
5 Använd en lämplig avdragare om nödvändigt, dra nav och lager från axeltappen (**se bild**). Se till att inte skada ABS-givarringen på navets insida.
6 Undersök navet och lagren och leta efter tecken på slitage, punktkorrosion och skador. Om lagerytorna och kulorna verkar vara i gott skick vid kontrollen kan navet användas igen.

Montering

7 Rengör axeltappen, och kontrollera sedan att lagerskålen är väl smord med lämpligt fett.
8 Placera navet så långt bort som möjligt på axeltappen. Skodas mekaniker använder en särskild dorn för att köra den inre banan till rörstosen, men ett lämpligt metallrör eller en djup hylsa kan även användas (**se bild**). Se till att röret endast är placerat på den inre banan.

10.3 ABS bakhjul hastighetsgivare

9 Skruva på den nya självlåsande mutter och dra åt den till angivet moment och vinkel.
10 Kontrollera dammkåpan efter skador och byt ut den om det behövs. Ett hammarskaft används för att knacka ner kapseln i navet. **Observera:** *En damkåpa som sitter dåligt låter fukt tränga in i lagret, vilket minskar dess livslängd.*
11 Montera tillbaka bromstrumman eller skivan (efter tillämplighet) enligt beskrivningen i kapitel 9.
12 Montera tillbaka hjulet och sänk ner bilen.

10 Bakre axeltapp – demontering och montering

Observera: *Alla självlåsande muttrar och bultar som skadas vid demonteringen måste självfallet bytas ut.*

Demontering

1 Klossa framhjulen, lyft upp bakvagnen med hjälp av en domkraft och stötta upp den på pallbockar (*se Lyftning och stödpunkter*). Lossa handbromsen och ta bort det relevanta hjulet.
2 Demontera baknavet enligt beskrivningen i avsnitt 9.
3 Lossa vajrarna, skruva sedan loss bulten och ta bort ABS hastighetsgivaren från bakaxelns hängarm (**se bild**).
4 Skruva loss fästbultarna som håller fast axeltappen och den upphöjda fliken på bakaxelns hängarm. Ta försiktigt bort bromsskölden och axeltappen, samtidigt som du ser till att inte böja bromsledningen för mycket. Om det behövs, demontera den bakre bakhjulscylindern eller det bakre bromsoket enligt beskrivningen i kapitel 9.
5 Undersök axeltappen efter tecken på skada, och byt ut dem om det behövs. Försökinte räta ut axeltappen.

Montering

6 Se till att axelns, axeltappens och bromssköldens fogytor är rena och torra. Kontrollera den upphöjda fliken och leta efter skador.
7 Montera tillbaka axeltappen tillsammans med den upphöjda fliken, och sätt sedan i de nya bultarna och och dra åt dem stegvis till angivet moment.
8 Om borttagna, montera tillbaka den bakre bakhjulscylindern eller det bakre bromsoket enligt beskrivningen i kapitel 9.
9 Montera tillbaka hastighetsgivaren, dra åt bulten, och återanslut kablarna.
10 Montera tillbaka det bakre navet enligt beskrivningen i avsnitt 9.
11 Montera hjulet och sänk ner bilen.

11 Bakfjädringens stötdämpare och spiralfjäder – demontering, kontroll och återmontering

Observera: *Alla självlåsande muttrar och bultar som skadas vid demonteringen måste självfallet bytas ut.*

11.3 Placera en garagedomkraft och träbit under länkarmen

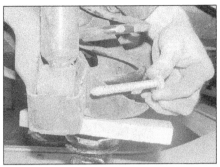

11.5a Ta bort den nedre fästbulten. . .

11.5b . . . och ta bort stötdämparen från länkarmen

Stötdämpare

Demontering

1 Innan du tar bort stötdämparen kan du kontrollera hur effektiv den är genom att trycka ner bilens högra bakhörn. Om stötdämparen är i gott skick bör karossen stiga upp och sedan lägga sig i normalläget. Om karossen svänger mer än så är stötdämparen defekt. **Observera:** *De bakre stötdämparna kan bytas ut enskilt om nödvändigt.*

2 Klossa framhjulen, lyft upp bakvagnen med hjälp av en domkraft och stötta upp den på pallbockar (*se Lyftning och stödpunkter*). Lyft av det relevanta bakhjulet.

3 Placera en garagedomkraft och en träkloss nedanför spiralfjäderns läge på länkarmen och höj armen så att stötdämparen trycks samman en smula **(se bild)**. Observera att det på vissa modeller kan vara nödvändigt att ta bort stenbrottsskyddet först.

4 På modeller med gasurladdningsstrålkastare (Xenon), koppla loss dragstången för den bakre givaren.

5 Skruva loss och ta bort stötdämparens nedre fästemutter och bult, och för bort stötdämparens undersida från länkarmen **(se bild)**.

6 Stötta upp stötdämparen, skruva sedan loss de övre fästbultarna i bakre hjulhuset. Sänk ner stötdämpare och ta bort den från hjulhuset **(se bild)**.

7 Med stötdämparen på bänken, bänd loss kåpan, skruva sedan loss muttern från kolvstångens topp och ta bort den övre fästbygeln. Kolvstången kan hållas fast med en tång på det upphöjda stiftet på stångens topp. Ta bort gummistopp och skydd från stångens topp.

Kontroll

8 Om det behövs kan stötdämparens funktion kontrolleras genom att montera den upprätt i ett skruvstäd. Tryck ner stången helt och dra sedan upp den helt. Kolvstången måste glida jämnt över hela längden.

Montering

9 Sätt på gummistoppet och skydden på kolvstången, följt av den övre fästbygeln. Sätt den nya muttern på plats och dra åt den till angivet moment samtidigt som du håller

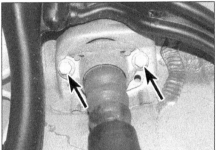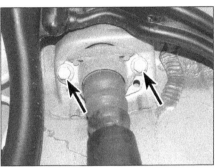

11.6a Skruva loss de övre fäst bultarna. . .

kolvstången som om den skulle tas bort. Sätt sedan tillbaka kåpan.

10 Placera stötdämpare i det bakre hjulhuset, sätt sedan i de övre fästbultarna och dra åt dem till angivet moment.

11 Sätt stötdämparens nederdel i länkarmen, för in bulten utifrån och skruva på muttern. Lyft länkarmen med domkraften för att ta bakfjädringens vikt, dra sedan åt den nedre fästbulten till angivet moment.

12 Sänk ner domkraften, och montera tillbaka stenbrottsskyddet om det behövs.

13 På modeller med gasurladdningsstrålkastare (Xenon), återanslut dragstången och justera den så att armen pekar bakåt och inte uppåt när bakfjädringen är böjd.

14 Montera hjulet och sänk ner bilen.

Spiralfjäder

Observera: *Det går att ta bort den bakre*

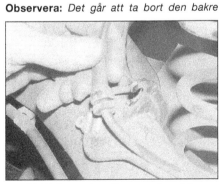

11.20 Lossa handbromsvajern från fästbygeln på länkarmen

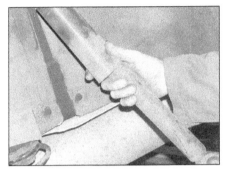

11.6b . . . och ta bort den bakre stötdämparen under hjulhuset

spiralfjädern utan att använda en fjäderspännare; båda metoder beskrivs i följande avsnitt.

15 *Klossa framhjulen, lyft upp bakvagnen med hjälp av en domkraft och stötta upp den på pallbockar (*se Lyftning och stödpunkter*). Lyft av det relevanta bakhjulet.*

16 Om du tar bort den vänstra bakre spiralfjädern, ta först bort avgasröret och ljuddämparen enligt beskrivningen i kapitel 4C.

Med hoptryckaren

⚠️ **Varning: Justerbara spiralfjäderhoptryckare finns i de flesta tillbehörsbutiker och rekommenderas starkt för detta arbete.**

17 Stöd hjulinställningsarmen med en garagedomkraft. För sedan in verktyget till spiralfjädern och tryck ihop den tills den kan tas bort från länkarmen och underredet. Med spiralfjädern på bänken, släpp försiktigt efter på verktygets spänning och ta bort det.

Utan hoptryckaren

18 Placera en garagedomkraft och en träkloss nedanför spiralfjäderns läge på länkarmen och höj armen så att stötdämparen trycks samman en smula. Observera att det på vissa modeller kan vara nödvändigt att ta bort stenbrottsskyddet först.

19 Skruva loss och ta bort stötdämparens nedre fästemutter och bult, och för bort stötdämparens undersida från hängarmen.

20 Släpp handbromsvajern från länkarmens fästbygel **(se bild)**.

21 Sänk ner garagedomkraften och ta bort den från under länkarmen, sänk sedan ner

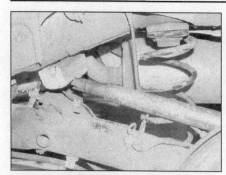

11.21a Sänk ner länkarmen ...

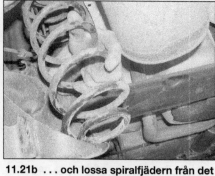

11.21b ... och lossa spiralfjädern från det nedre sätet ...

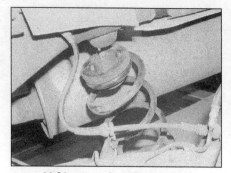

11.21c ... och underredssätet

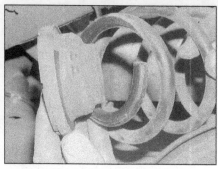

11.22 Ta loss det övre och det nedre fjädersätet

armen försiktigt tills spiralfjädern kan tas bort. Bänd mot en träkloss för att förhindra skador på underredet. Kontrollera att bilen är ordentligt stödd på pallbockar **(se bild)**.

Kontroll

22 Med spiralfjädern demonterat, ta loss de övre och nedre fjädersätena och kontrollera dem efter tecken på skador **(se bild)**. Skaffa nya om det behövs. Rengör även fjäderplatserna på underredet och länkarmen.

Montering

23 Monteringen utförs i omvänd ordningsföljd mot demonteringen, men se till att det övre fjädersätet sitter korrekt på spiralfjäderns topp, med fjäderänden mot sätesansatsen. Det nedre sätet är cirkulärt och passar endast i fjäderns mitt. Innan du drar åt stötdämparens nedre fästbult till angivet moment, höj länkarmen till dess normala läge.

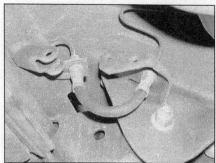

13.7 Bromsslangen på bakaxeln och underredet

12 Bakre krängningshämmare – demontering och montering

Den bakre krängningshämmaren löper längsmed bakaxelbalken. Den utgör en del av axelenheten, och kan inte tas bort separat. Om krängningshämmaren har skadats (vilket är osannolikt) måste hela axelenheten bytas ut.

13 Bakaxel – demontering och montering

Observera: *Alla självlåsande muttrar och bultar som skadas vid demonteringen måste självfallet bytas ut.*

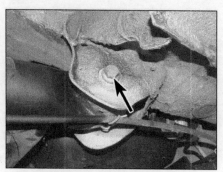

13.9 Bakaxelns främre fästbult

Demontering

1 Klossa framhjulen, lyft upp bakvagnen med hjälp av en domkraft och stötta upp den på pallbockar under underredet (*se Lyftning och stödpunkter*). Demontera båda bakhjulen. Lossa handbromsen helt.
2 Arbeta på en sida åt gången och höj länkarmen litet grann så att stötdämparen inte är helt utdragen. Skruva sedan loss och ta bort stötdämparens övre fästbultar från insidan av bakhjulshuset. Sänk försiktigt länkarmen för att släppa på fjädertrycket.
3 På modeller med gasurladdningsstrålkastare (Xenon), koppla loss dragstången vid nivågivarens baksida. Om det behövs, lossa kablaget och skruva loss givaren.
4 Med båda övre stödämparfästena löskopplade, sänk länkarmarna tills spiralfjädrarna och sätena kan tas bort.
5 Ta bort stenskyddsplattorna från länkarmarna om de är monterade. Skruva sedan loss de lägre fästbultarna och ta bort stötdämparna från bakaxeln.
6 Frigör handbromsvajren från fästena/klämmorna på bakaxeln och underredet.
7 Dra ut klämmorna och koppla loss bromsslangarna från fästena på bakaxeln och underredets fästbygel på båda sidor **(se bild)**. Koppla inte loss de stela bromsledningarna från slangarna.
8 Se avsnitt 10 och ta bort de bakre axeltapparna från de bakre länkarmarna. Lösgör de stela ledningarna från deras klämmor och placera bakhjulscylindrarna eller bromsoken (om det är tillämpligt) på en sida, tillsammans med handbromsvajrarna. Skruva även loss regulatorn för bakbromsbelastning om en sådan finns monterad.
9 Stötta bakaxeln med en garagedomkraft, skruva sedan loss och ta bort bakaxelns främre fästbultar från underredets fästbyglar **(se bild)**.
10 Dra bort bakaxeln från underredets fästbyglar och ta bort den från bilens undersida. Det är mycket viktigt att ha en medhjälpare.
11 Leta efter tecken på skador eller åldrande på bakaxelfästena. Se avsnitt 14 om ett utbyte är nödvändigt.

Montering

12 Applicera lite bromsfett eller tvålvatten på den njurformade håligheten på de främre gummifästena, för sedan bakaxeln till underredets fästbyglar och för in monteringsbultarna utifrån. Dra åt muttrarna med fingrarna än så länge. **Observera:** *Se till att bultarna är införda genom mitten på gummifästena och inte sitter i en av de tre utskärningarna utanför mitten. Om bultarna inte är korrekt centrerade blir bakhjulspositionen inkorrekt, vilket medför kraftigt däckslitage.*
13 Montera tillbaka de bakre axeltapparna enligt beskrivningen i avsnitt 10. Fäst bromsledningarna till klämmorna, och montera i förekommande fall tillbaka regulatorn för bakbromsbelastning.

14 Montera bromsslangarna i stöden och säkra dem med fästklamrarna.

15 Montera tillbaka handbromsvajrarna och för in dem i fästena/klämmorna.

16 Placera stötdämparna på länkarmarna och för in de lägre fästbultarna löst.

17 På modeller med gasurladdningsstrålkastare (Xenon), montera tillbaka bilens nivågivare, och återanslut sedan kablaget och spännstaget

18 Placera försiktigt spiralfjädrarna och säten på bakaxeln enligt beskrivningen i avsnitt 11.

19 Arbeta på en sida åt gången och höj länkarmen tills stötdämparens övre fästbultarna kan sättas i. Dra åt bultarna till angivet moment.

20 Arbeta på en sida åt gången och höj länkarmen med en garagedomkraft tills bilens tyngd ligger på spiralfjädern. Dra åt de främre fästbultarna till angivet moment, och sedan stötdämparens fästbultar till angivet moment.

21 Montera tillbaka stenskyddsplattorna under länkarmarna.

22 Kontrollera och justera vid behov handbromsen enligt beskrivning i kapitel 9.

23 Montera hjulen och sänk ner bilen.

14 Bakaxelns gummifästen – byte

Observera: Vi rekommenderar att du byter ut gummifästena på båda sidor samtidigt för att försäkra en korrekt bakhjulsinställning.

1 De flesta modeller som täcks av denna handbok är utrustade med gummifästen av hydraulisk typ på bakaxeln om de är nya, men tidiga 1,4 litersmodeller kan vara av solidgummityp. Om vätskeläckage uppstår eller om det syns tecken på slitage på gummifästen av hydraulisk typ, måste gummifästen av solid typ monteras på båda sidor. Följande avsnitt beskriver hur du byter gummifästen av solid

typ, men proceduren för att ta bort gummi av hydraulisk typ är densamma.

2 Klossa framhjulen, lyft upp bakvagnen med hjälp av en domkraft och stötta upp den på pallbockar under underredet (se Lyftning och stödpunkter). Demontera båda bakhjulen.

3 Frigör handbromsvajrarna från fästena/klämmorna på bakaxeln och underredet.

4 Dra ut klämmorna och koppla loss bromsslangarna från fästena på bakaxeln och underredets fästbyglar.

5 Skruva loss båda främre fästbultar av bakaxeln från underredets fästbyglar.

6 Arbeta på en sida åt gången och dra ner länkarmens främre ände från underredsfästbygeln och håll den på plats genom att placera en träkloss mellan armen och underredet.

7 Notera gummifästets monterade position för att underlätta återmontering.

8 Skoda-mekaniker använder en glidhammare för att ta bort gummifästet från bakaxeln. Om ett liknande verktyg inte är tillgängligt kan du använda en lång bult med metallrör och brickor för att föra ut fästet.

9 Det nya fästet måste sitta korrekt i bakaxeln **(se bilder)**. Använd ett lämpligt redskap, dra fästet till bakaxeln till det sitter i samma läge som innan det togs bort.

10 Byt ut fästet på andra sidan på samma sätt som beskrivs i punkt 6 till 9.

11 Applicera lite bromsfett eller tvålvatten på den njurformade håligheten på de främre gummifästena, för sedan bakaxeln till underredets fästbyglar. Montera fästbultarna utifrån och dra åt dem för hand i det här stadiet.

12 Montera tillbaka bromsslangarna och handbromsvajrarna och fäst dem med klämmor.

13 Arbeta på en sida åt gången och höj länkarmen med en garagedomkraft tills bilens tyngd ligger på spiralfjädern. Dra sedan åt den främre fästbulten helt till angivet moment.

14 Montera hjulen och sänk ner bilen.

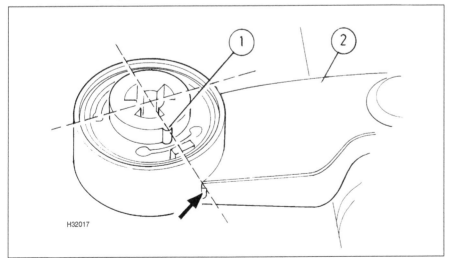

14.9a Monteringsläge för bakaxelns gummifäste (förutom RS-modeller)

Utskärningen (1) måste riktas in efter den punkt som pilen visar på länkarmen (2)

15 Bilens nivågivare– demontering och montering

Demontering

1 På modeller med gasurladdningsstrålkastare (Xenon), sitter nivågivaren på bakre länkarmens vänstra sida. Givaren registrerar bilens nivå, och denna information, tillsammans med hastighetsinformationen från instrumentbrädan, används för att justera strålkastarhöjden med hjälp av en stegmotor.

2 For att demontera givaren, klossa framhjulen, lyft upp bakvagnen med hjälp av en domkraft och stötta upp den på pallbockar (se Lyftning och stödpunkter). Koppla loss kablaget, skruva sedan loss fästbultarna och muttern och dra ut givaren från bilens undersida.

Montering

3 Monteringen sker i omvänd ordning, och dra åt fästbultarna/muttrarna till angivet moment. Om det behövs kan du låta en Skoda-verkstad kontrollera givarinställningen; detta kräver användning av specialutrustning som hemmamekanikern saknar.

16 Ratt – demontering och montering

⚠️ *Varning: Undvik att sitta i framsätena vid demontering och montering av krockkudde.*

Demontering

1 Ställ framhjulen rakt fram och lås upp rattlåset genom att sätta i startnyckeln.

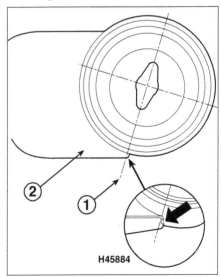

14.9b Monteringsläge för bakaxelns gummifäste (RS-modeller)

Axeln (1) måste riktas in efter den punkt som pilen visar på länkarmen (2)

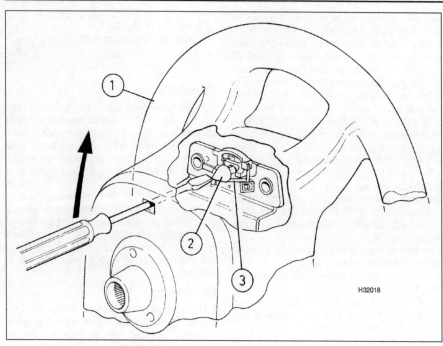

16.4a Demontering av krockkuddsmodulen

1 Ratt   *2 Låsklack*   *3 Klämma*

2 Koppla loss batteriets minusledare (*se Koppla loss batteriet* i kapitlet *Referens* i slutet av denna handbok), och placera det en bit bort från polen.

3 Justera rattstången till dess lägsta läge genom att frigöra justeringshandtaget, dra sedan ut stången och sänk ner den så långt som möjligt. Lås stången i detta läge genom att sätta tillbaka justeringshandtaget.

4 Med ekrarna i vertikalt läge, för in en skruvmejsel ungefär 45 mm i hålet upptill bak på rattnavet, för sedan upp och lösgör

klämman och lossa krockkuddens låsklack **(se bilder)**. Vrid nu ratten 180° och släpp den återstående låsklacken för krockkudden.

5 Vrid ratten till mittläget (rakt framåt).

6 Ta bort försiktigt krockkuddemodulen och lossa kablarna **(se bild)**.

⚠️ *Varning: Förvara krockkudden på en säker plats på avstånd från arbetsområdet med utsidan uppåt (se Kapitel 12).*

7 Använd en kilspårshylsa, skruva loss och ta bort fästbulten medan du håller fast ratten **(se bild)**. **Observera:** *Rattens fästbult kan återanvändas upp till 5 gånger, sedan måste den bytas ut. Vi rekommenderar att du markerar muttern med en körnare för att visa antalet gånger som den har skruvats loss.*

8 Använd en körnare eller märkpenna för att markera rattens läge i förhållande till stången, för att underlätta återmontering. Lossa sedan ratten från stångspårningarna genom att vicka den från sida till sida **(se bilder)**.

Montering

9 Observera att om kombinationsbrytaren har tagits bort från stången måste du justera spelrummet mellan ratten och brytaren innan du slutligen drar fast klämman som håller fast brytaren. Spelet bör vara ungefär 2,5 mm. Se kapitel 12 för mer information.

10 Placera ratten på stångspårningarna och kontrollera att de tidigare gjorda markeringarna är i jämnhöjd med varandra.

11 Applicera fästmassa på gängorna på

16.4b Sätt in en skruvmejsel för att lossa krockkuddsmodulens klämma

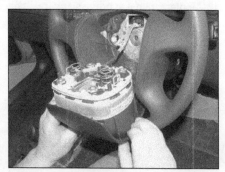

16.6a Ta bort krockkuddsmodulen . . .

16.6b . . . och koppla loss kablaget

16.7 Demontera rattens fästbult

16.8a Markera ratten i förhållande till rattstången . . .

16.8b . . . och dra sedan av ratten genom att gunga den från sida till sida

17.11 Ta bort plastkåpan från rattstångens nedre knutkors

17.12a Knutkors som kopplar samman nederkanten av mellanaxeln och styrväxelns kuggstång

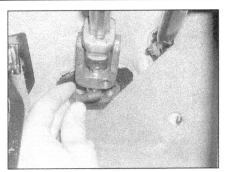

17.12b Klämbulten lossas

17.12c Räfflad kuggstång på styrväxeln

17.12d Det räfflade knutkorset, med den avfasade delen som gör att den endast kan monteras på ett sätt

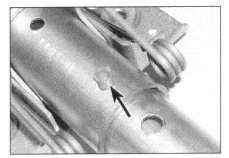

17.14 Sätt in ett stift eller en plugg (markerad med pil) för att hålla ihop rattstångens yttre delar vid demonteringen

bulten, skruva sedan på den och dra åt till angivet moment medan styrhjulet hålls still.

12 Ställ ratten rakt fram, placera krockkuddemodulen på sin plats och återanslut kablaget. Tryck in modulen försiktigt tills du hör att båda låsklackarna hakar i.

13 Återanslut batteriets minusledning (jord).

17 Rattstång – demontering, kontroll och montering

Demontering

1 Koppla loss batteriets minusledare (se *Koppla loss batteriet* i kapitlet *Referens* i slutet av denna handbok), och placera det en bit bort från polen.

2 Demontera ratten enligt beskrivning i avsnitt 16.

3 Ta bort den lägre instrumentpanelen/facket från under rattstången enligt beskrivningen i kapitel 11.

Modeller utan ESP/TCS

4 Koppla loss vajrarna från nederdelen av kombinationsbrytaren.

5 Använd en liten skruvmejsel för att lossa låsklackarna. Dra sedan luftkuddens släpring och kontaktdon från kombinationsbrytaren. Observera att släpringen låser sig till centralläget automatiskt och är klart att återmonteras.

Modeller med ESP/TCS

6 Observera att släpringen är annorlunda och har en rattvinkelgivare på modeller med ESP (elektronisk stabilisering) och TCS (antispinnsystem). För att ta bort denna typ, se till att framhjulen fortfarande pekar rakt framåt, kontrollera sedan att en gul fläck är synlig genom hålet på det övre, högra hörnet av släpringshuset. Om det behövs kan du tillfälligt montera tillbaka ratten och flytta rattstången tills fläcken är synlig.

7 På slutet av släpringshuset, lossa de två fästkrokarna och ta bort släpringen och rattvinkelgivaren. Observera att släpringen låser sig till centralläget automatiskt och är klart att återmonteras.

Alla modeller

8 Ta bort plasthöljet från rattlåsets säkerhetsbultars på rattstångens ovandel och lossa buntbandet som håller fast kabelhärvan.

9 Markera kombinationsbrytarens läge på stången, skruva loss fästbulten och lossa brytaren.

10 Koppla loss kablaget från tändningslåset och startspärrens lässpole. Skruva sedan loss muttern och koppla loss jordkabeln.

11 Skruva loss plastmuttrarna under pedalens fästbygel och ta bort kåpan så att du kommer åt rattstångens nedre kardanknut **(se bild)**.

12 Skruva loss klämbulten och lossa rattstångens kardanknut från styrväxelns kugghjul (stången är teleskopisk så att den lättare kan lossas). Kasta klämbulten och

använd en ny vid återmonteringen. Observera att kuggstången har en utskärning för montering av klämbulten och att den räfflade kuggstången har en avfasning som gör det omöjligt att montera knuten på fel plats på stången **(se bilder)**. Vissa modeller kan ha en klämring som håller fast kardanknuten mot den inre stången.

13 Ta loss kabelstyrningarna och lossa kabelklämmorna från rattstången.

14 Observera att de inre och yttre stängerna samt mellanaxeln är teleskopiska, för att underlätta avståndsjustering. Det är viktigt att hålla samman de räfflade avsnitten på den inre rattstången när rattstången tas bort. Om de kopplas loss när de yttre stångavsnitten separeras, framför allt på en bil som körts långt, kan skakljud uppstå. Skodas mekaniker använder en speciell plastklämma för att hålla samman de yttre stångavsnitten, men en hållare kan även göras av en konisk träplugg eller av plaständen på en kulspetspenna. Lossa först handtaget för avståndsjustering och placera de yttre rattstångsrören så att transporthålen ligger parallellt. För in pluggen eller stiftet för att hålla samman stångavsnitten vid demontering **(se bild)**.

15 Skruva loss och ta bort den nedre fästbulten, stötta sedan upp rattstången och skruva loss de övre fästbultarna. Dra bort rattstången från bilen **(se bild)**.

16 Ta bort tändningslås/rattlås enligt beskrivningen i avsnitt 18, om det behövs.

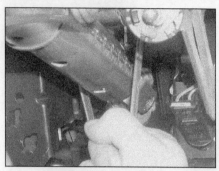

17.15a Lossa muttern . . . . .

17.15b . . . och ta bort rattstångens nedre fästbult

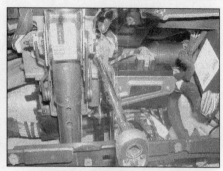

17.15c Skruva loss de övre fäst bultar. . .

17.15d . . . och ta bort rattstången inifrån bilen

17.15e Rattstången demonterad

Kontroll

17 Rattstången är utformad för att kollapsa vid en frontalkollision, så att inte föraren ska skadas av ratten. Innan rattstången monteras tillbaka, undersök stången och fästena och leta efter tecken på skada och deformering. Använd skjutmått för att mäta avståndet mellan de övre fästbyglarna **(se bild)**. Avståndet bör vara minimalt 37.0 mm. Om det är lägre än detta är rattstången skadad och bör bytas ut.

18 Leta efter tecken på fritt spel i stångbussningarna på de inre stångavsnitten. Om skador eller slitage upptäcks på rattstångens bussningar måste hela stången bytas.

19 Mellanaxeln är permanent förbunden med den inre stången och kan inte bytas ut separat **(se bild)**. Undersök kardanknutarna efter kraftigt slitage. Om du ser att det behövs måste hela rattstången bytas ut.

Montering

20 Om en ny rattstång monteras måste rullfästbygeln tas bort från den gamla yttre stången och fästas till den nya **(se bild)**.

21 Montera tillbaka tändningslås/rattlås enligt beskrivningen i avsnitt 18.

22 Applicera låsvätska på fästbultarnas gängor. Passa in rattstången i fästbygeln och sätt i alla fästbultar löst. Dra åt den nedre fästbulten till angivet moment, dra sedan åt de övre fästbultar till angivet moment.

23 Ta bort klämman eller fästet som håller fast teleskoprördelarna, och ta bort hållaren/ kabeln från den inre stången.

24 Sätt på kardanknuten på styrväxelns kuggstång så att utskärningen är i jämnhöjd med bulthålen. Skruva i den nya klämbulten och dra den till angivet moment.

25 Montera tillbaka plastkåpan nedanför pedalbygeln och fäst den med plastmuttrarna.

26 Montera tillbaka jordkabeln och dra åt muttern. Återanslut sedan kablaget till tändningslåset och startspärrens lässpole.

27 Montera tillbaka kombinationsbrytaren på rattstångens ovansida enligt beskrivningen i kapitel 12, avsnitt 4. Se till att den är i jämnhöjd med den tidigare gjorda markeringen eller justera den innan du drar åt klämbulten.

28 Montera tillbaka plastkåpan på rattlåsets säkerhetsbultar och sätt tillbaka buntbandet.

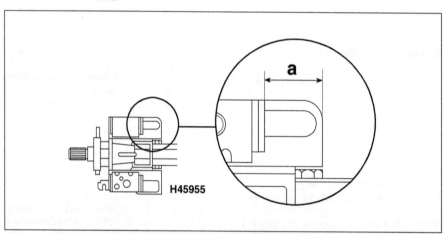

17.17 Mät avståndet mellan de övre fästbyglarna

a = 37.0 mm minimal

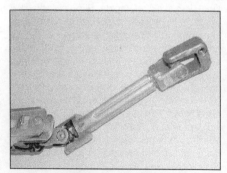

17.19 Mellanaxeln är permanent monterad vid den inre rattstången

17.20 Rullbygeln är fäst i rattstången med en enkel brytbult

Modeller utan ESP/TCS

29 Montera tillbaka krockkuddens släpring och kontaktdon till kombinationsbrytaren.

30 Återanslut kablaget till kombinationsbrytaren.

Modeller med ESP/TCS

31 Montera tillbaka rattvinkelgivaren och släpringen. Se till att låsklackarna sitter korrekt.

32 Kontrollera att den gula fläcken är synlig (se punkt 6), montera sedan tillbaka rattvinkelgivaren till mittläget **(se bild)**.

Observera: *Givarens grundinställning måste kontrolleras av en Skoda-verkstad när den tas bort eller när rattens läge ändras.*

Alla modeller

33 Placera ratten tillfälligt på stångspårningar och kontrollera att spelrummet mellan ratten och klockfjäderhuset är ungefär 2,5 mm. Om inte, lossa kombinationsbrytarens klämbult och ändra dess läge, dra sedan åt bulten igen. Demontera ratten.

34 Montera tillbaka rattstångens övre och nedre kapor och fäst dem med skruvarna.

35 Sätt tillbaka handtaget för höjd- och avståndsjustering och dra åt skruvarna.

36 Montera tillbaka den lägre instrumentpanelen/facket från under rattstången enligt beskrivningen i kapitel 11.

37 Montera tillbaka kablarna till ledningarna och fäst dem med nya kabelklämmor vid behov.

38 Montera tillbaka ratten enligt beskrivningen i avsnitt 16.

39 Återanslut batteriets minusledare (se *Koppla loss batteriet* i kapitlet *Referens* i slutet av den här handboken).

---

18 Tändningslås och rattlås – demontering och montering

Tändningslås

Demontering

1 Lossa batteriets minusledare (se *Koppla loss batteriet* i kapitlet *Referens* i slutet av den här handboken).

2 Demontera ratten enligt beskrivning i avsnitt 16.

3 Skruva loss skruvarna och ta bort handtaget för justering av stångens höjd och avstånd.

4 Lossa skruvarna och ta bort den nedre kåpan från rattstången. Lossa sedan plastklämmorna och ta bort den övre kåpan.

5 Ta bort plasthöljet från rattlåsets säkerhetsbultar på rattstångens ovandel och lossa buntbandet som håller fast kabelhärvan.

6 Markera kombinationsbrytarens läge på stången, skruva loss fästbulten och lossa brytaren.

7 Dra loss anslutningskontakten försiktigt från tändningsbrytaren **(se bild)**.

8 Ta bort säkringsfärgen från brytarens fästskruvhuvuden. Lossa dem sedan litet grann och dra ut brytaren från rattlåshuset.

Montering

9 Sätt i startnyckeln och vrid den till "på"-läget. Sätt också brytaren i samma läge.

10 Sätt försiktigt in brytaren i huset, för sedan in skruvarna och dra åt dem säkert. Säkra skruvarna genom att måla lite färg på huvudena och på huset.

11 Återanslut anslutningskontakten till tändningskontakten.

12 Leta reda på kombinationsbrytaren på stången, rikta in den efter markeringen du gjort tidigare och dra åt fästbulten.

13 Sätt tillbaka plastkåpan över rattlåsets brytbultar och fäst kablaget med buntbandet.

14 Montera det övre och nedre höljet och dra åt skruvarna.

15 Sätt tillbaka handtaget för justering av stångens höjd och avstånd och dra åt skruvarna.

16 Montera tillbaka ratten enligt beskrivningen i avsnitt 16.

17 Återanslut batteriets jordledning (se *Lossa batteriets jordledning* i kapitlet *Referens* i slutet av den här handboken).

Rattstångslås

Demontering

18 Lossa batteriets minusledare (se *Koppla loss batteriet* i kapitlet *Referens* i slutet av den här handboken).

19 Demontera ratten enligt beskrivning i avsnitt 16.

20 Skruva loss skruvarna och ta bort handtaget för justering av stångens höjd och avstånd.

21 Lossa skruvarna och ta bort den nedre kåpan från rattstången. Dra sedan ut och ta bort den övre kåpan.

22 Ta bort plasthöljet från rattlåsets säkerhetsbultar på rattstångens ovandel och lossa buntbandet som håller fast kabelhärvan.

23 Markera kombinationsbrytarens läge på stången, skruva loss fästbulten och lossa brytaren.

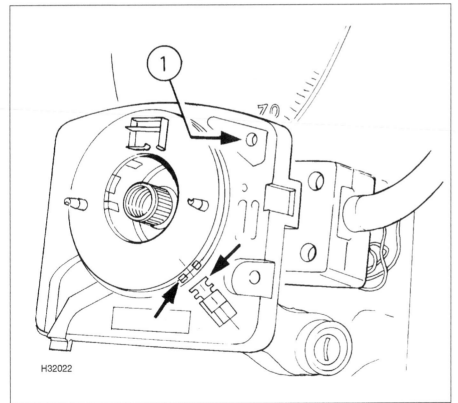

H32022

17.32 Rattvinkelgivare på modeller med elektronisk stabilisering och antispinnsystem

Den gula pricken ska kunna ses genom hålet (1) när rattvinkelgivaren står i mittläget (markerad med pil)

18.7b Koppla loss anslutningskontakten från tändningslåset

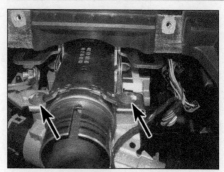

18.25 Rattstångens lås sitter fast med brytbultar i den yttre stången

18.26 Ta bort tändningens låscylinder från huset

24 Koppla försiktigt loss anslutningskontakten från tändningslåset. Koppla även loss kablaget från tändningslåsets startspärrsspole.

25 Låset är fäst i den yttre stången med brytbultar **(se bild)** och huvudena bryts av vid åtdragningen. Gamla bultar kan antingen borras ut eller också kan du använda en a vass mejsel för att kapa huvudena eller vrida dem moturs. Ta loss låset från rattstången.

26 Om det behövs kan låscylindern demonteras från rattlåshuset enligt följande. **Observera:** *Låscylindern kan tas bort med låset på plats genom att man tar bort ratten, höljet och kombinationsbrytaren. Sätt i startnyckeln och vrid den till "på"-läget. Stick in en vajer med 1,2 mm diameter i hålet bredvid tändningen, tryck ner den och dra ut låscylindern från huset* **(se bild)**.

Montering

27 Montera låscylindern med tändningen i "på"-läget om den tagits bort och ta sedan bort kabeln. Se till att startspärrsspolens anslutning sitter korrekt i styrningen när du sätter i låscylindern.

28 Leta reda på låset på den yttre stången och sätt i de nya brytbultarna. Dra bultarna till dess att skallarna bryts av.

29 Återanslut kablaget till tändningsbrytaren och tändningslåsets startspärrsspole.

30 Leta reda på kombinationsbrytaren på stången, rikta in den efter markeringen du gjort tidigare och dra åt fästbulten.

31 Sätt tillbaka plastkåpan över rattlåsets brytbultar och fäst kablaget med buntbandet.

18.42 Ta bort tändningens låscylinder från huset

32 Montera det övre och nedre höljet och dra åt skruvarna.

33 Sätt tillbaka handtaget för justering av stångens höjd och avstånd och dra åt skruvarna.

34 Montera tillbaka ratten enligt beskrivning i avsnitt 16.

35 Återanslut batteriets minusledare (*se Koppla loss batteriet i kapitlet Referens i slutet av den här handboken*).

Tändningens låscylinder

Demontering

36 Lossa batteriets minusledare (*se Koppla loss batteriet i kapitlet Referens i slutet av den här handboken*).

37 Demontera ratten enligt beskrivning i avsnitt 16.

38 Justera rattstången till lägsta läge

39 Demontera de övre och nedre kaporna enligt beskrivningen i kapitel 11.

40 Lossa kablaget från tändningslåsets startspärrgivare/avläsarspole.

41 Sätt i startnyckeln och vrid den till 'på'-läget.

42 Sätt i en vajer eller borr med 1,5 mm diameter i hålet i låscylindern bredvid nyckeln och ta bort nyckeln, låscylindern och givaren från huset **(se bild)**.

Montering

43 Monteringen utförs i omvänd ordningsföljd mot demonteringen.

19 Styrinrättning (EPHS) – demontering, renovering och återmontering

Observera: *Vid monteringen behövs nya fästbultar till kryssrambalken, styrledsmuttrar till styrstaget, fästbultar till styrväxeln och en klämbult till mellanaxelns knutkors.*

Demontering

1 *Dra åt handbromsen. Lyft upp framvagnen och ställ den på pallbockar placerade under underredet, så att kryssrambalken är fri (se* Lyftning och stödpunkter*). Ställ först styrningen*

rakt framåt, och demontera sedan båda framhjul. Ta även bort motorrummets undre skyddskåpa. För att inte ratten ska kunna vridas och skada krockkuddens kontaktfjäder kan du tejpa fast den i instrumentbrädan eller rattstången.

2 Skruva loss plastmuttrarna under pedalens fästbygel och ta bort kåpan så att du kommer åt rattstångens nedre knutkors.

3 Skruva loss klämbulten och lossa rattstångens knutkors från styrväxelns kugghjul (stången är teleskopisk så att den lättare kan lossas). Kasta klämbulten och använd en ny vid återmonteringen. Observera att kuggstången har en utskärning för montering av klämbulten och att den räfflade kuggstången har en avfasning som gör det omöjligt att montera knuten på fel plats på stången. Vissa modeller kan ha en klämring som håller fast kardanknuten mot den inre stången.

4 Ta bort batteriet och batterilådan enligt beskrivningen i kapitel 5A.

5 Ta bort luftfiltret och luftkanalerna från motorrummet enligt beskrivningen i den relevanta delen av kapitel 4.

6 Lossa servostyrningens givarkablage från hållaren på den inre panelen ovanför vänster drivaxel.

7 På modeller där det främre avgasröret går under den främre kryssrambalken ska det tas bort enligt beskrivningen i kapitel 4C.

8 Skruva loss de två bultarna som håller fast motorns/växellådans bakre fäste vid växellådans nederkant. Kassera båda bultarna, eftersom nya behövs vid återmonteringen. Lämna kvar fästet på kryssrambalken.

9 Skruva loss muttrarna och koppla loss länkarna från krängningshämmaren på båda sidor.

10 Arbeta på en sida i taget och skruva loss muttrarna från styrstagsändarna. Använd sedan en kulledsavdragare för att lossa ändarna från styrarmarna på framhjulens lagerhus.

11 Skruva loss påfyllningslocket från ovansidan av hydraulvätskebehållaren ovanpå den elektriska servostyrningspumpen och tappa all vätska med en hävert till en lämplig behållare. Observera att det fortfarande kommer att finnas vätska i systemledningarna. Kassera den avtappade vätskan. **Observera:** *Skoda anger särskilt att en slangklämma inte får fästas på hydraulvätskeledningen.*

12 Stötta upp kryssrambalkens vikt med en garagedomkraft, markera hur bultarna som holder fast kryssrambalken på underredet sitter, och skruva loss dem. Det finns fyra bultar på var sida av kryssrambalken.

13 Placera en lämplig behållare under styrväxeln för att fånga upp oljespill.

14 Sänk ner kryssrambalken ungefär 4 cm samtidigt som du för ut kuggstången ur gummigenomföringen i golvet. Se till att hydraulrören inte skadas.

15 Skruva loss anslutningsmuttern och lossa matningsledningen och returledningarna från styrväxeln. Ta loss koppartätningsbrickorna.

Tejpa över eller plugga igen ändarna av ledningarna och öppningarna i styrväxeln så att inte damm och smuts kan tränga in i hydraulsystemet. Alternativt kan andarna kan lindas in i en plastpåse.

16 Skruva loss bultarna och ta bort servostyrningsgivaren från styrinrättningens drevhus. Var beredd på visst spill.

17 Skruva loss fästbultarna och dra loss styrväxeln bakåt från kryssrambalken. Observera att fästet på passagerarsidan av växeln innefattar en klämma och ett gummifäste. Undersök fästet och leta efter tecken på skador och slitage. Byt den om det behövs. Kassera styrinrättningens fästbultar – du måste sätta dit nya vid återmonteringen.

Renovering

18 Undersök styrväxeln efter tecken på slitage eller skada, och kontrollera att kuggstången kan röra sig fritt i hela sin längd, utan tecken på grovhet eller för stort fritt spel mellan styrväxeldrevet och kuggstången. Styrväxelenhetens husdelar kan inte renoveras, så om någon del är defekt måste hela enheten bytas ut. De enda delar som enkelt kan bytas av en hemmamekaniker är styrinrättningens damasker, styrstagets styrleder och styrstagen, enligt beskrivningen enligt beskrivningen senare i detta avsnitt.

Montering

19 Placera styrinrättningen på kryssrambalken och skruva i de nya fästbultarna. Se till att låshylsan är korrekt monterad. Skruva in bultarna och dra dem till angivet moment och Steg 2 vinkel

20 Sätt tillbaka servostyrningens givare och en ny tätning på styrväxelns kugghjulshus och dra åt bultarna.

21 Montera de hydrauliska matnings- och returledningarna på styrväxeln tillsammans med nya koppartätningsbrickor och dra åt till angivet moment.

22 Lyft upp kryssrambalken och för samtidigt styrväxelns kuggstång genom gummigenomföringen i golvet. Passa in kryssrambalken mot markeringarna du gjort före demonteringen, sätt sedan i de nya fästbultarna och dra åt dem till angivet moment och vinkel.

23 Rikta in motorns/växellådans bakre fäste med växellådan och sätt i de nya fästbultarna. Dra åt bultarna till angivet moment och vinkel.

24 Montera tillbaka styrstagsändarna vid styrarmarna, skruva på de nya muttrarna, och dra åt dem till angivet moment.

25 Montera tillbaka länkarna på krängningshämmaren och dra åt muttrarna till angivet moment.

26 Om tillämpligt, montera tillbaka det främre avgasröret enligt beskrivningen i kapitel 4C.

27 Fäst servostyrningens givare i hållaren på den inre panelen.

28 Montera luftfiltret och kanalerna enligt beskrivningen i kapitel 4A.

29 Montera tillbaka batteriet och batterilådan enligt beskrivningen i kapitel 5A. **Observera:**

På vissa modeller sitter batteriet i vägen för hydraulvätskebehållaren. Vänta därför med att sätta tillbaka batteriet tills hydraulsystemet har luftats.

30 Arbeta inne i bilen och leta reda på rattstångens knutkors på kuggstången. Se till att utskärningen riktas in efter bulthålen. Skruva i den nya bulten och dra den till angivet moment.

31 Kontrollera att gummigenomföringen sitter korrekt på golvet. Montera sedan tillbaka plastkåpan och fäst den med skruvarna.

32 Montera tillbaka motorrummets undre skyddskåpa och hjul, och sänk ner bilen. Avsluta med att kontrollera och, om det behövs, justera framhjulsinställningen enligt beskrivningen i avsnitt 24.

33 Fyll på och lufta hydraulsystemet enligt beskrivningen i avsnitt 21.

34 Sök igenom systemet efter felkoder hos en Skoda-verkstad så snart som möjligt.

20 Styrväxelns gummidamasker och styrstag – byte

Styrväxelns gummidamasker

1 Demontera styrstagsändens styrled enligt beskrivningen i avsnitt 23.

2 Märk ut damaskens position på styrstaget, och lossa sedan fasthållningsklämmorna och dra loss damasken från styrinrättningshuset och styrstagsänden.

3 Torka rent styrstaget och styrväxelhuset och stryk sedan på ett tunt lager lämpligt fett på kuggstångens yta. För att göra detta vrider du ratten så att kuggstången dras ut helt ur huset och för sedan tillbaka den till mittläget.

4 Dra försiktigt på den nya damasken på styrstagsänden och sätt på den på styrinrättningshuset. Sätt tillbaka damasken så som den satt tidigare och se till att den inte är vriden. Lyft sedan på den yttre läppen för att släppa ut eventuell luft i damasken.

5 Fäst damasken med nya fästklämmor. Om krimpningsklämmor används ska klämman dras åt så mycket som möjligt och krokarna ska hakas fast i urtagen. Åtgärda klämma om den har för stort spelrum genom att försiktigt trycka ihop klämmans upphöjda del. I avsaknad av ett särskilt krimpningsverktyg kan en sidavbitartång användas, med försiktighet så att inte klämman kapas.

6 Montera tillbaka styrstagsändens styrled enligt beskrivningen i avsnitt 23.

Styrstag

7 Ta bort relevant styrväxeldamask enligt föregående beskrivning. Om arbetsutrymmet är för litet när styrväxeln sitter fast i bilen kan den demonteras enligt beskrivningen i avsnitt 19 och sedan placeras i ett skruvstäd medan du byter styrstaget.

8 Håll fast kuggstången med en skruvnyckel

på de flata ytorna och lossa sedan styrledsmuttern med en annan skruvnyckel. Skruva bort muttern och demontera parallellstaget från stången.

9 Placera det nya styrstaget på änden av kuggstången och skruva fast muttern. Håll fast kuggstången med en skruvnyckel och dra åt styrledsmuttern till angivet moment. Du kan behöva en kråkfotsnyckel eftersom styrstaget gör att du inte kommer åt med en hylsa. Var noga med att applicera exakt vridmoment.

10 Montera tillbaka styrinrättningen eller gummidamasken enligt beskrivningen i i tidigare avsnitt eller avsnitt 19. Avsluta med att kontrollera och, om det behövs, justera framhjulsinställningen enligt beskrivningen i avsnitt 24.

21 Servostyrningssystem – luftning

1 Dra åt handbromsen. Lyft sedan upp framvagnen och ställ den på pallbockar (*se Lyftning och stödpunkter*). Ställ först framhjulen rakt framåt.

2 Skruva loss påfyllningslocket från servostyrningens hydraulvätskebehållaren. Fyll på olja till max-markeringen.

3 Låt motorn vara avstängd och vrid ratten från ändläge till ändläge tio gånger innan du kontrollerar och justerar nivån igen.

4 Skruva på påfyllningslocket löst, starta motorn och låt den gå på tomgång ungefär 10 sekunder.

5 Slå av motorn och fyll på med vätska.

6 Skruva på påfyllningslocket löst, starta motorn, och vrid ratten från ändläge till ändläge tio gånger.

7 Slå av motorn och fyll på med vätska.

8 Upprepa anvisningarna under punkt 6 och 7 tills vätskenivån inte behöver justeras längre.

9 Montera tillbaka och dra åt påfyllningslocket.

22 Elektrisk servostyrningspump – demontering och montering

Demontering

1 På modeller där batteriet sitter i vägen för den elektriska servostyrningens hydraulvätskebehållare ska batteriet och batterihyllan demonteras enligt beskrivningen i kapitel 5A. För att komma åt bättre, demontera den främre stötfångaren enligt beskrivningen i kapitel 11 **(se bild)**.

2 Skruva loss påfyllningslocket från ovansidan av hydraulvätskebehållaren ovanpå den elektriska servostyrningspumpen och tappa av all vätska med en hävert till en lämplig behållare. Observera att det fortfarande kommer att finnas vätska i systemledningarna.

22.1 Elektrisk servostyrningspump, visas med demonterad stötfångare fram

22.8 Anslutningskontakterna på den elektriska servostyrningspumpen

Kassera den avtappade vätskan. **Observera:** *Skoda anger särskilt att en slangklämma inte får fästas på hydraulvätskeledningen.*
3 Dra åt handbromsen. Lyft upp framvagnen och ställ den på pallbockar (*se Lyftning och stödpunkter*). Demontera vänster framhjul. Demontera motorns underkåpa.
4 Ta bort det vänstra framhjulets hjulhusfoder enligt beskrivningen i kapitel 11, avsnitt 23.
5 På modeller med en styrenhet till kylarfläkten lossar du kablaget och skruvar loss fästmuttrarna. Ta sedan bort styrenheten från bilen.
6 Lossa fästklämman och ta bort matnings- och returhydraulledningarna från husets insida.
7 Placera ett lämpligt kärl under servostyrningspumpen för att fånga upp vätskespillet.
8 Notera var de sitter och koppla sedan loss de tre anslutningskontakterna från den elektriska servostyrningspumpen (**se bild**). Kontakterna hör till databussen och uttag 15, jordkontakten och uttag 30, samt styrservogivaren.
9 Skruva loss anslutningsmuttern och koppla loss tryckledningen från pumpen. Ta loss O-ringstätningen, lossa klämman och koppla loss returledningen från pumpens behållare. Tejpa över eller plugga igen ändarna av ledningarna och öppningarna i styrväxeln så att inte damm och smuts kan tränga in i hydraulsystemet. Alternativt kan andarna kan lindas in i en plastpåse.
10 Skruva loss fästbultarna och ta bort

servostyrningspumpen och fästbygeln från underredet.
11 Skruva loss muttrarna/bultarna och ta bort fästbygeln från pumpen. Skruva i förekommande fall loss gummifästena från pumpen.
Varning: Servostyrningens styrenhet och elmotorn får inte kopplas isär.

Montering
12 Montering sker i omvänd ordningsföljd, men avsluta med att lufta hydraulsystemet enligt beskrivningen i avsnitt 21. Låt så snart som möjligt en Skoda-verkstad utföra självdiagnos av systemet och radera eventuella felkoder.

23 Styrstagsände – demontering och montering

Observera: *En ny styrledsfästmutter krävs vid återmontering.*

Demontering
1 Dra åt handbromsen. Lyft sedan upp framvagnen och ställ den på pallbockar (*se Lyftning och stödpunkter*). Demontera relevant hjul.
2 Om styrstagsänden ska återanvändas, markera dess position i förhållande till styrstaget för att förenkla återmonteringen.
3 Skruva loss styrstagsändens låsmutter ett kvarts varv. Rör inte låsmuttern från detta

läge, eftersom den är en praktisk referens vid återmonteringen.
4 Lossa och ta bort muttern som håller fast styrstagsändens styrled i hjullagerhuset och lossa styrledens konformade fjäderben med en universell kulledsavdragare. Observera att styrledsaxeln har ett sexkantigt hål – håll fast benet med en insexnyckel medan du lossar muttern (**se bilder**).
5 Räkna exakt antal varv medan du skruvar av styrstagsänden från styrstaget (**se bild**).
6 Rengör styrleden och gängorna noggrant. Byt styrleden om den är slapp eller för stel, mycket sliten eller om den är skadad på något sätt. Kontrollera noggrant pinnbultstapparna och gängorna. Om styrledens damask är skada måste hela styrledsenheten bytas. Det går inte att skaffa en ny damask separat.

Montering
7 Skruva på styrstagsänden på styrstaget med lika många varv som noterades vid demonteringen. Detta ska få styrstagsänden att hamna inom ett kvarts varv från låsmuttern, med de inpassningsmarkeringar som gjordes vid demonteringen (om du gjorde sådana) inpassade mot varandra. Dra åt låsmuttern.
8 Montera tillbaka styrledstången till styrarmen på hjullagerhuset, och montera sedan en ny fästmutter och dra åt den till angivet moment. Håll fast benet med en insexnyckel om det behövs.
9 Sätt på hjulet, ställ ned bilen och dra åt hjulbultarna till angivet moment.
10 Kontrollera och, om det behövs, justera framhjulsinställningen enligt beskrivningen i avsnitt 24.

24 Hjulinställning och styrvinklar – allmän information

Definitioner
1 Bilens styr- och fjädringsgeometri avgörs av tre grundinställningar där alla vinklar uttrycks i grader. Styraxeln definieras som en tänkt linje som dras genom fjäderbenets axel, och som vid behov utökas för att komma i kontakt med marken.

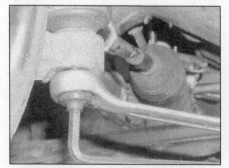

23.4a Håll emot styrledsaxeln med en insexnyckel medan du lossar muttern

23.4b Använd en kulledsavdragare för att lossa styrstagets styrled från styrarmen på hjullagerhuset

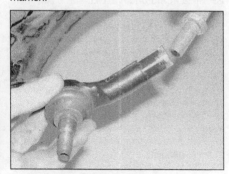

23.5 Skruva loss styrstagsänden från styrstaget

2 Camber är vinkeln mellan varje hjul och en vertikal linje dragen genom dess centrum och däckets kontaktyta, sedd framifrån eller bakifrån bilen. Positiv camber är när hjulens överdel är utåtvinklad från den vertikala linjen. Negativ camber är när de är vinklade inåt.

3 Cambervinkeln kan endast justeras genom att man lossar fästbultarna till framfjädringens kryssrambalk och flyttar den lite åt sidan. Denna förflyttning förändrar även castervinkeln. Cambervinkeln kan kontrolleras med en mätare.

4 Caster är vinkeln mellan styraxeln och en vertikal linje dragen genom varje hjuls centrum och däckets kontaktyta, sedd från bilens sida. Positiv caster är när styraxeln är vinklad så att den kommer i kontakt med marken framför den vertikala linjen. Negativ caster är när den kommer i kontakt med marken bakom den vertikala linjen. Mindre justeringar av castervinkeln kan göras genom att man lossar fästbultarna till framfjädringens kryssrambalk och flyttar den lite åt sidan. Denna förflyttning förändrar även cambervinkeln.

5 Castervinkeln är svår att justera och ges endast som referens – den kan mätas, men om avvikelsen från specifikationerna är betydande måste bilen kontrolleras noga av en yrkeskunnig mekaniker eftersom felet bara kan orsakas av slitage eller skador på kaross eller fjädring.

6 Toe är skillnaden, sett från ovan, mellan linjer dragna genom hjulens centrum och bilens centrumlinje. Toe-in är när hjulen pekar inåt mot varandra framtill, medan toe-out är när framkanterna pekar från varandra.

7 Framhjulens toe-inställning justeras genom att man skruvar styrstaget/styrstagen in i eller ut ur styrleden/styrlederna, för att på så sätt ändra styrstagsenhetens faktiska längd.

8 Bakhjulens toe-inställning är inte justerbar och anges endast som referens. Den kan mätas, men om avvikelsen från specifikationerna är betydande måste bilen kontrolleras noga av en yrkeskunnig mekaniker eftersom felet bara kan orsakas av slitage eller skador på kaross eller fjädring.

Kontroll och justering

Framhjulens toe-inställning

9 I och med den speciella mätutrustning som krävs för att kontrollera hjulinställningen och den skicklighet som krävs för att använda utrustningen korrekt ska kontroll och justering av dessa inställningar helst överlåtas till en Skoda-verkstad eller annan expert. Många däcksverkstäder har numera avancerad mätutrustning.

10 För kontroll av toe-inställning måste först en spårviddstolk införskaffas. Två typer förekommer. Den första mäter avstånden mellan främre och bakre fälginsidorna, enligt föregående beskrivning, med stillastående bil. Den andra typen, kallad "hasplåt" mäter den faktiska positionen för däckens kontaktyta i relation till vägbanan med bilen i rörelse. Detta uppnås genom att man skjuter eller kör framhjulet över en platta. Plattan rör sig något i enlighet med däckets hasning, vilket visas på en skala. Båda typerna har för- och nackdelar men båda kan ge goda resultat om de används korrekt och med noggrannhet.

11 Se till att styrningen är inställd rakt fram vid mätningen.

12 Om justeringar måste utföras, dra åt handbromsen och lyft sedan upp framvagnen och ställ den på pallbockar (*se Lyftning och stödpunkter*). Vrid ratten så långt som möjligt till vänster och mät hur mycket av gängorna som syns på höger styrstagsände. Vrid sedan ratten så långt det går åt höger och räkna antalet synliga gängor på vänster styrstag. Om lika mycket av gängorna syns på båda sidor ska efterföljande justeringar göras lika mycket på båda sidor. Om det syns mera gängor på endera sidan måste hänsyns till detta tas vid justeringen.

13 Rengör först styrstagsgängorna. Om de har drabbats av korrosion, stryk på inträngande vätska innan du påbörjar justeringen. Lossa damaskernas yttre clips, skala tillbaka damaskerna och lägg på fett. Detta gör att damaskerna är fria och inte vrids eller sträcks när respektive styrstag vrids.

14 Håll styrstaget med en passande block-nyckel och lossa låsmuttern. Ändra längden på styrstaget genom att skruva det in eller ut ur styrleden. Vrid styrstaget med en öppen nyckel på de flata ytorna på styrstaget. Om styrstaget kortas (skruvas på sin kulled) minskar toe-in respektive ökar toe-out.

15 När längden är den rätta, håll styrstaget och dra åt låsmuttern till angivet moment. Om rattekrarna inte längre är horisontella när hjulen pekar rakt fram, ta av ratten och justera läget (se avsnitt 16).

16 Kontrollera att toe-inställningen är korrekt genom att ställa ned bilen och mäta igen. Gör om justeringen vid behov. Se till att gummidamaskerna sitter korrekt och att de inte är vridna eller belastade. Fäst dem på plats med fasthållningsklämmorna; Montera en ny fästklämma vid behov (se avsnitt 20).

Bakhjulens toe-inställning

17 Metoden som används för att kontrollera den bakre toe-inställningen är densamma som beskrivs för den främre inställningen i punkt 10. Inställningen kan inte justeras – se punkt 8.

Framhjulens camber och castorvinkel

18 Kontroll och justering av framhjulens cambervinkel ska helst överlåtas till en Skoda-verkstad eller annan expert. Många däcksverkstäder har numera avancerad mätutrustning. Som referens kan justeringar göras genom att man lossar fästbultarna till framfjädringens kryssrambalk och för tillbaka kryssrambalken.

Kapitel 11
Kaross och detaljer

Innehåll

Svårighetsgrad

Enkelt, passar novisen med lite erfarenhet	**Ganska enkelt,** passar nybörjaren med viss erfarenhet	**Ganska svårt,** passar kompetent hemmamekaniker	**Svårt,** passar hemmamekaniker med erfarenhet	**Mycket svårt,** för professionell mekaniker

Specifikationer

Åtdragningsmoment	Nm
Motorhuvens gångjärns fästbultar	22
Motorhuvslås	14
Dörrarnas gångjärn	72
Dörrlåsens fästbultar	20
Dörrens låstunga	20
Fram- och bakstötfångere	5
Främre stötfångarens tvärbalk	30
Främre säkerhetsbältets höjdinställning	23
Främre säkerhetsbältets bältesrulle och förankring	35
Framsätets fästbultar	24
Bakre stötfångarens tvärbalk	30
Bakre säkerhetsbältets bältesrulle och förankring	35
Bakluckans gångjärns fästbultar	15
Bakluckans lås	22
Bakluckans ben	20

1 Allmän information

Ytterkarossen är gjord av pressade stålsektioner och finns som halvkombimodell med femdörrar, kombi och sedan. De flesta komponenter är sammansvetsade, och ibland används fästmedel. Framskärmarna är fastbultade.

Motorhuven, dörren och några andra ömtåliga delar är gjorda av zinkbelagd metall och skyddas dessutom av tålig grundfärg innan de lackeras.

Plastmaterial används mycket, framför allt till de inre detaljerna men även till vissa yttre komponenter. De främre och bakre stötfångarna och framgrillen är gjutna av ett syntetmaterial som är mycket starkt men lätt. Plastkomponenter, som hjulhusfoder, sitter monterade på bilens undersida för att öka bilens motståndskraft mot rostangrepp.

2 Underhåll – kaross och underrede

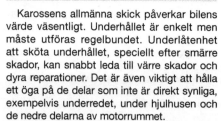

Karossens allmänna skick påverkar bilens värde väsentligt. Underhållet är enkelt men måste utföras regelbundet. Underlåtenhet att sköta underhållet, speciellt efter smärre skador, kan snabbt leda till värre skador och dyra reparationer. Det är även viktigt att hålla ett öga på de delar som inte är direkt synliga, exempelvis underredet, under hjulhusen och de nedre delarna av motorrummet.

Tvättning utgör grundläggande underhåll av karossen – helst med stora mängder vatten från en slang. Detta tar bort all lös smuts som har fastnat på bilen. Det är viktigt att spola bort smutsen på ett sätt som förhindrar att lacken skadas. Hjulhusen och underredet behöver också spolas rent från lera som håller kvar fukt, vilken i sin tur kan leda till rostskador. Paradoxalt nog är det bäst att tvätta av underredet och hjulhuset när det regnar eftersom leran då är blöt och mjuk. Vid körning i mycket våt väderlek spolas vanligen underredet av automatiskt vilket ger ett tillfälle för kontroll.

Med undantag för bilar med vaxade underreden är det bra att regelbundet rengöra hela undersidan av bilen, inklusive motorrummet, med ångtvätt så att en grundlig kontroll kan utföras för att se vilka åtgärder och mindre reparationer som behövs. Ångtvättar finns att få tag på hos bensinstationer och verkstäder och behövs när man ska ta bort de ansamlingar av oljeblandad smuts som ibland lägger sig tjockt i vissa utrymmen. Om det inte finns tillgång till ångtvätt finns det utmärkta fettlösningsmedel som penslas på. Sedan kan smutsen helt enkelt spolas bort. Observera att ingen av ovanstående metoder ska användas på bilar med vaxade underreden, eftersom de tar bort vaxet. Bilar med vaxade underreden ska kontrolleras årligen, helst på senhösten. Underredet ska då tvättas av så att skador i vaxbestrykningen kan hittas och åtgärdas. Helst ska ett helt nytt lager vax läggas på. Överväg även att spruta in vaxbaserat skydd i dörrpaneler, trösklar, balkar och liknande som ett extra rostskydd där tillverkaren inte redan åtgärdat den saken.

Torka av lacken med sämskskinn efter tvätten så att den får en fin yta. Ett lager med genomskinligt skyddsvax ger förbättrat skydd mot kemiska föroreningar i luften. Om lacken mattats eller oxiderats kan ett kombinerat rengörings-/polermedel återställa glansen. Detta kräver lite arbete, men sådan mattning orsakas vanligen av slarv med regelbundenheten i tvättningen. Metallic-lacker kräver extra försiktighet och speciella slipmedelsfria rengörings-/polermedel krävs för att inte skada ytan. Kontrollera alltid att dräneringshål och rör i dörrar och ventilation är öppna så att vatten kan rinna ut. Kromade ytor ska behandlas på samma sätt som lackerade. Fönster och vindrutor ska hållas fria från fett och smuts med hjälp av fönsterputs. Vax eller andra medel för polering av lack eller krom ska inte användas på glas.

3 Underhåll – klädsel och mattor

Mattorna ska borstas eller dammsugas med jämna mellanrum så att de hålls rena. Om de är svårt nedsmutsade kan de tas ut ur bilen och skrubbas. Se i så fall till att de är helt torra innan de läggs tillbaka i bilen. Säten och klädselpaneler kan torkas rena med fuktig trasa. Om de smutsas ner (vilket ofta syns tydligare på ljus inredning) kan lite flytande tvättmedel och en mjuk nagelborste användas för att skrubba ut smutsen ur materialet. Glöm inte takets insida, håll det rent på samma sätt som klädseln. När flytande rengöringsmedel används inne i en bil får de tvättade ytorna inte överfuktas. För mycket fukt kan tränga in i sömmar och stoppning och framkalla fläckar, störande lukter och till och med röta.

Om insidan av bilen blir mycket blöt är det mödan värt att torka ur den ordentligt, speciellt mattorna. Lämna inte olje- eller eldrivna värmare i bilen för detta ändamål.

4 Mindre karosskador – reparation

Repor

Om en repa är mycket ytlig och inte har trängt ner till karossmetallen är reparationen mycket enkel att utföra. Gnugga det skadade området helt lätt med lackrenoveringsmedel eller en mycket finkornig slippasta så att lös lack tas bort från repan och det omgivande området befrias från vax. Skölj med rent vatten.

Applicera förbättringslack på repan med en tunn målarpensel. Fortsätt att lägga på tunna lager färg tills färgytan i repan är i nivå med den omgivande lacken. Låt den nya lacken härda i minst två veckor och jämna sedan ut den mot omgivande lack genom att gnugga hela området kring repan med lackrenoveringsmedel eller en mycket finkornig slippasta. Avsluta med en vaxpolering.

Om repan har gått ner till karossmetallen och denna har börjat rosta krävs en annan teknik. Ta bort lös rost från botten av repan med ett vasst föremål och lägg sedan på rostskyddsfärg så att framtida rostbildning förhindras. Använd sedan en spackel av gummi eller nylon och fyll upp repan med spackelmassa. Vid behov kan spacklet tunnas ut med thinner så att det blir mycket tunt vilket är idealiskt för smala repor. Innan spacklet härdar, linda ett stycke mjuk bomullstrasa runt en fingertopp. Doppa fingret i cellulosaförtunning och stryk snabbt över fyllningen i repan. Det gör att ytan blir något urholkad. Lacka sedan över repan enligt tidigare anvisningar.

Bucklor

När en djup buckla har uppstått i bilens kaross blir den första uppgiften att räta ut den så att karossen i det närmaste återfår ursprungsformen. Det finns ingen anledning att försöka återställa formen helt eftersom metallen i det skadade området sträckt sig vid skadans uppkomst och aldrig helt kommer att återta sin gamla form. Det är bättre att försöka ta bucklans nivå upp till ca 3 mm under den omgivande karossens nivå. I de fall bucklan är mycket grund är det inte värt besväret att räta ut den. Om undersidan av bucklan är åtkomlig kan den knackas ut med en träklubba eller plasthammare. När detta görs ska mothåll användas på plåtens utsida så att inte större delar knackas ut.

Skulle bucklan finnas i en del av karossen som har dubbel plåt, eller om den av någon annan anledning är oåtkomlig från insidan, krävs en annan teknik. Borra ett flertal små hål genom metallen i bucklan – speciellt i de djupare delarna. Skruva sedan in långa plåtskruvar precis så långt att de får ett fast grepp i metallen. Dra sedan ut bucklan genom att dra i skruvskallarna med en tång.

Nästa steg är att ta bort lacken från det skadade området och ca 3 cm av den omgivande oskadade plåten. Detta görs enklast med stålborste eller slipskiva monterad på borrmaskin, men kan även göras för hand med slippapper. Fullborda underarbetet genom att repa den nakna plåten med en skruvmejsel eller filspets, eller genom att borra små hål i det område som ska spacklas. Detta gör att spacklet fäster bättre.

Se avsnittet om spackling och sprutning för att avsluta reparationen.

Rosthål eller revor

Ta bort lacken från det drabbade området och ca 30 mm av den omgivande oskadade plåten med en sliptrissa eller stålborste monterad i en borrmaskin. Om detta inte finns tillgängligt kan några ark slippapper göra jobbet lika effektivt. När lacken är borttagen kan rostskadans omfattning uppskattas mer exakt och därmed kan man avgöra om hela plåten (om möjligt) ska bytas ut eller om rostskadan ska repareras. Nya plåtdelar är inte så dyra som de flesta tror och det går ofta snabbare och ger bättre resultat med plåtbyte än att försöka reparera större rostskador.

Ta bort all dekor från det drabbade området, utom den som styr den ursprungliga formen av det drabbade området, exempelvis lyktsarger. Ta sedan bort lös eller rostig metall med plåtsax eller bågfil. Knacka kanterna något inåt så att du får en grop för spacklingsmassan.

Borsta av det drabbade området med en stålborste så att rostdamm tas bort från ytan av kvarvarande metall. Måla det angripna området med rostskyddsfärg. Måla även baksidan av det rostiga området om det går att komma åt.

Före spacklingen måste hålet täckas på något sätt. Detta kan göras med nät av plast eller aluminium eller med aluminiumtejp.

Nät av plast eller aluminium eller glasfiberväv är antagligen det bästa materialet för ett stort hål. Skär ut en bit som är ungefär lika stor som det hål som ska fyllas, placera den i hålet så att kanterna är under nivån för den omgivande plåten. Ett antal klickar spackelmassa runt hålet fäster materialet.

Aluminiumtejp bör användas till små eller mycket smala hål. Dra av en bit tejp från rullen och klipp till den storlek och form som behövs. Dra bort eventuellt skyddspapper och fäst tejpen över hålet. Tejpen kan överlappas om en bit inte räcker. Tryck ner tejpkanterna med ett skruvmejselhandtag eller liknande så att tejpen fäster ordentligt på metallen.

Spackling och sprutning

Se tidigare anvisningar beträffande reparation av bucklor, repor, rosthål och andra hål innan beskrivningarna i det här avsnittet följs.

Det finns många typer av spackelmassa. Generellt sett är de som består av grundmassa och härdare bäst vid den här typen av reparationer. En bred och följsam spackel av nylon eller gummi är ett ovärderligt verktyg för att skapa en väl formad spackling med fin yta.

Blanda lite massa och härdare på en skiva av exempelvis kartong eller masonit. Följ tillverkarens instruktioner och mät ut härdaren noga, i annat fall härdar spacklingen för snabbt eller för långsamt. Använd applikatorn och bred ut massan på den preparerade ytan. Dra applikatorn över massans yta för att forma den och göra den jämn. Sluta bearbeta massan så snart den börjar anta rätt form. Om du arbetar för länge kommer massan att bli klibbig och fastna på spackeln. Fortsätt lägga

på tunna lager med ca 20 minuters mellanrum till dess att massan är något högre än den omgivande plåten.

När massan härdat kan överskottet tas bort med hyvel eller fil. Börja med nr 40 och avsluta med nr 400 våt- och torrpapper. Linda alltid papperet runt en slipkloss, i annat fall blir inte den slipade ytan plan. Vid slutpoleringen med torr- och våtpapper ska detta då och då sköljas med vatten. Detta skapar en mycket slät yta på massan i slutskedet.

På det här stadiet bör bucklan vara omgiven av en ring med bar metall, som i sin tur omges av den slipade kanten av den bra lacken. Skölj av reparationsområdet med rent vatten tills allt slipdamm har försvunnit.

Spruta ett tunt lager grundfärg på hela reparationsområdet. Då avslöjas mindre ytfel i spacklingen. Laga dessa med ny spackelmassa eller filler och slipa av ytan igen. Upprepa denna sprutning och reparation till dess att du är nöjd med spackelytan och den ruggade lacken. Rengör reparationsytan med rent vatten och låt den torka helt.

Reparationsytan är nu klar för lackering. Färgsprutning måste utföras i ett varmt, torrt, drag- och dammfritt utrymme. Detta kan åstadkommas inomhus om det finns tillgång till ett större arbetsområde, men om arbetet måste äga rum utomhus är valet av dag av stor betydelse. Om arbetet utförs inomhus kan golvet spolas av med vatten eftersom detta binder damm som annars skulle finnas i luften. Om ytan som ska åtgärdas endast omfattar en panel ska de omgivande panelerna maskeras av. då kommer inte mindre nyansskillnader i lacken att synas lika tydligt. Dekorer och detaljer (kromlister, handtag med mera) ska även de maskeras. Använd riktig maskeringstejp och flera lager tidningspapper för att göra detta.

Före sprutning, skaka burken ordentligt och spruta på en provbit, exempelvis en konservburk, tills tekniken behärskas. Täck reparationsytan med ett tjockt lager grundfärg. Tjockleken ska byggas upp med flera tunna färglager, inte ett enda tjockt lager. Slipa ner grundfärgen med nr 400 slippapper tills den är riktigt slät. Medan detta utförs ska ytan hållas våt och pappret ska periodvis sköljas i vatten. Låt torka innan mer färg läggs på.

Spruta på färglagret och bygg upp tjockleken med flera tunna lager färg. Börja spruta i ena kanten och arbeta med sidledes rörelser till dess att hela reparationsytan och ca 5 cm av den omgivande lackeringen täcks. Ta bort maskeringen 10–15 minuter efter det att det sista färglagret sprutades på.

Låt den nya lacken härda i minst två veckor och jämna sedan ut den mot omgivande lack genom att gnugga färgskarven med lackrenoveringsmedel eller en mycket finkornig slippasta. Avsluta med en vaxpolering.

Plastdetaljer

Eftersom biltillverkarna använder mer och mer plast i karosskomponenterna

HAYNES TiPS *Massa kan tunnas ut med thinner så att den blir mer lämpad för riktigt små hål.*

(t.ex. i stötfångare, spoilrar och i vissa fall även i de större karosspanelerna), har reparationer av allvarligare skador på sådana komponenter blivit fall för specialister eller så får hela komponenterna bytas ut. Gör-det-självreparationer av sådana skador lönar sig inte på grund av kostnaden för den specialutrustning och de speciella material som krävs. Principen för dessa reparationer är dock att en skåra tas upp längs med skadan med en roterande rasp i en borrmaskin. Den skadade delen svetsas sedan ihop igen med hjälp av en varmluftspistol som hettas upp och används för att smälta igen spåret. Plastöverskott tas bort och ytan slipas ner. Det är viktigt att rätt typ av plastlod används. Plasttypen i karossdelar varierar och kan bestå av exempelvis PCB, ABS eller PPP.

Mindre allvarliga skador (skrapningar, små sprickor) kan lagas av hemmamekaniker med hjälp av en tvåkomponents epoxymassa. Den blandas i lika delar och används på liknande sätt som spackelmassa på plåt. Epoxyn härdar i regel inom 30 minuter och kan sedan slipas och målas.

Om ägaren har bytt en komponent på egen hand eller reparerat med epoxymassa, återstår svårigheten att hitta en färg som lämpar sig för den aktuella plasten. Tidigare fanns ingen universalfärg som kunde användas, på grund av det breda utbudet av plaster i karossdelar. Standardfärger fäster i allmänhet inte särskilt bra på plast eller gummi. Numera finns det dock satser för plastlackering att köpa. Dessa består i princip av förprimer, grundfärg och färglager. Kompletta instruktioner följer normalt med satserna men grundmetoden är att först lägga på förprimern på aktuell del och låta den torka i 30 minuter. Sedan ska grundfärgen läggas på och lämnas att torka i ungefär en timme innan det färgade ytlacket läggs på. Resultatet blir en komponent med rätt färg där färgen kan följa plastens eller gummits rörelser, något som vanlig färg normalt inte klarar.

5 Större karosskador – reparation

Om helt nya paneler måste svetsas fast på grund av större skador eller bristande underhåll, bör arbetet överlåtas till professionella mekaniker. Om det är frågan om en allvarlig krockskada måste en professionell Skoda-mekaniker med uppriktningsriggar utföra arbetet för att det ska bli framgångsrikt. En felbalanserad kaross är för det första farlig, eftersom bilen inte reagerar på rätt sätt, och

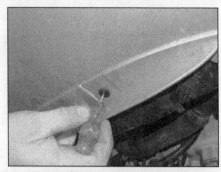

6.3 Tryck på centrumsprintarna för att ta bort de nedre fästklämmorna

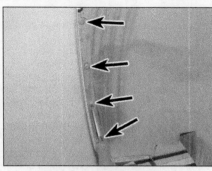

6.4a Bakre fästskruvar . . .

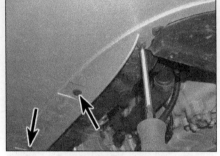

6.4b . . . och sidofästskruvarna på den främre stötfångaren

för det andra så kan det leda till att styrningen, fjädringen och ibland kraftöverföringen belastas ojämnt med ökat slitage eller helt trasiga komponenter som följd. Särskilt däcken är utsatta.

6 Främre stötfångare– demontering och montering

Demontering

1 Dra åt handbromsen. Lyft sedan upp

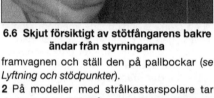

6.6 Skjut försiktigt av stötfångarens bakre ändar från styrningarna

framvagnen och ställ den på pallbockar (se *Lyftning och stödpunkter*).
2 På modeller med strålkastarspolare tar du bort munstyckskåporna och skruvar loss fästskruvarna för spolarens hållare och slang.
3 Ta bort de mellersta plastfästklämmorna under stötfångarens framsida. Det gör du genom att trycka centrumsprintarna genom klämmorna **(se bild)**.
4 Skruva loss fästskruvarna på de bakre ändarna och under sidorna av den främre stötfångaren. Det finns tre skruvar på de bakre ändarna och två skruvar under varje sida **(se bilder)**.

5 Be någon stötta stötfångaren och skruva loss de två resterande fästskruvarna upptill i mitten.
6 Ta försiktigt bort de bakre ändarna av stötfångaren från styrningarna **(se bild)** och ta bort den från framvagnen. Koppla samtidigt bort kablaget från dimljusen om sådana finns.
7 Om det behövs, skruva loss styrningarna och tvärbalken från framvagnen.

Montering

8 Monteringen utförs i omvänd ordningsföljd mot demonteringen.

7 Bakre stötfångare – demontering och montering

Demontering

1 Ta bort båda bakljus enligt beskrivningen i kapitel 12, avsnitt 7.
2 Arbeta i de bakre hjulhusen och skruva loss fästskruvarna från ändarna av den bakre stötfångaren **(se bild)**.
3 Skruva loss de nedre fästskruvarna under varje ände av stötfångaren **(se bild)**.
4 Be någon stötta stötfångaren och skruva loss de övre fästskruvarna på varje sida av stötfångaren **(se bild)**.
5 Ta försiktigt bort ändarna av stötfångaren från styrningarna och ta bort den från baksidan av bilen **(se bilder)**.
6 Om det behövs kan du skruva loss styrningarna och tvärbalken från baksidan av bilen **(se bilder)**.

Montering

7 Monteringen utförs i omvänd ordningsföljd mot demonteringen.

7.2 Bakre stötfångarens fästskruvar i det bakre hjulhuset

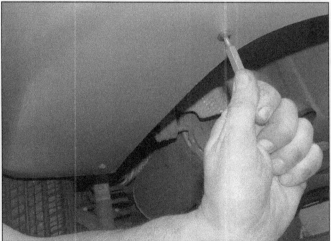

7.3 Ta bort den nedre fästskruven

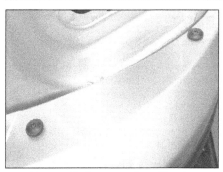

7.4 Bakre stötfångarens övre fästskruvar

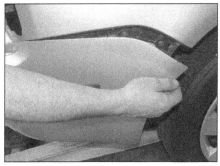

7.5a Skjut försiktigt bort stötfångaren från styrningarna . . .

7.5b . . . och demontera den bakre stötfångaren

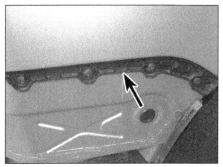

7.6a Bakre stötfångarens styrning

7.6b Fästbultar för den bakre stötfångarens tvärbalk

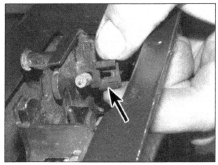

10.1 Lossa vajeränden från motorhuvens lås

8 Motorhuv – demontering, återmontering och justering

Demontering

1 Öppna motorhuven och stötta den med staget. Placera sedan några kartongbitar eller trasor under gångjärnshörnen för att skydda karossen.

2 Använd en blyertspenna eller en filtspetspenna och rita upp konturerna runt varje gångjärn på motorhuven som riktlinjer till återmonteringen.

3 Låt en medhjälpare stötta motorhuven i öppet läge.

4 Skruva loss motorhuvens fästbultar och lyft av huven förskiktigt . Lyft bort motorhuven och ställ den på en säker plats. Om det behövs kan sedan grillen och fästbyglarna lossas och tas bort från motorhuven.

5 Undersök motorhuvens gångjärn efter tecken på slitage och fritt spel vid kulbultarna och byt ut dem om det behövs. Varje gångjärn är fäst på karossen med två bultar; Markera gångjärnets position på karossen. Skruva sedan loss fästbultarna och ta bort den från bilen.

Montering och justering

6 Sätt tillbaka motorhuvens gångjärn om de tagits bort och rikta in dem efter de markeringar du gjorde tidigare. Dra åt bultarna ordentligt.

7 Ta någon till hjälp för att passa in motorhuven. Dra åt fästbultarna löst. Rikta in gångjärnen med de märken som gjordes vid demonteringen. Dra sedan åt fästbultarna ordentligt.

8 Stäng motorhuven och kontrollera att den är korrekt placerad i förhållande till den omgivande karossen. Lossa gångjärnens bultar och justera motorhuven om det behövs. Justera motorhuvens höjd så att den ligger i jämnhöjd med de omgivande framskärmarna, genom att vrida på gummikudden i de båda främre hörnen av motorhuven. Dra åt gångjärnbultarna när motorhuven är korrekt placerad. Kontrollera att motorhuven fäster och lossar korrekt.

9 Motorhuvslåsvajer – demontering och montering

Demontering

1 Öppna motorhuven och lossa kabeln från låset på motorrummets främre tvärbalk.

2 Arbeta inuti bilen, och lokalisera motorhuvsspaken i förarens fotbrunn. Skruva loss de självgängande skruvarna. Tryck på spaken och använd tänger för att lossa kabelns ändbeslag.

3 Arbeta längs kabeln, observera hur den är dragen och ta loss den från alla fästklamrar och fästena. Bänd också loss gummigenomföringen från mellanväggen.

4 Bind fast en bit snöre (ungefär 1,0 m lång) i änden av vajern inuti bilen och dra sedan vajern genom motorrummet.

5 När vajern är fri kan du knyta loss snöret och lämna kvar det i bilen; det kan sedan användas för att dra den nya vajern på plats.

Montering

6 Knyt fast den inre änden av snöret i vajeränden och använd snöret för att dra tillbaka motorhuvslåsvajern från motorrummet. Lossa snöret när vajern dragits igenom.

7 Resten av monteringen sker i omvänd ordningsföljd mot demonteringen. Se till att gummigenomföringen i mellanväggen sitter korrekt och att vajern dragits korrekt och fästs med alla nödvändiga fästklämmor. Kontrollera att vajern och motorhuvsspaken fungerar tillfredsställande innan motorhuven stängs.

10 Motorhuvslås – demontering och montering

Demontering

1 Öppna motorhuven och lossa kabeln från låset på motorrummets främre tvärbalk **(se bild)**.

2 Lossa kablaget från larmbrytarens mikrokontakt bredvid låset.

3 Med en spritpenna markerar du konturen av motorhuvens lås på tvärbalken, att använda som hjälp vid återmonteringen.
4 Skruva loss de två fästbultarna och ta bort låsenheten **(se bild)**.

Montering

5 Före monteringen ska du avlägsna alla spår av gammal fästmassa från låsets fästbultar och deras gängor i huset.
6 Monteringen utförs i omvänd ordningsföljd mot demonteringen, se till att bultarna dras åt ordentligt och använd gänglåsning. Kontrollera att motorhuven fäster och lossar korrekt. Om justeringar måste utföras lossar du motorhuvslåsets fästbultar och justerar låsets position. Dra åt fästbultarna när låset fungerar korrekt.

11 Dörr –
demontering, återmontering
och justering

Observera: *Gångjärnbultarna måste alltid bytas vid återmonteringen.*

Demontering

Framdörr

1 Håll framdörren öppen och bänd loss kabelskyddets gummidamask från A-stolpen. Koppla sedan loss kablaget.
2 Skruva loss bulten och koppla loss spärrarmen från dörrens framkant **(se bild)**.
3 Be någon hålla upp framdörren och skruva loss muttern på ovansidan av det nedre

11.2 Framdörrens spärrarm

11.7 Bakdörrens spärrarm

10.4 Motorhuvlåsets fästbultar

gångjärnet. Ta ut låsringen från nederkanten av det övre gångjärnet **(se bild)**.
4 Lyft försiktigt av framdörren från gångjärnen och ställ den åt sidan. Ta vara på gångjärnets sprint och bult.
5 Undersök gångjärnen efter tecken på slitage och skador. Om byte krävs, markera gångjärnets position och skruva sedan loss fästbultarna och ta bort gångjärnet från bilen. Om det övre gångjärnet måste tas bort från den främre stolpen måste instrumentbrädans panel tas bort enligt beskrivningen i avsnitt 29. Sätt på det nya gångjärnet och passa in det mot markeringarna du gjort före demonteringen. Dra sedan åt fästbultarna till angivet moment.

Bakdörr

6 Håll bakdörren öppen och bänd loss kabelskyddets gummidamask från B-stolpen. Koppla sedan loss kablaget.
7 Skruva loss bulten och koppla loss

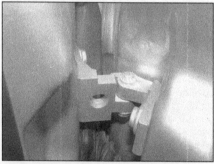
11.3 Framdörrens övre gångjärn

11.8 Bakdörrens nedre gångjärn

spärrarmen från dörrens framkant **(se bild)**.
8 Be någon hålla upp bakdörren och skruva loss muttrarna på ovansidan av det övre och nedre gångjärnet **(se bild)**.
9 Lyft försiktigt av bakdörren från gångjärnen och ställ den åt sidan.
10 Undersök gångjärnen efter tecken på slitage och skador. Om byte krävs, markera gångjärnets position och skruva sedan loss fästbultarna och ta bort gångjärnet från bilen. Sätt på det nya gångjärnet och passa in det mot markeringarna du gjort före demonteringen. Dra sedan åt fästbultarna till angivet moment.

Montering

11 Monteringen utförs i omvänd ordningsföljd mot demonteringen. När A- och B-stolparnas gångjärn monteras, rikta in dem med hjälp av märkena som gjordes vid demonteringen och dra åt bultarna till angivet moment. Kontrollera dörrens inpassning och justera vid behov enligt beskrivningen under följande punkt. Om färgen runt gångjärnen har skadats, måla det drabbade området med lämplig påbättringsborste för att hindra korrosion.

Justering

12 Stäng dörren och kontrollera att avståndet mellan dörren och karossen omkring den är lika stort runt hela omkretsen. Om det behövs kan dörren justeras något genom att gångjärnets fästbultar lossas och gångjärnet/dörren flyttas. Om det övre gångjärnet måste lossas från stolpen (endast framdörrarna) måste instrumentbrädans panel tas bort enligt beskrivningen i avsnitt 29. Dra åt gångjärnsbultarna till angivet moment när dörren är korrekt placerad. Kontrollera att dörrens låskolv hakar i mitt i låset och justera dess position vid behov **(se bild)**.

12 Dörrens inre klädselpanel –
demontering och montering

Demontering

Framdörr

1 På modeller med elektriska fönsterhissar,

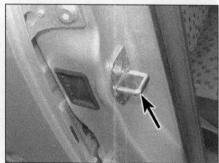
11.12 Framdörrens låstunga

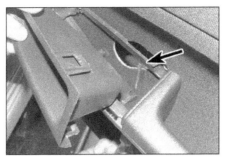

12.2 Framdörrens justeringshandtag tas bort

12.3a Använd en liten skruvmejsel för att lossa plastklämman på förvaringsfacket (manuellt fönster visas)

12.3b Ta bort brytarpanelen för elhissar/ centrallås

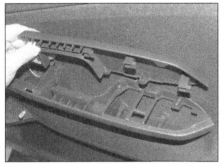

12.4 Skjut den bakre kåpan framåt för att ta bort den

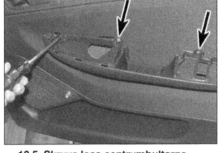

12.5 Skruva loss centrumbultarna . . .

12.6a . . . och bänd loss dekorkåpan. . .

koppla loss batteriets minusledare (se *Koppla loss batteriet* i *Referens* i slutet av denna handbok).

2 På modeller med vevhissar, stäng fönstret helt och notera positionen för fönsterveven för korrekt återmontering. Flytta distansringen så att den inre fjädern lossas och ta sedan bort vevens handtag från kilen på fönsterhissen **(se bild)**. Du kan behöva göra flera försök och dra distansringen åt flera olika håll för att lossa den inre fjädern.

3 Förvaringsfacket eller den elektriska fönsterhissens/centrallåsets brytarpanel (beroende på modell) måste sedan demonteras från framsidan av den inre dörrpanelen. För detta jobb använder Skodas mekaniker ett specialverktyg som sätts in under hållaren, men det går att använda en böjd skruvmejsel eller liknande verktyg. Stick in skruvmejselen/redskapet under plastklämman, och dra ut den medan hållaren dras ut uppåt **(se bild)**. Om tillämpligt, koppla loss kablaget.

4 När förvaringsfacket demonterats, dra fram den bakre kåpan och ta bort den **(se bild)**.

5 Skruva loss de tre centrumbultarna som håller fast den inre klädselpanelen på framdörren **(se bild)**.

6 Bänd loss den lilla dekorkåpan precis framför det inre dörrhandtaget och skruva sedan loss den övre bulten som håller fast den inre klädselpanelen **(se bilder)**.

7 Skruva loss de nedre fästskruvarna i den inre klädselpanelen och börja vid dörrens nederkant **(se bild)**.

8 Använd en bredbladig skruvmejsel eller ett liknande verktyg och bänd försiktigt bort

klamrarna som fäster den inre klädselpanelen på dörren **(se bild)**. Klämmorna sitter hårt, så placera verktyget så nära dem som möjligt, annars kan de dras ut ur klädselpanelen och sitta kvar i dörren.

9 Lyft av den inre klädselpanelen från

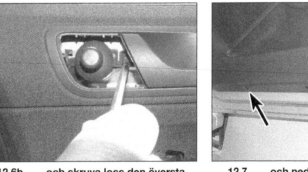

12.6b . . . och skruva loss den översta bulten . . .

12.8 . . . lossa den inre klädselpanelens klämmor. . .

låsknoppen och dra den så långt bort från dörren att du kan lossa de inre och yttre vajrarna från det inre dörrhandtaget **(se bilder)**. Om tillämpligt, koppla loss kablarna från kupélampan i klädselpanelens bakre, nedre hörn.

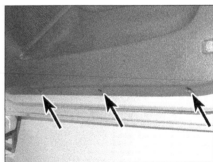

12.7 . . . och nedre fästskruvarna . . .

12.9a . . . lyft av klädselpanelen från låsknoppen . . .

12.9b . . . och koppla loss vajern från det inre dörrhandtaget

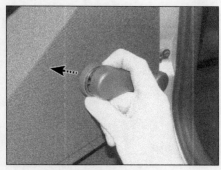

12.11 Ta bort fönsterveven . . .

12.12 . . . lossa plastkåpan . . .

12.13 . . . skjut den bakre kåpan framåt . . .

Bakdörr

10 På modeller med elektriska fönsterhissar, koppla loss batteriets minusledare (*se Koppla loss batteriet* i *Referens* i slutet av denna handbok).
11 På modeller med vevhissar, stäng fönstret helt och notera positionen för fönsterveven för

12.15a Bänd loss den lilla panelen. . .

12.16 Använd ett verktyg med brett blad för att bända bort den inre klädselpanelen från dörren

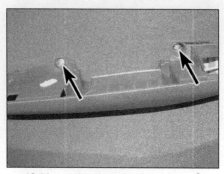

12.14 . . . skruva sedan loss den två centrumbultarna

korrekt återmontering. Flytta distansringen så att den inre fjädern lossas och ta sedan bort vevens handtag från kilen på fönsterhissen **(se bild)**. Du kan behöva göra flera försök och dra distansringen åt flera olika håll för att lossa den inre fjädern.

12.15b . . . skruva sedan loss den övre bulten som håller fast den inre klädselpanelen

12.17 Reglagevajern tas bort från innerhandtagen

12 Plastkåpan eller den elektriska fönsterhissens brytarpanel (beroende på modell) måste sedan demonteras från framsidan av den inre dörrpanelen. För detta jobb använder Skodas mekaniker ett specialverktyg som sätts in under kåpan, men det går att använda en böjd skruvmejsel eller liknande verktyg. Stick in skruvmejselen/redskapet under plastklämman, och dra ut den medan kåpan dras ut uppåt **(se bild)**. Om tillämpligt, koppla loss kablaget.
13 När framkåpan demonterats, dra fram den bakre kåpan och ta bort den **(se bild)**.
14 Skruva loss de två centrumbultarna som håller fast den inre klädselpanelen på framdörren **(se bild)**.
15 Bänd loss den lilla dekorkåpan precis framför det inre dörrhandtaget och skruva sedan loss den övre bulten som håller fast den inre klädselpanelen **(se bilder)**.
16 Använd en bredbladig skruvmejsel eller ett liknande verktyg och bänd försiktigt bort klamrarna som fäster den inre klädselpanelen på dörren **(se bild)**. Klämmorna sitter hårt, så placera verktyget så nära dem som möjligt, annars kan de dras ut ur klädselpanelen och sitta kvar i dörren.
17 Lyft av den inre klädselpanelen från låsknoppen och dra den så långt bort från dörren att du kan lossa de inre och yttre vajrarna från det inre dörrhandtaget **(se bild)**. Om tillämpligt, koppla loss kablarna från kupélampan i klädselpanelens bakre, nedre hörn.

Montering

18 Monteringen utförs i omvänd ordningsföljd mot demonteringen, men kontrollera funktionen hos dörrens elektriska utrustning efter tillämplighet.

13 Dörrhandtag och låskomponenter – demontering och montering

Demontering

Inre handtag

1 Det inre dörrhandtaget sitter ihop med den inre dörrklädseln och kan inte tas loss separat.

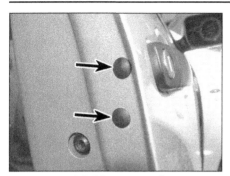

13.2 Bänd ut de två
gummimuffarna . . .

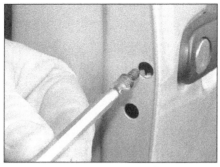

13.3 . . . skruva loss den översta
fästskruven . . .

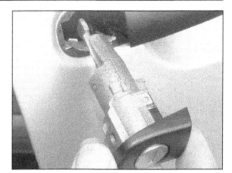

13.5 . . . dra ut låscylindern och
skyddet. . .

13.6a . . . lossa låsvajern . . .

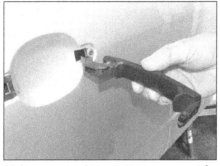

13.6b . . . och vrid bort ytterhandtaget från
dörren

13.8 Bänd ut gummigenomföringen . . .

Framdörrens handtag och låscylinder

2 Håll framdörren öppen och bänd ut de två gummigenomföringarna ur hålen på dörrens bakre kant, närmast det yttre dörrhandtaget **(se bild)**.
3 På modeller från 09/2000, skruva loss den övre låsmuttern **(se bild)**.
4 Dra ut det yttre dörrhandtaget helt och håll det på plats samtidigt som du skruvar loss låscylinderns låsskruv ungefär tre varv med en räfflad kil. Skruva inte ur skruven längre, eftersom den då kan falla ner på botten av dörren så att du måste demontera dörrlåset och fönsterhissenheten.
5 Dra ut låscylindern och lock **(se bild)**. Om låscylindern sitter hårt kan du använda en liten skruvmejsel för att bända ut den, men var försiktig så att du inte skadar lacken.
Observera: *Förutom på tidiga modeller har*

passagerarsidans yttre dörrhandtag en kåpa i stället för låscylinder. På äldre bilar kan cylindern ha rostat fast i dörröppningen och vara svår att ta bort.
6 Arbeta genom hålet i låscylindern och lossa låsvajern från handtaget. För sedan ut handtaget från dörren genom att vrida det utåt **(se bilder)**. Ta loss packningen om en sådan finns.
7 För att det yttre dörrhandtagets hus ska kunna tas bort från insidan av dörren, måste du först ta bort dörrlåset och fönsterhissenheten enligt följande beskrivning. Skruva sedan loss fästskruvarna och ta bort huset.

Bakdörrens handtag

8 På tidiga modeller, håll bakdörren öppen och dra bort tätningslisten från den bakre kanten bredvid det yttre dörrhandtaget. På senare

modeller, bänd ut gummigenomföringen **(se bild)**.
9 Dra ut det yttre dörrhandtaget helt och håll det på plats samtidigt som du skruvar loss låscylinderns låsskruv ungefär tre varv med en räfflad kil **(se bild)**. Skruva inte ur skruven längre, eftersom den då kan falla ner på botten av dörren så att du måste demontera dörrlåset och fönsterhissenheten.
10 Dra ut huset och locket **(se bild)**. Om huset sitter hårt kan du använda en liten skruvmejsel för att bända ut det, men var försiktig så att du inte skadar lacken.
11 Arbeta genom hålet och lossa låsvajern från handtaget. För sedan ut handtaget från dörren genom att vrida det utåt. Ta loss packningen, om en sådan finns, **(se bild)**.
12 För att det yttre dörrhandtagets hus ska kunna tas bort från insidan av dörren, måste du

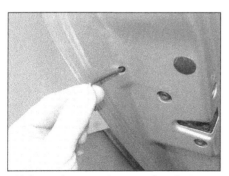

13.9 . . . skruva sedan loss låscylinderns
låsskruv ungefär 3 varv, inte mer

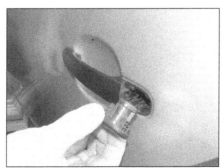

13.10 Dra ut huset och locket . . .

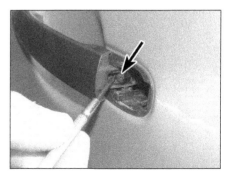

13.11a . . . lossa låsvajern . . .

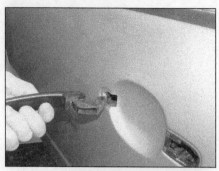

13.11b ... och vrid bort ytterhandtaget från dörren

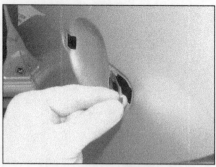

13.11c Ta bort packningen

13.12a Skruva loss fästskruvarna ...

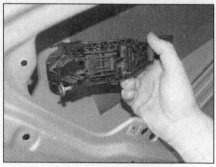

13.12b ... och ta bort det yttre dörrhandtagets hus

först ta bort dörrlåset och fönsterhissenheten enligt följande beskrivning. Skruva sedan loss fästskruvarna och ta bort huset **(se bilder)**.

Fram- och bakdörrarnas lås

13 Ta bort dörrens fönsterhiss och lås enligt

13.14b ... lossa styrstagen och vajern och ta bort dörrlåset från fönsterhissen/ låsenheten

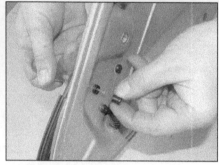

13.14a Skruva loss fästbultarna ...

beskrivningen i avsnitt 14.
14 Skruva loss fästbultarna och ta bort dörrlåset. Lossa samtidigt styrstaget och vajern **(se bilder)**.
15 Dörrlåset kan inte tas isär och måste bytas ut i sin helhet om den är defekt.

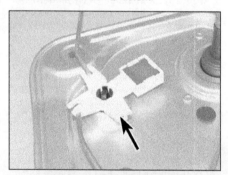

13.14c ... Mellanhävarm för framdörrlåsets styrstag

Montering

16 Monteringen utförs i omvänd ordningsföljd mot demonteringen.

14 Fönsterhiss och låshållare – demontering och montering

Observera: *Fönsterhissmekanismen är en del av hållaren och kan inte köpas separat.*

Demontering

1 Ta bort dörrens inre klädselpanel enligt beskrivningen i avsnitt 12.
2 Ta bort det yttre dörrhandtaget enligt beskrivningen i avsnitt 13 och skruva sedan loss skruvarna som håller fast dörrlåset på den bakre kanten av dörren **(se bild)**.
3 Bänd loss gummigenomföringarna från hålen i hållaren så att du kommer åt fönsterglasets fästskruvar eller valstapp. Framdörren har två hål för åtkomst till klämskruvarna och bakdörren har ett hål för åtkomst till den enkla valstappen **(se bild)**.
4 Hissa ner fönsterglaset tills skruvarna eller plasttapparna syns i hålet **(se bilder)**. På modeller med elektriska fönsterhissar måste batteriet och styrreglaget kopplas in tillfälligt så att du kan styra fönstret. Koppla sedan loss batteriet igen. Om elmotorn inte fungerar korrekt, skruva loss motorn från hållaren så att fönstret kan hissas ner.
5 På framdörren, skruva loss de två klämskruvarna **(se bild)**.

14.2 Skruvar som håller fast dörrlåset i dörrens bakkant

14.3 Ta bort gummigenomföringarna från hållaren (framdörren visas)

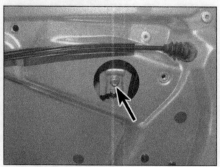

14.4a Fönsterglasets fästklämskruv (framdörr)

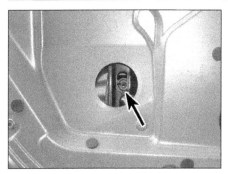

14.4b Fönsterglasets fästvalstapp (bakdörr)

14.5 Skruva loss fästskruvarna (framdörr)

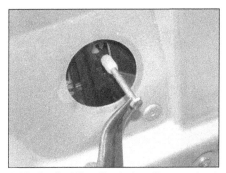

14.6 Använd lämpliga bultar för att ta bort de inre och yttre valstapparna (bakdörr)

14.7 Fäst fönsterglaset med tejp

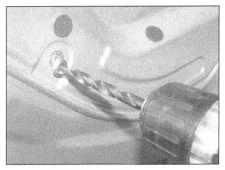

14.8 Borra ut nitarna . . .

14.9 . . . och ta bort hållaren från dörren

6 Skruva in en M5-bult ungefär 70 mm in i den inre valstappen på bakdörren och använd sedan tänger för att dra ut den ur den yttre delen. Skruva in en M8-bult ungefär 80 mm in i den yttre valstappen, och använd sedan tänger för att dra ut den (se bild). Nu lossar fönsterglaset från fönsterhissen.

7 Lyft upp fönsterglaset till den övre kanten av dörren och tejpa fast det (se bild).

8 På modeller som tillverkats före 11/2003 är hållaren fastskruvad i den inre dörrpanelen, men på senare modeller hålls den fast med popnitar. Lossa skruvarna eller borra ut nitarna efter tillämplighet, och knacka ut resterna av popnitarna som faller ner inuti dörren (se bild).

9 Ta försiktigt ut hållaren och lossa kablaget. Lossa även kabelhärvan från kabelklämmorna. Ta bort hållaren från dörren (se bild).

Montering

10 För att dörrlåsets vajer ska kunna justeras korrekt i det yttre dörrhandtaget måste dörrlåset ställas in enligt följande. Dra ut styrspaken och använd en skruvmejsel för att kroka fast fjädern på spaken (se bild). När det yttre dörrhandtaget sätts tillbaka och lyfts, lossas fjädern.

11 Före återmontering av den bakre hållaren, sätt tillbaka och centrera plasttapparna på fönsterglaset så att glaset kan knackas ner så att fönsterhissen hakar i (se bild). Även om det går att sätta tillbaka tapparna med hållaren på plats är det mycket enklare att centrera dem om hållaren är borttagen. Vi tog bort glaset helt från dörren när vi satte tillbaka tapparna (se avsnitt 15). Observera att på modeller med elektriska

fönsterhissar, sprintarna måste vara i linje med med tappen.

12 Fäst glaset med tejp, sätt tillbaka hållaren och återanslut kablaget. Fäst endast hållaren med två skruvar eller popnitar i detta skede, så att låsets funktion kan kontrolleras innan de återstående monteras (se bild).

13 Ta bort tejpen och sänk ner glaset på fönsterhissen. Avsluta med att dra åt framdörrens skruvar. Knacka försiktigt på överkanten av bakdörrens glas tills du hör att fäststiftet hakar i klämman på fönsterhissen (se bild). Montera tillbaka gummigenomföringen.

14 Sätt tillbaka det yttre dörrhandtaget enligt beskrivningen i avsnitt 13 och sätt sedan i och dra åt dörrlåsets fästskruvar.

15 Manövrera låset med en skruvmejsel och kontrollera att det fungerar korrekt innan du stänger dörren första gången.

14.10 Haka fast fjädern på styrspaken

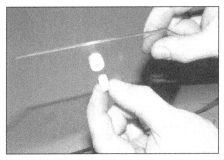

14.11 Montera tillbaka och centrera plasttapparna på bakdörrens fönsterglas

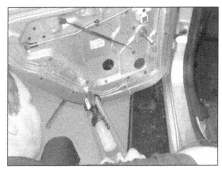

14.12 Sätt i nya popnitar för att fästa hållaren

11•12 Kaross och detaljer

14.13 Knacka försiktigt på den övre kanten av bakdörrens glas tills du hör att fäststiftet hakar i

16 Sätt i de återstående fästskruvarna eller popnitarna efter tillämplighet.
17 Montera dörrens inre klädselpanel enligt beskrivningen i avsnitt 12.

15 Dörrens fönsterglas – demontering och montering

Demontering

1 Ta bort dörrens inre klädselpanel enligt beskrivningen i avsnitt 12.
2 På vissa modeller kan du behöva ta bort fönsterhissen och låshållaren först enligt beskrivningen i avsnitt 14, men vid våra arbeten tyckte vi inte att det behövdes.
3 Bänd loss gummigenomföringarna från hålen

i hållaren så att du kommer åt fönsterglasets fästskruvar eller valstapp. Framdörren har två hål för åtkomst till klämskruvarna och bakdörren har ett hål för åtkomst till den enkla valstappen.
4 Hissa ner fönsterglaset tills skruvarna eller plasttapparna syns i hålet. På modeller med elektriska fönsterhissar måste batteriet och styrreglaget kopplas in tillfälligt så att du kan styra fönstret. Koppla sedan loss batteriet igen. Om elmotorn inte fungerar korrekt, skruva loss motorn från hållaren så att fönstret kan hissas ner.
5 På framdörren, skruva loss de två klämskruvarna
6 Skruva in en M5-bult ungefär 70 mm in i den inre valstappen på bakdörren och använd sedan tänger för att dra ut den ur den yttre delen. Skruva in en M8-bult ungefär 80 mm in i den yttre valstappen, och använd sedan tänger för att dra ut den. Nu lossar fönsterglaset från fönsterhissen.
7 För att ta bort glaset i framdörren lyfter du upp det till den övre kanten av dörren och tejpar fast det. Sänk ner fönsterhissen helt, tippa glaset och ta ut det från utsidan av dörren **(se bild)**.
8 För att ta bort glaset i bakdörren drar du ut och tar bort gummikanalen och glasets inre tätning, innan du försiktigt lyfter ut glaset från insidan av dörren **(se bilder)**. Glaset måste placeras strax bakom framsidan av det lilla sidofönstrets skena innan det kan lyftas ut.
9 För att ta bort bakdörrens lilla sidofönster tar du först bort bakdörrens glas enligt beskrivningen under punkt 8. Ta sedan bort

den yttre tätningen, skruva loss kanalens fästskruv, och ta ut det lilla fönstret från bakdörren **(se bilder)**.

Montering

10 Monteringen utförs i omvänd ordningsföljd mot demonteringen.

16 Baklucka och stödfjädrar – demontering och montering

Bakdörr

Observera: *Demonteringen och monteringen av bakluckan är i stort sett densamma på sedanmodeller, men klädselpanelen är fäst med ytterligare skruvar.*

Demontering

1 Lossa batteriets minusledare (*se Koppla loss batteriet* i kapitlet *Referens* i slutet av den här handboken).
2 Öppna bakluckan och lossa klädselpanelens fästklämmor genom att försiktigt bända mellan panelen och bakluckan med en bred skruvmejsel. Arbeta runt utsidan av panelen och ta bort panelen när alla klämmor lossats **(se bild)**. Det händer ofta att klämmor dras ut från sin plats i klädselpanelen. Sätt i så fall tillbaka dem.
3 Koppla loss alla kontaktdon från bakluckans insida, och lossa spolarslangen från det höga bromsljuset (se Kapitel 12, avsnitt 7). Bänd också loss alla kabelgenomföringen från bakluckan. **Observera:** *På senare modeller*

15.7 Framdörrens fönsterglas dras bort

15.8a Dra ut gummikanalen och den inre tätningen på bakdörren . . .

15.8b . . . och lyft sedan bort glaset från insidan av dörren

15.9a Skruva loss skruvan. . .

15.9b . . . och ta bort det lilla sidofönstret från bakdörren

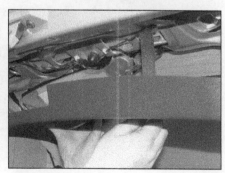
16.2 Demontera bakluckans klädselpanel

finns en multikontakt bredvid det vänstra stödbenet, som kan kopplas loss i stället för själva kablarna.

4 Bind fast en bit snöre i varje kabelände och notera hur kabelknippet har dragits. Lossa sedan gummigenomföringarna från bakluckan och dra ut kablaget. När änden av kablaget kommer fram knyter du upp snöret och lämnar det på plats i bakluckan; det kan användas vid återmonteringen för att dra tillbaka kablaget på plats.

5 Använd en lämplig märkpenna och rita runt gångjärnens för att märka upp monteringsläget på bakluckan **(se bild)**.

6 Ta hjälp av en medhjälpare. Stötta upp bakrutan, och demontera stödbenen enligt beskrivningen nedanför.

7 Skruva bort bultarna som håller fast gångjärnen på backluckan med hjälp av en insexnyckel. Bultarna är svåra att komma åt, så du bör använda en 10,0 mm vinklad insexnyckel. Skydda lacken med tejp. Ta loss packningarna som sitter mellan gångjärnet och karossen vid behov.

8 Undersök gångjärnen och leta efter tecken på slitage eller skada. Byt ut det om det behövs. Gångjärnen är fästa i bilen med muttrar eller bultar (beroende på modell), som går att komma åt när den inre takklädselns bakre täcklist har tagits bort.

Montering

9 Montering sker i omvänd arbetsordning, men dra åt bakluckans fästbultar till angivet moment. Kontrollera att bakluckan riktas in efter de omkringvarande panelerna. Om det behövs, kan luckans position justeras genom att fästbultarna lossas och luckan riktas om på gångjärnen. När du sätter tillbaka klädselpanelen ska dragremmen föras genom panelen innan du slår i fästklämmorna i bakluckan **(se bild)**.

Dämpkolv

⚠️ **Varning: Dämpkolven är gasfyllda och måste hanteras försiktigt.**

Demontering

10 Ta hjälp av en medhjälparen och håll bakluckan i öppet läge

11 Lyft upp låsklämman med en liten skruvmejsel och dra av dämpgaskolven

16.5 Bakluckans gångjärn

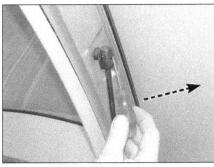
16.11a Lyft på låsklämmorna för att ta bort bakluckans stödben

från kulledsfästet på bakluckan **(se bilder)**. Upprepa för det nedre benfästet och ta bort benet från karossen. **Observera:** *Om benet ska återanvändas får inte låsklämman tas ut helt, eftersom klämman skadas då.*

Montering

12 Monteringen utförs i omvänd ordningsföljd mot demonteringen.

17 Bakluckans låskomponenter – demontering och montering 🔧

Demontering

Observera: *Följande procedur är det samme på sedan modeller.*

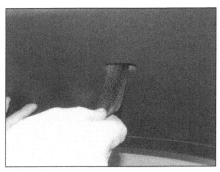
16.9 Sätt i dragremmen när du monterar bakluckans klädselpanel

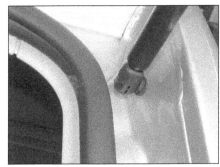
16.11b Bakluckans dämpkolvsfäste på karossen

Lås

1 Öppna bakluckan och lossa klädselpanelens fästklämmor genom att försiktigt bända mellan panelen och bakluckan med en bred skruvmejsel. Arbeta runt utsidan av panelen och ta bort panelen när alla klämmor lossats Det händer ofta att klämmor dras ut från sin plats i klädselpanelen. Sätt i så fall tillbaka dem.

2 Skruva loss fästbultarna och ta bort låset från bakluckan, lossa sedan kablarna **(se bild)**.

Låsgrepp

3 Ha bakluckan öppen och dra upp tätningsremsan. Lossa mittkåpan och ta bort klädselpanelen från den bakre listen. den sitter fast med klämmor överst **(se bilder)**.

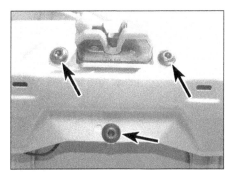
17.2a Skruva loss fästbultarna ...

17.2b ... demontera bakkuckans lås ...

17.2c ... och koppla loss kablaget

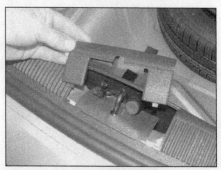

17.3a Lossa mittkåpan . . .

17.3b Ta bort klädselpanelen från den bakre listen . . .

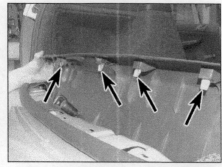

17.3c . . . den är fäst med klämmor högst upp

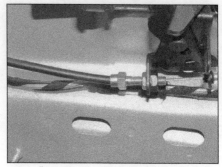

17.4 Öppningsarmens vajeranslutning till bakluckans låsgrepp

4 Lossa den inre vajern från fjärröppningsarmen. Lossa sedan låsmuttern och ta bort vajerhöljet från fästbygeln (se bild).
5 Skruva loss fästmuttrarna och ta bort låsgreppet från den bakre listen (se bild).

Stropp

6 Ta bort klädselpanelen enligt beskrivningen i punkt 1.
7 Skruva loss fästbanden från bakluckan.

Kurvhandtag

8 Ta bort klädselpanelen enligt beskrivningen i punkt 1.
9 Om tillämpligt, ta bort skyddsfolien och koppla loss kablarna.
10 Skruva loss fästmuttrarna och ta bort handtaget från bakluckan (se bilder).

Montering

11 Monteringen utförs i omvänd ordningsföljd

17.5 Bakluckans låsgrepp på den bakre listen

mot demonteringen. Innan du sätter tillbaka klädselpanelen, kontrollera funktionen hos låsets komponenter och centrallåssystemet. Justera fjärröppningsvajern till bakluckans låskolv om det behövs, så att handtaget på höger sida av förarsätet fungerar korrekt.

18 Centrallåskomponenter – allmänt

Centrallåsets funktion är inbyggd i dörrlåsen och styrs av bilens flerfunktionsstyrenhet. Om ett fel uppstår i systemet ska bilen lämnas till en Skoda-verkstad, som har den särskilda diagnosutrustning som behövs för att snabbt lokalisera felet. Styrenheten hanterar även larm, taklucka, elektriska fönsterhissar och ytterspeglar.

19 Elfönsterhissarnas komponenter – demontering och montering

Fönsterreglage

1 Se kapitel 12, avsnitt 4.

Fönsterhissmotorer

Demontering

2 Ta bort dörrens inre klädselpanel enligt beskrivningen i avsnitt 12.
3 Koppla loss kablaget från motorn.
4 Lossa fästskruvarna och ta bort motorn från fönsterhissens hållare.

Montering

5 Monteringen utförs i omvänd ordningsföljd mot demonteringen. Avsluta med att slå av tändningen, slå på tändningen, och slå av den igen. Stäng fönstret och fortsätt trycka på brytaren ungefär tre sekunder, så att grundinställningen slutförs och den automatiska depth run-funktionen aktiveras. Slå av tändningen.

20 Yttre speglar och tillhörande komponenter – demontering och montering

Demontering
Utvändiga speglar

1 Ta bort dörrens inre klädselpanel enligt beskrivningen i avsnitt 12.

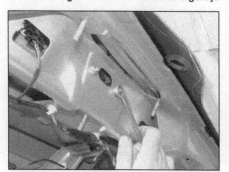

17.10a Skruva loss fästmuttrarna . . .

17.10b . . . och ta bort handtaget från bakluckan

20.2 Lossa den inre klädselpanelen och koppla loss högtalarkablaget

20.3 Skruva loss till fästskruven till reglaget för den manuellt styrda spegeln

20.4a Lossa spegelns kontaktdon . . .

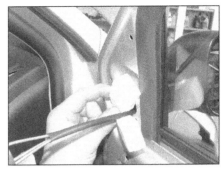

20.4b . . . och ta bort packningen

20.5a Skruva loss fästskruvan . . .

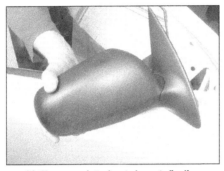

20.5b . . . och ta bort den utvändiga sidospegeln . . .

20.5c . . . medan du drar styrkablarna genom dörren

2 Lossa och ta bort spegelns inre panel/högtalarpanel och lossa kablaget om en högtalare är monterad **(se bild)**.

3 Om bilen har en manuell spegel, skruva loss skruven som håller fast vridreglaget på dörrens inre panel **(se bild)**.

4 Koppla loss spegelns kontaktdon och ta bort packningen **(se bild)**.

5 Skruva loss fästskruven och ta bort den utvändiga spegeln från framdörren medan du för kablaget (elstyrd spegel) eller styrvajrarna (manuell spegel) genom hålet i dörren **(se bilder)**.

Spegelglas

Observera: *Spegelglaset är fäst med klämmor. Om du försöker ta bort glaset utan Skodas specialverktyg (nummer 8-506 eller 8-602/1) kan det gå sönder.*

6 Sätt in ett lämpligt verktyg mellan spegelglaset och spegelhuset. Bänd först ut nederdelen av spegeln och därefter överdelen, innan du försiktigt lossar glaset från motorn. Koppla loss kontaktdonen från spegelns värmeelement i förekommande fall. Var försiktig när du tar bort glaset. ta inte i för hårt, för glaset går lätt sönder. Om du inte har tillgång till Skodas specialverktyg kan du använda en flatmejsel med tejp runt kanterna för att skydda spegelhuset **(se bilder)**.

Spegelhus

7 Vik fram spegelenheten och placera glaset vertikalt, så går det lättare att demontera huset.

8 Ta bort den lilla plastpluggen längst ner på spegelenheten och sätt in en skruvmejsel. Tryck försiktigt skruvmejseln framåt och lossa

fästklämman, och dra sedan kåpan uppåt över spegelglaset för att ta bort den.

Spegelkontakt

9 Se kapitel 12, avsnitt 4.

Elstyrd spegelmotor

10 Ta bort spegelglaset enligt beskrivningen ovan.

11 Skruva loss fästskruvarna och ta bort motorn, och koppla loss dess kontaktdon när det går att komma åt.

Montering

12 Monteringen utförs i omvänd ordningsföljd mot demonteringen. När du sätter tillbaka spegelglaset trycker du med ett fast tryck på dess mitt med en tygbit. Tryck inte för hårt, eftersom glaset lätt går sönder **(se bild)**.

20.6a Bänd ut spegelglaset . . .

20.6b . . . och lossa den försiktigt från motorn

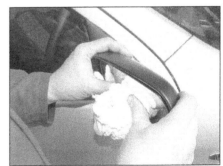

20.12 Använd en tygbit när du sätter tillbaka spegelglaset

24.2 Framsätets bakre fästbult

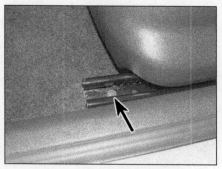

24.3 Framsätets främre fästbult

24.7 Tryck på krokarna i tappens fästbyglar för att ta bort baksätets sits

21 Vindrutans och bakrutans glas samt reparerat glas i bakre sidofönstret – allmän information

Dessa glas är fästa med ett särskilt lim. Det är svårt, kladdigt och tidsödande att byta ut dessa glas och arbetet är utanför vad en hemmamekaniker klarar av. Det är svårt att få fönsterglaset att sitta säkert och att få skarvarna vattentäta om man inte har mycket stor erfarenhet av arbetet. Vi rekommenderar alltså starkt att du låter en specialist utföra allt arbete av denna typ.

22 Soltak– allmän information

På grund av komplexiteten i soltakets mekanism, krävs avsevärd expertis för att reparera, byta eller justera soltakets delar. Om soltaket ska tas bort måste först den inre takklädseln tas bort, vilket är en komplicerad och tidsödande uppgift som inte bör underskattas. Eventuella problem med soltaket ska därför överlåtas till en Skoda-verkstad. På modeller med elektriskt soltak där soltaket inte fungerar, kontrollerar du först att inte säkringen gått. Om felet inte kan spåras och åtgärdas kan takluckan öppnas och stängas manuellt genom att man vrider motorspindeln med en insexnyckel (en passande nyckel finns i bilen och bör fästas på takluckans motorpanel). För att komma åt motorn lossar du baksidan av panelen. Lossa insexnyckeln

och sätt in den helt i motorns öppning (tryck emot fjädringen). Vrid på nyckeln för att flytta takluckan till önskat läge.

23 Yttre karossdetaljer – demontering och montering

Hjulhusfoder och underredspaneler

1 De olika plastkåpor som sitter monterade på bilens undersida hålls på plats med en blandning av skruvar, muttrar och fasthållningsklämmor. Hur demonteringen går till är lätt att förstå vid en kontroll. Arbeta metodiskt runt panelen. Ta bort fästskruvarna och lossa fasthållningsklämmorna tills panelen är lös och kan tas bort under bilen. De flesta klämmor som används på bilen behöver bara bändas loss. Ta bort hjulen, så går det enklare att demontera hjulhusfodren.
2 Vid återmonteringen, byt ut eventuella fasthållningsklämmor som gick sönder vid demonteringen och se till att panelen är ordentligt fäst med alla klämmor och skruvar.

Karossens dekorremsor och modellbeteckningar

3 De olika dekorremsorna och modellbeteckningarna (inklusive skylten på tröskelplåten på vRS-modeller) hålls på plats med en särskild tejp och styrtappar. Vid demontering måste dekoren/modellbeteckningen värmas upp så att fästmedlet mjuknar, och sedan lyftas bort

från ytan. På grund av risken för skador på bilens lack rekommenderas att det här arbetet överlåts till en Skoda-verkstad.

24 Säten – demontering och montering

Observera: Se varningarna i kapitel 12 om bilen har sidokrockkuddar. Innan batteriet kopplas loss, läser du informationen i 'Koppla loss batteriet' i slutet av handboken.

Demontering

Framsäten

1 Lossa batteriets minusledare (se Koppla loss batteriet i kapitlet Referens i slutet av den här handboken).
2 Skjut fram sätet så långt det går och skruva loss de bakre fästbultarna som håller fast skenan i golvet, med en räfflad kil (se bild).
3 Skjut bak sätet så långt det går och skruva loss de främre fästbultarna (se bild).
4 Fäll sätet bakåt och koppla loss kablarna till stolsvärmen, sidokrockkudden och bältesspännets givare.
5 Ta försiktigt ut sätet ur bilen. Var försiktig så att du inte skadar dörröppningens plastpanel. Sätet är tungt, så du kan behöva ta någon till hjälp.

Baksätets sits

6 Dra upp den främre delen av baksätets sits. Lyft sedan den bakre delen och fäll fram sitsen.
7 Tryck på krokarna i tappens fästbyglar och ta bort sitsen från bilen (se bild).

Baksätets ryggstöd

8 Fäll sitsen framåt.
9 Om det finns ett mittbälte med bältesrulle i ryggstödet skruvar du loss förankringsbulten från golvet.
10 Dra upp låshandtaget för att lossa relevant ryggstödsdel, och vik den framåt.
11 Tryck ner spärrhaken och dra ut ryggstödets svängtapp från sidobygeln (se bild).
12 Skjut bort ryggstödet från svängtappen på mittbygeln och ta ut den ur bilen (se bild). Ta bort plastkåpan från fästbygeln om det behövs.

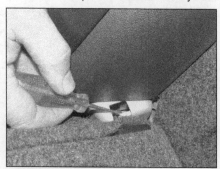

24.11 Tryck ner spärrhaken och dra ut ryggstödets svängtapp från bygeln. . .

24.12 Skjut bort ryggstödet från svängtappen

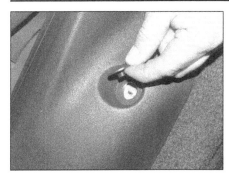

26.3a Bänd ut hållarna . . .

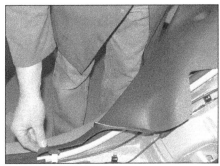

26.3b . . . och ta bort dörrens rampaneler och B-stolpens panel

26.3c Lossa knoppen från bakluckans öppningsarm på förarsidan . . .

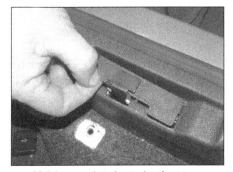

26.3d . . . och ta bort plastinsatsen

26.4a Bänd ut kåpan . . .

26.4b . . . och skruva loss den övre fästbulten från höjdjusteraren

Baksätets armstöd

13 Dra upp låshandtaget för att lossa ryggstödsdelen, och vik den framåt.
14 Lossa armstödets hus och ta bort det samt armstödet från ryggstödet.

Montering

15 Monteringen utförs i omvänd ordningsföljd mot demonteringen.

25 Främre säkerhetsbältenas spännarmekanism – allmän information

De främre säkerhetsbältenas bältesrullar har inbyggda automatiska bältessträckare (de bakre säkerhetsbältenas bältesrullar har inte sträckare). Systemet är utformat för att omedelbart fånga upp spelrum i säkerhetsbältet vid plötsliga frontalkrockar och på så sätt minska risken för skador för framsätets passagerare. Båda framsätena är utrustade med systemet. Spännarna sitter bakom klädselpanelen.

Bältessträckaren aktiveras elektriskt vid en frontalkrock där kraften överstiger ett förinställt värde. Mindre krockar, inklusive påkörningar bakifrån, utlöser inte systemet.

När systemet löses ut drar den explosiva gasen i sträckarmekanismen tillbaka bältet och låser det med hjälp av en vajer som verkar på rullen. Det förhindrar att bältet rör sig och låser personen vid sätet. När spännaren har utlösts kommer säkerhetsbältet att vara permanent spänt och enheten måste bytas ut.

Läs följande varningar innan du överväger arbete med främre säkerhetsbälten.

⚠️ **Varning: Utsätt inte sträckarmekanismen för temperaturer som överstiger 100°C.**

• **Om sträckarmekanismen tappas måste den bytas, även om den inte har fått någon synlig skada.**
• **Låt inte några lösningsmedel komma i kontakt med sträckarmekanismen.**
• **Försök inte öppna sträckaren, den innehåller explosiv gas. Sträckare måste urladdas innan de kastas. Men den uppgiften måste överlåtas till en Skoda-återförsäljare.**
• **Om batteriet ska kopplas loss, läser du informationen i 'Koppla loss batteriet' i slutet av handboken.**

26 Säkerhetsbältenas komponenter – demontering och montering

Demontering

Främre bältesrulle och höjdjusteraren

⚠️ **Varning: Säkerhetsbältets bältesrulle har en automatisk pyroteknisk bältessträckare. Utsätt inte enheten för temperaturer över 100 °C (212 °F) och låt inte lösningsmedel eller rengöringsmedel komma i kontakt med enheten. Enheten är stötkänslig; om någon av dem tappas eller på annat sätt skadas måste de bytas ut.**

1 Lossa batteriets minusledare (se *Koppla loss batteriet* i kapitlet *Referens* i slutet av den här handboken).
2 Dra bort tätningslisten från B-stolpen och trösklarna vid fram-/bakdörren.
3 Bänd ut hållarna och lossa dörrens rampaneler och den nedre klädselpanelen på B-stolpen. När du tar bort förardörrens rampanel lossar du först knoppen från bakluckans öppningsarm och tar bort plastinsatsen **(se bilder)**.
4 Ta bort plastkåpan och skruva loss den övre fästbulten som håller fast säkerhetsbältet vid höjdjusteraren **(se bild)**.
5 Bänd försiktigt bort de övre och nedre panelerna från B-stolpen och lossa remmen från styrningen **(se bilder)**.

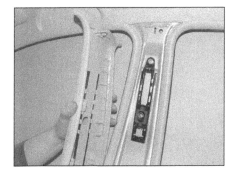

26.5a Bänd ut de övre . . .

26.5b ... och nedre B-stolpen ...

26.5c ... och lossa remmen från styrningen

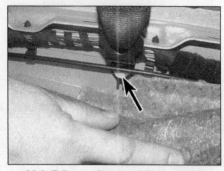

26.6 Främre säkerhetsbältets nedre fästbult

6 Skruva loss säkerhetsbältets nedre fästbult och ta loss säkerhetsbältet från den nedre förankringen **(se bild)**.
7 Skruva loss bältesrullens fästbult och ta bort säkerhetsbältesenheten från bilen **(se bild)**.
8 För att ta bort bältets höjdjusterare tar du bort fästbulten och lyfter uppåt från stolpen **(se bild)**.

Främre säkerhetsbältets plasttapp

9 Ta bort framstolen enligt beskrivningen i avsnitt 25.
10 Om det behövs, skruvar du loss skruvarna och tar bort plastkåpan från sätets insida.
11 Koppla loss kablaget från sätets närvarogivare och bältesstammens givare.
12 Skruva loss tappens fästbult och ta bort tappen från stolen **(se bild)**.

Bakre sidobälte

13 Fäll fram baksätets sits och ta bort relevant

26.7 Främre bältesrullen fästbult

ryggstöd enligt beskrivningen i avsnitt 24.
14 Ta bort mattan bak. Ta sedan bort hållarna och lossa bagageutrymmets sidopaneler. Koppla loss kablaget till kupébelysningen när du tar bort den vänstra sidopanelen **(se bilder)**.

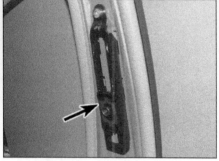

26.8 Främre säkerhetsbältets höjdjusterare

15 Skruva loss fästbulten som fäster säkerhetsbältet i golvet **(se bild)**.
16 Skruva loss fästbulten som håller fast bältesrullen i det inre hjulhuset och ta bort rullen från bilen **(se bild)**.
17 För att ta bort centrumtappen, skruva loss

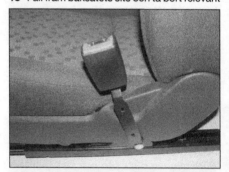

26.12 Främre säkerhetsbältets plasttapp

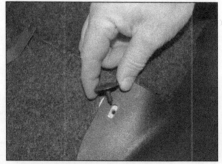

26.14a Ta bort hållarna ...

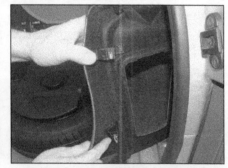

26.14b ... lossa klädselpanelerna ...

26.14c ... och ta bort dem från bagageutrymmet

26.14d Koppla loss kablaget från kupébelysningen på vänster sida

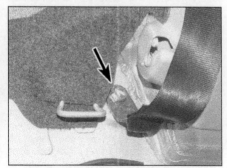

26.15 Fästbult i golvet för baksätets sidobälte

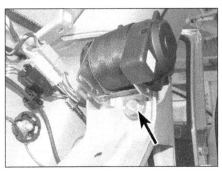

26.16 Bakre säkerhetsbältets rulle fästbult

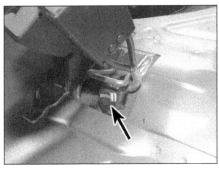

26.17 Fästbult till mittre tappen

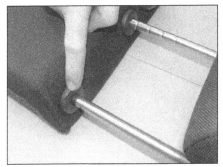

26.19a Ta bort nackskydden . . .

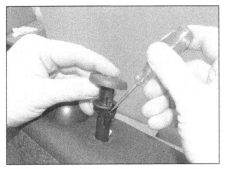

26.19b . . . använd sedan en skruvmejsel for att ta bort styrningarna

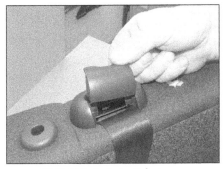

26.20 Bänd ut plastkåpan . . .

26.21 . . . och dra ut stoppningen för att ta bort kåpan från baksidan av ryggstödet

fästbulten (se bild). Observera at det finns två tappar på vänster sida; en till sidobältet och den andra till mittbältet. Tappen på höger sida inkluderar även mittensäkerhetsbältets förankring.

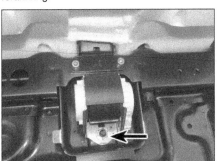

26.22 Fästmutter till baksätets mittbältesrulle

Bakre mittbälte

18 Ta bort det bakre ryggstödet enligt beskrivningen i avsnitt 24.
19 Placera ryggstödet på arbetsbänken och ta bort nackskydden och dess styrningar

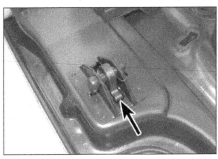

26.23 Vajerstyrd säkerhetsmekanism som ser till att ryggstödet är fasthakat innan säkerhetsbältet kan spännas

genom att trycka ner låsflikarna med en liten skruvmejsel (se bilder).
20 Bänd ut plastkåpan ovanpå ryggstödet (se bild).
21 Dra ut stoppningen och ta bort kåpan från baksidan av ryggstödet (se bild).
22 Skruva loss fästmuttern och ta bort rullen från ryggstödet (se bild).
23 En vajerstyrd säkerhetsmekanism finns i ryggstödet, som ser till att ryggstödet har hakat på plats innan säkerhetsbältet går att spänna. Mekanismen tas bort genom att man lossar klämman från låsspaken (se bild).

Montering

24 Monteringen sker i omvänd ordningsföljd mot demonteringen. Se till att alla säkerhetsbälten sitter riktig och att alla fästbultar dras åt till angivet moment. Kontrollera att alla klädselpaneler är ordentligt fästa med alla nödvändiga fästklämmor.

27 Inre dekor – demontering och montering

Inre klädselpaneler

1 De inre klädselpanelerna är antingen fästa med skruvar eller olika typer av fästen, som pinnbultar och klämmor (se bilder).
2 Kontrollera att det inte är några paneler som överlappar den som ska tas bort. Vanligtvis

27.1a Ta bort takklädselns bakre panel . . .

27.1b . . . och C-stolpen

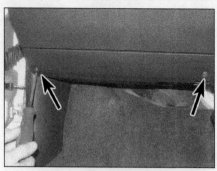

27.7a Skruva loss handskfackets nedre skruvar . . .

27.7b . . . och de övre skruvarna

27.8 Koppla loss kablaget från handskfackets belysning

27.9a Koppla loss kablarna från passagerarsidans krockkuddens brytare. . .

27.9b . . . koppla sedan loss luftkonditioneringspumpens slang

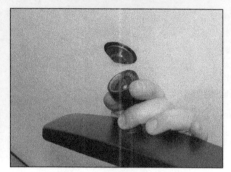

27.16 Ta bort innerspegeln

finns det en ordningsföljd som måste följas vid närmare undersökning.

3 Ta bort alla hållare, t.ex. skruvar. Om panelen inte lossnar sitter den fast med dolda klämmor eller hållare. Dessa sitter vanligtvis runt kanten på panelen och kan bändas loss. Observera att de dock kan gå sönder ganska lätt, så det ska alltid finnas nya klämmor och hållare till hands. Det bästa sättet att ta bort sådana klämmor utan rätt verktyg är genom att använda en stor flatbladig skruvmejsel. Observera att tätningsremsan bredvid måste bändas loss för att en panel ska kunna lossas.

4 När du tar bort en panel ska du aldrig använda överdrivet mycket styrka eftersom panelen kan skadas. Kontrollera alltid noggrant att alla hållare eller andra relevanta komponenter har tagits bort eller lossats innan du försöker ta bort en panel.

5 Montera i omvänd ordningsföljd mot demonteringen. Tryck hållarna ordentligt på plats och se till att alla lossade komponenter sitter fast för att förhindra skallrande ljud.

Handskfack

6 Innan handskfacket kan demonteras, måste mittkonsolens främre del tas bort så att du kan komma åt en av skruvarna. Se avsnitt 28.

7 Skruva loss de nedre fästskruvarna, och öppna sedan handskfacklocket och skruva loss de restarande skruvar **(se bilder)**.

8 Dra ut handskfacket och koppla loss kontaktdonet från handskfackets belysning (om sådan finns) när du kommer åt det **(se bild)**.

9 Lossa i förekommande fall kablaget från

passagerarsidans krockkuddsbrytare och koppla loss luftkonditioneringsslangen från handskfacket **(se bilder)**.

10 Ta bort handskfacket från bilen.

11 Montering utförs i omvänd ordningsföljd mot demonteringen.

Mattor

12 Golvmattan i passagerarutrymmet är i ett stycke och fäst runt kanterna med skruvar eller klämmor, vanligen används samma fästen till att säkra omkringliggande klädsel.

13 Demontering och montering är tämligen enkelt, men mycket tidsödande eftersom alla närliggande paneler måste demonteras först, liksom komponenter som säten, mittkonsol och säkerhetsbältesankare.

Inre takklädsel

14 Innertaket sitter med klamrar i taket och kan bara lossas sedan alla fästen

28.1 Ta bort kåpan/förvaringsfacket/den bakre askkoppen från mittkonsolen . . .

som kurvhandtag, solskydd, taklucka (om monterad), samt relaterade klädselpaneler demonterats och dörrarnas, bakluckans och takluckans tätningslister lossats. För att du ska kunna ta bort solskydden och handtagen måste plastkåporna lossas först så att du kommer åt fästskruvarna.

15 Demontering av innertaket kräver avsevärd skicklighet och erfarenhet för att det ska kunna utföras utan skador och bör därför överlåtas till en expert.

Innerspegel

Standard

16 Dra ner spegeln från dess fästklämma för att ta bort den **(se bild)**. Vid återmonteringen ska spegeln placeras mellan 60° och 90° moturs i förhållande till monteringsläget. Vrid sedan medurs tills låsklämman snäpper fast och håller fast spegeln.

17 Monteringen utförs i omvänd ordningsföljd mot demonteringen.

Instrumentbrädans nedre klädselpaneler

18 Se avsnitt 29.

28 Mittkonsol –
demontering och montering

Demontering

1 Bänd loss kåporna/förvaringsfacket/askkoppen från baksidan av mittkonsolen med en skruvmejsel **(se bild)**.

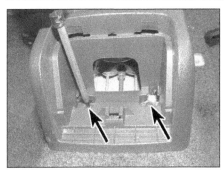

28.2 ... skruva loss de bakre fäst skruvarna ...

28.3 ... och ta bort kåpan ...

28.4 ... och den främre askkoppen

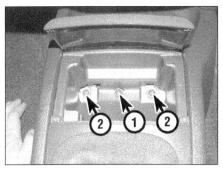

28.5a Fästskruvar för sarg (1) och konsol (2)

28.5b Lossa sargen ...

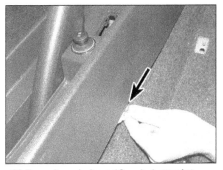

28.7 ... koppla loss 12-voltsbatteriet ...

2 Skruva loss och konsolens bakre fästskruvar **(se bild)**.

3 Bänd ut kåpan under handbromsspaken **(se bild)**.

4 Bänd loss askkoppen från framsidan av mittkonsolen **(se bild)**. Lossa även växelspakens damask från sargen och dra upp den på knoppen.

5 Skruva loss mittskruven och lossa sargen från konsolen **(se bilder)**.

6 Skruva loss och konsolens främre fästskruvar.

7 Ta bort hållaren som håller fast fronten på mittkonsolen i fästbygeln på varje sida **(se bild)**.

8 Dra åt handbromsen helt och skjut försiktigt mittkonsolen bakåt tills du kan koppla loss kablaget till 12-voltsbatteriet.

9 Lyft ut konsolen över handbromsspaken och ta bort den från bilen **(se bild)**. Observera att kardborrband används för att fästa konsolen på senare modeller.

10 Om det behövs, ta loss den främre delen från mittkonsolen.

Montering

11 Monteringen utförs i omvänd ordningsföljd mot demonteringen.

29 Instrumentbräda – demontering och montering

Observera: *Se Varning i kapitel 12 för krockkudden. Märk varje kontaktdon i takt med att du tar bort dem från respektive komponent, så underlättar det vid återmonteringen. Notera exakt hur kablarna är dragna.*

Demontering

1 *Lossa batteriets minusledare (se* Koppla loss batteriet *i kapitlet* Referens i slutet av den här handboken).

2 Ta bort mittkonsolen enligt beskrivningen i avsnitt 28.

3 Demontera ratten enligt beskrivning i kapitel 10.

4 Demontera instrumentbrädan enligt beskrivningen i kapitel 12.

5 Ta bort krockkuddens kontaktbrytare (släpring) och kombinationsbrytare från överdelen av rattstången enligt beskrivningen i kapitel 12, avsnitt 4.

6 Lossa kåpan från var ände av instrumentbrädan **(se bild)**.

7 Ta bort ljuskontakten enligt beskrivningen i kapitel 12, avsnitt 4.

8 Skruva loss skruvarna och lossa säkringsdosan från änden av instrumentbrädan. Lägg den åt sidan **(se bild)**.

28.9 ... och lyft ur mittkonsolen ur bilen

29.6 Lossa kåpan på var sida av instrumentbrädan

29.8 Skruva loss skruvarna som håller fast säkringsdosan på instrumentbrädan.

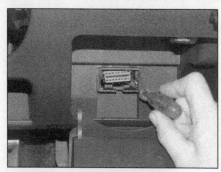

29.9 Ta bort diagnosuttaget

29.10a Skruva loss skruvarna . . .

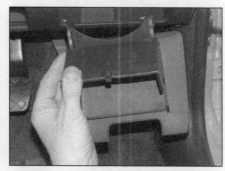

29.10b . . . och ta bort klädselpanelen . . .

29.10c . . . och koppla sedan loss
luftkonditioneringsslangen och ta bort
den nedre instrumentbrädespanelen från
förarsidan

29.13 Ta bort en blindkontakt från
instrumentbrädan

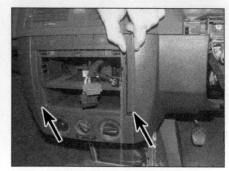

29.14 Ta bort sidokåporna

9 Koppla loss kablaget från diagnosuttaget på förarsidan. Alternativt, ta bort hylsan helt (se bild).
10 Skruva loss skruvarna och ta bort

klädselpanelen. Koppla sedan loss luftkonditioneringsslangen och ta bort instrumentbrädans nedre panel från förarsidan (se bilder).

11 Ta bort handskfacket enligt beskrivningen i avsnitt 27.
12 Demontera bilradion enligt beskrivningen i kapitel 12.
13 Ta bort de mittre tryckbrytarna från instrumentbrädan enligt beskrivningen i kapitel 12, avsnitt 4. Bänd ut eventuella blindkontakter (se bild)
14 Om det finns en mugghållare, öppna den och dra ut den lilla övre panelen. Skruva loss skruvarna och ta bort hållaren. På modeller utan mugghållare, ta bort sidokåporna (se bild).
15 Ta bort förvaringsfacket eller kåpan om sådana finns (se bilder).
16 Bänd loss värmereglagets panel (se bild).
17 Skruva loss de nedre skruvarna och tryck in värmereglaget från instrumentbrädan (se bild).

29.15a Skruva loss skruvarna . . .

29.15b . . . och demontera
förvaringsfacket

29.16 Bänd loss värmereglagets panel . . .

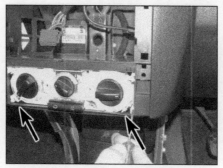

29.17 . . . och skruva sedan loss
värmereglagets fästskruvar

29.18 Ta bort mitthuset från
instrumentbrädan

29.19 Ta bort den lilla klädselpanelen som sitter över rattstången

29.20a Bänd ut varningsblinkersbrytaren/luftmunstyckets panel från instrumentbrädan . . .

29.20b . . . koppla loss kablaget från brytaren

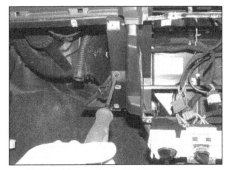

29.23a Skruva loss fästskruvarna . . .

29.23b . . . och ta bort instrumentbrädan från torpedväggen

29.23c Instrumentbrädans främre styrningar

18 Skruva loss skruvarna och ta bort centrumhuset från instrumentbrädan **(se bild)**.
19 Skruva loss skruvarna och ta bort klädselpanelen från rattstången **(se bild)**.
20 Bänd försiktigt ut varningsblinkersbrytaren/luftmunstyckets panel från instrumentbrädan med en skruvmejsel och en bit kort och koppla loss kablaget från brytaren **(se bilder)**.
21 Om tillämpligt, koppla loss kablarna från passagerarsidans krockkudde.
22 Koppla loss alla anslutningskontakterna från instrumentbrädan baksida. Observera hur

de är placerade så att återmonteringen blir korrekt. Ta även bort eventuella fästband eller buntband kring kabelknippen.
23 Skruva loss instrumentbrädans fästskruvar. Kontrollera att alla kablage och fästskruvar är borttagna. Ta någon till hjälp för att lossa instrumentbrädan från torpedväggen och ta bort den från ena sidan av bilen. Den främre delen av instrumentbrädan kan sitta hårt i de främre styrningarna bakom vindrutan **(se bilder)**.

Montering

24 Montera i omvänd ordningsföljd mot

demonteringen. Tänk på följande:
a) Se till att kablarna har dragits och anslutits korrekt och fäst dem med buntband om det behövs. Sätt tillbaka alla fästen till instrumentbrädan och dra åt dem ordentligt.
b) Avsluta med att kontrollera att alla elektriska komponenter och brytare fungerar som de ska. Som en säkerhetsåtgärd i fall att krockkuddarna skulle aktiveras får ingen sitta i bilen när batteriet återansluts.

Kapitel 12
Karossens elsystem

Innehåll

Svårighetsgrad

 Enkelt, passar novisen med lite erfarenhet | **Ganska enkelt,** passar nybörjaren med viss erfarenhet |  **Ganska svårt,** passar kompetent hemmamekaniker |  **Svårt,** passar hemmamekaniker med erfarenhet | **Mycket svårt,** för professionell mekaniker

Specifikationer

Systemtyp ... 12 volt, negativ jord

Säkringar ... *Se Kopplings scheman på sidan 12•21*

Glödlampor	Antall watt	Typ
Främre dimljus	55	H3 Halogen typ
Körriktningsvisare	21	Bajonett
Varningslampa, dörr	5	Slingfäste
Främre parkeringsljus	5	Klämfäste
Handskfackets belysning	3	Kil
Strålkastare:		
Halogen:		
Helljus	55	H3 Halogen
Halvljus	55	H7 Halogen
Gasurladdningsstrålkastare (Xenon):		
Helljus	55	H7 Halogen
Halvljus	35	D2S (80-117 volt)
Högt bromsljus	uppgift	LED
Innerbelysning	10	Slingfäste
Bagageutrymmesbelysning	5	Slingfäste
Läslampa	5	Slingfäste
Bakre dimljus/vänster baklykta	21/4	Bajonett
Registreringsskyltsbelysning	5	Klämfäste
Bakre baklyktor på höger sida	4	Bajonett
Backljus	21	Bajonett
Bromsljus	21	Bajonett

Åtdragningsmoment	Nm
Passagerarsidans krockkudde	10

1 Allmän information och föreskrifter

⚠️ **Varning: Innan något arbete utförs på elsystemet, läs igenom föreskrifterna i Säkerheten främst! i början av denna handbok och i kapitel 5A.**

Systemet är ett 12 volts elsystem med negativ jordning. Strömmen till lamporna och alla andra elektriska tillbehör kommer från ett bly-/syrabatteri som laddas av generatorn.

Detta kapitel tar upp reparations- och servicearbeten för de elkomponenter som inte hör till motorn. Information om batteriet, generatorn och startmotorn finns i kapitel 5A.

Innan arbete på komponenter i elsystemet utförs, måste tändningen och alla andra elektriska apparater vara frånslagna. Ifall det anges måste batteriets jordledning lossas. Observera dock informationen i *Koppla loss batteriet* i *Referens* mot slutet av handboken, eftersom specialprocedurer måste utföras när batteriet kopplas på.

Tidigare modeller har endast halogenstrålkastare. Senare modeller kan däremot vara utrustade med gasurladdningsstrålkastare (Xenon). Dessa bilar är också utrustade med automatisk strålkastarinställning, för att minska risken att blända mötande förare. Observera de särskilda försiktighetsåtgärderna som gäller för dessa system, beskrivna i avsnitt 5.

2 Felsökning av elsystemet – allmän information

Observera: *Se föreskrifterna i Säkerheten främst! och i kapitel 5 innan arbetet påbörjas. Följande tester relaterar till huvudkretsen och ska inte användas för att testa känsliga elektroniska kretsar (t.ex. system för låsningsfria bromsar), speciellt där en elektronisk styrmodul används.*

Allmänt

1 En typisk elkrets består av en elektrisk komponent, alla brytare, reläer, motorer, säkringar, smältinsatser eller kretsbrytare som rör den komponenten, samt det kablage och de kontaktdon som länkar komponenten till batteriet och karossen. För att underlätta felsökningen av elkretsarna finns kopplingsscheman i slutet av det här kapitlet.

2 Studera relevant kopplingsschema för att förstå den aktuella kretsens olika komponenter, innan ett elfel diagnosticeras. De möjliga felkällorna kan reduceras genom att man undersöker om andra komponenter som är kopplade till kretsen fungerar som de ska. Om flera komponenter eller kretsar slutar fungera samtidigt är det troligt att felet beror på en gemensam säkring eller jordanslutning.

3 Elfel har ofta enkla orsaker, som lösa eller korroderade anslutningar, dålig jordanslutning, en trasig säkring, en avsmält förbindelse eller ett krånglande relä (se avsnitt 3 för testning av reläer). Gör en okulär besiktning av alla säkringar, kablar och anslutningar i en felaktig krets innan komponenterna testas. Använd kopplingsscheman för att se vilken terminalkoppling som behöver kontrolleras för att komma åt den felande länken.

4 De grundläggande verktyg som behövs vid felsökning av elsystemet är en kretstestare eller voltmätare (en 12-volts glödlampa, men en uppsättning testkablar kan också användas för vissa kontroller), en självförsörjande testlampa (även kallad kontinuitetsmätare), en ohmmätare (för att mäta resistans), ett batteri och en uppsättning testkablar, samt en testkabel, helst med kretsbrytare eller en inbyggd säkring, som kan användas för att koppla förbi misstänkta kablar eller elektriska komponenter. Innan du försöker hitta ett fel med hjälp av testinstrument, använd kopplingsschemat för att ta reda på var det ska anslutas.

5 För att hitta källan till ett periodiskt återkommande kabelfel (vanligen orsakat av en felaktig eller smutsig anslutning eller skadad isolering), kan ett vicktest göras på kablarna. Det innebär att man vickar på kabeln för hand för att se om felet uppstår när kabeln rubbas. Det ska därmed vara möjligt att härleda felet till en speciell del av kabeln. Denna testmetod kan användas tillsammans med vilken annan testmetod som helst i de följande avsnitten.

6 Förutom problem som uppstår på grund av dåliga anslutningar kan två typer av fel uppstå i en elkrets – kretsavbrott och kortslutning.

7 Kretsavbrott orsakas av ett brott någonstans i kretsen, vilket hindrar strömmen. Ett kretsbrott kommer att göra att komponenten inte fungerar men kommer inte att utlösa säkringen.

8 Kortslutningar orsakas av att ledarna går ihop någonstans i kretsen, vilket medför att strömmen tar en alternativ, lättare väg (med mindre motstånd), vanligtvis till jordningen. Kortslutning orsakas oftast av att isoleringen nötts bort, så att en ledare kommer i kontakt med en annan ledare eller jordningen, t.ex. karossen. En kortslutning bränner i regel kretsens säkring.

Hitta ett kretsbrott

9 Koppla ena ledaren på en kretsprovare eller voltmätare antingen till batteriets negativa pol eller en annan känd jord för att kontrollera om en krets är bruten.

10 Koppla den andra ledaren till en anslutning i den krets som ska provas, helst närmast batteriet eller säkringen.

11 Slå på kretsen, men tänk på att vissa kretsar bara är strömförande med tändningslåset i ett visst läge.

12 Om ström ligger på (visas antingen genom att testlampan lyser eller genom ett utslag från voltmätaren, beroende på vad du använder),

betyder det att delen mellan kontakten och batteriet är felfri.

13 Kontrollera resten av kretsen på samma sätt.

14 Om en punkt där det inte finns någon spänning upptäcks, ligger felet mellan den punkten och den föregående testpunkten med spänning. De flesta fel kan härledas till en trasig, korroderad eller lös anslutning.

Hitta en kortslutning

15 För att söka efter en kortslutning, koppla bort strömförbrukarna från kretsen (strömförbrukare är de delar som drar ström i en krets, t.ex. lampor, motorer och värmeelement).

16 Ta bort den aktuella säkringen från kretsen och anslut en kretsprovare eller voltmätare till säkringens anslutningar.

17 Slå på kretsen, men tänk på att vissa kretsar bara är strömförande med tändningslåset i ett visst läge.

18 Om det finns spänning (visas genom att testlampan lyser eller voltmätaren ger utslag), betyder det att kretsen är kortsluten.

19 Om det inte finns någon ström, men säkringarna fortsätter att gå sönder när strömförbrukarna är påkopplade är det ett tecken på ett internt fel i någon av strömförbrukarna.

Hitta ett jordfel

20 Batteriets minuspol är ansluten till jord (metallen i motorn/växellådan och karossen) och de flesta system är kopplade så att de bara får positiv matning, medan returströmmen går genom metallen i karossen. Det innebär att komponentfästet och karossen utgör en del av kretsen. Lösa eller eroderade infästningar kan därför orsaka flera olika elfel, allt ifrån totalt haveri till ett mystiskt partiellt fel. Vanligast är att lampor lyser svagt (särskilt när en annan krets som delar samma jordpunkt används samtidigt) och att motorer (t.ex. torkarmotorerna eller kylarens fläktmotor) går långsamt. En krets kan påverka en annan, till synes orelaterad, krets. Observera att på många fordon används särskilda jordningsband mellan vissa komponenter, såsom motorn/växellådan och karossen, vanligtvis där det inte finns någon direkt metallkontakt mellan komponenterna på grund av gummiupphängningar etc.

21 Att pröva om en komponent är riktigt jordad, koppla ifrån batteriet (se varningar i Referens i sluttan av den här handboken) och anslut den ena ledaren från en ohmmätare till någon bra jordpunkt. Koppla den andra ledaren till den kabel eller jordanslutning som ska kontrolleras. Resistansen ska vara noll. Om så inte är fallet ska anslutningen kontrolleras enligt följande.

22 Om en jordanslutning misstänks vara felaktig, ta isär anslutningen och putsa upp metallen på både ytterkarossen och kabelfästet eller komponentens jordanslutnings fogyta. Se till att ta bort alla spår av rost och smuts och skrapa sedan bort lacken med en kniv för att få fram en ren metallyta. Dra åt fogfästena ordentligt vid ihopsättningen. Om en kabelanslutning återmonteras ska taggbrickor användas mellan anslutningen och karossen för att garantera en ren och säker anslutning. När kopplingen åter görs, rostskydda ytorna med ett lager vaselin, silikonfett eller genom att regelbundet spraya på fuktdrivande aerosol eller vattenavstötande smörjning.

3 Säkringar och reläer – allmän information

Säkringar och smältsäkringar

1 Säkringar är gjorda för att bryta en strömkrets vid en given strömstyrka, för att på så vis skydda komponenter och kablar som skulle kunna skadas av för stark ström. För stor strömstyrka beror alltid på något fel i kretsen, vanligen kortslutning (se avsnitt 2).

2 Huvudsäkringarna sitter i säkringsdosan på instrumentbrädan på förarsidan. För att komma åt säkringsdosan, öppna dörren på förarsidan och lossa luckan från instrumentbrädan **(se bilder)**. Placeringen av säkringarna markeras på baksidan av säkringsdosans kåpa.

3 För att ta bort en säkring, slå först av den berörda kretsen (eller tändningen), och dra sedan loss säkringen från dess hållare **(se bild)**.

4 Tråden inne i säkringen ska vara synlig. om en säkring har gått blir den trasig eller smält.

5 Byt alltid ut en säkring mot en som har rätt kapacitet, använd aldrig en säkring som har en annan kapacitet än vad som specificeras.

6 Se kopplingsscheman för information om säkringarnas kapacitet och vilka kretsar de tillhör. Säkringens kapacitet står ovanpå den. Notera att säkringarna även är färgkodade.

Färg	Kapacitet
Ljusbrun	5A
Mörkbrun	7,5 A
Röd	10A
Blå	15A
Gul	20A
Vit	25A
Grön	30A

7 Byt aldrig en säkring mer än en gång utan att spåra orsaken till felet. Om den nya säkringen går direkt, letar du rätt på orsaken innan du byter ut den igen. Den troligaste orsaken är en kortslutning mot jord på grund av dålig isolering. Om en säkring skyddar fler än en krets, försök att isolera problemet genom att slå på varje krets i tur och ordning (om möjligt) tills säkringen går sönder igen. Ha alltid med dig några reservsäkringar med rätt kapacitet för fordonet.

8 Ytterligare viktiga säkringar och smältsäkringar sitter i säkringsdosan på batteriets ovansida. Lossa och öppna säkringshållarkåpan så att du kommer åt säkringarna.

3.2a Lossa säkringsdosans kåpa . . .

9 Koppla loss batteriets minusledare innan en säkringstråd bytas Skruva loss fästmuttrarna och ta sedan bort den trasiga säkringen från hållaren. Montera den nya säkringen på plats och återanslut ledningen. Se till att länken och ledningen sitter korrekt och montera sedan tillbaka fästmuttrarna och dra åt dem ordentligt. Kläm tillbaka kåpan i rätt läge och återanslut batteriet.

Reläer

10 Ett relä är en elektrisk brytare som har följande användning:
a) Ett relä kan bryta kraftig ström på avstånd från den krets där strömmen förekommer. Det gör det möjligt att använda tunnare kablar och brytarkontakter.
b) Ett relä kan ta emot mer än en reglageingång, till skillnad från en mekanisk brytare.
c) Ett relä kan ha en timerfunktion – till exempel för fördröjning av vindrutetorkarna.

11 De flesta reläerna sitter på reläplattan bakom förarsidans instrumentbräda men på vissa modeller kan extra reläer sitta på baksidan av motorrummet.

12 Du når reläerna genom att ta bort förarsidans nedre instrumentbrädespanel enligt beskrivningen i kapitel 11, sedan de två fästskruvarna på reläplattan (en på vardera ände) och sänker hela plattan med relän. Identifieringsuppgifter om reläerna ange i början av kopplingsschemana.

13 Om en krets eller system som styrs av ett relä uppvisar ett fel, och relät misstänks, aktivera systemet. Om reläet fungerar bör man kunna höra ett klickljud när det aktiveras. Om så är fallet ligger felet i komponenterna eller kablarna till systemet. Om reläet inte magnetiseras får det antingen ingen ström eller också kommer inte ställströmmen fram, men det kan också bero på att reläet i sig självt är defekt. Kontroll av detta görs genom att man byter ut reläet mot ett nytt som veterligen fungerar, men var försiktig eftersom vissa reläer ser lika ut och utför samma funktioner, medan andra ser lika ut men utför olika funktioner.

14 Se till att den aktuella kretsen är avslagen innan reläet tas bort. Reläet kan sedan helt enkelt dras ut ur fästet och sedan tryckas tillbaka på plats.

3.2b . . . för åtkomst till säkringarna

15 Blinkreläet för körriktningsvisaren/varningslampan ingår i varningslampans brytare. Se avsnitt 4 för information om demontering av brytaren.

4 Brytare – demontering och montering

Tändningslås/rattlås

1 Se kapitel 10.

Rattstångens kombinationsbrytare

Demontering

2 Lossa batteriets minusledare (se *Koppla loss batteriet* i kapitlet *Referens* i slutet av den här handboken).

3 Demontera ratten enligt beskrivning i kapitel 10.

4 Demontera krockkuddens kontaktenhet (släpring) enligt beskrivningen i avsnitt 26. Om brytaren tas bort på för att åtkomst kan enheten vara kvar fäst på kombinationsbrytaren medan kablaget kopplas från.

5 Lossa brytarens klämskruv, koppla loss kablaget, och ta bort brytaren från rattstången **(se bild)**.

Montering

6 Montering utförs i omvänd ordningsföljd mot demontering men brytaren måste placeras på rätt sätt enligt följande:
a) Montera tillbaka brytaren på stången men dra bara försiktigt åt klämskruven.

3.3 Ta bort en säkring från säkringsdosan

4.5a Lossa på brytarens klämskruv . . .

4.5b . . . koppla loss kablaget . . .

4.5c . . . och dra ut brytarenheten från stången

4.6 Använd bladmått för att kontrollera spelrummet mellan ratten och spolens kontaktdon med släpringen

4.8a Ställ ljusomkopplaren i läge O, tryck in dess mittdel och vrid den lätt åt höger . . .

4.8b . . . och dra ut brytaren från instrumentbrädan . . .

b) *Om krockkuddens kontaktdon (släpring) har tagits bort återmonteras den enligt beskrivningen i avsnitt 26.*
c) *Montera tillbaka ratten tillfälligt, och mät spelrummet mellan ratten och spolens kontaktdon med släpringen. Korrekt spelrum är ungefär 2,5 mm (se bild).*
d) *När korrekt spelrum har uppnåtts drar du åt brytarens klämskruv ordentligt.*

Ljuskontakt

Demontering

7 Lossa batteriets minusledare (*se Koppla loss batteriet* i kapitlet *Referens* i slutet av den här handboken).
8 Ställ ljusomkopplaren i läge O, tryck in dess mittdel och vrid den lätt åt höger. Håll denna position och dra ut brytaren från instrumentbrädan **(se bilder)**.
9 När brytaren demonteras från instrument-brädan, koppla loss anslutningskontakterna **(se bild)**.

Montering

10 Återanslut anslutningskontakten.
11 Sätt i brytaren i instrumentbrädan tills det hörs att den fästs på plats. Kontrollera att omställaren fungerar som den ska.

Strålkastarräckvidd/ belysningsstyrsystem

Demontering

12 Ta bort ljusbrytaren enligt föregående beskrivning och använd sedan en skruvmejsel för att lossa spärren och dra ut styrenheten.

Montering

13 Monteringen utförs i omvänd ordningsföljd mot demonteringen.

Brytare för taklucka/ innerbelysning

Demontering

14 Bänd försiktigt ut glaset, skruva sedan loss skruvarna, ta bort takbrytare/kupébelysning och koppla från kablaget **(se bilder)**.

Montering

15 Monteringen utförs i omvänd ordningsföljd mot demonteringen.

Elektrisk spegel, brytare

Demontering

16 Brytaren sitter på det invändiga dörrhandtaget. Använd en skruvmejsel och bänd försiktigt ut brytaren tillsammans med kåpan, och koppla loss kablarna.
17 Lossa brytaren från kåpan.

4.9 . . . och koppla loss anslutningskontakten

4.14a Skruva loss skruvarna . . .

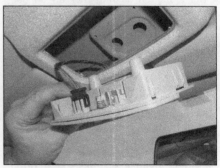

4.14b . . . och ta bort enheten med takbrytare/kupébelysning

Montering

18 Monteringen utförs i omvänd ordningsföljd mot demonteringen.

Brytare till den elektriska fönsterhissen

Demontering

19 Lossa batteriets minusledare (se *Koppla loss batteriet* i kapitlet *Referens* i slutet av den här handboken).
20 När brytarpanelen ska tas bort använder Skodas mekaniker ett specialverktyg som sätts in underifrån men det går att använda en böjd skruvmejsel eller liknande verktyg. Stick in skruvmejselen/redskapet under plastklämman, och dra ut den medan hållaren dras ut uppåt.
21 Koppla loss kablarna.
22 Skruva loss skruvarna och ta bort brytare från panelen.

Montering

23 Monteringen utförs i omvänd ordningsföljd mot demonteringen.

Uppvärmt säte, ppvärmt fönster, ESP-/antispinnsystemsbrytare och passagerarens krockkuddsindikator

Demontering

24 Stäng av tändningen och alla elektriska förbrukare.
25 På grund av de kraftiga fästklämmorna kan dessa brytare vara svåra att bända loss från instrumentbrädan. I så fall rekommenderas att du först tar bort radio-/kassettenheten och skjuter ut brytaren bakifrån **(se bild)**. Där blindkontakter har monterats i stället för värmebrytare till framsätet, är det lätt att bända ut dem för att nå intilliggande kontakter. Var försiktig så att du inte skadar den omgivande panelen och använd en kartongbit som skydd om så behövs.
26 Koppla loss anslutningskontakten för brytaren **(se bild)**.

Montering

27 Återanslut anslutningskontakten för brytaren, och tryck den på plats..

Varningslampans brytare

Demontering

28 Bänd försiktigt bort den mellarsta ventilationenheten från instrumentbrädan med en skruvmejsel. Använd en kartongbit för att skydda panelen.
29 Koppla loss kablarna från varninsblinkerns brytare.
30 Tryck på brytaren på den mellarsta ventilationenheten.

Montering

31 Monteringen utförs i omvänd ordningsföljd mot demonteringen.

Värmefläktsmotor och luftkonditionerings brytare

32 Brytarna är inbyggda i

4.25 Tryck ut brytaren bakifrån . . .

värmereglagepanelen och kan inte tas bort separat. Se kapitel 3 för närmare information om demontering och montering av värmens kontrollpanel.

Bromsljus och varningslampa för handbroms

33 Se kapitel 9.

Backljus, kontakt

34 Se kapitel 7A.

Innerbelysningens brytare

35 Kupélampsbrytaren är inbyggd i dörrens spärrmekanism och kan inte bytas ut separat. Om det är fel på kupélampens brytare måste hela dörrlåsmekanism bytas enligt beskrivningen i kapitel 11.

Bagageutrymmets belysning

36 Ljuskontakten i bagageutrymmet sitter i bakluckans låsmekanism, och kan inte bytas ut separat. Om bagageutrymmets ljusbrytare är felaktig byter du ut bakluckans låsmekanism enligt beskrivningen i kapitel 11.

Ljusbrytare för handskfack

Demontering

37 Stäng av tändningen och alla elektriska förbrukare.
38 Brytaren är inbyggd i lampenheten. Observera dock att det inte går att ta bort och sätta tillbaka brytaren inifrån handskfacket eftersom kontaktdonet inte kommer igenom lampmonteringshålet. Demontera först handskfacket enligt beskrivningen i kapitel 11, avsnitt 27.

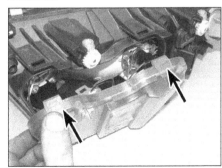

5.4 Tryck ner klämmorna och ta bort den bakre kåpan från strålkastaren . . .

4.26 . . . och koppla loss kablaget

39 Ta bort försiktigt ljuset från handskfacket.

Montering

40 Monteringen utförs i omvänd ordningsföljd mot demonteringen.

5 Glödlampor (ytterbelysning) – byte

Allmänt

1 Tänk på följande när en glödlampa ska bytas:
   Stäng av tändningen och alla elektriska förbrukare innan arbetet påbörjas.
   b) *Kom ihåg att om lyset nyss varit på, kan lampan vara mycket het.*
   c) *Kontrollera alltid lampans sockel och kontaktytor. Se till att kontaktytorna mellan lampan och ledaren och lampan och jorden är rena. Avlägsna all korrosion och smuts innan en ny lampa sätts i.*
   d) *Om lampor med bajonettfattning används, se till att kontakterna har god kontakt med glödlampan.*
   e) *Se alltid till att den nya lampan har rätt specifikationer och att den är helt ren innan du monterar den.*
2 På modeller med standardhalogenstrålkastare har den yttre glödlampan två glödtrådar – en för halvljus och den andra för helljus. På modeller utan dimljus finns det en extra inre glödlampa för halvljus men på modeller med dimljus finns det en dimljusglödlampa på den platsen.
3 På modeller med gasurladdningsstrålkastare är glödlampen monterad i mittpositionen i strålkastaren. En halogenglödlampa för dimljus har monterats i den yttre positionen och en halogenglödlampa för helljus på den innersta positionen.

Helljus

Halogenstrålkastare

4 Vid arbete i motorrummet tar du bort kåpan från baksidan på strålkastaren genom att trycka de de två övre fästklämmorna **(se bild)**. Eftersom det är svårt att komma åt vänster strålkastare tar du antingen bort strålkastaren helt eller tar bort batteriet (se Kapitel 5A).

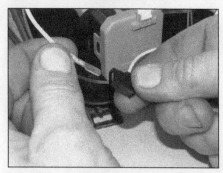

5.5 . . . ta sedan bort kabeln . . .

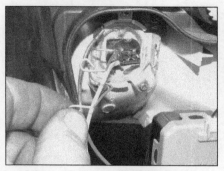

5.6a . . . haka loss fästklämman . . .

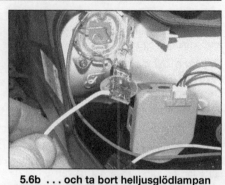

5.6b . . . och ta bort helljusglödlampan
tillsammans med den korta kabeln

5 Lossa kabeln som leder till baksidan av helljusglödlampan **(se bild)**.

6 Haka loss ändarna på glödlampans fästklämma och ta bort dem från armaturen. Ta sedan bort glödlampan tillsammans med den korta kabellängden **(se bilder)**.

7 Vidrör inte glaset på den nya glödlampan med fingrarna. Håll den med en näsduk eller en ren trasa; även mycket små mängder fett eller fukt från fingrarna leder till mörka fläckar och orsakar att lampan går sönder i förtid. Om glaset råkar vidröras, torka av det med T-sprit.

8 Sätt i den nya glödlampan och se till att dess styrflikar sitter korrekt i urtagen. Fäst den på plats med fasthållningsklämman.

9 Återanslut kablarna och montera tillbaka strålkastarkåpan, och kontrollera att den sitter ordentligt.

Gasurladdningsstrålkastare

10 For höger sida, demontera strålkastaren enligt beskrivningen i avsnitt 7. For vänster sida, demontera strålkastaren enligt beskrivningen i avsnitt 7, eller ta bort batteriet enligt beskrivningen i kapitel 5A.

11 Ta bort den bakre kåpan.

12 Koppla loss anslutningskontakten från gasurladdningens tänd-/högspänningsenhet och ta sedan bort enheten från gasurladdningslampan.

13 Skruva loss skruvarna och ta bort gasurladdningens tänd-/högspänningsenhet.

14 Koppla loss anslutningskontakten från helljusglödlampan baksida.

15 Haka loss ändarna på glödlampans fästklämma och ta bort dem från lampenheten. Ta sedan bort glödlampan.

16 Vidrör inte glaset på den nya glödlampan med fingrarna. Håll den med en näsduk eller en ren trasa; även mycket små mängder fett eller fukt från fingrarna leder till mörka fläckar och orsakar att lampan går sönder i förtid. Om glaset råkar vidröras, torka av det med T-sprit.

17 Sätt i den nya glödlampan och se till att dess styrflikar sitter korrekt i urtagen. Fäst den på plats med fästklämman.

18 Den resterande proceduren är i omvänd ordningsföljd mot demonteringen.

Halvljus

Halogenstrålkastare

19 Halvljusglödlampan sitter i den yttre positionen på strålkastaren. Skruva först bort kåpan från strålkastarens baksida. Eftersom det är svårt att komma åt vänster strålkastare tar du antingen bort strålkastaren helt eller tar bort batteriet (se Kapitel 5A).

20 Koppla loss anslutningskontakten från glödlampans bakre ände **(se bild)**.

21 Haka loss ändarna på glödlampans fästklämma och ta bort dem från lampenheten. Ta sedan bort glödlampan **(se bilder)**.

22 Vidrör inte glaset på den nya glödlampan med fingrarna. Håll den med en näsduk eller en ren trasa; även mycket små mängder fett eller fukt från fingrarna leder till mörka fläckar och orsakar att lampan går sönder i förtid. Om glaset råkar vidröras, torka av det med T-sprit.

23 Sätt i den nya glödlampan och se till att dess styrflikar sitter korrekt i urtagen. Fäst den på plats med fasthållningsklämman.

24 Återanslut anslutningskontakten och montera tillbaka strålkastarkåpan, och

kontrollera att den sitter ordentligt.

Gasurladdningsstrålkastare

25 Demontera strålkastarheten enligt beskrivningen i avsnitt 7.

26 Ta bort den bakre kåpan.

27 Koppla loss anslutningskontakten från gasurladdningens tänd-/högspänningsenhet och ta sedan bort enheten från gasurladdningslampan.

28 Skruva loss skruvarna och ta bort gasurladdningens tänd-/högspänningsenhet.

29 Demontera hållaren och ta bort glödlampan. Rör integlaset på den nya lampan med fingrarna, lampan kan vara mycket het. Vidrör inte glaset på den nya glödlampan med fingrarna. Håll den med en näsduk eller en ren trasa; även mycket små mängder fett eller fukt från fingrarna leder till mörka fläckar och orsakar att lampan går sönder i förtid. Om glaset råkar vidröras, torka av det med T-sprit.

30 Montera den nya glödlampan och hållaren, och ta bort gasurladdningens tänd-/högspänningsenhet. Dra åt skruvarna och återanslut kablarna.

31 Montera tillbaka ventilpanelen.

32 Montera tillbaka strålkastarenheten enligt beskrivningen i avsnitt 7.

Varning: Efter återmontering av en gasurladdningsstrålkastare måste grundinställningen av det automatiska strålkastarinställningssystemet kontrolleras. Eftersom det finns krav på specialutrustning kan detta bara utföras av en Skoda-verkstad eller lämpligt utrustad specialist.

5.20 Koppla loss anslutningskontakten . . .

5.21a . . . haka loss klämman . . .

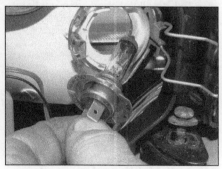

5.21b . . . och dra bort strålkastarens glödlampa

5.34a Bänd ut kåpan . . .

5.34b . . . och skruva loss de tre skruvar som håller dimljuset

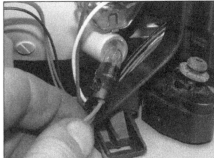

5.41a Dra ut parkeringsljusets lamphållare . . .

5.41b . . . dra sedan ut glödlampan av modell som trycks fast

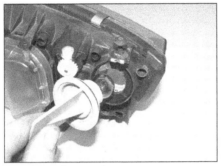

5.47 Vrid på lamphållaren moturs för att ta bort den . . .

5.48 . . . tryck in och vrid lampan moturs

Främre dimljus

33 För icke-RS-modeller som har tillverkats fram till och inklusive modellår 2004 bänder du ut kåpan och skruvar sedan loss de två skruvarna och tar bort dimljuset.

34 För icke-RS-modeller som har tillverkats från modellår 2005, bänder du ut kåpan och skruvar sedan loss de tre skruvarna och tar bort dimljuset **(se bild)**.

35 För RS-modeller tar du bort kåpan genom att trycka på klämman på vänster sida (höger lampa) eller höger sida (vänster lampa).

36 Koppla från kablaget och haka sedan loss ändarna på glödlampans fästklämma från armaturen och ta bort glödlampan.

37 Vidrör inte glaset på den nya glödlampan med fingrarna. Håll den med en näsduk eller en ren trasa; även mycket små mängder fett eller fukt från fingrarna leder till mörka fläckar och orsakar att lampan går sönder i förtid. Om glaset råkar vidröras, torka av det med T-sprit.

38 Sätt i den nya glödlampan och se till att dess styrflikar sitter korrekt i urtagen. Fäst den på plats med fasthållningsklämman.

39 Återanslut anslutningskontakten, sätt tillbaka dimljuskåpan och kontrollera att den sitter ordentligt.

Främre parkeringsljus

Halogenstrålkastare

40 Vid arbete i motorrummet tar du bort kåpan från baksidan på strålkastaren genom att trycka ner de två övre fästklämmorna. Eftersom det är svårt att komma åt vänster strålkastare tar du antingen bort strålkastaren helt eller tar bort batteriet (se Kapitel 5A).

41 Dra försiktigt ut parkeringsljusets lamphållare från strålkastararmaturen. Glödlampan trycks fast i hållaren och kan tas bort genom att man griper tag i änden på glödlampan och drar ut den **(se bilder)**.

42 Monteringen utförs i omvänd ordningsföljd mot demonteringe. Kontrollera att strålkastarkåpan sitter ordentligt.

Gasurladdningsstrålkastare

43 Demontera strålkastarheten enligt beskrivningen i avsnitt 7.

44 Ta bort den bakre kåpan.

45 Dra försiktigt ut parkeringsljusets lamphållare från strålkastararmaturen. Glödlampan trycks fast i hållaren och kan tas bort genom att man griper tag i änden på glödlampan och drar ut den.

46 Monteringen utförs i omvänd ordningsföljd mot demonteringen. Kontrollera att

5.51a Dra ut hjulhusfodret . . .

strålkastarkåpan sitter ordentligt, men lägg märke till följande:

Främre körriktningsvisare

47 Öppna motorhuven och sträck dig ner bakom strålkastararmaturen och vrid den främre körriktningsvisarens lamphållare moturs för att ta bort den **(se bild)**.

48 Tryck ner och vrid glödlampan moturs för att ta loss den från lamphållaren – glödlampan är av bajonettyp **(se bild)**.

49 Montera den nya glödlampan i omvänd ordningsföljd.

Sidoblinkers

50 Skruva loss de två nedre skruvarna från framhjulets hjulhusfoder på ena sidan av bilen.

51 Dra ut fodret och sträck dig upp till baksidan på körriktningsvisaren. Tryck ner sidoklämman och skjut ut körriktningsvisaren från framskärmen **(se bilder)**.

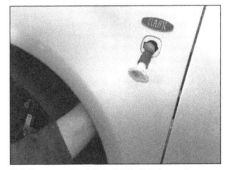

5.51b . . . och skjut ut körriktningsvisarens lampa inifrån

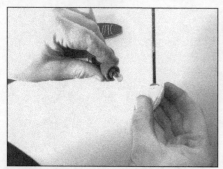

5.52a Skilj lamphållaren från glaset . . .

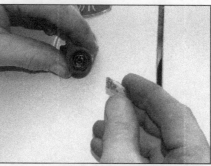

5.52b . . . och dra ut insticksglödlampan

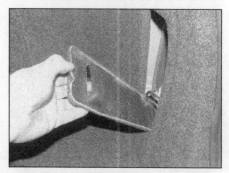

5.54 Dra upp klädselpanelen så att den öppnas . . .

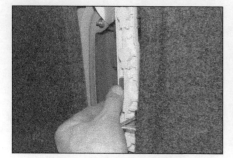

5.55 . . . tryck sedan ihop de två låsklämmorna för att ta bort bakljusarmaturen

5.56 Ta loss glödlampan genom att trycka ner och vrida den

5.58 Ta bort bakrutans omgivande paneler

52 Skilj lamphållaren från linsen, och dra sedan ut den kilformiga glödlampan **(se bild)**.
53 Montera den nya glödlampan i omvänd ordningsföljd. Tryck ner lampan helt i framskärmen tills klämman fäster före återmontering av hjulhusfodret.

Bakljus

54 Vid arbete i bagageutrymmet öppnar du ena sidan av klädselpanelen för att komma åt baksidan av armaturen **(se bild)**.
55 Tryck ihop de två låsklämmorna och ta bort bakljusenheten från armaturen **(se bild)**.

56 Tryck ner och vrid relevant glödlampa moturs för att ta loss den **(se bild)**.
57 Montera den nya glödlampan i omvänd ordningsföljd.

Högt bromsljus

58 Den höga bromsljuset sitter ovanpå bakluckan. Först tar du bort den inre klädselpanelen enligt beskrivningen i kapitel 11 och bakrutans omgivande paneler **(se bild)**.
59 På tidiga modeller sitter lampan fast med två skruvar, medan den på senare modeller är fäst med plastklämmor som måste klämmas ihop med tänger för att lampan ska kunna tas bort **(se bilder)**.
60 När armaturen har tagits bort kopplar du loss anslutningskontakten och om så behövs röret **(se bild)**.
61 Den höga bromsljusenheten monteras inte med glödlampor som kan bytas ut, utan har lysdioder. Om en enstaka lysdiod inte fungerar måste hela armaturen bytas ut.

5.59a På senare modeller trycker du ihop klämmorna . . .

5.59b . . . och tar bort det höga bromsljuset

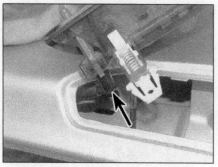

5.60 Röranslutningen till det höga bromsljuset

5.62 Använd en skruvmejsel för att dra ut plastklämmorna genom bakluckan

5.63a Skruva loss de två skruvarna . . .

62 Monteringen utförs i omvänd ordningsföljd mot demonteringen. På senare modeller måste plastklämmorna dras igenom bakluckan tills fästarmarna expanderas. Gör detta genom att sticka in en liten skruvmejsel i spännarens hål i klämman **(se bild)**.

Registreringsskyltsbelysning

63 Skruva loss de två fästskruvarna med en torxnyckel och ta bort den bakre registreringsskyltsbelysningen **(se bilder)**.
64 Ta loss glödlampan från fjäderkontakterna och montera den nya lampan **(se bild)**. Se till att fjäderkontakterna är rena och tillräckligt spända så att glödlampan hålls fast.
65 Montera tillbaka linsen och dra åt skruvarna något.

6 Glödlampor (innerbelysning) – byte

Allmänt

1 Tänk på följande när en glödlampa ska bytas:
Stäng av tändningen och alla elektriska förbrukare innan arbetet påbörjas.
b) Kom ihåg att om lyset nyss varit på, kan lampan vara mycket het.
c) Kontrollera alltid lampans sockel och kontaktytor. Se till att kontaktytorna mellan lampan och ledaren och lampan och jorden är rena. Avlägsna all korrosion och smuts innan en ny lampa sätts i.
d) Om lampor med bajonettfattning används, se till att kontakterna har god kontakt med glödlampan.

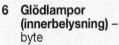

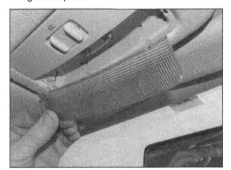

6.2 Ta bort glaset till den främre kupé- och läsbelysningen . . .

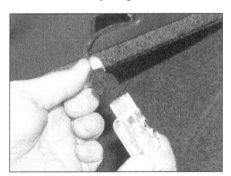

6.5b . . . koppla loss kablaget . . .

5.63b . . . och ta bort den bakre registreringsskyltsbelysningen

e) Se alltid till att den nya lampan har rätt specifikationer och att den är helt ren innan du monterar den.

Främre kupélampor/läslampor

2 Använd en liten skruvmejsel, bänd försiktigt ner framkanten på glaset och ta bort det **(se bild)**.
3 Ta loss glödlampan från fjäderkontakterna **(se bild)**.
4 Sätt i den nya glödlampan i omvänd ordningsföljd mot vid borttagningen, men kontrollera att fjäderkontakterna håller glödlampan fast på plats. Om så behövs spänner du dem innan glödlampan sätts i.

Bakre kupé-/läs-/bagageutrymmeslampor

5 Bänd försiktigt bort ljusenheten från panelen med hjälp av en skruvmejsel. Om så behövs kopplar du loss kablaget och tar bort armaturen **(se bilder)**.

6.3 . . . ta sedan loss glödlampan från fjäderkontakterna

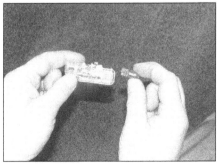

6.6 . . . och dra ut insticksglödlampan

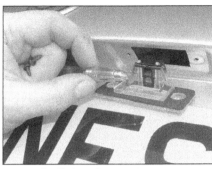

5.64 Ta bort festonglödlampan

6 Ta antingen bort rörglödlampan från fjäderkontakt eller dra ut glödlampan med insticksfäste **(se bild)**.
7 Sätt i den nya glödlampan i omvänd ordningsföljd mot vid borttagningen men kontrollera att fjäderkontakterna håller glödlampan fast på plats. Om så behövs spänner du dem innan glödlampan sätts i.

Handskfackets belysning

8 På exempelbilden gick det inte att ta bort och återmontera belysningen med handskfack på plats i instrumentpanelen eftersom anslutningskontakten i monterat läge inte kan dras genom monteringshålet i handskfacket. Därför måste handskfacket tas bort enligt beskrivningen i kapitel 11, avsnitt 27.
9 När handskfacket har tagits bort trycker du ner klämman och tar bort belysningen inifrån **(se bilder)**.

6.5a Bänd loss kupélampsenheten från panelen . . .

6.9a Tryck ner klämman . . .

6.9b ... och ta bort lampan till handskfacket inifrån

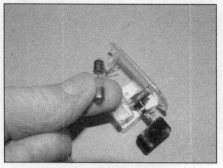

6.10 Ta bort handsfackets festonglödlampa

6.17 Använd ett rör för att dra ut glödlampan

10 Ta loss glödlampan från fjäderkontakterna **(se bild).**
11 Sätt i den nya glödlampan i omvänd ordningsföljd mot vid borttagningen, men kontrollera att fjäderkontakterna håller glödlampan fast på plats. Om så behövs spänner du dem innan glödlampan sätts i.

Instrumentbrädans belysning/varningslampor

12 Alla varnings-/belysningslampor på instrumentpanelen är icke-utbytbara lysdioder. Om det blir fel på dem måste du byta ut hela instrumentpanelen. Observera dock att en ny instrumentpanel måste programmeras av en Skoda-verkstad med specialutrustning. Verkstaden överför körsträckan från den gamla enhet till den nya.

Cigarrettändarens belysning

13 Ta bort mittkonsolen enligt beskrivningen i kapitel 11.

7.2 Lossa strålkastarens anslutningskontakter

7.3b ... bakre fästbult ...

14 Lossa klämmorna och ta bort cigarrettändaren från mittkonsolen.
15 Ta loss glödlampan från fjäderkontakterna i cigarrettändarhuset.
16 Sätt i den nya glödlampan i omvänd ordningsföljd mot vid borttagningen, men kontrollera att fjäderkontakterna håller glödlampan fast på plats. Om så behövs spänner du dem innan glödlampan sätts i.

Glödlampa till värme ventilationskontrollens belysning

17 Kontrollpanelen är upplyst av lysdioder som är inbyggda i panelen. Om det utvecklas ett fel måste därför hela panelen bytas ut. Panelens vridreglage i mitten är dock upplyst med en glödlampa. Dra försiktigt ut reglaget från panelen och dra ut den sockellösa glödlampan med en bit rör (eller liknande) från hållaren **(se bild).**

7.3a Skruva loss den främre fästbulten ...

7.3c ... och övre fästbultar ...

18 Montera den nya glödlampan i omvänd ordningsföljd mot demonteringen.

Brytarbelysning

19 Glödlamporna till brytarbelysningen är inbyggda i brytarna. Om en glödlampa slocknar måste hela brytaren bytas ut.

Varningslampor på dörr

20 Öppna en dörr och bänd försiktigt ut armaturen.
21 Koppla loss kontaktdonet.
22 Lossa glaset från enheten och lossa rörglödlampan från fjäderkontakterna.
23 Monteringen utförs i omvänd ordningsföljd mot demonteringen. Kontrollera att fjäderkontakterna håller glödlampan fast i läge – spänn dem om så behövs innan du sätter in glödlampan.

7 Yttre armaturer – demontering och montering

Strålkastare

Demontering

1 Demontera den främre stötfångaren enligt beskrivningen i kapitel 11.
2 Sträck dig ner bakom strålkastaren och lossa anslutningskontakterna **(se bild).**
3 Skruva loss fästbultarna och dra bort strålkastarna framåt från framvagnen **(se bilder).**

7.3d ... och dra bort strålkastaren från bilen

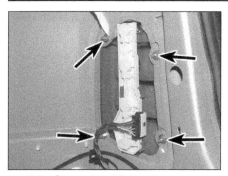

7.7a Skruva loss fästmuttrarna . . .

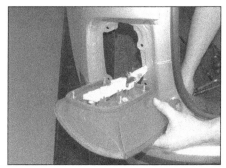

7.7b . . . ta bort bakljusarmaturen . . .

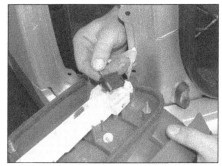

7.7c . . . och koppla loss kablaget

Montering

4 Montering sker i omvänd ordning mot demontering. Avsluta med att låta justera strålkastarinställningen så snart som möjligt.

Varning: Efter återmontering av en gasurladdningsstrålkastare måste grundinställningen av det automatiska strålkastarinställningssystemet kontrolleras. Eftersom det finns krav på specialutrustning kan detta bara utföras av en Skoda-verkstad eller lämpligt utrustad specialist.

Sidoblinkers

5 Proceduren beskrivs som en del av glödlampsbyte i avsnitt 5.

Bakljus

Demontering

6 Ta bort lamphållaren för bakljuset enligt beskrivningen i avsnitt 5.
7 Vid arbete i bagageutrymmet tar du bort så mycket av panelen som krävs, skruvar sedan loss fästmuttrarna, tar bort bakljusarmaturen från baksidan av bilen och kopplar från kablaget **(se bilder)**.

Montering

8 Monteringen utförs i omvänd ordningsföljd mot demonteringen, men se till att tätningen är korrekt placerad.

Högt bromsljus

9 Proceduren beskrivs som en del av glödlampsbyte i avsnitt 5.

Registreringsskyltsbelysning

10 Proceduren beskrivs som en del av nummerplåtsbelysningbyte i avsnitt 5.

8 Strålkastar inställningskomponenter – demontering och montering

Strålkastarinställning

1 *Styrsystemet är inbyggt i instrumentpanelens belysningsstyrenhet på modeller utan xenonstrålkastare.*
2 Demontering och montering beskrivs i avsnitt 4.

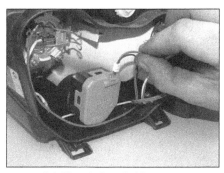

8.4 Koppla loss kablarna . . .

Motor för strålkastarinställning (halogen)

3 Ta bort strålkastaren enligt beskrivningen tidigare i avsnittet och ta sedan bort kåpan för att nå motorn för strålkastarinställningen.
4 Koppla loss motorn för strålkastarinställningens kablar **(se bild)**.
5 När du tar bort motorn på vänster sida, vrider du motorn moturs och skjuter sedan ner inställningsarmen från reflektorn. När du tar bort motorn på höger sida, vrider du motorn moturs och skjuter sedan upp inställningsarmen från reflektorn **(se bild)**.
6 Monteringen utförs i omvänd ordningsföljd mot demonteringen.

9 Strålkastarinställning – allmän information

1 Korrekt inställning av strålkastarna kan endast utföras med optisk utrustning och ska därför överlåtas till en Skoda-verkstad eller en annan lämpligt utrustad verkstad.
2 Justering utförs med de två tumhjulen som är monterade på ovansidan av varje ljusenhet **(se bild)**. Det inre tumhjulet styr den vertikala justeringen och det yttre tumhjulet styr den horisontella justeringen. Om så behövs går det att ytterligare justera genom att lossa på strålkastarens fästbultar.
3 På modeller som är utrustade med gasurladdningsstrålkastare, kan enhetens "halvljusegenskaper" ställas in för länder som har vänster- eller högertrafik – mer information finns i avsnitt 28.

8.5 . . . vrid sedan på strålkastarinställningsmotorn för att ta bort den. Observera hållaren på reflektorn

10 Instrumentpanel – demontering och montering

Observera: *Om instrumentpanelen ska bytas ut måste den nya panelen programmeras med aktuell serviceinformation av en Skoda-verkstad.*

Demontering

1 Koppla loss batteriets minusledare. Observera: Innan batteriet kopplas loss, läs informationen i 'Koppla loss batteriet' i Referenskapitlet i slutet av denna handbok.
2 Lossa på rattens inställningsspärr, dra ut ratten så lång som möjligt och sätt den så långt ner som möjligt. Ta bort ratten helt om du behöver mycket arbetsutrymme.
3 Lossa på det lilla locket över rattstångens kåpor **(se bild)**. Om det behövs för att komma

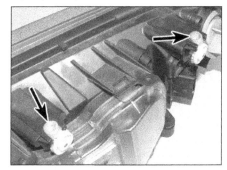

9.2 Vred för strålkastarinställning på strålkastarens överdel

10.3 Lossa på den lilla kåpan som sitter över rattstångskåporna

10.4a Skruva loss fästskruvarna . . .

10.4b . . . demontera instrument brädan. . .

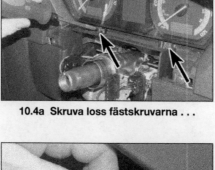

10.4c . . . och koppla loss kablaget

åt bättre, ta bort kombinationsbrytaren enligt beskrivningen tidigare i detta avsnitt.

4 Ta bort de två fästskruvarna på instrumentpanelen och lyft ut panelen från instrumentbrädan så att anslutningskontakterna på baksidan av enheten kan kopplas från **(se bilder)**.

Montering

5 Monteringen utförs i omvänd ordningsföljd mot demonteringen, och kontrollera att anslutningskontakterna sitter ordentligt.

11 Instrumentpanelens komponenter – demontering och montering

Det går inte att ta isär instrumentpanelen. Om någon av mätarna blir defekt måste hela instrumentpanelen bytas ut.

12 Serviceintervallindikator – allmän information och nollställning

1 Alla modeller är utrustade med en serviceintervallindikator. När allt underhåll som krävs har utförts (se relevant del av kapitel 1), måste den relevanta servicedisplaykoden återställas. Den slutförs på en Skoda-verkstad när servicen är klar men den kan återställas enligt beskrivningen i kapitel 1. Observera att om mer än ett serviceschema utförs måste displayintervallerna återställas separat.
2 Displayen återställs med trippmätarens

återställningsknapp, enligt beskrivningen i en del av kapitel 1.

13 Klocka – demontering och montering

Klockan är inbyggd i instrumentpanelen och kan inte tas bort separat. Instrumentpanelen är en förseglad enhet och om klockan eller någon annan komponent blir defekt, måste hela instrumentpanelen bytas ut. Ta bort den enligt beskrivningen i avsnitt 10.

14 Cigarrettändare – demontering och montering

Demontering

1 Koppla loss batteriets minusledare.

15.3 Signalhornets fästbult

Observera: *Innan batteriet kopplas loss, läser du informationen i 'Koppla loss batteriet' i kapitlet* Referens *i slutet av handboken*
2 Ta bort mittkonsolen enligt beskrivningen i kapitel 11.
3 Ta bort lamphållaren enligt beskrivningen i avsnitt 6.
4 Skjut mittendelen av tändaren ut ur fästet.

Montering

5 Monteringen utförs i omvänd ordningsföljd mot demonteringen.

15 Signalhorn – demontering och montering

Demontering

1 Koppla loss batteriets minusledare. **Observera:** *Innan batteriet kopplas loss, läser du informationen i 'Koppla loss batteriet' i kapitlet* Referens *i slutet av handboken*
2 Signalhornen sitter bakom den främre stötfångarens vänstra sida. På vissa modeller kan det gå att nå upp under den främre stötfångaren men på de flesta modeller måste du ta bort den främre stötfångaren enligt beskrivningen i kapitel 11.
3 Lossa signalhornets anslutningskontakt(en), skruva loss fästmuttern(arna) eller bulten(arna), och ta bort signalhornet(en) från fästbygeln **(se bild)**.

Montering

4 Monteringen utförs i omvänd ordningsföljd mot demonteringen.

16 Hastighetsmätarens givare – allmän information

Alla modeller utan ABS är utrustade med en elektronisk hastighetsmätaromvandlare. Denna mäter slutväxelns rotationshastighet och omvandlar informationen till en elektronisk signal som sänds till hastighetsmätarmodulen på instrumentbrädan. På vissa modeller används signalen även av motorstyrningssystemets elektroniska styrenhet och färddatorn.
Uppgifter om hur du tar bort den finns i kapitel 7A eller 7B.

17 Torkararm – demontering och montering

Demontering

1 Starta torkarmotorn och slå sedan av den, så att armen återgår till viloläget.
2 Fäst en bit maskeringstejp på glaset längs kanten på torkarbladet som justeringsmärke vid återmontering. Observera att torkarbladets inre ände på förarsidan ska placeras 25

mm från nederkanten på vindrutan och att torkarbladets yttre ände på passagerarsidan 40 mm från nederkanten (uppmätt från nederkanten på vindrutan under listen).

Främre torkararm

3 Öppna motorhuven, bänd av skyddet, skruva sedan loss och ta bort spindelmuttern men ta inte bort den helt.

4 Lyft ut bladet från rutan och dra torkararmen från sida till sida tills den lossnar från spindelspår – om den sitter tätt använder du en avdragare (**se bild**). Ta bort spindelmuttern.

Observera: *Om båda vindrutetorkarna ska tas bort samtidigt bör de markeras så att de kan identifieras. armarna är inte lika.*

Bakrutetorkare, arm

5 Dra upp torkararmens spindelmutterkåpa, skruva loss spindelmuttern men ta inte bort den helt (**se bilder**).

6 Lyft ut bladet från rutan och dra torkararmen från sida till sida tills den lossnar från spindeln – om den sitter tätt använder du en avdragare (**se bild**). Ta bort spindelmuttern.

Montering

7 Se till att torkararmen och spindelspåren är rena och torra, montera sedan tillbaka armen på spindeln och rikta in torkarbladet mot tejpen som sattes på rutan vid borttagningen. Montera tillbaka spindelmuttern, dra åt den ordentligt och montera tillbaka kåpan.

18 Vindrutetorkarens motor och länksystem – demontering och montering

Demontering

1 Ta bort torkararmarna enligt beskrivningen i avsnitt 17.

2 Ta bort gummilisten och sedan kåpan till utjämningskammaren framför vindrutan. Observera dock att fästklämmorna tas bort mycket svårt och att de antagligen förstörs vid demonteringen. Använd en hävarm eller en vinklad radiotång för att dra ut klämmorna men skydda de omgivande komponenter med kartong eller liknande. Koppla loss slangarna och trådarna från spolarmunstycken medan kåpan tas bort (**se bilder**).

17.4 Använd en avdragare för att ta bort den främre torkararmen från spindeln

17.5a Dra upp spindelmutterns kåpa . . .

17.5b . . . skruva sedan loss axelmuttern, men skruva inte ur den helt

17.6 Borttagning av bakre torkararm

3 På högerstyrda modeller, skruvar du loss motorrummets bakre panel från mellanväggen (**se bilder**), eftersom det inte finns utrymme för att ta bort torkarmotor och länksystem medan panelen är kvar. Det kommer att vara nödvändigt att demontera ECU-motorstyrningen samtidigt.

4 Skruva loss de två fästbultarna, ta sedan försiktigt ut vindrutetorkarmotorn och länksystemet från ventilpanelen och koppla från anslutningskontakten (**se bilder**).

5 Lossa och ta vara på spolare och distansbrickor från motorns gummifästen,

18.2a Bänd ut fästklämmorna . . .

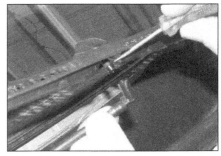

18.2b . . . ta bort utjämningskammarens kåpa och lossa trådarna och spolarslangarna

18.3a På högerstyrda modeller, skruva loss bultarna . . .

18.3b . . . och ta bort motorrummets bakre panel från mellanväggen

18.4a Skruva loss fästbultarna . . .

18.4b . . . ta ut vindrutetorkarmotor och länksystem samt koppla loss kablaget

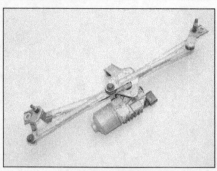

18.4c Vindrutetorkarmotor och länksystem borttagna från bilen

18.6a Skruva loss muttern och koppla loss länkagen . . .

18.6b . . . skruva sedan loss de tre skruvarna som håller fast motorn vid fästplattan

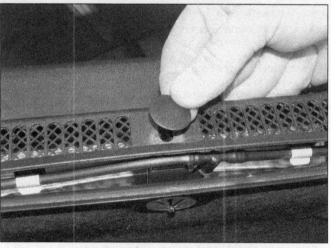

18.7 Fäst kåpan med nya klämmor

notera var de sitter och se efter om gummit har skadats eller försämrats – byt ut om så behövs.

6 Gör så här när du skiljer motorn från länksystemet.

a) Gör märken mellan motorspindeln och länksystemet så att de riktas in på rätt sätt vid återmontering, samt notera riktningen på länksystemet.

b) Skruva loss mutter som håller fast länksystemet till motoraxeln (se bild).

c) Skruva loss de tre skruvarna som håller fast motorn vid fästplattan, ta sedan bort motorn (se bild).

Montering

7 Monteringen utförs i omvänd ordning, och tänk på följande:

a) Om motorn har skiljts från länksystemet ser du till att de märken som gjordes på motorspindel och länksystem vid borttagningen riktas in på rätt sätt och att länksystemet sitter enligt dina noteringar före borttagningen.

b) Se till att spolare och distansbrickor monteras på motorns gummifästen enligt de noteringar som gjordes före borttagningen.

c) Spreja utjämningskammarkåpans

monteringsspår med ett silikonbaserat smörjmedel för att underlätta installationen. Slå inte på kåpan för att få den på plats eftersom vindrutan då kan spricka. Fäst med nya klämmor (se bild)`.

d) Montera tillbaka torkararmarna enligt beskrivningen i avsnitt 17.

19 Bakrutetorkarens motor – demontering och montering

Demontering

1 Demontera torkararmen enligt beskrivningen i avsnitt 17.
2 Öppna bakluckan och ta sedan bort bakluckans klädselpanel enligt beskrivningen i kapitel 11.
3 Koppla loss kontaktdonet från motorn **(se bild)**.
4 I förekommande fall lossar du på spolarvätskeslangen från spolarens munstyckskontakt på motorenheten.
5 Skruva loss de tre muttrarna som håller fast motorn, ta sedan bort enheten **(se bild)**.
6 Ta bort torkarmotorns axeltätningsring från bakluckan.

19.3 Koppla loss kablaget

19.5 Borttagning av bakre torkarmotor

Montering

7 Montering utförs i omvänd ordningsföljd mot demontering, men kontrollera att motoraxelns gummitätningsring återmonteras på rätt sätt för att förhindra vattenläckor och montera tillbaka torkararmen enligt beskrivningen i avsnitt 17.

20 Spolarsystemets delar – demontering och montering

Spolarvätskebehållare

Demontering

1 Stäng av tändningen och alla elektriska förbrukare.
2 Spolarvätskebehållaren sitter bakom den främre stötfångarens vänstra sida. Börja med att ta bort den främre stötfångaren enligt beskrivningen i kapitel 11.
3 Koppla loss kablarna från pumpen(arna)
4 Lossa och plugga igen spolarslangarna.
5 Skruva loss de övre och nedre fästmuttrarna och ta bort vätskebehållaren framåt (se bild).

Montering

6 Monteringen utförs i omvänd ordningsföljd mot demonteringen.

Spolarvätskepumpar

Demontering

7 Stäng av tändningen och alla elektriska förbrukare.
8 Demontera spolarvätskebehållaren enligt beskrivningen tidigare i detta avsnitt.
9 Dra försiktigt ut pumpen från dess genomföring i behållaren (se bild). Koppla loss vätskeslangen(arna) och anslutningskontakten från pumpen.

Montering

10 Montering utförs i omvänd ordningsföljd mot demontering, men var försiktig så att du inte skjuter in pumpgenomföringen i behållaren. Använd tvålvatten for att skjuta pumpen i muffen.

Vindrutespolarmunstycken

Demontering

11 Spolarmunstycken sitter på kåpan till utjämningskammaren framför vindrutan. Börja med att ta bort torkararmarna enligt beskrivningen i avsnitt 17.
12 Ta bort gummilisten och sedan kåpan till utjämningskammaren framför vindrutan. Observera dock att fästklämmorna tas bort mycket svårt och att de antagligen förstörs vid demonteringen. Använd en vinklad radiotång för att dra ut klämmorna men skydda de omgivande komponenter med kartong eller liknande. Koppla loss slangarna och trådarna från spolarmunstycken medan kåpan tas bort.
13 Kläm ihop klämmorna och lossa på munstyckena från kåpan (se bild).

Montering

14 Montering utförs i omvänd ordningsföljd mot demonteringen. Observera att

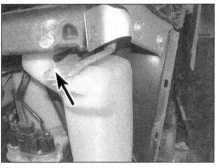

20.5 Spolarvätskebehållare med övre fästmutter

munstyckena är förinställda av tillverkaren så de kan inte justeras.

Bakrutespolarmunstycke

Demontering

15 På halvkombimodeller sitter bakrutespolarmunstycket inuti bakrutans torkarspindel, under torkararmskåpan. För att ta bort den, lyft av kåpan och använd en låsringstång for att ta av munstycket från spindeln (se bild).
16 På kombimodeller är bakrutespolarmunstycket inbyggt i det höga bromsljuset. När du ska ta bort det tar du först bort det höga bromsljuset enligt beskrivningen i avsnitt 5, och drar sedan ut munstycket.

Montering

17 Monteringen utförs i omvänd ordningsföljd mot demonteringen, men kontrollera funktionen hos munstycket. På kombimodeller skjuter du in munstycket så att det pekar nedåt vertikalt. Munstycket ska vara riktat så att det sprutar mitt på rutan, använd ett stift.

Strålkastarspolarmunstycken

Demontering

18 Du behöver inte ta bort den främre stötfångaren för att kunna demontera strålkastarens spolarmunstycken. Lyft och håll i sprutmunstycksfästet.
19 Lyft fästklämman lite med en skruvmejsel, dra sedan ut sprutmunstycksfästet och lossa på slangen.

20.13 Ta bort vindrutespolarmunstycken

20.9 Placering av spolarvätskepump

Montering

20 Montering utförs i omvänd ordningsföljd mot demontering men rikta in munstycket så att det sprutar mitt på strålkastaren.

Strålkastarspolarmunstyckets lyftcylinder

Demontering

21 Demontera den främre stötfångaren enligt beskrivningen i kapitel 11.
22 Demontera strålkastaren enligt beskrivningen i avsnitt 7, och spolarmunstycken enligt beskrivningen i det föregående underavsnitt.
23 Skruva loss de två fästskruvarna, och ta bort cylindern.
24 Fäst slangen, kläm ihop fästklämman och koppla loss slangen.

Montering

25 Monteringen utförs i omvänd ordningsföljd mot demonteringen.

21 Ljudanläggningen – demontering och montering

Observera: Detta avsnitt gäller bara standardutrustning.

Radio/bandspelar

Demontering

1 Radion har speciella fästklämmor som kräver speciella borttagningsverktyg, som ska

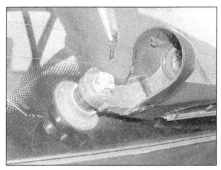

20.15 Dra ut munstycket från spindelns mitt

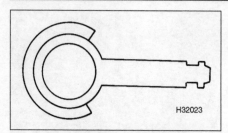
H32023

21.1 Nyckel för radioborttagning

ha följt med bilen, eller som kan skaffas från en bilradiospecialist **(se bild)**. Skoda redskap nummer T30005.

2 Stäng av tändningen och alla elektriska förbrukare.

3 Sätt i nycklarna och skjut in dem tills de fäster på sidan med spärrfjäderklämmor. Tryck utåt, dra sedan ut radion/kassettspelaren och koppla från kablage och antenn **(se bilder)**.

Montering

4 Återanslut kontaktdon och antennsladd och skjut sedan in enheten i instrumentbrädan tills låsklackarna snäpper på plats.

CD-spelare

Demontering

5 CD-spelaren har speciella fästklämmor som kräver speciella borttagningsverktyg, som ska ha följt med bilen, eller som kan skaffas från en bilradiospecialist.

6 Slå av tändningen och alla elektriska apparater, och ta sedan bort radion/bandspelaren enligt beskrivningen tidigare i detta avsnitt.

7 Stick in verktygen i spåren på varje sida och tryck tills de snäpper på plats. CD-spelaren kan sedan dras ut ur instrumentbrädan med verktygen och kablaget frånkopplas.

Montering

8 Återanslut kablaget och skjut sedan in enheten i instrumentbrädan tills låsklackarna snäpper på plats.

CD-växlare

Demontering

9 CD-växlaren är fastsatt med bultar på fästbyglar på undersidan av passagerarsätet fram. Först, demontera sätet enligt beskrivningen i kapitel 11.

21.3a Sätt in nycklarna och dra ut radion/ kassettspelaren

10 Koppla loss kablaget, och ta sedan bort sidokåporna från sätet.

11 Skruva loss de fyra fästskruvarna och dra ut CD-växlaren från sätets fästbyglar.

Montering

12 Monteringen utförs i omvänd ordningsföljd mot demonteringen.

22 Högtalare – demontering och montering

Framdörrsmonterad diskant

Demontering

1 Stäng av tändningen och alla elektriska förbrukare.

2 Öppna dörren, lossa sedan den triangelformade kåpan med diskanthögtalaren.

3 Koppla loss kablage, och demontera högtalaren från kåpan.

Montering

4 Monteringen utförs i omvänd ordningsföljd mot demonteringen.

Bakdörrsmonterad diskant

Demontering

5 Stäng av tändningen och alla elektriska förbrukare.

6 Ta bort bakdörrens klädselpanel enligt beskrivningen i kapitel 11.

7 Högtalaren är monterad på insidan av dörrklädselpanelen. Koppla loss kablaget och lossa högtalaren från panelen.

Montering

8 Monteringen utförs i omvänd ordningsföljd mot demonteringen.

Framdörrsmonterad bas

Demontering

9 Stäng av tändningen och alla elektriska förbrukare.

10 Ta bort framdörrens klädselpanel enligt beskrivningen i kapitel 11.

11 Koppla loss kablarna till högtaleren.

12 Borra försiktigt ut fästnitarna och dra ut högtalaren från framdörren.

21.3b Koppla loss kablage och antenn

Montering

13 Monteringen utförs i omvänd ordningsföljd mot demonteringen.

Bas i bagageutrymmet

14 Stäng av tändningen och alla elektriska förbrukare.

15 De bakre bashögtalarna sitter under baksätets hylla/panel. Öppna bakluckan, sträck handen under sidohylla/panel och kopplas loss kablarna från högtalaren. Skruva loss de fyra fästskruvarna, och ta bort högtaleren.

Montering

16 Monteringen utförs i omvänd ordningsföljd mot demonteringen.

23 Radioantenn – demontering och montering

Demontering

1 Fram till modell MY2002 går det att skruva loss antennen från basen genom att vrida den moturs. På senare modeller kan den vikas bort.

2 Om antennfästet ska tas bort måste du först sänka ner den bakre delen av den inre takklädseln för att nå det.

3 När innertaksklädseln är nedvikt kopplar du loss antennkabeln vid kontaktdonet. Skruva sedan loss fästmuttern och ta bort antennfoten från taket. Håll i antennfästet medan muttern skruvas loss så att fästet inte vrids och repar takpanelen. Ta vara på gummimellanlägget.

Montering

4 Monteringen utförs i omvänd ordningsföljd mot demonteringen.

24 Stöldskyddssystem och motorlåsningssystem – allmän information

Observera: *Denna information gäller bara om din bil är försedd med det larm som monterats av Skoda som standardutrustning.*

Alla modeller i utbudet är utrustade med stöldskyddslarm som standard. Larmet har brytare på alla dörrar (inklusive bakluckan), på motorhuven och tändningslåset. Om bakluckan, motorhuven eller någon av dörrarna öppnas eller om tändningslåset slås på medan larmet är aktiverat kommer en larmsignal att ljuda och varningslamporna att blinka. Vissa modeller är också utrustade med ett internt övervakningssystem som aktiverar larmsystemet om rörelse avkänns i kupén.

Larmet ställs in med nyckeln i framdörrslåset på förarsidan eller genom centrallåsets fjärrkontrollsändare. Larmet kommer sedan att övervaka alla brytarna ungefär 30 sekunder efter det.

Larmets kopplas av om fordonet låses upp med fjärrkontrollsändaren eller om du slår på tändningen. Om den låses upp

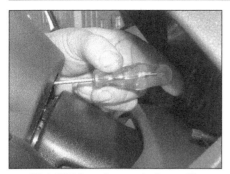

26.4 Sätt i en skruvmejsel ungefär 45 mm in i hålet och lossa klämman

26.6a Ta bort krockkuddsmodulen . . .

26.6b . . . och koppla loss kablaget

med fjärrkontrollen och dörren inte öppnas inom 30 sekunder slås dock larmet på igen automatiskt. Om förardörren låses upp manuellt med startnyckeln måste nyckeln sättas in i tändningen inom 15 sekunder för att larmet ska avaktiveras.

De flesta modeller är utrustade med stöldskyddslarm som aktiveras av tändningskontakten. En modul som är inbyggd i tändningen avläser en kod som finns i startnyckeln. Modulen skickar en signal till motorstyrningens elektroniska styrmodul (ECU) som gör att motorn startas om koden är korrekt. Används en felaktig startnyckel startas inte motorn.

Om du tror att larm- eller motorlåsningssystemen är felaktiga bör du låta en Skoda-verkstad undersöka det. De har tillgång till speciell diagnostisk testutrustning som snabbt kan spåra ett fel i systemet.

25 Krockkuddesystem –
allmän information
och föreskrifter

⚠ *Varning: Innan du gör något med krockkuddssystemet, kopplar du loss batteriets minusledare (se 'Koppla loss batteriet' i kapitlet Referens i slutet av handboken). När du är klar, se till att ingen befinner sig i bilen när batteriet kopplas in igen.*

• *Observera att krockkudden/-kuddarna inte får utsättas för temperaturer över 100°C. När krockkudden demonteras, förvara den med rätt sida upp för att förhindra att den blåses upp av misstag.*

• *Se till att inga lösningsmedel eller rengöringsmedel kommer i kontakt med krockkuddarna. De får endast rengöras med hjälp av en fuktig trasa.*

• *Krockkuddarna och styrenheterna är stötkänsliga. Om någon av dem tappas eller på annat sätt skadas måste de bytas ut.*

• *Koppla loss krockkuddarna innan någon svetsning utförs på bilen.*

Förar- och passagerarsidans krockkuddar monteras som standardutrustning och sidokrockkuddarna kan monteras som ett tillval till framsätena. Krockkuddssystemet

består av krockkuddsenheten (komplett med gasgenerator) som monteras på ratten (förarsidan), instrumentbrädan (passagerarsidan) och framsätena, en stötgivare, styrenheten och en varningslampa i instrumentpanelen. Det går att koppla bort passagerarens krockkudde fram om ingen sitter där.

Krockkuddssystemet utlöses vid en rak eller förskjuten frontalkrock över en viss kraft – beroende på stötpunkt. Krockkudden blåses upp inom millisekunder och formar en säkerhetskudde mellan föraren och ratten, mellan passageraren och instrumentbrädan samt mellan personer i framsätena och kupésidorna vid sidokollisioner. Detta förebygger kontakt mellan överkroppen och insidan vilket minskar risken för skador avsevärt. Krockkudden töms nästan omedelbart.

Varje gång tändningen slås på utför krockkudden ett självtest. Självtestet tar ungefär tre sekunder och under den tiden lyser krockkuddens varningslampa. När självtestet avslutats skall lampan slockna. Om varningslampan inte tänds eller inte slocknar efter självtestet, eller tänds då bilen körs, är det fel på krockkuddssystemet. Bilen ska då lämnas till en Skoda-återförsäljare för undersökning så snart som möjligt.

26 Krockkuddssystemets
komponenter – demontering
och montering 🔧

Observera: *Se varningarna i avsnitt 25 innan du utför följande arbeten.*
1 Koppla loss batteriets minuspol och fortsätt enligt beskrivningen under relevant underrubrik. **Observera:** *Innan batteriet kopplas loss, läser du informationen i 'Koppla loss batteriet' i kapitlet Referens i slutet av handboken*

Förarsidans krockkudde

Demontering
2 Ställ framhjulen rakt fram och lås upp rattlåset genom att sätta i startnyckeln.
3 Justera rattstången till dess lägsta läge

genom att frigöra justeringshandtaget, dra sedan ut stången och sänk ner den så långt som möjligt. Lås stången i detta läge genom att sätta tillbaka justeringshandtaget.
4 För in en skruvmejsel ungefär 45 mm i hålet upptill bak på rattnavet med ekrarna i vertikalt läge, för sedan upp och lösgör klämman och lossa krockkuddens låsklack **(se bild)**. Vrid nu ratten 180° och släpp den återstående låsklacken för krockkudden.
5 Vrid ratten till mittläget (rakt framåt).
6 Ta bort försiktigt krockkuddemodulen och lossa kablarna **(se bild)**. Observera att krockkuddemodulen inte får utsättas för stötar eller tappas. Den måste förvaras med den aktiva sidan uppåt.

Montering
7 Vid återmonteringen, återanslut kontaktdonet/donen och sätt tillbaka krockkudden i ratten, och se till att kabeln inte kläms. Återanslut batteriets minusledare och se till att inget befinner sig i fordonet medan ledaren ansluts.

Passagerarsidans krockkudde

Observera: *Instrumentbrädan måste bytas ut om passagerarsidans krockkudde har utlösts.*

Demontering
8 Ta bort handskfacket på passagerarsidan enligt beskrivningen i kapitel 11, avsnitt 27.
9 Skruva loss de fyra torxskruvarna som håller fast krockkuddens stödfäste på instrumentbrädans tvärbalk **(se bild)**.
10 Dra försiktigt ut krockkuddsenheten och

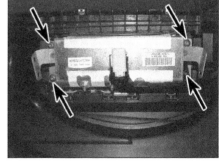

26.9 Torxskruvar som håller fast passagerarkrockkudden

26.10 Koppla loss kablarna från passagerarsidans krockkudde

fästbygeln från instrumentbrädan och koppla loss kontaktdonet (se bild).
11 Skruva loss krockkudden från fästbygeln. Observera att krockkudden inte får utsättas för stötar eller tappas, och måste förvaras med kudden uppåt.

Montering

12 Vid återmontering, placera krockkudden i fästbygeln och dra åt bultarna till angivet moment.
13 Sätt krockkudde och fästbygel på plats och återanslut kontaktdonet. Dra åt fästbultarna.
14 Montera tillbaka passagerarsidans handskfack enligt beskrivningen i kapitel 11.
15 Återanslut batteriets minusledare och se till att inget befinner sig i fordonet medan ledaren ansluts.

Främre sidokrockkuddar

16 Sidokrockkuddarna är inbyggda i sätena.

26.30a Skruva loss skruvarna ...

26.30c Skruva de främre skruvarna ...

26.17 Krockkuddens styrenhet sitter på tunneln under instrumentbrädans mitt

Demontering av stolbeklädnad kräver avsevärd skicklighet och erfarenhet för att det ska kunna utföras utan skador och bör därför överlåtas till en expert.

Krockkuddens styrenhet

Demontering

17 Styrenheten sitter på tunneln under mitten på instrumentbrädan (se bild).
18 Koppla loss batteriets minusledare.
Observera: *Innan batteriet kopplas loss, läser du informationen i 'Koppla loss batteriet' i kapitlet Referens i slutet av handboken*
19 Ta bort tunnelpanelen från vänster fotutrymme enligt beskrivningen i kapitel 11.
20 Ta bort mittkonsolen enligt beskrivningen i kapitel 11.
21 Om så behövs beskär du mattan där krockkuddens styrenhet sitter
22 Sträck in handen under instrumentbrädan,

26.30b ... och ta bort den övre rattstångskåpan

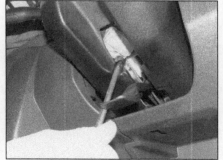

26.30d ... och den nedre skruven ...

flytta fästklämman till öppet läge och koppla från styrenhetens anslutningskontakt.
23 Skruva loss de tre muttrarna och dra ut styrenheten

Montering

24 Monteringen sker i omvänd ordningsföljd mot demonteringen, och se till att kontaktdonet är ordentligt återanslutet. Återanslut batteriets minusledare och se till att inget befinner sig i fordonet medan ledaren ansluts.

Främre passagerarens krockkuddsbrytare

Demontering

25 Den främre passagerarens krockkuddsbrytare sitter i handskfacket. Koppla först bort batteriets minusledare.
Observera: *Innan batteriet kopplas loss, läser du informationen i 'Koppla loss batteriet' i kapitlet Referens i slutet av handboken*
26 Öppna handskfacket, sätt i startnyckeln i krockkuddsbrytaren till mellanläge och dra sedan försiktigt ut brytaren.
27 Koppla loss kablarna.

Montering

28 Monteringen utförs i omvänd ordningsföljd mot demonteringen, men slå av tändningen innan batteriets jordledning återansluts.

Krockkuddens kontaktdon (släpring)

Observera: *På tidiga modeller, när kontaktenheten tas bort eller monteras, använd tejp för att se till att spolens kontaktdon blir i mitten. På senare modeller har kontaktenheten en automatiskt mekanism för att hålla den i dess mittenläge vid borttagning.*

Demontering

29 Ställ hjulen rakt fram, och demontera sedan ratten enligt beskrivningen i kapitel 10.
30 Lossa på de två skruvarna via hålen i den nedre rattstångskåpan och ta bort den övre kåpan. Lossa på de tre fästskruvarna på den nedre kåpan, lossa den från höjdjusteringsarmen och ta bort den nedre kåpan (se bilder).
31 Lossa anslutningskontakten på undersidan av enheten. Lossa på de tre låsklackarna

26.30e ... och ta bort den nedre rattstångskåpan

26.31a Koppla loss kablaget . . .

26.31b . . . lossa sedan de tre
låsklackarna . . .

26.31c . . . och dra ut enheten med
släpringen från stången

med en skruvmejsel och dra enheten med släpringen från stången **(se bilder)**.

Montering

32 Monteringen utförs i omvänd ordningsföljd mot demonteringen. Se till att ingen är inne i bilen när anslutningskontakten återansluts.

27 Parkeringsassistansens komponenter – allmän information, demontering och montering

Allmän information

1 Systemet med parkeringsassistans finns som standardutrustning på vissa modeller och är tillval för andra modeller. Fyra ultraljudsgivare i den bakre stötfångaren mäter avståndet till det närmaste föremålet bakom bilen och signalerar till föraren med hjälp av en summer som sitter under klädselpanelen i bagageutrymmet. Ju närmare föremålet kommer, desto snabbare blir ljudsignalerna.

2 I systemet ingår en styrenhet och ett program för självfelsökning och därför ska fordonet tas till en Skoda-verkstad om det upptäcks ett fel.

Styrenhet

Demontering

3 Slå av tändningen och alla elektriska förbrukare, ta sedan bort panelen på vänster sida trim från bagageutrymmet enligt beskrivningen i kapitel 11, avsnitt 27.
4 Koppla loss kablaget vid anslutningskontakten.
5 Skruva loss de två muttrarna och dra ut styrenheten.

Montering

6 Monteringen utförs i omvänd ordningsföljd mot demonteringen.

Avståndsgivare

Demontering

7 Den bakre stötfångaren måste tas bort enligt beskrivningen i kapitel 11 för att givarna ska kunna tas bort.
8 Tryck ihop fästklämmorna och tryck sedan ut givaren från stötfångarens utsida.

9 Dra ur kontakterna och ta loss givaren.

Montering

10 Monteringen utförs i omvänd ordningsföljd mot demonteringen. Tryck givaren stadigt på plats så att fästklämmorna hakar i.

Varningssummer

Demontering

11 Varningssummern sitter bakom kupébelysningen i taket. Ta först bort kupébelysningen enligt beskrivningen i avsnitt 6.
12 Lossa på kablaget och dra ut summern från kardborrytan i taket.

Montering

13 Monteringen utförs i omvänd ordningsföljd mot demonteringen.

28 Gasurladdningsstrålkastare – komponenter demontering och montering

Allmän information

1 Det finns gasurladdningsstrålkastare (eller xenonstrålkastare) som extra tillval för alla modeller som handboken handlar om. Strålkastarna har lampor med gasurladdningssystem, som genererar ljus via en elektrisk urladdning, istället för via upphettning av en metalltråd, som i vanliga halogenglödlampor. Bågen genereras av en kontrollkrets som arbetar med högspänning. Intensiteten hos strålkastarljuset gör ljuskäglan måste regleras dynamiskt för att andra trafikanter inte ska bländas. En styrmodul övervakar bilens lutning och höjd via givare på den främre och bakre fjädringen, och justerar strålkastarkäglans räckvidd därefter, med hjälp av räckviddsmotorerna i strålkastararmaturerna.

⚠️ **Varning: Båglampornas startkrets arbetar med mycket hög spänning. För att undvika risk för stötar, se till att batteriets minusledare kopplats loss innan något arbete utförs på strålkastarna.**

Glödlampsbyte

2 Se avsnitt 5.

Högspänningsenhet

Demontering

3 Högspänningsenheten till den högra strålkastaren sitter fäst på botten av låshållaren, medan den som tillhör den vänstra strålkastaren är fäst på plastkåpan bakom strålkastarhållaren.
4 Ta bort strålkastaren enligt beskrivningen i avsnitt 7, men tryck ner fjädern för den högra strålkastaren och skjut enheten mot motorrummet.
5 Koppla loss kablarna, ta sedan bort kåpan och högspänningsenheten.

Montering

6 Monteringen utförs i omvänd ordningsföljd mot demonteringen.

Sändare och bakre styrenhet

Observera: *När du har monterat en ny sändare måste den omprogrammeras av en Skoda-verkstad med specialistutrustning.*

Demontering

7 Sändaren och den bakre styrenheten sitter på den vänstra bakre länkarmen. Lyft upp bilens bakvagn och ställ den på pallbockar (se *Lyftning och stödpunkter*).
8 Koppla loss kablarna från sändaren.
9 Skruva loss fästbulten som håller fast enheten på länkarmen, skruva sedan loss muttern som håller fast länken på den bakre axelns tvärbalk. Dra bort enheten från bilens undersida.

Montering

10 Montering utförs i omvänd ordningsföljd mot demontering men låt en Skoda-verkstad omprogrammera högtryckssystemet så snart som möjligt.

Inställningar för högertrafik

11 På modeller som är utrustade med halvljus med gasurladdningssystem kan egenskaperna för enheterna ställas in för vänster- eller högertrafik. Ta bort strålkastaren och den bakre kåpan enligt beskrivningen i avsnitt 7, använd sedan en skruvmejsel för att placera spaken så mycket som behövs **(se bilden på andra sidan)**. **Observera:** *Strålkastarna måste fortfarande maskas av för korrigering av helljus.*

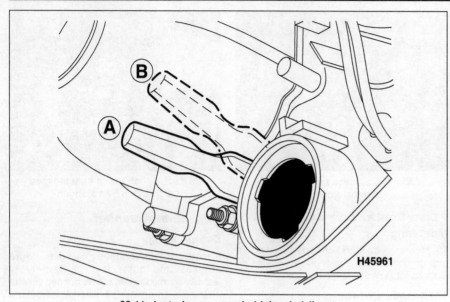

28.11 Justering av gasurladdningshalvljuset

A *För länder med högertrafik*
B *För länder med vänstertrafik*
Observera: *Bilden visar vänster strålkastare – höger strålkastare är omvänt*

29 Bekvämlighetssystem – allmän information

1 Med bekvämlighetssystem styrs funktionerna för centrallås, elektriska fönsterhissar, larmsystem och elektriska ytterspeglar. Med det övervakas funktionerna hos kupébelysningen för skydd mot batteriurladdning. Systemet använder CAN-databusskablar som effektivt minskar mängden kablage om krävs för att systemet ska fungera, genom att olika frekvenssignaler sänds ut i samma kablage i stället för att flera olika kablar används. Ett felminne är inbyggt som gör att det med diagnosutrustningen kan enkelt avgöras var felet finns.

2 Styrenheten för bekvämlighetssystemet sitter under instrumentbrädan på förarsidan, över gaspedalen. Du tar bort styrenheten genom att först ta bort handskfacket enligt beskrivningen i kapitel 11, avsnitt 27, sedan luftmunstycket i golvbrunnen och kablarna. Styrenheten kan sedan tas bort framåt och nedåt. Monteringen utförs i omvänd ordningsföljd mot demonteringen.

SKODA FABIA kopplingsscheman

Kopplingschema 1

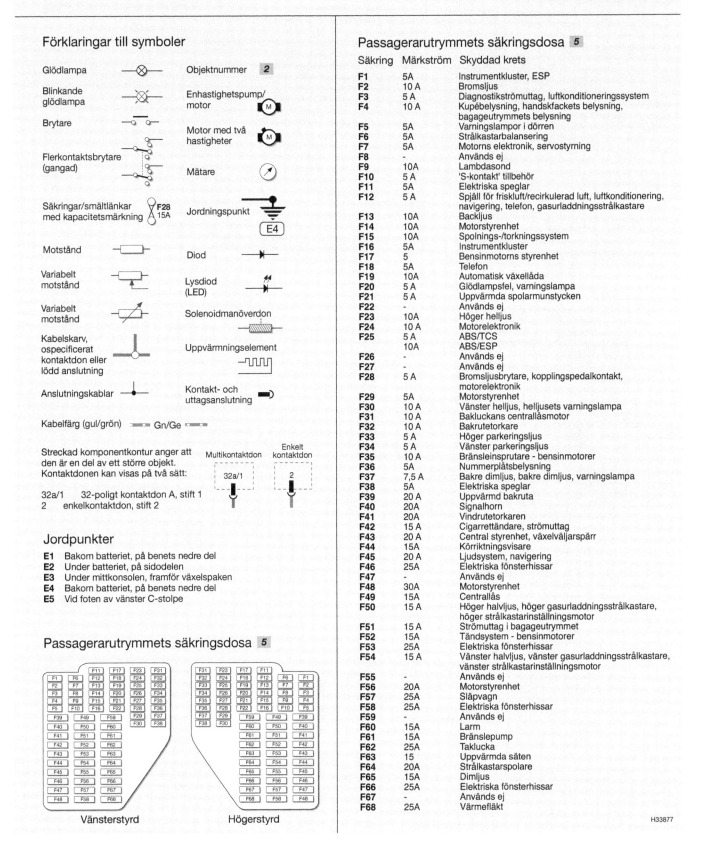

Förklaringar till symboler

Glödlampa	Objektnummer	**2**
Blinkande glödlampa	Enhastighetspump/ motor	
Brytare	Motor med två hastigheter	
Flerkontaktsbrytare (gangad)	Mätare	
Säkringar/smältlänkar med kapacitetsmärkning	**F28** 15A	Jordningspunkt E4
Motstånd	Diod	
Variabelt motstånd	Lysdiod (LED)	
Variabelt motstånd	Solenoidmanöverdon	
Kabelskarv, ospecificerat kontaktdon eller lödd anslutning	Uppvärmningselement	
Anslutningskablar	Kontakt- och uttagsanslutning	
Kabelfärg (gul/grön)	Gn/Ge	

Streckad komponentkontur anger att den är en del av ett större objekt. Kontaktdonen kan visas på två sätt:

Multikontaktdon 32a/1

Enkelt kontaktdon 2

32a/1   32-poligt kontaktdon A, stift 1
2   enkelkontaktdon, stift 2

Jordpunkter

E1 Bakom batteriet, på benets nedre del
E2 Under batteriet, på sidodelen
E3 Under mittkonsolen, framför växelspaken
E4 Bakom batteriet, på benets nedre del
E5 Vid foten av vänster C-stolpe

Passagerarutrymmets säkringsdosa 5

Vänsterstyrd   Högerstyrd

Passagerarutrymmets säkringsdosa 5

Säkring	Märkström	Skyddad krets
F1	5A	Instrumentkluster, ESP
F2	10 A	Bromsljus
F3	5 A	Diagnostikströmuttag, luftkonditioneringssystem
F4	10 A	Kupébelysning, handskfackets belysning, bagageutrymmets belysning
F5	5A	Varningslampor i dörren
F6	5A	Strålkastarbalansering
F7	5A	Motorns elektronik, servostyrning
F8	-	Används ej
F9	10A	Lambdasond
F10	5 A	'S-kontakt' tillbehör
F11	5A	Elektriska speglar
F12	5 A	Spjäll för friskluft/recirkulerad luft, luftkonditionering, navigering, telefon, gasurladdningsstrålkastare
F13	10A	Backljus
F14	10A	Motorstyrenhet
F15	10A	Spolnings-/torkningssystem
F16	5A	Instrumentkluster
F17	5	Bensinmotorns styrenhet
F18	5A	Telefon
F19	10A	Automatisk växellåda
F20	5 A	Glödlampsfel, varningslampa
F21	5 A	Uppvärmda spolarmunstycken
F22	-	Används ej
F23	10A	Höger helljus
F24	10 A	Motorelektronik
F25	5 A	ABS/TCS
	10A	ABS/ESP
F26	-	Används ej
F27	-	Används ej
F28	5 A	Bromsljusbrytare, kopplingspedalkontakt, motorelektronik
F29	5A	Motorstyrenhet
F30	10 A	Vänster helljus, helljusets varningslampa
F31	10 A	Bakluckans centrallåsmotor
F32	10 A	Bakrutetorkare
F33	5 A	Höger parkeringsljus
F34	5 A	Vänster parkeringsljus
F35	10 A	Bränsleinsprutare - bensinmotorer
F36	5A	Nummerplåtsbelysning
F37	7,5 A	Bakre dimljus, bakre dimljus, varningslampa
F38	5A	Elektriska speglar
F39	20 A	Uppvärmd bakruta
F40	20A	Signalhorn
F41	20A	Vindrutetorkaren
F42	15 A	Cigarrettändare, strömuttag
F43	20 A	Central styrenhet, växelväljarspärr
F44	15A	Körriktningsvisare
F45	20 A	Ljudsystem, navigering
F46	25A	Elektriska fönsterhissar
F47	-	Används ej
F48	30A	Motorstyrenhet
F49	15A	Centrallås
F50	15 A	Höger halvljus, höger gasurladdningsstrålkastare, höger strålkastarinställningsmotor
F51	15 A	Strömuttag i bagageutrymmet
F52	15A	Tändsystem - bensinmotorer
F53	25A	Elektriska fönsterhissar
F54	15 A	Vänster halvljus, vänster gasurladdningsstrålkastare, vänster strålkastarinställningsmotor
F55	-	Används ej
F56	20A	Motorstyrenhet
F57	25A	Släpvagn
F58	25A	Elektriska fönsterhissar
F59	-	Används ej
F60	15A	Larm
F61	15A	Bränslepump
F62	25A	Taklucka
F63	15	Uppvärmda säten
F64	20A	Strålkastarspolare
F65	15A	Dimljus
F66	25A	Elektriska fönsterhissar
F67	-	Används ej
F68	25A	Värmefläkt

H33877

Kabelfärger

Bl	Blå	**Li**	Lila
Br	Brun	**Ws**	Vit
Ge	Gul	**Or**	Orange
Gr	Grå	**Ro**	Röd
Gn	Grön	**Sw**	Svart

Teckenförklaring

1 Batteri
2 Tändningslås
3 Startmotor
4 Generator
5 Passagerarutrymmets säkringsdosa
6 Anslutning 30
7 Rattens urfjädrar
8 Signalhornskontakt
9 Signalhorn
10 Elsystemets styrenhet
11 Cigarrettändare
12 Värmefläktens kontakt
  a = spjällkontakt för frisk luft/
     recirkulation
  b = spjäll för frisk luft/recirkulation,
     varningslampa
  c = brytarbelysning
  d = värmefläktens kontakt
  e = styrenhet
13 Värmefläktens motor

14 Spjällmotor för friskluft/recirkulation
15 Värmefläktens motstånd
16 Askkoppsbelysning
17 Batterisäkringshållare
18 'X'-kontaktens relä

Kopplingschema 2

H33878

Start och laddning

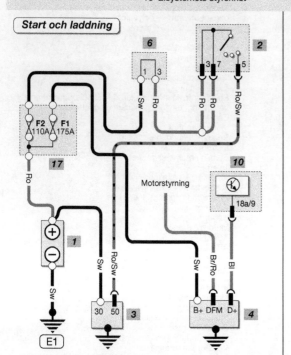

Signalhorn

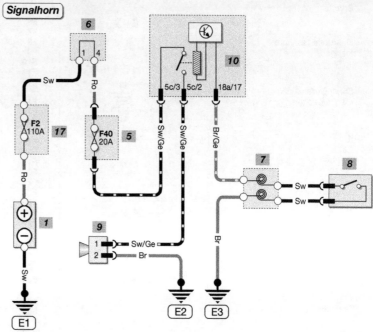

Cigarrettändar- och askkoppsbelysning

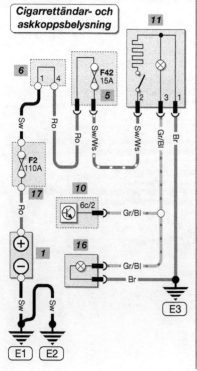

Värmefläkt

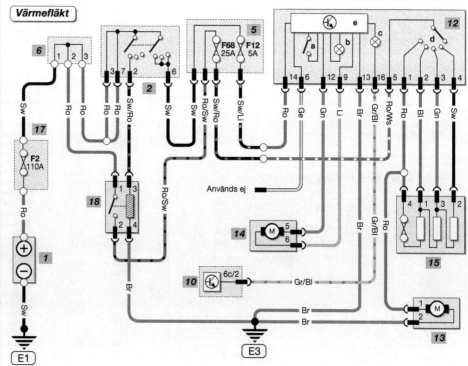

Kabelfärger

Bl	Blå	**Li**	Lila
Br	Brun	**Ws**	Vit
Ge	Gul	**Or**	Orange
Gr	Grå	**Ro**	Röd
Gn	Grön	**Sw**	Svart

* Kombimodeller

Teckenförklaring

1 Batteri
2 Tändningslås
5 Passagerarutrymmets säkringsdosa
6 Anslutning 30
10 Elsystemets styrenhet
17 Batterisäkringshållare
20 Ljuskontakt
  a = parkeringsljus/strålkastare
  c = brytarbelysning
21 Vänster strålkastarenhet
  a = parkeringsljus
  b = helljus
  c = halvljus

22 Höger strålkastarenhet
  (som ovan)
23 Vänster bakljusarmatur
  a = bakljus
  b = bromsljus
  c = backljus
24 Höger bakljusenhet
  (som ovan)
25 Flerfunktionsbrytare
  a = ljustuta
  b = hel-/halvljusbrytare
  c = parkeringsljus-/
    färdriktningsvisarbrytare

26 Nummerplåtsbelysning
27 Bromsljusbrytare
28 Backljus, kontakt
29 Högt bromsljus

Kopplingschema 3

H33879

Bromsljus, baklykta och nummerplåtsbelysning

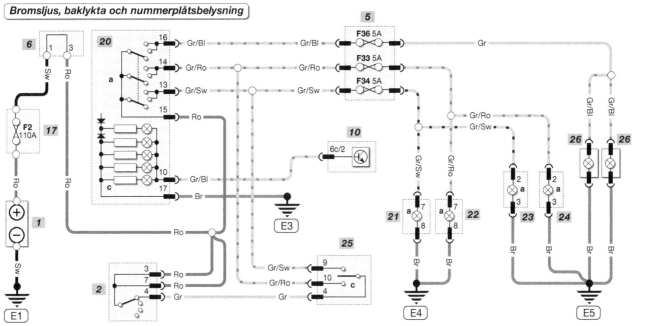

Strålkastare

Bromsljus och backljus

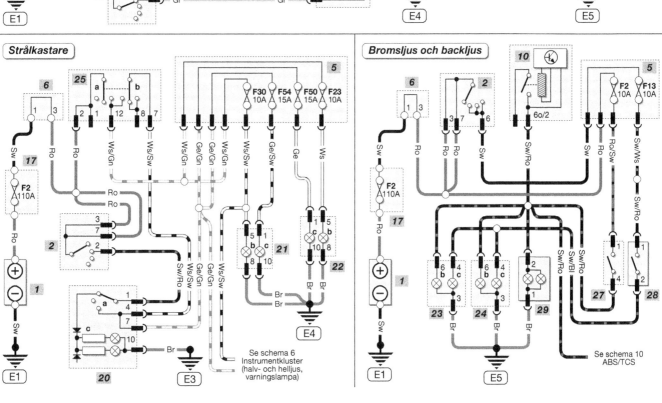

Kabelfärger

Bl Blå
Br Brun
Ge Gul
Gr Grå
Gn Grön

Li Lila
Ws Vit
Or Orange
Ro Röd
Sw Svart

Teckenförklaring

1 Batteri
2 Tändningslås
5 Passagerarutrymmets säkringsdosa
6 Anslutning 30
10 Elsystemets styrenhet
17 Batterisäkringshållare
18 'X'-kontaktens relä
20 Ljuskontakt
  a = parkeringsljus/strålkastare
  b = främre/bakre dimljus
  c = brytarbelysning
21 Vänster strålkastarenhet
  e = strålkastarbalansering

22 Höger strålkastarenhet
  e = strålkastarbalansering
23 Vänster bakljusarmatur
  d = körriktningsvisare
  e = bakre dimljus
24 Höger bakljusenhet
  d = körriktningsvisare
25 Flerfunktionsbrytare
  b = hel-/halvljusbrytare
  c = parkeringsljus-/
      färdriktningsvisarbrytare
33 Vänster körriktningsvisare
34 Höger körriktningsvisare

Kopplingschema 4

35 Varningsblinkersystem
37 Vänster dimstrålkastare
38 Höger dimstrålkastare
39 Strålkastarinställning/belysningsreostat
40 Vänster främre indikator
41 Höger främre indikator

H33880

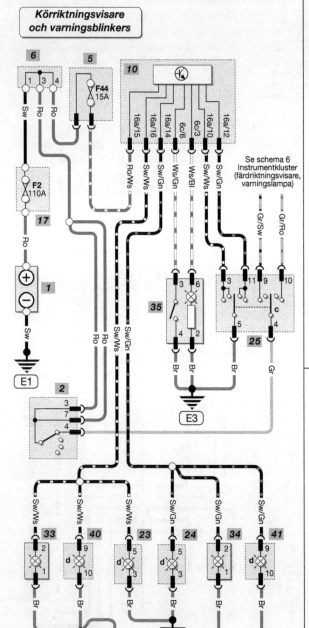
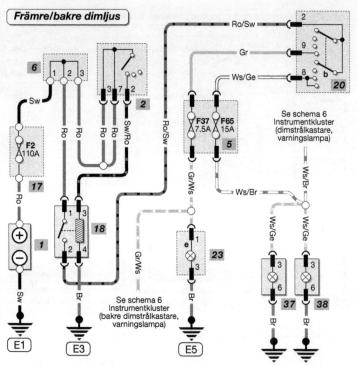
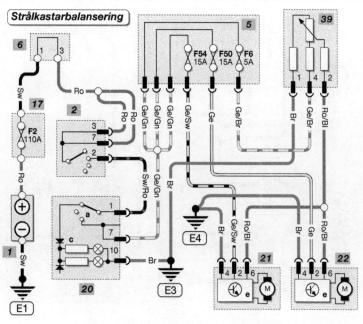

Kabelfärger

Bl	Blå	**Li**	Lila
Br	Brun	**Ws**	Vit
Ge	Gul	**Or**	Orange
Gr	Grå	**Ro**	Röd
Gn	Grön	**Sw**	Svart

* Modeller utan centrallås

Teckenförklaring

1 Batteri
2 Tändningslås
5 Passagerarutrymmets säkringsdosa
6 Anslutning 30
10 Elsystemets styrenhet
17 Batterisäkringshållare
18 'X'-kontaktens relä
43 Handskfacksbelysning/brytare
44 Främre innerbelysning
   a = Vänster läslampa
   b = Innerbelysning
   c = Höger läslampa

45 Vänster kupélampa
46 Höger kupélampa
47 Vänster bakre kupébelysning
48 Höger bakre kupébelysning
49 Bagageutrymmets belysning
50 Bagageutrymmesbelysningens brytare
51 Spolar-/torkarbrytare
   a = främre spolare/torkare
   b = bakre spolare/torkare
   c = intermittent torkarreostat
53 Främre/bakre spolarpump

Kopplingschema 5

54 Främre torkarmotor
56 Bakre torkarmotor
57 Vänster dörrbrytare
58 Höger dörrbrytare

H33881

Kupébelysning

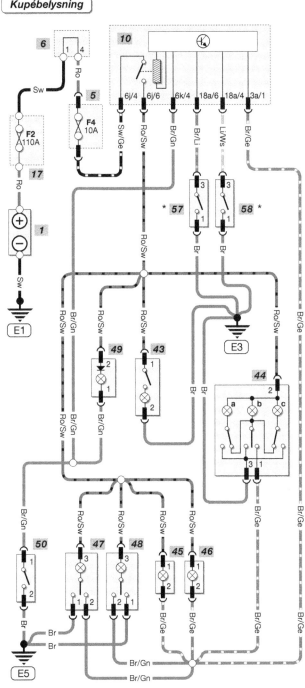

Främre och bakre spolare/torkare

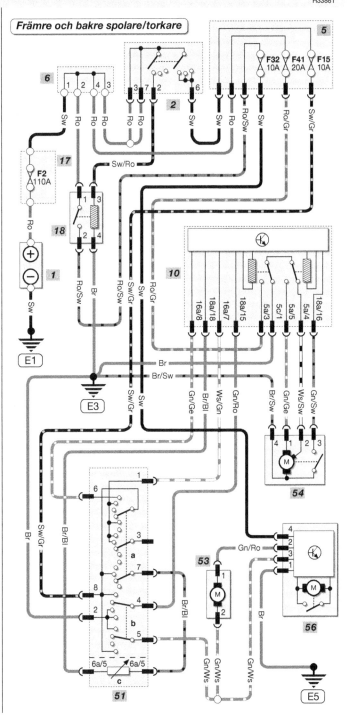

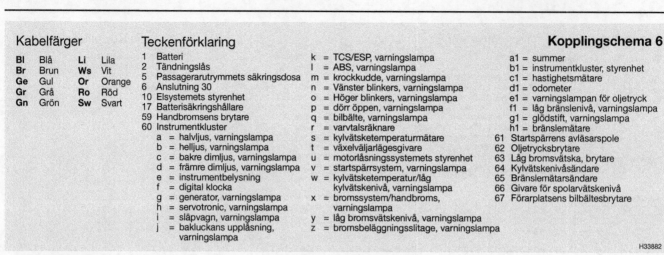

Kabelfärger

Bl	Blå	**Li**	Lila
Br	Brun	**Ws**	Vit
Ge	Gul	**Or**	Orange
Gr	Grå	**Ro**	Röd
Gn	Grön	**Sw**	Svart

Teckenförklaring

1 Batteri
2 Tändningslås
5 Passagerarutrymmets säkringsdosa
6 Anslutning 30
10 Elsystemets styrenhet
17 Batterisäkringshållare
59 Handbromsens brytare
60 Instrumentkluster
  a = halvljus, varningslampa
  b = helljus, varningslampa
  c = bakre dimljus, varningslampa
  d = främre dimljus, varningslampa
  e = instrumentbelysning
  f = digital klocka
  g = generator, varningslampa
  h = servotronic, varningslampa
  i = släpvagn, varningslampa
  j = bakluckans upplåsning, varningslampa

k = TCS/ESP, varningslampa
l = ABS, varningslampa
m = krockkudde, varningslampa
n = Vänster blinkers, varningslampa
o = Höger blinkers, varningslampa
p = dörr öppen, varningslampa
q = bilbälte, varningslampa
r = varvtalsräknare
s = kylvätsketemperaturmätare
t = växelväljarlägesgivare
u = motorlåsningssystemets styrenhet
v = startspärrsystem, varningslampa
w = kylvätsketemperatur/låg kylvätskenivå, varningslampa
x = bromssystem/handbroms, varningslampa
y = låg bromsvätskenivå, varningslampa
z = bromsbeläggningsslitage, varningslampa

Kopplingschema 6

a1 = summer
b1 = instrumentkluster, styrenhet
c1 = hastighetsmätare
d1 = odometer
e1 = varningslampan för oljetryck
f1 = låg bränslenivå, varningslampa
g1 = glödstift, varningslampa
h1 = bränslemätare
61 Startspärrens avläsarspole
62 Oljetrycksbrytare
63 Låg bromsvätska, brytare
64 Kylvätskenivåsändare
65 Bränslemätarsändare
66 Givare för spolarvätskenivå
67 Förarplatsens bilbältesbrytare

H33882

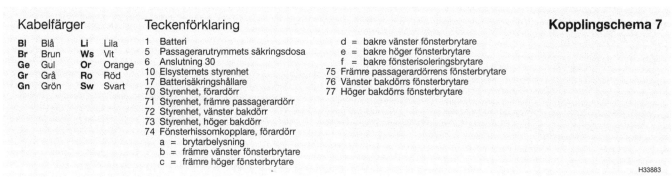

Kabelfärger

Bl	Blå	**Li**	Lila
Br	Brun	**Ws**	Vit
Ge	Gul	**Or**	Orange
Gr	Grå	**Ro**	Röd
Gn	Grön	**Sw**	Svart

Teckenförklaring

1 Batteri
5 Passagerarutrymmets säkringsdosa
6 Anslutning 30
10 Elsystemets styrenhet
17 Batterisäkringshållare
70 Styrenhet, förardörr
71 Styrenhet, främre passagerardörr
72 Styrenhet, vänster bakdörr
73 Styrenhet, höger bakdörr
74 Fönsterhissomkopplare, förardörr
  a = brytarbelysning
  b = främre vänster fönsterbrytare
  c = främre höger fönsterbrytare

d = bakre vänster fönsterbrytare
e = bakre höger fönsterbrytare
f = bakre fönsterisoleringsbrytare
75 Främre passagerardörrens fönsterbrytare
76 Vänster bakdörrs fönsterbrytare
77 Höger bakdörrs fönsterbrytare

Kopplingschema 7

H33883

Elektriska fönsterhissarna

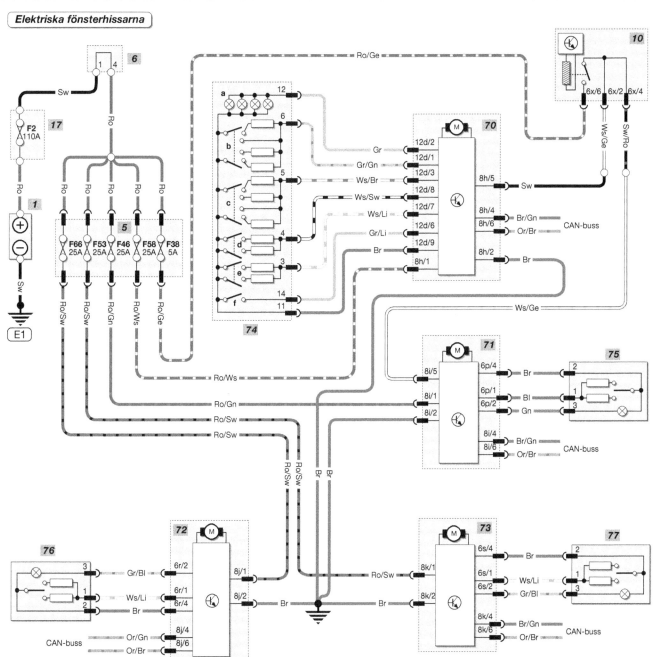

Kabelfärger

Bl	Blå	**Li**	Lila
Br	Brun	**Ws**	Vit
Ge	Gul	**Or**	Orange
Gr	Grå	**Ro**	Röd
Gn	Grön	**Sw**	Svart

Teckenförklaring

1 Batteri
2 Tändningslås
5 Passagerarutrymmets säkringsdosa
6 Anslutning 30
10 Elsystemets styrenhet
17 Batterisäkringshållare
42 Bekvämlig hetssystemets styrenhet
80 Förardörrens låsenhet
81 Främre passagerardörrens låsenhet

82 Vänster bakdörrs låsenhet
83 Höger bakdörrs låsenhet
84 Bakluckans handtag, lossningsbrytare
85 Centrallåsbrytare (i bakluckan)
86 Bakluckans låsmotor

Kopplingsschema 8

H33884

Centrallås

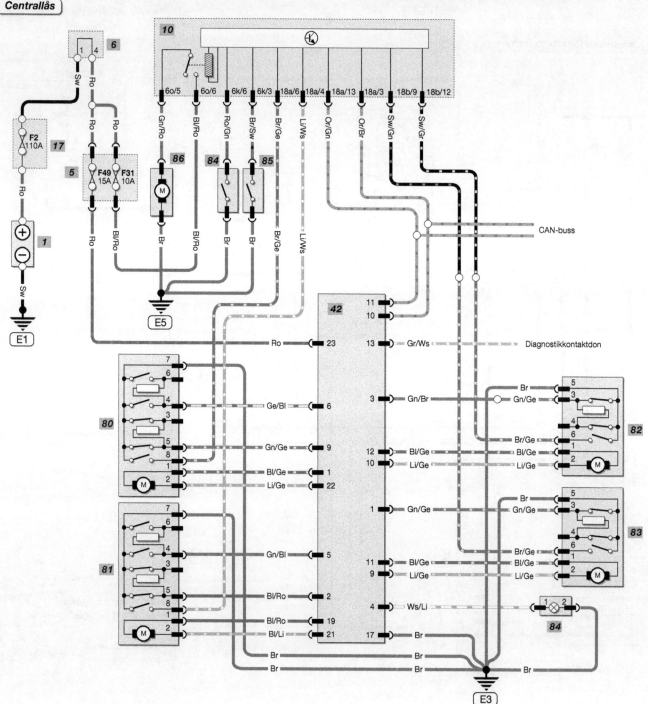

Kabelfärger

Bl	Blå	**Li**	Lila
Br	Brun	**Ws**	Vit
Ge	Gul	**Or**	Orange
Gr	Grå	**Ro**	Röd
Gn	Grön	**Sw**	Svart

Teckenförklaring

1 Batteri
2 Tändningslås
5 Passagerarutrymmets säkringsdosa
6 Anslutning 30
10 Elsystemets styrenhet
17 Batterisäkringshållare
70 Styrenhet, förardörr
71 Styrenhet, främre passagerardörr
90 Förarsidans backspegelsenhet

91 Passagerarsidans backspegelsenhet
92 Spegelstyrningsbrytare
  a = brytarbelysning
  b = justeringsomställare
  c = omkastningsbrytare
93 Takluckans motor
94 Takluckans styrningsbrytare
95 Uppvärmd bakruta, brytare
96 Uppvärmd bakruta

Kopplingschema 9

H33885

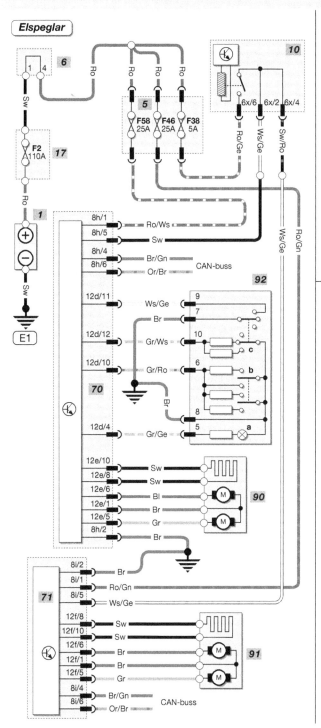

Elspeglar

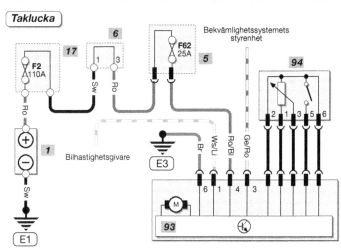

Taklucka

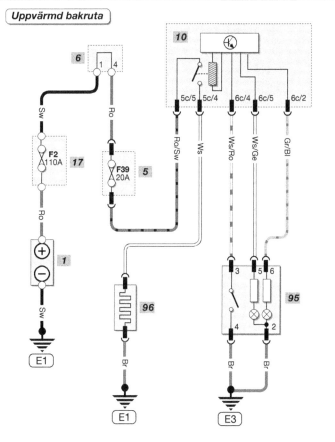

Uppvärmd bakruta

Kabelfärger

Bl	Blå	**Li**	Lila
Br	Brun	**Ws**	Vit
Ge	Gul	**Or**	Orange
Gr	Grå	**Ro**	Röd
Gn	Grön	**Sw**	Svart

Teckenförklaring

1 Batteri
2 Tändningslås
5 Passagerarutrymmets säkringsdosa
6 Anslutning 30
10 Elsystemets styrenhet
17 Batterisäkringshållare
100 Ljudanläggning
101 CD-växlare
102 Vänster främre bashögtalare
103 Höger främre diskanthögtalare
104 Vänster bakre bashögtalare
105 Vänster bakre diskanthögtalare
106 Höger främre bashögtalare

107 Höger främre diskanthögtalare
108 Höger bakre bashögtalare
109 Höger bakre diskanthögtalare
110 ABS-systemets hydraulenhet
 a = styrenhet
 b = Vänster bakre utloppsventil
 c = Vänster bakre inloppsventil
 d = Höger bakre inloppsventil
 e = Höger bakre utloppsventil
 f = Höger främre inloppsventil
 g = Höger främre utloppsventil
 h = Vänster främre inloppsventil
 i = Vänster främre utloppsventil

j = Vänster främre EDL-inloppsventil
k = Höger främre EDL-utloppsventil
l = Vänster främre EDL-omkastningsventil
m = Höger främre EDL-omkastningsventil
n = ABS-magnetventilrelä
o = returpumprelä
p = returpump
111 Vänster främre hjulgivare
112 Vänster bakre hjulgivare
113 Höger främre hjulgivare
114 Höger bakre hjulgivare
115 TCS-brytare

Kopplingschema 10

H33886

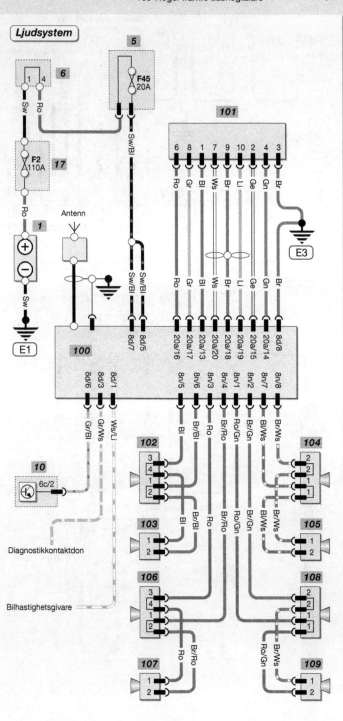

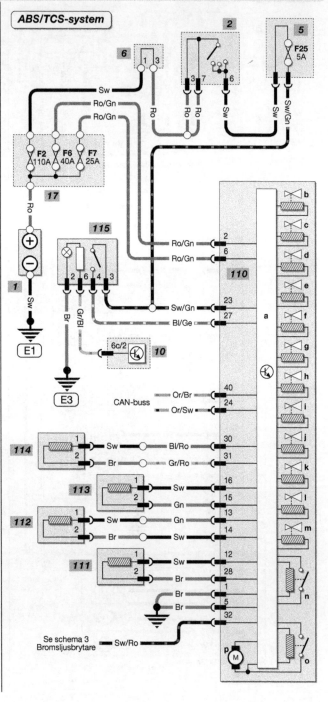

Mått och vikter

Observera: *Alla siffror och dimensioner är ungefärliga och kan variera med modell. Se tillverkarens uppgifter för exakta mått.*

Total längd
Halvkombi modeller	3970 mm
Sedan och kombi modeller	4232 mm

Total bredd
Alla modeller:
Exklusive speglar	1646 mm
Inklusive speglar.	1890 mm

Total höjd (olastad)
Halvkombi modeller	1451 mm
Kombimodeller.	1452 mm
Sedanmodeller	1449 mm

Axelavstånd
Alla modeller.	2462 mm

Vändcirkel
Alla modeller.	10.8 m

Vikter

Fordonets vikt utan förare och last*
Halvkombi	1090 till 1315 kg
Kombi	1185 till 1270 kg
Sedan	1185 till 1245 kg

Fordonets maximala bruttovikt**
Halvkombi	1515 till 1720 kg
Kombi	1610 till 1695 kg
Sedan	1610 till 1670 kg

* Fordonets exakta vikt utan förare och last beror på modell och specifikationer.
** Exakt maximal bruttovikt för fordonet beror på modell och specifikationer.

Maximal belastning på takräcke
Alla modeller.	75 kg

Maximal bogseringsvikt*	Ej bromsat släp	Bromsat släp
Halvkombi	450 till 500 kg	800 till 1000 kg
Kombi	450 till 500 kg	750 till 1000 kg
Sedan	450	800 till 850 kg

* Fordonets bogseringsvikt utan förare och last beror på modell och specifikationer.

Köpa reservdelar

Reservdelar finns att köpa på flera ställen, t.ex. hos tillverkarens verkstäder, tillbehörsbutiker och motorspecialister. För att säkert få rätt del krävs att du uppger bilens identifikationsnummer. Ta om möjligt med den gamla delen för säker identifiering. Många delar, t.ex. startmotor och generator, finns att få som fabriksrenoverade utbytesdelar – delar som returneras ska alltid vara rena.

Vårt råd när det gäller reservdelar är följande.

Auktoriserade märkesverkstäder

Detta är den bästa källan för delar som är specifika för just din bil och inte allmänt tillgängliga (märken, klädsel etc.). Det är även det enda ställe där man kan få reservdelar om bilens garanti fortfarande gäller.

Tillbehörsbutiker

Dessa är ofta bra ställen för inköp av underhållsmaterial (olje-, luft- och bränslefilter,

glödlampor, drivremmar, fett, bromsbackar, bättringslack etc.). Tillbehör av detta slag som säljs av välkända butiker håller normalt samma standard som de som används av biltillverkaren.

Förutom delar säljer dessa butiker även verktyg och allmänna tillbehör. De har ofta bekväma öppettider och är billiga, och det brukar aldrig vara långt till en sådan butik. Vissa tillbehörsbutiker har reservdelsdiskar där så gott som alla typer av komponenter kan köpas eller beställas.

Motorspecialister

Bra tillverkare håller alla viktigare komponenter som kan slitas ut relativt snabbt i lager, och kan ibland tillhandahålla enskilda komponenter som behövs för renovering av en större enhet (t.ex. bromstätningar och hydrauliska delar, lagerskålar, kolvar, ventiler etc.). I vissa fall kan de ta hand om större arbeten som omborrning av motorblocket, omslipning av vevaxlar etc.

Specialister på däck och avgassystem

Dessa kan vara oberoende handlare eller ingå i större kedjor. De har ofta bra priser jämfört med märkesverkstäder, men det är lönt att jämföra priser hos flera handlare. Vid undersökning av priser, kontrollera även vad som ingår – vanligen betalar du extra för ventiler och balansering.

Andra inköpsställen

Var misstänksam när det gäller delar som säljs på lågprisförsäljningar och i andra hand. De är inte alltid av usel kvalitet, men det är mycket liten chans att reklamera köpet om de är otillfredsställande. Köper man komponenter som är avgörande för säkerheten, som bromsklossar, på ett sådant ställe riskerar man inte bara sina pengar utan även sin egen och andras säkerhet.

Begagnade delar eller delar från en bildemontering kan vara prisvärda i vissa fall, men sådana inköp bör helst göras av en erfaren hemmamekaniker.

Chassinummer

Inom biltillverkningen modifieras modellerna fortlöpande och det är endast de större modelländringarna som offentliggörs. Reservdelskataloger och listor är vanligen organiserade i nummerordning, så bilens identifikationsnummer är nödvändigt för att få rätt reservdel.

Lämna alltid så mycket information som möjligt vid beställning av reservdelar. Ange bilmodell, tillverkningsår och när bilen registrerades, chassi- och motornummer efter tillämplighet.

Bilens identifikationsnummer *(eller chassinumret)* sitter i motorrummet, på höger sida av fjädertornet. Det syns också genom vindrutans nedre vänstra hörn **(se bild)**.

Etikett med fordonsinformation *sitter i reservhjulsutrymmet i den bakre delen av fordonet* **(se bild)**.

Motornumret är präglat på vänster sida av motorblocket och dessutom är en etikett fäst på kamremskåpan med motoridentifiering och en streckkod **(se bilder)**.

Bilens identifikationsnummer (VIN) sitter på vänsterkanten av vindrutan

Etiketten med fordonsinformation i reservhjulsutrymmet

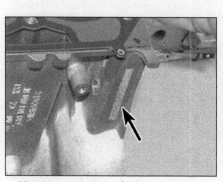

Motornumret sitter på vänster sida av motorblocket

Etiketten med motorkoden sitter på kamremskåpan

När service, reparationer och renoveringar utförs på en bil eller bildel bör följande beskrivningar och instruktioner följas. Detta för att reparationen ska utföras så effektivt och fackmannamässigt som möjligt.

Tätningsytor och packningar

Vid isärtagande av delar vid deras tätningsytor ska dessa aldrig bändas isär med skruvmejsel eller liknande. Detta kan orsaka allvarliga skador som resulterar i oljeläckage, kylvätskeläckage etc. efter montering. Delarna tas vanligen isär genom att man knackar längs fogen med en mjuk klubba. Lägg dock märke till att denna metod kanske inte är lämplig i de fall styrstift används för exakt placering av delar.

Där en packning används mellan två ytor måste den bytas vid ihopsättning. Såvida inte annat anges i den aktuella arbetsbeskrivningen ska den monteras torr. Se till att tätningsytorna är rena och torra och att alla spår av den gamla packningen är borttagna. Vid rengöring av en tätningsyta ska sådana verktyg användas som inte skadar den. Små grader och repor tas bort med bryne eller en finskuren fil.

Rensa gängade hål med piprensare och håll dem fria från tätningsmedel då sådant används, såvida inte annat direkt specificeras.

Se till att alla öppningar, hål och kanaler är rena och blås ur dem, helst med tryckluft.

Oljetätningar

Oljetätningar kan tas ut genom att de bänds ut med en bred spårskruvmejsel eller liknande. Alternativt kan ett antal självgängande skruvar dras in i tätningen och användas som dragpunkter för en tång, så att den kan dras rakt ut.

När en oljetätning tas bort från sin plats, ensam eller som en del av en enhet, ska den alltid kasseras och bytas ut mot en ny.

Tätningsläpparna är tunna och skadas lätt och de tätar inte annat än om kontaktytan är fullständigt ren och oskadad. Om den ursprungliga tätningsytan på delen inte kan återställas till perfekt skick och tillverkaren inte gett utrymme för en viss omplacering av tätningen på kontaktytan, måste delen i fråga bytas ut. Tätningarna bör alltid bytas ut när de har demonterats.

Skydda tätningsläpparna från ytor som kan skada dem under monteringen. Använd tejp eller konisk hylsa där så är möjligt. Smörj läpparna med olja innan monteringen. Om oljetätningen har dubbla läppar ska utrymmet mellan dessa fyllas med fett.

Såvida inte annat anges ska oljetätningar monteras med tätningsläpparna mot det smörjmedel som de ska täta för.

Använd en rörformad dorn eller en träbit i lämplig storlek till att knacka tätningarna på plats. Om sätet är försedd med skuldra, driv tätningen mot den. Om sätet saknar skuldra bör tätningen monteras så att den går jäms med sätets yta (såvida inte annat uttryckligen anges).

Skruvgängor och infästningar

Muttrar, bultar och skruvar som kärvar är ett vanligt förekommande problem när en komponent har börjat rosta. Bruk av rostupplösningsolja och andra krypsmörjmedel löser ofta detta om man dränker in delen som kärvar en stund innan man försöker lossa den. Slagskruvmejsel kan ibland lossa envist fastsittande infästningar när de används tillsammans med rätt mejselhuvud eller hylsa. Om inget av detta fungerar kan försiktig värmning eller i värsta fall bågfil eller mutterspräckare användas.

Pinnbultar tas vanligen ut genom att två muttrar låses vid varandra på den gängade delen och att en blocknyckel sedan vrider den undre muttern så att pinnbulten kan skruvas ut. Bultar som brutits av under fästytan kan ibland avlägsnas med en lämplig bultutdragare. Se alltid till att gängade bottenhål är helt fria från olja, fett, vatten eller andra vätskor innan bulten monteras. Underlåtenhet att göra detta kan spräcka den del som skruven dras in i, tack vare det hydrauliska tryck som uppstår när en bult dras in i ett vätskefyllt hål

Vid åtdragning av en kronmutter där en saxsprint ska monteras ska muttern dras till specificerat moment om sådant anges, och därefter dras till nästa sprinthål. Lossa inte muttern för att passa in saxsprinten, såvida inte detta förfarande särskilt anges i anvisningarna.

Vid kontroll eller omdragning av mutter eller bult till ett specificerat åtdragningsmoment, ska muttern eller bulten lossas ett kvarts varv och sedan dras åt till angivet moment. Detta ska dock inte göras när vinkelåtdragning använts.

För vissa gängade infästningar, speciellt topplocksbultar/muttrar anges ett åtdragningsmoment för de sista stegen. Istället anges en vinkel för åtdragning. Vanligtvis anges ett relativt lågt åtdragningsmoment för bultar/muttrar som dras i specificerad turordning. Detta följs sedan av ett eller flera steg åtdragning med specificerade vinklar.

Låsmuttrar, låsbleck och brickor

Varje infästning som kommer att rotera mot en komponent eller en kåpa under åtdragningen ska alltid ha en bricka mellan åtdragningsdelen och kontaktytan.

Fjäderbrickor ska alltid bytas ut när de använts till att låsa viktiga delar som exempelvis lageröverfall. Låsbleck som viks över för att låsa bult eller mutter ska alltid bytas ut vid ihopsättning.

Självlåsande muttrar kan återanvändas på mindre viktiga detaljer, under förutsättning att motstånd känns vid dragning över gängen. Kom dock ihåg att självlåsande muttrar förlorar låseffekt med tiden och därför alltid bör bytas ut som en rutinåtgärd.

Saxsprintar ska alltid bytas mot nya i rätt storlek för hålet.

När gänglåsmedel påträffas på gängor på en komponent som ska återanvändas bör man göra ren den med en stålborste och lösningsmedel. Applicera nytt gänglåsningsmedel vid montering.

Specialverktyg

Vissa arbeten i denna handbok förutsätter användning av specialverktyg som pressar, avdragare, fjäderkompressorer med mera. Där så är möjligt beskrivs lämpliga lättillgängliga alternativ till tillverkarens specialverktyg och hur dessa används. I vissa fall, där inga alternativ finns, har det varit nödvändigt att använda tillverkarens specialverktyg. Detta har gjorts av säkerhetsskäl, likväl som för att reparationerna ska utföras så effektivt och bra som möjligt. Såvida du inte är mycket kunnig och har stora kunskaper om det arbetsmoment som beskrivs, ska du aldrig försöka använda annat än specialverktyg när sådana anges i anvisningarna. Det föreligger inte bara stor risk för personskador, utan kostbara skador kan också uppstå på komponenterna.

Miljöhänsyn

Vid sluthantering av förbrukad motorolja, bromsvätska, frostskydd etc. ska all vederbörlig hänsyn tas för att skydda miljön. Ingen av ovan nämnda vätskor får hällas ut i avloppet eller direkt på marken. Kommunernas avfallshantering har kapacitet för hantering av miljöfarligt avfall liksom vissa verkstäder. Om inga av dessa finns tillgängliga i din närhet, fråga hälsoskyddskontoret i din kommun om råd.

I och med de allt strängare miljöskyddslagarna beträffande utsläpp av miljöfarliga ämnen från motorfordon har alltfler bilar numera justersäkringar monterade på de mest avgörande justeringspunkterna för bränslesystemet. Dessa är i första hand avsedda att förhindra okvalificerade personer från att justera bränsle/luftblandningen och därmed riskerar en ökning av giftiga utsläpp. Om sådana justersäkringar påträffas under service eller reparationsarbete ska de, närhelst möjligt, bytas eller sättas tillbaka i enlighet med tillverkarens rekommendationer eller aktuell lagstiftning.

Domkraften i bilens verktygssats ska endast användas för hjulbyten – se Hjulbyte i början av den här boken. Vid alla andra arbeten ska bilen lyftas med en hydraulisk domkraft (eller garagedomkraft), som alltid ska åtföljas av pallbockar under bilens stödpunkter.

När hydraulisk domkraft eller pallbockar används ska dessa alltid placeras under en av de relevanta stödpunkterna.

Vid lyftning av fram- eller bakvagnen, använd stödpunkterna fram/baktill på trös-klarna, dessa är utmärkta med triangulära intryck i trösklarna (se bild). Placera en träbit med en skåra på domkraftens lyftsadel så att fordonsvikten vilar på tröskelkanten. Rikta in tröskelkanten mot skåran i träbiten så att fordonsvikten sprids jämnt över blockets yta. Komplettera domkraften med pallbockar (även de med spårade klossar) så nära stödpunkterna som möjligt (se bild).

Lyft inte bilen under någon annan del av karmunderstycket, sumpen, golvplåten eller någon av styrningens eller fjädringens komponenter. När bilen är upplyft ska en pallbock placeras under bilens stödpunkt på karmunderstycket.

 Varning: Arbeta aldrig under, runt eller nära en lyft bil om den inte har ordentligt stöd på minst två punkter.

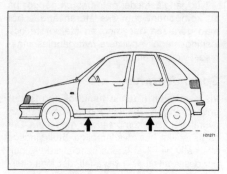

Främre och bakre stödpunkter (markerad med pil)

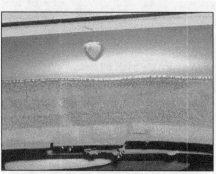

Stödpunkterna indikeras av en pil på tröskeln

Använd pallbockar med en lämplig träbit

Koppla loss batteriet

Varning: Efter återanslutning av batteriet återställs inte säkerhetsfunktionen hos de elektriska fönsterhissarna förrän rutorna har programmerats om.
Flera av systemen kräver batteri för att alltid finnas tillgängliga (permanent på). Det är för att säkra kontinuerlig funktion (till exempel klockan) eller för att behålla de elektroniska minnesinställningar som annars skulle raderas. Observera därför alltid följande när batteriet ska kopplas bort så att inte något oförutsett sker:

a) På alla fordon med centralt dörrlås är det först och främst en god försiktighetsåtgärd att ta bort nyckeln från tändningen och ha den på sig. På så sätt undviker du att låsa in nyckeln i bilen om centrallåset aktiveras när batteriet återansluts.

b) Om en ljudanläggning med säkerhetskod används och den och/eller batteriet kopplas ur, kommer anläggningen inte att fungera igen förrän rätt säkerhetskod tryckts in. Om du inte känner till korrekt säkerhetskod för ljudanläggningen, bör du därför inte koppla loss någon av batterianslutningarna eller ta bort

ljudanläggningen från bilen. Koden visas på ett kodkort som levereras med bilen när den är ny. Uppgifter om hur du anger koden finns i fordonshandboken. Om du tappar bort eller glömmer koden kan du vända dig till en Skoda-verkstad eller en bilradiospecialist. Ta med dig ägarbeviset.

c) Motorstyrningssystemets elektronisk styrmodul (ECU) är av "självinlärningstyp", det vill säga medan den är på, anpassas den efter ändringar i arbetsförhållandena och den lagrar de optimala inställningar som identifieras (det stämmer särskilt för tomgångsvarvtalsinställningar). När kablaget kopplas loss raderas alla de lagrade värdena, och den elektroniska styrenheten blir återställt. När motorn startas om kan den gå på tomgång och gå ojämnt tills den elektroniska styrmodulen har "lärt in" de bästa inställningarna. För att vidareutveckla "inlärningsprocessen" tar du bilen på ett landsvägsprov under minst 15 minuter, prova så många motorvarvtal och belastningar som möjligt och med koncentration på intervallet 2 000 till 4 000 varv/minut. Avsluta med att låta motorn köra på tomgång under minst 10 minuter,

vrida på ratten då och då och sätta på elförbrukare som drar mycket ström, som värmefläkten eller uppvärmd bakruta. Om motorn inte återställs till normal kapacitet låter du en Skoda-verkstad kontrollera om det finns något fel i systemet.

Enheter för att spara minne eller koder kan användas för att undvika några av ovanstående problem. Egenskaperna kan variera något beroende på använd enhet. Vanligtvis kopplas den in i cigarrettändarkontakten och ansluts med egna kablar till ett extrabatteri. bilens egna batteri kopplas sedan loss från elsystemet med "minnesspararen" kvar för att avge så mycket ström som behövs för att behålla ljudanläggningens stöldskyddskod och andra värden lagrade, och för att hålla igång andra permanenta kretsar, som klockan.

Varning: En del av dessa enheter släpper förbi avsevärda mängder ström, vilket betyder att en del bilars system fortfarande fungerar när bilbatteriet är bortkopplat. Använder du en enhet för att spara minne bör du se till att den kopplade kretsen inte är strömförande när du utför arbete på den!

Inledning

En uppsättning bra verktyg är ett grundläggande krav för var och en som överväger att underhålla och reparera ett motorfordon. För de ägare som saknar sådana kan inköpet av dessa bli en märkbar utgift, som dock uppvägs till en viss del av de besparingar som görs i och med det egna arbetet. Om de anskaffade verktygen uppfyller grundläggande säkerhets- och kvalitetskrav kommer de att hålla i många år och visa sig vara en värdefull investering.

För att hjälpa bilägaren att avgöra vilka verktyg som behövs för att utföra de arbeten som beskrivs i denna handbok har vi sammanställt tre listor med följande rubriker: *Underhåll och mindre reparationer, Reparation och renovering* samt *Specialverktyg*. Nybörjaren bör starta med det första sortimentet och begränsa sig till enklare arbeten på fordonet. Allt eftersom erfarenhet och självförtroende växer kan man sedan prova svårare uppgifter och köpa fler verktyg när och om det behövs. På detta sätt kan den grundläggande verktygssatsen med tiden utvidgas till en reparations- och renoveringssats utan några större enskilda kontantutlägg. Den erfarne hemmamekanikern har redan en verktygssats som räcker till de flesta reparationer och renoveringar och kommer att välja verktyg från specialkategorin när han känner att utgiften är berättigad för den användning verktyget kan ha.

Underhåll och mindre reparationer

Verktygen i den här listan ska betraktas som ett minimum av vad som behövs för rutinmässigt underhåll, service och mindre reparationsarbeten. Vi rekommenderar att man köper blocknycklar (ring i ena änden och öppen i den andra), även om de är dyrare än de med öppen ände, eftersom man får båda sorternas fördelar.

☐ Blocknycklar - 8, 9, 10, 11, 12, 13, 14, 15, 17 och 19 mm
☐ Skiftnyckel - 35 mm gap (ca.)
☐ Tändstiftsnyckel (med gummifoder)
☐ Verktyg för justering av tändstiftens elektrodavstånd
☐ Sats med bladmått
☐ Nyckel för avluftning av bromsar
☐ Skruvmejslar:
   Spårmejsel - 100 mm lång x 6 mm diameter
   Stjärnmejsel - 100 mm lång x 6 mm diameter
☐ Kombinationstång
☐ Bågfil (liten)
☐ Däckpump
☐ Däcktrycksmätare
☐ Oljekanna
☐ Verktyg för demontering av oljefilter
☐ Fin slipduk
☐ Stålborste (liten)
☐ Tratt (medelstor)

Reparation och renovering

Dessa verktyg är ovärderliga för alla som utför större reparationer på ett motorfordon och tillkommer till de som angivits för *Underhåll och mindre reparationer*. I denna lista ingår en grundläggande sats hylsor. Även om dessa är dyra, är de oumbärliga i och med sin mångsidighet - speciellt om satsen innehåller olika typer av drivenheter. Vi rekommenderar 1/2-tums fattning på hylsorna eftersom de flesta momentnycklar har denna fattning.

Verktygen i denna lista kan ibland behöva kompletteras med verktyg från listan för *Specialverktyg*.

☐ Hylsor, dimensioner enligt föregående lista
☐ Spärrskaft med vändbar riktning (för användning med hylsor) **(se bild)**
☐ Förlängare, 250 mm (för användning med hylsor)
☐ Universalknut (för användning med hylsor)
☐ Momentnyckel (för användning med hylsor)
☐ Självlåsande tänger
☐ Kulhammare
☐ Mjuk klubba (plast/aluminium eller gummi)
☐ Skruvmejslar:
   Spårmejsel - en lång och kraftig, en kort (knubbig) och en smal (elektrikertyp)
   Stjärnmejsel - en lång och kraftig och en kort (knubbig)
☐ Tänger:
   Spetsnostång/plattång
   Sidavbitare (elektrikertyp)
   Låsringstång (inre och yttre)
☐ Huggmejsel - 25 mm
☐ Ritspets
☐ Skrapa
☐ Körnare
☐ Purr
☐ Bågfil
☐ Bromsslangklämma
☐ Avluftningssats för bromsar/koppling
☐ Urval av borrar
☐ Stållinjal
☐ Insexnycklar (inkl Torxtyp/med splines) **(se bild)**

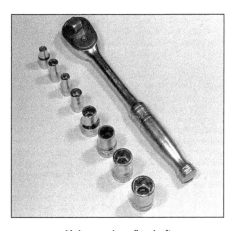

Hylsor och spärrskaft

☐ Sats med filar
☐ Stor stålborste
☐ Pallbockar
☐ Domkraft (garagedomkraft eller stabil pelarmodell)
☐ Arbetslampa med förlängningssladd

Specialverktyg

Verktygen i denna lista är de som inte används regelbundet, är dyra i inköp eller som måste användas enligt tillverkarens anvisningar. Det är bara om du relativt ofta kommer att utföra tämligen svåra jobb som många av dessa verktyg är lönsamma att köpa. Du kan också överväga att gå samman med någon vän (eller gå med i en motorklubb) och göra ett gemensamt inköp, hyra eller låna verktyg om så är möjligt.

Följande lista upptar endast verktyg och instrument som är allmänt tillgängliga och inte sådana som framställs av biltillverkaren speciellt för auktoriserade verkstäder. Ibland nämns dock sådana verktyg i texten. I allmänhet anges en alternativ metod att utföra arbetet utan specialverktyg. Ibland finns emellertid inget alternativ till tillverkarens specialverktyg. När så är fallet och relevant verktyg inte kan köpas, hyras eller lånas har du inget annat val än att lämna bilen till en auktoriserad verkstad.

☐ Ventilfjäderkompressor **(se bild)**
☐ Ventilslipningsverktyg
☐ Kolvringskompressor **(se bild)**
☐ Verktyg för demontering/montering av kolvringar **(se bild)**
☐ Honingsverktyg **(se bild)**
☐ Kulledsavdragare
☐ Spiralfjäderkompressor (där tillämplig)
☐ Nav/lageravdragare, två/tre ben **(se bild)**
☐ Slagskruvmejsel
☐ Mikrometer och/eller skjutmått **(se bilder)**
☐ Indikatorklocka **(se bild)**
☐ Stroboskoplampa
☐ Kamvinkelmätare/varvräknare
☐ Multimeter

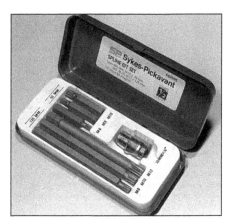

Bits med splines/torx

Nycklar med splines/torx

Ventilfjäderkompressor (ventilbåge)

Kolvringskompressor

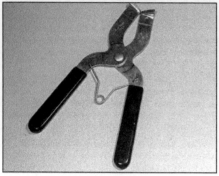

Verktyg för demontering och montering av kolvringar

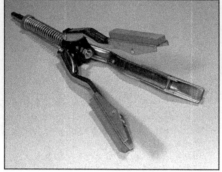

Honingsverktyg

Trebent avdragare för nav och lager

Mikrometerset

Skjutmått

Indikatorklocka med magnetstativ

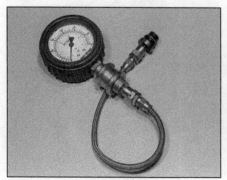

Kompressionsmätare

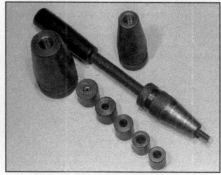

Centreringsverktyg för koppling

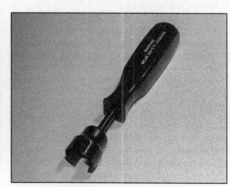

Demonteringsverktyg för bromsbackarnas

☐ *Kompressionsmätare (se bild)*
☐ *Handmanövrerad vakuumpump och mätare*
☐ *Centreringsverktyg för koppling (se bild)*
☐ *Verktyg för demontering av bromsbackarnas fjäderskålar (se bild)*
☐ *Sats för montering/demontering av bussningar och lager (se bild)*
☐ *Bultutdragare (se bild)*
☐ *Gängverktygssats (se bild)*
☐ *Lyftblock*
☐ *Garagedomkraft*

Inköp av verktyg

När det gäller inköp av verktyg är det i regel bättre att vända sig till en specialist som har ett större sortiment än t ex tillbehörsbutiker och bensinmackar. Tillbehörsbutiker och andra försöljningsställen kan dock erbjuda utmärkta verktyg till låga priser, så det kan löna sig att söka.

Det finns gott om bra verktyg till låga priser, men se till att verktygen uppfyller grundläggande krav på funktion och säkerhet. Fråga gärna någon kunnig person om råd före inköpet.

Vård och underhåll av verktyg

Efter inköp av ett antal verktyg är det nödvändigt att hålla verktygen rena och i fullgott skick. Efter användning, rengör alltid verktygen innan de läggs undan. Låt dem inte ligga framme sedan de använts. En enkel upphängningsanordning på väggen för t ex skruvmejslar och tänger är en bra idé. Nycklar och hylsor bör förvaras i metalllådor. Mätinstrument av skilda slag ska förvaras på platser där de inte kan komma till skada eller börja rosta.

Lägg ner lite omsorg på de verktyg som används. Hammarhuvuden får märken och skruvmejslar slits i spetsen med tiden. Lite polering med slippapper eller en fil återställer snabbt sådana verktyg till gott skick igen.

Arbetsutrymmen

När man diskuterar verktyg får man inte glömma själva arbetsplatsen. Om mer än rutinunderhåll ska utföras bör man skaffa en lämplig arbetsplats.

Vi är medvetna om att många ägare/mekaniker av omständigheterna tvingas att lyfta ur motor eller liknande utan tillgång till garage eller verkstad. Men när detta är gjort ska fortsättningen av arbetet göras inomhus.

Närhelst möjligt ska isärtagning ske på en ren, plan arbetsbänk eller ett bord med passande arbetshöjd.

En arbetsbänk behöver ett skruvstycke. En käftöppning om 100 mm räcker väl till för de flesta arbeten. Som tidigare sagts, ett rent och torrt förvaringsutrymme krävs för verktyg liksom för smörjmedel, rengöringsmedel, bättringslack (som också måste förvaras frostfritt) och liknande.

Ett annat verktyg som kan behövas och som har en mycket bred användning är en elektrisk borrmaskin med en chuckstorlek om minst 8 mm. Denna, tillsammans med en sats spiralborrar, är i praktiken oumbärlig för montering av tillbehör.

Sist, men inte minst, ha alltid ett förråd med gamla tidningar och rena luddfria trasor tillgängliga och håll arbetsplatsen så ren som möjligt.

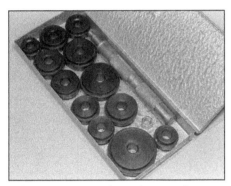

Sats för demontering och montering av
lager och bussningar

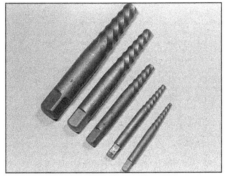

Bultutdragare

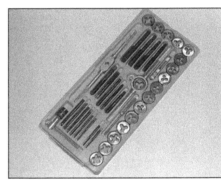

Gängverktygssats

Det här avsnittet är till för att hjälpa dig att klara bilbesiktningen. Det är naturligtvis inte möjligt att undersöka ditt fordon lika grundligt som en professionell besiktare, men genom att göra följande kontroller kan du identifiera problemområden och ha en möjlighet att korrigera eventuella fel innan du lämnar bilen till besiktning. Om bilen underhålls och servas regelbundet borde besiktningen inte innebära några större problem.

I besiktningsprogrammet ingår kontroll av nio huvudsystem – stommen, hjulsystemet, drivsystemet, bromssystemet, styrsystemet, karosseriet, kommunikationssystemet, instrumentering och slutligen övriga anordningar (släpvagnskoppling etc).

Kontrollerna som här beskrivs har baserats på Svensk Bilprovnings krav aktuella vid tiden för tryckning. Kraven ändras dock kontinuerligt och särskilt miljöbestämmelserna blir allt strängare.

Kontrollerna har delats in under följande fem rubriker:
1 *Kontroller som utförs från förarsätet*
2 *Kontroller som utförs med bilen på marken*
3 *Kontroller som utförs med bilen upphissad och med fria hjul*
4 *Kontroller på bilens avgassystem*
5 *Körtest*

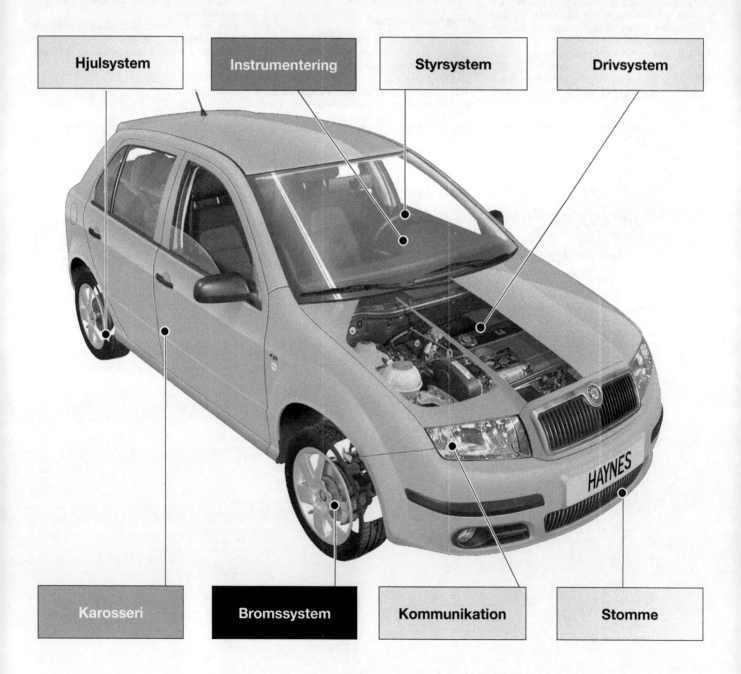

Hjulsystem

Instrumentering

Styrsystem

Drivsystem

Karosseri

Bromssystem

Kommunikation

Stomme

Besiktningsprogrammet

Vanliga personbilar kontrollbesiktigas första gången efter tre år, andra gången två år senare och därefter varje år. Åldern på bilen räknas från det att den tas i bruk, oberoende av årsmodell, och den måste genomgå besiktning inom fem månader.

Tiden på året då fordonet kallas till besiktning bestäms av sista siffran i registreringsnumret, enligt tabellen nedan.

Slutsiffra	Besiktningsperiod
1	november t.o.m. mars
2	december t.o.m. april
3	januari t.o.m. maj
4	februari t.o.m. juni
5	maj t.o.m. september
6	juni t.o.m. oktober
7	juli t.o.m. november
8	augusti t.o.m. december
9	september t.o.m. januari
0	oktober t.o.m. februari

Om fordonet har ändrats, byggts om eller om särskild utrustning har monterats eller demonterats, måste du som fordonsägare göra en registreringsbesiktning inom en månad. I vissa fall räcker det med en begränsad registreringsbesiktning, t.ex. för draganordning, taklucka, taxiutrustning etc.

Efter besiktningen

Nedan visas de system och komponenter som kontrolleras och bedöms av besiktaren på Svensk Bilprovning. Efter besiktningen erhåller du ett protokoll där eventuella anmärkningar noterats.

Har du fått en 2x i protokollet (man kan ha max 3 st 2x) behöver du inte ombesiktiga bilen, men är skyldig att själv åtgärda felet snarast möjligt. Om du inte åtgärdar felen utan återkommer till Svensk Bilprovning året därpå med samma fel, blir dessa automatiskt 2:or som då måste ombesiktigas. Har du en eller flera 2x som ej är åtgärdade och du blir intagen i en flygande besiktning av polisen, blir dessa automatiskt 2:or som måste ombesiktigas. I detta läge får du även böta.

Om du har fått en tvåa i protokollet är fordonet alltså inte godkänt. Felet ska åtgärdas och bilen ombesiktigas inom en månad.

En trea innebär att fordonet har så stora brister att det anses mycket trafikfarligt. Körförbud inträder omedelbart.

Hjulsystem

* Däck
* Stötdämpare
* Hjullager
* Spindelleder
* Länkarm fram bak
* Fjäder
* Fjädersäte
* Övrigt

Vanliga anmärkningar:
Glapp i spindelleder
Utslitna däck
Dåliga stötdämpare
Rostskadade fjädersäten
Brustna fjädrar
Rostskadade länkarms-infästningar

Instrumentering

* Hastighetsmätare
* Taxameter
* Varningslampor
* Övrigt

Styrsystem

* Styrled
* Styrväxel
* Hjälpstyrarm
* Övrigt

Vanliga anmärkningar:
Glapp i styrleder
Skadade styrväxeldamasker

Drivsystem

* Avgasrening, EGR-system (-88)
* Avgasrening
* Bränslesystem
* Avgassystem
* Avgaser (CO, HC)
* Kraftöverföring
* Drivknut
* Elförsörjning
* Batteri
* Övrigt

Vanliga anmärkningar:
Höga halter av CO
Höga halter av HC
Läckage i avgassystemet
Ej fungerande EGR-ventil
Skadade drivknutsdamasker
Löst batteri

Kommunikation

* Vindrutetorkare
* Vindrutespolare
* Backspegel
* Strålkastarinställning
* Strålkastare
* Signalhorn
* Sidoblinkers
* Parkeringsljus fram bak
* Blinkers
* Bromsljus
* Reflex
* Nummerplåts-belysning
* Övrigt

Vanliga anmärkningar:
Felaktig ljusbild
Skadad strålkastare
Ej fungerande parkeringsljus
Ej fungerande bromsljus

Bromssystem

* Fotbroms fram bak rörelseres.
* Bromsrör
* Bromsslang
* Handbroms
* Övrigt

Vanliga anmärkningar:
Otillräcklig bromsverkan på handbromsen
Ojämn bromsverkan på fotbromsen
Anliggande bromsar på fotbromsen
Rostskadade bromsrör
Skadade bromsslangar

Karosseri

* Dörr
* Skärm
* Vindruta
* Säkerhetsbälten
* Lastutrymme
* Övrigt

Vanliga anmärkningar:
Skadad vindruta
Vassa kanter
Glappa gångjärn

Stomme

* Sidobalk
* Tvärbalk
* Golv
* Hjulhus
* Övrigt

Vanliga anmärkningar:
Rostskador i sidobalkar, golv och hjulhus

1 Kontroller som utförs från förarsätet

Handbroms

☐ Kontrollera att handbromsen fungerar ordentligt utan för stort spel i spaken. För stort spel tyder på att bromsen eller bromsvajern är felaktigt justerad.
☐ Kontrollera att handbromsen inte kan läggas ur genom att spaken förs åt sidan. Kontrollera även att handbromsspaken är ordentligt monterad.

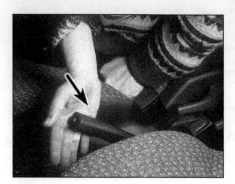

Fotbroms

☐ Tryck ner bromspedalen och håll den nedtryckt i ca 30 sek. Kontrollera att den inte sjunker ner mot golvet, vilket tyder på fel på huvudcylindern. Släpp pedalen, vänta ett par sekunder och tryck sedan ner den igen. Om pedalen tar långt ner måste broms-arna justeras eller repareras. Om pedalens rörelse känns "svampig" finns det luft i bromssystemet som då måste luftas.

☐ Kontrollera att bromspedalen sitter fast ordentligt och att den är i bra skick. Kontrollera även om det finns tecken på oljeläckage på bromspedalen, golvet eller mattan eftersom det kan betyda att packningen i huvudcylindern är trasig.
☐ Om bilen har bromsservo kontrolleras denna genom att man upprepade gånger trycker ner bromspedalen och sedan startar motorn med pedalen nertryckt. När motorn startar skall pedalen sjunka något. Om inte kan vakuumslangen eller själva servoenheten vara trasig.

Ratt och rattstäng

☐ Känn efter att ratten sitter fast. Undersök om det finns några sprickor i ratten eller om några delar på den sitter löst.

☐ Rör på ratten uppåt, nedåt och i sidled. Fortsätt att röra på ratten samtidigt som du vrider lite på den från vänster till höger.
☐ Kontrollera att ratten sitter fast ordentligt på rattstången, vilket annars kan tyda på slitage eller att fästmuttern sitter löst. Om ratten går att röra onaturligt kan det tyda på att rattstångens bärlager eller kopplingar är slitna.

Rutor och backspeglar

☐ Vindrutan måste vara fri från sprickor och andra skador som kan vara irriterande eller hindra sikten i förarens synfält. Sikten får inte heller hindras av t.ex. ett färgat eller reflekterande skikt. Samma regler gäller även för de främre sidorutorna.
☐ Backspeglarna måste sitta fast ordentligt och vara hela och ställbara.

Säkerhetsbälten och säten

Observera: *Kom ihåg att alla säkerhetsbälten måste kontrolleras - både fram och bak.*
☐ Kontrollera att säkerhetsbältena inte är slitna, fransiga eller trasiga i väven och att alla låsmekanismer och rullmekanismer fungerar obehindrat. Se även till att alla infästningar till säkerhetsbältena sitter säkert.

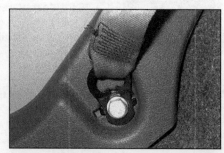

☐ Framsätena måste vara ordentligt fastsatta och om de är fällbara måste de vara låsbara i uppfällt läge.

Dörrar

☐ Framdörrarna måste gå att öppna och stänga från både ut- och insidan och de måste gå ordentligt i lås när de är stängda. Gångjärnen ska sitta säkert och inte glappa eller kärva onormalt.

2 Kontroller som utförs med bilen på marken

Registreringsskyltar

☐ Registreringsskyltarna måste vara väl synliga och lätta att läsa av, d v s om bilen är mycket smutsig kan det ge en anmärkning.

Elektrisk utrustning

☐ Slå på tändningen och kontrollera att signalhornet fungerar och att det avger en jämn ton.
☐ Kontrollera vindrutetorkarna och vindrutespolningen. Svephastigheten får inte vara extremt låg, svepytan får inte vara för liten och torkarnas viloläge ska inte vara inom förarens synfält. Byt ut gamla och skadade torkarblad.

☐ Kontrollera att strålkastarna fungerar och att de är rätt inställda. Reflektorerna får inte vara skadade, lampglasen måste vara hela och lamporna måste vara ordentligt fastsatta. Kontrollera även att bromsljusen fungerar och att det inte krävs högt pedaltryck för att tända dem. (Om du inte har någon medhjälpare kan du kontrollera bromsljusen genom att backa upp bilen mot en garageport, vägg eller liknande reflekterande yta.)
☐ Kontrollera att blinkers och varningsblinkers fungerar och att de blinkar i normal hastighet. Parkeringsljus och bromsljus får inte påverkas av blinkers. Om de påverkas beror detta oftast på jordfel. Se också till att alla övriga lampor på bilen är hela och fungerar som de ska och att t.ex. extraljus inte är placerade så att de skymmer föreskriven belysning.
☐ Se även till att batteri, elledningar, reläer och liknande sitter fast ordentligt och att det inte föreligger någon risk för kortslutning

Fotbroms

☐ Undersök huvudbromscylindern, bromsrören och servoenheten. Leta efter läckage, rost och andra skador.

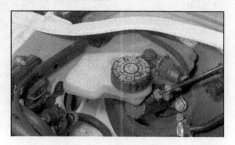

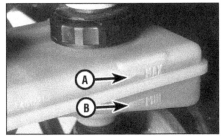

☐ Bromsvätskebehållaren måste sitta fast ordentligt och vätskenivån skall vara mellan max- (A) och min- (B) markeringarna.

☐ Undersök båda främre bromsslangarna efter sprickor och förslitningar. Vrid på ratten till fullt rattutslag och se till att broms-slangarna inte tar i någon del av styrningen eller upphängningen. Tryck sedan ner broms-pedalen och se till att det inte finns några läckor eller blåsor på slangarna under tryck.

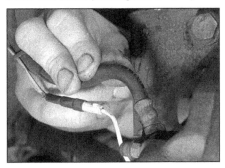

Styrning

☐ Be någon vrida på ratten så att hjulen vrids något. Kontrollera att det inte är för stort spel mellan rattutslaget och styrväxeln vilket kan tyda på att rattstångslederna, kopplingen mellan rattstången och styrväxeln eller själva styrväxeln är sliten eller glappar.

☐ Vrid sedan ratten kraftfullt åt båda hållen så att hjulen vrids något. Undersök då alla damasker, styrleder, länksystem, rörkopp-lingar och anslutningar/fästen. Byt ut alla delar som verkar utslitna eller skadade. På bilar med servostyrning skall servopumpen, driv-remmen och slangarna kontrolleras.

Stötdämpare

☐ Tryck ned hörnen på bilen i tur och ordning och släpp upp. Bilen skall gunga upp och sedan gå tillbaka till ursprungsläget. Om bilen

fortsätter att gunga är stötdämparna dåliga. Stötdämpare som kärvar påtagligt gör också att bilen inte klarar besiktningen. (Observera att stötdämpare kan saknas på vissa fjäder-system.)

☐ Kontrollera också att bilen står rakt och ungefär i rätt höjd.

Avgassystem

☐ Starta motorn medan någon håller en trasa över avgasröret och kontrollera sedan att avgassystemet inte läcker. Reparera eller byt ut de delar som läcker.

Kaross

☐ Skador eller korrosion/rost som utgörs av vassa eller i övrigt farliga kanter med risk för personskada medför vanligtvis att bilen måste repareras och ombesiktas. Det får inte heller finnas delar som sitter påtagligt löst.

☐ Det är inte tillåtet att ha utskjutande detaljer och anordningar med olämplig utformning eller placering (prydnadsföremål, antenn-fästen, viltfångare och liknande).

☐ Kontrollera att huvlås och säkerhetsspärr fungerar och att gångjärnen inte sitter löst eller på något vis är skadade.

☐ Se också till att stänkskydden täcker hela däckets bredd.

3 Kontroller som utförs med bilen upphissad och med fria hjul

Lyft upp både fram- och bakvagnen och ställ bilen på pallbockar. Placera pall-bockarna så att de inte tar i fjäder-upphängningen. Se till att hjulen inte tar i marken och att de går att vrida till fullt rattutslag. Om du har begränsad utrust-ning går det naturligtvis bra att lyfta upp en ände i taget.

Styrsystem

☐ Be någon vrida på ratten till fullt rattutslag. Kontrollera att alla delar i styrningen går mjukt och att ingen del av styrsystemet tar i någonstans.

☐ Undersök kuggstångsdamaskerna så att de inte är skadade eller att metallklämmorna glappar. Om bilen är utrustad med servo-styrning ska slangar, rör och kopplingar kontrolleras så att de inte är skadade eller

läcker. Kontrollera också att styrningen inte är onormalt trög eller kärvar. Undersök länk-armar, krängningshämmare, styrstag och styrleder och leta efter glapp och rost.

☐ Se även till att ingen saxpinne eller liknande låsmekanism saknas och att det inte finns gravrost i närheten av någon av styrmeka-nismens fästpunkter.

Upphängning och hjullager

☐ Börja vid höger framhjul. Ta tag på sidorna av hjulet och skaka det kraftigt. Se till att det inte glappar vid hjullager, spindelleder eller vid upphängningens infästningar och leder.

☐ Ta nu tag upptill och nedtill på hjulet och upprepa ovanstående. Snurra på hjulet och undersök hjullagret angående missljud och glapp.

☐ Om du misstänker att det är för stort spel vid en komponents led kan man kontrollera detta genom att använda en stor skruvmejsel eller liknande och bända mellan infästningen och komponentens fäste. Detta visar om det är bussningen, fästskruven eller själva infäst-ningen som är sliten (bulthålen kan ofta bli uttänjda).

☐ Kontrollera alla fyra hjulen.

Fjädrar och stötdämpare

☐ Undersök fjäderbenen (där så är tillämpligt) angående större läckor, korrosion eller skador i godset. Kontrollera också att fästena sitter säkert.

☐ Om bilen har spiralfjädrar, kontrollera att dessa sitter korrekt i fjädersätena och att de inte är utmattade, rostiga, spruckna eller av.

☐ Om bilen har bladfjädrar, kontrollera att alla bladen är hela, att axeln är ordentligt fastsatt mot fjädrarna och att fjäderöglorna, buss-ningarna och upphängningarna inte är slitna.

☐ Liknande kontroll utförs på bilar som har annan typ av upphängning såsom torsion-fjädrar, hydraulisk fjädring etc. Se till att alla infästningar och anslutningar är säkra och inte utslitna, rostiga eller skadade och att den hydrauliska fjädringen inte läcker olja eller på annat sätt är skadad.

☐ Kontrollera att stötdämparna inte läcker och att de är hela och oskadade i övrigt samt se till att bussningar och fästen inte är utslitna.

Drivning

☐ Snurra på varje hjul i tur och ordning. Kontrollera att driv-/kardanknutar inte är lösa, glappa, spruckna eller skadade. Kontrollera också att skyddsbälgarna är intakta och att driv-/kardanaxlar är ordentligt fastsatta, raka och oskadade. Se även till att inga andra detaljer i kraftöverföringen är glappa, lösa, skadade eller slitna.

Bromssystem

☐ Om det är möjligt utan isärtagning, kontroll-era hur bromsklossar och bromsskivor ser ut. Se till att friktionsmaterialet på broms-beläggen (A) inte är slitet under 2 mm och att bromsskivorna (B) inte är spruckna, gropiga, repiga eller utslitna.

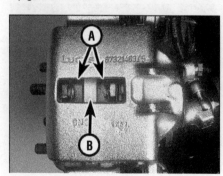

☐ Undersök alla bromsrör under bilen och bromsslangarna bak. Leta efter rost, skavning och övriga skador på ledningarna och efter tecken på blåsor under tryck, skavning, sprickor och förslitning på slangarna. (Det kan vara enklare att upptäcka eventuella sprickor på en slang om den böjs något.)

☐ Leta efter tecken på läckage vid bromsoken och på bromssköldarna. Reparera eller byt ut delar som läcker.

☐ Snurra sakta på varje hjul medan någon trycker ned och släpper upp bromspedalen. Se till att bromsen fungerar och inte ligger an när pedalen inte är nedtryckt.

☐ Undersök handbromsmekanismen och kontrollera att vajern inte har fransat sig, är av eller väldigt rostig eller att länksystemet är utslitet eller glappar. Se till att handbromsen fungerar på båda hjulen och inte ligger an när den läggs ur.

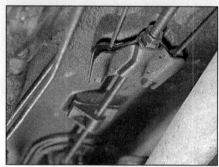

☐ Det är inte möjligt att prova bromsverkan utan specialutrustning, men man kan göra ett körtest och prova att bilen inte drar åt något håll vid en kraftig inbromsning.

Bränsle- och avgassystem

☐ Undersök bränsletanken (inklusive tanklock och påfyllningshals), fastsättning, bränsle-ledningar, slangar och anslutningar. Alla delar måste sitta fast ordentligt och får inte läcka.

☐ Granska avgassystemet i hela dess längd beträffande skadade, avbrutna eller saknade upphängningar. Kontrollera systemets skick beträffande rost och se till att rörklämmorna är säkert monterade. Svarta sotavlagringar på avgassystemet tyder på ett annalkande läckage.

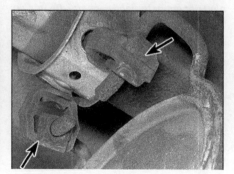

Hjul och däck

☐ Undersök i tur och ordning däcksidorna och slitbanorna på alla däcken. Kontrollera att det inte finns några skärskador, revor eller bulor och att korden inte syns p g a utslitning eller skador. Kontrollera att däcket är korrekt monterat på fälgen och att hjulet inte är deformerat eller skadat.

☐ Se till att det är rätt storlek på däcken för bilen, att det är samma storlek och däcktyp på samma axel och att det är rätt lufttryck i däcken. Se också till att inte ha dubbade och odubbade däck blandat. (Dubbade däck får användas under vinterhalvåret, från 1 oktober till första måndagen efter påsk.)

☐ Kontrollera mönsterdjupet på däcken – minsta tillåtna mönsterdjup är 1,6 mm. Onormalt däckslitage kan tyda på felaktig framhjulsinställning.

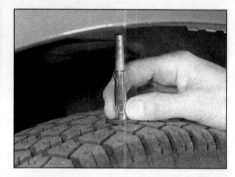

Korrosion

☐ Undersök alla bilens bärande delar efter rost. (Bärande delar innefattar underrede, tröskellådor, tvärbalkar, stolpar och all upp-hängning, styrsystemet, bromssystemet samt bältesinfästningarna.) Rost som avsevärt har reducerat tjockleken på en bärande yta medför troligtvis en tvåa i besiktningsproto-kollet. Sådana skador kan ofta vara svåra att reparera själv.

☐ Var extra noga med att kontrollera att inte rost har gjort det möjligt för avgaser att tränga in i kupén. Om så är fallet kommer fordonet ovillkorligen inte att klara besiktningen och dessutom utgör det en stor trafik- och hälso-fara för dig och dina passagerare.

---

4 Kontroller som utförs på bilens avgassystem

Bensindrivna modeller

☐ Starta motorn och låt den bli varm. Se till att tändningen är rätt inställd, att luftfiltret är rent och att motorn går bra i övrigt.

☐ Varva först upp motorn till ca 2500 varv/min och håll den där i ca 20 sekunder. Låt den sedan gå ner till tomgång och iaktta avgas-utsläppen från avgasröret. Om tomgången är onaturligt hög eller om tät blå eller klart synlig svart rök kommer ut med avgaserna i mer än 5 sekunder så kommer bilen antagligen inte att klara besiktningen. I regel tyder blå rök på att motorn är sliten och förbränner olja medan svart rök tyder på att motorn inte förbränner bränslet ordentligt (smutsigt luftfilter eller annat förgasar- eller bränslesystemfel).

☐ Vad som då behövs är ett instrument som kan mäta koloxid (CO) och kolväten (HC). Om du inte har möjlighet att låna eller hyra ett dylikt instrument kan du få hjälp med det på en verkstad för en mindre kostnad.

CO- och HC-utsläpp

☐ För närvarande är högsta tillåtna gränsvärde för CO- och HC-utsläpp för bilar av årsmodell 1989 och senare (d v s bilar med katalysator enligt lag) 0,5% CO och 100 ppm HC.

På tidigare årsmodeller testas endast CO-halten och följande gränsvärden gäller:

årsmodell 1985-88	3,5% CO
årsmodell 1971-84	4,5% CO
årsmodell -1970	5,5% CO.

Bilar av årsmodell 1987-88 med frivilligt monterad katalysator bedöms enligt 1989 års komponentkrav men 1985 års utsläppskrav.

☐ Om CO-halten inte kan reduceras tillräckligt för att klara besiktningen (och bränsle- och tändningssystemet är i bra skick i övrigt) ligger problemet antagligen hos förgasaren/bränsleinsprutningsystemet eller katalysatorn (om monterad).

☐ Höga halter av HC kan orsakas av att motorn förbränner olja men troligare är att motorn inte förbränner bränslet ordentligt.

Dieseldrivna modeller

☐ Det enda testet för avgasutsläpp på dieseldrivna bilar är att man mäter röktätheten. Testet innebär att man varvar motorn kraftigt upprepade gånger.

Observera: *Det är oerhört viktigt att motorn är rätt inställd innan provet genomförs.*

☐ Mycket rök kan orsakas av ett smutsigt luftfilter. Om luftfiltret inte är smutsigt men bilen ändå avger mycket rök kan det vara nödvändigt att söka experthjälp för att hitta orsaken.

5 Körtest

☐ Slutligen, provkör bilen. Var extra uppmärksam på eventuella missljud, vibrationer och liknande.

☐ Om bilen har automatväxellåda, kontrollera att den endast går att starta i lägena P och N. Om bilen går att starta i andra växellägen måste växelväljarmekanismen justeras.

☐ Kontrollera också att hastighetsmätaren fungerar och inte är missvisande.

☐ Se till att ingen extrautrustning i kupén, t ex biltelefon och liknande, är placerad så att den vid en eventuell kollision innebär ökad risk för personskada.

☐ Bilen får inte dra åt något håll vid normal körning. Gör också en hastig inbromsning och kontrollera att bilen inte då drar åt något håll. Om kraftiga vibrationer känns vid inbromsning kan det tyda på att bromsskivorna är skeva och bör bytas eller fräsas om. (Inte att förväxlas med de låsningsfria bromsarnas karakteristiska vibrationer.)

☐ Om vibrationer känns vid acceleration, hastighetsminskning, vid vissa hastigheter eller hela tiden, kan det tyda på att drivknutar eller drivaxlar är slitna eller defekta, att hjulen eller däcken är felaktiga eller skadade, att hjulen är obalanserade eller att styrleder, upphängningens leder, bussningar eller andra komponenter är slitna.

Motor

- [ ] Motorn går inte runt vid startförsök
- [ ] Motorn går runt, men startar inte
- [ ] Motorn är svårstartad när den är kall
- [ ] Motorn är svårstartad när den är varm
- [ ] Startmotorn ger i från sig oljud eller kärvar
- [ ] Motorn startar, men stannar omedelbart
- [ ] Ojämn tomgång
- [ ] Motorn feltänder vid tomgång
- [ ] Motorn feltänder vid alla varvtal
- [ ] Långsam acceleration
- [ ] Överstegring av motorn
- [ ] Låg motorkapacitet
- [ ] Motorn misständer
- [ ] Varningslampan för oljetryck lyser när motorn är igång
- [ ] Glödtändning
- [ ] Motorljud

Kylsystem

- [ ] Överhettning
- [ ] Alltför stark avkylning
- [ ] Yttre kylvätskeläckage
- [ ] Inre kylvätskeläckage
- [ ] Korrosion

Bränsle- och avgassystem

- [ ] Överdriven bränsleförbrukning
- [ ] Bränsleläckage och/eller bränslelukt

Koppling

- [ ] Pedalen går i golvet – inget tryck eller mycket lite motstånd
- [ ] Kopplingen tar inte (det går inte att lägga i växlar)
- [ ] Kopplingen slirar (motorvarvtalet ökar utan att hastigheten ökar)
- [ ] Skakningar vid frikoppling
- [ ] Missljud när kopplingspedalen trycks ner eller släpps upp

Manuell växellåda

- [ ] Missljud i friläge när motorn går
- [ ] Missljud när en speciell växel ligger i
- [ ] Svårt att lägga i växlar
- [ ] Vibrationer
- [ ] Växeln hoppar ur
- [ ] Smörjmedelsläckage

Automatväxellåda

- [ ] Oljeläckage
- [ ] Allmänna problem med växlingen
- [ ] Växellådsoljan är brun eller luktar bränt
- [ ] Växellådan växlar inte ner (kickdown) när gaspedalen är helt nedtryckt
- [ ] Motorn startar inte på någon växel, eller startar på andra växlar än Park eller Neutral
- [ ] Växellådan slirar, växlar trögt, låter illa eller är utan drift i framväxlarna eller backen

Bromssystem

- [ ] Bilen drar åt ena sidan vid inbromsning
- [ ] Oljud (slipljud eller högt gnisslande) vid inbromsning
- [ ] Bromsarna kärvar
- [ ] Överdriven pedalväg
- [ ] Bromspedalen känns svampig vid nedtryckning
- [ ] Överdriven pedalkraft krävs för att stanna bilen
- [ ] Skakningar i bromspedal eller ratt vid inbromsning
- [ ] Bakhjulen låser sig vid normal inbromsning

Drivaxlar

- [ ] Klickande eller knackande ljud vid svängar (i låg fart med fullt rattutslag)

Fjädring och styrning

- [ ] Bilen drar åt ena sidan
- [ ] Kraftiga nigningar och/eller krängningar runt hörn eller vid inbromsning
- [ ] Bristande servoeffekt
- [ ] Vandrande eller allmän instabilitet
- [ ] Överdrivet stel styrning
- [ ] Överdrivet spel i styrningen
- [ ] Hjulen vinglar och skakar
- [ ] Betydande däckslitage

Elsystem

- [ ] Batteriet laddar ur på bara ett par dagar
- [ ] Tändningslampan fortsätter lysa när motorn går
- [ ] Tändningslampan tänds inte
- [ ] Ljusen fungerar inte
- [ ] Instrumentavläsningarna missvisande eller ryckiga
- [ ] Signalhornet fungerar dåligt eller inte alls
- [ ] Vindrutetorkarna fungerar dåligt eller inte alls
- [ ] Vindrutespolarna fungerar dåligt eller inte alls
- [ ] De elektriska fönsterhissarna fungerar dåligt eller inte alls
- [ ] Centrallåset fungerar dåligt eller inte alls

Inledning

De fordonsägare som underhåller sina bilar med rekommenderad regelbundenhet kommer inte att behöva använda den här delen av handboken ofta. Moderna komponenter går mycket sällan sönder om de underhålls och byts ut med rekommenderad regelbundenhet. Fel uppstår vanligen inte plötsligt, de utvecklas med tiden. Speciellt större mekaniska haverier föregås vanligen av karakteristiska symptom under hundratals eller tusentals kilometer. De komponenter som vanligen havererar utan föregående varning är i regel små och lätta att ha med i bilen.

Vid all felsökning är det första steget att bestämma var man ska börja söka. Ibland är detta uppenbart, men ibland behövs lite detektivarbete. Den ägare som gör ett halvdussin slumpvisa justeringar eller byten kan lyckas åtgärda felet (eller symptomen). Om felet återuppstår har han eller hon dock fortfarande ingen aning om vad det beror på, och det kan sluta med att ägaren har spenderat mer tid och pengar än nödvändigt. Ett lugnt och metodiskt tillvägagångssätt är bättre i det långa loppet. Ta alltid hänsyn till varningstecken eller ovanligheter som uppmärksammats före haveriet – kraftförlust, höga/låga mätaravläsningar, ovanliga lukter

– och kom ihåg att haverier i säkringar och tändstift kanske bara är symptom på ett underliggande fel.

Följande sidor fungerar som en enkel guide till de vanligaste problemen som kan uppstå med bilen. Problemen och deras möjliga orsaker grupperas under rubriker för olika komponenter eller system som Motorn, Kylsystemet etc. Kapitlet som tar upp detta problem visas inom parentes. Läs aktuellt avsnitt för systemspecifik information. Oavsett fel finns vissa grundläggande principer. Dessa är:

Bekräfta felet. Detta handlar helt enkelt om

att du ska vara säker på vilka symptomen är innan du påbörjar arbetet. Det här är extra viktigt om du undersöker ett fel åt någon annan, som kanske inte har beskrivit problemet korrekt.

Glöm inte det uppenbara. Exempelvis, om bilen inte startar, finns det verkligen bensin i tanken? (Ta inte någon annans ord för givet på denna punkt, lita inte heller på bränslemätaren!) Om ett elektriskt fel misstänks föreligga, leta efter lösa kontakter och brutna ledningar innan du plockar fram testutrustningen.

Bota sjukdomen, inte symptomen. Att byta ett urladdat batteri mot ett fulladdat tar dig från vägkanten, men om orsaken inte åtgärdas kommer även det nya batteriet snart att vara urladdat. Ett byte av nedoljade tändstift till nya gör att bilen rullar, men orsaken till nedsmutsningen (om det är någon annan än fel värmetal på stiften) måste fastställas och åtgärdas.

Ta ingenting för givet. Glöm aldrig att även nya komponenter kan vara defekta (särskilt om de har skakat runt i bagageutrymmet i flera månader). Utelämna inte några komponenter vid en feldiagnos bara för att de är nya eller nymonterade. När svårhittat fel slutligen påträffas kommer visar det sig antagligen att alla ledtrådar fanns där från början.

Motor

Motorn går inte runt vid startförsök

- [ ] *Batterianslutningarna sitter löst eller är korroderade* (Veckokontroller).
- [ ] Batteriet urladdat eller defekt (kapitel 5A).
- [ ] Brutna, lösa eller urkopplade ledningar i startmotorkretsen (kapitel 5A).
- [ ] Defekt solenoid eller kontakt (kapitel 5A).
- [ ] Defekt startmotor (kapitel 5A).
- [ ] Startmotorns pinjong eller kuggkrans har lösa eller brutna kuggar (kapitel 2A, 2B, 2C. 2D och 5A).
- [ ] Motorns jordfläta trasig eller losskopplad (kapitel 5A).

Motorn drar runt, men startar inte

- [ ] Bränsletanken tom.
- [ ] Batteriet urladdat (motorn roterar långsamt) (kapitel 5A).
- [ ] *Batterianslutningarna sitter löst eller är korroderade* (Veckokontroller).
- [ ] Delar i tändningen fuktiga eller skadade – bensinmodeller (kapitel 1A och 5B).
- [ ] Brutna, lösa eller urkopplade ledningar i tändningskretsen – bensinmodeller (kapitel 1A och 5B).
- [ ] Slitna, defekta eller felaktigt justerade tändstift – bensinmodeller (kapitel 1A)
- [ ] Bränsleinsprutningssystemet defekt (kapitel 4A och 4B).
- [ ] Stoppsolenoid defekt – dieselmodeller (kapitel 4B).
- [ ] Luft i bränslesystemet – dieselmodeller (kapitel 4B).
- [ ] Större mekaniskt haveri (exempelvis kamdrivningen) (Kapitel 2A, 2B, 2C or 2D).

Motorn är svårstartad när den är kall

- [ ] Batteriet urladdat (kapitel 5A).
- [ ] *Batterianslutningarna sitter löst eller är korroderade* (Veckokontroller).
- [ ] Slitna, defekta eller felaktigt justerade tändstift – bensinmodeller (kapitel 1A)
- [ ] Bränsleinsprutningssystemet defekt (kapitel 4A och 4B).
- [ ] Andra fel på tändsystemet – bensinmodeller (kapitel 1A och 5B).
- [ ] Förvärmningssystemet defekt – dieselmodeller (kapitel 5C).
- [ ] Låg cylinderkompression (kapitel 2A, 2B, 2C eller 2D).

Motorn är svårstartad när den är varm

- [ ] Smutsigt eller igensatt luftfilter (kapitel 1A eller 1B).
- [ ] Bränsleinsprutningssystemet defekt (kapitel 4A och 4B).
- [ ] Låg cylinderkompression (kapitel 2A, 2B, 2C eller 2D).

Startmotorn ger oljud ifrån sig eller går väldigt ojämnt

- [ ] Startmotorns pinjong eller kuggkrans har lösa eller brutna kuggar (kapitel 2A, 2B, 2C. 2D och 5A).
- [ ] Startmotorns fästbultar lösa eller saknas (kapitel 5A)
- [ ] Startmotorns interna delar slitna eller skadade (kapitel 5A).

Motorn startar, men stannar omedelbart

- [ ] Lösa eller defekta ledningar i tändningskretsen – bensinmodeller (kapitel 1A och 5B).
- [ ] Vakuumläcka i gasspjällshus eller insugsgrenrör – bensinmodeller (kapitel 4A).
- [ ] Igentäppt insprutningsventil/bränsleinsprutningssystemet defekt (kapitel 4A eller 4B).
- [ ] Fel på insprutningsventil(er) – dieselmodeller (kapitel 4B).
- [ ] Luft i bränslesystemet – dieselmodeller (kapitel 4B).

Ojämn tomgång

- [ ] Igensatt luftfilter (kapitel 1A eller 1B).
- [ ] Vakuumläckage i gasspjällshuset, insugningsgrenröret eller tillhörande slangar – bensinmodeller (kapitel 4A)
- [ ] Slitna, defekta eller felaktigt justerade tändstift – bensinmodeller (kapitel 1A)
- [ ] Ojämn eller låg cylinderkompression (kapitel 2A, 2B, 2C eller 2D).
- [ ] Slitna kamlober (kapitel 2A, 2B, 2C eller 2D).
- [ ] Felaktigt spänd kamrem (kapitel 2A, 2B, 2C eller 2D).
- [ ] Igentäppt insprutningsventil/bränsleinsprutningssystemet defekt (kapitel 4A eller 4B).
- [ ] Fel på insprutningsventil(er) – dieselmodeller (kapitel 4B).

Feltändning vid tomgångshastighet

- [ ] Slitna, defekta eller felaktigt justerade tändstift – bensinmodeller (kapitel 1A)
- [ ] Defekta tändkablar – bensinmodeller (Kapitel 5B).
- [ ] Vakuumläckage i gasspjällshuset, insugningsgrenröret eller tillhörande slangar (kapitel 4A eller 4B).
- [ ] Igentäppt insprutningsventil/bränsleinsprutningssystemet defekt (kapitel 4A och 4B).
- [ ] Fel på insprutningsventil(er) – dieselmodeller (kapitel 4B).
- [ ] Ojämn eller låg cylinderkompression (kapitel 2A, 2B, 2C eller 2D).
- [ ] Lös, läckande eller trasig slang i vevhusventilationen (kapitel 4C).

Feltändning vid alla varvtal

- [ ] Chokat bränslefilter (kapitel 1A eller 1B).
- [ ] Defekt bränslepump eller lågt tillförseltryck (kapitel 4A eller 4B).
- [ ] Blockerad bensintanksventil eller delvis igentäppta bränslerör (kapitel 4A eller 4B).
- [ ] Vakuumläckage i gasspjällshuset, insugningsgrenröret eller tillhörande slangar – bensinmodeller (kapitel 4A)
- [ ] Slitna, defekta eller felaktigt justerade tändstift – bensinmodeller (kapitel 1A)
- [ ] Defekta tändkablar (kapitel 5B).
- [ ] Fel på insprutningsventil(er) – dieselmodeller (kapitel 4B).
- [ ] Defekt tändspole – bensinmodeller (kapitel 5B).
- [ ] Ojämn eller låg cylinderkompression (kapitel 2A, 2B, 2C eller 2D).
- [ ] Igentäppt insprutningsventil/bränsleinsprutningssystemet defekt (kapitel 4A eller 4B).

Motor (forts.)

Långsam acceleration

☐ Slitna, defekta eller felaktigt justerade tändstift – bensinmodeller (kapitel 1A)

☐ Vakuumläckage i gasspjällshuset, insugningsgrenröret eller tillhörande slangar – bensinmodeller (kapitel 4A)

☐ Igentäppt insprutningsventil/bränsleinsprutningssystemet defekt (kapitel 4A eller 4B).

☐ Fel på insprutningsventil(er) – dieselmodeller (kapitel 4B).

☐ Insprutningspumpens synkronisering felaktig – dieselmodeller (kapitel 4B)

Överstegring av motorn

☐ Vakuumläckage i gasspjällshuset, insugningsgrenröret eller tillhörande slangar – bensinmodeller (kapitel 4A)

☐ Chokat bränslefilter (kapitel 1A eller 1B).

☐ Defekt bränslepump eller lågt tryck – bensinmodeller (kapitel 4A).

☐ Blockerad bensintanksventil eller delvis igentäppta bränslerör (kapitel 4A eller 4B).

☐ Igentäppt insprutningsventil/bränsleinsprutningssystemet defekt (kapitel 4A eller 4B).

☐ Fel på insprutningsventil(er) – dieselmodeller (kapitel 4B).

☐ Luft i bränslesystemet – dieselmodeller (kapitel 4B).

Låg motorkapacitet

☐ Felaktigt spänd eller monterad kamrem (kapitel 2A, 2B, 2C eller 2D).

☐ Chokat bränslefilter (kapitel 1A eller 1B).

☐ Defekt bränslepump eller lågt tryck – bensinmodeller (kapitel 4A).

☐ Ojämn eller låg cylinderkompression (kapitel 2A, 2B, 2C eller 2D).

☐ Slitna, defekta eller felaktigt justerade tändstift – bensinmodeller (kapitel 1A)

☐ Vakuumläckage i gasspjällshuset, insugningsgrenröret eller tillhörande slangar – bensinmodeller (kapitel 4A)

☐ Igentäppt insprutningsventil/bränsleinsprutningssystemet defekt (kapitel 4A eller 4B).

☐ Insprutningspumpens synkronisering felaktig – dieselmodeller (kapitel 4B)

☐ Kärvande bromsar (kapitlen 1A eller 1B och 9).

☐ Kopplingen slirar (kapitel 6).

Motorn misständer

☐ Felaktigt spänd eller monterad kamrem (kapitel 2A, 2B, 2C eller 2D).

☐ Vakuumläckage i gasspjällshuset, insugningsgrenröret eller tillhörande slangar – bensinmodeller (kapitel 4A)

☐ Igentäppt insprutningsventil/bränsleinsprutningssystemet defekt (kapitel 4A eller 4B).

Varningslampan för oljetryck lyser när motorn är igång

☐ *Låg oljenivå eller felaktig oljekvalitet (se Veckokontroller).*

☐ Felaktig brytare till varningslampa för oljetryck (kapitel 2A, 2B, 2C eller 2D).

☐ Slitna motorlager och/eller sliten oljepump (Kapitel 2A, 2B, 2C eller 2D).

☐ Motorns arbetstemperatur hög (kapitel 3).

☐ Defekt oljetrycksventil (kapitel 2A, 2B, 2C eller 2D).

☐ Igentäppt oljeupptagarsil (kapitel 2A, 2B, 2C eller 2D).

Glödtändning

☐ För mycket sotavlagringar i motorn (Kapitel 2A, 2B, 2C eller 2D).

☐ Motorns arbetstemperatur hög (kapitel 3).

☐ Bränsleinsprutningssystemet defekt (kapitel 4A eller 4B).

Motorljud

Förtändning (spikning) eller knackning under acceleration eller belastning

☐ Fel tändläge/defekt tändsystem – bensinmodeller (Kapitel 1A och 5B).

☐ Fel värmetal på tändstift – bensinmodeller (kapitel 1A).

☐ Felaktig bränslegrad (kapitel 4A).

☐ Vakuumläckage i gasspjällshuset, insugningsgrenröret eller tillhörande slangar – bensinmodeller (kapitel 4A)

☐ För mycket sotavlagringar i motorn (Kapitel 2A, 2B, 2C eller 2D).

☐ Igensatt insprutningsventil/defekt bränsleinsprutningssystem – bensinmodeller (kapitel 4A).

Visslande eller väsande ljud

☐ Läckage i insugsgrenrörets eller gasspjällshusets packning – bensinmodeller (kapitel 4A).

☐ Läckande avgasgrenrörspackning eller skarv mellan rör och grenör (kapitel 4C).

☐ Läckande vakuumslang (Kapitel 4A, 4B, 4C och 9).

☐ Blåst topplockspackning (kapitel 2A, 2B, 2C eller 2D).

Knackande eller skallrande ljud

☐ Sliten ventilreglering eller kamaxel (kapitel 2A, 2B, 2C eller 2D).

☐ Defekt hjälpaggregat (kylvätskepump, växelströmsgenerator, etc.) (Kapitel 3, 5A, etc).

Knackande ljud eller slag

☐ Slitna vevstakslager (regelbundna hårda knackningar som eventuellt förvärras under belastning) (kapitel 2E)

☐ Slitet ramlager (muller och knackning, kanske mindre under belastning) (kapitel 2E).

☐ Kolvslammer (hörs mest vid kyla) (kapitel 2E).

☐ Defekt hjälpaggregat (kylvätskepump, växelströmsgenerator, etc.) (Kapitel 3, 5A, etc).

Kylsystem

Överhettning

☐ *För lite kylvätska i systemet* (Veckokontroller)
☐ Defekt termostat (kapitel 3).
☐ Igensatt kylare eller grill (kapitel 3).
☐ Elektriska kylfläkten eller termobrytaren defekt (kapitel 3).
☐ Defekt trycklock (kapitel 3).
☐ Defekt tändsystem – bensinmotorer (kapitel 1A och 5B).
☐ Defekt temperaturgivare (kapitel 3).
☐ Luftlås i kylsystemet.

För stark avkylning

☐ Defekt termostat (kapitel 3).
☐ Defekt temperaturgivare (kapitel 3).

Yttre kylvätskeläckage

☐ Åldrade eller skadade slangar eller slangklämmor (kapitel 1A eller 1B)
☐ Läckage i kylare eller värmepaket (kapitel 3).
☐ Defekt trycklock (kapitel 3).
☐ Vattenpumpens tätning läcker (kapitel 3).
☐ Kokning på grund av överhettning (kapitel 3).
☐ Kylarens hylsplugg läcker (kapitel 2E)

Inre kylvätskeläckage

☐ Läckande topplockspackning (kapitel 2A, 2B, 2C eller 2D).
☐ Sprucket topplock eller cylinderlopp (kapitel 2E)

Korrosion

☐ Bristfällig avtappning och spolning (Kapitel 1A eller 1B).
☐ Felaktig kylvätskeblandning eller fel kylvätsketyp (kapitel 1A eller 1B).

Bränsle- och avgassystem

Överdriven bränsleförbrukning

☐ Smutsigt eller igensatt luftfilter (kapitel 1A eller 1B).
☐ Bränsleinsprutningssystemet defekt (kapitel 4A eller 4B).
☐ Defekt tändsystem – bensinmodeller (kapitel 1A och 5B).
☐ Fel på insprutningsventil(er) – dieselmodeller (kapitel 4B).
☐ *För lite luft i däcken* (Veckokontroller).

Bränsleläckage och/eller bränslelukt

☐ Skadad eller korroderad bränsletank, rör eller anslutningar (kapitel 4A eller 4B).
☐ Störande oljud eller för mycket avgaser från avgassystemet
☐ Läckande avgassystem eller grenörsanslutningar (Kapitel 1A, 1B, eller 4C).
☐ Läckande, korroderade eller skadade ljuddämpare eller rör (Kapitel 1A, 1B, eller 4C).
☐ Trasiga fästen som orsakar kontakt med karossen eller fjädringen (Kapitel 1A eller 1B).

Koppling

Pedalen går i golvet – inget tryck eller mycket lite motstånd

☐ Hydraulvätskenivå låg/luft i hydraulsystemet (kapitel 6).
☐ Defekt urtrampningslager eller gaffel (kapitel 6).
☐ Trasig tallriksfjäder i kopplingens tryckplatta (kapitel 6).

Frikopplar inte (går ej att lägga i växlar)

☐ Lamellen fastnar på räfflorna på växellådans ingående axel (Kapitel 6).
☐ Lamellen fastnar på svänghjul eller tryckplatta (kapitel 6).
☐ Defekt tryckplatta (kapitel 6).
☐ Urkopplingsmekanismen sliten eller felaktigt ihopsatt (kapitel 6).

Kopplingen slirar (motorns varvtal ökar men inte bilens hastighet)

☐ Lamellbeläggen är mycket slitna (kapitel 6).
☐ Lamellbeläggen förorenade med olja eller fett (kapitel 6).
☐ Defekt tryckplatta eller svag tallriksfjäder (kapitel 6).

Skakningar vid frikoppling

☐ Lamellbeläggen förorenade med olja eller fett (kapitel 6).
☐ Lamellbeläggen är mycket slitna (kapitel 6).
☐ Defekt eller skev tryckplatta eller tallriksfjäder (kapitel 6).
☐ Slitna eller lösa motor- eller växellådsfästen (kapitel 2A, 2B, 2C eller 2D).
☐ Lamellnavet eller räfflorna på växellådans ingående axel slitna (kapitel 6)

Missljud när kopplingspedalen trycks ner eller släpps upp

☐ Slitet urkopplingslager (kapitel 6).
☐ Slitna eller torra kopplingspedalbussningar (kapitel 6).
☐ Defekt tryckplatta (kapitel 6).
☐ Tryckplattans tallriksfjäder trasig (kapitel 6).
☐ Lamellens dynfjädrar defekta (kapitel 6).

Manuell växellåda

Missljud i friläge när motorn går

☐ Slitage i ingående axelns lager (missljud med uppsläppt men inte med nedtryckt kopplingspedal) (kapitel 7A).*
☐ Slitet urkopplingslager (missljud med nedtryckt pedal som möjligen minskar när pedalen släpps upp) (kapitel 6).

Missljud när en specifik växel ligger i

☐ Slitna eller skadade kuggar på växellådsdreven (kapitel 7A).*

Svårt att lägga i växlar

☐ Defekt koppling (kapitel 6).
☐ Slitet eller skadat växellänkage (kapitel 7A).
☐ Felaktigt inställt växellänkage (kapitel 7A).
☐ Slitna synkroniseringsenheter (kapitel 7A).*

Vibrationer

☐ För lite olja (kapitel 1A eller 1B).
☐ Slitna lager (kapitel 7A).*

Växeln hoppar ur

☐ Slitet eller skadat växellänkage (kapitel 7A).
☐ Felaktigt inställt växellänkage (kapitel 7A).
☐ Slitna synkroniseringsenheter (kapitel 7A).*
☐ Slitna väljargafflar (kapitel 7A).*

Smörjmedelsläckage

☐ Differentialens oljetätning läcker (kapitel 7A).
☐ Läckande husfog (kapitel 7A).*
☐ Läckage i ingående axelns oljetätning (kapitel 7A).*

*Även om de åtgärder som behöver vidtas för ovanstående symptom är för svåra för en hemmamekaniker är informationen ovan till hjälp när man spårar felkällan. Det gör det lättare för ägaren att tydliggöra problemet för en professionell mekaniker.

Automatväxellåda

Observera: *På grund av automatväxelns komplicerade sammansättning är det svårt för hemmamekanikerna att ställa riktiga diagnoser och serva enheten. Om andra problem än följande uppstår ska bilen tas till en verkstad eller till en specialist på växellådor. Var inte för snabb med att ta bort växellådan om ett fel misstänks. De flesta kontroller ska utföras med växellådan monterad.*

Oljeläckage

☐ Automatväxellådans olja är ofta mörk till färgen. Oljeläckage från växellådan ska inte blandas ihop med motorolja, som lätt kan stänka på växellådan av luftflödet.

☐ För att hitta läckan, använd avfettningsmedel eller en ångtvätt och rengör växelhuset och områdena runt omkring från smuts och avlagringar. Kör bilen långsamt så att inte luftflödet blåser den läckande oljan långt från källan. Hissa upp bilen och stötta upp den på pallbockar, och fastställ varifrån läckan kommer.

Allmänna problem med att växla

☐ I kapitel 7B behandlas kontroll och justering av växelvajern på automatväxellådor. Följande problem är vanliga och kan orsakas av dåligt justerat länksystem:
a) Motorn startar i andra växlar än Park eller Neutral.
b) Indikatorpanelen anger en annan växel än den som används.
c) Bilen rör sig när växlarna Park eller Neutral ligger i.
d) Dålig eller felaktig utväxling.

Växellådsoljan är brun eller luktar bränt

☐ Låg växellådsoljenivå (kapitel 1A eller 1B). Om oljan verkar ha försämrats rejält bör du byta ut den.

Växellådan växlar inte ner (kickdown) när gaspedalen är helt nedtryckt

☐ Låg växellådsoljenivå (kapitel 1A eller 1B).
☐ Felaktig inställning av växelvajer (kapitel 7B)

Motorn startar inte i någon växel, eller startar i andra växlar än Park eller Neutral

☐ Felaktig inställning av växelvajer (kapitel 7B)

Växellådan slirar, växlar trögt, låter illa eller är utan drift i framväxlarna eller backen

☐ Det finns många troliga orsaker till ovanstående problem, men om skälet inte är uppenbart (t.ex. en lös eller korroderad anslutningskontakt på eller nära växellådan), ska bilen lämnas in hos en märkesverkstad för felsökning. Växellådans styrenhet har en inbyggd självfelsökningsfunktion, och eventuella felkoder kan snabbt läsas av och tolkas av verkstaden med hjälp av felsökningsutrustningen.

Bromssystem

Observera: *Kontrollera däckens skick och lufttryck, framvagnens inställning samt att bilen inte är ojämnt belastad innan bromsarna antas vara defekta. Alla fel och åtgärder i ABS-systemet, utom kontroll av anslutningar för rör och slangar, ska överlåtas till en Skoda-verkstad.*

Bilen drar åt ena sidan vid inbromsning

- [ ] Slitna, defekta, skadade eller förorenade bromsklossar på en sida (Kapitel 1A eller 1B och 9).
- [ ] Bromsokskolven kärvar helt eller delvis (kapitel 1A eller 1B och 9).
- [ ] Olika friktionsmaterial monterade på sidorna (Kapitel 1A eller 1B och 9).
- [ ] Bromsokets fästbultar lösa (kapitel 9).
- [ ] Slitna eller skadade komponenter i styrning eller fjädring (Kapitel 1A eller 1B och 10).

Oljud (slipljud eller högt gnisslande) vid inbromsning)

- [ ] Bromsklossarnas eller bromsbackarnas friktionsmaterial nedslitet till metallplattan (Kapitel 1A eller 1B och 9).
- [ ] Kraftig korrosion på bromsskiva. Korrosion kan visa sig när bilen har stått oanvänd en längre tid (Kapitel 1A eller 1B och 9).
- [ ] Främmande föremål (grus, etc) klämt mellan skiva och stänkskydd (Kapitel 1A eller 1B och 9).

Bromsarna kärvar

- [ ] Bromsokskolven kärvar (kapitel 9).
- [ ] Felaktigt justerad handbromsmekanism (kapitel 9).
- [ ] Defekt huvudcylinder (kapitel 9).

Överdriven pedalväg

- [ ] Defekt huvudcylinder (kapitel 9).
- [ ] Luft i hydraulsystemet (Kapitel 1A eller 1B och 9).
- [ ] Defekt vakuumservo (kapitel 9).

Bromspedalen känns svampig vid nedtryckning

- [ ] Luft i hydraulsystemet (Kapitel 1A eller 1B och 9).
- [ ] Åldrade bromsslangar (Kapitel 1A eller 1B och 9).
- [ ] Huvudcylinderns fästmuttrar lösa (Kapitel 9).
- [ ] Defekt huvudcylinder (kapitel 9).

Överdriven pedalkraft krävs för att stanna bilen

- [ ] Defekt vakuumservo (kapitel 9).
- [ ] Felaktig bromsvakuumpump – dieselmodeller (kapitel 9).
- [ ] Bromsservons vakuumslangar urkopplade, skadade eller lösa (kapitel 9).
- [ ] Defekt primär- eller sekundärkrets (kapitel 9).
- [ ] Bromsokskolven kärvar (kapitel 9).
- [ ] Felmonterade bromsklossar (Kapitel 1A eller 1B och 9).
- [ ] Fel typ/klass av bromsbackar/-klossar har monterats (kapitel 1A eller 1B och 9).
- [ ] Förorenade bromsbackar/-klossar (kapitel 1A eller 1B och 9).

Skakningar i bromspedal eller ratt vid inbromsning

Observera: *Skakningar i bromspedal är normalt för modeller med ABS.*

- [ ] Överdrivet skeva eller ovala skivor (Kapitel 1A eller 1B och 9).
- [ ] Slitna bromsbackar/-klossar (kapitel 1A eller 1B och 9).
- [ ] Bromsokets fästbultar lösa (kapitel 9).
- [ ] Slitage in fjädring eller styrningskomponenter eller fästen (kapitel 1A eller 1B och 10).

Bakhjulen låser sig vid normal inbromsning

- [ ] Förorenade bakre bromsbackar/-klossar (kapitel 1A eller 1B och 9).
- [ ] ABS-systemfel (kapitel 9).

Drivaxlar

Klickande eller knackande ljud vid svängar (i låg fart med fullt rattutslag)

- [ ] Bristfällig smörjning i knuten, eventuellt på grund av defekt damask (kapitel 8).
- [ ] Sliten yttre drivknut (kapitel 8).
- [ ] Vibrationer vid acceleration eller inbromsning
- [ ] Sliten inre drivknut (kapitel 8).
- [ ] Böjd eller skev drivaxel (kapitel 8).

Fjädring och styrning

Observera: *Kontrollera att felet inte beror på fel lufttryck i däcken, blandade däcktyper eller kärvande bromsar innan fjädringen eller styrningen diagnostiseras som defekta.*

Bilen drar åt ena sidan

☐ *Defekt däck (Veckokontroller).*
☐ Onormalt slitage för fjädring eller styrningskomponenter (kapitel 1A eller 1B och 10).
☐ Felaktig framhjulsinställning (kapitel 10).
☐ Krockskada på styrning eller fjädringsdelarna (kapitel 1A eller 1B och 10).

Kraftiga nigningar och/eller krängningar runt hörn eller vid inbromsning

☐ Defekta stötdämpare (Kapitel 1A eller 1B och 10).
☐ Trasig eller svag spiralfjäder och/eller fjädringskomponent (Kapitel 1A eller 1B och 10).
☐ Slitage eller skada på krängningshämmare eller fästen – om tillämpligt (Kapitel 10).

Bristande servoeffekt

☐ Brusten eller slirande drivrem (Kapitel 1A eller 1B).
☐ *För hög eller låg nivå av styrservoolja (Veckokontroller).*
☐ Igensatt slang till styrservon (Kapitel 1A eller 1B).
☐ Defekt servostyrningspump (kapitel 10).
☐ Defekt kuggstångsstyrning (kapitel 10).

Vandrande eller allmän instabilitet

☐ Felaktig framhjulsinställning (kapitel 10).
☐ Slitna styrnings- eller fjädringsleder, bussningar eller komponenter (kapitel 1A eller 1B och 10).
☐ Obalanserade hjul (kapitel 1A eller 1B och 10).
☐ *Defekt eller skadat däck (Veckokontroller).*
☐ Lossnade hjulbultar (se Kapitel 10 om korrekt vridmoment).
☐ Defekta stötdämpare (Kapitel 1A eller 1B och 10).

För trög styrning

☐ För lite smörjmedel i styrväxeln (kapitel 10).
☐ Styrstagsändens eller fjädringens kulled anfrätt Kapitel 1A eller 1B och 10).
☐ Brusten eller felaktigt justerad drivrem – servostyrning (kapitel 1A eller 1B).
☐ Felaktig framhjulsinställning (kapitel 10).
☐ Kuggstången eller rattstången böjd eller skadad (kapitel 10).

Överdrivet spel i styrningen

☐ Slitage i kardanknuten till rattstångens mellanaxel (kapitel 10).
☐ Styrstagsändens kulleder slitna (Kapitel 1A eller 1B och 10).
☐ Sliten kuggstångsstyrning (kapitel 10).
☐ Slitna styrnings- eller fjädringsleder, bussningar eller komponenter (kapitel 1A eller 1B och 10).

Hjulen vinglar och skakar

☐ Framhjulen obalanserade (vibration känns huvudsakligen i ratten) (Kapitel 1A eller 1B och 10).
☐ Bakhjulen obalanserade (vibration känns i hela bilen) (Kapitel 1A eller 1B och 10).
☐ Hjulen skadade eller skeva (Kapitel 1A eller 1B och 10).
☐ *Defekt eller skadat däck (Veckokontroller).*
☐ Slitna styrnings- eller fjädringsleder, bussningar eller komponenter (kapitel 1A eller 1B och 10).
☐ Lösa hjulbultar (kapitel 10).

Överdrivet däckslitage

Däcken slitna på inner- eller ytterkanten

☐ *För lite luft i däcken (slitage på båda kanterna) (Veckokontroller).*
☐ Felaktiga camber- eller castorvinklar (slitage på en kant) (kapitel 10).
☐ Slitna styrnings- eller fjädringsleder, bussningar eller komponenter (kapitel 1A eller 1B och 10).
☐ Överdrivet hård kurvtagning.
☐ Skada efter olycka.

Däckmönster har fransiga kanter

☐ Felaktig toe-inställning (kapitel 10).

Slitage i mitten av däckmönstret

☐ *För mycket luft i däcken (Veckokontroller).*

Däcken slitna på inner- och ytterkanten

☐ *För lite luft i däcken (Veckokontroller).*

Ojämnt däckslitage

☐ Hjulen/däcken obalanserade (Kapitel 1A, 1B eller 10).
☐ Alltför stor skevhet på hjul eller däck (kapitel 1A, 1B eller 10).
☐ Slitna stötdämpare (Kapitel 1A eller 1B och 10).
☐ *Defekt däck (Veckokontroller).*

Elsystem

Observera: *Vid problem med start, se felen under 'Motor' tidigare i detta avsnitt.*

Batteriet laddar ur på bara ett par dagar

- [ ] Batteriet defekt invändigt (kapitel 5A).
- [ ] *Batterianslutningarna sitter löst eller är korroderade (Veckokontroller).*
- [ ] Sliten eller felaktigt justerad drivrem (kapitel 1A eller 1B).
- [ ] Generatorn laddar inte vid korrekt effekt (kapitel 5A).
- [ ] Generatorn eller spänningsregulatorn defekt (kapitel 5A).
- [ ] Kortslutning ger upphov till kontinuerlig urladdning av batteriet (kapitel 5A och 12).

Tändningens varningslampa fortsätter att lysa när motorn går

- [ ] Drivremmen trasig, sliten eller felaktigt justerad (Kapitel 1A eller 1B).
- [ ] Växelströmsgeneratorns borstar är slitna, smutsiga eller fastnar (kapitel 5A).
- [ ] Fjädrarna till växelströmsgeneratorns borstar svaga eller trasiga (kapitel 5A).
- [ ] Internt fel i generatorn eller spänningsregulatorn (kapitel 5A).
- [ ] Trasigt, urkopplat eller löst kablage i laddningskretsen (kapitel 5A).

Tändningslampan tänds inte

- [ ] Defekt lysdiod i varningslampa (kapitel 12).
- [ ] Trasigt, urkopplat eller löst kablage i varningslampans krets (kapitel 12).
- [ ] Defekt generator (kapitel 5A).

Ljusen fungerar inte

- [ ] Trasig glödlampa (kapitel 12).
- [ ] Korrosion på glödlampa eller sockel (kapitel 12).
- [ ] Trasig säkring (kapitel 12).
- [ ] Defekt relä (kapitel 12).
- [ ] Trasigt, löst eller urkopplat kablage (kapitel 12).
- [ ] Defekt brytare (kapitel 12).

Instrumentavläsningarna missvisande eller ryckiga

Bränsle- eller temperaturmätaren ger inget utslag

- [ ] Defekt givarenhet (kapitel 3, 4A eller 4B).
- [ ] Kretsavbrott (kapitel 12).
- [ ] Defekt mätare (kapitel 12).

Bränsle- eller temperaturmätaren ger kontinuerligt maximalt utslag

- [ ] Defekt givarenhet (kapitel 3, 4A eller 4B).
- [ ] Kortslutning (kapitel 12).
- [ ] Defekt mätare (kapitel 12).

Signalhornet fungerar dåligt eller inte alls

Signalhornet tjuter hela tiden

- [ ] Signalhornets tuta är antingen jordad eller har fastnat (kapitel 12).
- [ ] Vajern till signalhornets tuta jordad (kapitel 12).

Signalhornet fungerar inte

- [ ] Trasig säkring (kapitel 12).
- [ ] Vajer eller vajeranslutningar lösa, trasiga eller urkopplade (kapitel 12).
- [ ] Defekt signalhorn (kapitel 12).

Signalhornet avger ryckigt eller otillfredsställande ljud

- [ ] Lösa vajeranslutningar (kapitel 12).
- [ ] Signalhornets fästen sitter löst (kapitel 12).
- [ ] Defekt signalhorn (kapitel 12).

Vindrute-/bakrutetorkarna fungerar dåligt eller inte alls

Torkarna fungerar inte eller går mycket långsamt

- [ ] *Torkarbladen fastnar vid rutan eller också är länksystemet anfrätt eller kärvar (Veckokontroller och kapitel 12).*
- [ ] Trasig säkring (kapitel 12).
- [ ] Trasigt, löst eller urkopplat kablage (kapitel 12).
- [ ] Defekt relä (kapitel 12).
- [ ] Defekt torkarmotor (kapitel 12).

Torkarbladen sveper över för stort/litet område av rutan

- [ ] Torkararmarna felaktigt placerade i spindlarna (kapitel 12).
- [ ] Påtagligt slitage i torkarnas länksystem (kapitel 12).
- [ ] Torkarmotorns eller länksystemets fästen sitter löst (kapitel 12).

Torkarbladen rengör inte rutan effektivt

- [ ] *Torkarbladens gummi slitet eller saknas (Veckokontroller).*
- [ ] Torkararmens fjäder trasig eller armtapparna har skurit (Kapitel 12).
- [ ] *Spolarvätskan har för låg koncentration för att beläggningen ska kunna tvättas bort (Veckokontroller).*

Elsystem (forts.)

Vindrute-/bakrutespolarna fungerar dåligt eller inte alls

Ett eller flera spolarmunstycken sprutar inte

- [ ] Tilltäppt spolarmunstycke (kapitel 1A eller 1B).
- [ ] Urkopplad, veckad eller igensatt spolarslang (kapitel 12).
- [ ] För lite vätska i spolarbehållare (kapitel 1A eller 1B).

Spolarpumpen fungerar inte

- [ ] Trasiga eller lösa kablar eller anslutningar (kapitel 12).
- [ ] Trasig säkring (kapitel 12).
- [ ] Defekt spolarbrytare (kapitel 12).
- [ ] Defekt spolarpump (kapitel 12).

De elektriska fönsterhissarna fungerar dåligt eller inte alls

Fönsterrutan rör sig bara i en riktning

- [ ] Defekt brytare (kapitel 12).

Fönsterrutan rör sig långsamt

- [ ] Fönsterhissen anfrätt eller skadad, eller behöver smörjas (kapitel 11).
- [ ] Dörrens inre komponenter eller klädsel hindrar fönsterhissen (kapitel 11).
- [ ] Defekt motor (kapitel 11).

Fönsterrutan rör sig inte

- [ ] Trasig säkring (kapitel 12).
- [ ] Defekt relä (kapitel 12).
- [ ] Trasiga eller lösa kablar eller anslutningar (kapitel 12).
- [ ] Defekt motor (kapitel 11).

Centrallåset fungerar dåligt eller inte alls

Totalt systemhaveri

- [ ] Trasig säkring (kapitel 12).
- [ ] Defekt relä (kapitel 12).
- [ ] Trasiga eller lösa kablar eller anslutningar (kapitel 12).
- [ ] Defekt styrmodul (kapitel 11).

Regeln låser men låser inte upp, eller låser upp men låser inte

- [ ] Defekt huvudbrytare (kapitel 11).
- [ ] Regelns reglagespakar eller reglagestag är trasiga eller urkopplade (Kapitel 11).
- [ ] Defekt relä (kapitel 12).
- [ ] Defekt styrmodul (kapitel 11).

Ett manöverdon fungerar inte

- [ ] Trasiga eller lösa kablar eller anslutningar (kapitel 12).
- [ ] Defekt manövreringsorgan (Kapitel 11).
- [ ] Regelns reglagespakar eller reglagestag kärvar, är trasiga eller urkopplade (kapitel 11).
- [ ] Defekt dörrlås (kapitel 11).

A

ABS (Anti-lock brake system) Låsningsfria bromsar. Ett system, vanligen elektroniskt styrt, som känner av påbörjande låsning av hjul vid inbromsning och lättar på hydraul-trycket på hjul som ska till att låsa.

Air bag (krockkudde) En uppblåsbar kudde dold i ratten (på förarsidan) eller instrument-brädan eller handskfacket (på passagerar-sidan) Vid kollision blåses kuddarna upp vilket hindrar att förare och framsätespassagerare kastas in i ratt eller vindruta.

Ampere (A) En måttenhet för elektrisk ström. 1 A är den ström som produceras av 1 volt gående genom ett motstånd om 1 ohm.

Anaerobisk tätning En massa som används som gänglås. Anaerobisk innebär att den inte kräver syre för att fungera.

Antikärvningsmedel En pasta som minskar risk för kärvning i infästningar som utsätts för höga temperaturer, som t.ex. skruvar och muttrar till avgasrenrör. Kallas även gäng-skydd.

Antikärvningsmedel

Asbest Ett naturligt fibröst material med stor värmetolerans som vanligen används i bromsbelägg. Asbest är en hälsorisk och damm som alstras i bromsar ska aldrig inandas eller sväljas.

Avgasgrenrör En del med flera passager genom vilka avgaserna lämnar förbrännings-kamrarna och går in i avgasröret.

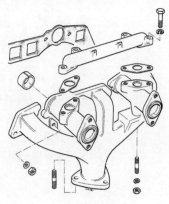

Avgasgrenrör

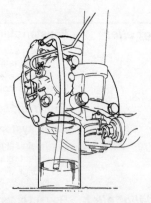

Avluftning av bromsarna

Avluftning av bromsar Avlägsnande av luft från hydrauliskt bromssystem.

Avluftningsnippel En ventil på ett bromsok, hydraulcylinder eller annan hydraulisk del som öppnas för att tappa ur luften i systemet.

Axel En stång som ett hjul roterar på, eller som roterar inuti ett hjul. Även en massiv balk som håller samman två hjul i bilens ena ände. En axel som även överför kraft till hjul kallas drivaxel.

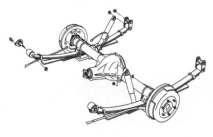

Axel

Axialspel Rörelse i längdled mellan två delar. För vevaxeln är det den distans den kan röra sig framåt och bakåt i motorblocket.

B

Belastningskänslig fördelningsventil En styrventil i bromshydrauliken som fördelar bromseffekten, med hänsyn till bakaxelbelast-ningen.

Bladmått Ett tunt blad av härdat stål, slipat till exakt tjocklek, som används till att mäta spel mellan delar.

Bladmått

Bromsback Halvmåneformad hållare med fastsatt bromsbelägg som tvingar ut beläggen i kontakt med den roterande bromstrumman under inbromsning.

Bromsbelägg Det friktionsmaterial som kommer i kontakt med bromsskiva eller bromstrumma för att minska bilens hastighet. Beläggen är limmade eller nitade på broms-klossar eller bromsbackar.

Bromsklossar Utbytbara friktionsklossar som nyper i bromsskivan när pedalen trycks ned. Bromsklossar består av bromsbelägg som limmats eller nitats på en styv bottenplatta.

Bromsok Den icke roterande delen av en skivbromsanordning. Det grenslar skivan och håller bromsklossarna. Oket innehåller även de hydrauliska delar som tvingar klossarna att nypa skivan när pedalen trycks ned.

Bromsskiva Den del i en skivbroms-anordning som roterar med hjulet.

Bromstrumma Den del i en trumbroms-anordning som roterar med hjulet.

C

Caster I samband med hjulinställning, lutningen framåt eller bakåt av styrningens axialled. Caster är positiv när styrningens axialled lutar bakåt i överkanten.

CV-knut En typ av universalknut som upp-häver vibrationer orsakade av att drivkraft förmedlas genom en vinkel.

D

Diagnostikkod Kodsiffror som kan tas fram genom att gå till diagnosläget i motor-styrningens centralenhet. Koden kan an-vändas till att bestämma i vilken del av systemet en felfunktion kan förekomma.

Draghammare Ett speciellt verktyg som skruvas in i eller på annat sätt fästs vid en del som ska dras ut, exempelvis en axel. Ett tungt glidande handtag dras utmed verktygsaxeln mot ett stopp i änden vilket rycker avsedd del fri.

Drivaxel En roterande axel på endera sidan differentialen som ger kraft från slutväxeln till drivhjulen. Även varje axel som används att överföra rörelse.

Drivaxel

Drivrem(mar) Rem(mar) som används till att driva tillbehörsutrustning som generator, vattenpump, servostyrning, luftkonditione-ringskompressor mm, från vevaxelns rem-skiva

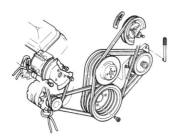

Drivremmar till extrautrustning

Dubbla överliggande kamaxlar (DOHC) En motor försedd med två överliggande kamaxlar, vanligen en för insugsventilerna och en för avgasventilerna.

E

EGR-ventil Avgasåtercirkulationsventil. En ventil som för in avgaser i insugsluften.

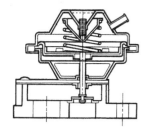

Ventil för avgasåtercirkulation (EGR)

Elektrodavstånd Den distans en gnista har att överbrygga från centrumelektroden till sidoelektroden i ett tändstift.

Justering av elektrodavståndet

Elektronisk bränsleinsprutning (EFI) Ett datorstyrt system som fördelar bränsle till förbränningskamrarna via insprutare i varje insugsport i motorn.
Elektronisk styrenhet En dator som exempelvis styr tändning, bränsleinsprutning eller låsningsfria bromsar.

F

Finjustering En process där noggranna justeringar och byten av delar optimerar en motors prestanda.

Fjäderben Se MacPherson-ben.
Fläktkoppling En viskös drivkoppling som medger variabel kylarfläkthastighet i förhållande till motorhastigheten.
Frostplugg En skiv- eller koppformad metallbricka som monterats i ett hål i en gjutning där kärnan avlägsnats.
Frostskydd Ett ämne, vanligen etylenglykol, som blandas med vatten och fylls i bilens kylsystem för att förhindra att kylvätskan fryser vintertid. Frostskyddet innehåller även kemikalier som förhindrar korrosion och rost och andra avlagringar som skulle kunna blockera kylare och kylkanaler och därmed minska effektiviteten.
Fördelningsventil En hydraulisk styrventil som begränsar trycket till bakbromsarna vid panikbromsning så att hjulen inte låser sig.
Förgasare En enhet som blandar bränsle med luft till korrekta proportioner för önskad effekt från en gnistantänd förbränningsmotor.

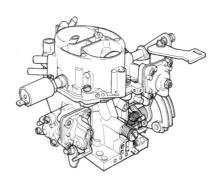

Förgasare

G

Generator En del i det elektriska systemet som förvandlar mekanisk energi från drivremmen till elektrisk energi som laddar batteriet, som i sin tur driver startsystem, tändning och elektrisk utrustning.

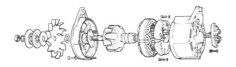

Generator (genomskärning)

Glidlager Den krökta ytan på en axel eller i ett lopp, eller den del monterad i endera, som medger rörelse mellan dem med ett minimum av slitage och friktion.
Gängskydd Ett täckmedel som minskar risken för gängskärning i bultförband som utsätts för stor hetta, exempelvis grenrörets bultar och muttrar. Kallas även antikärvningsmedel.

H

Handbroms Ett bromssystem som är oberoende av huvudbromsarnas hydraulikkrets. Kan användas till att stoppa bilen om huvudbromsarna slås ut, eller till att hålla bilen stilla utan att bromspedalen trycks ned. Den består vanligen av en spak som aktiverar främre eller bakre bromsar mekaniskt via vajrar och länkar. Kallas även parkeringsbroms.
Harmonibalanserare En enhet avsedd att minska fjädring eller vridande vibrationer i vevaxeln. Kan vara integrerad i vevaxelns remskiva. Även kallad vibrationsdämpare.
Hjälpstart Start av motorn på en bil med urladdat eller svagt batteri genom koppling av startkablar mellan det svaga batteriet och ett laddat hjälpbatteri.
Honare Ett slipverktyg för korrigering av smärre ojämnheter eller diameterskillnader i ett cylinderlopp.
Hydraulisk ventiltryckare En mekanism som använder hydrauliskt tryck från motorns smörjsystem till att upprätthålla noll ventilspel (konstant kontakt med både kamlob och ventilskaft). Justeras automatiskt för variation i ventilskaftslängder. Minskar även ventilljudet.

I

Insexnyckel En sexkantig nyckel som passar i ett försänkt sexkantigt hål.
Insugsrör Rör eller kåpa med kanaler genom vilka bränsle/luftblandningen leds till insugsportarna.

K

Kamaxel En roterande axel på vilken en serie lober trycker ned ventilerna. En kamaxel kan drivas med drev, kedja eller tandrem med kugghjul.
Kamkedja En kedja som driver kamaxeln.
Kamrem En tandrem som driver kamaxeln. Allvarliga motorskador kan uppstå om kamremmen brister vid körning.
Kanister En behållare i avdunstningsbegränsningen, innehåller aktivt kol för att fånga upp bensinångor från bränslesystemet.

Kanister

Kardanaxel Ett långt rör med universalknutar i bägge ändar som överför kraft från växellådan till differentialen på bilar med motorn fram och drivande bakhjul.

Kast Hur mycket ett hjul eller drev slår i sidled vid rotering. Det spel en axel roterar med. Orundhet i en roterande del.

Katalysator En ljuddämparliknande enhet i avgassystemet som omvandlar vissa föroreningar till mindre hälsovådliga substanser.

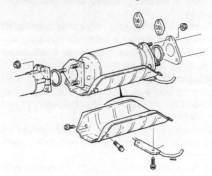

Katalysator

Kompression Minskning i volym och ökning av tryck och värme hos en gas, orsakas av att den kläms in i ett mindre utrymme.

Kompressionsförhållande Skillnaden i cylinderns volymer mellan kolvens ändlägen.

Kopplingsschema En ritning över komponenter och ledningar i ett fordons elsystem som använder standardiserade symboler.

Krockkudde (Airbag) En uppblåsbar kudde dold i ratten (på förarsidan) eller instrumentbrädan eller handskfacket (på passagerarsidan) Vid kollision blåses kuddarna upp vilket hindrar att förare och framsätespassagerare kastas in i ratt eller vindruta.

Krokodilklämma Ett långkäftat fjäderbelastat clips med ingreppande tänder som används till tillfälliga elektriska kopplingar.

Kronmutter En mutter som vagt liknar kreneleringen på en slottsmur. Används tillsammans med saxsprint för att låsa bultförband extra väl.

Kronmutter

Krysskruv Se Phillips-skruv

Kugghjul Ett hjul med tänder eller utskott på omkretsen, formade för att greppa in i en kedja eller rem.

Kuggstångsstyrning Ett styrsystem där en pinjong i rattstångens ände går i ingrepp med en kuggstång. När ratten vrids, vrids även pinjongen vilket flyttar kuggstången till höger eller vänster. Denna rörelse överförs via styrstagen till hjulets styrleder.

Kullager Ett friktionsmotverkande lager som består av härdade inner- och ytterbanor och har härdade stålkulor mellan banorna.

Kylare En värmeväxlare som använder flytande kylmedium, kylt av fartvinden/fläkten till att minska temperaturen på kylvätskan i en förbränningsmotors kylsystem.

Kylmedia Varje substans som används till värmeöverföring i en anläggning för luftkonditionering. R-12 har länge varit det huvudsakliga kylmediet men tillverkare har nyligen börjat använda R-134a, en CFC-fri substans som anses vara mindre skadlig för ozonet i den övre atmosfären.

L

Lager Den böjda ytan på en axel eller i ett lopp, eller den del som monterad i någon av dessa tillåter rörelse mellan dem med minimal slitage och friktion.

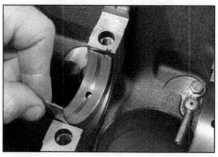

Lager

Lambdasond En enhet i motorns grenrör som känner av syrehalten i avgaserna och omvandlar denna information till elektricitet som bär information till styrelektroniken. Även kallad syresensor.

Luftfilter Filtret i luftrenaren, vanligen tillverkat av veckat papper. Kräver byte med regelbundna intervaller.

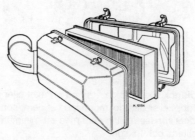

Luftfilter

Luftrenare En kåpa av plast eller metall, innehållande ett filter som tar undan damm och smuts från luft som sugs in i motorn.

Låsbricka En typ av bricka konstruerad för att förhindra att en ansluten mutter lossnar.

Låsmutter En mutter som låser en justermutter, eller annan gängad del, på plats. Exempelvis används låsmutter till att hålla justermuttern på vipparmen i läge.

Låsring Ett ringformat clips som förhindrar längsgående rörelser av cylindriska delar och axlar. En invändig låsring monteras i en skåra i ett hölje, en yttre låsring monteras i en utvändig skåra på en cylindrisk del som exempelvis en axel eller tapp.

M

MacPherson-ben Ett system för framhjulsfjädring uppfunnet av Earle MacPherson vid Ford i England. I sin ursprungliga version skapas den nedre bärarmen av en enkel lateral länk till krängningshämmaren. Ett fjäderben - en integrerad spiralfjäder och stötdämpare - finns monterad mellan karossen och styrknogen. Många moderna MacPherson-ben använder en vanlig nedre A-arm och inte krängningshämmaren som nedre fäste.

Markör En remsa med en andra färg i en ledningsisolering för att skilja ledningar åt.

Motor med överliggande kamaxel (OHC) En motor där kamaxeln finns i topplocket.

Motorstyrning Ett datorstyrt system som integrerat styr bränsle och tändning.

Multimätare Ett elektriskt testinstrument som mäter spänning, strömstyrka och motstånd. Även kallad multimeter.

Mätare En instrumentpanelvisare som används till att ange motortillstånd. En mätare med en rörlig pekare på en tavla eller skala är analog. En mätare som visar siffror är digital.

N

NOx Kväveoxider. En vanlig giftig förorening utsläppt av förbränningsmotorer vid högre temperaturer.

O

O-ring En typ av tätningsring gjord av ett speciellt gummiliknande material. O-ringen fungerar så att den trycks ihop i en skåra och därmed utgör tätningen.

O-ring

Ohm Enhet för elektriskt motstånd. 1 volt genom ett motstånd av 1 ohm ger en strömstyrka om 1 ampere.

Ohmmätare Ett instrument för uppmätning av elektriskt motstånd.

P

Packning Mjukt material - vanligen kork, papp, asbest eller mjuk metall - som monteras mellan två metallytor för att erhålla god tätning. Exempelvis tätar topplockspackningen fogen mellan motorblocket och topplocket.

Packning

Phillips-skruv En typ av skruv med ett korsspår istället för ett rakt, för motsvarande skruvmejsel. Vanligen kallad kryssskruv.

Plastigage En tunn plasttråd, tillgänglig i olika storlekar, som används till att mäta toleranser. Exempelvis så läggs en remsa Plastigage tvärs över en lagertapp. Delarna sätts ihop och tas isär. Bredden på den klämda remsan anger spelrummet mellan lager och tapp.

Plastigage

R

Rotor I en fördelare, den roterande enhet inuti fördelardosan som kopplar samman mittelektroden med de yttre kontakterna vartefter den roterar, så att högspänningen från tändspolens sekundärlindning leds till rätt tändstift. Även den del av generatorn som roterar inuti statorn. Även de roterande delarna av ett turboaggregat, inkluderande kompressorhjulet, axeln och turbinhjulet.

S

Sealed-beam strålkastare En äldre typ av strålkastare som integrerar reflektor, lins och glödtrådar till en hermetiskt försluten enhet. När glödtråden går av eller linsen spricker byts hela enheten. Vanliga på amerikanska bilar

Shims Tunn distansbricka, vanligen använd till att justera inbördes lägen mellan två delar. Exempelvis sticks shims in i eller under ventiltryckarhylsor för att justera ventilspelet. Spelet justeras genom byte till shims av annan tjocklek.

Skivbroms En bromskonstruktion med en roterande skiva som kläms mellan bromsklossar. Den friktion som uppstår omvandlar bilens rörelseenergi till värme.

Skjutmått Ett precisionsmätinstrument som mäter inre och yttre dimensioner. Inte riktigt lika exakt som en mikrometer men lättare att använda.

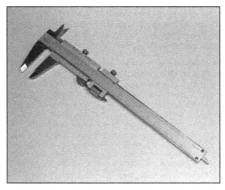
Skjutmått

Smältsäkring Ett kretsskydd som består av en ledare omgiven av värmetålig isolering. Ledaren är tunnare än den ledning den skyddar och är därmed den svagaste länken i kretsen. Till skillnad från en bränd säkring måste vanligen en smältsäkring skäras bort från ledningen vid byte.

Spel Den sträcka en del färdas innan något inträffar. "Luften" i ett länksystem eller ett montage mellan första ansatsen av kraft och verklig rörelse. Exempelvis den sträcka bromspedalen färdas innan kolvarna i huvudcylindern rör på sig. Även utrymmet mellan två delar, till exempel kolv och cylinderlopp.

Spiralfjäder En spiral av elastiskt stål som förekommer i olika storlekar på många platser i en bil, bland annat i fjädringen och ventilerna i topplocket.

Startspärr På bilar med automatväxellåda förhindrar denna kontakt att motorn startas annat än om växelväljaren är i N eller P.

Storändslager Lagret i den ände av vevstaken som är kopplad till vevaxeln.

Svetsning Olika processer som används för att sammanfoga metallföremål genom att hetta upp dem till smältning och sammanföra dem.

Svänghjul Ett tungt roterande hjul vars energi tas upp och sparas via moment. På bilar finns svänghjulet monterat på vevaxeln för att utjämna kraftpulserna från arbetstakterna.

Syresensor En enhet i motorns grenrör som känner av syrehalten i avgaserna och omvandlar denna information till elektricitet som bär information till styrelektroniken. Även kalla Lambdasond.

Säkring En elektrisk enhet som skyddar en krets mot överbelastning. En typisk säkring

innehåller en mjuk metallbit kalibrerad att smälta vid en förbestämd strömstyrka, angiven i ampere, och därmed bryta kretsen.

T

Termostat En värmestyrd ventil som reglerar kylvätskans flöde mellan blocket och kylaren vilket håller motorn vid optimal arbetstemperatur. En termostat används även i vissa luftrenare där temperaturen är reglerad.

Toe-in Den distans som framhjulens framkanter är närmare varandra än bakkanterna. På bakhjulsdrivna bilar specificeras vanligen ett litet toe-in för att hålla framhjulen parallella på vägen, genom att motverka de krafter som annars tenderar att vilja dra isär framhjulen.

Toe-ut Den distans som framhjulens bakkanter är närmare varandra än framkanterna. På bilar med framhjulsdrift specificeras vanligen ett litet toe-ut.

Toppventilsmotor (OHV) En motortyp där ventilerna finns i topplocket medan kamaxeln finns i motorblocket.

Torpedplåten Den isolerade avbalkningen mellan motorn och passagerarutrymmet.

Trumbroms En bromsanordning där en trumformad metallcylinder monteras inuti ett hjul. När bromspedalen trycks ned pressas böjda bromsbackar försedda med bromsbelägg mot trummans insida så att bilen saktar in eller stannar.

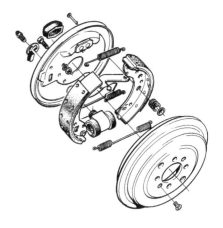
Trumbroms, montage

Turboaggregat En roterande enhet, driven av avgastrycket, som komprimerar insugsluften. Används vanligen till att öka motoreffekten från en given cylindervolym, men kan även primäranvändas till att minska avgasutsläpp.

Tändföljd Turordning i vilken cylindrarnas arbetstakter sker, börjar med nr 1.

Tändläge Det ögonblick då tändstiftet ger gnista. Anges vanligen som antalet vevaxelgrader för kolvens övre dödpunkt.

Tätningsmassa Vätska eller pasta som används att täta fogar. Används ibland tillsammans med en packning.

U

Universalknut En koppling med dubbla pivåer som överför kraft från en drivande till en driven axel genom en vinkel. En universalknut består av två Y-formade ok och en korsformig del kallad spindeln.

Urtrampningslager Det lager i kopplingen som flyttas inåt till frigöringsarmen när kopplingspedalen trycks ned för frikoppling.

V

Ventil En enhet som startar, stoppar eller styr ett flöde av vätska, gas, vakuum eller löst material via en rörlig del som öppnas, stängs eller delvis maskerar en eller flera portar eller kanaler. En ventil är även den rörliga delen av en sådan anordning.

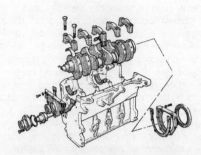

Vevaxel, montage

Ventilspel Spelet mellan ventilskaftets övre ände och ventiltryckaren. Spelet mäts med stängd ventil.

Ventiltryckare En cylindrisk del som överför rörelsen från kammen till ventilskaftet, antingen direkt eller via stötstång och vipparm. Även kallad kamsläpa eller kamföljare.

Vevaxel Den roterande axel som går längs med vevhuset och är försedd med utstickande vevtappar på vilka vevstakarna är monterade.

Vevhus Den nedre delen av ett motorblock där vevaxeln roterar.

Vibrationsdämpare En enhet som är avsedd att minska fjädring eller vridande vibrationer i vevaxeln. Enheten kan vara integrerad i vevaxelns remskiva. Kallas även harmonibalanserare.

Vipparm En arm som gungar på en axel eller tapp. I en toppventilsmotor överför vipparmen stötstångens uppåtgående rörelse till en nedåtgående rörelse som öppnar ventilen.

Viskositet Tjockleken av en vätska eller dess flödesmotstånd.

Volt Enhet för elektrisk spänning i en krets 1 volt genom ett motstånd av 1 ohm ger en strömstyrka om 1 ampere.

Observera: *Hänvisningarna i registret är i formen* "Kapitelnummer" • "Sidnummer". **T.ex. hänvisar 2C•15 till sidan 15 i kapitel 2C.**

Observera: *Hänvisningarna i registret är i formen* "Kapitelnummer" • "Sidnummer". **T.ex. hänvisar 2C•15 till sidan 15 i kapitel 2C.**

Register REF•33

Observera: *Hänvisningarna i registret är i formen* "Kapitelnummer" • "Sidnummer". **T.ex. hänvisar 2C•15 till sidan 15 i kapitel 2C.**